Le Livre de Windows 7

2e édition

Jean-François Sehan

FIRST
> Interactive

Le Livre de Windows 7, 2e édition

60, rue Mazarine
75006 Paris – France
Tél. 01 45 49 60 00
Fax 01 45 49 60 01
E-mail : firstinfo@efirst.com
Web : www.editionsfirst.fr

ISBN : 978-2-7540-3167-7
Dépôt légal : septembre 2011
Imprimé en France par Herissey à Évreux (Eure)

Mise en page : Catherine Kédémos

Vue d'ensemble

Table des matières

PARTIE I. PREMIERS PAS AVEC WINDOWS 7

Chapitre 1. Découvrir le bureau et la barre des tâches

Chapitre 2. Utiliser les applications et gérer les documents

PARTIE II. EXPLORER L'ORDINATEUR

Chapitre 3. Comprendre la structure de l'ordinateur

Chapitre 4. Ordinateur et Explorateur

Chapitre 5. Rechercher des fichiers

Chapitre 6. Utiliser la Corbeille

Chapitre 7. Préserver vos données

PARTIE III. PROFITER DES LOISIRS ET DU MULTIMÉDIA

Chapitre 8. Exploiter les images et les photographies

Chapitre 9. Profiter de la musique et de la vidéo

Chapitre 10. Graver vos vidéos et vos photographies sur DVD

PARTIE IV. EXPLOITER LES RESSOURCES D'INTERNET

Chapitre 11. Naviguer sur Internet

Chapitre 12. Effectuer des recherches

Chapitre 13. Exploiter les ressources d'Internet

Chapitre 14. Acheter et vendre sur Internet

Chapitre 15. Déjouer les pièges sur Internet

PARTIE V. COMMUNIQUER AVEC INTERNET

Chapitre 16. Participer aux communautés et rester informé avec les flux

Chapitre 17. Communiquer avec Windows Live Messenger

Chapitre 18. Expédier et recevoir des messages

Chapitre 19. Gérer le carnet d'adresses

Chapitre 20. Participer aux groupes de discussion

Chapitre 21. Profiter d'Internet avec Windows 7

PARTIE VI. PERSONNALISER, ENTRETENIR ET SÉCURISER WINDOWS 7

Chapitre 22. Configurer le bureau

Chapitre 23. Modifier le menu Démarrer

Chapitre 24. Configurer Windows 7

Chapitre 25. Dépanner et maintenir en forme votre ordinateur

Chapitre 26. Sécuriser votre ordinateur

Chapitre 29. Gérer un réseau et un groupe résidentiel

PARTIE VIII. TIRER LE MEILLEUR PARTI DE WINDOWS 7

Chapitre 30. Modifier le Registre de Windows

Chapitre 31. Astuces pratiques

Chapitre 32. Dépanner Windows 7

Présentation

La fin de l'année 2009 a été marquée par l'arrivée sur le marché des ordinateurs de Windows 7, dernière version du système d'exploitation de Microsoft.

Digne successeur de Windows Vista, Windows 7 bénéficie de toutes les qualités de ce dernier, les défauts en moins. Il apporte une rapidité d'exécution inégalée, ainsi que des fonctions simplifiées qui font de lui le meilleur des Windows actuels.

Une fois de plus, cette nouvelle mouture est le fruit d'une collaboration étroite entre les développeurs de Microsoft et les utilisateurs des versions précédentes. Cette coopération constante permet d'améliorer les fonctionnalités, l'ergonomie et la sécurité des nouvelles versions.

Depuis février 2011, Microsoft propose le Service Pack 1 (SP1). C'est un ensemble de logiciels qui met à jour Windows avec toutes les nouveautés. Il permet, entre autres, de mieux protéger votre ordinateur et d'obtenir les dernières versions de vos applications.

Depuis la première édition de ce livre, beaucoup de choses ont changé. C'est le cas des applications Windows Live avec les nouvelles versions 2011. Cela concerne la Galerie de photos, Windows Live Movie Maker, Windows Live Mail et Windows Live Messenger. À cela s'ajoute la nouvelle version du navigateur Internet Explorer 9.

Cette seconde édition tient compte de toutes ces nouveautés, et elles sont nombreuses.

À qui est destiné ce livre ?

Cet ouvrage s'adresse aussi bien aux utilisateurs initiés qu'aux débutants. Il a pour but de vous faire découvrir le système d'exploitation Windows 7, et, à travers lui, les possibilités offertes par votre ordinateur. Si ce dernier simplifie les tâches courantes des utilisateurs, il reste cependant une machine complexe. Ce livre, détaillé et précis, explique chaque fonction dans un langage clair, vous permet d'avancer pas à pas et d'acquérir en peu de temps toutes les notions indispensables pour maîtriser efficacement votre machine.

Dans un souci pédagogique, toutes les actions à réaliser sont décrites étape par étape, et, quand c'est nécessaire, complétées par des copies d'écran. De plus, des paragraphes spécifiques fournissent des informations sur les termes employés, des conseils d'utilisation ou des astuces pour aller plus loin.

Contenu de ce livre

Le *chapitre d'introduction* s'adresse aux débutants et leur fait découvrir les éléments indispensables à connaître, que ce soit pour l'ordinateur lui-même (unité centrale, périphériques, *etc.*) ou dans l'environnement Windows (bureau, barre des tâches, fenêtres, boîtes de dialogue, *etc.*).

Ce livre est divisé en 8 parties contenant chacune entre 2 et 6 chapitres.

Partie I - Premiers pas avec Windows 7

Cette première partie présente l'essentiel de ce qu'il est nécessaire de connaître pour utiliser dès maintenant Windows 7.

Le *chapitre 1* traite de la barre des tâches, point central d'accès aux applications et aux outils de Windows 7.

Le *chapitre 2* propose des exemples d'applications pour créer, sauvegarder et imprimer des documents. C'est un chapitre important puisqu'un ordinateur est essentiellement destiné à gérer des documents. Il est complété par la présentation de l'aide en ligne, source d'informations à laquelle il est souvent nécessaire de recourir, que ce soit pour Windows 7 ou pour vos applications.

Partie II - Explorer l'ordinateur

Toutes les informations d'un ordinateur sont enregistrées dans des fichiers et des dossiers stockés sur des disques (documents, programmes, *etc.*). La deuxième partie de ce livre présente la gestion de ces fichiers.

Le *chapitre 3* expose les éléments qui composent l'ordinateur. Le *chapitre 4*, suite logique, explique comment les utiliser avec l'Explorateur Windows.

Le *chapitre 5* est consacré à la recherche des fichiers parmi les ressources de l'ordinateur. Le *chapitre 6* permet de retrouver les fichiers supprimés.

Le *chapitre 7*, dernier de cette partie, explique comment conserver durablement vos précieux documents sur une clé USB comme sur CD/DVD.

Partie III – Profiter des loisirs et du multimédia

Le multimédia est probablement le domaine le plus attirant de l'informatique. Cette partie y est entièrement consacrée.

Le *chapitre 8* vous dévoile toutes les possibilités en matière de photographie et d'image, que se soit pour le transfert depuis un appareil photo numérique, l'archivage, la consultation ou l'impression.

Le *chapitre 9*, lui, se charge de la partie musique et vidéo. Il traite de toutes les sources disponibles (fichiers audio ou vidéo, CD audio, DVD vidéo, *etc.*), ainsi que de la réalisation de fichiers MP3 et de compilations musicales sur CD-R.

Le *chapitre 10* vous propose de graver vos vidéos et vos photographies sur des DVD lisibles dans votre lecteur de salon.

Partie IV – Exploiter les ressources d'Internet

Le *chapitre 11* explore les plaisirs de la navigation sur le Web. Il aborde la gestion des pages, leur mémorisation et l'exploitation des éléments qui les composent (textes, images, *etc.*).

Le *chapitre 12* est consacré à la recherche de pages Web, mais aussi d'éléments précis comme des numéros de téléphone, des itinéraires ou des cartes satellites.

Le *chapitre 13* présente l'accès, *via* Internet, aux médias télévisuels, radiophoniques ou cinématographiques. Il aborde aussi le téléchargement de musique.

Le *chapitre 14* vous aide dans vos achats sur le Web, et le *chapitre 15* vous épargne de tomber dans les nombreux pièges d'Internet.

Partie V – Communiquer avec Internet

Le *chapitre 16* présente les moyens de communication comme les blogs (journaux d'internautes), les forums, les chats et les réseaux sociaux. Il propose aussi d'être toujours à la pointe de l'information avec les flux Internet (informations en continu).

Le *chapitre 17* se consacre à la communication avec la messagerie instantanée pour converser immédiatement avec vos proches ou vos collègues de travail, et ce, vocalement ou par vidéo avec une webcam.

Le *chapitre 18* traite de la messagerie classique, le *chapitre 19* de la gestion du carnet d'adresses pour conserver les coordonnées de tous vos contacts et le *chapitre 20* des groupes de discussion.

Pour clore cette partie, le *chapitre 21* vous fait découvrir les fonctions qui lient Windows 7 et Internet, comme la navigation à partir de la barre des tâches, la transformation des icônes du bureau et de l'Explorateur en liens ou l'ouverture rapide d'une page Internet.

Partie VI - Personnaliser, entretenir et sécuriser Windows 7

Le *chapitre 22* vous apprend à modifier les paramètres du bureau (taille d'écran, image du bureau, *etc.*) et le *chapitre 23* ceux du menu Démarrer (réorganisation, ajout de raccourcis, *etc.*).

Le *chapitre 24* est dédié aux configurations logicielles et matérielles (ajout d'une imprimante, ajout ou suppression de composants Windows, réglage de la souris, *etc.*), ainsi qu'à la gestion des options d'ergonomie pour faciliter l'usage du clavier, de la souris ou de l'écran par les utilisateurs à mobilité ou vue réduite.

Le *chapitre 25* explique comment entretenir des disques et le moyen de restaurer Windows 7 en cas de panne.

Le *chapitre 26* traite d'un sujet sensible : la sécurité. Vous y trouverez des solutions pour combattre les virus, éliminer les logiciels malveillants ou naviguer sur Internet en toute sérénité.

Le *chapitre 27* s'adresse aux utilisateurs de portables, aujourd'hui de plus en plus nombreux.

Partie VII – Partager l'ordinateur

Le *chapitre 28* vous propose de partager votre ordinateur et d'activer le contrôle parental.

Dans le *chapitre 29*, vous trouverez toutes les informations nécessaires pour créer un réseau local filaire ou Wi-Fi (matériel et logiciel), ainsi que sur la gestion des ressources et d'un groupe résidentiel.

Partie VIII - Tirer le meilleur parti de Windows 7

Le *chapitre 30* aborde une notion plus avancée : le Registre de Windows 7. Vous devez le lire attentivement avant de mettre en application une partie des solutions et des astuces proposées dans les chapitres 31 et 32.

Pour clore ce livre, le *chapitre 31* propose des astuces, et le *chapitre 32* des solutions de dépannage.

Annexe

Vous trouverez dans cette annexe les principaux raccourcis clavier de Windows 7, d'Internet Explorer, de Windows Mail, du Lecteur Windows Media et de la Galerie de photos Windows.

Glossaire

L'informatique utilise un « jargon » qu'il est nécessaire de connaître. Sans entrer dans les détails techniques, ce glossaire vous donnera les définitions des principaux termes employés dans Windows 7.

Conventions

Ce livre est agrémenté de paragraphes spécifiques qui fournissent des informations complémentaires :

Question	Réponses aux questions pratiques et essentielles que se posent la plupart des débutants.
Note	Informations complémentaires en relation avec le sujet traité.
Conseil	Recommandations sur l'utilisation d'une étape.
Astuce	Solutions pour aller plus loin sur le sujet traité.
Définition	Explicitations et clarifications relatives à un terme technique.
Attention	Mises en garde à lire attentivement pour éviter les fausses manœuvres.
Anecdote	Faits divers, généralement historiques, sur le sujet traité.

Bonne lecture !

Chapitre d'introduction

DÉCOUVRIR L'ORDINATEUR ET WINDOWS 7

Ce chapitre introductif s'adresse aux personnes qui n'ont jamais utilisé un ordinateur sous Windows.

Dès que vous aurez allumé votre PC, ce sera le moment de faire la découverte de l'environnement de Windows 7. Mais avant cela, pour mieux comprendre le fonctionnement de votre ordinateur, découvrez le rôle de chacun des éléments qui le composent.

Ce chapitre décrit ensuite rapidement le fonctionnement de la souris, des menus, des icônes ainsi que les termes employés pour les éléments qui composent les fenêtres et les boîtes de dialogue. Ces informations vous seront nécessaires lors de l'utilisation des applications ou pour comprendre la terminologie des aides en ligne.

Notions de matériel et de logiciel

Le PC est un standard de micro-ordinateur créé il y a plus d'un quart de siècle par la société IBM *(Industrial Business Machine)*. Les initiales PC correspondent à *Personal Computer*, ordinateur personnel. Très rapidement, le marché de l'informatique a réalisé des clones de ce PC. C'est pour cette raison qu'il est devenu le standard des micro-ordinateurs (environ neuf machines sur dix).

Un PC est composé d'une unité centrale qui contient toute l'électronique de fonctionnement de l'ordinateur. Sur ce boîtier viennent se greffer des périphériques qui permettent à l'utilisateur de communiquer avec l'ordinateur (clavier, souris, écran et haut-parleurs). Comme ce système est très ouvert, il permet aussi d'ajouter d'autres périphériques comme une imprimante, un scanner, une Webcam, *etc.*

L'unité centrale est composée d'un boîtier avec une alimentation, d'une carte principale (appelée carte mère) et de cartes électroniques qui s'enfichent dans la carte mère (appelées cartes filles). Ces dernières permettent généralement de connecter un périphérique extérieur pour lequel la carte mère n'a pas été conçue : une carte graphique pour connecter un écran, une carte son pour connecter des haut-parleurs, *etc.*

On trouve aussi dans l'unité centrale les périphériques de stockage, comme le disque dur et le lecteur de DVD ou de Blu-ray.

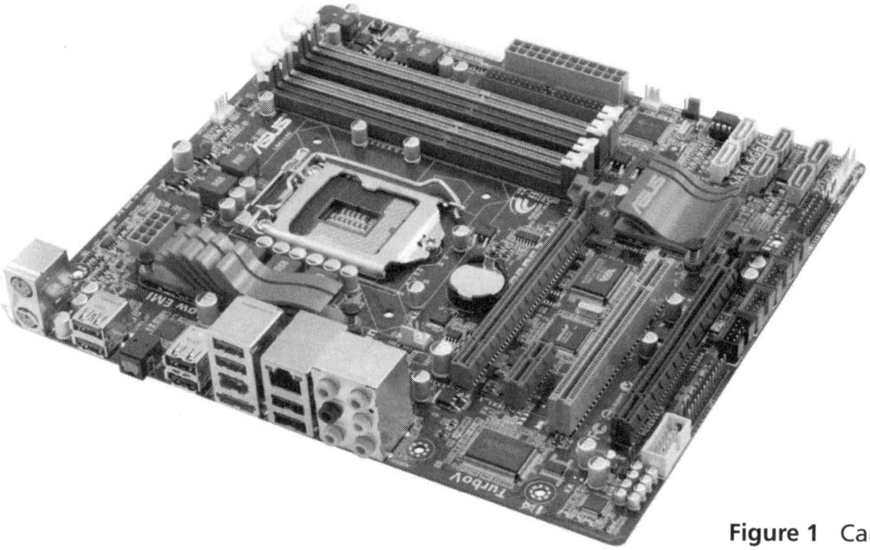

Figure 1 Carte mère.

Unité centrale

L'unité centrale contient toute l'électronique de fonctionnement de l'ordinateur (carte mère, microprocesseur, mémoire, disque dur et interface). Nous allons définir le rôle de chacun de ces éléments.

Définition **Interfaces** : circuits électroniques sur lesquels sont connectés les périphériques (disque dur, carte son, imprimante, *etc.*).

Figure 2 Unité centrale.

Microprocesseur

Le microprocesseur (CPU – *Central Processing Unit*) est le composant principal d'un ordinateur. Il exécute les instructions des programmes. Ces derniers, qui se trouvent dans la mémoire, indiquent au processeur ce qu'il doit faire : déplacer des éléments (des nombres ou des textes), effectuer des calculs, envoyer des informations aux périphériques, *etc.*

La cadence à laquelle sont exécutées les instructions est fixée par une horloge. La vitesse de cette horloge est exprimée en gigahertz (GHz). Un processeur avec une horloge à 1 GHz exécute donc un milliard d'instructions par seconde ! Cependant, certains calculs, comme une multiplication, nécessitent plusieurs cycles d'horloge. Notre processeur à 1 GHz n'effectue donc pas réellement un milliard de multiplications par seconde.

Figure 3 Microprocesseurs AMD Phenom et Intel Core i7.

Question **Si je ne n'interviens plus sur le PC, le microprocesseur s'arrête-t-il ?** Non. Il y a toujours un programme qui « tourne », même si ce dernier consiste à vérifier si vous utilisez le clavier ou la souris.

Mémoire morte

Au démarrage de l'ordinateur, le processeur utilise toujours le même programme qui se trouve en mémoire morte (ROM – *Read Only Memory*). Ce programme vérifie divers éléments comme la mémoire, le disque dur et les cartes plug-and-play.

Définition **Plug-and-play** (vous branchez, ça marche) : cartes d'interface ou périphériques reconnus immédiatement par Windows 7.

Ensuite, il copie en mémoire vive le programme principal, Windows 7, qui se trouve stocké sur le disque dur. Une fois cette opération effectuée, le programme en mémoire vive prend la relève.

Question **Pourquoi Windows 7 n'est-il pas en mémoire morte ?** Les logiciels sont en permanence sujets à des modifications. Or la mémoire morte est un circuit électronique dans lequel le programme est fixe et définitif. Si Windows était en mémoire morte, il serait nécessaire de changer ce circuit à chaque mise à jour ou à chaque nouvelle version.

Mémoire vive

La mémoire vive (RAM – *Random Access Memory*) a deux rôles. Elle permet de stocker temporairement les programmes et les documents. À la différence de la mémoire morte, son contenu peut être modifié. En revanche, toutes les données qu'elle contient sont perdues quand l'ordinateur est arrêté. Au démarrage du PC, la mémoire vive est totalement vide et ne contient ni programmes, ni données.

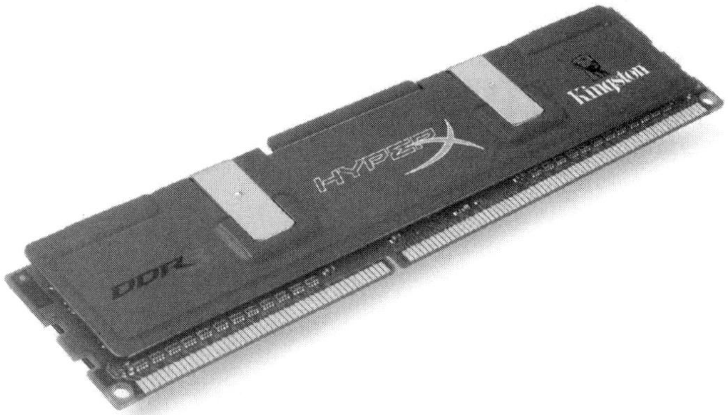

Figure 4 Barrette de mémoire vive (RAM).

Dès que vous aurez besoin d'un programme, comme un traitement de texte, il sera chargé par Windows dans cette mémoire. Quand vous aurez saisi des données, comme un texte dans notre exemple, elles seront aussi stockées dans cette mémoire.

Question **Pourquoi les programmes ne restent-ils pas sur le disque dur ?** Le disque dur est un périphérique. Cela veut dire qu'il est en relation avec le processeur par l'intermédiaire d'une interface. Or un microprocesseur ne peut exécuter que des programmes en mémoire.

Interface

Pour communiquer avec le monde extérieur, le PC utilise des cartes d'interface, c'est-à-dire de l'électronique qui permet de connecter toutes sortes de périphériques. Windows utilise des programmes appelés « pilotes » ou « drivers » pour transmettre ou recevoir des données des périphériques. Ces pilotes sont fournis par les constructeurs car ils connaissent leur interface et Windows, alors que Windows ne les connaît pas obligatoirement (à l'exception des interfaces standard du PC).

Figure 5 Interface USB.

Périphériques

Les périphériques sont des éléments extérieurs qui permettent de communiquer avec l'utilisateur, que ce soit en entrée (souris, clavier, scanner, *etc.*), en sortie (son, imprimante, *etc.*) ou dans les deux sens (lecteur de disquettes, disque dur, *etc.*). Tous les périphériques communiquent avec l'ordinateur *via* une interface. On nomme cette dernière « port » quand elle est présente sur le boîtier de l'unité centrale. L'interface est différente en fonction du périphérique. Par exemple, les anciennes imprimantes se connectaient à un port parallèle, alors que les modems se connectaient au port série. Dans l'avenir, les périphériques se connecteront tous au même type de port : l'USB.

C'est le cas de tous les appareils récents (scanners, appareils photos numériques, imprimantes, modems ADSL, *etc.*).

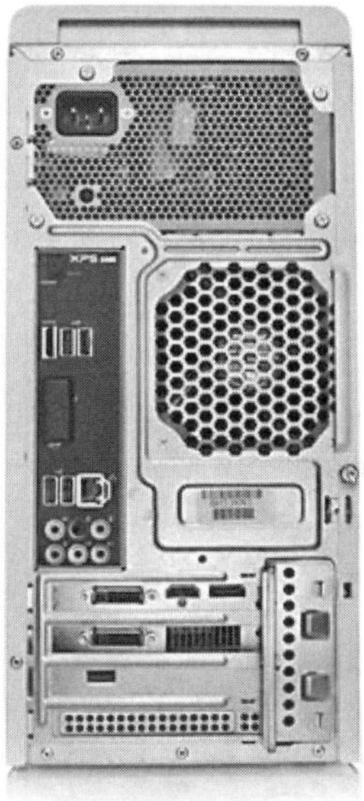

Figure 6 Ports à l'arrière d'une unité centrale.

Disque dur

Même s'il se trouve à l'intérieur de l'unité centrale, le disque dur, et tous les autres lecteurs (disquettes, DVD, Blu-ray, *etc.*), sont des périphériques. Ils permettent d'enregistrer des programmes et des données. Contrairement à la mémoire vive, les disques conservent les données quand l'ordinateur est éteint et à la différence de la mémoire morte, les données qu'ils contiennent sont modifiables.

Figure 7 Disque dur.

Qu'est-ce que Windows 7 ?

Dans un ordinateur, matériels et logiciels sont liés. En effet, un ordinateur sans programme reste inerte. Même si vous l'allumez, aucun texte n'apparaîtra à l'écran.

Le système d'exploitation, Windows 7, est le programme qui gère toutes les activités de base de l'ordinateur. Il contrôle tous les périphériques (clavier, souris, imprimante, *etc.*), lance les applications quand vous en avez besoin (traitement de texte, dessins, *etc.*) et permet de gérer et d'organiser vos documents sur les disques (copie, impression, suppression, *etc.*).

Windows est une interface graphique. Au tout début du PC, l'utilisateur devait utiliser un programme appelé DOS *(Disk Operating System)*. Pour exécuter une action, il fallait taper au clavier des lignes de commandes, ce qui était long, fastidieux et bien souvent source d'erreurs.

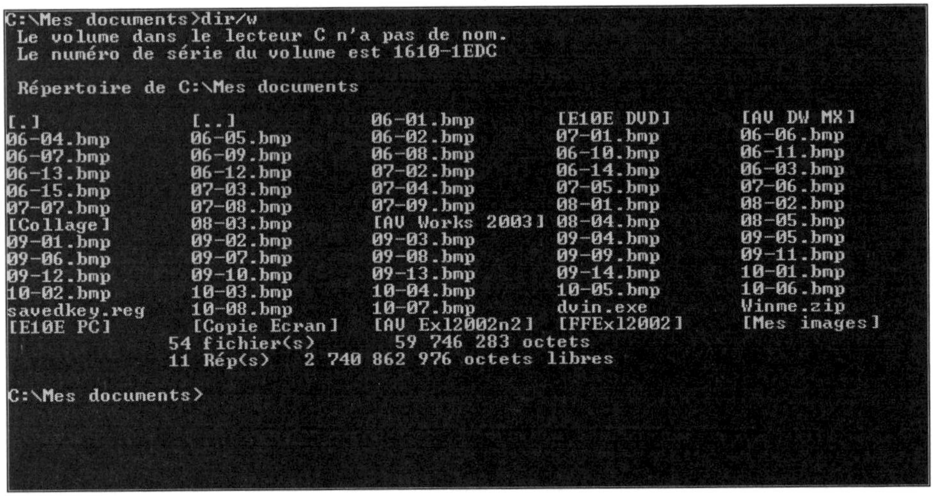

Figure 8 Écran du DOS, l'ancien système d'exploitation des PC.

Avec l'interface graphique de Windows, vous exécutez les mêmes commandes avec la souris, sans écrire aucune ligne, mais surtout sans connaître le langage propre au DOS.

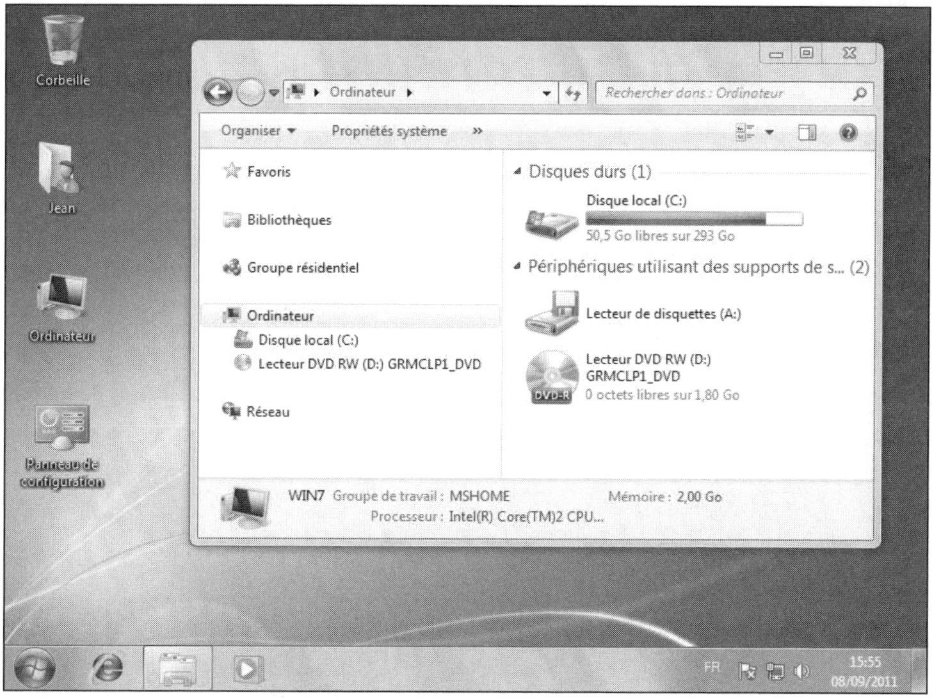

Figure 9 L'interface graphique de Windows.

Qu'est-ce qu'une application ?

Comme nous venons de le voir, Windows 7 est le logiciel de base. Mais un ordinateur est essentiellement destiné à accomplir des tâches ou à créer des documents. Ce sont les applications qui se chargent des tâches ou de traiter les documents. On les appelle aussi *logiciels* ou *programme.*

Chaque application gère un type de document particulier. Par exemple, un tableur crée des feuilles de calcul. Il ne peut pas créer du courrier. À l'inverse, un traitement de texte ne peut pas gérer des feuilles de calcul.

Certaines applications ne créent pas de documents mais exécutent simplement des tâches. C'est le cas, par exemple, d'une calculatrice. Elle effectue des calculs mais ne crée pas un fichier contenant les résultats. C'est aussi le cas de la plupart des jeux.

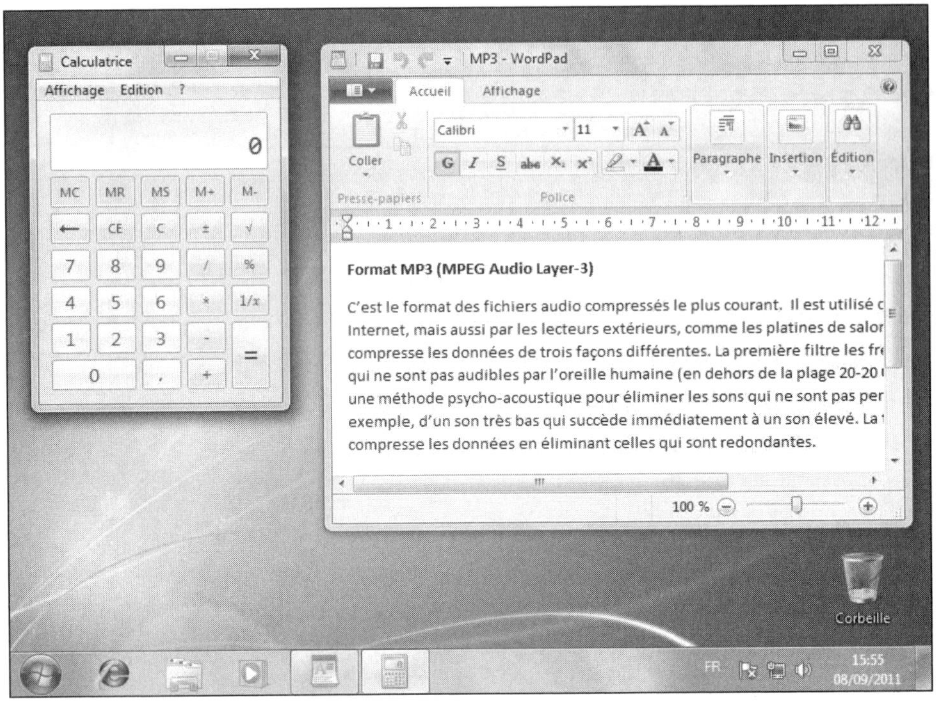

Figure 10 L'interface graphique de Windows avec deux applications ouvertes.

Quand vous lancez une application avec Windows, elle est placée en mémoire vive. Au fur et à mesure que vous créez un document, les données saisies sont elles aussi placées dans cette mémoire.

N'oubliez pas que la mémoire vive s'efface quand vous éteignez l'ordinateur ou lors d'une coupure de courant. Il est donc nécessaire d'effectuer des sauvegardes de vos documents. Ces sauvegardes consistent à copier le document de la mémoire vive vers le disque dur. Vous pourrez ensuite recharger le document, même si entre-temps vous avez éteint l'ordinateur.

Question **L'intégralité du document est-elle chargée en mémoire ?** Cela dépend des logiciels. Dans un tableur, les feuilles de calcul sont effectivement chargées en mémoire. Dans un traitement de texte, si le document est très long et contient des images, seules les parties nécessaires sont chargées en mémoire. Dans un gestionnaire de bases de données, seules les fiches en cours sont chargées, jamais la base elle-même.

Comme Windows est *multitâche*, il est possible d'exécuter en même temps plusieurs applications. Cela permet non seulement de travailler sur des documents différents, mais aussi d'effectuer des copies entre ces documents. Par exemple, si vous avez trouvé un texte intéressant sur Internet, vous pouvez le recopier dans le document en cours de votre traitement de texte.

Un ordinateur neuf ne contient généralement pas d'application. Cependant, pour vous permettre de débuter, Windows 7 vous propose en dotation quelques applications de base, simples mais fonctionnelles, comme le traitement de texte WordPad, l'outil de dessin Paint, ainsi que quelques jeux.

Utiliser la souris

L'utilisation de la souris est très simple ; vous verrez qu'après quelques heures on la maîtrise très bien. Pour déplacer le curseur à l'écran, posez votre main sur la souris, avec l'index et le majeur chacun sur un des deux boutons, puis bougez-la.

Tout au long de ce livre nous utilisons différents termes pour désigner les manipulations de la souris.

- **Pointer** : consiste à déplacer le curseur de souris sur un élément à l'écran (une icône, par exemple). En fonction de l'élément pointé, le curseur peut prendre des formes différentes.
- **Cliquer** : consiste à pointer un élément, puis à appuyer un bref instant sur le bouton gauche de la souris. Cela a pour effet de sélectionner l'élément pointé (il est en surbrillance quand il est sélectionné).
- **Double-cliquer** : consiste à pointer un élément, puis à appuyer rapidement deux fois sur le bouton gauche de la souris. Cela a pour effet, par exemple, d'exécuter le programme correspondant à une icône, ou de sélectionner un mot dans un traitement de texte.
- **Cliquer avec le bouton droit** : consiste à pointer un élément, puis à appuyer un bref instant sur le bouton droit de la souris. Cela a pour effet d'afficher une zone (appelée menu contextuel) contenant des commandes applicables à l'élément sur lequel vous avez cliqué.
- **Faire glisser** (ou glisser-déposer) : consiste à pointer un élément, à appuyer sur le bouton gauche de la souris sans le relâcher, à déplacer la souris sur un second élément ou une zone de destination, puis à relâcher le bouton. Cela a pour effet de déplacer le premier élément vers le second. Cette manipulation peut aussi s'effectuer dans certains cas avec le bouton droit.
- **Roulette** : cet accessoire, placé entre les deux boutons de certaines souris (figure 11), permet de faire défiler les pages d'un traitement de texte ou d'un site Internet, à la place des traditionnelles barres de défilement (voir plus loin dans ce chapitre).

Figure 11 Souris avec roulette.

Note Si vous êtes gaucher, vous pouvez inverser le rôle des boutons droit et gauche. Consultez le chapitre 24.

Découvrir le bureau

Après le démarrage, le bureau de Windows s'affiche (figure 12). Sur ce bureau sont placées des icônes (des dessins) qui correspondent à des outils mis à votre disposition. Le nombre d'icônes varie en fonction de l'installation de Windows et des programmes déjà présents sur votre ordinateur.

Icônes du bureau

Ces icônes sont celles installées par défaut par Windows, et celles des programmes que vous avez installés. Elles permettent de lancer des applications (traitement de texte, tableur, *etc.*) ou des outils Windows (Ordinateur, Corbeille, *etc.*). À l'installation, seule l'icône de la Corbeille est affichée.

Note Les grands constructeurs livrent leurs ordinateurs avec Windows 7 déjà installé ainsi que des applications et des utilitaires. Le bureau propose alors une multitude d'icônes.

Pour utiliser une icône du bureau, il suffit de la double-cliquer (deux clics rapides avec le bouton gauche de la souris). Après ce double clic, l'application ou l'outil choisi s'ouvre dans une fenêtre.

Figure 12 Bureau de Windows.

Sur le bureau, on peut découvrir d'autres éléments. Tout en bas de l'écran se trouve la barre des tâches, qui permet d'accéder aux applications ouvertes. Nous l'étudierons en détail dans le prochain chapitre. Le bouton Démarrer, dans la partie gauche de cette barre, permet d'ouvrir les applications.

On peut aussi trouver, sur le bureau, de petits gadgets fort utiles : pendule, météo, actualités, *etc.*

Menu Démarrer

Vous vous doutez bien que les quelques icônes du bureau ne suffiront pas pour utiliser Windows et les applications. Les autres icônes sont regroupées dans le menu Démarrer pour ne pas encombrer le bureau.

Les icônes sont en réalité des liens vers les programmes. Cette technique permet d'ajouter des liens vers un même programme à des endroits différents (le bureau et le menu Démarrer, par exemple). De plus, la suppression de ces icônes ne supprime pas le programme lui-même.

1. Cliquez le bouton **Démarrer** en bas à gauche de l'écran.
2. Le menu qui s'ouvre affiche deux colonnes :

La colonne gauche affiche la liste des dernières applications utilisées. Le menu « Tous les programmes », en bas de la colonne, permet d'accéder à toutes les applications installées sur votre ordinateur.

La colonne droite donne accès aux outils et à la configuration de Windows, ainsi qu'à vos documents.

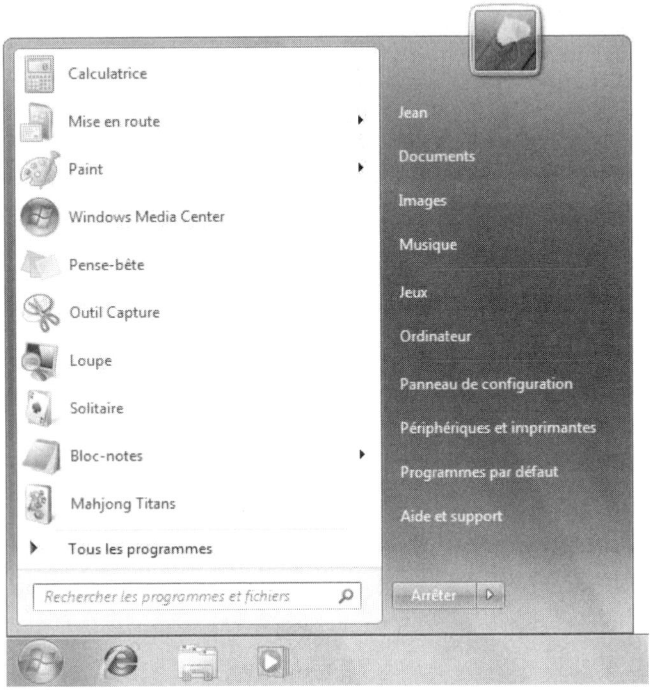

Figure 13 Menu Démarrer.

3. Pour accéder aux autres icônes, cliquez **Tous les programmes**.

4. Cliquez l'icône de l'application à ouvrir.

Certains groupes d'applications en contiennent tellement qu'il est nécessaire de les regrouper pour ne pas allonger indéfiniment la liste. Les liens vers ces applications sont placés dans des dossiers symbolisés par l'icône . Cliquez une de ces icônes pour afficher le contenu du dossier (figure 14).

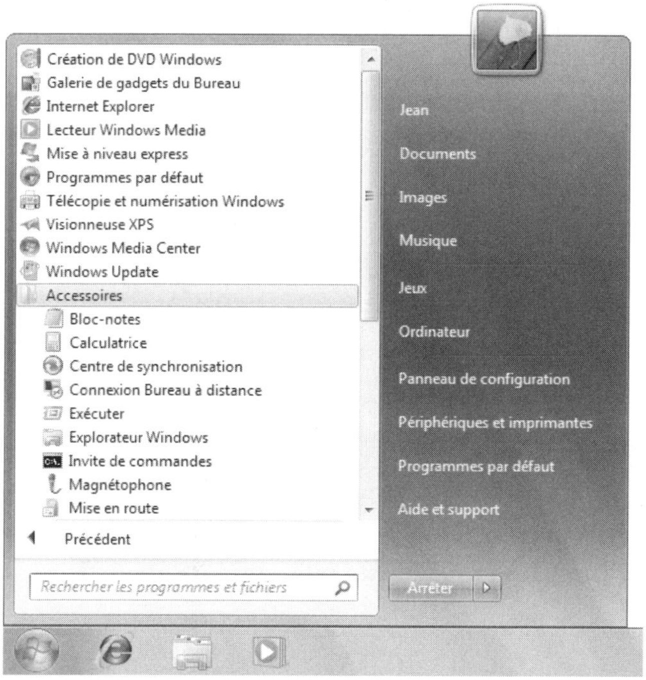

Figure 14 Exécution d'une application avec le menu Démarrer.

Barre des tâches

Dès qu'une application est ouverte, un nouveau bouton apparaît dans la barre des tâches. Cette barre montre les applications en cours d'exécution, et permet aussi de passer de l'une à l'autre. Les boutons des applications en cours sont encadrés. Il existe en effet des boutons à droite du bouton Démarrer qui permettent d'ouvrir des applications. Tant que ces boutons ne sont pas encadrés, l'application n'est pas active. Par défaut, la barre des tâches propose des boutons pour accéder aux applications Internet Exploreur (pour naviguer sur Internet), Explorateur Windows (pour parcourir le contenu de votre ordinateur) et Lecteur Windows Media (pour écouter de la musique et visionner des vidéos).

Note Pour modifier les applications présentes en permanence dans la barre des tâches, consultez le chapitre 1.

Cliquez dans la barre des tâches le bouton de l'application à placer au premier plan. La fenêtre de l'application choisie s'affiche au-dessus des autres fenêtres.

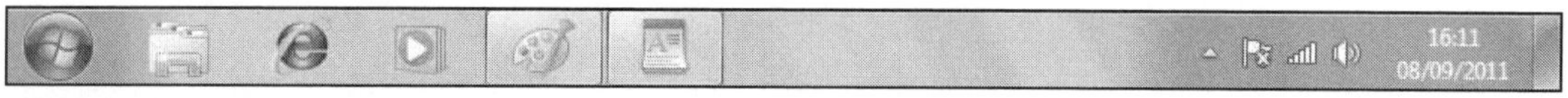

Figure 15 Barre des tâches.

Dans cet exemple, seules deux applications sont en cours d'exécution.

Autres éléments de la barre des tâches

Dans sa partie droite, appelée *zone de notification*, la barre des tâches affiche aussi l'heure et éventuellement la date, ainsi que de petites icônes pour les programmes exécutés par Windows (son, imprimante, connexion Internet, antivirus, *etc.*). Certaines de ces icônes sont masquées, mais restent accessibles quand on clique le bouton .

Si dans votre configuration la date ne s'affiche pas, pointez l'heure dans la barre des tâches. Après une seconde, une petite zone, appelée *info-bulle*, affiche la date.

Figure 16 Zone de notification de la barre des tâches et info-bulle de la date.

Connaître les éléments des fenêtres

Les applications s'ouvrent dans des cadres appelés *fenêtres*, d'où le nom de *Windows*, « fenêtres » en anglais. Ces fenêtres sont constituées de divers éléments que nous allons passer en revue. Découvrez-les à partir des figures ci-après. Ce premier exemple correspond à la nouvelle façon d'accéder aux commandes : le ruban.

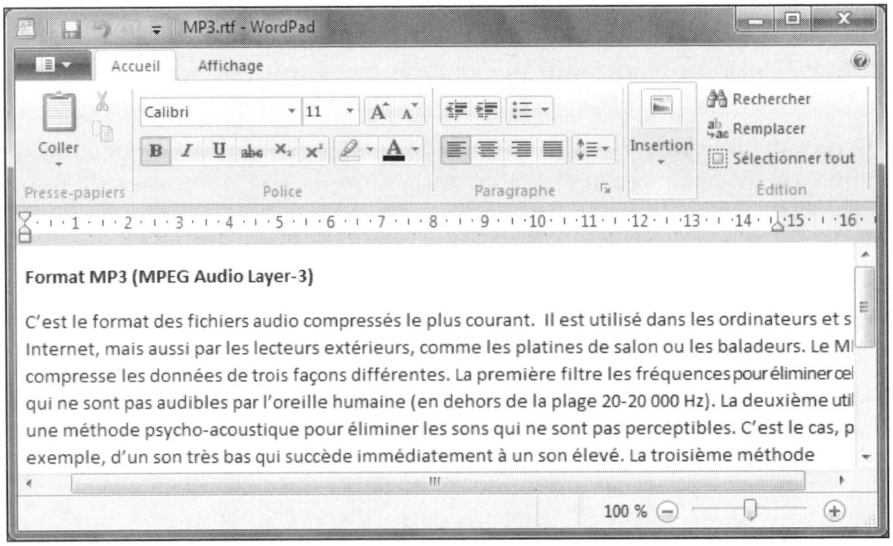

Figure 17 Fenêtre type d'une application Windows utilisant un Ruban.

Barre de titre

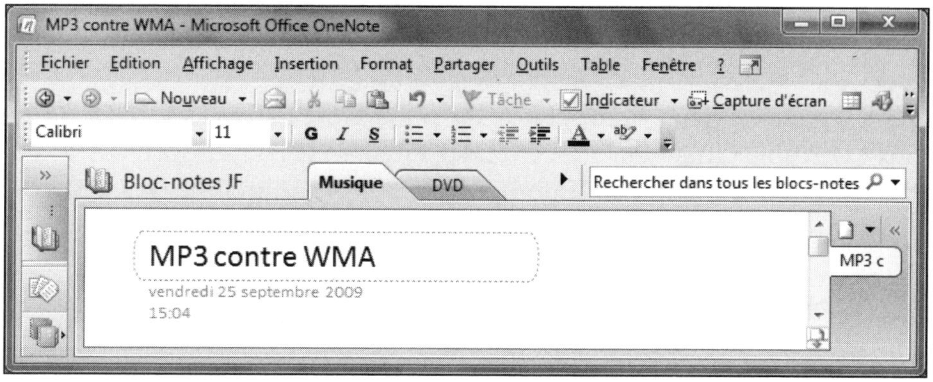

Située en haut des fenêtres, la barre de titre indique le nom de l'application et éventuellement le nom du document. C'est donc le moyen de repérer rapidement le contenu d'une fenêtre. Notez que certaines fenêtres propres à Windows n'ont pas de texte dans leur barre de titre.

Ruban

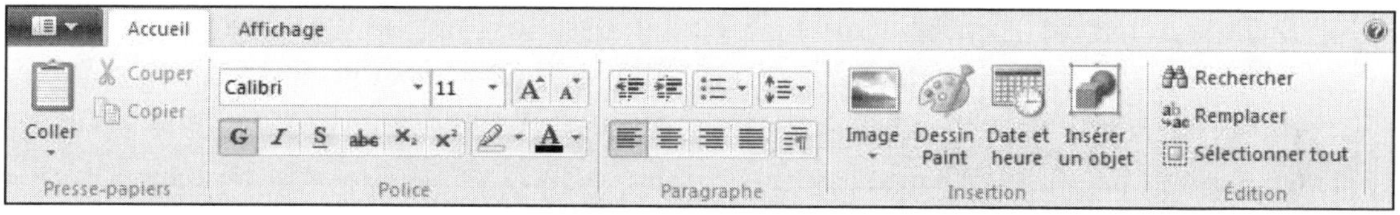

Le ruban regroupe presque toutes les commandes disponibles pour gérer l'application. Il remplace les menus et les barres d'outils devenus trop nombreux dans les anciennes versions.

Le ruban est en fait une barre d'outils dont chaque catégorie est accessible par des onglets. Dans chaque onglet se trouvent des groupes contenant des boutons ou des listes d'actions à réaliser.

Barre d'outils Accès rapide

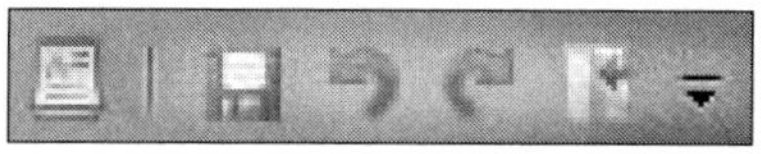

Les applications avec un ruban conservent au moins une barre d'outils : la barre d'outils Accès rapide. Par défaut, elle ne propose que quelques boutons pour les tâches courantes (enregistrement, annulation d'une action, *etc.*). Vous pouvez la modifier facilement pour l'adapter à votre façon de travailler.

Bouton d'application

Situé en haut à gauche (par exemple pour WordPad et Paint, ou pour les applications Microsoft Office 2007 ou l'onglet **Fichier** pour les applications Microsoft Office 2010), le bouton d'application donne accès aux commandes classiques comme l'ouverture, l'enregistrement ou l'impression des documents.

Barre d'état

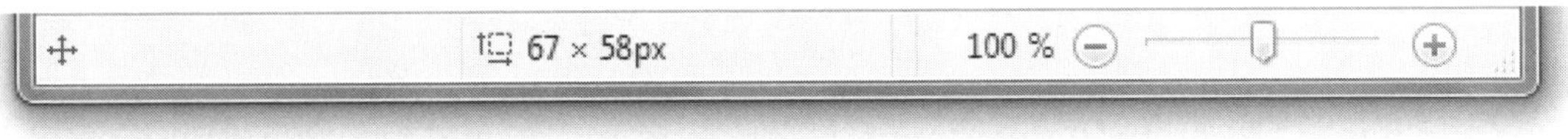

Située en bas des fenêtres, la barre d'état donne des indications sur les opérations effectuées par l'application ou des renseignements sur le document.

Barres de défilement

Si la fenêtre de l'application ne permet pas de voir l'intégralité du document, des barres de défilement apparaissent, soit à la verticale (des éléments sont cachés en haut et en bas), soit à l'horizontale (des éléments sont cachés à droite et à gauche).

Les barres de défilement s'emploient de trois façons :

- Pour déplacer le document lentement, cliquez les flèches aux extrémités.
- Pour vous déplacer à l'endroit de votre choix, cliquez et faites glisser le curseur.
- Pour vous déplacer rapidement, cliquez les parties claires (en dehors des flèches et du curseur).

Ce second exemple correspond à une application classique ne proposant pas de ruban.

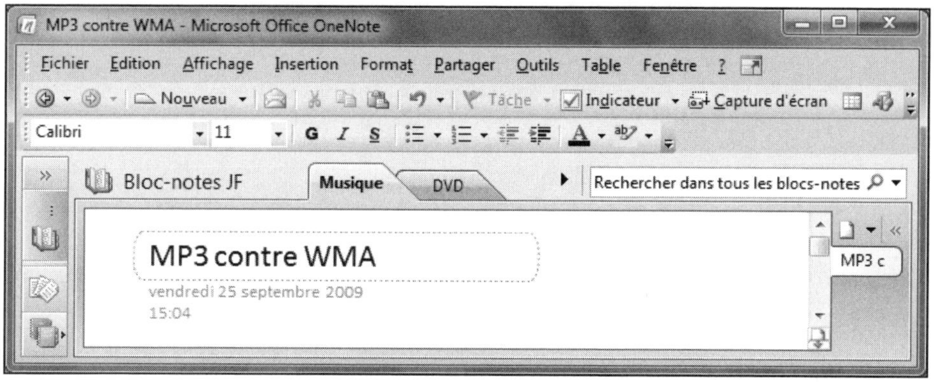

Figure 18 Fenêtre type d'une application Windows n'utilisant pas un ruban mais des menus et des barres d'outils.

Barre de menus

La barre de menus regroupe toutes les fonctions de l'application. Pour accéder à une commande, cliquez le nom du menu puis la commande dans la liste qui s'ouvre.

Si le menu ne s'affiche pas dans votre application, appuyez au préalable sur la touche **Alt**.

Barres d'outils

Les barres d'outils regroupent les commandes les plus utilisées pour vous épargner de chercher dans les menus. Chaque bouton compte un dessin qui représente la commande à exécuter.

Modifier une fenêtre

Après cette présentation du rôle des éléments importants des fenêtres, nous allons voir maintenant comment modifier leur taille et leur position à l'écran.

Agrandir, réduire ou fermer une fenêtre

La partie droite de la barre de titre propose trois boutons. Le bouton  permet de réduire la fenêtre. Elle est alors simplement masquée, et non fermée. Elle reste accessible par son bouton dans la barre des tâches (le bouton est encadré). Cela laisse de la place sur l'écran pour accéder à une autre fenêtre.

Figure 19 Fenêtre réduite.

Le bouton  permet d'agrandir la fenêtre de façon qu'elle occupe toute la surface de l'écran. Elle masque alors toutes les autres fenêtres.

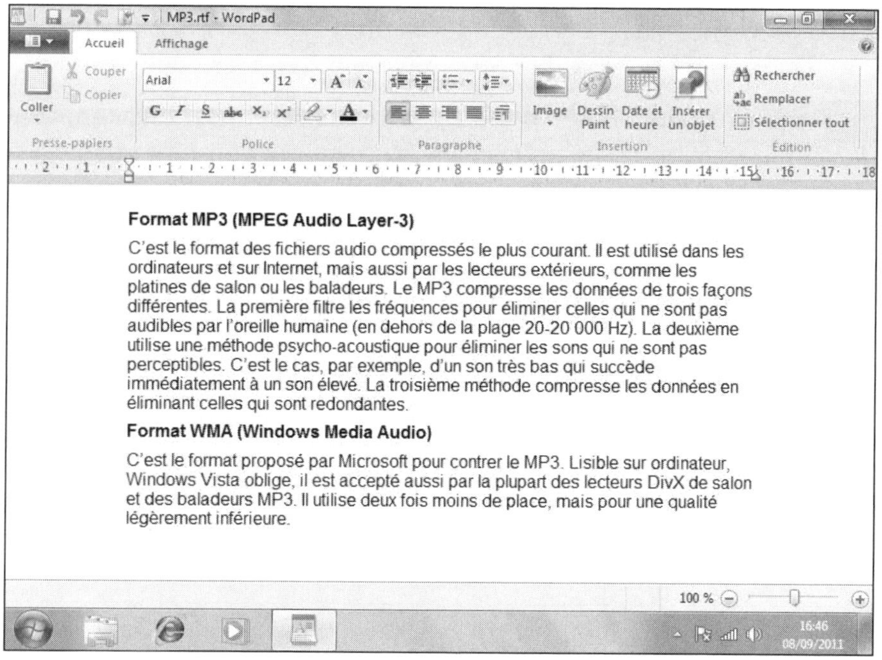

Figure 20 Fenêtre agrandie.

Le bouton  permet de restaurer la fenêtre à sa taille initiale, c'est-à-dire sa taille avant d'être agrandie.

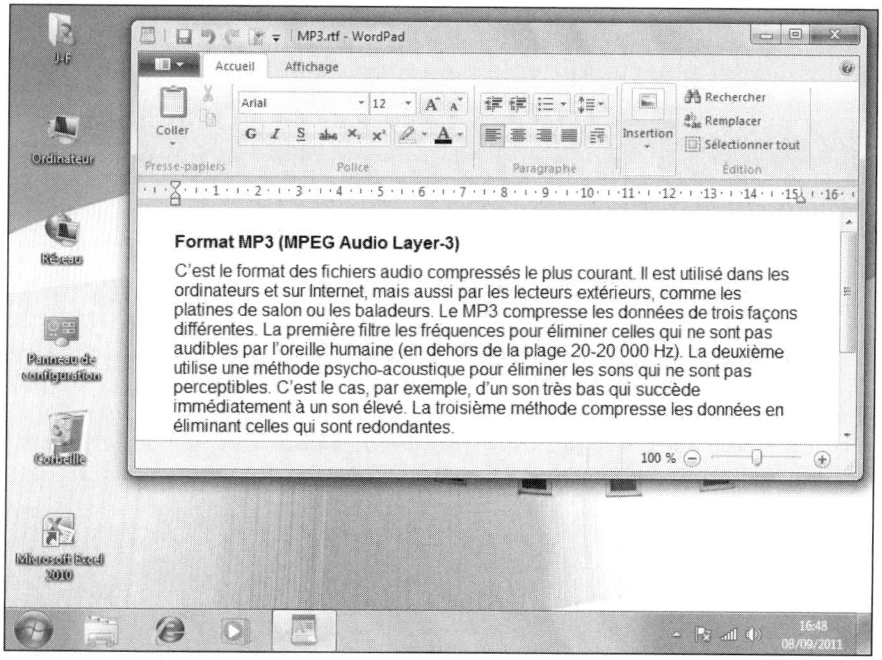

Figure 21 Fenêtre restaurée.

Notez que les boutons et alternent. Le bouton est visible quand la fenêtre est agrandie, et le bouton est visible quand la fenêtre est à sa taille initiale.

Le bouton permet de fermer définitivement la fenêtre. Fermer une fenêtre revient à terminer l'application. Si vous avez des documents non enregistrés, vous êtes invité à effectuer une sauvegarde.

Astuce Au lieu d'utiliser les boutons et , vous pouvez agrandir ou restaurer rapidement une fenêtre en double-cliquant sa barre de titre.

Déplacer une fenêtre

Pour organiser vos fenêtres, vous pouvez les déplacer sur toute la surface de l'écran. Il suffit de cliquer et de faire glisser leur barre de titre. Vous ne pouvez pas déplacer une fenêtre agrandie puisqu'elle occupe déjà toute la surface de votre écran ; vous devez au préalable la restaurer en cliquant le bouton .

Redimensionner une fenêtre

Quand une fenêtre n'est pas agrandie, vous pouvez modifier sa taille de trois façons :

- Pointez le bord gauche ou droit de la fenêtre. Le curseur prend la forme ⇔. Cliquez et faites glisser pour modifier la largeur de la fenêtre.
- Pointez le bord en haut ou en bas de la fenêtre. Le curseur prend la forme ⇕. Cliquez et faites glisser pour modifier la hauteur de la fenêtre.
- Pointez un des quatre coins de la fenêtre. Le curseur prend la forme ⤡ ou ⤢. Cliquez et faites glisser pour modifier la hauteur et la largeur en même temps.

Modifier les fenêtres avec le clavier

Vous pouvez aussi modifier une fenêtre avec les touches du clavier :

- Appuyez plusieurs fois sur les touches + **Flèche gauche** ou + **Flèche droite** pour placer successivement la fenêtre à gauche, au centre, ou à droite de l'écran.
- Appuyez plusieurs fois sur les touches + **Flèche Haut** ou + **Flèche bas** pour agrandir, restaurer ou réduire la fenêtre.

Boîtes de dialogue

Une boîte de dialogue est une petite fenêtre qui donne accès aux paramètres et aux options d'une application. Elle n'est ni redimensionnable ni réductible. Tant qu'elle est ouverte, il est impossible d'accéder à la fenêtre principale de l'application qui l'a ouverte.

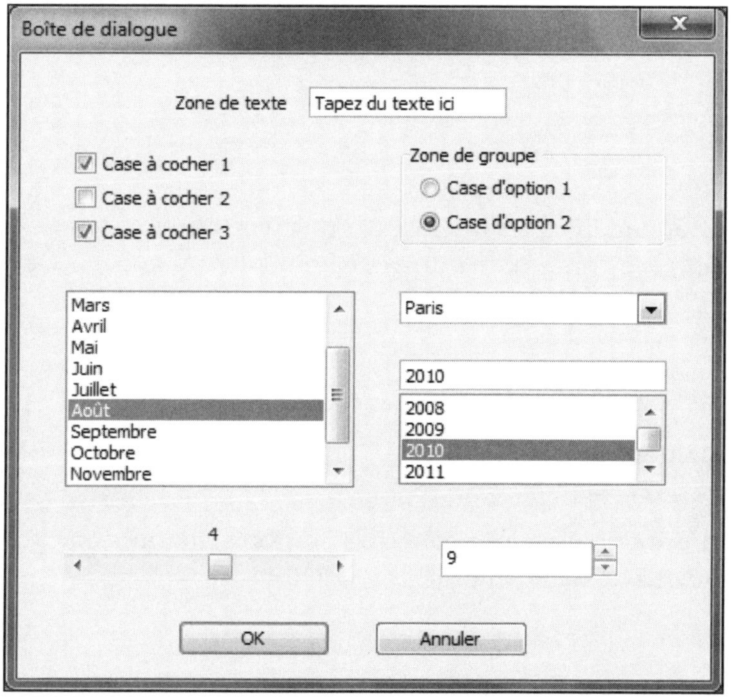

Figure 22 Boîte de dialogue pour la saisie de paramètres.

Une boîte de dialogue est composée de divers éléments permettant d'effectuer des choix sous des formes différentes.

Cases d'options

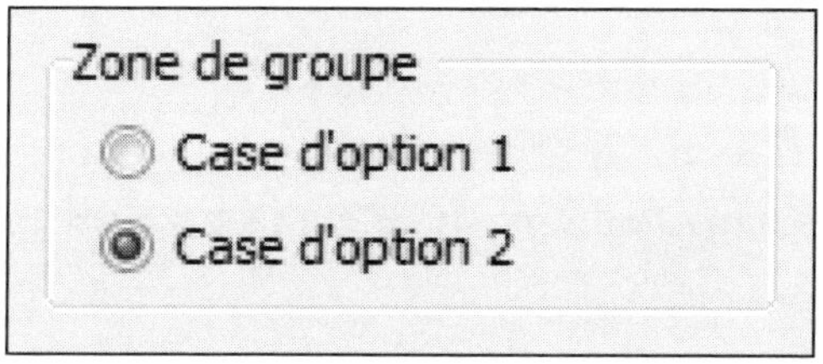

Les cases d'options sont toujours par groupes de deux au minimum. Au moins une des cases est cochée. En cochant une nouvelle case, vous décochez automatiquement celle précédemment sélectionnée.

Cases à cocher

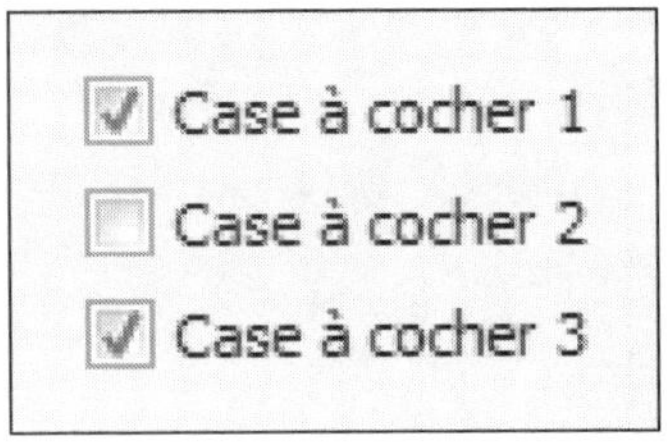

Les cases à cocher sont indépendantes les unes des autres. Vous pouvez cocher ou décocher une case sans modifier le contenu des autres cases.

Zones de texte

Les zones de texte permettent de saisir des textes, des nombres, des mots de passe, *etc.* Cliquez la zone puis tapez votre texte au clavier.

Zones de liste

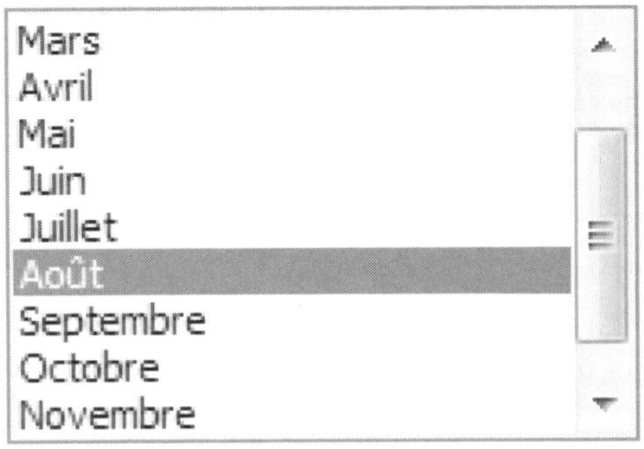

Les zones de liste permettent de sélectionner une valeur parmi celles proposées. Vous ne pouvez pas saisir d'autres valeurs.

Listes déroulantes

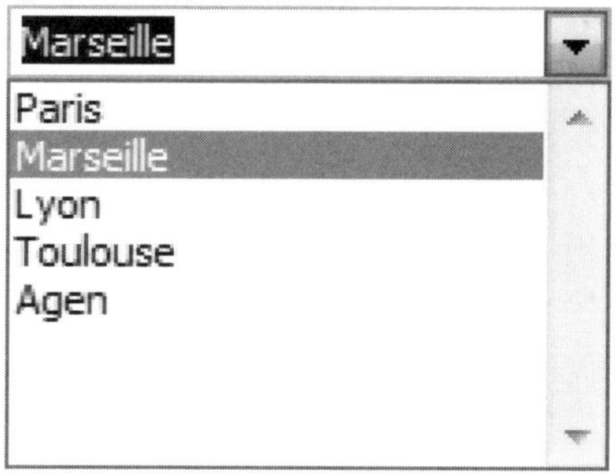

Les listes déroulantes n'affichent qu'une seule valeur. Pour la choisir, cliquez la flèche en regard pour afficher la liste des valeurs disponibles. Certaines listes déroulantes dites « modifiables » permettent de saisir des valeurs autres que celles proposées.

Listes combinées

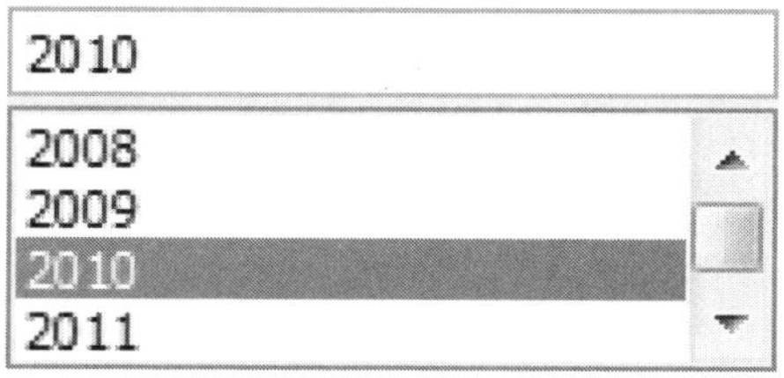

Les listes combinées associent une zone de texte et une zone de liste. Vous pouvez saisir une donnée ou la choisir directement dans la liste en dessous.

Compteurs

Les compteurs permettent de saisir des nombres. Tapez directement le nombre dans la zone de texte associée ou cliquez les flèches en regard pour augmenter ou diminuer la valeur.

Barres de défilement

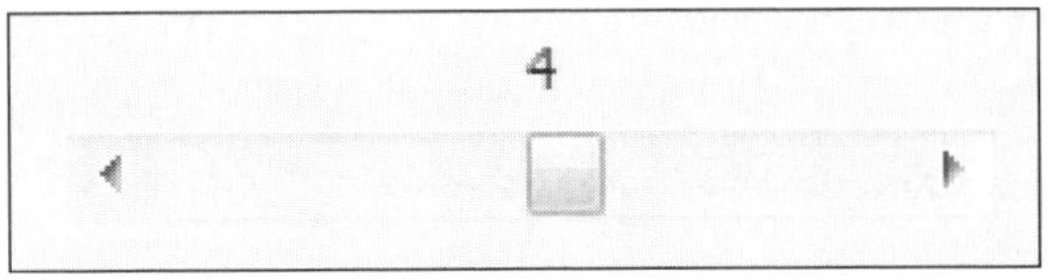

Les barres de défilement peuvent aussi être proposées pour saisir des valeurs. Utilisez-les comme nous l'avons vu plus haut dans ce chapitre afin de modifier le nombre associé.

Onglets

Si les paramètres modifiables sont très nombreux, ils sont regroupés par thèmes dans des onglets, comme dans un répertoire téléphonique. Cliquez ces onglets pour trouver les valeurs à modifier.

Raccourcis clavier

Raccourcis des menus

Applications proposant des menus

Si vous ne désirez pas utiliser la souris, vous pouvez ouvrir un menu en maintenant la touche **Alt** enfoncée et en appuyant sur la touche de la lettre soulignée. Quand le menu est ouvert, appuyez sur la touche qui correspond à la lettre soulignée de la commande à exécuter.

Dans l'exemple de la figure 23, la commande **Ouvrir** peut être exécutée avec la combinaison **Alt** + **F** (menu **Fichier**) puis la touche **O** (commande **Ouvrir**).

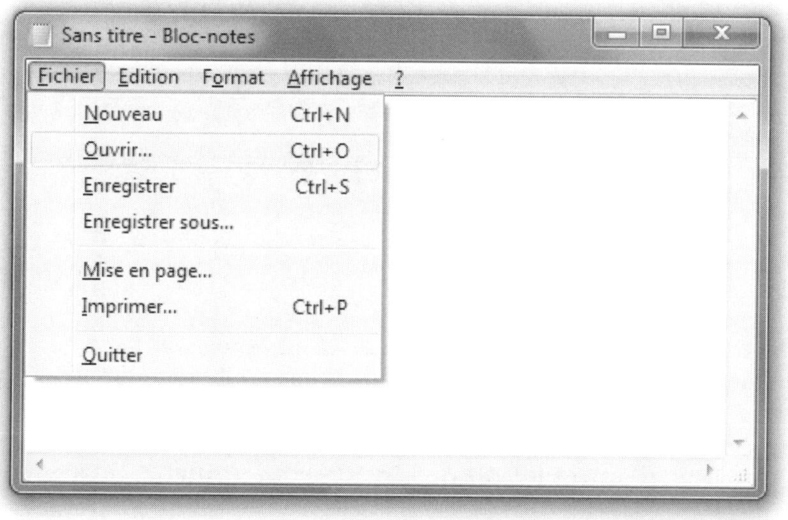

Figure 23 Exécution d'une commande avec des touches dans une application proposant des menus.

Application avec un ruban

Pour les applications avec un ruban, appuyez simplement sur la touche **Alt**. Des lettres ou des chiffres vont automatiquement apparaître sur chaque onglet, ainsi que sur la barre d'outils Accès rapide ou le bouton d'application. Appuyez ensuite sur la lettre correspondant à l'onglet à ouvrir ou la commande à exécuter.

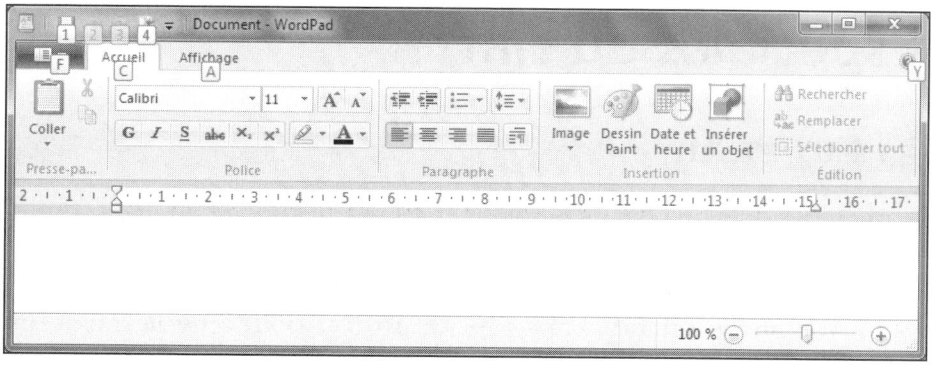

Figure 24 Sélection d'un onglet avec des touches dans une application avec un ruban.

Note Pour ne plus utiliser les commandes *via* le clavier, appuyez simplement sur la touche **Echap**. Vous pouvez aussi effectuer directement une sélection avec la souris.

Une fois l'onglet sélectionné, d'autres lettres ou chiffres s'affichent. Appuyez sur la lettre ou le chiffre correspondant à la commande à exécuter.

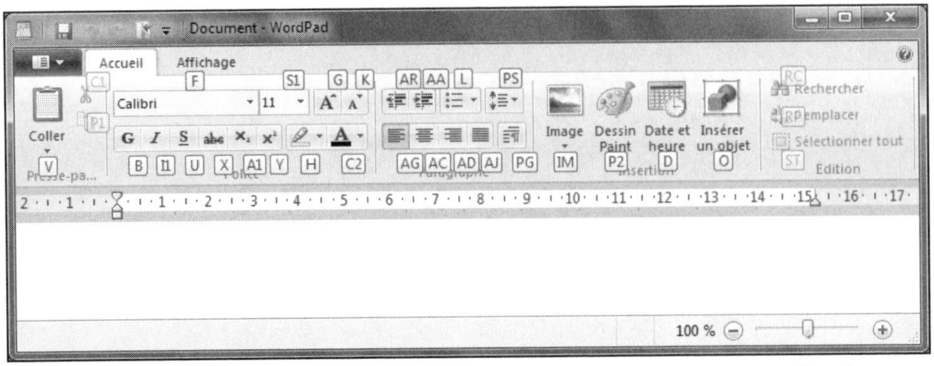

Figure 25 Exécution d'une commande avec des touches dans une application proposant un ruban.

Si vous avez choisi une liste, d'autres lettres ou chiffres vont s'afficher, et ainsi de suite.

Raccourcis directs

Certaines commandes sont accessibles par des combinaisons de touches. Ces combinaisons sont affichées dans les menus des applications. Dans l'exemple de la figure 23, la commande **Ouvrir** peut être exécutée directement par la combinaison de touches **Ctrl** + **O**.

Note Vous trouverez dans l'annexe de ce livre l'essentiel des raccourcis clavier de Windows.

Touches spéciales du clavier

Touches Ctrl et Alt

Associée à une lettre ou à un chiffre, la touche **Ctrl** permet d'exécuter des commandes. Par exemple, dans une application, la combinaison de touches **Ctrl** + **O** permet d'ouvrir un document. Maintenez enfoncée la touche **Ctrl** à gauche ou à droite sur le clavier, puis appuyez sur la touche **O**. La touche **Alt** fonctionne de la même manière et permet d'ouvrir les menus. Maintenez la touche **Alt** enfoncée, puis appuyez sur la lettre qui correspond à la lettre soulignée du menu. Par exemple, pour ouvrir le menu **Fichier**, il faut utiliser la combinaison de touches **Alt** + **F**. Quand le menu est ouvert, appuyez sur la touche qui correspond à la lettre soulignée de la commande à exécuter, par exemple la touche **O** pour la commande **Ouvrir**.

Touches Majuscule, Verrouillage majuscule et Tabulation

Ces trois touches ont les mêmes fonctions que sur une machine à écrire. Maintenez la touche **Majuscule** (nommée aussi **Maj**) enfoncée et appuyez sur la lettre que vous voulez obtenir en majuscule. Pour ne taper que des lettres en majuscules, appuyez sur la touche **Verrouillage majuscule**. Pour revenir aux minuscules, appuyez de nouveau sur la touche **Verrouillage majuscule**. La touche de **Tabulation** (nommée aussi **Tab**) déplace le curseur sur la tabulation suivante. Elle permet aussi de passer à l'élément suivant dans une boîte de dialogue.

Touches Suppr et Retour arrière

La touche **Suppr** supprime le caractère à droite du curseur. La touche **Retour arrière** supprime le caractère à gauche du curseur. La touche **Suppr** est aussi utilisée pour supprimer l'élément sélectionné.

Flèches de déplacement

Les flèches permettent de déplacer le curseur à l'intérieur du texte. Les flèches **Haut** et **Bas** permettent de monter ou de descendre d'une ligne. Les flèches **Gauche** et **Droite** permettent de se déplacer vers le caractère précédent ou vers le suivant.

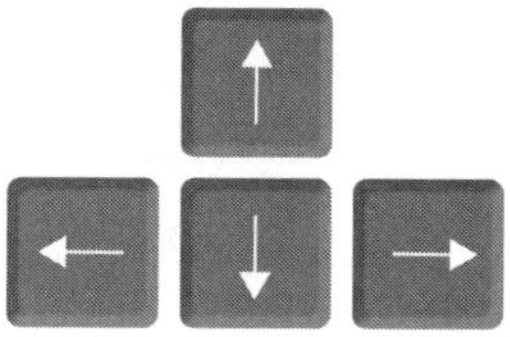

Touche Alt Gr

Certaines touches proposent trois caractères différents. La touche **Alt Gr** permet d'obtenir le deuxième caractère en bas des touches. Par exemple, pour obtenir le symbole **@**, maintenez la touche **Alt Gr** enfoncée puis appuyez sur la touche **à**.

Conseil L'informatique utilise un « jargon » qu'il est nécessaire de connaître. Vous trouverez à la fin de ce livre un glossaire qui regroupe les termes les plus employés.

PARTIE I PREMIERS PAS AVEC WINDOWS 7

Chapitre 1

Découvrir le bureau et la barre des tâches

Dans ce chapitre

- Gérer les applications
- Modifier la barre des tâches
- Modifier le menu Démarrer
- Gérer la zone de notification
- Modifier la date et l'heure
- Régler le son
- Utiliser les gadgets
- Quitter un programme récalcitrant
- Fermer, redémarrer ou mettre en veille Windows

La barre des tâches, avec son bouton Démarrer, est le centre d'accès aux principales fonctions de votre ordinateur. Ce chapitre vous dévoilera bien sûr ces fonctions, et vous fera aussi découvrir l'essentiel des éléments nécessaires pour maîtriser totalement la barre des tâches. Citons, entre autres, le réglage de la date et du son, l'utilisation des gadgets ou la fermeture de Windows.

Accéder plus facilement aux applications

Comme on utilise souvent les mêmes applications, il est plus simple d'ajouter des raccourcis définitifs dans le menu Démarrer ou la barre des tâches.

Épingler un raccourci dans le menu Démarrer

Windows change les raccourcis du menu Démarrer en fonction des dernières applications utilisées. Ajoutez des raccourcis permanents vers vos applications préférées pour qu'ils restent définitivement au début du menu.

1. Recherchez le raccourci vers votre application dans le menu **Démarrer**, dans le menu **Tous les programmes**, ou sur le bureau.
2. Cliquez le raccourci avec le bouton droit.
3. Cliquez la commande **Épingler au menu Démarrer** dans le menu contextuel.

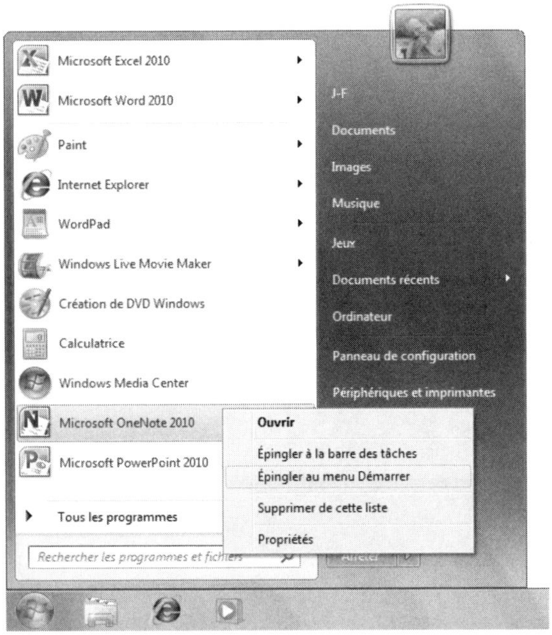

Figure 1-1 Raccourcis épinglés dans le menu Démarrer.

Dans cet exemple, on ajoute un raccourci pour l'application OneNote. Les applications Excel et Word sont déjà épinglées au début du menu Démarrer.

Épingler un raccourci dans la barre des tâches

Comme pour le menu Démarrer, vous pouvez ajouter des raccourcis vers vos applications favorites dans la barre des tâches.

1. Recherchez le raccourci vers votre application dans le menu **Démarrer**, dans le menu **Tous les programmes**, sur le bureau, ou dans la barre des tâches si l'application est actuellement ouverte.
2. Cliquez le raccourci avec le bouton droit.
3. Cliquez la commande **Épingler ce programme à la barre des tâches** dans le menu contextuel.

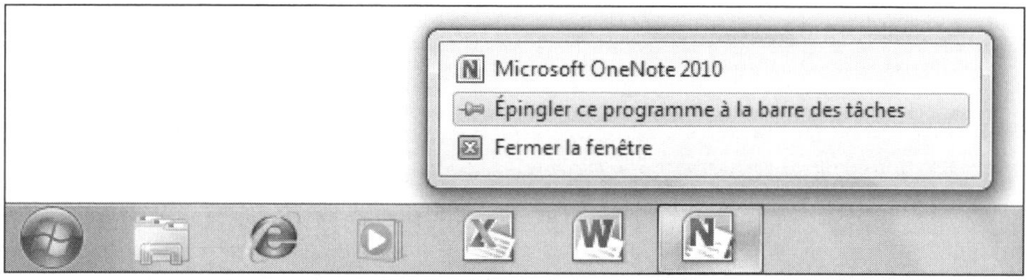

Figure 1-2 Raccourcis épinglés dans la barre des tâches.

Dans cet exemple, on ajoute un raccourci vers l'application PowerPoint. Les applications Excel et Word sont déjà épinglées dans la barre des tâches. On y retrouve aussi les trois applications épinglées par défaut : l'Explorateur, Internet Explorer et le Lecteur Windows Media.

Note Pour retirer un raccourci épinglé dans le menu Démarrer ou la barre des tâches, cliquez-le avec le bouton droit de la souris, puis choisissez la commande **Détacher du menu Démarrer** ou **Détacher ce programme de la barre des tâches**.

Gérer les applications

Si la barre des tâches, avec son bouton Démarrer, est le sésame pour ouvrir vos applications et vos documents, elle donne aussi accès aux applications en cours. En effet, Windows 7 est « multitâche ». Cela signifie que vous pouvez ouvrir plusieurs applications en même temps. Permettre de passer de l'une à l'autre est le rôle principal de la barre des tâches.

Changer d'application

Pour chaque application, un bouton apparaît dans la barre des tâches. Le bouton en surbrillance correspond à celui de l'application active, c'est-à-dire celle au premier plan (les boutons qui ne sont pas encadrés correspondent à des raccourcis et non à des applications en cours d'exécution).

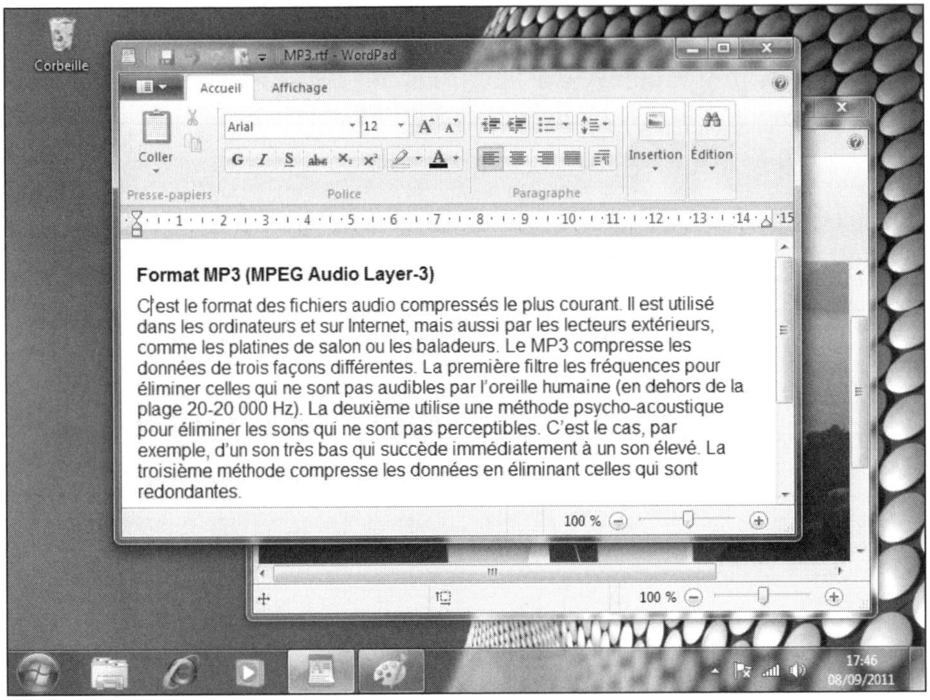

Figure 1-3 Barre des tâches avec plusieurs applications ouvertes. L'application WordPad est au premier plan.

Note Pour ouvrir une application, consultez le chapitre d'introduction.

Cliquez dans la barre des tâches le bouton de l'application à placer au premier plan. La fenêtre de l'application choisie passe au premier plan. Son bouton est en surbrillance, celui de l'application précédemment active ne l'est plus (figure 1-4).

Figure 1-4 Barre des tâches avec plusieurs applications ouvertes. L'application Paint est au premier plan.

S'il y a trop d'applications ouvertes en même temps, les boutons sont répartis sur plusieurs lignes. Cliquez les flèches du bouton pour changer de ligne. Pointez le bouton d'une application pour afficher son nom complet dans une info-bulle (figure 1-5).

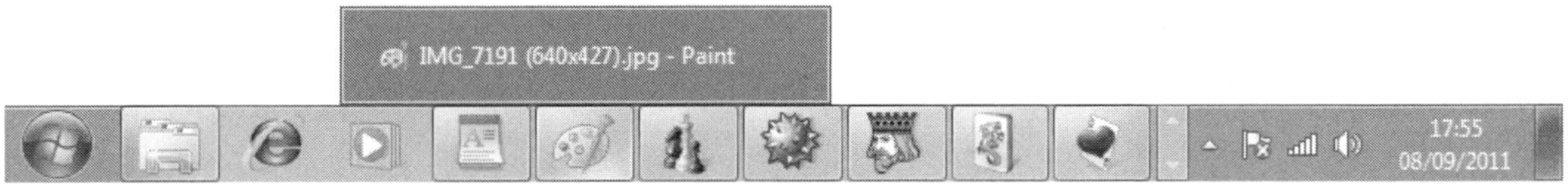

Figure 1-5 Info-bulle d'une application dans la barre des tâches.

Vous pouvez changer rapidement d'application en maintenant la touche **Alt** enfoncée, puis en appuyant plusieurs fois sur la touche **Tab** pour choisir l'une d'elles. Une fenêtre avec les icônes des applications en cours et le nom de l'application choisie vous y aidera (figure 1-6). Relâchez la touche **Alt** quand la bonne application est sélectionnée.

Figure 1-6 Boîte de changement d'application.

Activer le mode Aero

Si les caractéristiques de votre ordinateur le permettent, vous pouvez activer le mode d'affichage Aero. Dans ce mode, les info-bulles des boutons de la barre des tâches sont remplacées par le contenu des fenêtres en miniature.

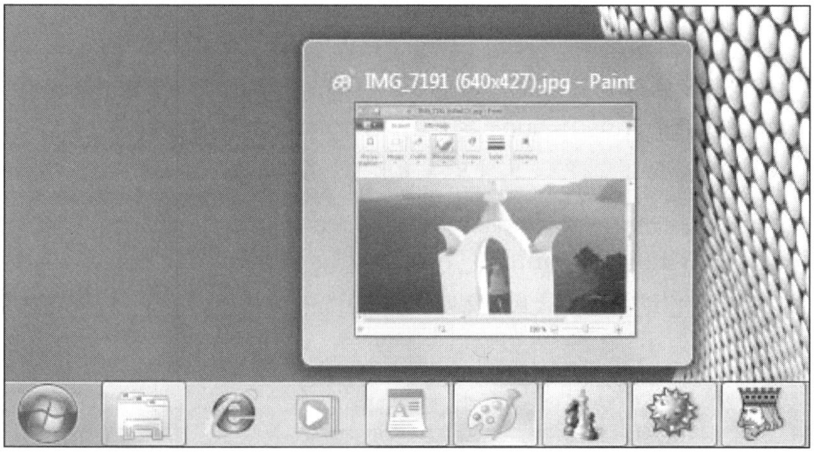

Figure 1-7 Miniature du mode Aero.

De même, dans ce mode, si vous changez d'application avec les touches **Alt** + **Tab**, les icônes d'applications sont aussi remplacées par des miniatures.

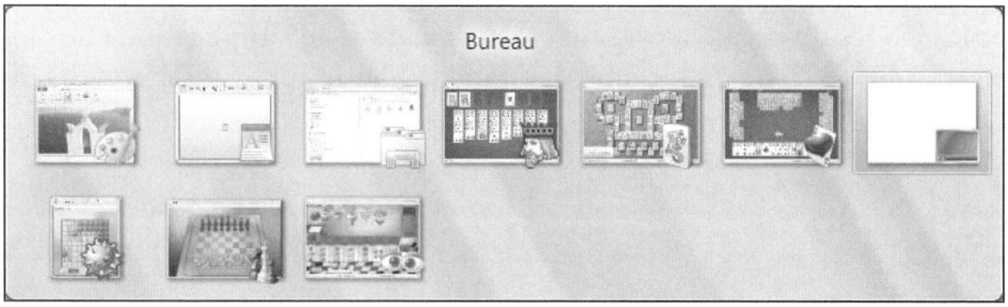

Figure 1-8 Boîte de changement d'application en mode Aero.

Le mode Aero offre une autre solution pour accéder à une application. Maintenez la touche enfoncée, puis, sans la relâcher, appuyez plusieurs fois sur la touche **Tab**. Les fenêtres des applications ainsi que le bureau s'affichent sous forme d'images superposées. Quand l'image de l'application à activer se trouve au premier plan, relâchez la touche . Si vous choisissez l'image du bureau, toutes les applications sont réduites.

Figure 1-9 Changement d'application en mode Aero.

Vous avez pu remarquer dans des écrans précédents de ce livre (la figure 1-4, par exemple), que les bords de certaines fenêtres sont transparents et laissent apercevoir le bureau ou d'autres fenêtres. C'est une autre des caractéristiques du mode Aero.

Pour activer le mode Aero et la transparence, suivez ces étapes :

1. Cliquez avec le bouton droit le fond du bureau sur une zone vide. Cliquez la commande **Personnaliser** dans le menu contextuel.

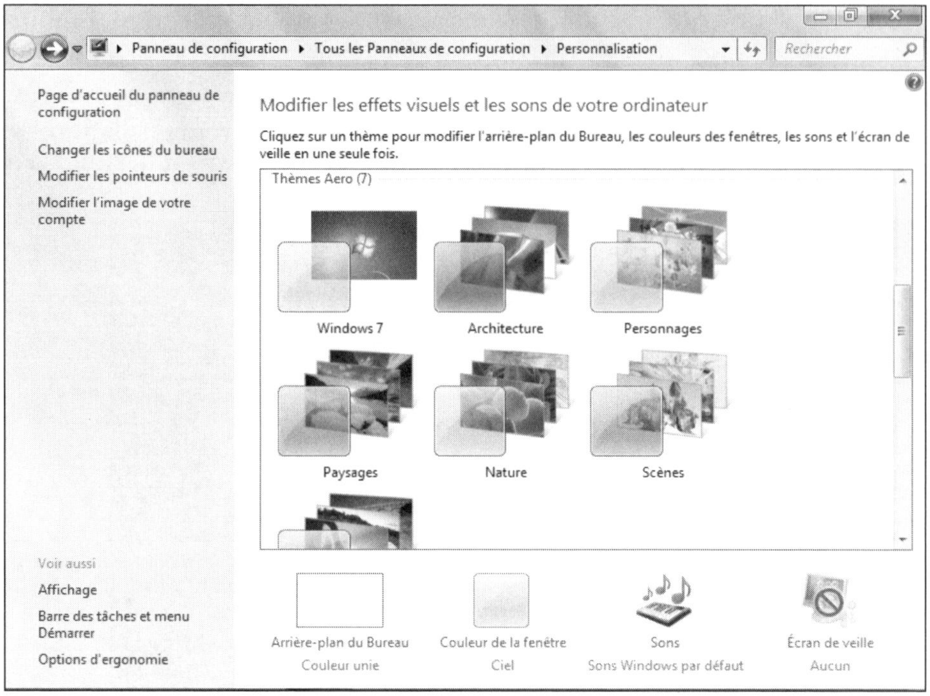

Figure 1-10 Fenêtre de personnalisation de Windows.

2. Dans la liste du milieu, cliquez un thème dans le groupe **Thèmes Aero**.
3. Cliquez le lien **Couleur de la fenêtre**. Un lien est un texte qui vous dirige vers un autre emplacement. Quand on le pointe, le curseur de souris prend la forme .
4. Cochez la case **Activer la transparence**.
5. Cliquez le bouton **Enregistrer les modifications** pour valider.
6. Cliquez le bouton pour fermer la fenêtre de personnalisation.

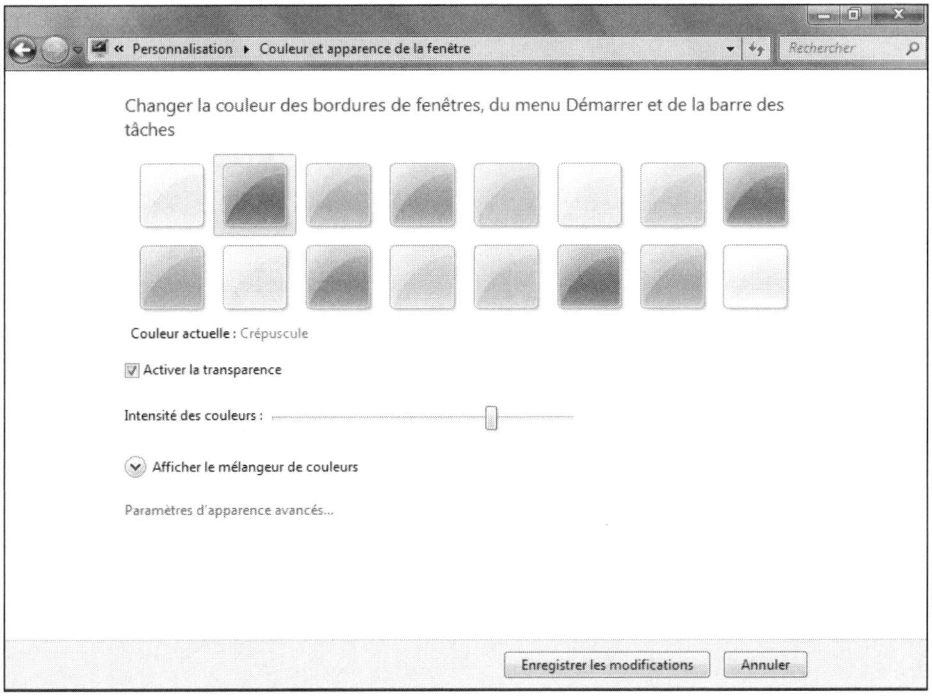

Figure 1-11 Activation du mode Aero.

Note Si vous n'avez pas la boîte de la figure 1-11, votre ordinateur ne permet pas l'affichage en mode Aero.

Note Si vous désirez un jour désactiver le mode Aero, cliquez **Windows 7 Basic** dans le groupe **Thème de base** de la fenêtre de personnalisation.

Organiser les fenêtres

Vous aurez peut-être besoin de travailler avec plusieurs applications visibles simultanément. Si les fenêtres se superposent, organisez-les afin de pouvoir toutes les visualiser ; vous y verrez plus clair. N'en abusez pas pour autant. Au-delà de quatre fenêtres, voire deux si votre écran est petit, l'affichage risque d'être très embrouillé. Windows propose trois modes d'affichage.

Cascade

1. Cliquez avec le bouton droit une zone vide de la barre des tâches.
2. Cliquez la commande **Cascade** dans le menu contextuel.

   Les fenêtres se superposent. Toutes les barres de titre sont visibles (figure 1-12).

Figure 1-12 Fenêtres en cascade.

3. Cliquez la barre de titre de l'application à placer au premier plan.

Empilées

1. Cliquez avec le bouton droit une zone vide de la barre des tâches.
2. Cliquez la commande **Afficher les fenêtres empilées** dans le menu contextuel.

   Les fenêtres sont les unes au-dessus des autres. Toutes sont visibles (figure 1-13).

Figure 1-13 Fenêtres empilées.

Côte à côte

1. Cliquez avec le bouton droit une zone vide de la barre des tâches.
2. Cliquez la commande **Afficher les fenêtres côte à côte** dans le menu contextuel.

   Les fenêtres sont côte à côte. Toutes sont visibles (figure 1-14).

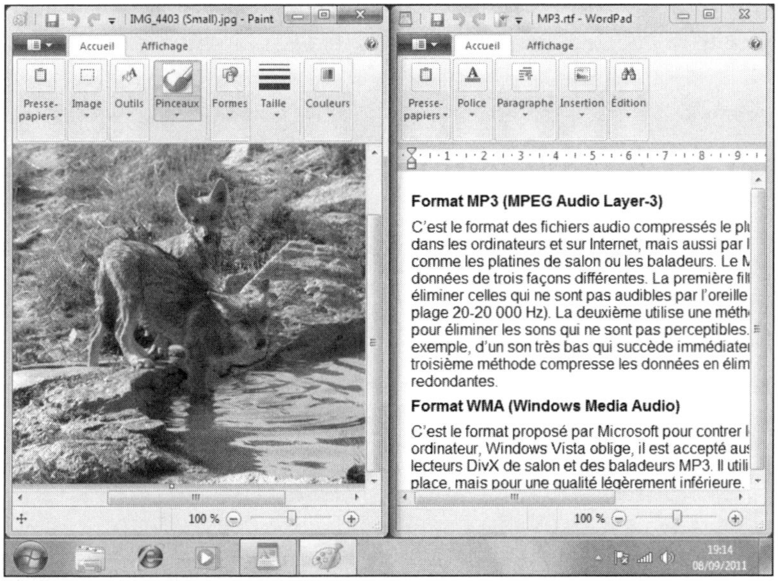

Figure 1-14 Fenêtres côte à côte.

Note Pour annuler l'organisation des fenêtres, cliquez avec le bouton droit une zone vide de la barre des tâches, puis la commande **Annuler Cascade, Annuler Afficher empilées** ou **Annuler Afficher côte à côte** dans le menu contextuel.

Afficher le bureau sans fermer les applications

Pour revenir au bureau, inutile de fermer ou de réduire une à une les applications en cours. Windows propose plusieurs solutions pour afficher directement le bureau.

Dans la barre des tâches :

1. Cliquez le bouton situé à l'extrême droite de la barre des tâches.

En mode Aero :

1. Maintenez la touche enfoncée, puis appuyez plusieurs fois sur la touche **Tab** pour sélectionner le bureau.

Avec la souris :

1. Cliquez avec le bouton droit une zone vide de la barre des tâches.
2. Cliquez la commande **Afficher le bureau** dans le menu contextuel.

Avec le clavier :

1. Tapez + **D** (D pour *Desk*, « bureau » en anglais).

Pour réafficher les applications :

1. Répétez une des solutions proposées pour afficher le bureau (cliquez la commande **Afficher les fenêtres ouvertes** si vous utilisez la souris).

Modifier la barre des tâches

Verrouiller et déverrouiller la barre des tâches

Par défaut, la barre des tâches est verrouillée, de façon qu'elle ne soit pas modifiée par erreur. Vous devez la déverrouiller pour la modifier.

1. Cliquez avec le bouton droit une zone vide de la barre des tâches.
2. Cliquez la commande **Verrouiller la Barre des tâches** dans le menu contextuel pour ôter la coche.
3. Pour verrouiller de nouveau la barre des tâches, répétez les étapes **1** et **2** pour cocher l'option.

Déplacer la barre des tâches

La barre des tâches peut se placer sur l'un des quatre côtés de l'écran. À vous de choisir !

1. Pointez une zone vide de la barre des tâches.
2. Cliquez et faites glisser vers l'un des trois autres côtés de l'écran.

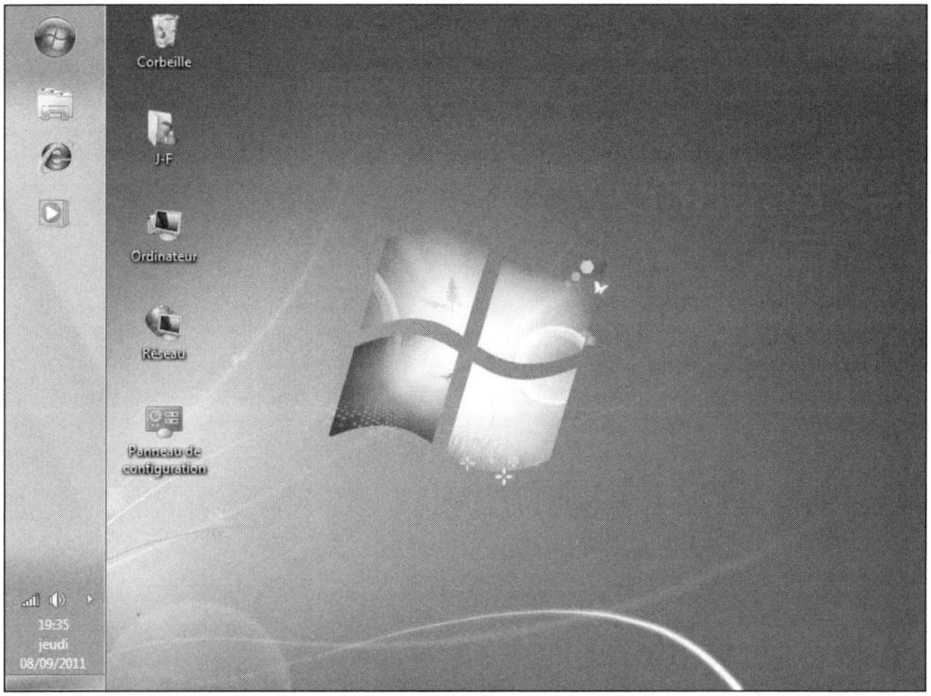

Figure 1-15 Barre des tâches déplacée.

La barre se trouve maintenant sur l'un des autres côtés de l'écran.

Redimensionner la barre des tâches

Lorsque vous ouvrez de nombreuses applications en même temps, choisissez d'agrandir la barre des tâches. Cela vous permet aussi d'ajouter vos propres barres d'outils.

1. Pointez le bord de la barre des tâches (le pointeur de la souris prend la forme ⇔ ou ⇕).
2. Cliquez et faites glisser pour augmenter la hauteur.

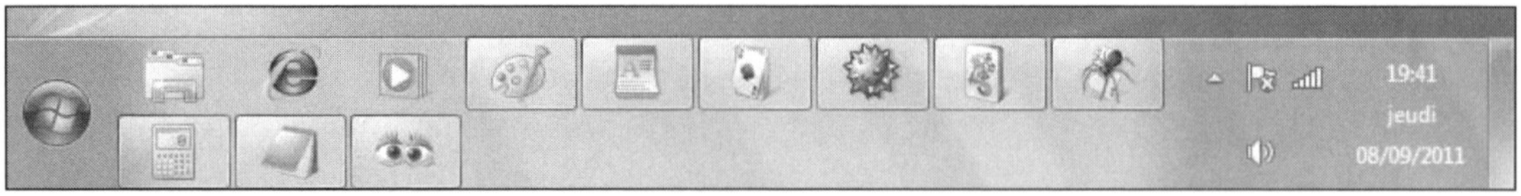

Figure 1-16 Barre des tâches redimensionnée.

La barre des tâches adopte la nouvelle taille. Elle affiche plus de boutons pour vos applications.

Modifier l'affichage de la barre des tâches

1. Cliquez avec le bouton droit une zone vide de la barre des tâches.
2. Cliquez la commande **Propriétés** dans le menu contextuel.
3. Cliquez l'onglet **Barre des tâches** dans la boîte qui s'ouvre.

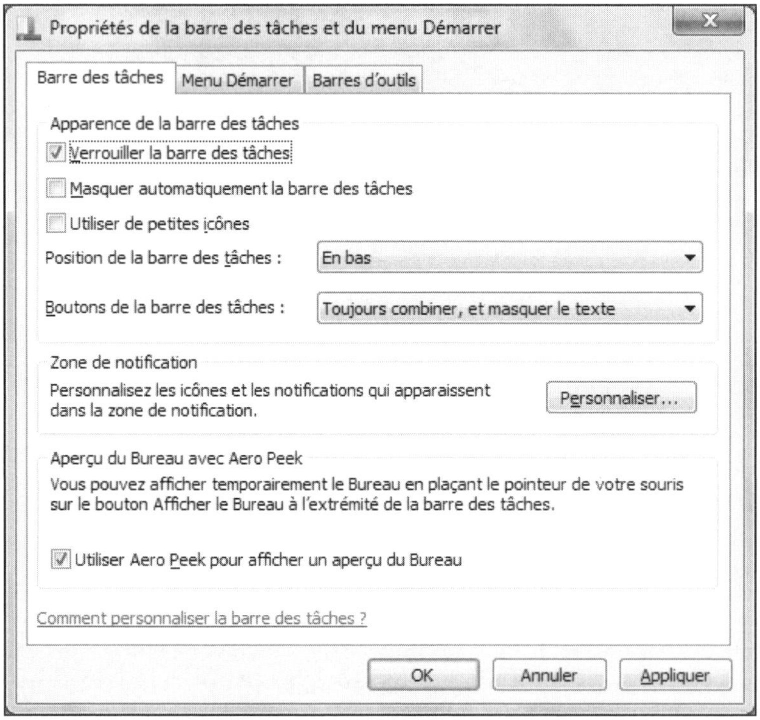

Figure 1-17 Boîte des propriétés de la barre des tâches.

La boîte Propriétés de la Barre de tâches et du menu Démarrer propose plusieurs options :

- **Verrouiller la Barre des tâches** : vous ne pouvez plus déplacer la barre des tâches pour la placer sur un autre bord de l'écran.

- **Masquer automatiquement…** : la barre des tâches est masquée dès qu'une fenêtre est active. Cela libère de la place pour vos applications.
- **Utiliser de petites icônes** : la barre est réduite de moitié. Comme les boutons sont plus petits, la barre peut en contenir une plus grande quantité avant de les afficher sur plusieurs lignes. La date n'est plus affichée.
- **Position de la barre des tâches** : choisissez dans la liste en regard la position de la barre.
- **Boutons de la barre des tâches** : en choisissant **Toujours combiner**, les boutons de la même application sont regroupés dans un bouton unique qu'il suffit de cliquer pour en obtenir la liste. En choisissant **Combiner lorsque**..., les boutons sont regroupés quand il n'y a plus de place dans la barre des tâches.
- **Zone de notification** : cliquez le bouton Personnaliser pour choisir les icônes à afficher et celles à masquer.
- **Utiliser Aero peek** : en pointant le bouton à l'extrême droite de la barre des tâches, le bureau s'affiche temporairement. Les fenêtres des applications sont symbolisées par des cadres vides.

Si vous avez coché l'option **Masquer automatiquement…**, la barre des tâches s'efface dès qu'elle n'est plus utilisée. Sa place est signalée par une ligne. Pointez le bord de l'écran où se trouve la barre des tâches pour la faire réapparaître.

Si vous avez choisi l'option **Toujours combiner** ou **Combiner lorsque**..., les boutons des documents de la même application sont regroupés dans un bouton unique. Pointez simplement le bouton pour ouvrir un menu, puis cliquez le document voulu.

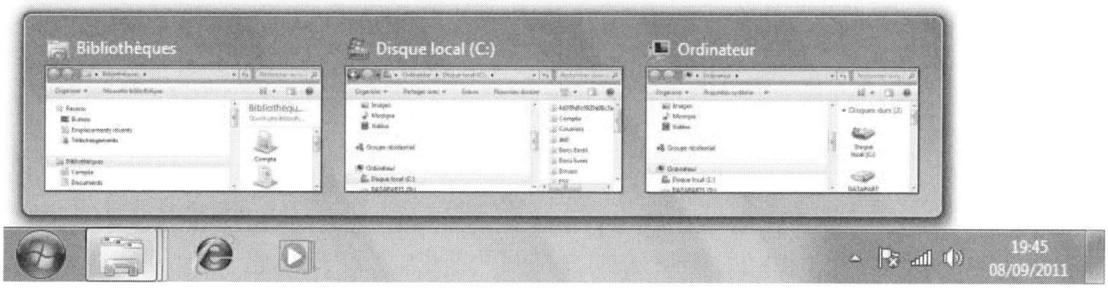

Figure 1-18 Bouton regroupant les documents d'une même application.

Modifier le menu Démarrer

Le menu Démarrer offre toute une palette d'options. À vous de les adapter à vos habitudes.

1. Cliquez avec le bouton droit une zone vide de la barre des tâches.
2. Cliquez la commande **Propriétés** dans le menu contextuel.
3. Cliquez l'onglet **Menu Démarrer**.

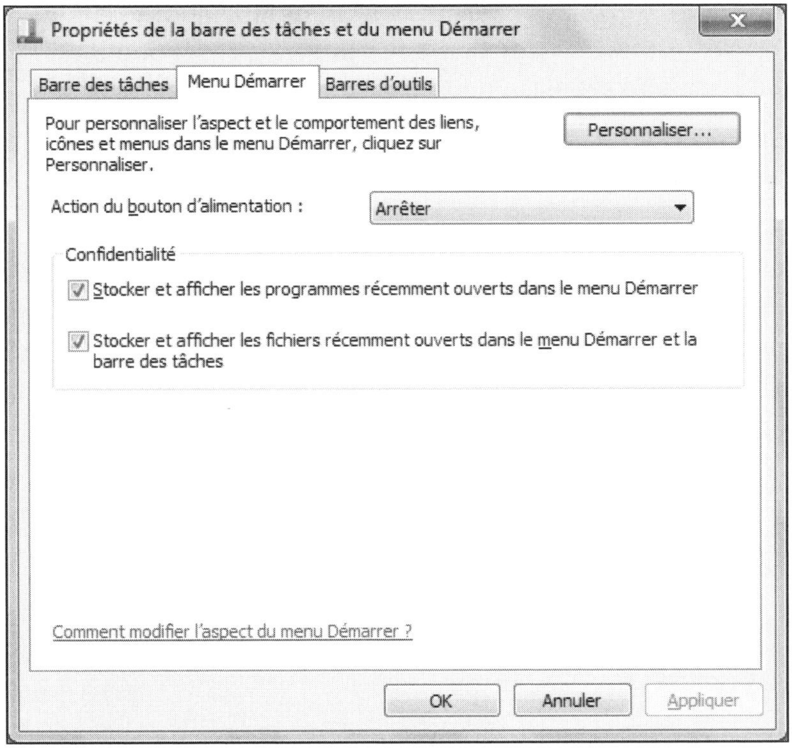

Figure 1-19 Modification du Menu Démarrer.

- **Stocker et afficher les programmes…** : cochez cette case pour afficher dans la liste gauche du menu **Démarrer** les dernières applications ouvertes. Si vous décochez la case, tous les liens vers les applications récemment ouvertes sont effacés.
- **Stocker et afficher les fichiers…** : cochez cette case pour conserver pour chaque programme la liste des derniers documents ouverts. Si vous décochez la case, tous les liens vers les documents récemment ouverts sont effacés.

4. Cliquez le bouton **Personnaliser**.

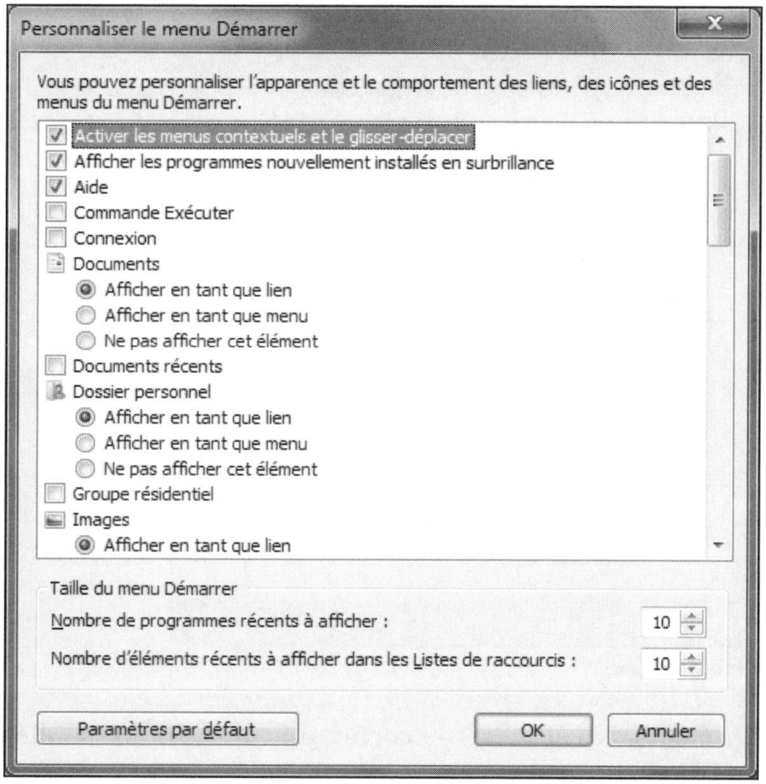

Figure 1-20 Personnalisation du menu Démarrer.

La liste en haut de cette boîte permet de choisir les éléments à afficher dans le menu Démarrer, et, le cas échant, la manière de les afficher.

- Options **Afficher en tant que lien** : le lien dans le menu Démarrer ouvre une fenêtre avec les documents correspondants.
- Options **Afficher en tant que menu** : le lien dans le menu Démarrer propose une liste des documents correspondants.

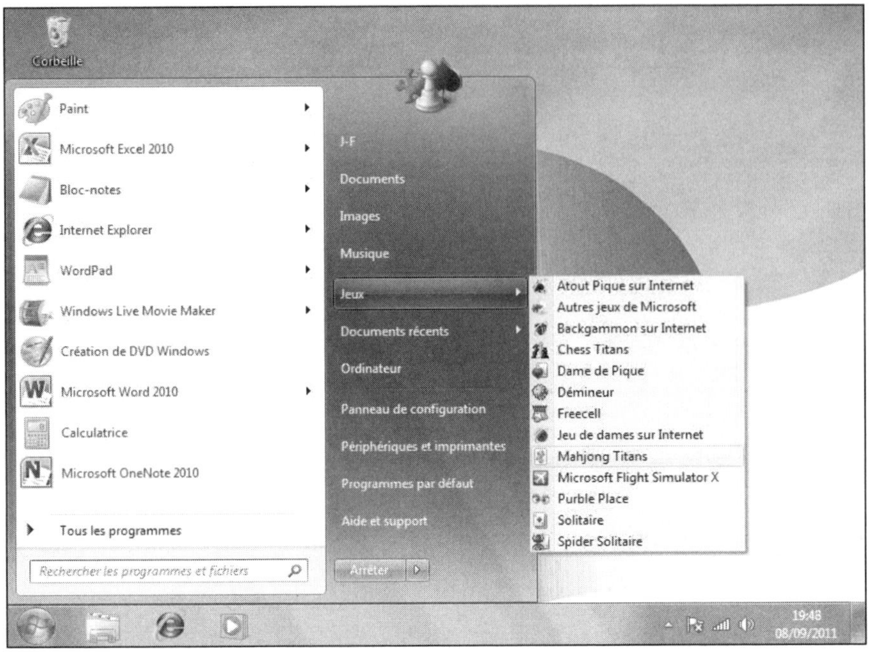

Figure 1-21 Lien sous forme de menu.

5. Cochez les cases des éléments à afficher, ou cochez une des options des éléments qui le propose.
6. Cliquez le bouton **OK** dans la boîte Personnaliser le menu Démarrer.
7. Cliquez le bouton **OK** dans la boîte Propriétés de la Barre des tâches et du menu Démarrer.

Gérer la zone de notification

Certaines applications placent des icônes dans la zone de notification (à gauche de l'horloge). On y trouve toutes sortes d'applications : connexion réseau, antivirus, alerte de sécurité, mise à jour de Windows 7, *etc.* Leur nombre est fonction des applications que vous avez installées. Windows y place également ses propres icônes comme l'heure ou le volume du son. Si elles sont inactives, masquez-les pour ne pas encombrer la barre des tâches.

1. Cliquez avec le bouton droit une zone vide de la barre des tâches.
2. Cliquez la commande **Propriétés** dans le menu contextuel.
3. Cliquez l'onglet **Barre des tâches**.
4. Cliquez le bouton **Personnaliser** du groupe **Zone de notification**.

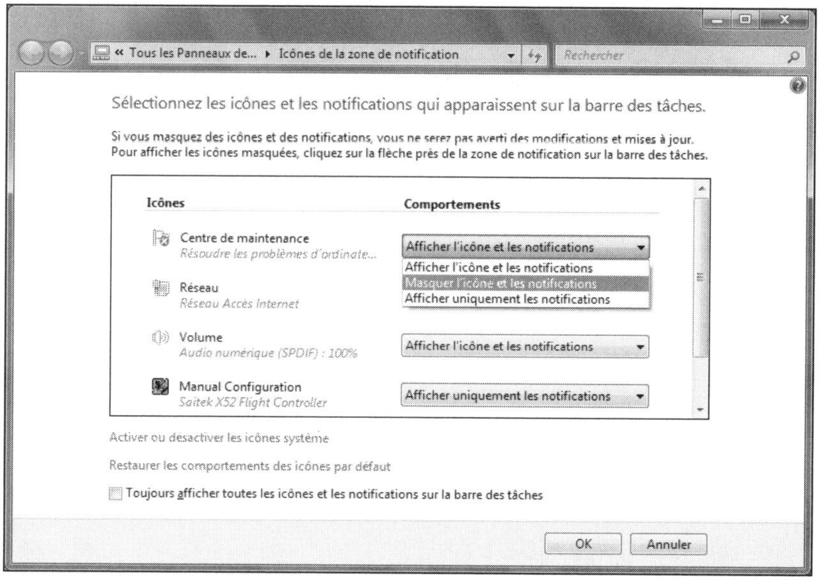

Figure 1-22 Comportement des boutons de la zone de notification.

Cette boîte permet de choisir le comportement de chaque icône.

5. Sélectionnez dans chaque liste le comportement voulu.

   Vous pouvez aussi choisir d'afficher ou de masquer les icônes de Windows.

6. Cliquez le lien **Activer ou désactiver les icônes système**.
7. Sélectionnez dans chaque liste l'affichage ou non de l'icône.

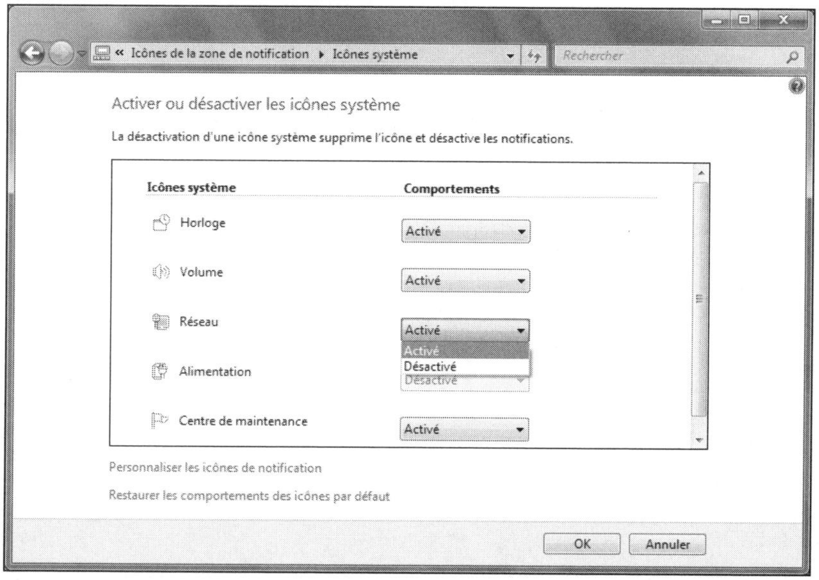

Figure 1-23 Affichage des icônes système dans la zone de notification.

8. Cliquez le bouton **OK** de chacune des boîtes ouvertes.

Les icônes masquées restent accessibles avec le bouton de la zone de notification.

Figure 1-24 Affichage des icônes masquées.

Modifier la date et l'heure

Dans un ordinateur, la date et l'heure sont des éléments importants. Ils permettent de connaître le jour de création et de modification des fichiers et facilitent donc les recherches ultérieures.

Mettre à jour manuellement la date et l'heure

Suivez ces étapes pour actualiser manuellement la date et l'heure de votre ordinateur :

1. Cliquez l'heure dans la zone de notification de la barre des tâches. Une fenêtre affiche un calendrier complet.
2. Cliquez le lien **Modifier les paramètres de la date et de l'heure**.
3. Cliquez le bouton **Changer la date et l'heure**.
4. Cliquez le bouton **Oui** si Windows vous demande une confirmation.

Figure 1-25 Réglage de la date et de l'heure.

5. Dans le calendrier, cliquez les boutons à gauche et à droite du mois et de l'année pour augmenter ou diminuer la valeur.
6. Cliquez le jour dans le calendrier.
7. Cliquez les heures dans l'horloge numérique, puis saisissez-les ou utilisez les flèches en regard pour les accroître ou les réduire.
8. Répétez l'étape **7** pour les minutes et les secondes.
9. Cliquez le bouton **OK** pour valider la date et l'heure.
10. Si vous le désirez, vous pouvez ajouter d'autres horloges (sinon, passez à l'étape **14**). Cliquez l'onglet **Horloges supplémentaires**.
11. Cochez la première case **Afficher cette horloge**.
12. Cliquez la liste **Sélectionner le fuseau horaire**, puis cliquez la ville ou le pays.
13. Tapez le nom de la ville ou du pays dans la zone de texte **Entrez le nom d'affichage**.

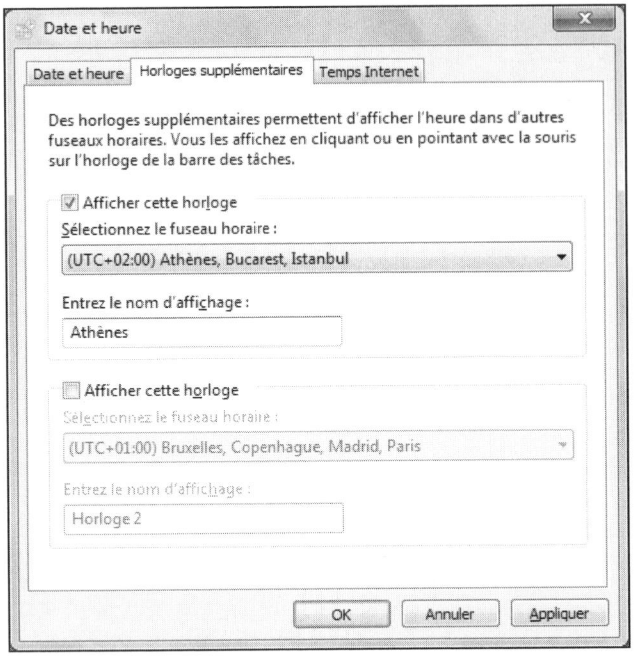

Figure 1-26 Ajout d'une horloge supplémentaire.

14. Cliquez le bouton **OK** pour valider vos choix.
15. Pointez l'heure dans la zone de notification. Si vous avez ajouté une horloge supplémentaire, la petite fenêtre affiche l'heure de l'ordinateur et l'heure de l'autre pays.

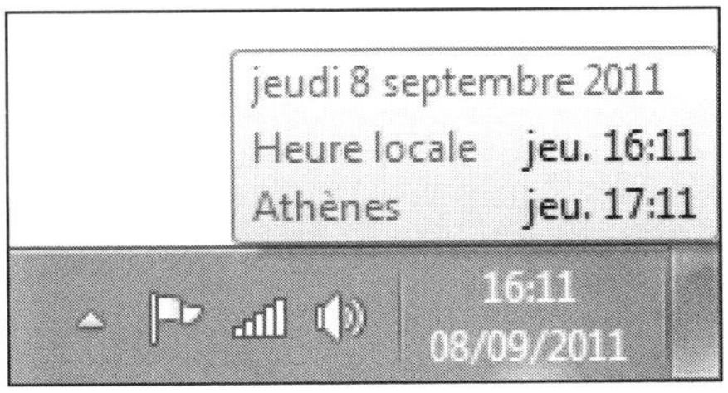

Figure 1-27 Affichage d'une horloge supplémentaire.

Changer de fuseau horaire

Si vous utilisez un portable avec lequel vous voyagez, il est possible d'ajuster facilement l'heure en fonction de votre position géographique. Vos fichiers seront enregistrés sous cette nouvelle heure.

1. Cliquez le bouton **Changer de fuseau horaire** dans la boîte Date et heure.
2. Sélectionnez une position géographique dans la liste **Fuseau horaire**.

3. Cochez **Ajuster l'horloge…** pour que Windows applique automatiquement l'heure d'été.

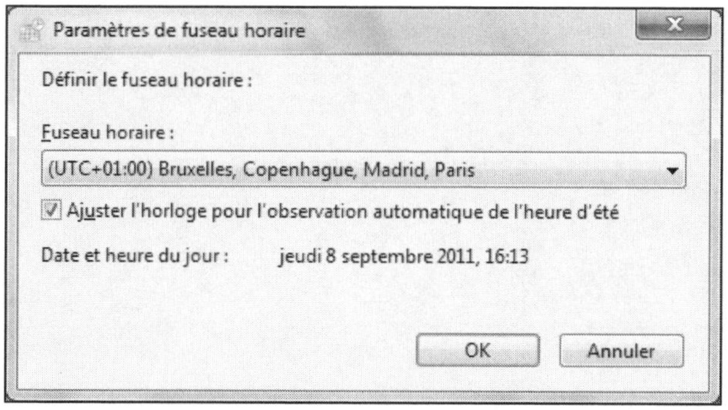

Figure 1-28 Modification du fuseau horaire.

Mettre à jour la date et l'heure par Internet

1. Cliquez l'onglet **Temps Internet** dans la boîte Date et heure.

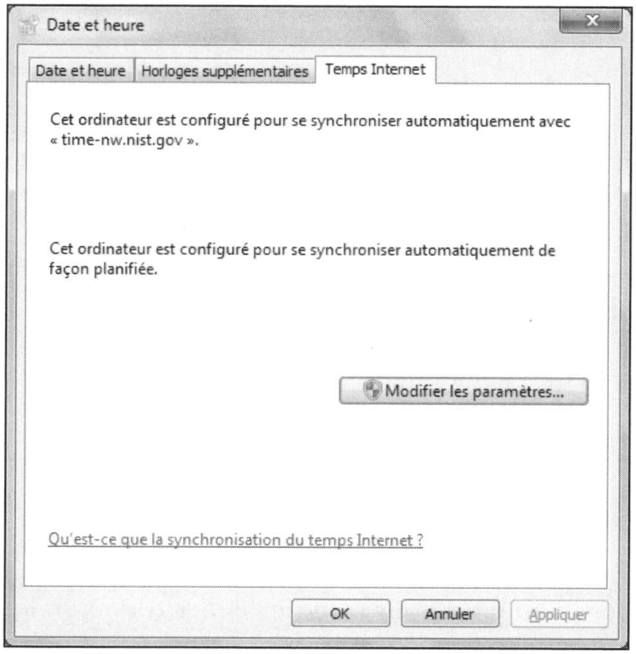

Figure 1-29 Synchronisation de la date et de l'heure par Internet.

2. Cliquez le bouton **Modifier les paramètres**.
3. Éventuellement, cliquez le bouton **Oui** si Windows demande une autorisation.

4. Cliquez le bouton **Mettre à jour** (vous devez être connecté à Internet).

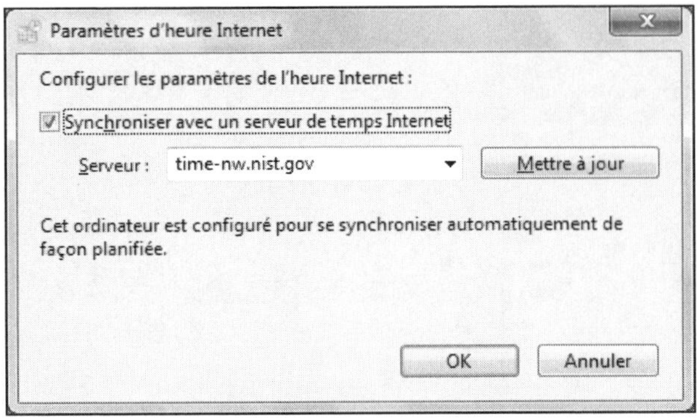

Figure 1-30 Mise à jour de la date et de l'heure par Internet.

5. Cliquez **OK**.

Note Si vous êtes connecté en permanence à Internet (ADSL, câble, *etc.*), la mise à jour de votre horloge sera effectuée automatiquement.

Régler le son

Dans un ordinateur, le son provient de différentes sources : fichiers son, CD audio, microphone, périphériques extérieurs, *etc.* Vous pouvez régler le volume du son, soit globalement, soit pour chaque source.

Régler le volume global

1. Vérifiez que vos haut-parleurs sont bien allumés.
2. Cliquez l'icône qui se trouve dans la partie droite de la barre des tâches (zone de notification).

   Une boîte avec un curseur permet d'effectuer le réglage du son.
3. Faites glisser le curseur pour régler le volume global du son. Une info-bulle indique le volume choisi. Un son est émis pour vous permettre d'évaluer le volume réglé.

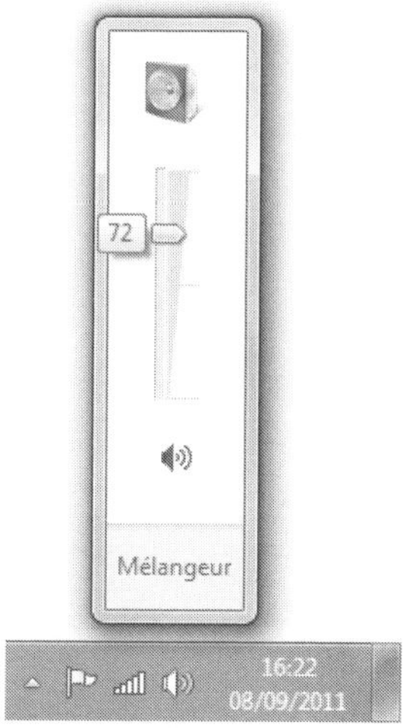

Figure 1-31 Réglage global du volume du son.

4. Pour couper le son, cliquez le bouton . Ce bouton prend ensuite la forme . Cliquez le bouton pour rétablir le son.

Note Si vous avez cliqué le bouton , l'icône du son dans la barre des tâches devient .

5. Pour fermer la fenêtre du réglage du son, cliquez le fond du bureau.

Régler le volume de chaque source

Vous pouvez aussi régler le son de chaque source sonore actuellement active.

1. Cliquez l'icône qui se trouve dans la partie droite de la barre des tâches (zone de notification).
2. Cliquez le lien **Mélangeur**.
3. Faites glisser les curseurs de chaque source sonore. Le curseur Haut-parleurs correspond au volume global de l'ordinateur.
4. Cliquez les boutons des sources dont vous n'avez pas besoin.

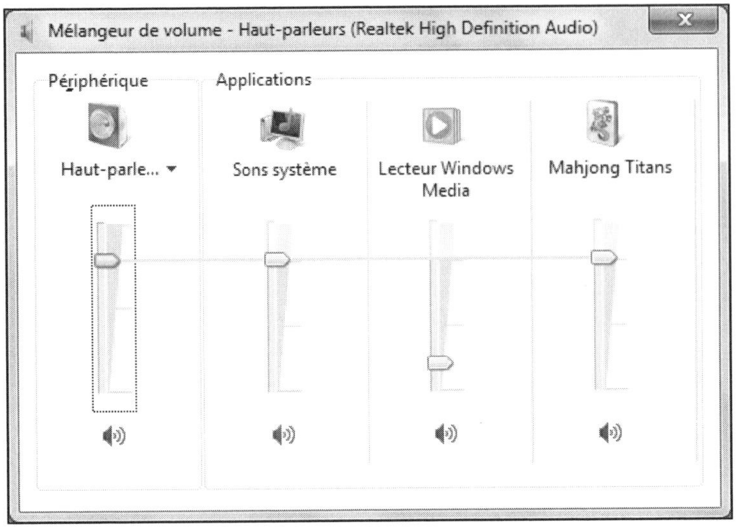

Figure 1-32 Réglage du volume de chaque source.

5. Cliquez le bouton pour fermer le mélangeur.

Utiliser les gadgets

Les gadgets sont de petites applications qui vous donnent des informations en temps réel (heure, cours de Bourse, *etc.*) ou qui sont tout simplement ludiques (diaporama, jeux, *etc.*).

Afficher la liste des gadgets

1. Cliquez avec le bouton droit le fond du bureau.
2. Cliquez la commande **Gadgets** dans le menu contextuel.

   Une fenêtre affiche la liste des gadgets.
3. Cliquez les boutons et pour faire défiler les pages des gadgets.

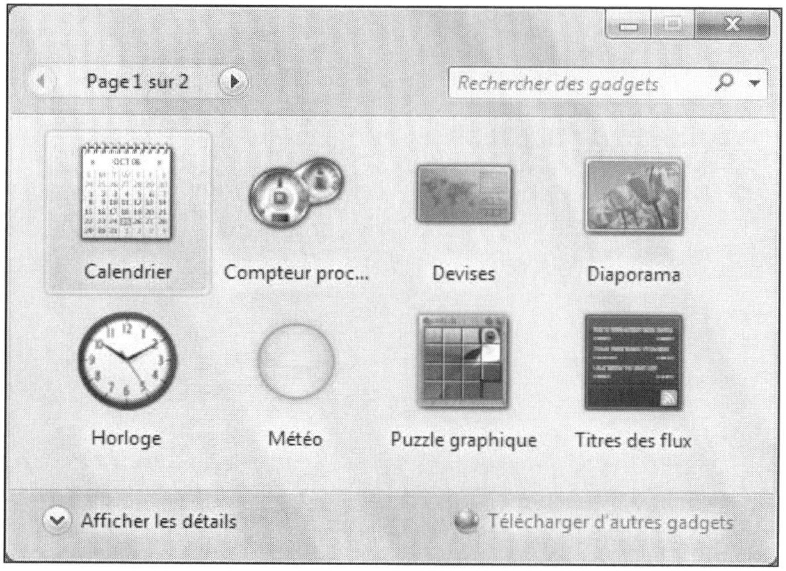

Figure 1-33 Liste des gadgets disponibles.

Ajouter des gadgets

Vous pouvez ajouter ou supprimer des gadgets à volonté.

1. Double-cliquez le gadget à ajouter. Il est immédiatement placé dans la partie droite de l'écran. Vous pouvez aussi le cliquer et le faire glisser de la fenêtre des gadgets vers le bureau, à l'emplacement de votre choix.

Note Il est possible d'ajouter plusieurs fois le même gadget, des horloges par exemple.

2. Pour trouver d'autres gadgets, cliquez le lien **Télécharger d'autres gadgets**.

   Le lien **Télécharger d'autres gadgets** ouvre une page dans votre navigateur Internet. Cette page est mise à jour régulièrement. Vous devez, bien sûr, être connecté à Internet. D'ailleurs, la majorité des gadgets nécessitent une connexion permanente car ils proposent des informations mises à jour en temps réel : actualité, météo, cours de la Bourse, devises, *etc.* Pour des informations complémentaires sur Internet, consultez le chapitre 11. Pour utiliser les flux RSS (informations en continu), consultez le chapitre 16.

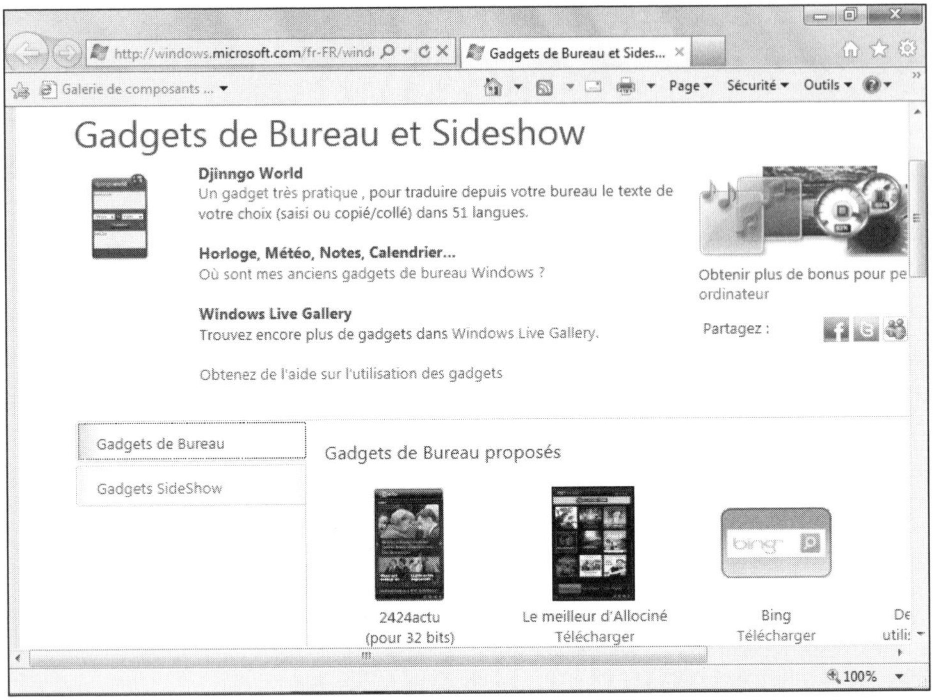

Figure 1-34 Gadgets disponibles sur Internet.

3. Cliquez le bouton X en haut à droite pour fermer la fenêtre des gadgets.

Paramétrer les gadgets

1. Pointez un gadget sur le bureau. Une barre d'outils apparaît à sa droite.
2. Cliquez le bouton pour modifier ses caractéristiques. Ces dernières sont différentes pour chaque gadget. C'est à vous d'expérimenter chacun d'eux pour en découvrir toutes les possibilités.

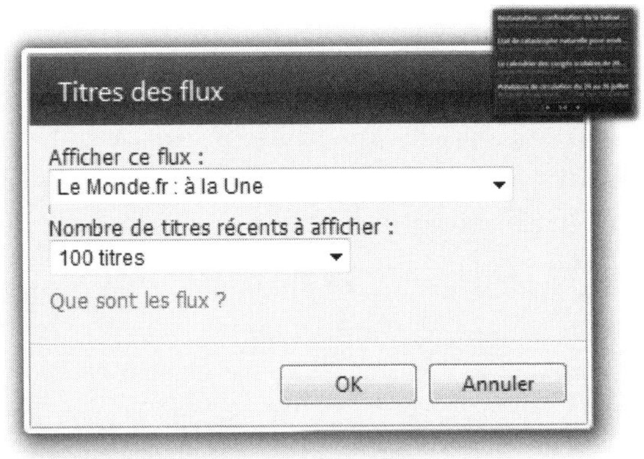

Figure 1-35 Paramètres d'un gadget.

3. Cliquez le bouton pour fermer le gadget.

Vous pouvez placer les gadgets n'importe où sur le bureau. Pour cela, pointez le gadget, puis faites glisser le bouton vers un autre emplacement.

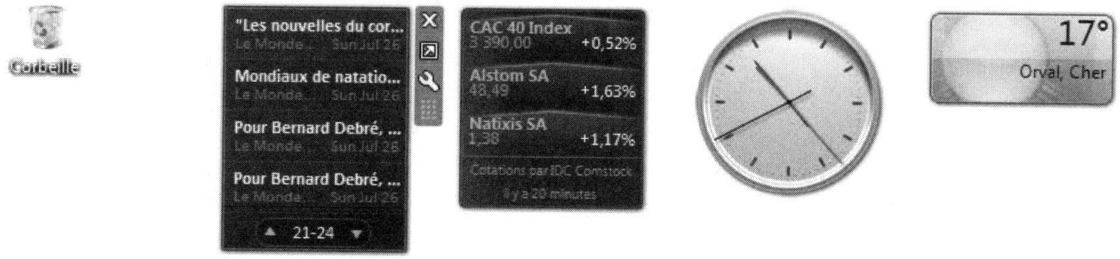

Figure 1-36 Gadgets sur le bureau.

Ajouter une deuxième horloge

1. Cliquez avec le bouton droit le fond du bureau, puis cliquez la commande **Gadgets** dans le menu contextuel.
2. Double-cliquez le gadget **Horloge**. L'horloge apparaît dans la partie droite du bureau. Si ce gadget y était déjà présent, il apparaît maintenant deux fois.

Figure 1-37 Ajout d'une nouvelle horloge sur le bureau.

3. Pointez l'horloge pour afficher les boutons de commande. Cliquez ensuite le bouton qui apparaît à droite de l'horloge.

   Les propriétés de l'horloge s'affichent dans une boîte de dialogue.

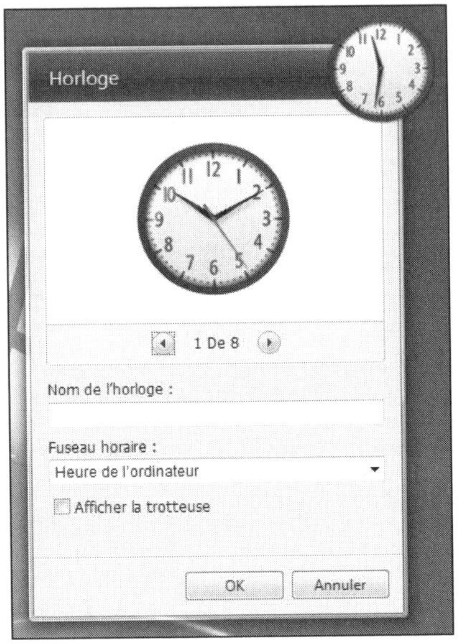

Figure 1-38 Paramètres d'une horloge.

4. L'horloge peut apparaître sous diverses formes. Cliquez les boutons ◀ et ▶ pour choisir son aspect.
5. Dans la zone de texte **Nom de l'horloge**, tapez le nom de la ville ou du pays correspondant à l'horloge.
6. Cliquez le texte **Heure de l'ordinateur**. Une liste de villes et de pays s'affiche. Cliquez un fuseau horaire dans la liste.

Figure 1-39 Changement du fuseau horaire d'une horloge.

7. Pour valider les paramètres de votre nouvelle horloge, cliquez le bouton **OK**.

Figure 1-40 Deuxième horloge sur le bureau.

Quitter un programme récalcitrant

Si une application pose des problèmes, vous pouvez l'arrêter. Vous perdrez cependant le document en cours. Si vous décidez de prendre cette décision, c'est probablement parce que le programme ne répond plus. Dans ce cas, de toute façon, le document sera perdu.

1. Cliquez avec le bouton droit une zone vide de la barre des tâches.
2. Cliquez la commande **Démarrer le gestionnaire des tâches** dans le menu contextuel.

Note Vous pouvez aussi appuyer sur la combinaison de touches **Ctrl** + **Alt** + **Suppr** puis cliquer le lien **Ouvrir le gestionnaire des tâches**.

3. Cliquez l'onglet **Applications**.

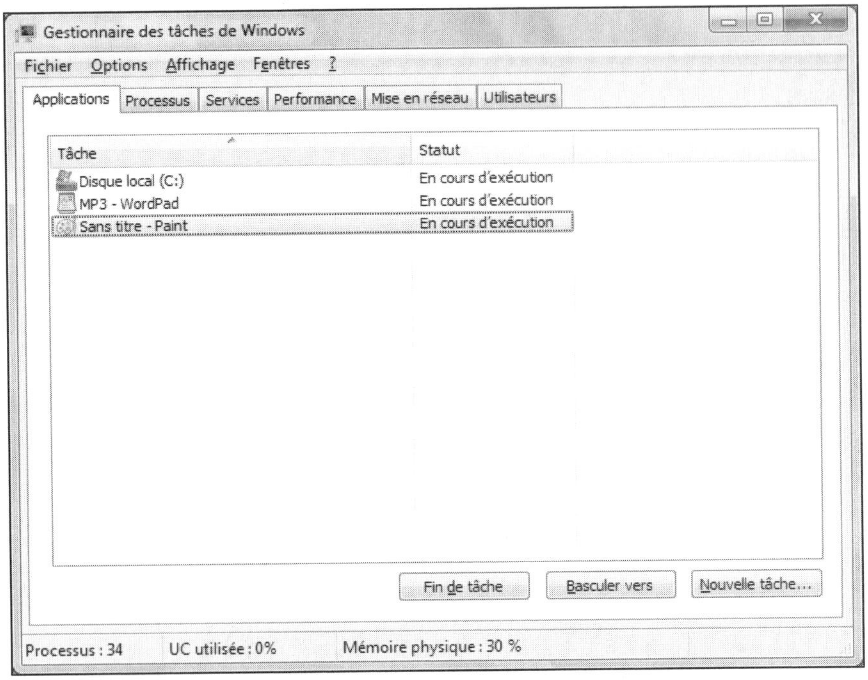

Figure 1-41 Liste des applications en cours.

Vous retrouvez dans cette boîte toutes les applications en cours d'exécution (c'est-à-dire celles que vous avez vous-même lancées).

4. Cliquez l'application à arrêter dans la liste **Tâche** pour la sélectionner.
5. Cliquez le bouton **Fin de tâche**.
6. Cliquez  pour fermer la boîte Gestionnaire des tâches de Windows.

Fermer, redémarrer ou mettre en veille Windows

Éteindre votre ordinateur

Pour éteindre votre ordinateur il est nécessaire de suivre une procédure particulière. Ne pensez pas qu'il suffise d'appuyer sur le bouton qui a permis de l'allumer. La fermeture de Windows nécessite une manipulation simple mais indispensable. Si vous arrêtez votre ordinateur en coupant le courant, vos documents non enregistrés seront irrémédiablement perdus.

En réalité, Windows 7 gère à votre insu tous les éléments de l'ordinateur, y compris le bouton d'arrêt. Si vous appuyez sur ce dernier, il vérifiera que tous les documents sont bien enregistrés. Si c'est le cas, il fermera l'ordinateur. Dans le cas contraire, il affichera une boîte pour vous avertir de la présence de documents non enregistrés.

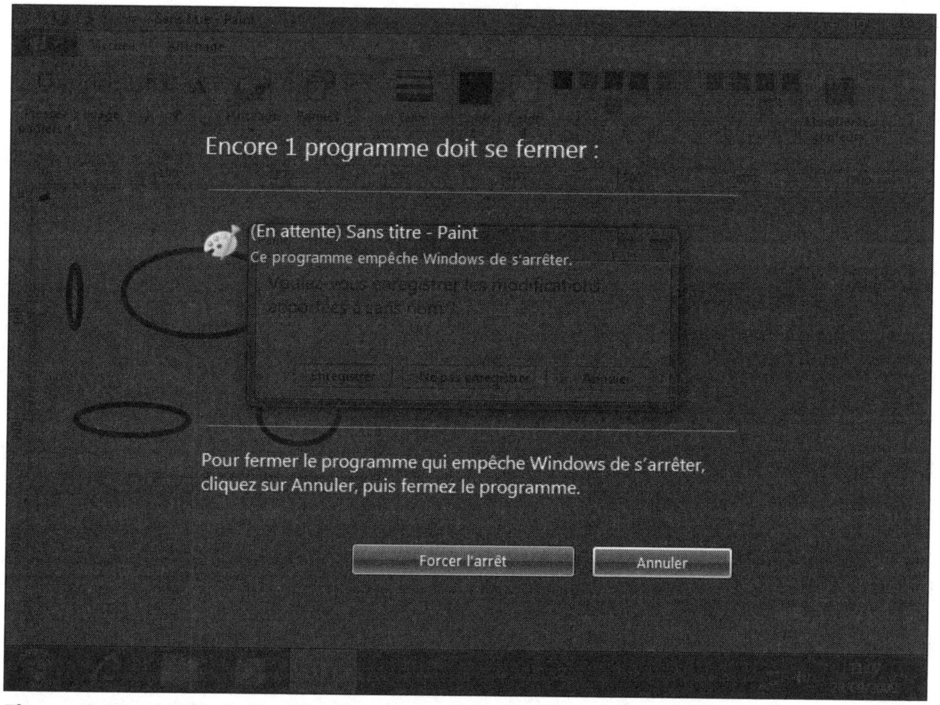

Figure 1-42 Arrêt de l'ordinateur avec le bouton Marche/Arrêt.

Néanmoins, la fermeture de l'ordinateur avec le bouton Marche/Arrêt n'est pas la meilleure façon de procéder. Mieux vaut utiliser votre souris. C'est plus sûr, plus rapide, et vous aurez le choix entre plusieurs solutions.

En revanche, si pour une raison quelconque votre ordinateur refuse de s'arrêter, il est nécessaire d'utiliser le bouton Marche/Arrêt. Maintenez-le enfoncé au moins 5 secondes pour arrêter définitivement l'ordinateur.

Connaître les modes de fermeture de Windows 7

Voici des explications sur tous les modes de fermeture proposés par Windows 7. Pour accéder à ces modes, cliquez le bouton **Démarrer** → **Arrêter**, ou cliquez la flèche en regard du bouton **Arrêter** puis choisissez le mode dans la liste qui s'affiche.

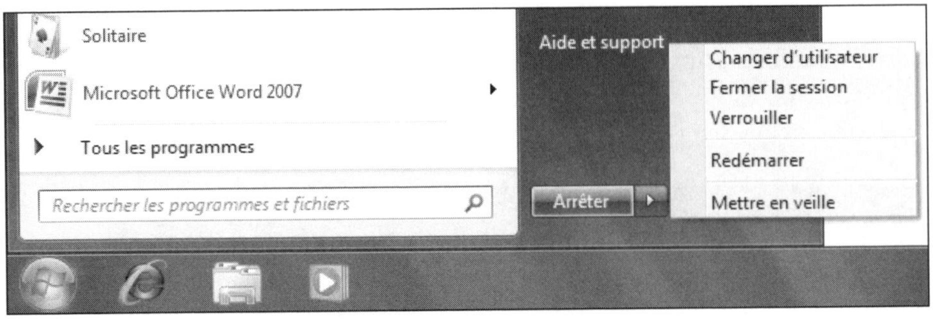

Figure 1-43 Arrêt de l'ordinateur avec le menu Démarrer.

- **Mettre en veille** : pour accélérer le démarrage ou retrouver les applications ouvertes actuellement, mettez votre ordinateur en veille. Lors de la mise en veille, Windows recopie le contenu de la mémoire sur le disque dur. Quand vous rallumez l'ordinateur, Windows recopie les données du disque dur vers la mémoire. Vous retrouvez vos applications et vos documents ne sont pas perdus. C'est la solution à privilégier.
- **Arrêter** : l'ordinateur est totalement arrêté. Toutes les applications sont fermées, et, au besoin, vous devez enregistrer les documents en cours. Choisissez cette solution si vous ne devez pas utiliser l'ordinateur pendant longtemps.
- **Changer d'utilisateur** : si l'ordinateur est partagé par plusieurs personnes, vous pouvez changer d'utilisateur sans fermer pour autant les applications de l'utilisateur actuel ni perdre ses documents.
- **Fermer la session** : toutes les applications sont fermées et vous devez enregistrer vos documents. Vous vous retrouvez sur la page de démarrage comme si vous veniez d'allumer l'ordinateur. Utilisez cette solution pour laisser l'ordinateur allumé afin qu'une autre personne puisse l'utiliser immédiatement.
- **Verrouiller** : Windows 7 affiche la page de démarrage sans pour autant fermer les applications. Utilisez cette solution pour éviter qu'une autre personne n'utilise votre ordinateur si vous devez momentanément vous absenter.
- **Redémarrer** : si une application vous le demande ou si vous observez des dysfonctionnements, vous devez redémarrer l'ordinateur pour qu'il prenne en compte les nouveaux paramètres ou pour qu'il soit plus stable.

Choisir la fonction du bouton d'arrêt

Par défaut, le menu Démarrer  propose le bouton **Arrêter**. Les autres fonctions d'arrêt de l'ordinateur sont accessibles avec la flèche  en regard. Vous pouvez modifier le rôle de ce bouton.

1. Cliquez avec le bouton droit une zone vide de la barre des tâches.
2. Cliquez la commande **Propriétés** dans le menu contextuel.
3. Cliquez l'onglet **Menu Démarrer**.
4. Sélectionnez la fonction du bouton dans la liste du haut.

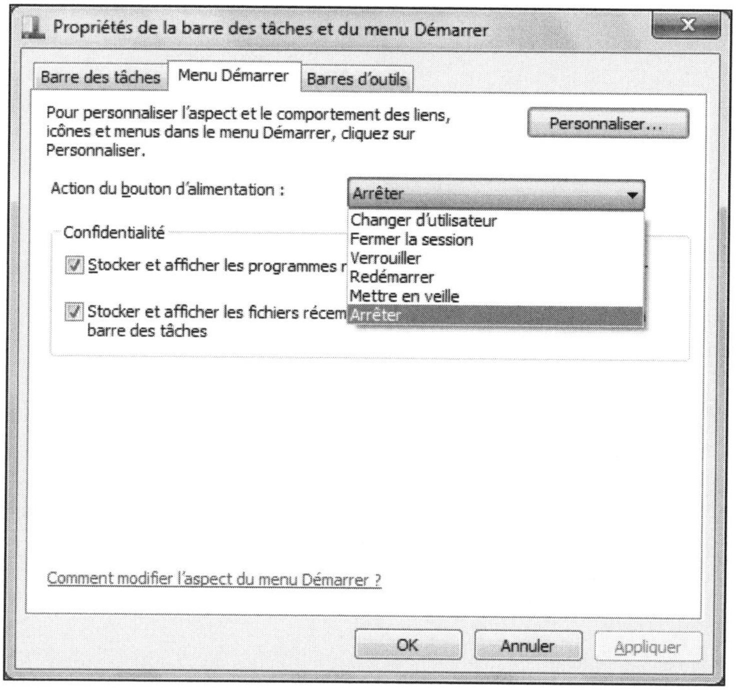

Figure 1-44 Modification du rôle du bouton d'arrêt.

5. Cliquez le bouton **OK**.

Chapitre
2

Utiliser les applications et gérer les documents

Dans ce chapitre

- Installer une nouvelle application
- Créer un document WordPad
- Utiliser le « copier/couper-coller » et le presse-papiers
- Enregistrer vos documents au bon emplacement
- Ouvrir un ancien document
- Enregistrer un document sous un autre nom
- Imprimer des documents
- Définir l’imprimante par défaut
- Désinstaller une application
- Obtenir de l’aide

La fonction principale d'un ordinateur est de créer et conserver des données. Il est donc temps maintenant de créer vos propres documents. Pour illustrer cela, nous utiliserons un logiciel de traitement de texte dont vous disposez forcément puisqu'il est fourni en standard avec Windows 7 : WordPad. C'est un outil simple, mais dont les principales fonctions sont identiques à celles de logiciels plus puissants, et qui sera suffisant pour vous permettre d'acquérir les réflexes indispensables.

Bon nombre de procédures présentées ici sont réalisables avec d'autres applications, dont la gestion des documents (ouverture, enregistrement, impression, *etc.*).

Installer une nouvelle application

Toutes les applications actuelles proposent un système d'installation automatisé. Il suffit donc d'insérer le CD ou le DVD du logiciel dans le lecteur pour lancer cette installation.

1. Insérez le CD ou le DVD dans le lecteur.

   Windows vous invite alors à procéder à l'installation.

2. Cliquez le lien **Exécuter** dans la boîte qui s'affiche.

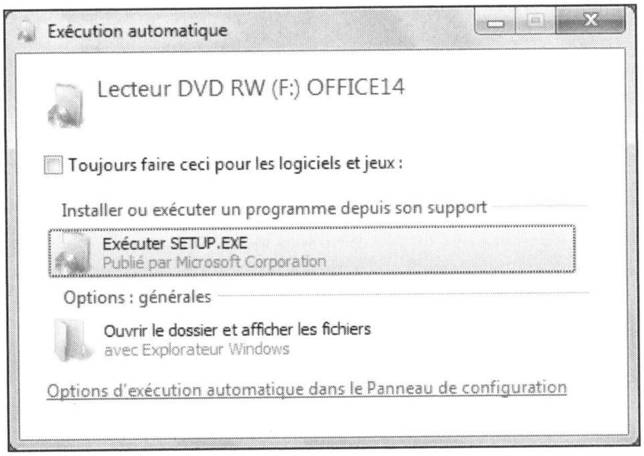

Figure 2-1 Exécution automatique d'un CD ou d'un DVD.

Comme Windows 7 est très méfiant, une nouvelle boîte vous demande l'autorisation d'exécuter le logiciel d'installation. Cette demande est nécessaire pour garantir que vous avez vous-même demandé l'exécution du programme, et ainsi éviter l'installation d'un virus ou d'un autre logiciel malveillant.

Note Pour modifier la gestion des contrôles, consultez le chapitre 28.

3. Cliquez le bouton **Oui**.

Un assistant (une suite de boîtes de dialogue) vous guide étape par étape pour installer votre application. Suivez les indications à l'écran et répondez aux questions. Les applications complexes sont généralement fournies avec un livret de quelques pages pour vous aider à répondre à ces questions.

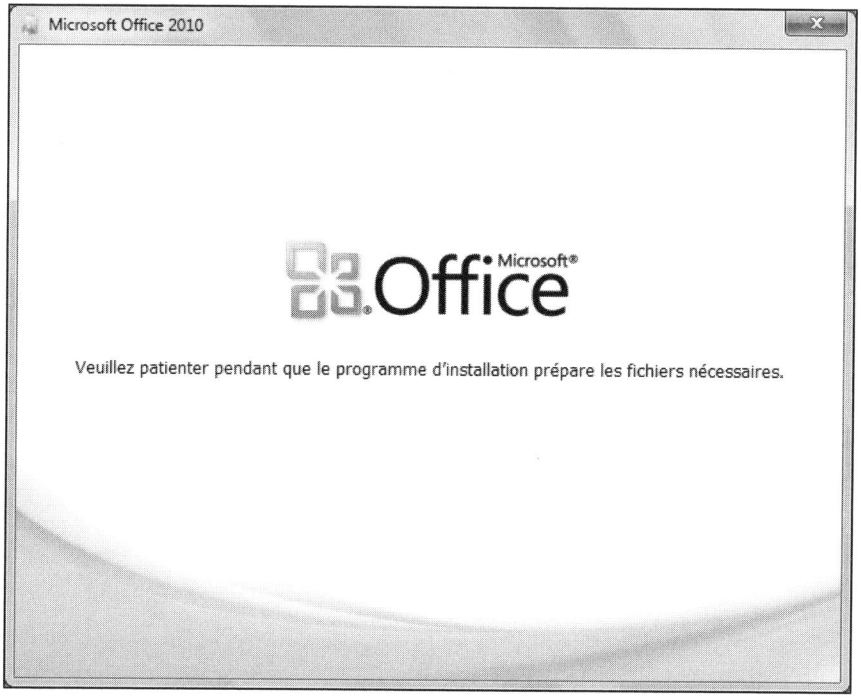

Figure 2-2 Installation d'une nouvelle application.

Il peut arriver que la procédure d'installation ne s'exécute pas automatiquement après l'insertion du CD et du DVD dans le lecteur. Dans ce cas, suivez ces étapes :

1. Cliquez le bouton **Démarrer** → **Ordinateur**.
2. Cliquez avec le bouton droit votre lecteur de DVD (le CD ou le DVD doit se trouver actuellement dans le lecteur).
3. Cliquez la commande **Installer ou exécuter un programme** dans le menu contextuel.

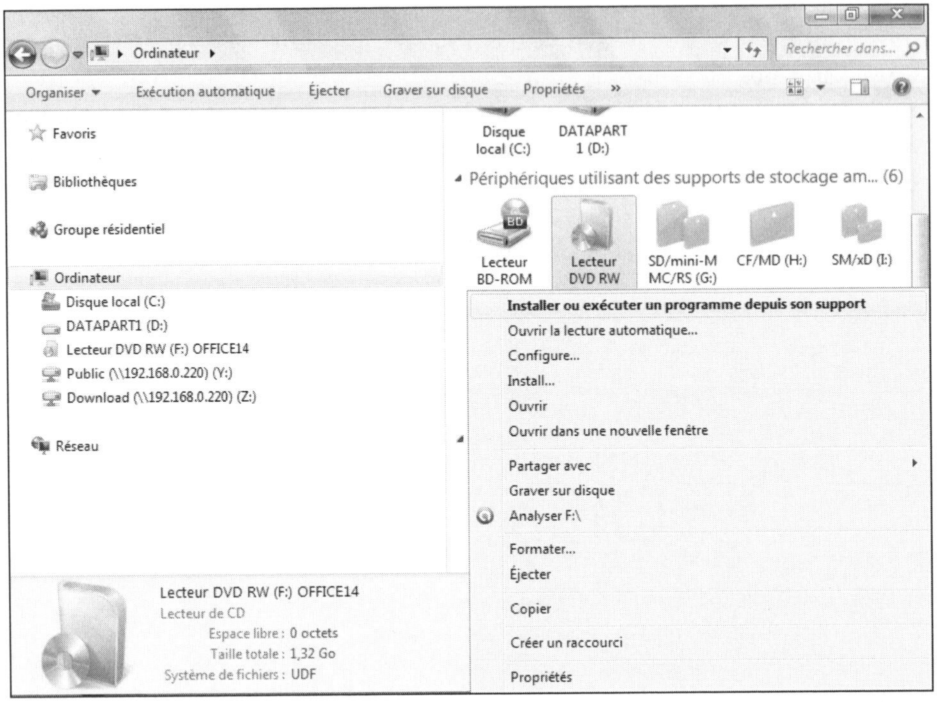

Figure 2-3 Installation manuelle d'une application.

Après l'installation, vous trouverez dans le menu **Démarrer** → **Tous les programmes** l'icône de raccourci vers votre nouvelle application.

Créer un document WordPad

WordPad est un traitement de texte simple mais suffisant pour des petites correspondances. Il n'est pas nécessaire de connaître toutes ses fonctions pour éditer rapidement un courrier ou une documentation.

Cliquez le bouton **Démarrer** → **Tous les programmes** → **Accessoires** → **WordPad**.

À l'ouverture de WordPad, la fenêtre affiche un document vierge (la zone blanche au milieu de l'écran). Le trait que vous voyez clignoter représente le curseur. Vous ne devez pas le perdre de vue. Tous les caractères que vous taperez au clavier apparaîtront à la position de ce curseur.

WordPad utilise la saisie « au kilomètre ». Cela signifie que vous ne devez pas vous soucier des sauts de lignes dans un paragraphe. WordPad passe tout seul à la ligne suivante quand c'est nécessaire. Dès que toutes les lignes du paragraphe sont saisies, il suffit d'appuyer sur la touche **Entrée** pour créer un nouveau paragraphe sous le précédent.

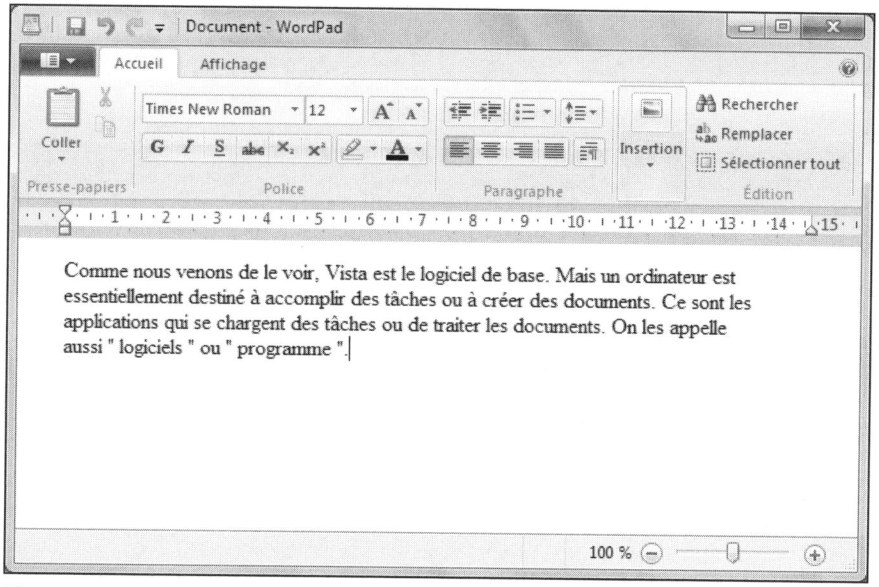

Figure 2-4 Saisie d'un texte dans WordPad.

Si vous désirez insérer des lignes vides, appuyez autant de fois que nécessaire sur la touche **Entrée**. Si vous désirez insérer un paragraphe, cliquez à la fin du paragraphe précédent pour y placer le curseur, puis appuyez sur **Entrée**. Pour scinder un paragraphe en deux parties, cliquez la position d'insertion (généralement après un point) pour y placer le curseur, puis appuyez sur **Entrée**. Pour fusionner deux paragraphes, cliquez à la fin du premier, puis appuyez sur **Suppr**.

Pour apporter des modifications à un texte, il est nécessaire de le sélectionner au préalable. Le texte sélectionné apparaît en surbrillance (en blanc sur fond bleu ou noir).

- **Pour sélectionner des caractères** : pointez le curseur de la souris avant la première lettre, puis cliquez et faites glisser jusqu'au dernier caractère.
- **Pour sélectionner un mot** : double-cliquez le mot.
- **Pour sélectionner une ligne** : placez le curseur de la souris dans la marge gauche en regard de la ligne. Le curseur de la souris prend la forme ↖. Cliquez pour sélectionner la ligne.
- **Pour sélectionner un paragraphe** : placez le curseur de la souris dans la marge gauche en regard de la première ligne du paragraphe. Le curseur de la souris prend la forme ↖. Cliquez et faites glisser vers le bas jusqu'à la dernière ligne.

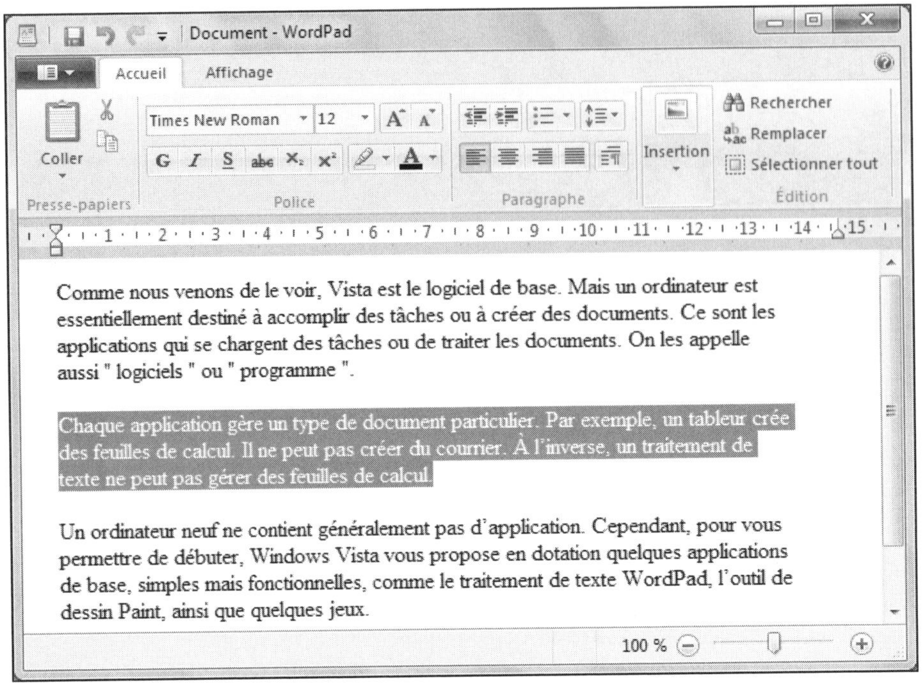

Figure 2-5 Sélection d'un texte dans WordPad.

Pour supprimer un texte, rien de plus simple : vous sélectionnez le texte et vous appuyez sur la touche **Suppr**.

Si vous avez supprimé un texte par mégarde, cliquez le bouton dans la barre d'outils pour annuler cette action.

Note Pour découvrir le ruban et la barre d'outils Accès rapide, consultez le chapitre d'introduction.

Pour donner du relief à certains mots, vous pouvez modifier leurs attributs. Sélectionnez le texte à mettre en forme, comme vu précédemment, puis cliquez le bouton G (gras), *I* (italique) ou S (souligné).

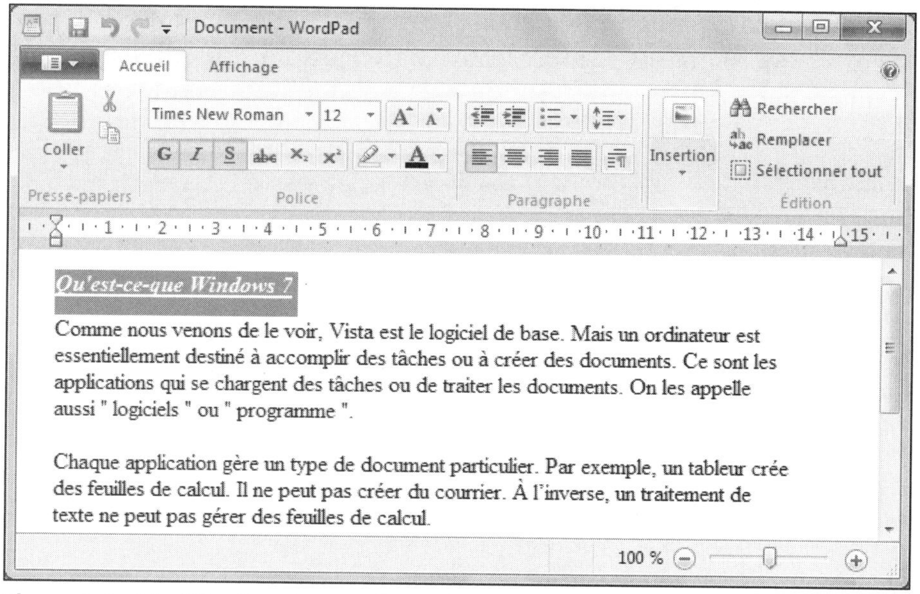

Figure 2-6 Modification des attributs des caractères.

WordPad permet de changer les polices, c'est-à-dire la forme et la taille des caractères. Sélectionnez le texte puis cliquez la flèche en regard de la liste des polices (par défaut, le texte est dans la police Times New Roman). Cliquez le nom de la police souhaitée parmi celles proposées. Dans la zone à droite des polices, cliquez la flèche puis la taille des caractères.

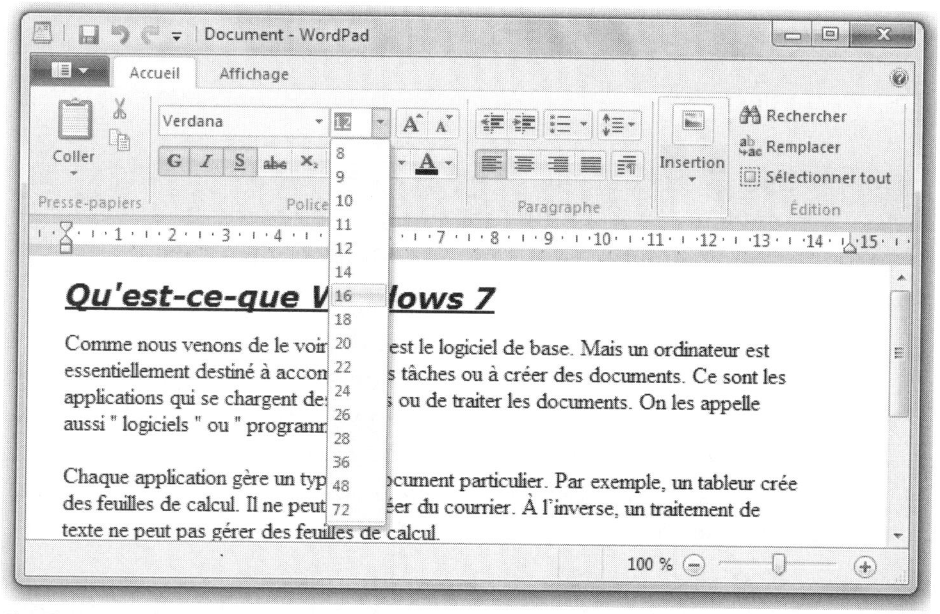

Figure 2-7 Mise en forme des caractères.

Avec la mise en forme des paragraphes, vous pouvez, par exemple, aligner à droite une adresse ou centrer une signature. Cliquez dans le paragraphe à modifier pour y placer le curseur. Cliquez ensuite le bouton (aligné à gauche), (centré) ou (aligné à droite).

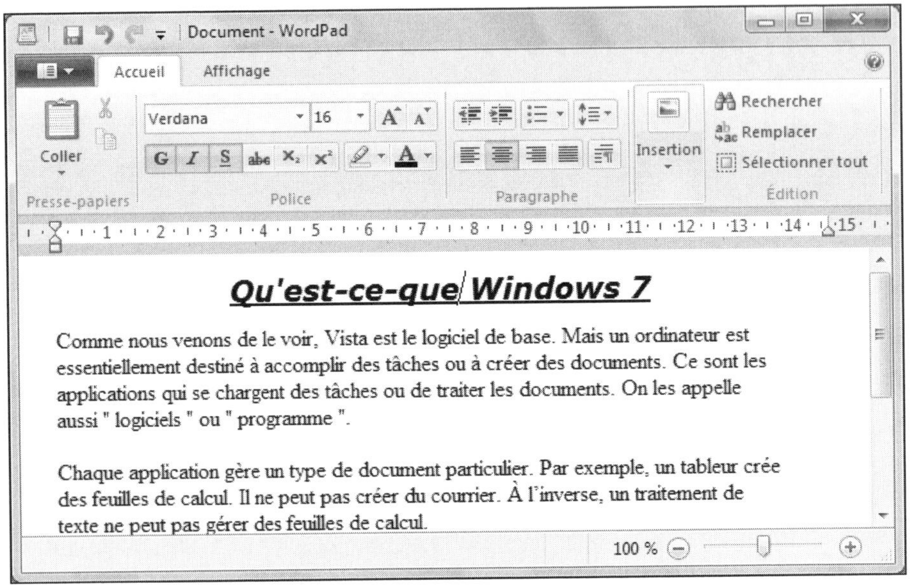

Figure 2-8 Mise en forme des paragraphes.

Utiliser le « copier/couper-coller » et le presse-papiers

Windows propose une zone de mémoire appelée « presse-papiers ». C'est une zone temporaire dans laquelle est stockée une partie ou l'intégralité d'un document quel que soit son type (texte, image, *etc.*). Vous pouvez à tout moment récupérer le contenu de ce presse-papiers pour l'insérer dans un document.

Un « copier-coller » consiste à copier une partie d'un document dans le presse-papiers, puis à coller, c'est-à-dire recopier le contenu du presse-papiers à un autre endroit. Le presse-papiers étant commun à toutes les applications, vous pouvez échanger des portions de document dans des logiciels différents. Par exemple, il est possible de copier une image du logiciel Paint dans le presse-papiers, puis de recopier cette image du presse-papiers vers un document WordPad.

Si une partie d'un document doit être déplacée, on utilise alors un « couper-coller ». La partie de document est effacée du document d'origine, puis copiée vers le presse-papiers. Vous devez ensuite effectuer un « coller » pour ne pas perdre les données coupées.

Quand vous effectuez un « copier » ou « couper » vers le presse-papiers, le précédent contenu de ce dernier est effacé. Le presse-papiers ne peut contenir qu'un seul document à la fois.

Toutes les applications utilisent le même type de raccourci clavier pour effectuer des « copier-coller » : **Ctrl** + **X** pour couper, **Ctrl** + **C** pour copier et **Ctrl** + **V** pour coller. Ces trois lettres sont côte à côte sur votre clavier. Vous pouvez aussi utiliser les boutons couper, copier ou coller.

Si vous devez répéter un texte à plusieurs endroits, copiez-le.

1. Sélectionnez le texte à copier.

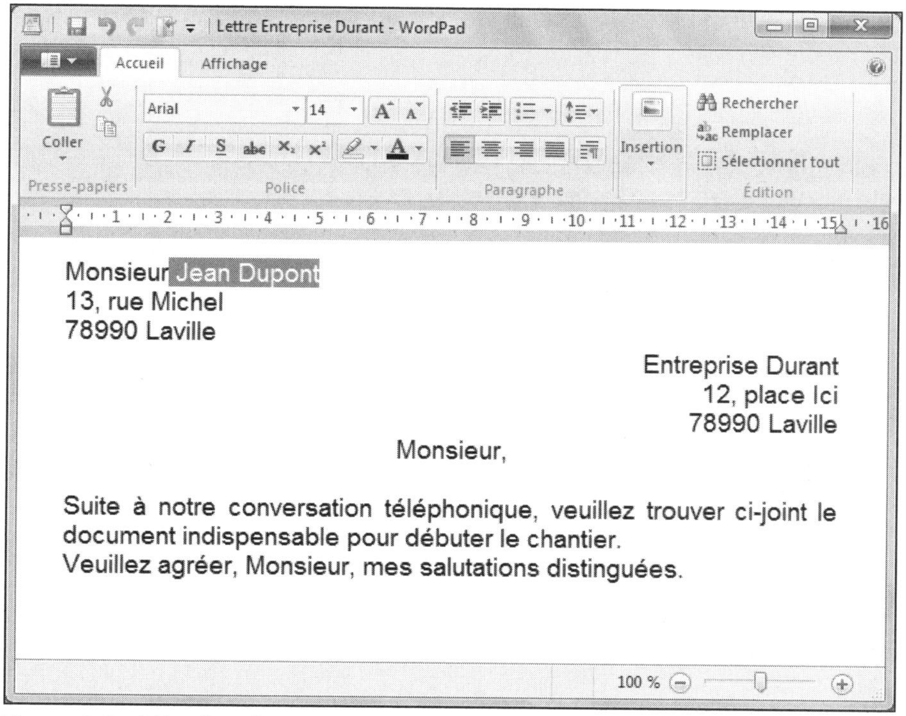

Figure 2-9 Sélection du texte à copier.

2. Tapez **Ctrl** + **C** ou cliquez l'onglet **Accueil → Presse-papiers →** . Le texte est copié dans le presse-papiers.

Note La commande « Cliquez l'onglet **Accueil → Presse-papiers →** » indique que vous devez cliquer le bouton qui se trouve dans le groupe **Presse-papiers** de l'onglet **Accueil**.

3. Cliquez à la position d'insertion du texte.
4. Tapez **Ctrl** + **V** ou cliquez l'onglet **Accueil → Presse-papiers →** [icône] pour insérer le texte actuellement dans le presse-papiers.

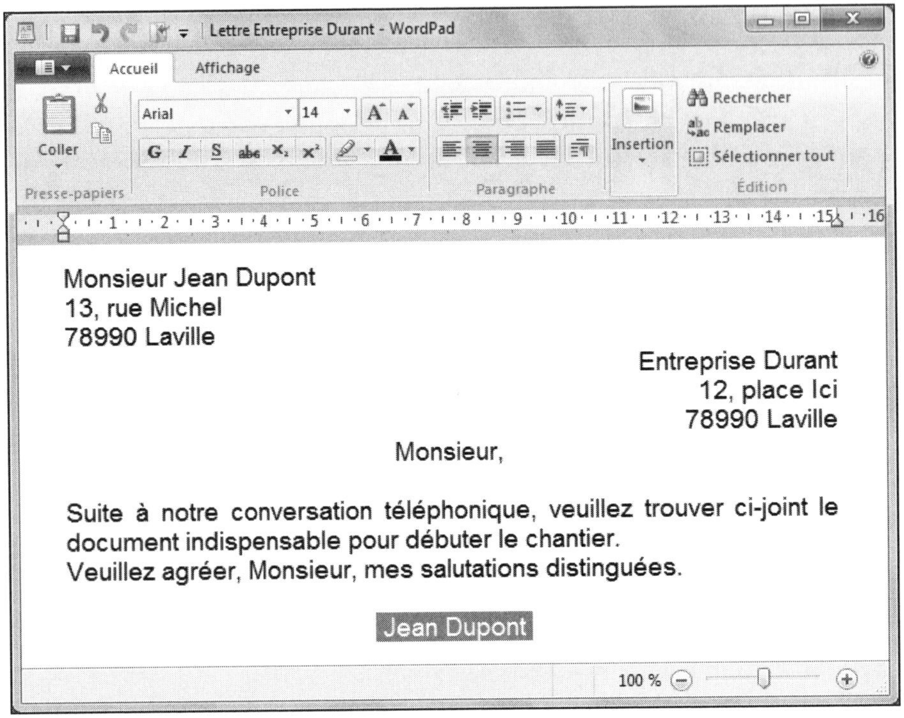

Figure 2-10 Copie d'un texte par copier-coller.

Si vous désirez déplacer un texte, coupez-le.

1. Sélectionnez le texte à déplacer.
2. Tapez **Ctrl** + **X** ou cliquez l'onglet **Accueil → Presse-papiers →** [icône]. Le texte est copié dans le presse-papiers. Le texte sélectionné est supprimé.
3. Cliquez à la position d'insertion du texte.
4. Tapez **Ctrl** + **V** ou cliquez le bouton [icône] pour insérer le texte actuellement dans le presse-papiers.

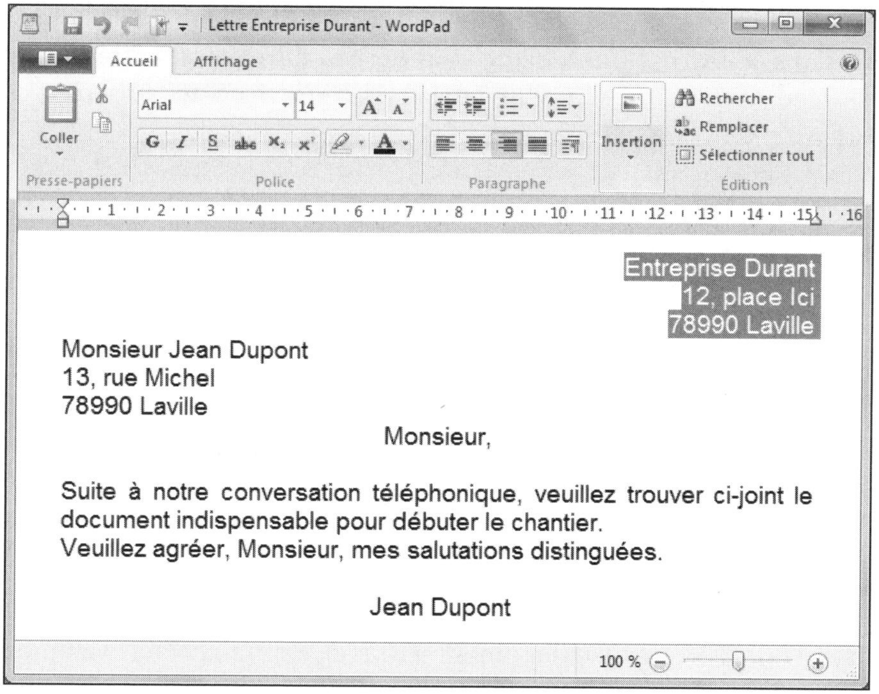

Figure 2-11 Déplacement d'un texte par couper-coller.

Enregistrer un document

Avant même d'avoir terminé votre document, vous pouvez l'enregistrer et lui donner un nom. N'oubliez pas que vous pouvez perdre votre travail tant qu'il n'est pas sauvegardé, et qu'une coupure de courant est vite arrivée. Notez que, dans la barre de titre, le document non enregistré porte un nom par défaut, comme Document, Sans titre, Classeur1, *etc.*

1. Cliquez le bouton → **Enregistrer sous** ou cliquez le bouton dans la barre d'outils Accès rapide.

   La zone en haut à gauche, appelée « barre d'adresses », affiche le dossier qui contiendra votre document. Vous pouvez bien sûr choisir un autre emplacement. Pour des raisons pratiques, il est plus simple d'utiliser le dossier « Documents » qui vous a été attribué par Windows. C'est ce dossier qui est proposé par défaut par les applications quand vous désirez enregistrer votre travail. Cela permet aussi de ne pas mélanger vos documents avec ceux d'un autre utilisateur de l'ordinateur.

Note Pour bien gérer la barre d'adresses, consultez le chapitre 3.

2. Dans la barre d'adresses, cliquez la flèche qui suit **Bibliothèque**, puis cliquez **Documents** dans la liste qui s'affiche. Si vous désirez enregistrer votre document sur votre bureau, sélectionnez **Bureau** dans la première liste de la barre d'adresses.

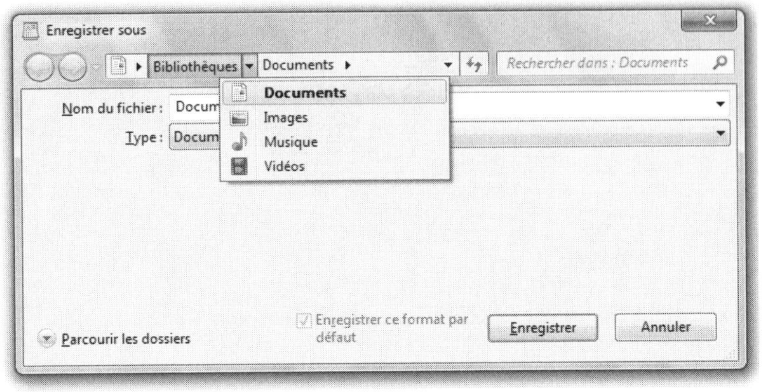

Figure 2-12 Enregistrement dans le dossier Documents.

3. Si vous désirez enregistrer votre document à un autre emplacement, cliquez le bouton **Parcourir les dossiers**, puis recherchez le dossier d'enregistrement dans l'arborescence.

Note Pour comprendre l'arborescence et créer de nouveaux dossiers, consultez le chapitre 3.

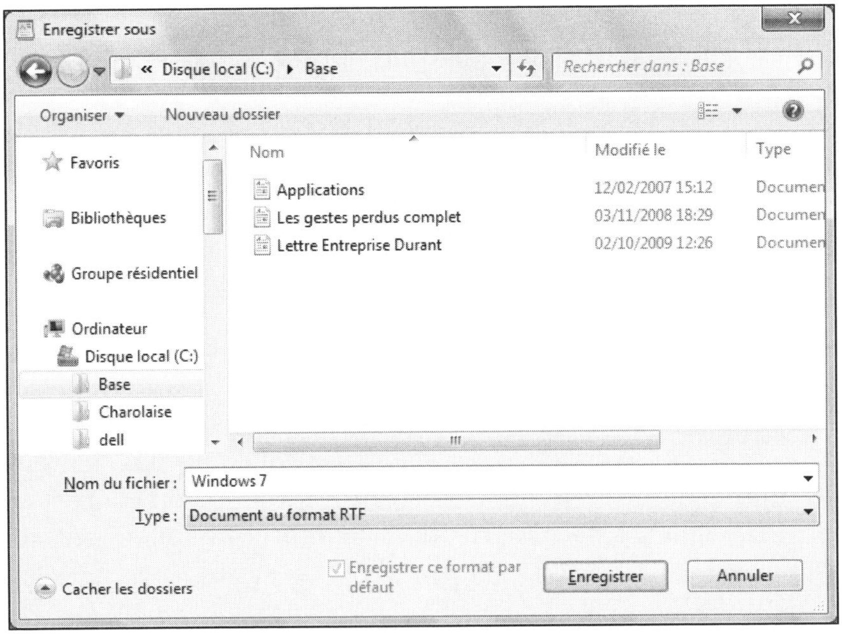

Figure 2-13 Enregistrement à un autre emplacement que le dossier Documents.

4. Dans la zone **Nom du fichier**, tapez un nom explicite et facile à retenir pour retrouver plus aisément votre document.
5. Cliquez le bouton **Enregistrer**.

Maintenant, dans la barre de titre, le nom du document apparaît à côté de celui de l'application. Si vous avez choisi **Bureau** à l'étape **2**, l'icône du document se trouve sur le bureau. Pour y accéder, il suffit de la double-cliquer.

Figure 2-14 Icône de document sur le bureau.

Attention C'est bien votre document qui se trouve dans ce cas sur le bureau et non un raccourci. Supprimer cette icône revient à supprimer le document lui-même. Les raccourcis possèdent une flèche sur leur icône, contrairement aux documents, qui n'en ont pas.

Vous devez régulièrement enregistrer vos documents, car nul n'est à l'abri d'un dysfonctionnement de l'ordinateur ou d'une coupure de courant. Pour cela, cliquez simplement le bouton dans la barre d'outils Accès rapide ou le bouton → **Enregistrer**. En apparence, cette action n'a pas d'effet. En réalité, comme votre document possède déjà un nom, l'application s'est contentée de l'enregistrer sans que vous ayez eu besoin d'intervenir.

Ouvrir un ancien document

Même si vous fermez l'application ou votre ordinateur, vous pouvez retravailler sur un document sauvegardé. Il suffit de l'ouvrir à partir du disque dur.

Ouvrir un document avec l'application

1. Cliquez le bouton de l'application.

   La liste de droite propose les derniers documents ouverts.

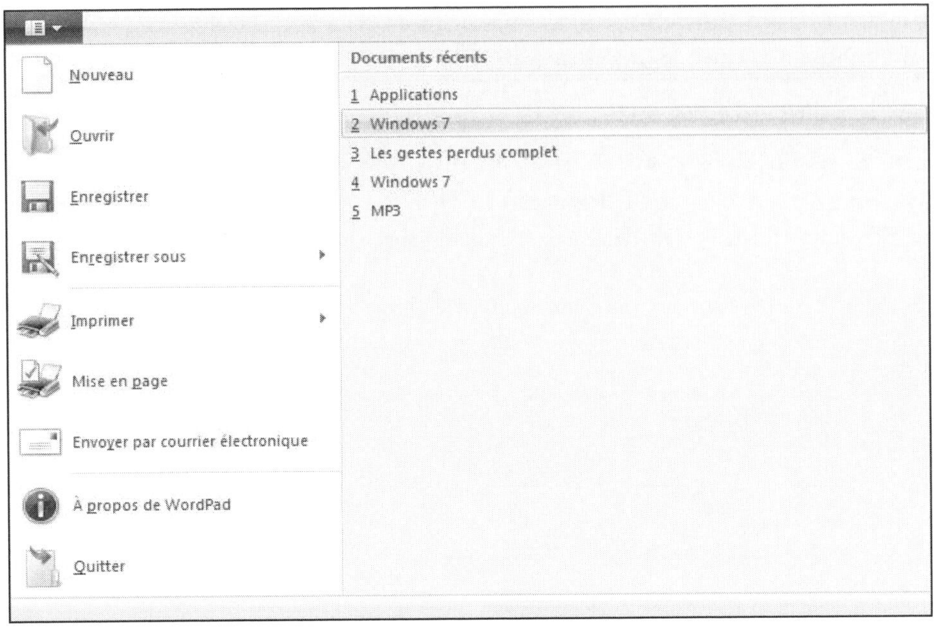

Figure 2-15 Liste des derniers documents ouverts.

Note Pour les applications sans ruban vous devez utiliser le menu **Fichier**.

2. Cliquez le nom du document dans la liste de droite. Si votre document ne s'y trouve pas, cliquez la commande **Ouvrir**.

   Si la boîte qui s'ouvre ne propose pas le bon dossier de sauvegarde (le nom apparaît dans la barre d'adresses), vous devrez d'abord le rechercher.

3. Sélectionnez le dossier dans la barre d'adresses, ou cliquez le bouton **Parcourir les dossiers** pour le trouver dans l'arborescence. En fait, la procédure de recherche est la même qu'à l'enregistrement.

   Le contenu du dossier s'affiche. Seuls les fichiers du même type que ceux de votre application apparaissent, ainsi que d'éventuels sous-dossiers.

4. Cliquez le nom du document pour le sélectionner.

Note Vous pouvez aussi double-cliquer directement le nom du document pour l'ouvrir.

5. Cliquez le bouton **Ouvrir**.

Ouvrir un document avec le menu Démarrer ou la barre des tâches

Vous pouvez ouvrir directement un document à partir du menu Démarrer ou de la barre des tâches.

Avec le menu Démarrer :

1. Cliquez le bouton **Démarrer**.
2. Recherchez le raccourci vers l'application dans le menu **Démarrer**.
3. Pointez le raccourci vers l'application.

   Windows affiche la liste des derniers documents ouverts.

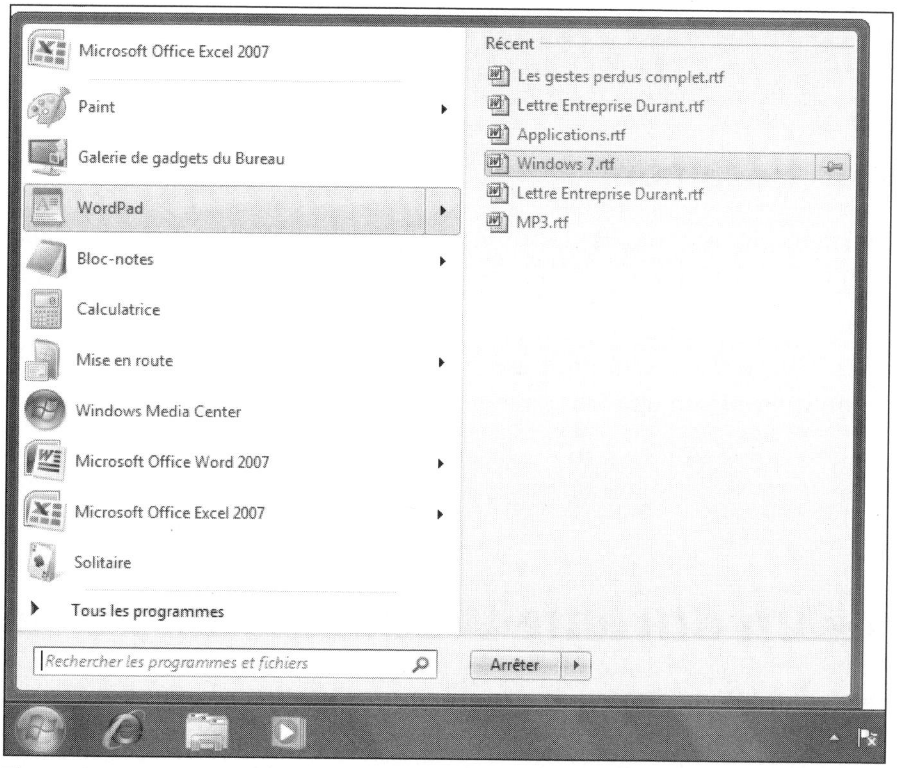

Figure 2-16 Liste des derniers documents d'une application accessibles à partir du menu Démarrer.

4. Cliquez le nom du document dans la liste.

Avec la barre des tâches :

1. Cliquez avec le bouton droit de la souris le bouton de l'application, que cette dernière soit ou non en cours d'exécution.

Windows affiche une fenêtre proposant la liste des derniers documents ouverts.

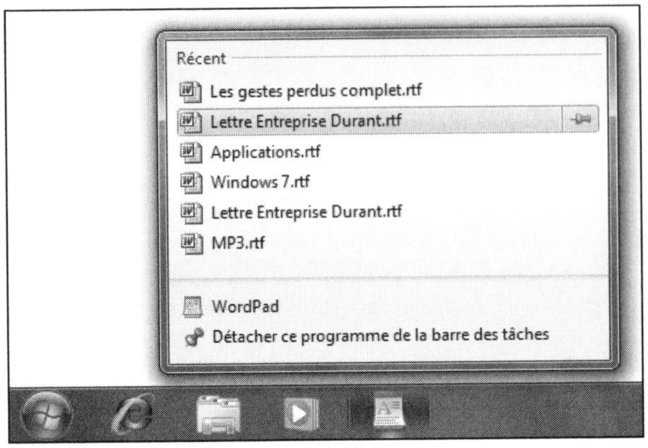

Figure 2-17 Liste des derniers documents d'une application accessibles à partir de la barre des tâches.

2. Cliquez le nom du document dans la liste.

Épingler un document

La liste des derniers documents est modifiée en permanence. Ajoutez des raccourcis permanents vers vos documents préférés pour qu'ils restent définitivement au début de la liste.

1. Recherchez le nom du document dans une des listes comme vu précédemment (application, menu Démarrer ou barre des tâches).
2. Cliquez le bouton en regard du nom du document.

Pour retirer un document en haut de la liste, cliquez le bouton à l'étape **2**.

Enregistrer un document sous un autre nom

Pour ne pas ressaisir des éléments existants, il est parfois plus simple de créer un nouveau document en s'appuyant sur un document existant. Dès que vous aurez ouvert l'ancien document, enregistrez-le sous un autre nom, puis modifiez-le.

1. Cliquez le bouton → **Enregistrer sous** ou le menu **Fichier** → **Enregistrer sous** pour les applications sans ruban.
2. Sélectionnez le dossier de sauvegarde comme nous l'avons vu précédemment.
3. Dans la zone **Nom du fichier**, tapez un nouveau nom.
4. Cliquez le bouton **Enregistrer**.

Imprimer des documents

Pour garder une trace papier de vos documents, imprimez-les avec l'application d'origine. Même s'il est possible d'imprimer un document à partir de l'Exploratcur, il cst préférable d'utiliser l'application qui l'a créé pour bénéficier de toutes les options.

Note Pour imprimer un document à partir de l'Explorateur, cliquez son nom avec le bouton droit, puis cliquez **Imprimer** dans le menu contextuel. Pour plus de détails, consultez le chapitre 4.

1. Ouvrez le document à imprimer dans l'application d'origine.
2. Cliquez le bouton → **Imprimer** ou le menu **Fichier** → **Imprimer** pour les applications sans ruban.

Attention En cliquant le bouton dans une barre d'outils, vous imprimez directement le document avec l'imprimante par défaut. L'application ne propose pas la boîte **Imprimer**.

Dans la majorité des applications, la boîte qui s'ouvre est presque identique à celle de la figure 2-18.

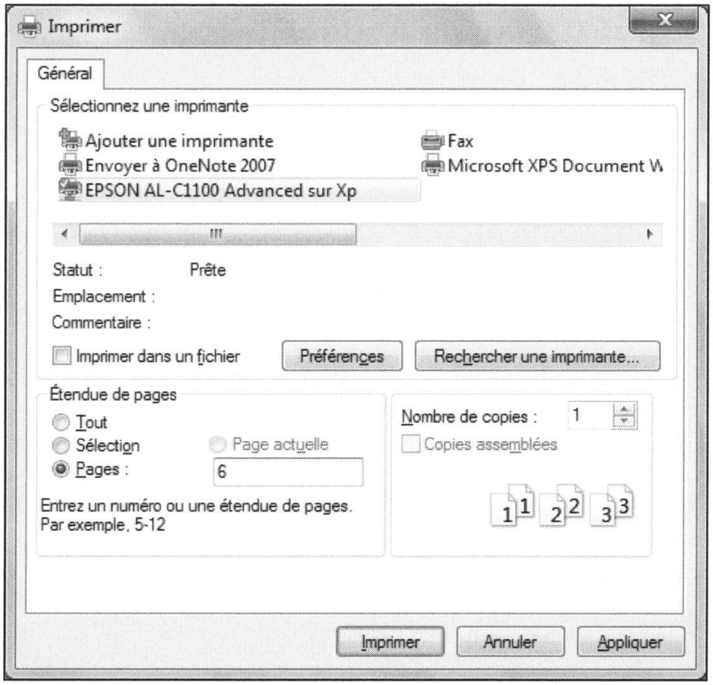

Figure 2-18 Boîte d'impression des applications.

Choisir les options d'impression

1. Dans la liste du haut, sélectionnez l'imprimante à utiliser. Le symbole ✓ indique l'imprimante par défaut.
2. Si vous désirez modifier les options de l'imprimante (format du papier, qualité d'impression, *etc.*), cliquez le bouton **Préférences** ou **Propriétés**. La boîte qui s'affiche alors est propre à votre imprimante.

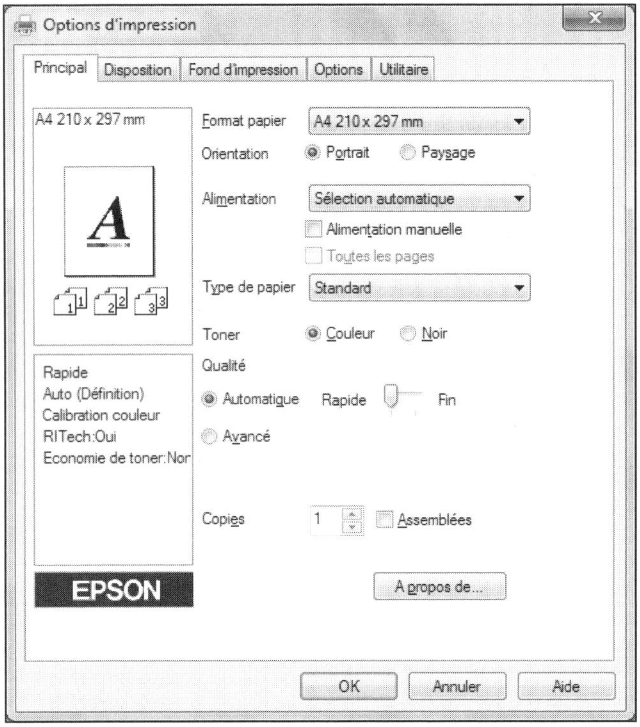

Figure 2-19 Préférences d'impression.

3. La zone **Étendue de pages** définit les pages à imprimer. Tapez les numéros des pages dans les zones prévues à cet effet. Si vous désirez n'imprimer que les éléments sélectionnés actuellement dans le document, cochez l'option **Sélection**.
4. Tapez dans la zone **Nombre de copies** le nombre d'exemplaires à imprimer.

Note Si vous avez choisi d'imprimer plusieurs copies, cochez **Copies assemblées** pour obtenir des pages triées (pages 1, 2, 3, *etc.*, puis 1, 2, 3, *etc.*) ou décochez l'option pour une impression plus rapide (pages 1, 1, *etc.*, puis 2, 2, *etc.*).

5. Cliquez le bouton **Imprimer** ou **OK**.

Définir l'imprimante par défaut

Quand vous cliquez le bouton dans la barre d'outils d'une application, c'est l'imprimante par défaut qui est utilisée. Pour définir cette imprimante, suivez ces étapes.

1. Cliquez le bouton → **Imprimer** ou le menu **Fichier** → **Imprimer** pour les applications sans ruban.
2. Dans la liste du haut, cliquez avec le bouton droit l'icône de l'imprimante.
3. Cliquez la commande **Définir comme imprimante par défaut** dans le menu contextuel.

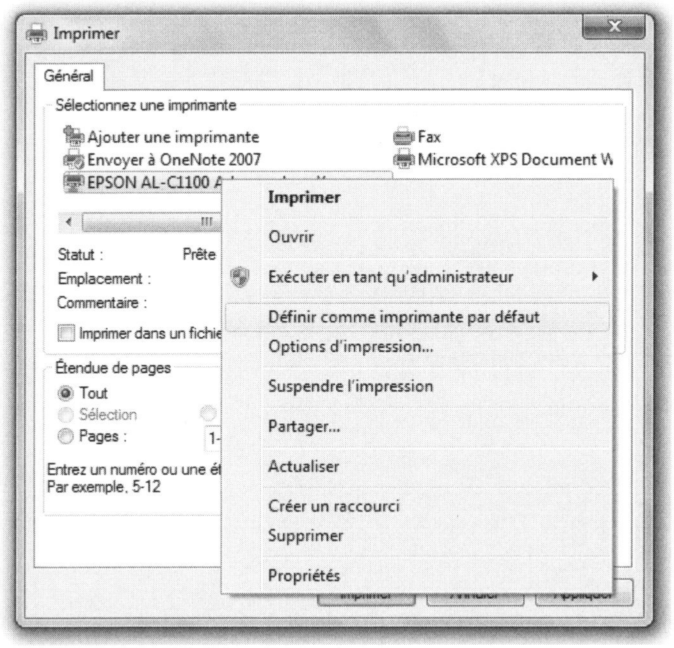

Figure 2-20 Choix de l'imprimante par défaut.

L'icône de l'imprimante par défaut affiche le symbole .

4. Cliquez le bouton **Annuler**.

Désinstaller une application

Si vous n'utilisez plus une application, vous pouvez la désinstaller. Cela évite d'encombrer inutilement le menu Démarrer et permet de gagner de la place sur votre disque si vous venez à en manquer.

Vous ne devez pas tenter de désinstaller vous-même une application, par exemple en supprimant des fichiers de votre disque dur. Vous devez uniquement suivre la procédure de désinstallation comme vous avez suivi celle de l'installation.

1. Cliquez le bouton **Démarrer** → **Panneau de configuration**.
2. Dans le Panneau de configuration, sélectionnez **Catégorie** dans la liste **Afficher par**.

Figure 2-21 Panneau de configuration.

3. Cliquez le lien **Désinstaller un programme** (pour des informations complémentaires sur le Panneau de configuration, consultez le chapitre 24).

   La fenêtre qui s'affiche liste toutes les applications installées sur votre ordinateur.

4. Double-cliquez le nom de l'application à désinstaller.

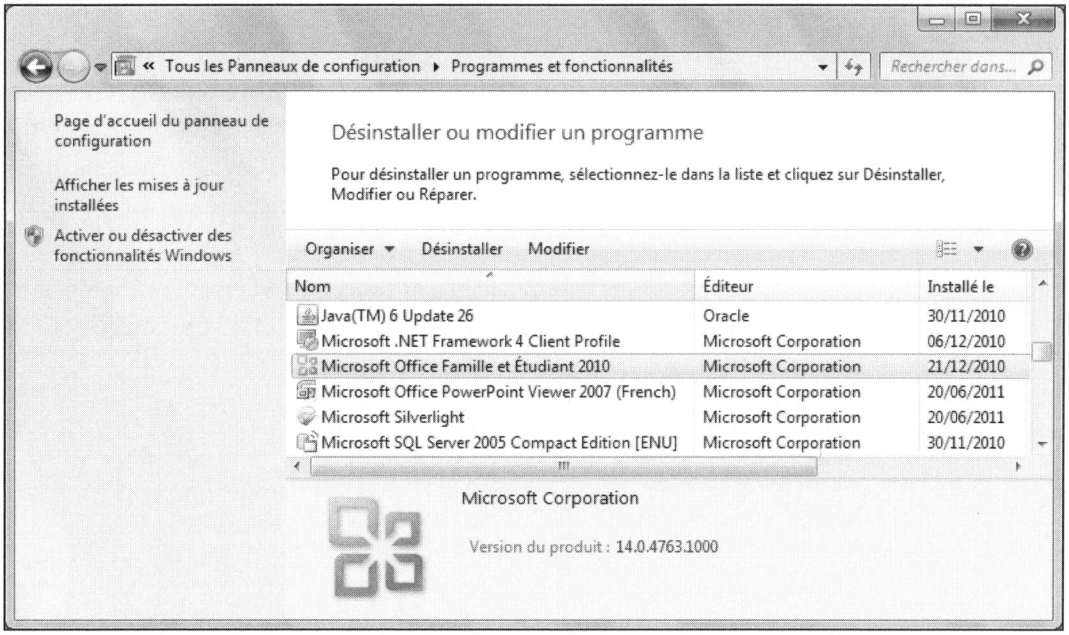

Figure 2-22 Désinstallation d'une application.

5. Si Windows affiche une boîte de contrôle pour vérifier que vous êtes bien l'auteur de cette demande, cliquez le bouton **Oui**.

La fenêtre qui s'affiche maintenant est fonction de votre application. Suivez les étapes de l'assistant et répondez aux questions.

Utiliser l'aide

Tous les logiciels proposent une aide en ligne pour venir à votre secours en cas de problème. Windows n'échappe donc pas à la règle.

Comme la gestion de l'aide est commune à toutes les applications, nous ne serez pas dépaysé. Que vous utilisiez un traitement de texte ou un tableur, son fonctionnement est identique.

Pour les cas difficiles, Windows 7 propose en plus une base de connaissances, disponible *via* Internet.

Obtenir de l'aide

L'aide de Windows et des applications se présente comme un livre. Les rubriques d'aide sont classées dans un sommaire. Le fonctionnement est analogue à celui d'une page Web sur Internet.

1. Cliquez le bouton **Démarrer** → **Aide et support**.

Note Cliquez le fond du bureau puis appuyez sur la touche **F1** pour ouvrir rapidement l'aide. Dans les applications, appuyez simplement sur la touche **F1**, le bouton ou utilisez le menu **?**.

2. Cliquez le bouton **Accéder à l'aide** .

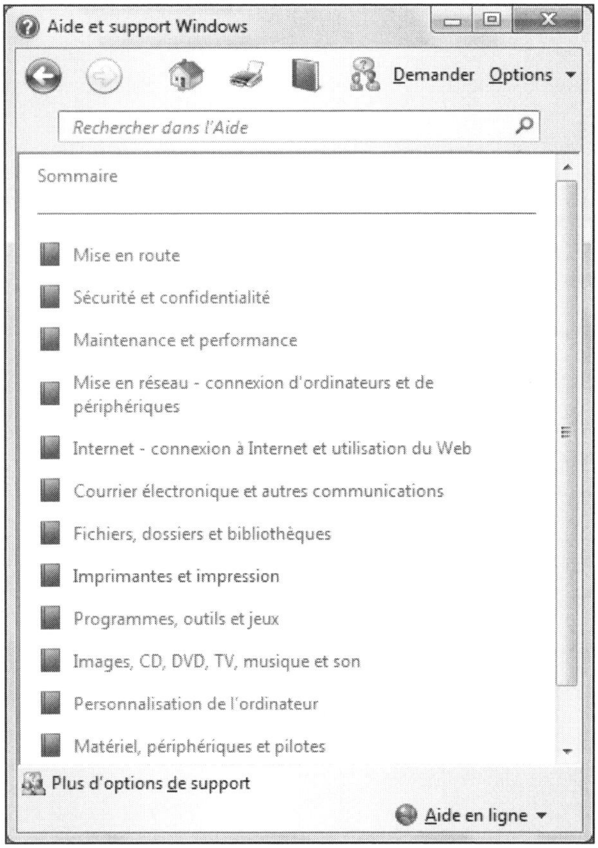

Figure 2-23 Sommaire de l'aide de Windows 7.

3. Cliquez une rubrique pour afficher l'aide correspondante.

Note Cliquez les boutons et pour naviguer entre les pages de l'aide.

Figure 2-24 Rubriques d'aide.

L'aide affiche des liens vers des documents (icônes) ou des sous-rubriques (icônes) de la rubrique choisie à l'étape **3**.

4. Cliquez une sous-rubrique pour affiner la recherche.
5. Cliquez un lien pour afficher le document d'aide.

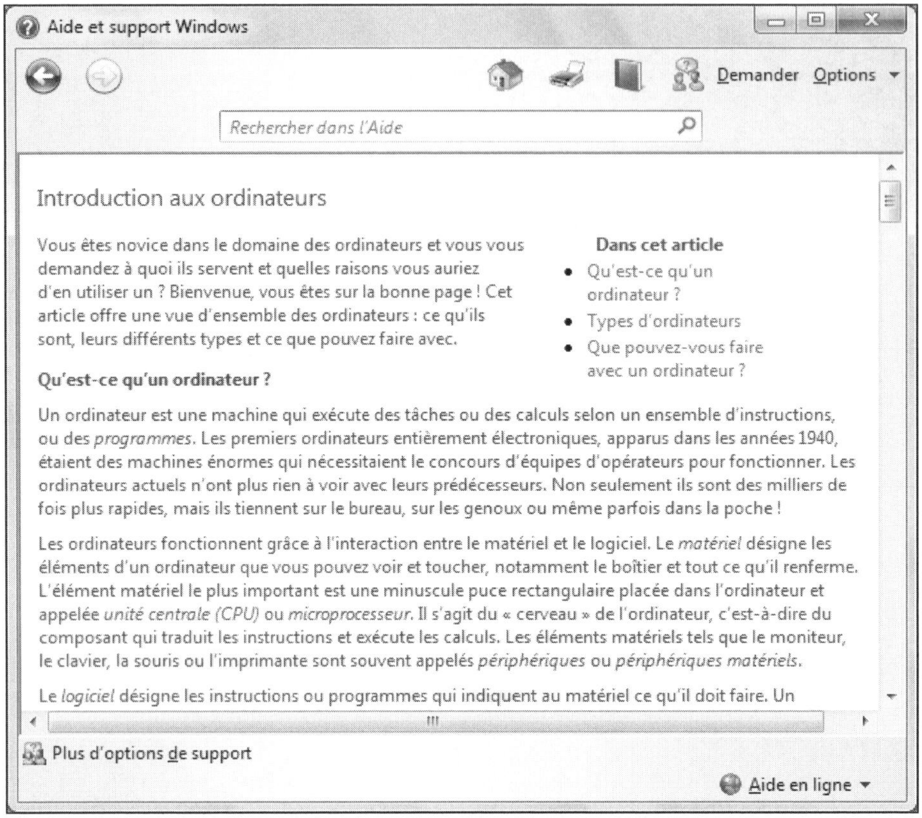

Figure 2-25 Document d'aide.

Comme la navigation sur Internet, la recherche dans l'aide en ligne reste intuitive.

Vous trouverez des mots en vert. Cliquez-les pour afficher dans une info-bulle leur définition.

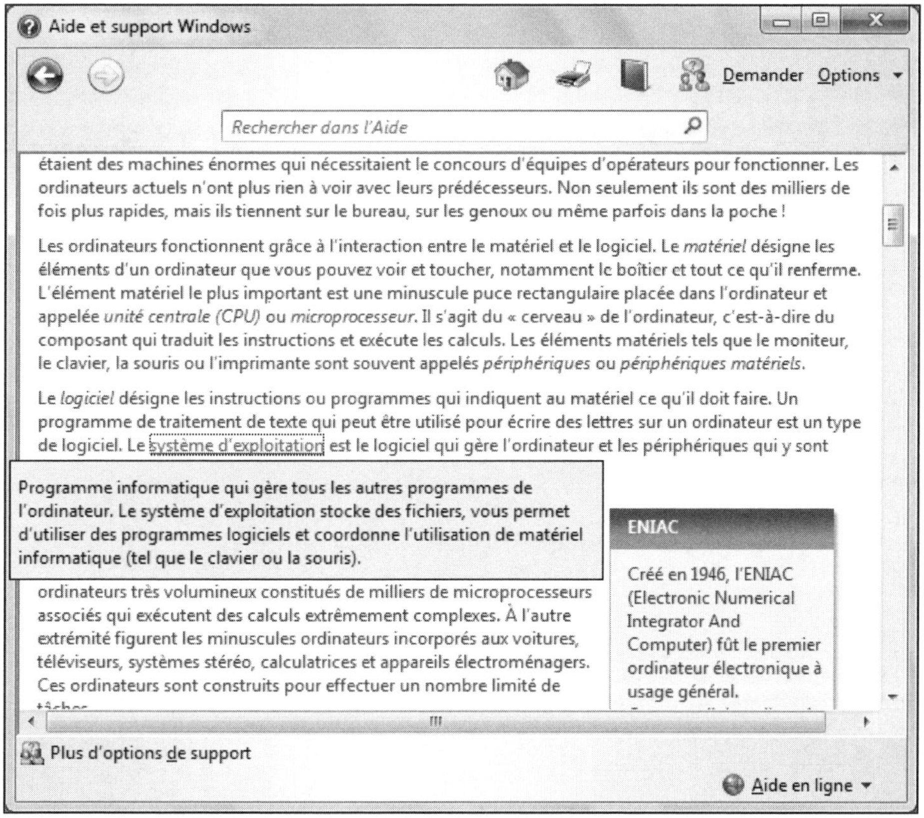

Figure 2-26 Définition d'un mot.

L'aide propose aussi des écrans et des illustrations.

Figure 2-27 Illustration dans l'aide en ligne.

Rechercher de l'aide par mots-clés

La recherche par mots-clés permet de trouver les rubriques avec des textes précis. Utilisez-la si les autres solutions ne vous donnent pas satisfaction.

1. Affichez l'aide.
2. Tapez le ou les mots à rechercher dans la zone **Recherchez dans l'aide** et validez avec la touche **Entrée**.

L'aide affiche les rubriques correspondant aux mots-clés saisis.

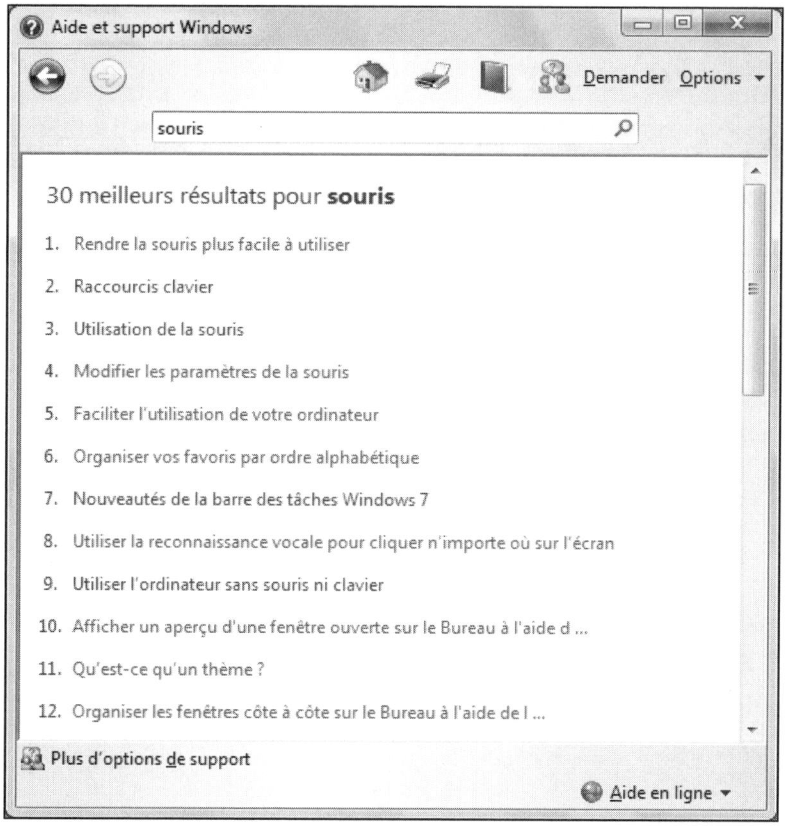

Figure 2-28 Recherche dans l'aide.

3. Cliquez la rubrique qui vous intéresse.

   L'aide affiche le document correspondant.

Astuce Les liens précédés par l'icône ➔ permettent de suivre une procédure dans Windows. Dans l'exemple de la figure 2-29, le lien ➔ **Cliquez pour ouvrir Options d'ergonomie** ouvre directement la boîte de dialogue qui permet de modifier la taille et la couleur du pointeur de souris. Vous n'avez donc pas besoin d'ouvrir le Panneau de configuration puis de rechercher cette boîte.

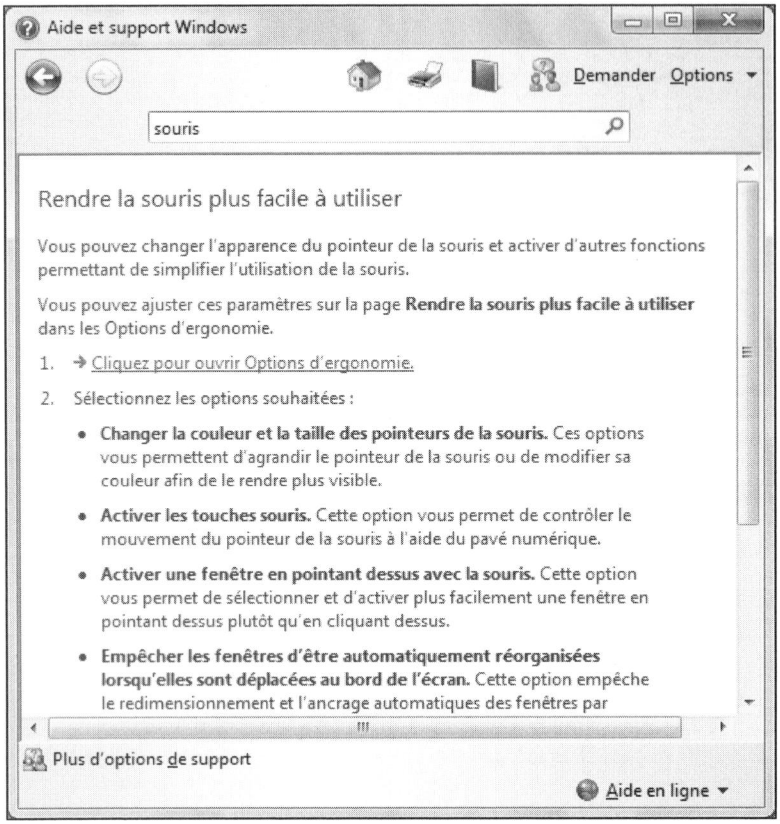

Figure 2-29 Rubrique d'aide après une recherche.

4. Cliquez le bouton  pour fermer l'aide de Windows.

Rechercher de l'aide sur Internet

Microsoft offre une assistance plus étendue grâce à Internet. Profitez-en pour résoudre les problèmes qui ne sont pas répertoriés dans l'aide en ligne standard.

1. Affichez l'aide de Windows.
2. Cliquez le bouton  pour revenir à l'accueil de l'aide.
3. Cliquez le lien **Windows** dans la rubrique Informations complémentaires.

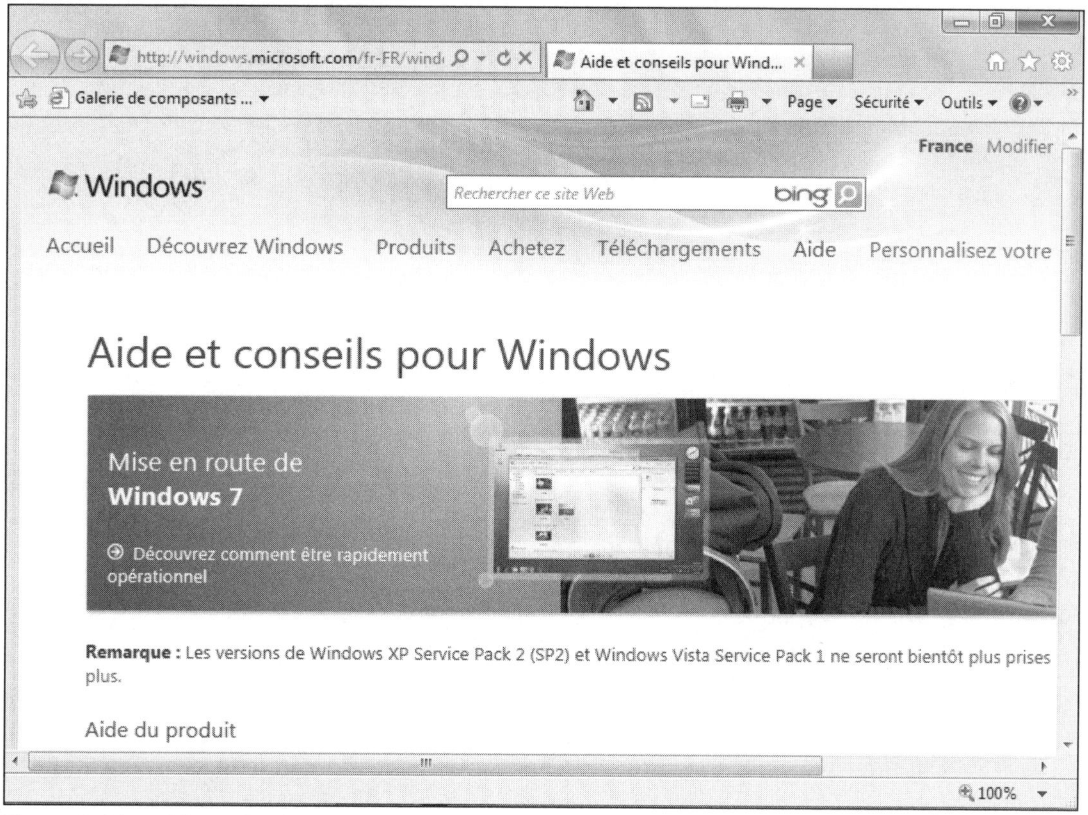

Figure 2-30 Aide en ligne sur Internet.

4. Suivez les instructions du site Web de Microsoft.

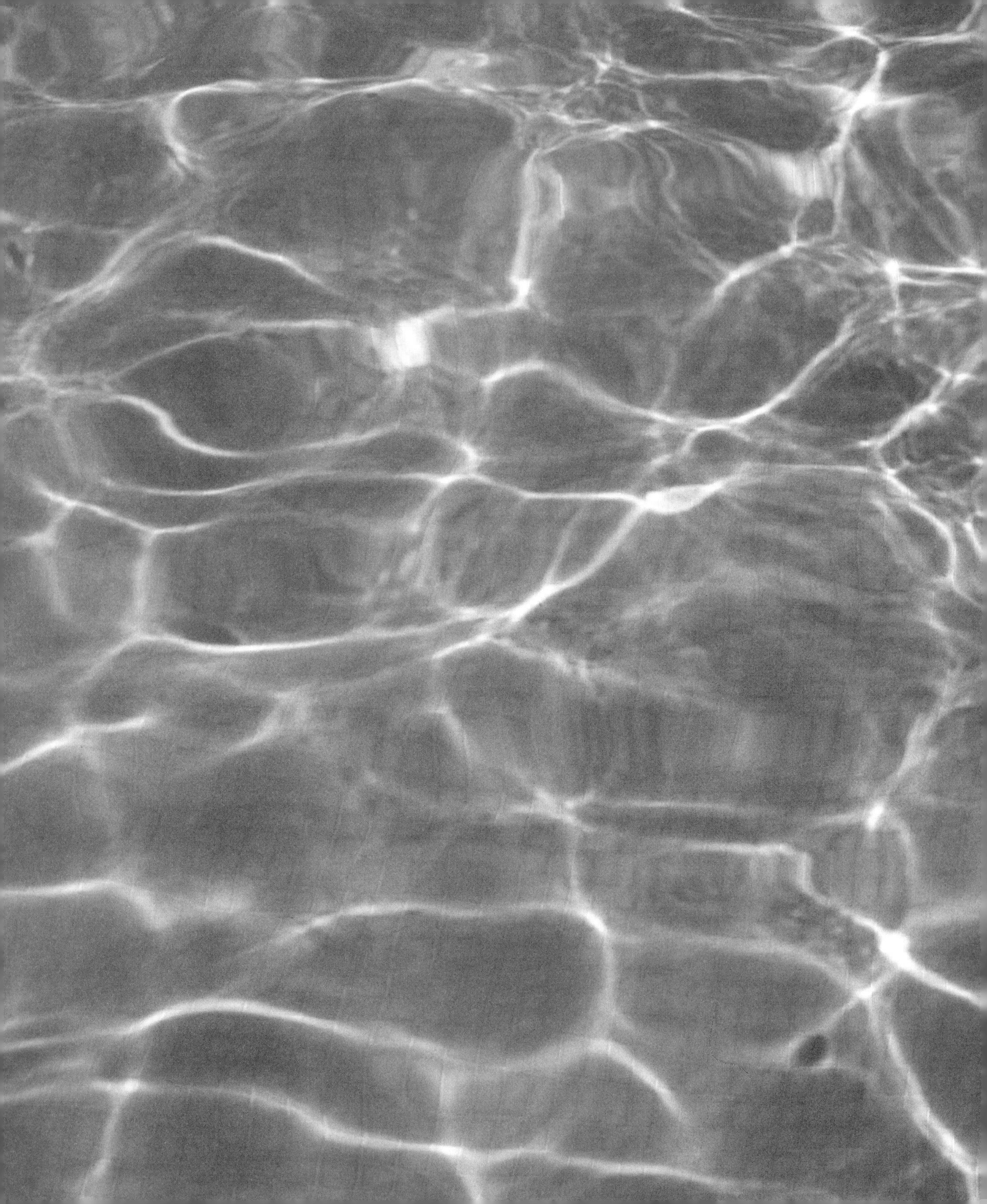

PARTIE II
EXPLORER L'ORDINATEUR

Chapitre 3

Comprendre la structure de l'ordinateur

Dans ce chapitre

- Explorateur
- Disques de stockage
- Comprendre la structure d'un disque
- Se repérer avec la barre d'adresses
- Créer un dossier
- Consulter les fichiers
- Autres lecteurs
- Réseaux

Ce chapitre présente l'organisation de l'ordinateur à partir de l'Explorateur. Ce dernier regroupe tous les éléments qui composent le PC, et en particulier les disques et les dossiers. Comprendre l'Explorateur, c'est connaître la structure de votre ordinateur : disques, dossiers, réseaux, *etc.* Sa maîtrise est donc indispensable.

Explorateur

Comprendre l'organisation de votre ordinateur est une étape indispensable pour retrouver facilement vos documents ou utiliser les périphériques. Tous ces éléments sont regroupés dans un outil appelé Ordinateur.

Pour ceux qui utilisaient une ancienne version de Windows, cela correspond au Poste de travail. L'application qui gère cette fenêtre s'appelle l'Explorateur.

Pour parcourir le contenu de votre ordinateur, cliquez le bouton **Démarrer** → **Ordinateur** ou double-cliquez l'icône **Ordinateur** sur le bureau (pour ajouter cette icône, consultez le chapitre 22).

Vous pouvez aussi taper le raccourci clavier + **E** (« E » comme Explorateur). Il existe aussi un raccourci **Explorateur Windows** dans le menu **Démarrer** → **Tous les programmes** → **Accessoires**.

Les icônes représentent les éléments présents dans l'ordinateur (figure 3-1) : dossiers principaux, disques durs, disques amovibles, lecteurs partagés par d'autres personnes (si votre ordinateur est connecté à un réseau), *etc.*

Note Pour modifier l'apparence des icônes, cliquez le bouton **Changer l'affichage** de la barre d'outils. Pour plus de détails, consultez le chapitre 4.

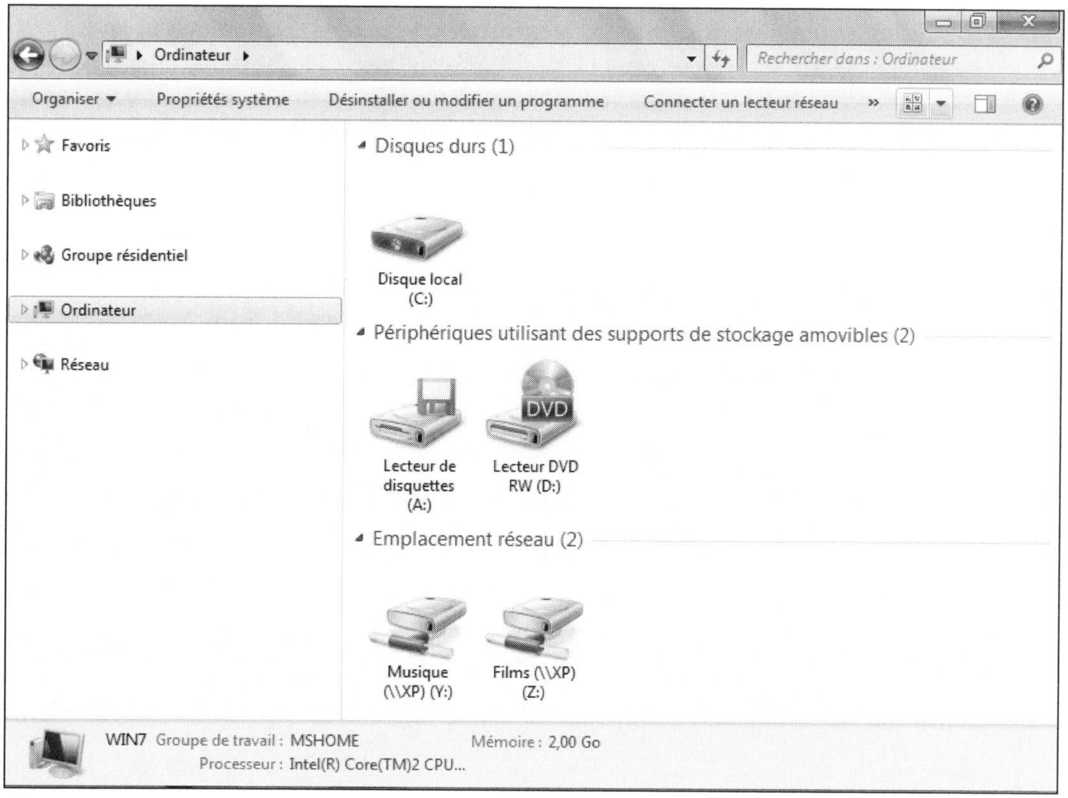

Figure 3-1 Explorateur Windows.

Disques de stockage

Dans un PC classique, vous devez avoir au moins deux types de lecteurs ou de disques : disque dur et lecteur de CD/DVD. Certains ordinateurs possèdent aussi un lecteur de disquettes.

Chaque disque est nommé par une lettre : `A:` pour le lecteur de disquettes, `C:` pour le disque dur, et `D:` pour le lecteur de CD/DVD s'il n'y a pas d'autres disques durs. Quand il y a d'autres disques durs, ils prennent les lettres après C et le lecteur de CD/DVD se trouve placé en dernier.

Attention Les lecteurs de DVD et de disquettes n'apparaissent pas dans la partie de gauche s'ils ne contiennent pas de support (CD, DVD ou disquette). Si vous sélectionnez **Ordinateur** dans la partie de gauche, ils apparaissent dans la partie de droite même s'ils sont vides. Pour les afficher en permanence, suivez ces étapes : dans la barre d'outils, cliquez le bouton **Organiser → Options des dossiers et de recherche**. Cliquez l'onglet **Affichage**, puis décochez la case **Masquer les lecteurs vides dans le dossier Ordinateur**.

Anecdote Dans les premiers PC, il y avait deux lecteurs de disquettes, nommés A: et B:, pour effectuer des copies de l'un vers l'autre. Puis sont arrivés les disques durs qui ont pris tout naturellement la lettre C:. Dans les PC actuels, les lecteurs de disquettes ont généralement disparu, mais les lettres A et B ont été conservées, bien qu'elles soient rarement utilisées.

Comprendre la structure d'un disque

La fenêtre est divisée en deux parties. La partie gauche, appelée « volet de navigation », affiche des liens vers vos documents favoris (dossiers **Favoris** et **Bibliothèques**), ainsi que tous les éléments qui composent l'ordinateur.

La partie droite affiche le contenu de l'élément sélectionné dans la partie gauche. Pour sélectionner un élément, cliquez simplement son nom ou son icône dans le volet de navigation.

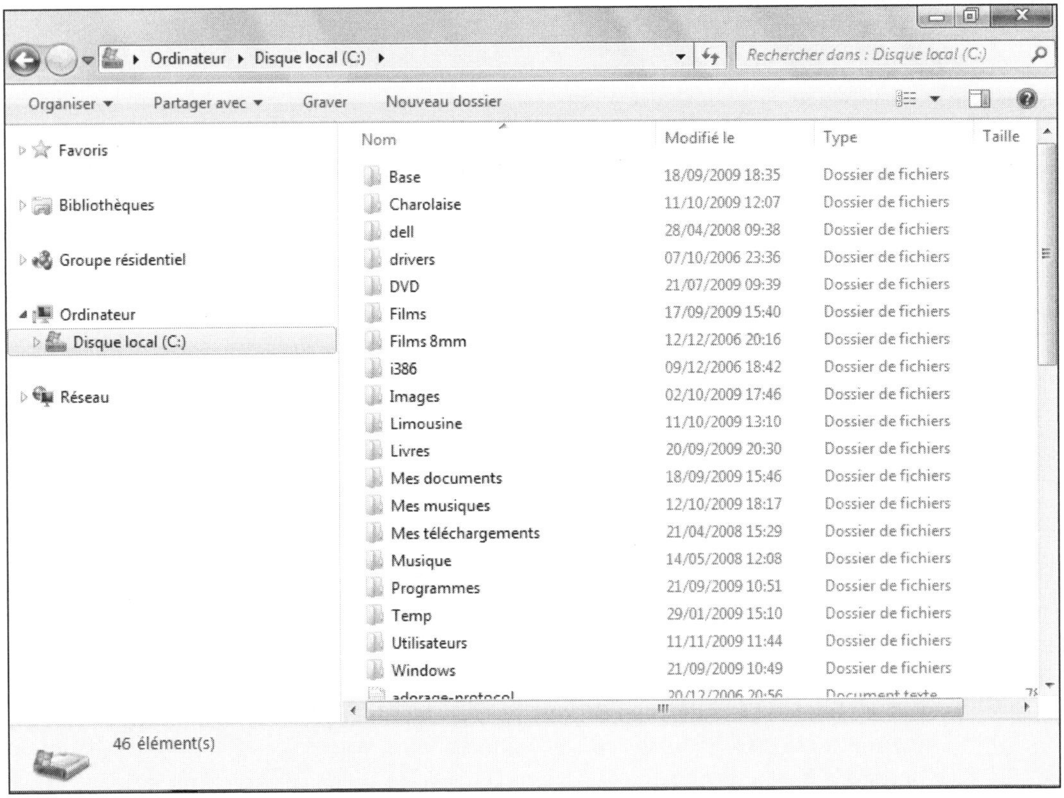

Figure 3-2 Contenu d'un disque.

Un signe ▷ indique que l'élément en contient d'autres. En cliquant ce signe, vous développez l'arborescence. Les éléments contenus dans le disque ou le dossier apparaissent en dessous, dans la partie gauche. Un signe ◢ indique que l'arborescence est développée.

On peut comparer l'Ordinateur à une armoire que l'on trouve dans les bureaux. Cette armoire contient des tiroirs que l'on peut comparer aux disques. Dans chaque tiroir se trouvent des dossiers suspendus : ce sont les dossiers des disques. Dans chaque dossier se trouvent des documents : ce sont les applications ou les documents. Parfois, dans les dossiers suspendus, se trouvent d'autres dossiers. Dans l'Ordinateur, on les appelle les sous-dossiers.

Les dossiers permettent de classer les documents que vous créerez avec les applications. Le disque C: contient déjà un dossier nommé « Utilisateurs ». C'est ce dossier qui est proposé par défaut par les applications quand vous désirez enregistrer votre travail. Mais pour mieux classer vos documents, il est préférable de créer d'autres dossiers. Ils permettront, par exemple, de ne pas mélanger vos courriers avec votre comptabilité.

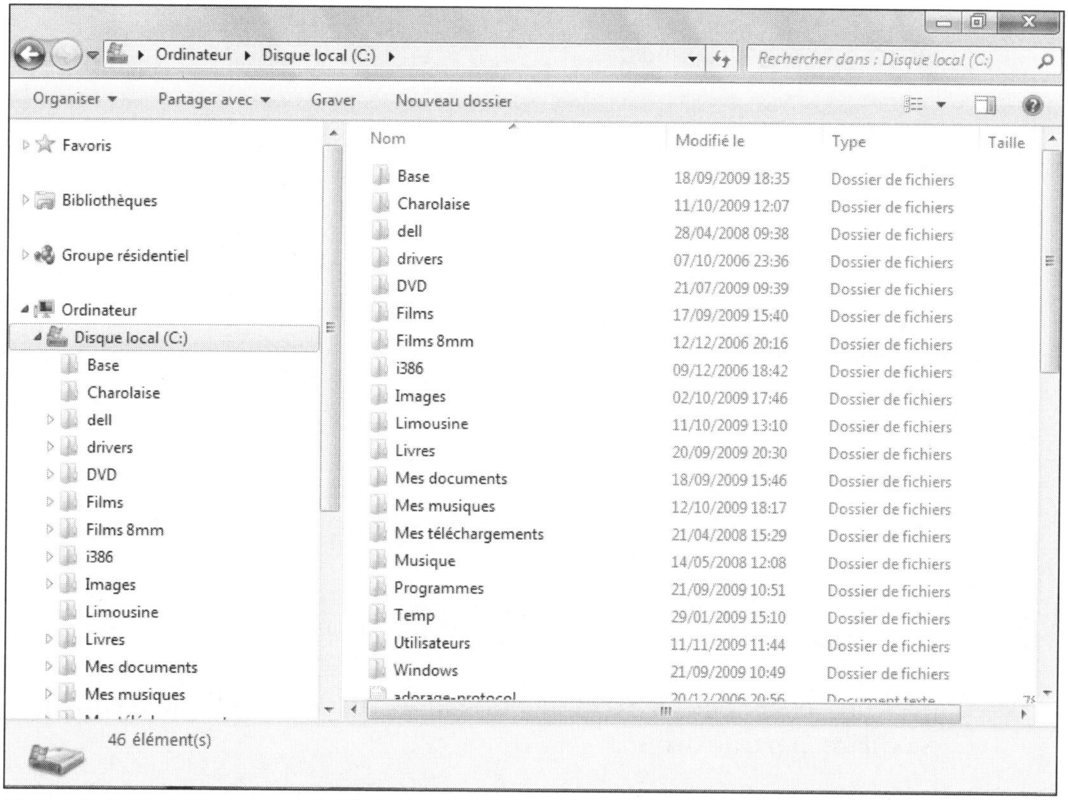

Figure 3-3 Contenu développé d'un disque.

Conseil Les applications sont stockées dans le dossier « Programmes », et les fichiers de Windows dans le dossier « Windows ». Sauf pour des cas très précis, vous ne devez pas modifier le contenu de ces deux dossiers. Vos applications ou Windows risqueraient de ne plus fonctionner. Si vous désirez désinstaller une application, consultez le chapitre 2. Ne supprimez pas ses fichiers.

Parcourez votre disque dur

1. Cliquez le bouton **Démarrer** → **Ordinateur**.
2. Cliquez le bouton ▷ en regard du disque dur C:. Il porte généralement le nom « Disque local », mais le vôtre a peut-être été rebaptisé.

   Les dossiers contenus dans votre disque dur apparaissent en dessous.
3. Cliquez le nom de votre disque dur dans le volet de navigation.

   La partie droite affiche les dossiers de votre disque dur.

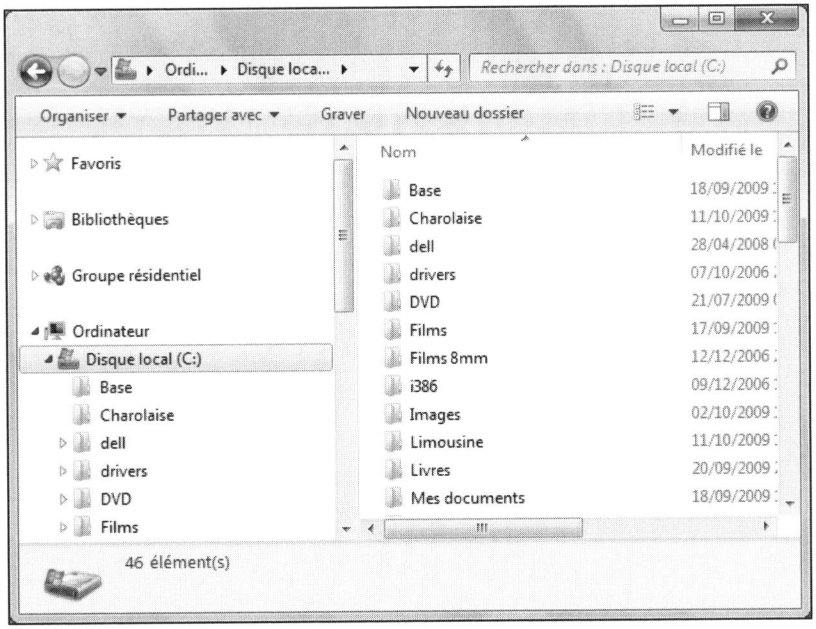

Figure 3-4 Contenu (partie droite) et liste des dossiers (volet de navigation) du disque dur.

4. Cliquez un dossier dans le volet de navigation, ou double-cliquez ce même dossier dans la partie droite.

   La partie droite affiche maintenant le contenu du dossier sélectionné. Dans notre exemple, ce dossier contient des documents mais aussi des sous-dossiers.

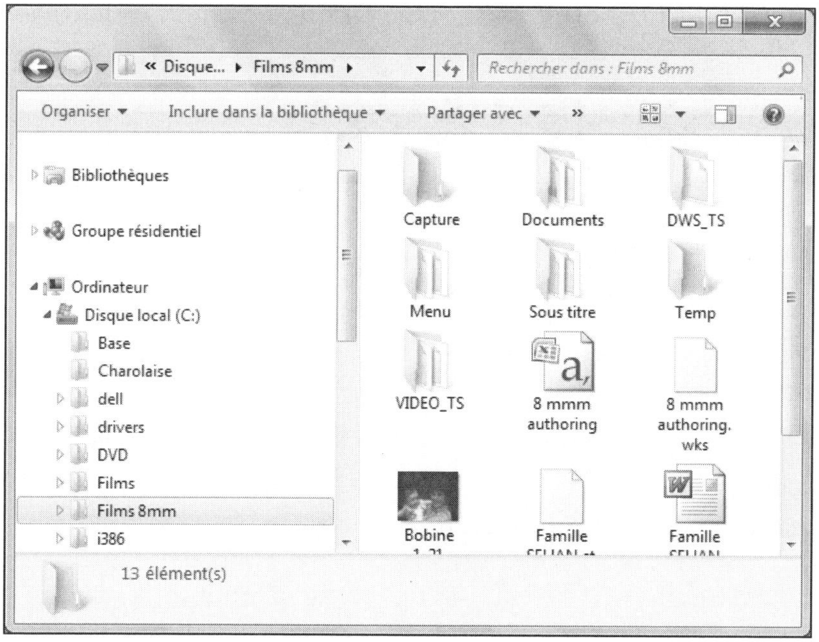

Figure 3-5 Contenu d'un dossier du disque dur.

Se repérer avec la barre d'adresses

La barre d'adresses, située en haut à gauche, est le reflet de votre parcours, appelé « chemin », dans l'arborescence de votre ordinateur. Par exemple, si vous avez sélectionné un dossier sur votre disque dur, la barre d'adresses affiche le chemin vers ce dossier : **Ordinateur → Disque C: → Dossier**. Chaque étape propose une flèche pour vous permettre de sélectionner les éléments qu'elle contient. Par exemple, la flèche à droite de l'étape **Ordinateur** donne accès à vos lecteurs : disque dur, lecteur de DVD, *etc.*

Figure 3-6 Barre d'adresses.

De la même manière, la flèche à droite de l'étape Disque C: liste tous les dossiers de votre disque dur.

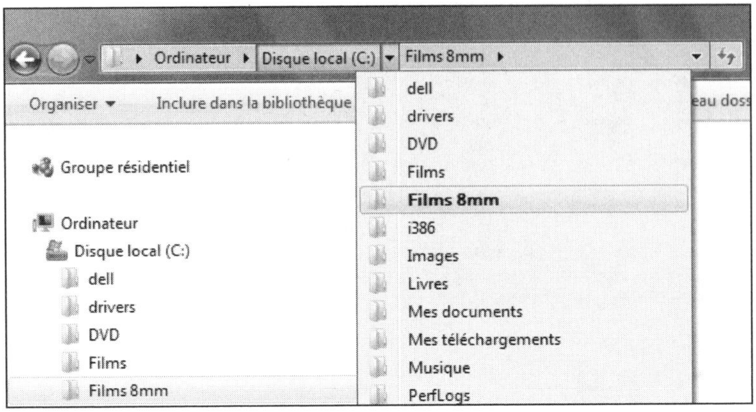

Figure 3-7 Liste des dossiers du disque dur dans la barre d'adresses.

Il suffit de cliquer un élément de la liste pour changer de chemin.

Les boutons et permettent de parcourir rapidement les derniers emplacements sélectionnés. Pour revenir à l'emplacement précédent, cliquez le bouton . Pour voir l'emplacement suivant, cliquez le bouton . Ces boutons ne sont disponibles que si vous avez déjà consulté au minimum deux emplacements. Pour choisir un emplacement précis, cliquez la flèche en regard des boutons , puis un emplacement dans la liste qui s'ouvre.

L'icône à l'extrême gauche de la barre d'adresses permet de saisir manuellement un chemin. Pour sortir de ce mode, appuyez sur la touche **Echap**.

Créer un dossier

Pour mieux classer vos documents, n'hésitez pas à créer de nouveaux dossiers. Pour des raisons de facilité, il est préférable de créer des sous-dossiers dans votre dossier Documents. En effet, ce dossier n'appartient qu'à vous. Les autres utilisateurs de l'ordinateur n'y ont pas accès, car il est lié à votre ouverture de session et à votre mot de passe (pour en savoir plus sur les protections et les mots de passe, consultez le chapitre 28). De plus, comme les applications proposent en priorité d'enregistrer vos documents dans ce dossier, il est beaucoup plus simple d'accéder à ses sous-dossiers. Quand vous serez plus à l'aise avec votre ordinateur, vous pourrez créer des dossiers à d'autres emplacements.

1. Cliquez **Documents** dans le dossier **Bibliothèque** (en haut du volet de navigation).

La partie droite affiche les sous-dossiers et les documents contenus dans votre dossier **Documents**. Si vous désirez créer un dossier à un autre emplacement, sélectionnez le disque ou le dossier qui doit contenir le nouveau dossier.

Attention L'étape **1** est importante. Vous ne devez pas perdre de vue que la création d'un dossier s'effectue dans le dossier ou le disque actuellement sélectionné. Si vous ne sélectionnez pas au préalable le bon dossier ou le bon disque, votre dossier risque d'être créé à un endroit non désiré.

2. Cliquez le bouton **Nouveau dossier** dans la barre d'outils.

   Un nouveau dossier apparaît dans la partie droite. Son nom par défaut « Nouveau dossier » est en surbrillance.

3. Tapez immédiatement le nom du dossier et appuyez sur la touche **Entrée**.

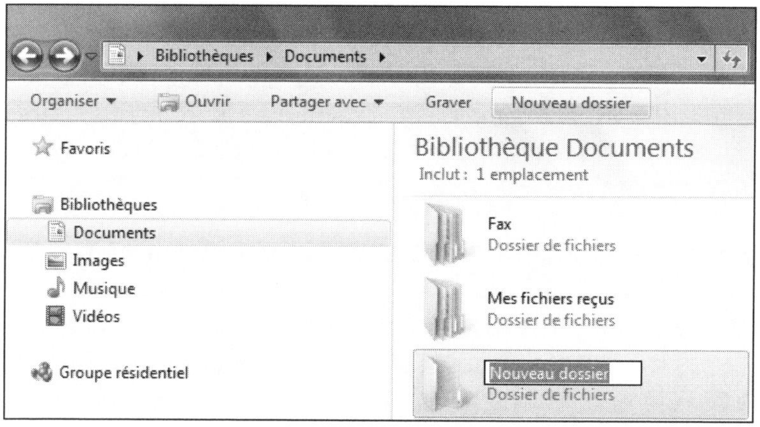

Figure 3-8 Saisie du nom du nouveau dossier.

Vous avez maintenant un nouveau dossier pour vos documents (« Docs WordPad » dans notre exemple).

Figure 3-9 Nouveau dossier dans le dossier Documents.

Si vous n'avez pas tapé de nom à l'étape **4**, mais simplement appuyé sur **Entrée** ou sélectionné avec la souris un autre élément, le dossier porte le nom par défaut « Nouveau dossier ».

Vous pouvez facilement le renommer :

1. Cliquez le nom du dossier avec le bouton droit de la souris.
2. Cliquez la commande **Renommer** dans le menu contextuel.
3. Tapez le nom du dossier et appuyez sur la touche **Entrée**.

Consulter les fichiers

Cliquez dans la partie gauche un dossier qui contient des fichiers. La partie droite affiche la liste des fichiers de ce dossier.

Définition **Fichiers** et **documents** : le mot « fichier » est un terme générique qui désigne tous les types de fichiers (documents, programmes, *etc*.). Le terme « document » concerne uniquement les fichiers que vous avez créés avec une application (un texte, une feuille de calcul, *etc*.).

Tous les fichiers correspondent à un type particulier. Pour les reconnaître, Windows les associe à une icône. Les documents ont généralement une icône très proche de celle de l'application. Par exemple, si vous avez créé un texte avec l'application Word, donc en cliquant l'icône  sur le bureau ou dans le menu **Démarrer**, le nom de votre document est associé à l'icône .

En réalité, le document est reconnu grâce à son extension. Cette dernière est un groupe de trois ou quatre lettres précédé d'un point et qui indique le type de document. Par exemple, un document créé avec Excel porte l'extension « .xls », et un document Word l'extension « .doc » (.xlsx et .docx à partir des versions 2007). En fonction des options d'affichage, il est possible que cette extension ne soit pas visible chez vous, contrairement à la figure 3-10.

Figure 3-10 Icônes et noms des fichiers avec extension.

Si Windows connaît le type d'un document, cela veut dire qu'il connaît aussi l'application qui l'a créé. Il est donc possible d'ouvrir directement un document à partir de l'Explorateur tout simplement en le double-cliquant. Windows se charge alors d'ouvrir l'application correspondante et votre document.

Note Pour afficher les extensions dans l'Explorateur, suivez ces étapes : dans la barre d'outils, cliquez le bouton **Organiser → Options des dossiers et de recherche**. Cliquez l'onglet **Affichage**, puis décochez la case **Masquer les extensions des fichiers dont le type est connu**.

Autres lecteurs

Dans l'Explorateur, vous pouvez trouver d'autres périphériques de stockage, en dehors des traditionnels disques durs ou lecteurs de disquettes. C'est le cas des lecteurs ou graveurs de CD/DVD, des lecteurs de bandes (sauvegardes de vos données), des clés USB (mémoire amovible), ou des lecteurs de cartes (Compact flash, Memory stick, SmartMedia, *etc.*). Ces périphériques sont, bien sûr, accessibles à partir de l'Explorateur.

Figure 3-11 Clé USB.

Réseaux

Dès que vous possédez deux ordinateurs, vous pouvez les mettre en réseau, c'est-à-dire les relier par des câbles ou par un système sans fil comme le Wi-Fi *(Wireless Fidelity)*. Cela vous permet de partager vos ressources, par exemple un disque dur, un dossier ou une imprimante.

Disques

Le partage de disques ou de dossiers permet d'échanger facilement des fichiers entre les ordinateurs d'un réseau.

Dans l'exemple de la figure 3-12, le disque C: est partagé (icône) ainsi que le lecteur de DVD D:. Les autres utilisateurs peuvent accéder à leurs contenus.

Note Comme votre ordinateur peut contenir plusieurs disques durs, le logo Windows sur l'icône indique que Windows est installé sur ce disque.

Le disque E: est un disque ou un dossier partagé par un autre utilisateur du réseau (icônes). Vous pouvez l'utiliser comme s'il était présent sur votre ordinateur.

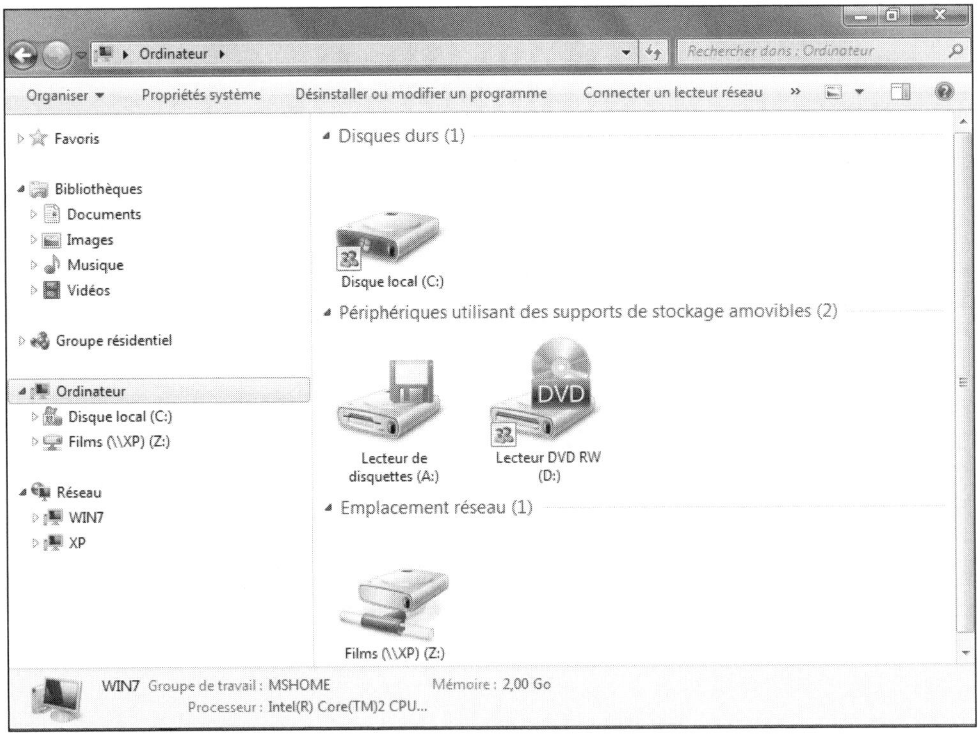

Figure 3-12 Disques partagés ou connectés.

Imprimantes

À l'instar des disques, vous pouvez partager votre imprimante ou utiliser celles des autres ordinateurs du réseau.

Pour partager votre imprimante ou vous connecter à une imprimante partagée, consultez le chapitre 24.

Chapitre 4

Ordinateur et Explorateur

Dans ce chapitre

- Connaître les propriétés d'un élément
- Modifier l'affichage de l'interface
- Sélectionner des éléments
- Déplacer ou copier des documents
- Supprimer un document
- Annuler la dernière action
- Ajouter un raccourci sur le bureau
- Ouvrir une application ou un document
- Imprimer directement un document
- Personnaliser l'affichage

L'Explorateur Windows permet d'accéder à tous les éléments de l'ordinateur. Découvrez dans ce chapitre l'essentiel des commandes : copie, déplacement, apparence, impression, raccourcis, *etc.*

Connaître les propriétés d'un élément

Disques

Il est intéressant de connaître les caractéristiques d'un disque pour en évaluer les capacités et, éventuellement, modifier son nom.

1. Ouvrez l'Ordinateur ou l'Explorateur Windows.

Astuce Pour ouvrir rapidement l'Explorateur Windows, tapez + **E**.

2. Cliquez avec le bouton droit le disque à vérifier (disque dur, lecteur de DVD, lecteur de carte mémoire, *etc.*).
3. Cliquez la commande **Propriétés** dans le menu contextuel.

Note Si vous avez sélectionné au préalable **Ordinateur** dans le volet de navigation, il suffit de cliquer le disque pour le sélectionner, puis le bouton **Propriétés** dans la barre d'outils.

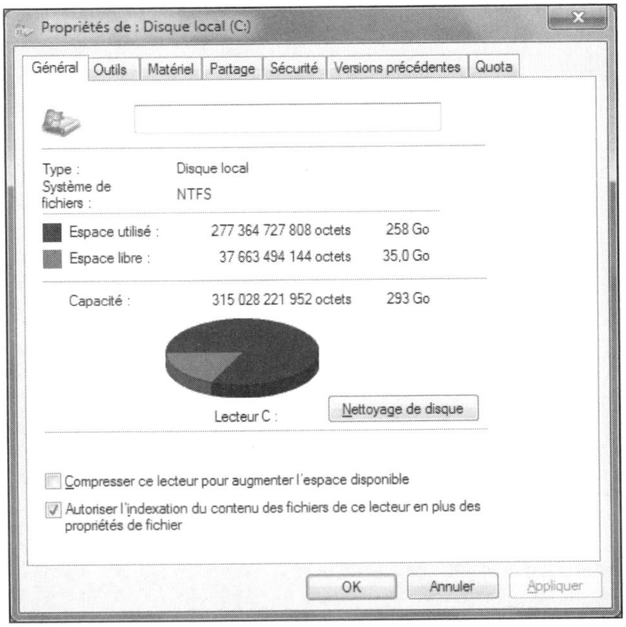

Figure 4-1 Propriétés d'un disque dur.

La boîte Propriétés indique le nom du disque, sa taille, l'espace utilisé et l'espace restant (figure 4-1).

Note Vous pouvez attribuer un nouveau nom aux disques durs ou aux disquettes en le tapant dans la zone de texte en dessous des onglets. (Vous ne pouvez pas modifier le nom des CD et des DVD.) Pour retrouver le nom par défaut, supprimez le contenu de cette zone.

4. Cliquez le bouton **OK**.

Dossiers

Comme pour les disques, il est nécessaire de connaître les caractéristiques d'un dossier pour évaluer la place qu'il occupe réellement.

1. Cliquez avec le bouton droit le dossier à vérifier.
2. Cliquez la commande **Propriétés** dans le menu contextuel.

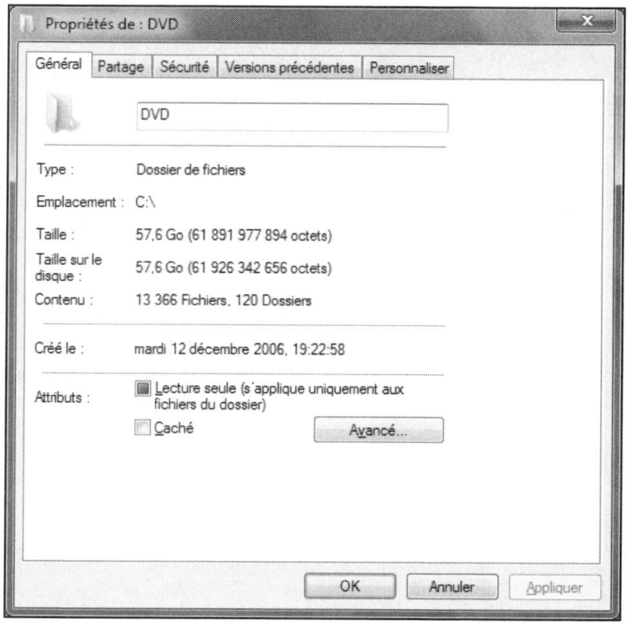

Figure 4-2 Propriétés d'un dossier.

La boîte Propriétés indique le nombre de sous-dossiers et le nombre de fichiers présents dans le dossier (figure 4-2). La taille affichée correspond à celle du dossier, et inclut celles des sous-dossiers et des fichiers.

3. Cliquez le bouton **OK**.

Modifier l'affichage de l'interface

Choisir les volets à afficher

Vous pouvez afficher ou masquer certaines parties de l'interface. Cliquez le bouton **Organiser → Disposition** dans la barre d'outils. Le menu propose les options suivantes :

- **Barre de menu** : affiche en permanence la barre de menus. Il n'est alors plus nécessaire d'appuyer sur la touche **Alt** pour l'afficher.
- **Volet des détails** : affiche en bas de la fenêtre les propriétés de l'élément sélectionné (voir explications ci-après).
- **Volet de visualisation** : affiche le contenu du document sélectionné, par exemple le texte d'un document Word, une feuille de calcul d'un document Excel, *etc.* Vous pouvez aussi afficher directement ce volet en cliquant le bouton de la barre d'outils.

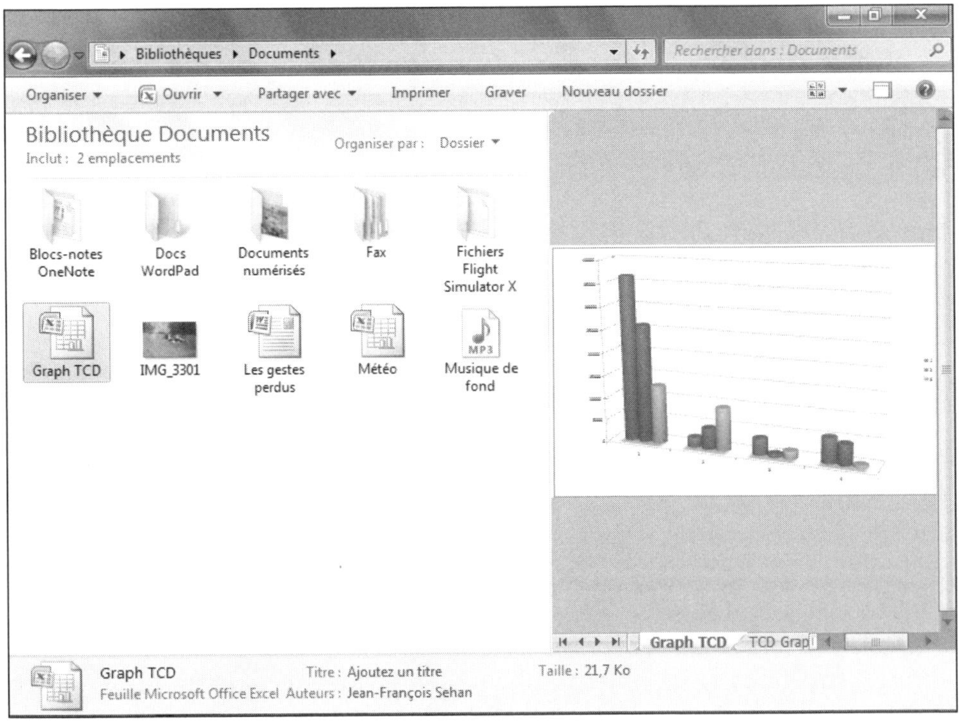

Figure 4-3 Contenu d'un document dans le volet de visualisation.

- **Volet de navigation** : affiche ou masque la partie gauche. Vous pouvez toujours utiliser la barre d'adresses pour vous déplacer entre les emplacements de votre ordinateur (consultez le chapitre 3).
- **Volet Bibliothèque** : affiche le volet proposant vos dossiers personnels (Documents, Images, *etc.*).

Afficher les propriétés de l'élément sélectionné

Le volet des détails donne des indications sur l'élément sélectionné. Pour l'afficher, cliquez le bouton **Organiser → Disposition → Volet des détails** dans la barre d'outils.

Les renseignements fournis sont fonction de l'élément sélectionné. Par exemple, pour votre disque dur, il indique la capacité et l'espace libre restant.

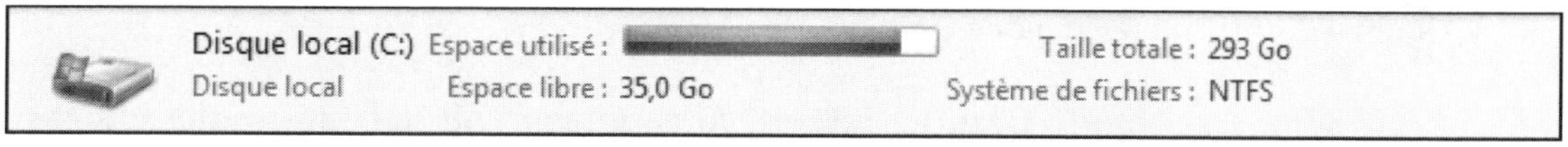

Figure 4-4 Détails d'un disque.

Pour un dossier, il indique le nombre d'éléments qu'il contient, sous-dossiers ou documents.

Figure 4-5 Détails d'un dossier.

Pour un document, il indique la date de création, la taille, le nom de l'auteur, *etc.*

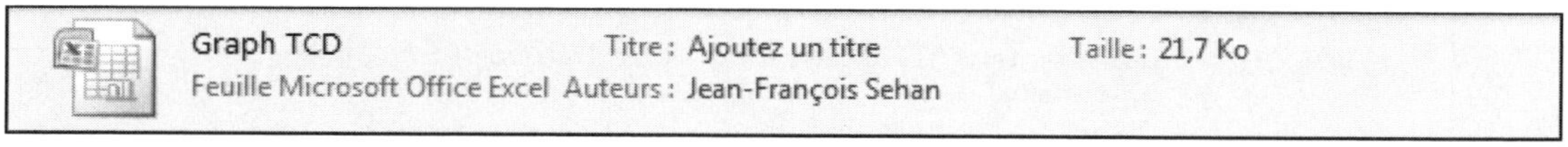

Figure 4-6 Détails d'un document.

Modifier la taille des icônes

Les icônes d'un dossier peuvent s'afficher selon plusieurs tailles. Tout dépend des informations dont vous avez besoin. Par exemple, en mode **Détails**, les icônes sont petites mais vous aurez des informations supplémentaires sur les documents (date, taille, *etc.*).

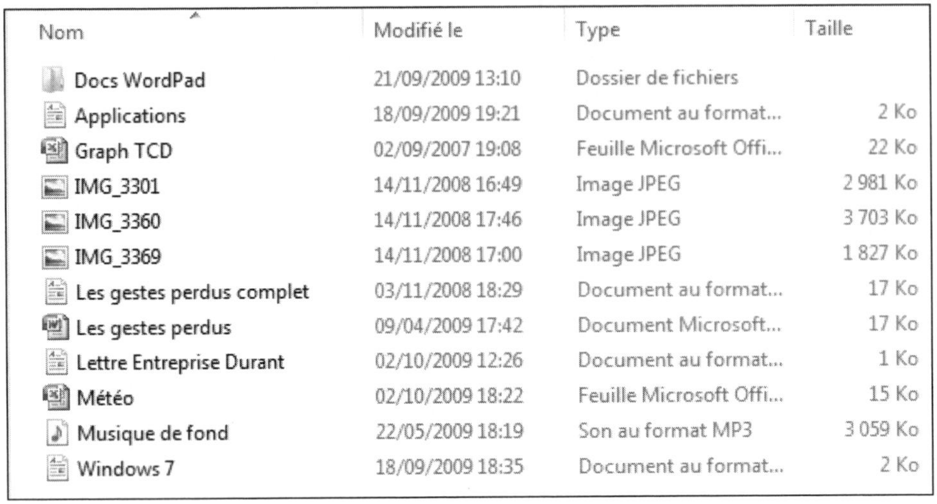

Figure 4-7 Affichage en mode Détails.

En revanche, en mode **Grandes icônes**, vous pouvez voir le contenu des images ou des vidéos mais aucune information sur les documents.

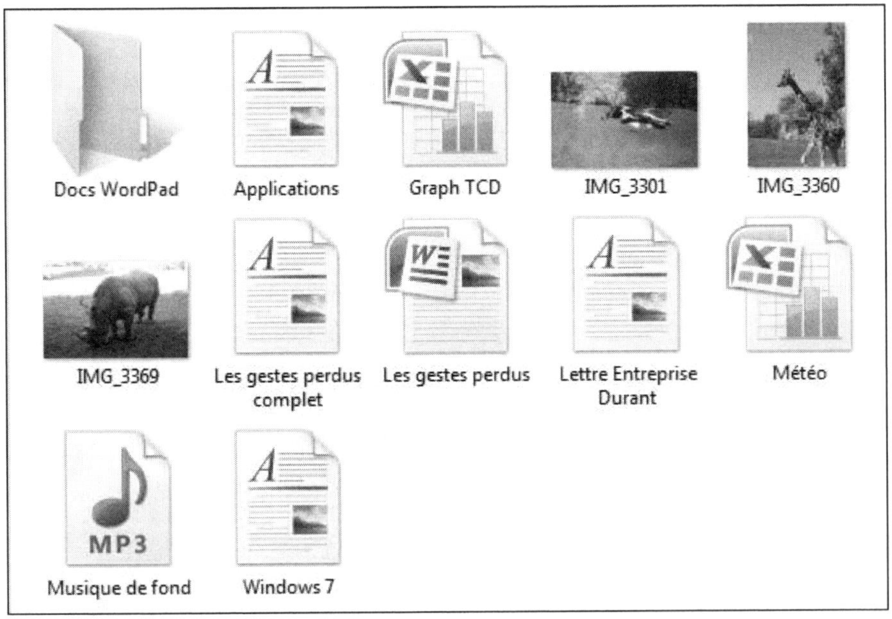

Figure 4-8 Affichage en mode Grandes icônes

Pour modifier la taille des icônes, cliquez la flèche en regard du bouton **Changer l'affichage** dans la barre d'outils. Cliquez ensuite la taille désirée ou faites glisser le curseur.

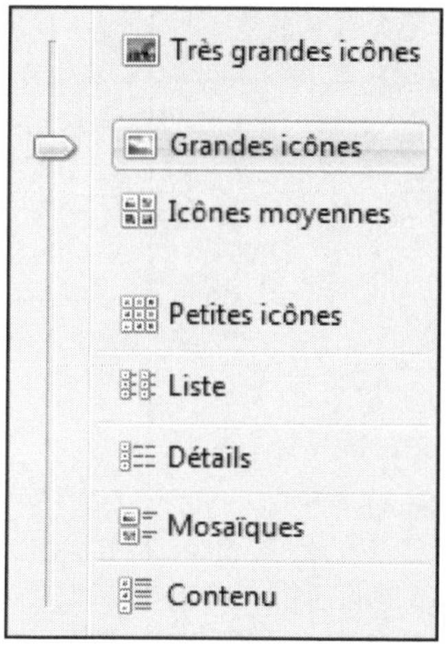

Figure 4-9 Liste des modes d'affichage.

Pour changer rapidement de mode, cliquez plusieurs fois le bouton **Changer l'affichage** dans la barre d'outils.

Changer l'ordre de classement de vos documents

Par défaut, les documents sont classés par ordre alphabétique. Les dossiers sont toujours placés en début de liste. Pour modifier cet ordre, il suffit de cliquer un en-tête de colonne. La liste est alors triée par ordre croissant ou décroissant de la colonne choisie. Si vous cliquez de nouveau le même en-tête, la liste est triée dans l'ordre inverse. Par exemple, en cliquant l'en-tête **Taille**, les documents sont triés par taille croissante ou décroissante. En cliquant de nouveau l'en-tête **Taille**, l'ordre est inversé. Une petite flèche dans l'en-tête de colonne vous indique le sens du tri.

Classer vos documents par groupes

Si vous avez de nombreux documents dans le même dossier, vous pouvez les classer par groupes. Cliquez avec le bouton droit une zone vide de la partie droite, cliquez **Regrouper par** puis le type de groupe (nom, date, *etc.*). Les documents sont triés par groupes (groupes de lettres, groupes de dates, *etc.*). Pour réduire ou développer un groupe, double-cliquez son en-tête.

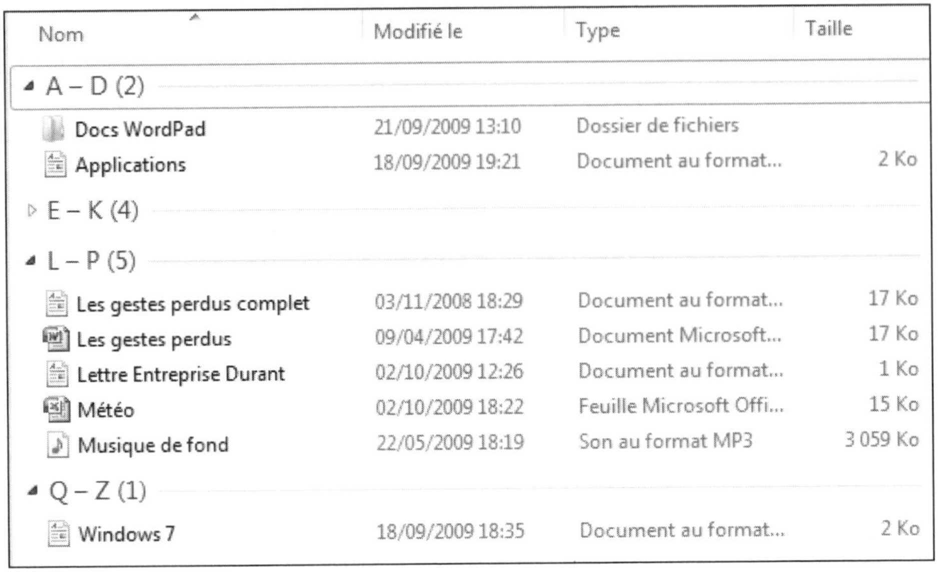

Figure 4-10 Classement par groupes.

Sélectionner des éléments

Il est beaucoup plus simple et plus rapide de sélectionner simultanément plusieurs éléments lorsqu'on souhaite leur appliquer la même action. C'est le cas, par exemple, pour déplacer ou copier plusieurs documents.

Sélectionner des fichiers contigus

1. Cliquez le premier fichier pour le sélectionner.
2. Maintenez enfoncée la touche **Maj** (cette touche se trouve au-dessus de la touche **Ctrl**).
3. Cliquez le dernier fichier.
4. Relâchez la touche **Maj**.

Seuls les fichiers sélectionnés sont en surbrillance.

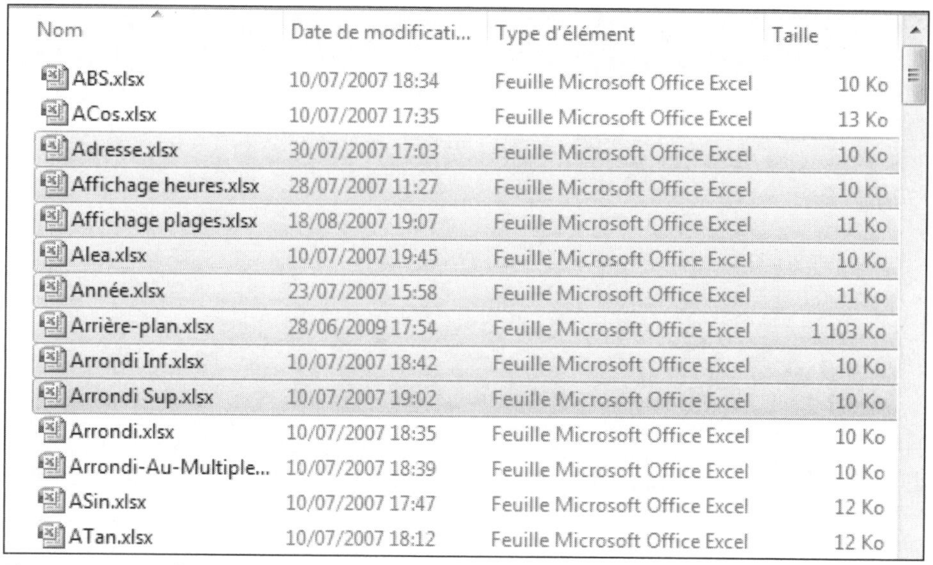

Nom	Date de modificati...	Type d'élément	Taille
ABS.xlsx	10/07/2007 18:34	Feuille Microsoft Office Excel	10 Ko
ACos.xlsx	10/07/2007 17:35	Feuille Microsoft Office Excel	13 Ko
Adresse.xlsx	30/07/2007 17:03	Feuille Microsoft Office Excel	10 Ko
Affichage heures.xlsx	28/07/2007 11:27	Feuille Microsoft Office Excel	10 Ko
Affichage plages.xlsx	18/08/2007 19:07	Feuille Microsoft Office Excel	11 Ko
Alea.xlsx	10/07/2007 19:45	Feuille Microsoft Office Excel	10 Ko
Année.xlsx	23/07/2007 15:58	Feuille Microsoft Office Excel	11 Ko
Arrière-plan.xlsx	28/06/2009 17:54	Feuille Microsoft Office Excel	1 103 Ko
Arrondi Inf.xlsx	10/07/2007 18:42	Feuille Microsoft Office Excel	10 Ko
Arrondi Sup.xlsx	10/07/2007 19:02	Feuille Microsoft Office Excel	10 Ko
Arrondi.xlsx	10/07/2007 18:35	Feuille Microsoft Office Excel	10 Ko
Arrondi-Au-Multiple...	10/07/2007 18:39	Feuille Microsoft Office Excel	10 Ko
ASin.xlsx	10/07/2007 17:47	Feuille Microsoft Office Excel	12 Ko
ATan.xlsx	10/07/2007 18:12	Feuille Microsoft Office Excel	12 Ko

Figure 4-11 Sélection de fichiers contigus.

Sélectionner des fichiers non contigus

1. Cliquez le premier fichier pour le sélectionner.
2. Maintenez enfoncée la touche **Ctrl**.
3. Cliquez l'un après l'autre les autres fichiers à sélectionner.
4. Relâchez la touche **Ctrl**.

Seuls les fichiers sélectionnés sont en surbrillance.

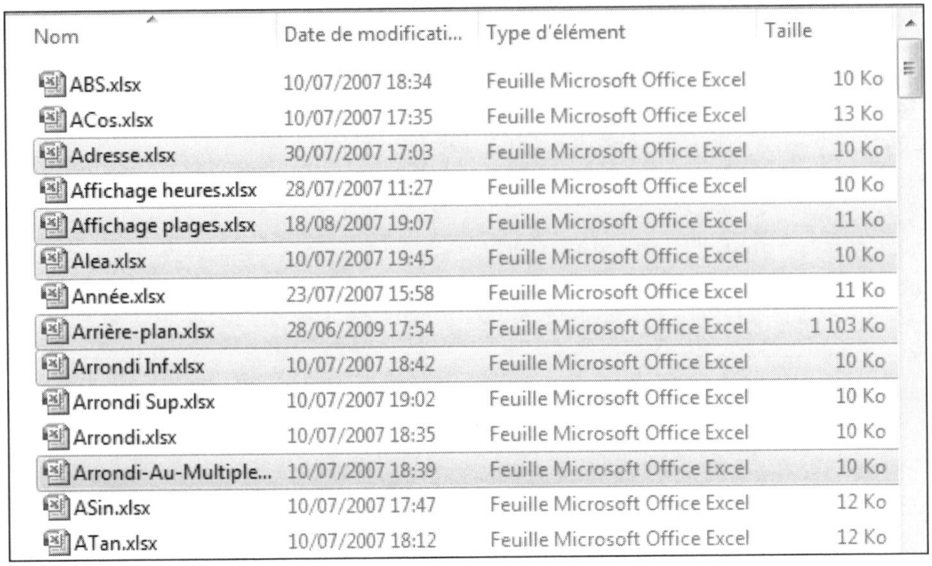

Nom	Date de modificati...	Type d'élément	Taille
ABS.xlsx	10/07/2007 18:34	Feuille Microsoft Office Excel	10 Ko
ACos.xlsx	10/07/2007 17:35	Feuille Microsoft Office Excel	13 Ko
Adresse.xlsx	30/07/2007 17:03	Feuille Microsoft Office Excel	10 Ko
Affichage heures.xlsx	28/07/2007 11:27	Feuille Microsoft Office Excel	10 Ko
Affichage plages.xlsx	18/08/2007 19:07	Feuille Microsoft Office Excel	11 Ko
Alea.xlsx	10/07/2007 19:45	Feuille Microsoft Office Excel	10 Ko
Année.xlsx	23/07/2007 15:58	Feuille Microsoft Office Excel	11 Ko
Arrière-plan.xlsx	28/06/2009 17:54	Feuille Microsoft Office Excel	1 103 Ko
Arrondi Inf.xlsx	10/07/2007 18:42	Feuille Microsoft Office Excel	10 Ko
Arrondi Sup.xlsx	10/07/2007 19:02	Feuille Microsoft Office Excel	10 Ko
Arrondi.xlsx	10/07/2007 18:35	Feuille Microsoft Office Excel	10 Ko
Arrondi-Au-Multiple...	10/07/2007 18:39	Feuille Microsoft Office Excel	10 Ko
ASin.xlsx	10/07/2007 17:47	Feuille Microsoft Office Excel	12 Ko
ATan.xlsx	10/07/2007 18:12	Feuille Microsoft Office Excel	12 Ko

Figure 4-12 Sélection de fichiers non contigus.

Note Pour désélectionner un élément de la sélection, cliquez-le de nouveau en maintenant la touche **Ctrl** enfoncée. Pour sélectionner tout le contenu d'un dossier, cliquez un de ses fichiers puis tapez **Ctrl** + **A**.

Déplacer ou copier des documents

Il est parfois nécessaire de déplacer des documents entre deux dossiers pour mieux les classer. Il est en revanche nécessaire d'effectuer des copies de vos documents pour en assurer la pérennité.

1. Affichez dans la partie droite le ou les documents à copier ou à déplacer.
2. Développez l'arborescence dans le volet de navigation pour voir le dossier ou le disque de destination.
3. Sélectionnez le ou les documents à déplacer dans la partie droite.
4. Cliquez et faites glisser un des fichiers de la sélection vers le nouveau dossier.

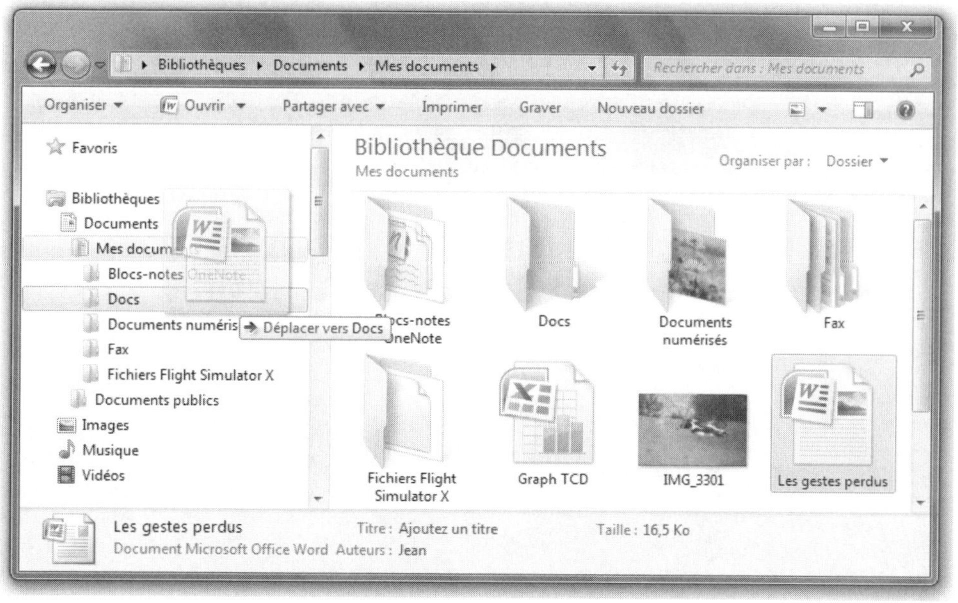

Figure 4-13 Déplacement d'un fichier du dossier « Mes Documents » à son sous-dossier « Docs ».

Les fichiers sont toujours copiés entre deux disques différents (par exemple, du disque C: vers le lecteur de disquettes A:). Pour forcer un déplacement entre deux disques, maintenez la touche **Maj** pendant l'étape **4**.

Si vous désirez faire une copie et non simplement un déplacement, répétez les étapes **3** et **4** mais en maintenant la touche **Ctrl** enfoncée pendant l'étape **4**.

Si vous n'êtes pas à l'aise pour utiliser en même temps la souris et le clavier, réalisez les étapes **3** et **4** mais en utilisant le bouton droit de la souris. Windows ouvre un menu contextuel dès que vous relâchez le bouton. Cliquez ensuite dans ce menu la commande **Déplacer ici** ou **Copier ici**.

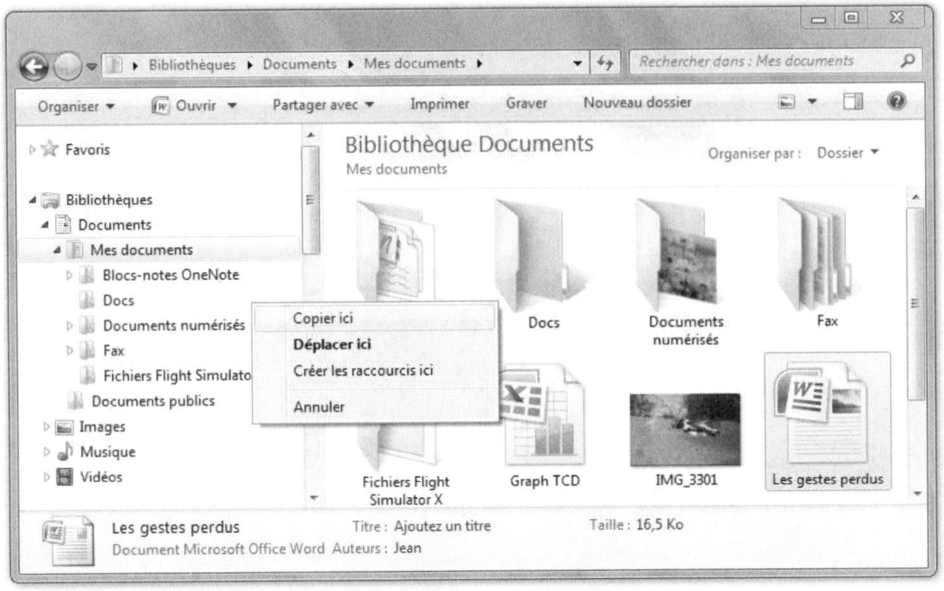

Figure 4-14 Utilisation du menu contextuel pour une copie ou un déplacement.

Si un document avec un nom identique est déjà présent dans le dossier de destination, Windows affiche une boîte pour vous demander ce qu'il doit faire. Choisissez l'option qui vous convient.

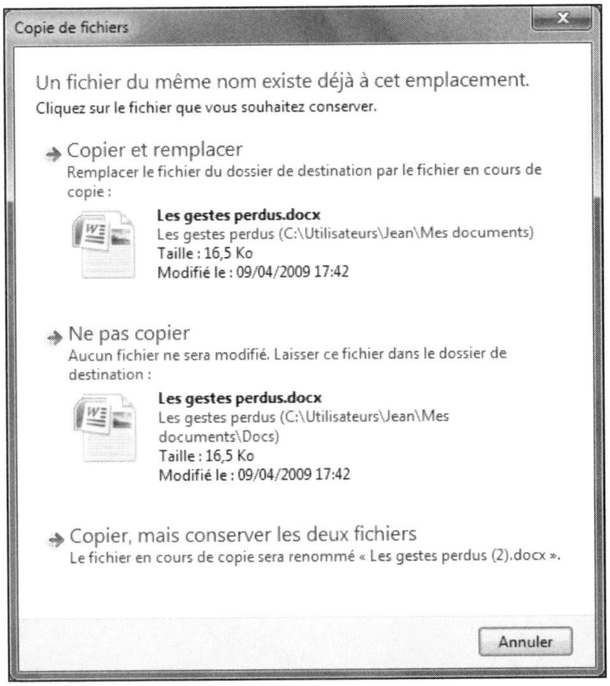

Figure 4-15 Choix du type de copie.

Supprimer un document

Si vous n'avez plus besoin de certains fichiers, vous pouvez les supprimer pour gagner de la place sur votre disque dur.

1. Sélectionnez le ou les documents à supprimer.
2. Appuyez sur la touche **Suppr**.

Conseil Ne supprimez que vos documents. Ne supprimez pas les autres fichiers. Ils appartiennent probablement à une application ou à Windows.

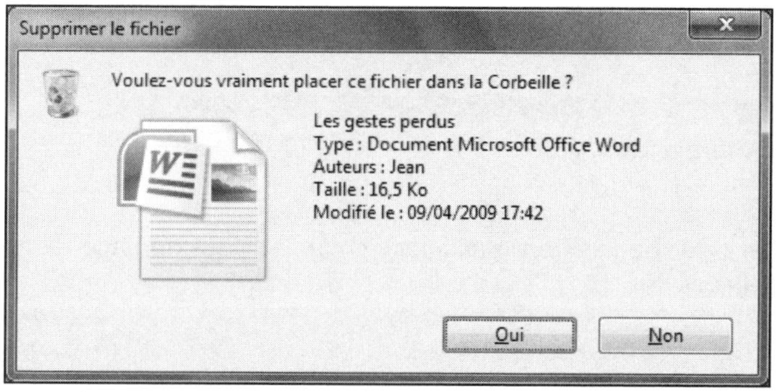

Figure 4-16 Suppression d'un fichier.

Une boîte vous demande de confirmer la suppression (figure 4-16).

3. Cliquez le bouton **Oui**.

Les fichiers ne sont pas réellement supprimés. Ils sont déplacés dans un dossier spécial baptisé Corbeille (consultez le chapitre 6).

Annuler la dernière action

Que vous ayez déplacé, copié, renommé ou supprimé des éléments, vous pouvez toujours annuler la dernière action.

Tapez le raccourci **Ctrl** + **Z** ou cliquez le menu **Edition → Annuler**.

Note La commande **Annuler** du menu **Edition** précise le type d'annulation : **Annuler le déplacement, Annuler la suppression,** *etc.* (figure 4-17).

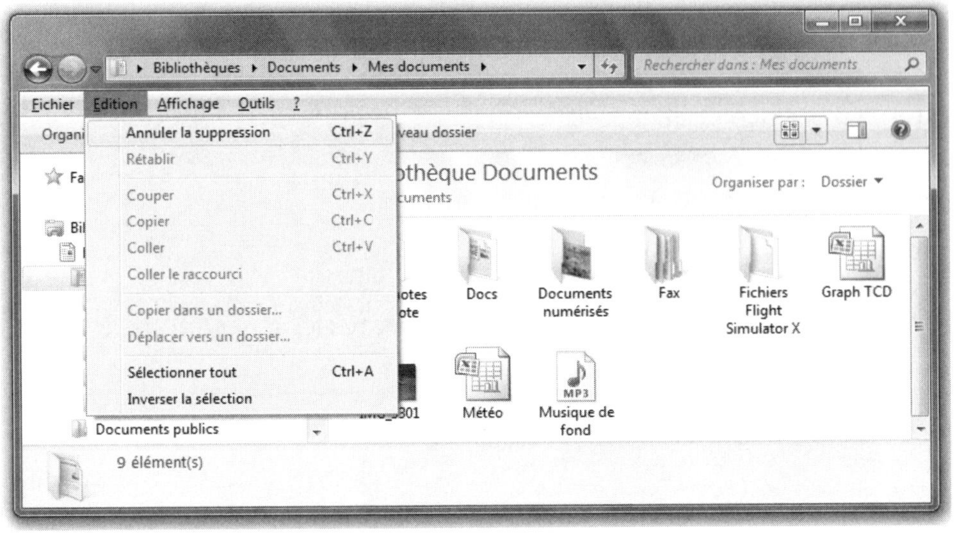

Figure 4-17 Annulation de la dernière action.

Attention Vous ne pouvez annuler une suppression que si les fichiers ont été déplacés vers la Corbeille. Consultez le chapitre 6.

Utiliser les bibliothèques

L'Explorateur propose un dossier Bibliothèques. Vous pouvez ajouter dans ce dernier vos propres « sous-bibliothèques », et y inclure des références à des dossiers présents à d'autres emplacements (le disque **C:** par exemple). Cela permet d'accéder plus facilement aux dossiers que vous utilisez fréquemment.

Par défaut, le dossier Bibliothèques propose les sous-dossiers Documents, Images, Musique et Vidéos.

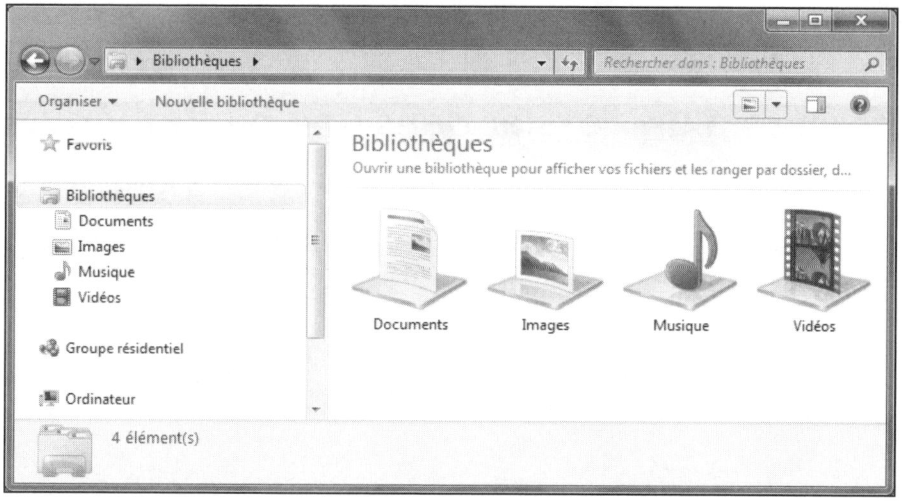

Figure 4-18 Sous-dossiers par défaut du dossier Bibliothèques.

Ajouter une nouvelle bibliothèque

Vous pouvez ajouter autant de bibliothèques que nécessaire.

1. Cliquez **Bibliothèques** dans le volet de navigation.
2. Cliquez **Nouvelle bibliothèque** dans la barre d'outils.
3. Tapez immédiatement le nom de votre bibliothèque et validez avec la touche **Entrée**.

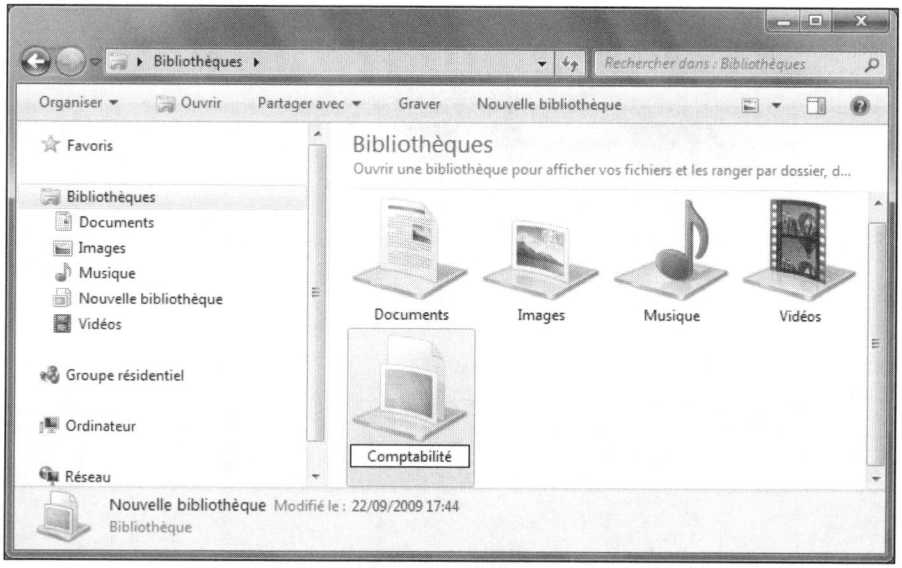

Figure 4-19 Ajout d'une nouvelle bibliothèque.

Note La création d'une bibliothèque est identique à celle d'un dossier.

Faire référence à un dossier dans une bibliothèque

Après sa création, ajoutez des références à des dossiers dans votre nouvelle bibliothèque.

1. Cliquez le nom de votre nouvelle bibliothèque dans le volet de navigation.

   La partie droite indique que la bibliothèque est vide.

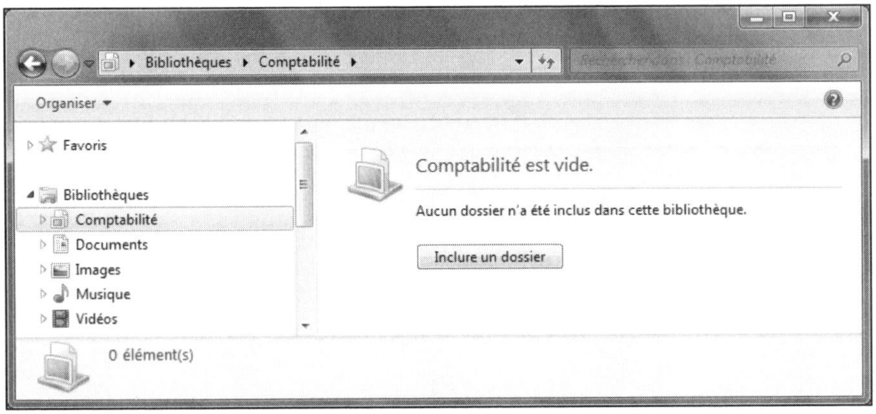

Figure 4-20 Nouvelle bibliothèque.

2. Cliquez le bouton **Inclure un dossier**.
3. Dans l'arborescence de la boîte qui s'affiche, sélectionnez le dossier.
4. Cliquez le bouton **Inclure le dossier**.

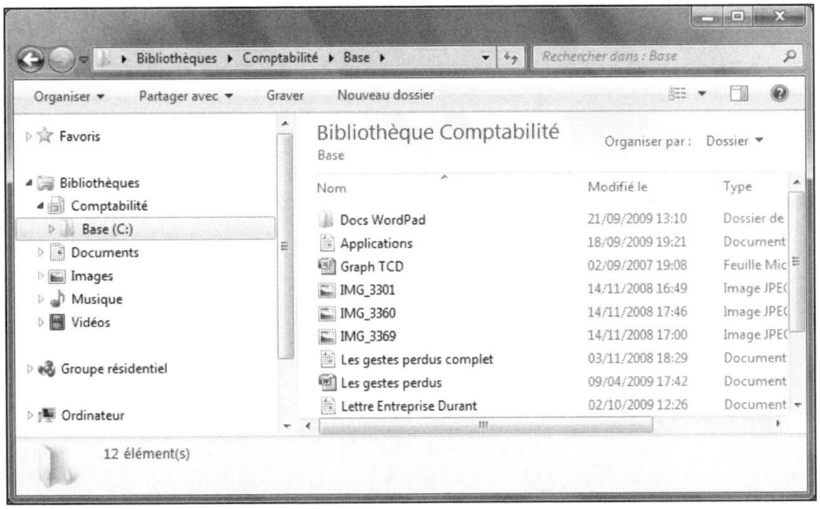

Figure 4-21 Dossier inclus dans une nouvelle bibliothèque.

Attention Un dossier dans une bibliothèque est un lien vers le dossier d'origine. En conséquence, toutes modifications dans le dossier de la bibliothèque est répercutées automatiquement dans le dossier d'origine, et *vice-versa*.

Ajouter un raccourci sur le bureau

Avec l'Explorateur vous pouvez ajouter directement un raccourci sur le bureau quel que soit l'élément (fichier, dossier, *etc.*).

Note Pour gérer les raccourcis du bureau et du menu Démarrer, consultez le chapitre 23.

1. Cliquez avec le bouton droit le dossier, l'application ou le document vers lequel vous désirez ajouter un raccourci.
2. Cliquez **Envoyer vers → Bureau (créer un raccourci)** dans le menu contextuel.

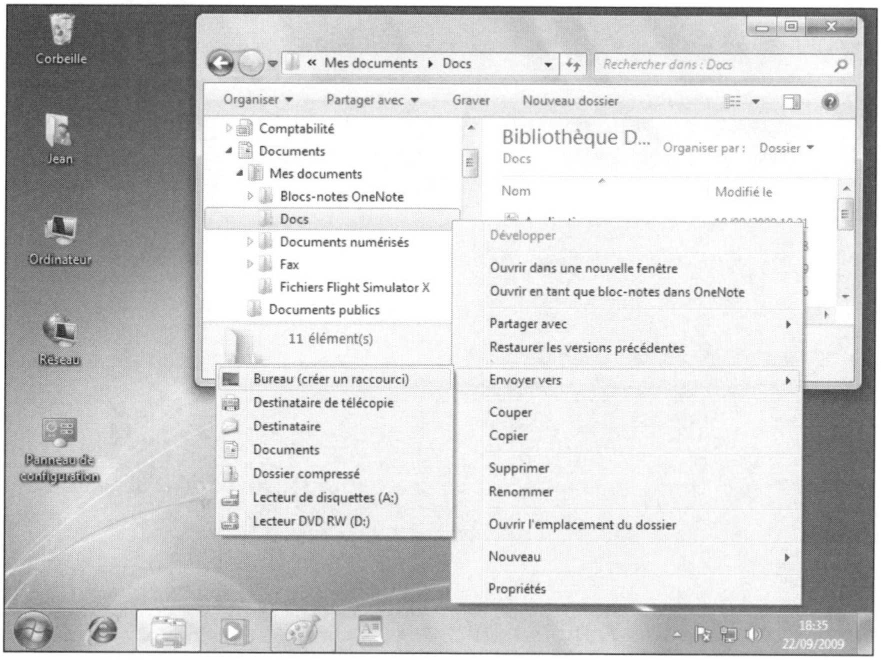

Figure 4-22 Ajout d'un raccourci sur le bureau.

Le raccourci est ajouté sur le bureau. Vous n'avez plus besoin d'ouvrir l'Explorateur et de rechercher l'élément pour y accéder. Double-cliquez simplement le raccourci pour l'ouvrir.

Astuce En sélectionnant plusieurs éléments, vous ajoutez plusieurs raccourcis en une seule fois.

Ouvrir un document

Si vous avez trouvé un document dans l'Explorateur, vous pouvez l'ouvrir immédiatement.

1. Cliquez le dossier qui contient le document.
2. Double-cliquez l'icône ou le nom du document. Pour choisir l'application à utiliser pour ouvrir le document, cliquez avec le bouton droit l'icône ou le nom du document, cliquez **Ouvrir avec** dans le menu contextuel, puis cliquez le nom de l'application (figure 4-23).

   Le document s'ouvre avec l'application correspondante.

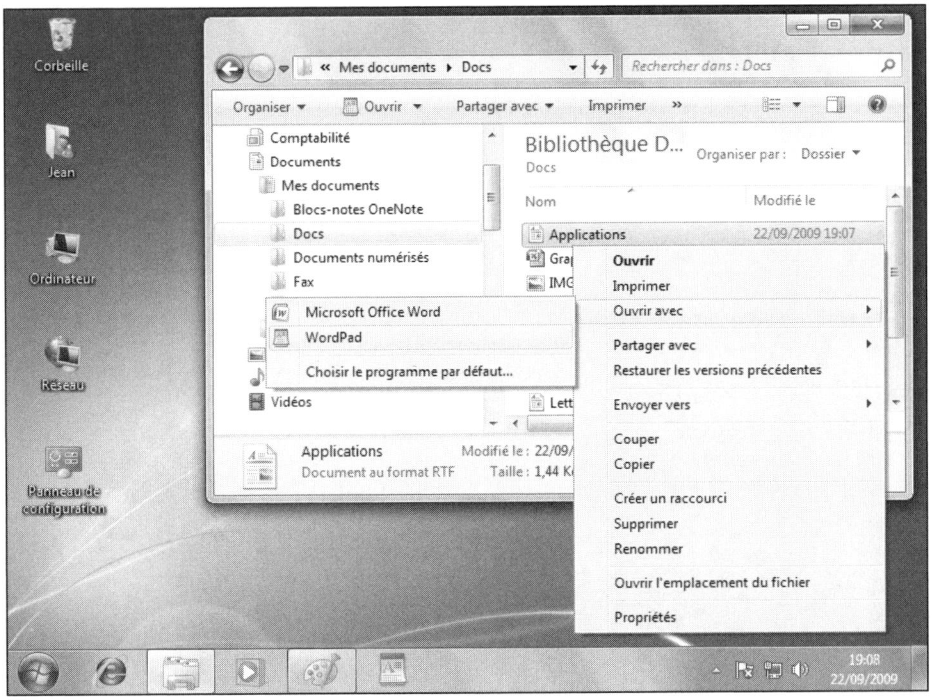

Figure 4-23 Ouverture d'un document.

3. Modifiez le document comme à l'accoutumée.
4. Cliquez le bouton  pour fermer l'application et le document. Cliquez le bouton **Oui** si l'application vous demande d'enregistrer les modifications.

Imprimer directement un document

Vous pouvez imprimer directement un document à partir de l'Explorateur sans ouvrir l'application correspondante.

1. Cliquez le document à imprimer pour le sélectionner.
2. Cliquez le bouton **Imprimer** dans la barre d'outils.

   L'application correspondante est lancée, le document est imprimé avec l'imprimante par défaut, puis l'application est fermée.

L'icône dans la barre des tâches indique que l'impression est en cours.

Personnaliser l'affichage

L'Explorateur propose une multitude d'options d'affichage pour s'adapter à votre façon de travailler.

1. Dans la barre d'outils, cliquez le bouton **Organiser → Options des dossiers et de recherche**.
2. Cliquez l'onglet **Affichage**.

Figure 4-24 Options d'affichage.

La boîte Options des dossiers propose une multitude d'options d'affichage (figure 4-24).

3. Cochez ou décochez les options voulues.
4. Cliquez le bouton **OK** pour valider vos choix.

Chapitre 5

Rechercher des fichiers

Dans ce chapitre

- Accéder facilement à ses documents
- Effectuer des recherches
- Effectuer des recherches avancées
- Utiliser les mots-clés

Dans le dédale de l'arborescence des lecteurs, on peut se perdre facilement et ne plus retrouver les siens (ses documents, bien sûr !). Quand on ne connaît plus le lecteur ou le dossier d'un document, quand on a oublié jusqu'à son nom, la recherche évite bien des crises de nerfs. Ne cherchez plus à l'aveuglette vos fichiers ! Demandez à Windows de le faire à votre place.

Avec les mois et les années, vous aurez de plus en plus de documents. Il vous sera alors difficile de vous souvenir de leur nom. Windows peut vous aider à effectuer une recherche à partir de mots-clés, soit sur le nom du document, soit sur son contenu, mais aussi par dates ou par tailles.

Conseil Pour ne pas ressaisir des éléments existants, il est parfois plus simple de créer un nouveau document en l'appuyant sur un document existant. Retrouver facilement vos anciens documents est primordial dans ce cas.

Accéder facilement à ses documents

Windows connaît l'application qui gère un document. Il suffit donc de trouver votre document pour l'ouvrir ; nul besoin de trouver l'application correspondante.

Le menu **Démarrer** propose des boutons pour accéder directement à vos dossiers de documents. Chaque bouton ouvre l'Explorateur qui se place directement sur le dossier adéquat.

Le bouton correspondant à votre nom d'utilisateur propose toute l'arborescence de vos dossiers personnels. Il ouvre le dossier **Favoris** dans l'Explorateur.

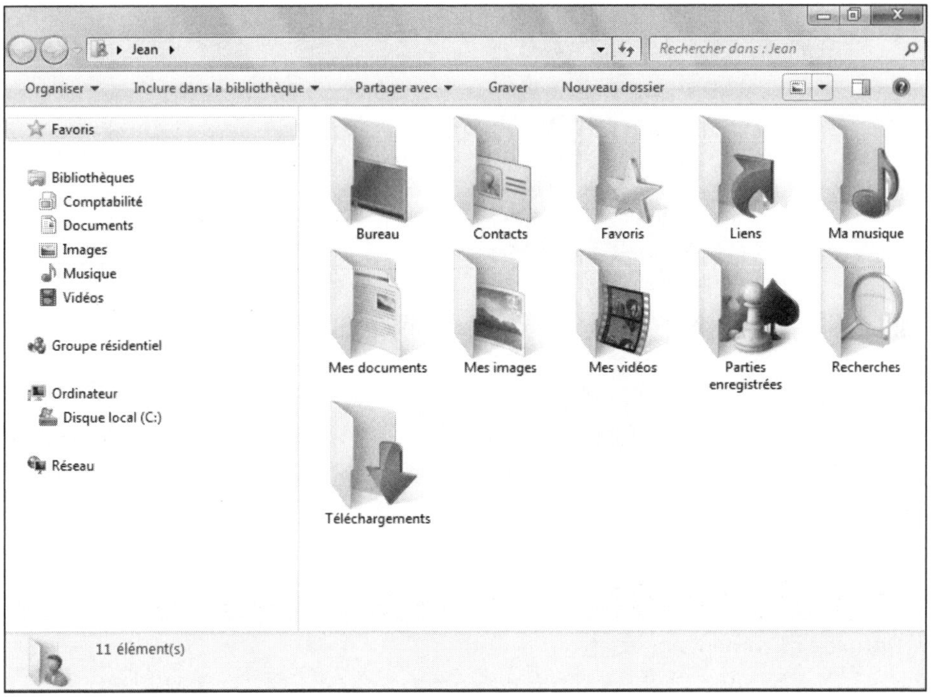

Figure 5-1 Dossier Favoris accessible avec le bouton de votre nom dans le menu Démarrer.

Les boutons **Documents**, **Images** et **Musiques** ouvrent les dossiers correspondants proposés par défaut par les applications.

Le bouton **Documents récents** liste les quinze derniers documents auxquels vous avez accédé.

Note Pour choisir les éléments accessibles avec le menu **Démarrer** et définir le type d'affichage (liens ou menus), consultez le chapitre 1 (paragraphe « Modifier le menu Démarrer »). Par défaut, le bouton **Documents récents** n'est pas présent dans le menu Démarrer.

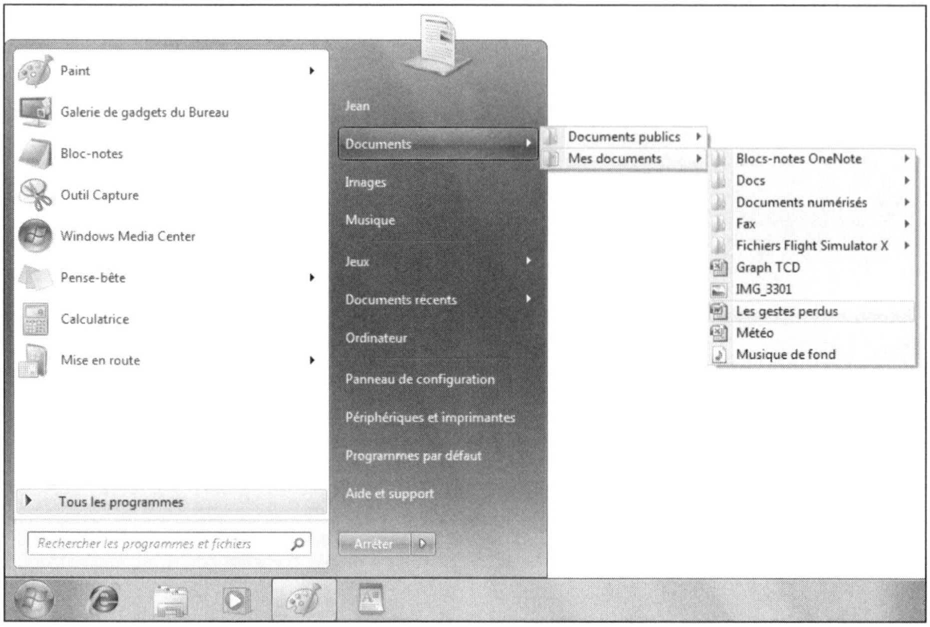

Figure 5-2 Derniers documents ouverts.

Une fois que vous avez retrouvé votre document, double-cliquez dessus pour l'ouvrir dans son application.

Il existe une autre solution pour accéder aux documents que vous utilisez quotidiennement. Elle consiste à ajouter des icônes de raccourcis directement sur votre bureau. Consultez pour cela le chapitre 4.

Effectuer des recherches

Rechercher un document avec le menu Démarrer

Le moyen le plus direct est encore d'utiliser le menu Démarrer.

1. Cliquez le bouton **Démarrer** .
2. Cliquez la zone **Rechercher les programmes et fichiers**.
3. Tapez le nom ou une portion du nom de votre document.

   Le menu Démarrer affiche immédiatement une liste de documents, mais aussi des applications, des liens Internet, *etc.*

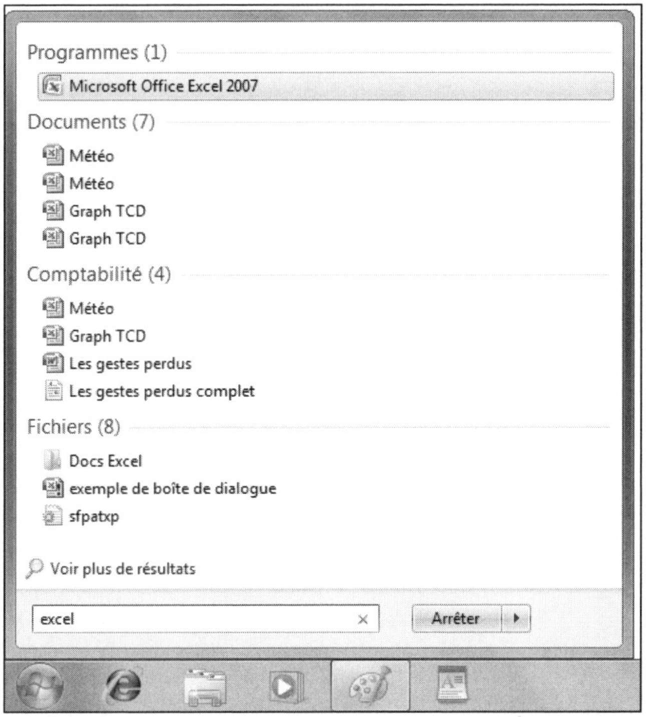

Figure 5-3 Recherche dans le menu Démarrer.

Si vous trouvez votre bonheur, cliquez le lien proposé. Si la liste est trop longue, cliquez **Voir plus de résultats** en bas de la liste. Tous les résultats s'afficheront dans l'Explorateur.

Rechercher un document avec l'Explorateur

Pour mieux cibler votre recherche, vous devez utiliser l'Explorateur.

1. Cliquez le bouton **Démarrer** → **Ordinateur**.
2. Pour effectuer une recherche dans un disque ou un dossier particulier, sélectionnez-le dans le volet de navigation.
3. Dans la zone **Rechercher dans**, en haut à droite, tapez le nom ou une portion du nom de votre document.

   Les documents trouvés s'affichent immédiatement en dessous. La barre d'adresses affiche la progression de la recherche.

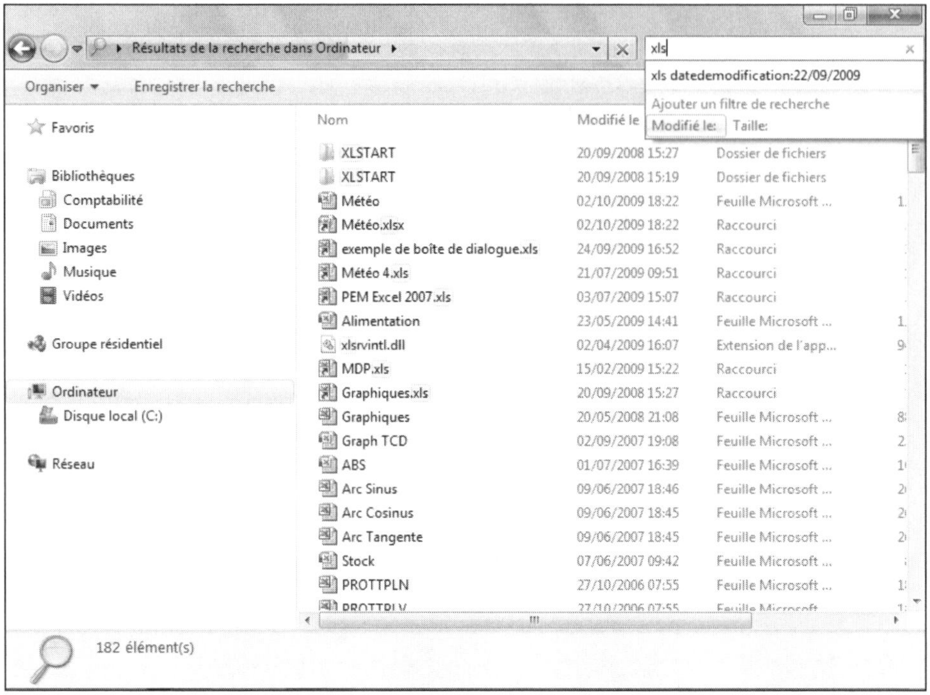

Figure 5-4 Recherche dans l'Explorateur.

Le texte saisi à l'étape **3** est surligné dans chacun des noms des fichiers trouvés.

Filtrer vos recherches

Si vous ne trouvez toujours pas votre document ou si les résultats sont trop nombreux, vous devez ajouter des critères de recherche.

1. Dans la zone **Rechercher dans**, tapez le nom ou une portion du nom de votre document.

   Windows ajoute une liste en dessous de la zone **Rechercher dans** (visible dans la figure 5-4). Elle permet de filtrer les résultats.

2. Cliquez **Modifier le** dans la liste.

3. Sélectionnez une date dans le calendrier ou cliquez une des périodes de recherche dans la liste en dessous (**Hier**, **Semaine dernière**, *etc.*).

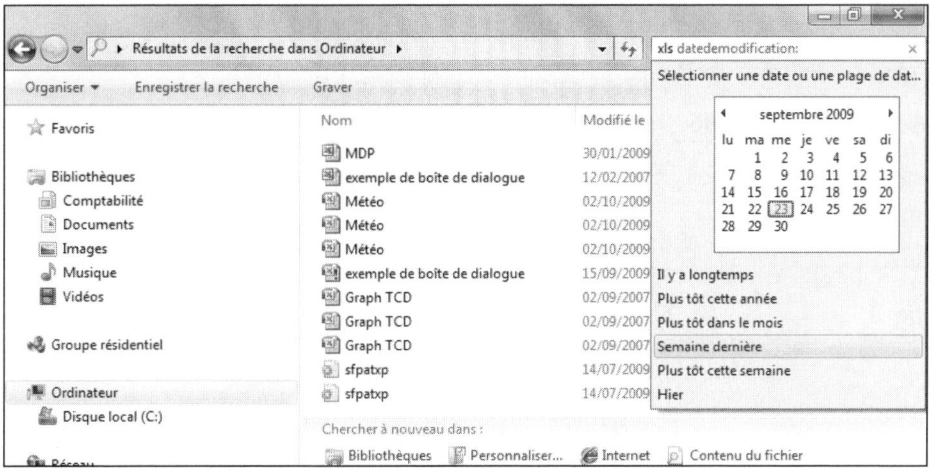

Figure 5-5 Choix des dates des fichiers.

4. Cliquez **Taille** dans la liste.
5. Sélectionnez un type de taille dans la liste (**Petite**, **Moyenne**, *etc.*).

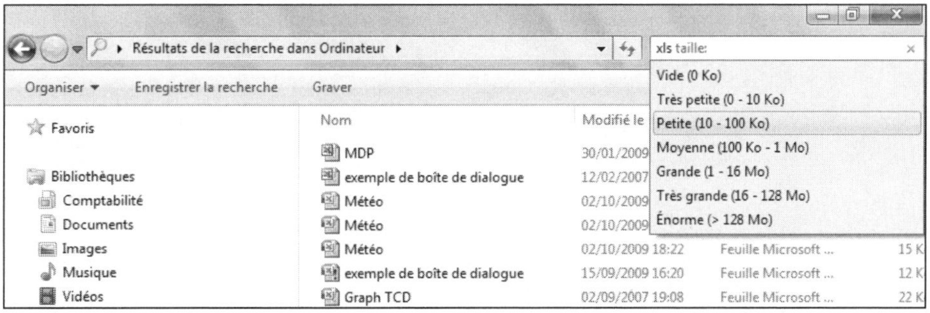

Figure 5-6 Choix de la taille des fichiers.

L'Explorateur modifie la recherche en fonction de vos choix.

Utiliser les mots-clés

Les mots-clés sont des descriptions attachées à chaque fichier. Pour une recherche plus efficace de vos documents, utilisez-les.

Les applications permettent de modifier ces mots-clés. Mais vous pouvez aussi les saisir directement dans l'Explorateur. Notez que certains documents ne prennent pas en charge les mots-clés.

1. Recherchez le document auquel vous désirez ajouter des mots-clés.

2. Cliquez le document avec le bouton droit.
3. Cliquez la commande **Propriétés** dans le menu contextuel.
4. Cliquez l'onglet **Détails**.
5. Dans la zone **Mots-clés**, tapez le ou les mots-clés qui décrivent le mieux votre document.

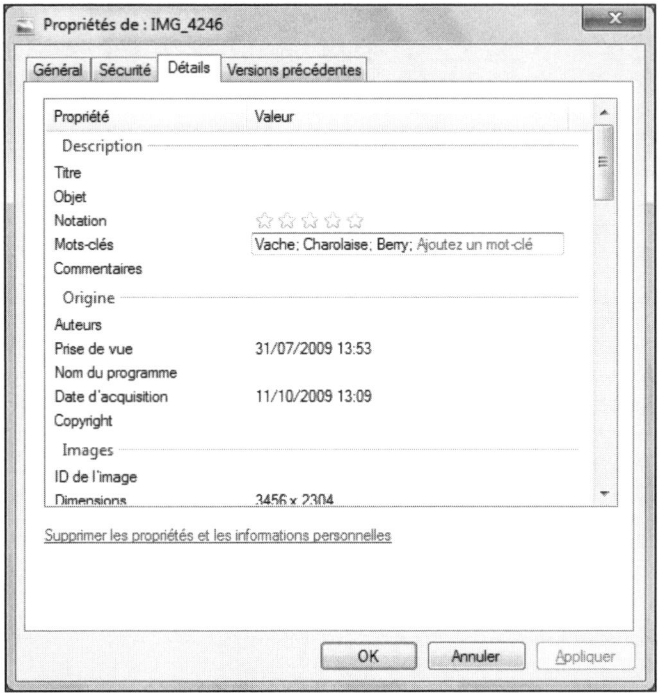

Figure 5-7 Ajout de mots-clés à un document.

6. Cliquez le bouton **OK** pour valider.

Choisir les options de recherche

Dans le but d'approfondir vos recherches ou de les rendre plus rapides, modifiez les options de recherche.

1. Cliquez le bouton **Organiser → Options des dossiers et de recherche** dans la barre d'outils de l'Explorateur.
2. Cliquez l'onglet **Rechercher**.
3. Dans la zone **Que rechercher**, cliquez l'option **Rechercher les noms de fichiers et leur contenu** pour une recherche plus approfondie mais beaucoup lente, sinon

laissez l'option **Dans les emplacement indexés** (consultez le paragraphe suivant pour définir les emplacements à indexer).

4. Dans la zone **Comment rechercher**, cochez les cases qui doivent s'appliquer à vos recherches.

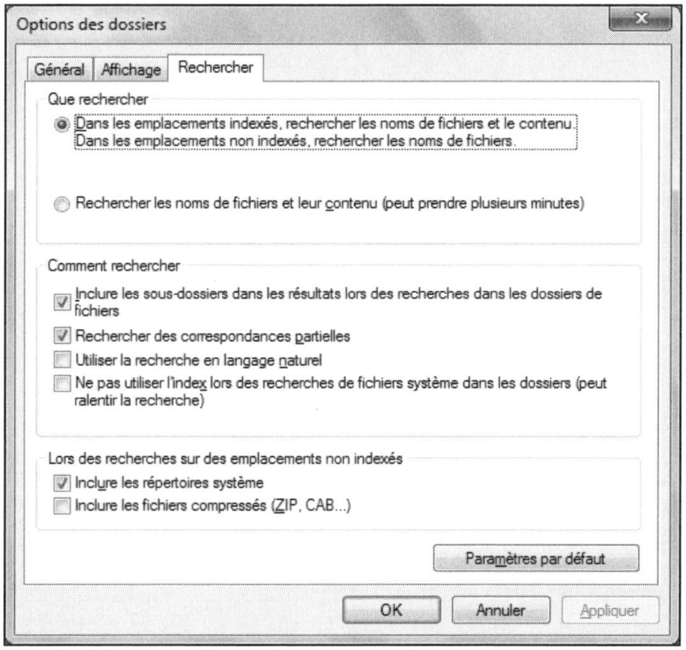

Figure 5-8 Options de recherche.

5. Cliquez le bouton **OK**.

Améliorer les recherches en indexant les fichiers

Un index est une liste, non visible par l'utilisateur, qui regroupe les noms des fichiers et permet de les retrouver très rapidement. C'est un peu comme l'index d'un livre. Sans index, Windows doit parcourir l'arborescence du disque dur pour retrouver les fichiers qui vous intéressent.

Par défaut, Windows 7 indexe les fichiers de certains dossiers comme ceux des utilisateurs. Vous pouvez choisir vous-même les dossiers que Windows doit indexer, ainsi que les types de fichiers.

1. Cliquez le bouton **Démarrer** → **Panneau de configuration**.

2. Éventuellement, sélectionnez **Grandes icônes** ou **Petites icônes** dans la liste **Afficher par**.

3. Double-cliquez l'icône **Options d'indexation**.

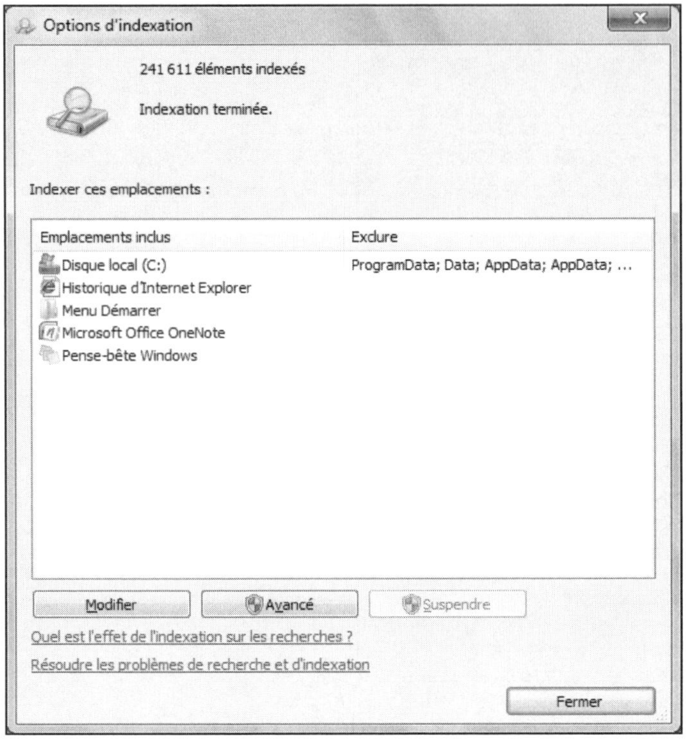

Figure 5-9 Options d'indexation.

Cette boîte liste tous les emplacements indexés.

Définir les dossiers à indexer

Si les dossiers indexés par défaut ne vous conviennent pas, modifiez la liste.

1. Dans la boîte Options d'indexation (figure 5-9), cliquez le bouton **Modifier**.

2. Cliquez le bouton **Afficher tous les emplacements** dans la boîte Emplacements indexés, et confirmez, éventuellement, avec le bouton **Oui**.

   La boîte Emplacements indexés propose l'arborescence de votre disque dur.

3. Cliquez les symboles ▷ et ◢ pour développer ou réduire l'arborescence et trouver les dossiers à indexer.

4. Cochez les dossiers à inclure dans l'indexation et décochez les autres.

Attention N'indexez pas l'intégralité de votre disque dur. L'index deviendrait trop volumineux et les recherches seraient ralenties.

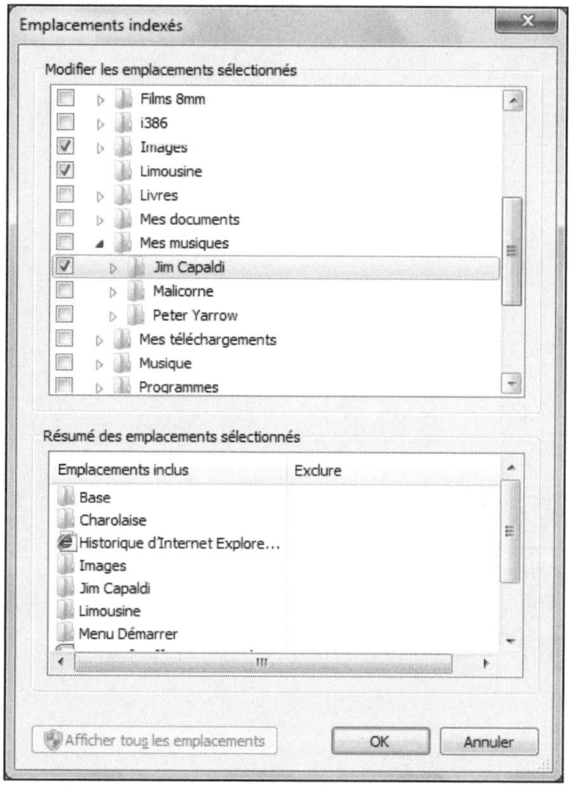

Figure 5-10 Choix des dossiers à indexer.

5. Cliquez le bouton **OK** pour valider vos choix.

Définir les types de fichiers à indexer

Tous les types de fichiers ne sont pas indexés par défaut. Ajoutez ceux que vous désirez ajouter à l'index.

1. Dans la boîte Options d'indexation (figure 5-9), cliquez le bouton **Avancé**, puis, éventuellement, le bouton **Oui** pour confirmer.
2. Cliquez l'onglet **Types de fichiers**.

   Cet onglet liste tous les types de fichiers connus.
3. Cochez les types de fichiers à indexer, et décochez les autres.

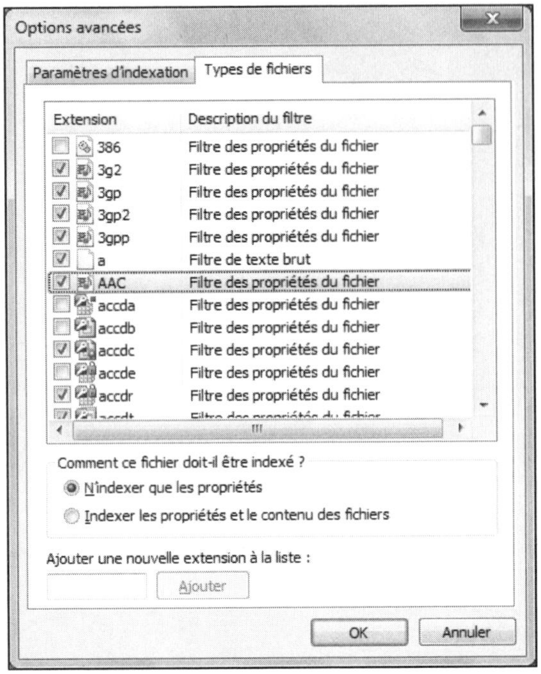

Figure 5-11 Choix des types de fichiers à indexer.

4. Cliquez le bouton **OK** pour valider vos choix.

Reconstruire l'index

L'index est créé en arrière-plan pour ne pas ralentir votre ordinateur. Cela peut donc prendre plusieurs heures. Si toutefois vos recherches sont très lentes alors que les fichiers se trouvent dans un emplacement indexé, il est possible de reconstruire l'intégralité de l'index.

1. Dans la boîte Options d'indexation (figure 5-9), cliquez le bouton **Avancé**, puis, éventuellement, le bouton **Oui** pour confirmer.

2. Cliquez l'onglet **Paramètres d'indexation**.

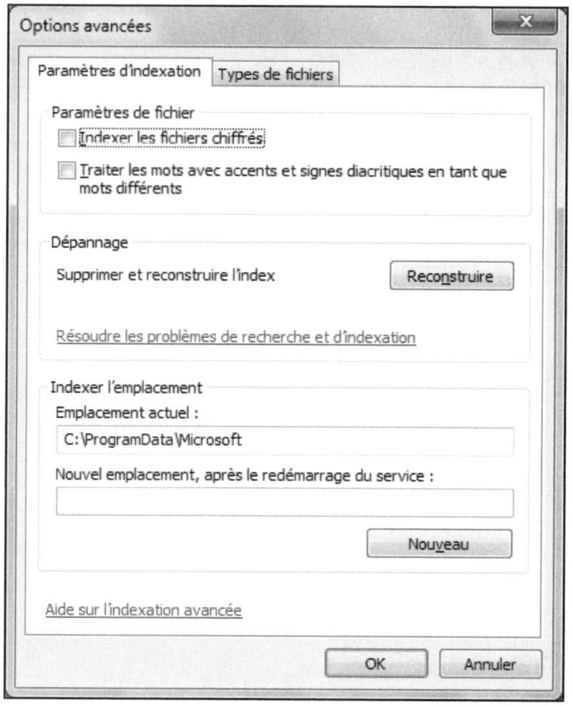

Figure 5-12 Options d'indexation avancées.

3. Cliquez le bouton **Reconstruire**.
4. Cliquez le bouton **OK** pour confirmer la reconstruction.

   La boîte Options d'indexation affiche la progression de la reconstruction de l'index.
5. Cliquez le bouton **Fermer** dans la boîte Options d'indexation.

Chapitre 6

Utiliser la Corbeille

Dans ce chapitre

- Consulter les fichiers supprimés
- Restaurer les fichiers supprimés
- Supprimer définitivement des fichiers
- Modifier les propriétés de la Corbeille

La Corbeille conserve tous les fichiers que vous avez supprimés. Elle permet donc de retrouver des documents que vous pensiez avoir perdus définitivement. Ne désespérez pas, le fichier qui vous manque s'y trouve peut-être encore.

Consulter les fichiers supprimés

La Corbeille est un dossier de transition pour les fichiers supprimés. Consultez régulièrement son contenu.

Pour ouvrir la Corbeille, double-cliquez l'icône **Corbeille** sur le bureau.

Note Si la Corbeille est vide, elle affiche l'icône . Si elle contient des documents supprimés, l'icône prend la forme .

Vous retrouvez dans la liste de droite tous les fichiers que vous avez précédemment supprimés. La Corbeille peut aussi contenir des dossiers, des raccourcis, *etc.*

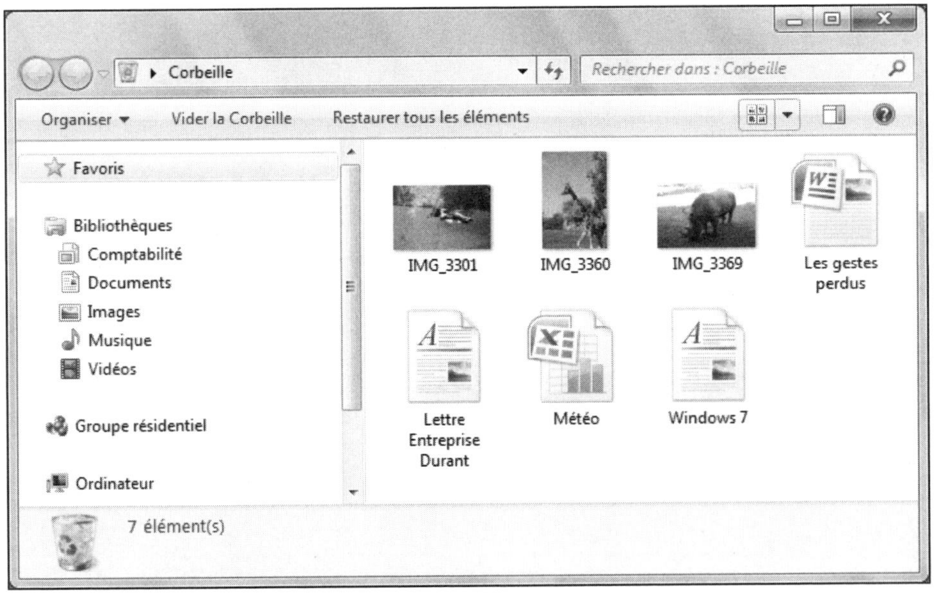

Figure 6-1 Contenu de la Corbeille.

Avant de restaurer ou de supprimer un fichier, il est intéressant de connaître ses propriétés.

1. Cliquez avec le bouton droit le fichier supprimé.
2. Cliquez la commande **Propriétés** dans le menu contextuel.

Une boîte affiche la date de création et de suppression du fichier ainsi que son dossier d'origine (figure 6-2).

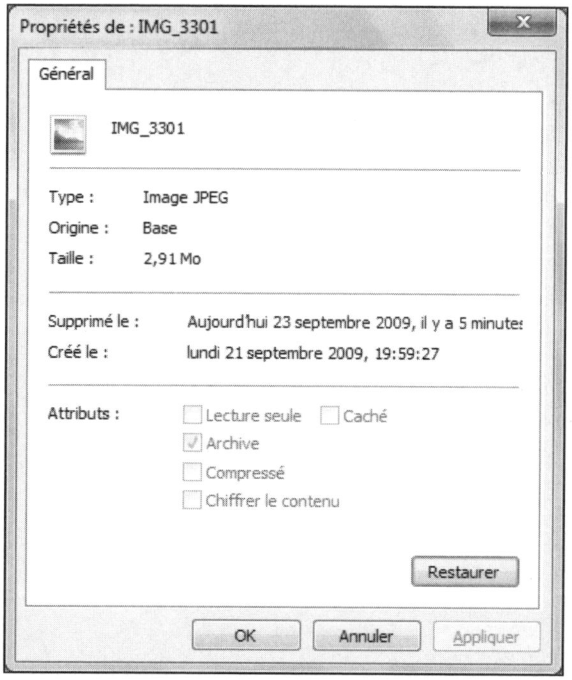

Figure 6-2 Propriétés d'un fichier de la Corbeille.

3. Cliquez le bouton **OK**.

Restaurer les fichiers supprimés

Les fichiers supprimés (à partir de l'Explorateur, du bureau, *etc.*) ne sont pas perdus. Ils sont déplacés vers la Corbeille. Tant que vous ne décidez pas de leur sort, ils y restent.

1. Sélectionnez le ou les fichiers à restaurer (pour sélectionner plusieurs fichiers, consultez le chapitre 4).
2. Dans la barre d'outils, cliquez **Restaurer cet élément** ou **Restaurer les éléments sélectionnés**, selon le cas. Vous pouvez aussi effectuer un clic droit sur un des fichiers sélectionnés, puis cliquer la commande **Restaurer** dans le menu contextuel.

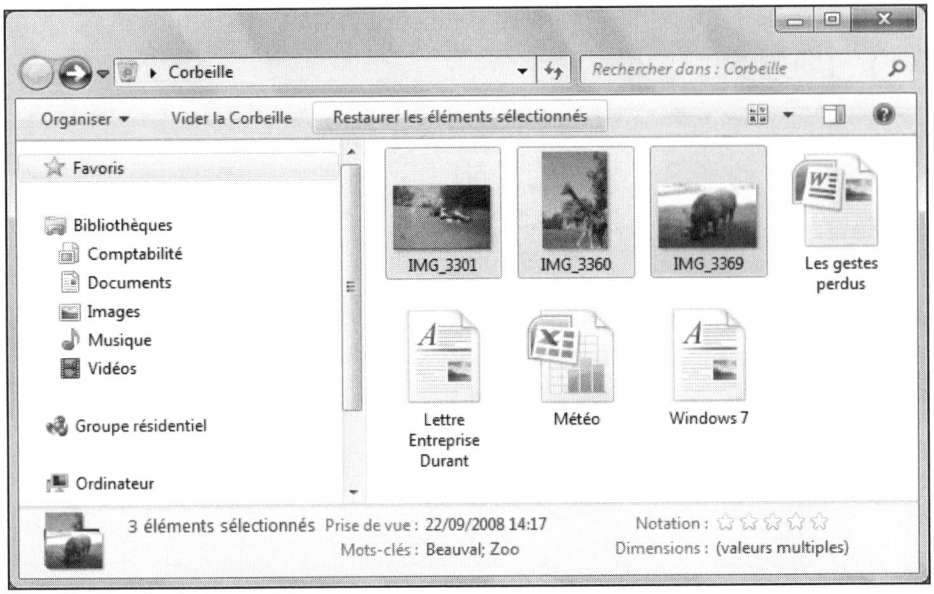

Figure 6-3 Restauration de fichiers.

Note Si le dossier qui contenait les fichiers a été supprimé, Windows le recrée automatiquement.

Supprimer définitivement des fichiers

Les fichiers stockés dans la Corbeille utilisent de la place sur votre disque dur. Il est donc nécessaire de « faire du ménage » de temps en temps pour gagner quelques mégaoctets.

1. Sélectionnez le ou les fichiers à supprimer.
2. Appuyez sur la touche **Suppr**.

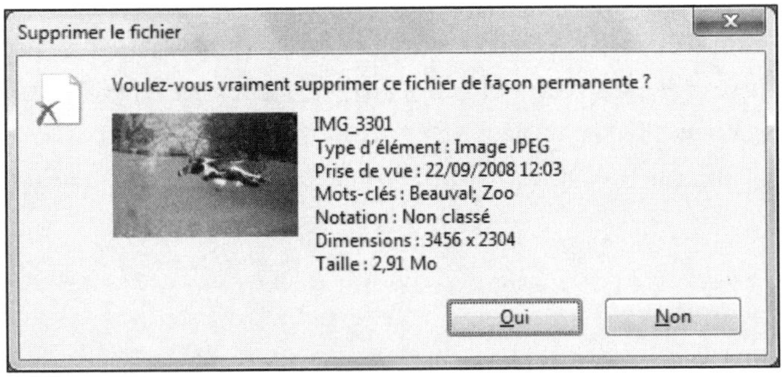

Figure 6-4 Suppression de fichiers.

3. Cliquez le bouton **Oui** pour confirmer la suppression.

Attention La suppression est ici définitive. Vous devez donc vérifier avec soin les fichiers sélectionnés avant de les supprimer.

Vider totalement la Corbeille

Si vous n'avez aucune hésitation concernant les fichiers qu'elle contient, une seule opération suffit à vider l'intégralité de la Corbeille.

À partir du bureau

1. Cliquez avec le bouton droit l'icône **Corbeille**.
2. Cliquez la commande **Vider la Corbeille** dans le menu contextuel (figure 6-5).

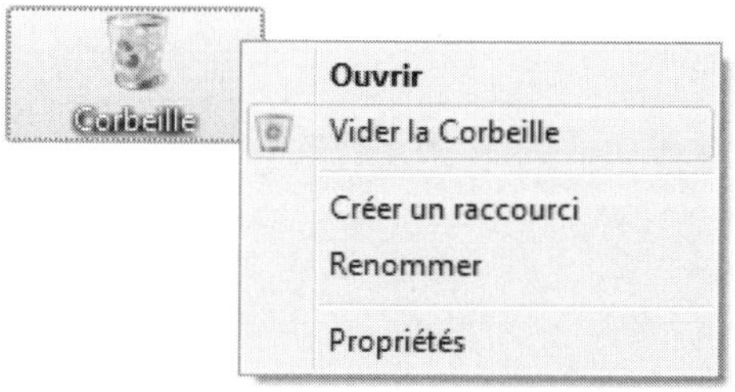

Figure 6-5 Suppression de tous les fichiers de la Corbeille.

3. Cliquez le bouton **Oui** pour supprimer définitivement tous les fichiers de la Corbeille.

Attention N'oubliez pas qu'en supprimant un dossier vous supprimez aussi les sous-dossiers et les fichiers qu'il contient !

À partir de l'Explorateur

1. À partir de l'Explorateur, cliquez le dossier **Favoris → Bureau** dans le volet de navigation, puis double-cliquez l'icône **Corbeille** dans la liste de droite.
2. Cliquez le bouton **Vider la Corbeille** dans la barre d'outils.
3. Cliquez le bouton **Oui** pour supprimer définitivement tous les fichiers de la Corbeille.

Modifier les propriétés de la Corbeille

Pour mieux utiliser la Corbeille, modifiez certaines de ses propriétés.

1. Sur le bureau, cliquez avec le bouton droit l'icône **Corbeille**.
2. Cliquez la commande **Propriétés** dans le menu contextuel.

Définir la taille de la Corbeille

La taille de la Corbeille varie en fonction de la capacité du ou des disques durs de votre ordinateur.

1. Dans la liste **Emplacement de la Corbeille**, cliquez le disque dont vous désirez modifier la taille de la Corbeille.
2. Cochez l'option **Taille personnalisée**, puis tapez la taille en mégaoctets dans la zone en regard.

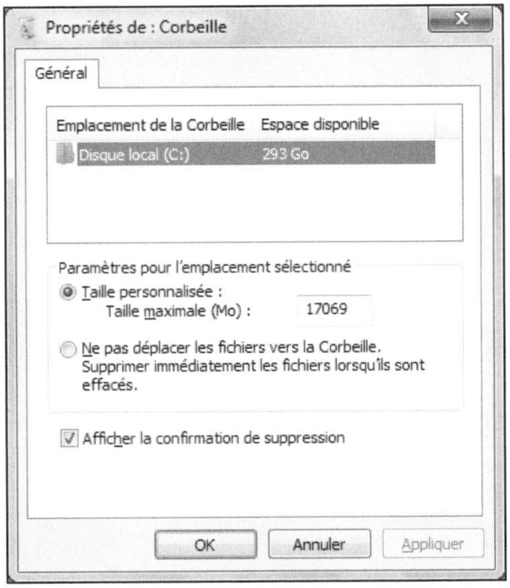

Figure 6-6 Modification de la taille de la Corbeille.

Contourner la Corbeille

Si vous êtes sûr et certain des fichiers que vous supprimez, contournez la Corbeille.

Cochez l'option **Ne pas déplacer les fichiers vers la Corbeille...** (figure 6-7).

Les fichiers supprimés ne transiteront plus par la Corbeille et seront définitivement supprimés après confirmation.

Astuce Si vous ne désirez pas contourner systématiquement la Corbeille, vous pouvez supprimer des fichiers définitivement avec la combinaison de touche **Maj + Suppr**.

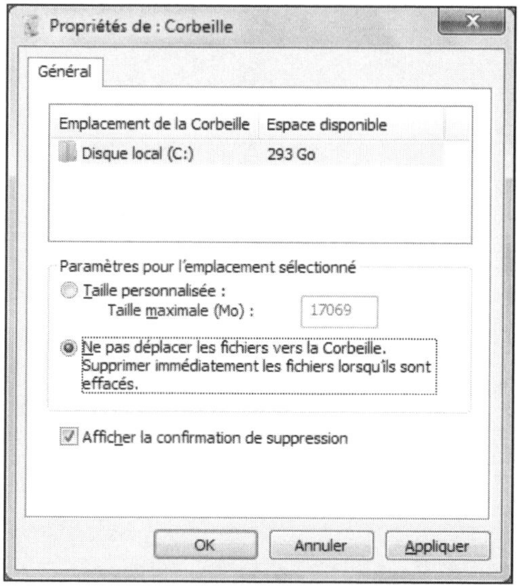

Figure 6-7 Contournement de la Corbeille.

Supprimer les fichiers sans confirmation

À chaque suppression, Windows, prévoyant, demande confirmation. Passez outre si cela vous semble inutile.

1. Décochez l'option **Afficher la confirmation de suppression** (figure 6-7).
2. Cliquez le bouton **OK** pour valider vos choix.

Chapitre 7

Préserver vos données

Dans ce chapitre

- Unités de sauvegarde
- Taille des fichiers
- Compresser des fichiers
- Compresser des disques
- Sauvegarder des fichiers sur une clé USB
- Graver des fichiers sur CD ou DVD
- Utiliser les sauvegardes de Windows
- Copier l'intégralité de votre disque dur

Dans un ordinateur, seuls les documents sont importants. En effet, vous avez les disques des logiciels que vous avez installés. En cas de panne, vous pouvez toujours les réinstaller à partir de ces supports. Il n'en va pas de même pour vos documents. Ceux-ci sont précieux car ils représentent des heures, des jours, voire des mois de travail. Vous devez donc en conserver des copies sur des supports amovibles, c'est-à-dire en dehors de votre ordinateur, au cas où le disque dur serait endommagé.

Unités de sauvegarde

Lecteurs et graveurs de CD et de DVD

Aujourd'hui, les ordinateurs proposent tous un lecteur ou un graveur de DVD. C'est une nécessité, car Windows 7 n'est disponible que sur DVD. Le graveur de DVD pallie le grand défaut des autres périphériques de stockage : il propose jusqu'à 700 Mo sur CD et 4,7 Go sur DVD. De quoi satisfaire la gourmandise des fichiers multimédias, et en particulier celle des fichiers vidéo.

Les CD-R et DVD-R sont des disques inscriptibles une seule fois. Une fois qu'ils sont gravés, vous pouvez uniquement les lire. Les CD-RW et DVD-RW sont des disques réinscriptibles un millier de fois. Avec ces derniers, le graveur se comporte comme un disque dur, sans toutefois être aussi rapide.

Figure 7-1 Graveur de DVD.

Clés USB et mémoires amovibles

Les clés USB sont de petits accessoires qui contiennent une mémoire enregistrable. Comme tous les ordinateurs possèdent maintenant des ports USB, cela vous permet de transporter facilement vos documents d'un ordinateur à un autre. Leur taille varie de quelques mégaoctets à plusieurs gigaoctets. Une clé de 8 Go coûte environ 15 . Ne vous en privez pas.

Figure 7-2 Clé USB.

Les cartes mémoire permettent aussi de stocker des documents. Principalement destinées aux appareils mobiles, comme les baladeurs MP3 ou les appareils photo numériques (APN), vous pouvez aussi les utiliser pour transférer des données. Votre ordinateur doit être équipé d'un lecteur de cartes mémoire interne (il remplace généralement le lecteur de disquettes) ou externe (figure 7-3), ou connecté à une imprimante photo qui propose un lecteur de ce type. Il existe cependant 7 standards, ce qui ne simplifie pas les choses (Compact Flash, Memory Sticks, Multimedia Cards, SmartMedia, Secure Digital, Transflash et XD cards).

Figure 7-3 Différentes cartes mémoire.

Note Les disquettes étaient, jusqu'à présent, des supports universels. Elles permettaient d'échanger vos données avec d'autres personnes, ou d'effectuer des copies de sauvegarde de votre travail. Malheureusement, leur capacité est limitée à 1,4 Mo. Tant que vous les utilisez pour enregistrer des textes ou des feuilles de calcul, cette capacité est suffisante, mais n'espérez pas y stocker, par exemple, des images de bonne qualité. La majorité des ordinateurs actuels ne propose plus de lecteur de disquettes. Si vous désirez utiliser des disquettes, consultez la fin du chapitre 31.

Taille des fichiers

Le tableau 7-1 donne un ordre d'idée sur la taille des fichiers.

En informatique, la taille des documents est exprimée en octets. Un octet correspond à un caractère ou à un nombre entre 0 et 255. Les capacités supérieures s'expriment en kilo-octets (1 Ko = 1 024 octets), en mégaoctets (1 Mo = 1 024 Ko) et en gigaoctets (1 Go = 1 024 Mo). Pour simplifier les choses, 1 Go correspond à peu près à 1 milliard de caractères.

Logiciel ou document	Pour	Taille
Windows 7	Installation par défaut	8 Go
Office 2003 standard (Word, Excel, PowerPoint)	Installation par défaut	120 Mo
Office 2007 professionnel (Word, Excel, PowerPoint, Access, *etc.*)	Installation complète	2 Go
Word	Un texte de 10 pages	80 Ko
Word	Le livre que vous avez entre les mains (sans les images)	2 Mo
Excel	Un tableau de 100 lignes sur 100 colonnes	100 Ko
Image non compressée	Une image couleur de 1 024 x 1 536 points au format BMP	4,5 Mo
Image compressée	Une image couleur de 1 024 x 1 536 points au format JPEG	0,5 Mo
Textes et images	Le livre que vous avez entre les mains (y compris les images en noir et blanc)	30 Mo
Vidéo	Un fichier MPEG-2 (format DVD) de 1 min	45 Mo
Vidéo	Un fichier AVI (format DV des Caméscopes numériques) de 1 min	220 Mo
Vidéo	Un film de 1 h 30 au format DivX	700 Mo
Musique non compressée	Un morceau de musique de 4 min au format Wave (format des CD audio)	35 Mo
Musique compressée	Un morceau de musique de 4 min au format MP3	6 Mo

Tableau 7-1 Taille des fichiers des logiciels et des documents.

Compresser des fichiers

La compression des fichiers permet de gagner de la place sur votre disque dur, mais aussi d'ajouter plus de données sur les supports comme les clés USB ou les disquettes. Elle s'effectue dans l'Explorateur.

La compression est une alchimie informatique qui consiste à supprimer les données redondantes. Prenons l'exemple de la photographie ci-dessous.

Figure 7-4 Exemple d'image à compresser.

Toute la partie du bas est composée de noir presque uni. Quand le programme de compression trouve plusieurs points identiques, il n'écrit pas chaque point dans le fichier mais un seul, ainsi que le nombre de points répétés. Les informations redondantes sont ainsi éliminées et le fichier final pèse moins lourd. On peut ainsi gagner de 10 % à 90 % sur la taille des documents. Lors de la décompression, l'image retrouve tous ses points. Ce principe s'applique à tous les types de documents.

Les dossiers compressés de Windows sont en réalité des fichiers Zip. Vous pouvez les échanger avec d'autres utilisateurs qui possèdent ce logiciel d'archivage ou les versions 7, Vista, XP et Me de Windows.

Les dossiers compressés se comportent comme tous les autres dossiers. Ils apparaissent dans l'arborescence du volet de navigation (icône). En revanche, Windows ne vérifie pas le contenu des documents. Autrement dit, si le dossier compressé contient par exemple des images, les miniatures ne sont pas visibles (figure 7-5).

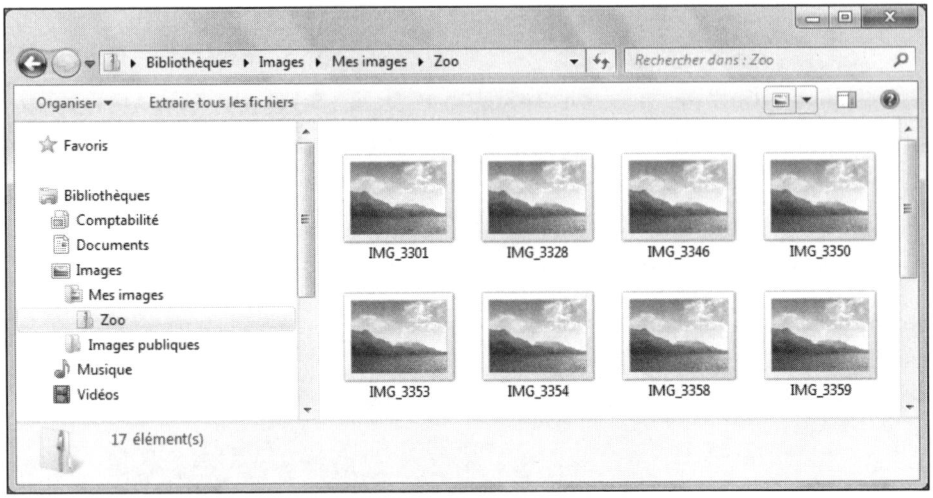

Figure 7-5 Dossier compressé dans l'Explorateur.

Créer un dossier compressé

1. Cliquez le bouton **Démarrer** → **Ordinateur**.
2. Sélectionnez le disque ou le dossier qui doit contenir le dossier compressé.
3. Cliquez le menu **Fichier** → **Nouveau** → **Dossier compressé** (au besoin, appuyez sur la touche **Alt** pour afficher la barre de menus).

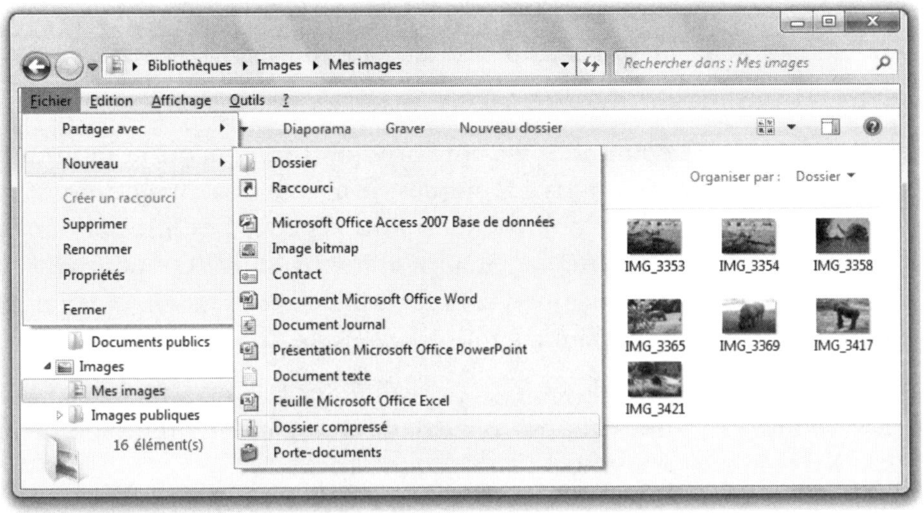

Figure 7-6 Création d'un dossier compressé.

4. Tapez immédiatement le nom du nouveau dossier compressé et validez avec la touche **Entrée** (si nécessaire, vous pourrez le renommer ultérieurement).

Note Pour renommer un dossier, consultez le chapitre 3.

Copier des fichiers dans un dossier compressé

Une fois que le dossier compressé est créé, ajoutez-y des fichiers, maintenant ou ultérieurement, en fonction de vos besoins.

1. Sélectionnez les fichiers à copier dans le dossier compressé.
2. Cliquez et faites glisser la sélection vers le dossier compressé.

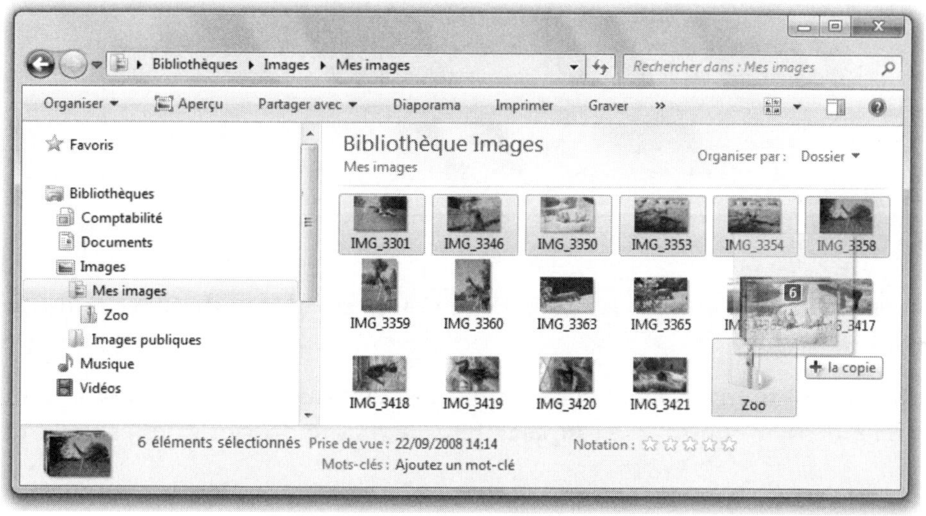

Figure 7-7 Ajout de fichiers à un dossier compressé.

Les fichiers sont copiés et non déplacés vers le dossier compressé. Pour gagner de la place, vous devez supprimer les fichiers d'origine.

Compresser directement des fichiers

Vous pouvez compresser rapidement des fichiers afin, par exemple, d'en faire une copie sur une clé USB.

1. Sélectionnez le ou les documents à compresser (utilisez les touches **Ctrl** et **Maj** pour sélectionner plusieurs documents).
2. Cliquez la sélection avec le bouton droit de la souris, puis cliquez la commande **Envoyer vers → Dossier compressé**.

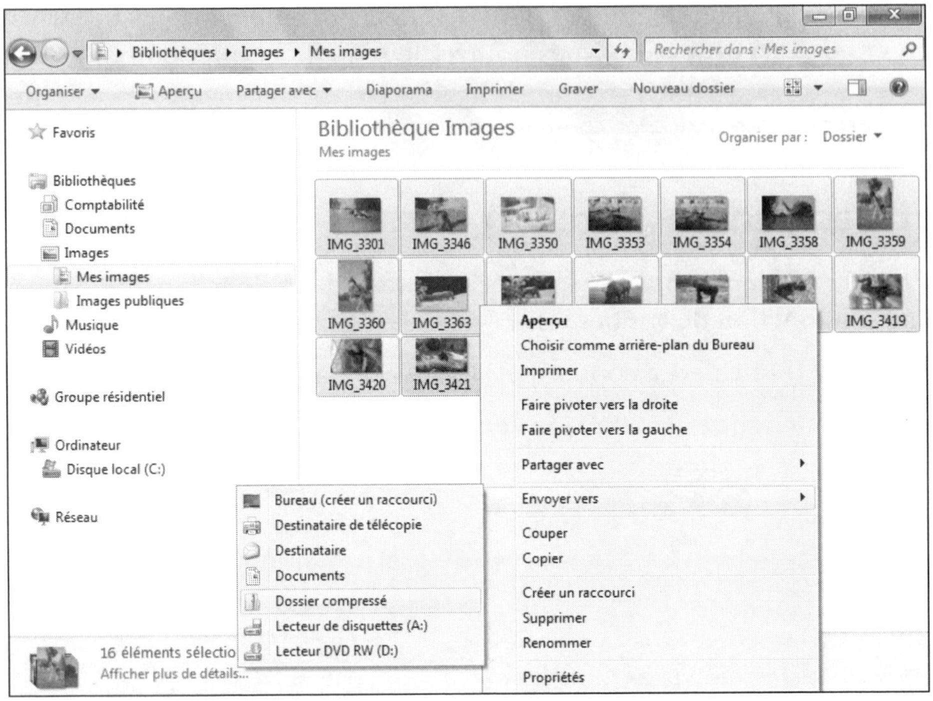

Figure 7-8 Compression de fichiers.

3. Tapez immédiatement le nom du dossier compressé et validez avec la touche **Entrée**.

Par défaut, c'est le nom du dernier document sélectionné qui est utilisé comme nom de dossier. Le dossier compressé est placé dans le même dossier que les documents.

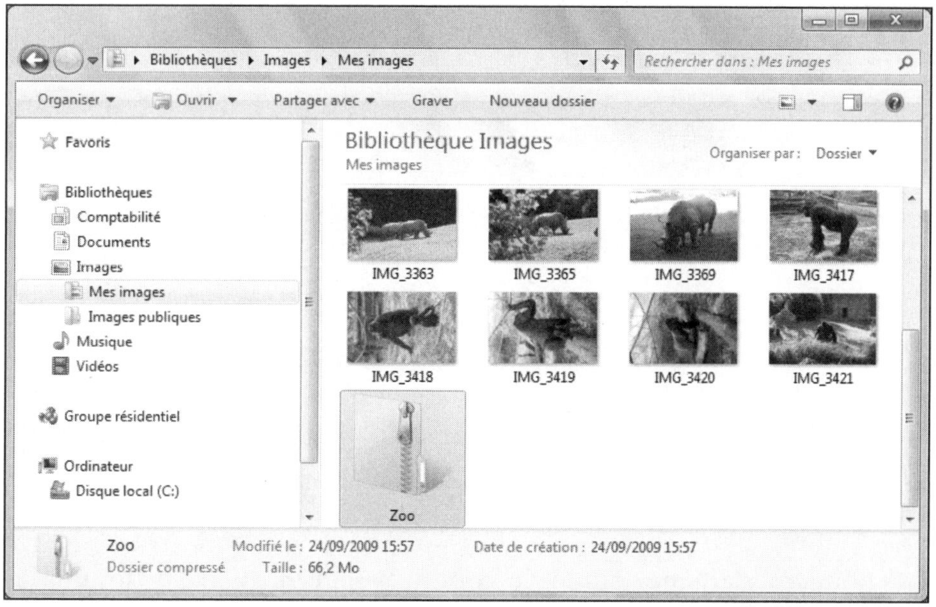

Figure 7-9 Dossier compressé.

Vous pourrez ensuite copier ce dossier compressé vers un support amovible comme une clé USB ou un CD/DVD-R.

Décompresser tous les documents d'un dossier compressé

1. Éventuellement, créez un nouveau dossier pour recevoir les documents décompressés.
2. Sélectionnez le dossier compressé dans le volet de navigation, puis cliquez le bouton **Extraire tous les fichiers** dans la barre d'outils.

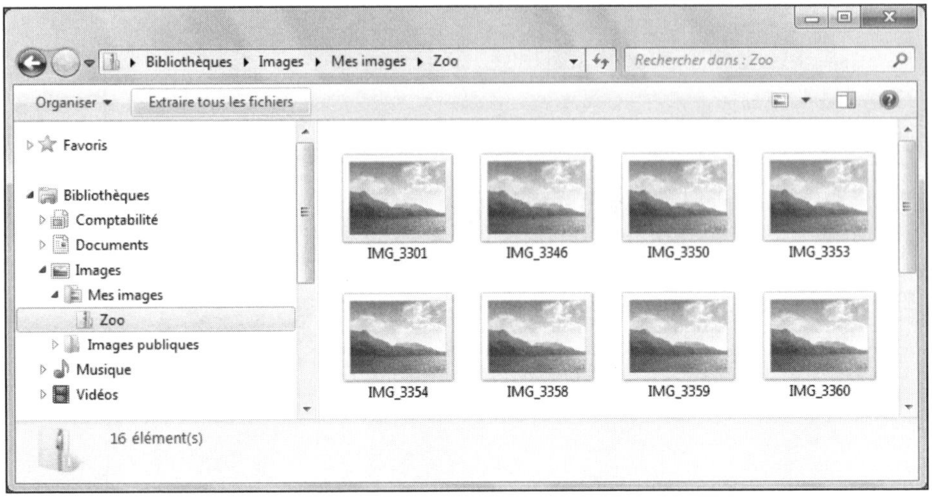

Figure 7-10 Contenu d'un dossier compressé.

3. Dans la boîte qui s'affiche, cliquez le bouton **Parcourir** puis sélectionnez le dossier de destination.

Figure 7-11 Sélection de la destination des fichiers.

4. Cliquez le bouton **OK** pour valider le dossier de destination.
5. Cochez la case **Afficher les dossiers…** si vous désirez ouvrir le dossier de destination après l'extraction.

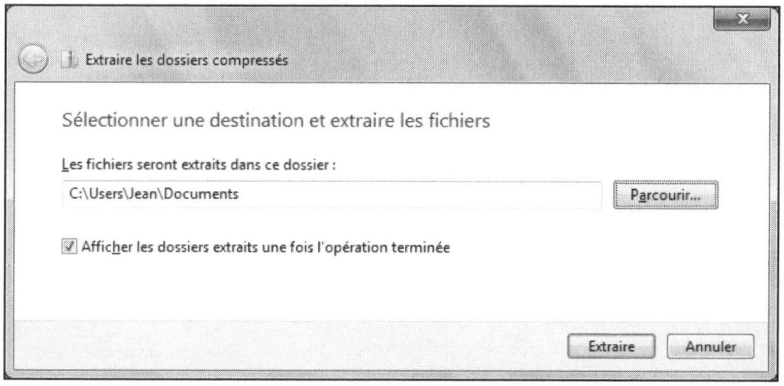

Figure 7-12 Extraction des fichiers compressés.

6. Cliquez le bouton **Extraire**.

Les documents du dossier compressé sont copiés dans le dossier de destination. Le dossier compressé n'est pas modifié.

Compresser des disques

Si vous désirez gagner de la place sur votre disque dur, Windows permet de compresser des fichiers, des dossiers, voire l'intégralité d'un disque.

Compresser un fichier ou un dossier

Pour gagner un peu de place sur votre disque, compressez les fichiers et les dossiers volumineux.

Note La compression ne permet pas de gagner de l'espace sur le disque dur de manière significative avec les fichiers ou les dossiers contenant des données déjà fortement compressées, comme les images JPG ou les vidéos MPG et AVI.

1. Dans l'Explorateur, cliquez avec le bouton droit le fichier ou le dossier à compresser.
2. Cliquez **Propriétés** dans le menu contextuel.
3. Dans l'onglet **Général**, cliquez le bouton **Avancé**.
4. Cochez la case **Compresser le contenu...**.

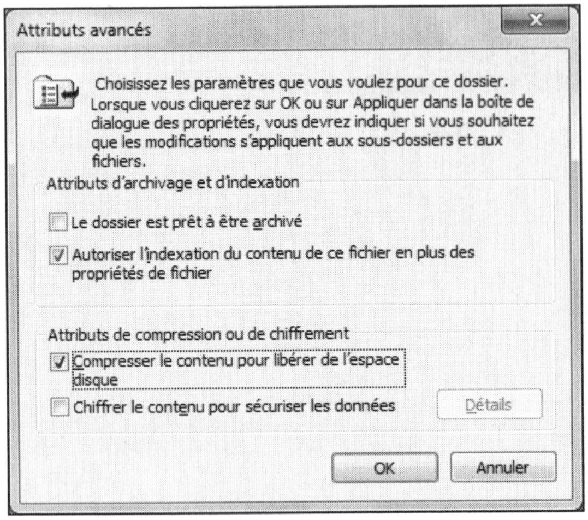

Figure 7-13 Compression d'un fichier ou d'un dossier.

5. Cliquez le bouton **OK** dans la boîte Attributs avancés.
6. Cliquez le bouton **OK** dans la boîte Propriétés.

   Si vous avez choisi un dossier à l'étape **1**, Windows affiche une boîte pour vous permettre de compresser aussi les sous-dossiers (choix par défaut).
7. Éventuellement, cochez l'option **N'appliquer les modifications qu'à ce dossier**.

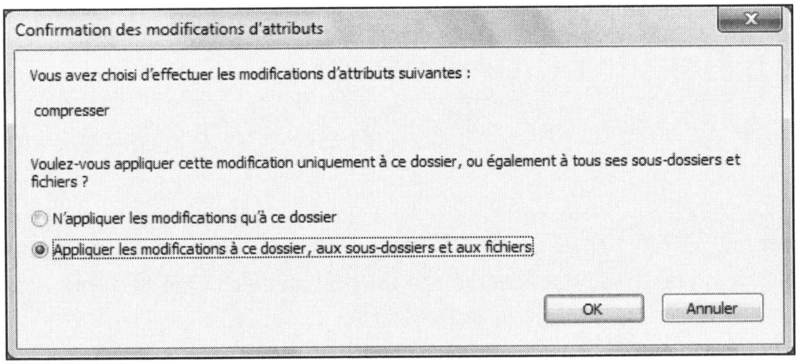

Figure 7-14 Compression des sous-dossiers.

8. Cliquez le bouton **OK**.

Compresser un disque

Si vous manquez cruellement de place, il est temps d'activer la compression de l'intégralité de votre disque dur. En contrepartie, la lecture et l'écriture seront légèrement ralenties.

1. Dans l'Explorateur, cliquez avec le bouton droit le disque dur à compresser.
2. Cliquez la commande **Propriétés** dans le menu contextuel.
3. Cochez la case **Compresser ce lecteur…**.

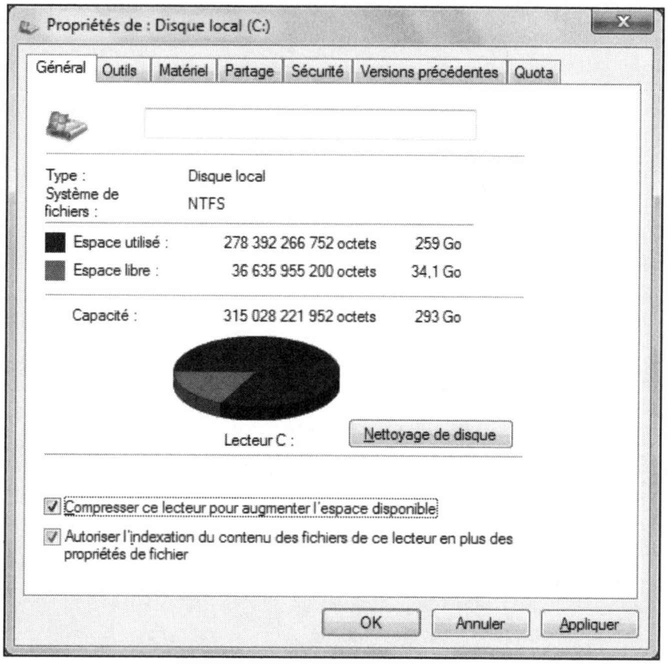

Figure 7-15 Compression d'un disque dur.

4. Cliquez le bouton **OK** dans la boîte Propriétés.

   Windows affiche une boîte pour vous permettre de compresser aussi les sous-dossiers (choix par défaut).

5. Éventuellement, cochez l'option **Appliquer les modifications uniquement au lecteur…**.
6. Cliquez le bouton **OK**.

Sauvegarder des fichiers sur une clé USB

Une clé USB se comporte comme votre disque dur. À ce titre, elle apparaît dans le volet de navigation de l'Explorateur. Vous pouvez y ajouter ou y supprimer des documents, voire des dossiers entiers, ou, pour gagner de la place, des dossiers compressés.

Insérez simplement votre clé dans un port USB pour la voir apparaître dans l'arborescence de votre ordinateur, en dessous du disque dur et du lecteur ou graveur de DVD.

Si votre clé ne rentre pas dans le port USB, ne forcez pas : vous l'avez tout simplement mise à l'envers.

Il suffit ensuite de faire glisser vos documents vers la clé pour en effectuer une copie.

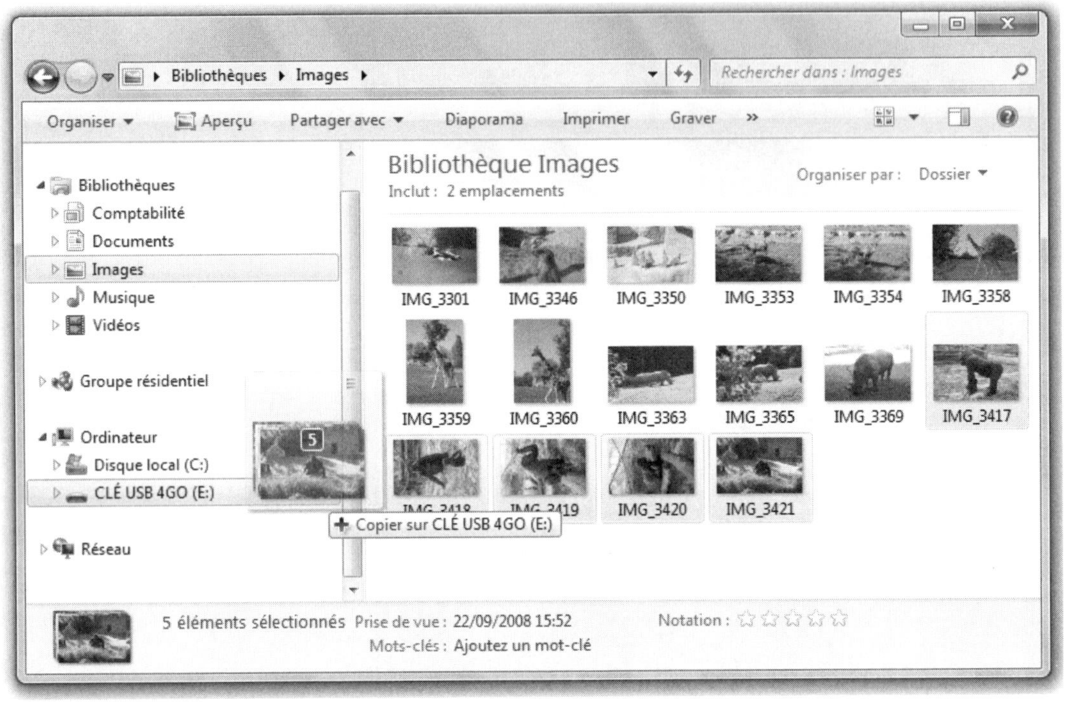

Figure 7-16 Copie de fichiers sur une clé USB.

Pour modifier le contenu de votre clé, cliquez son icône dans le volet de navigation. La partie droite affiche les dossiers et les documents qui s'y trouvent. Pour mieux classer vos documents, vous pouvez créer des dossiers comme sur votre disque dur. Vous pouvez aussi supprimer les documents dont vous n'avez plus besoin, pour libérer de la place.

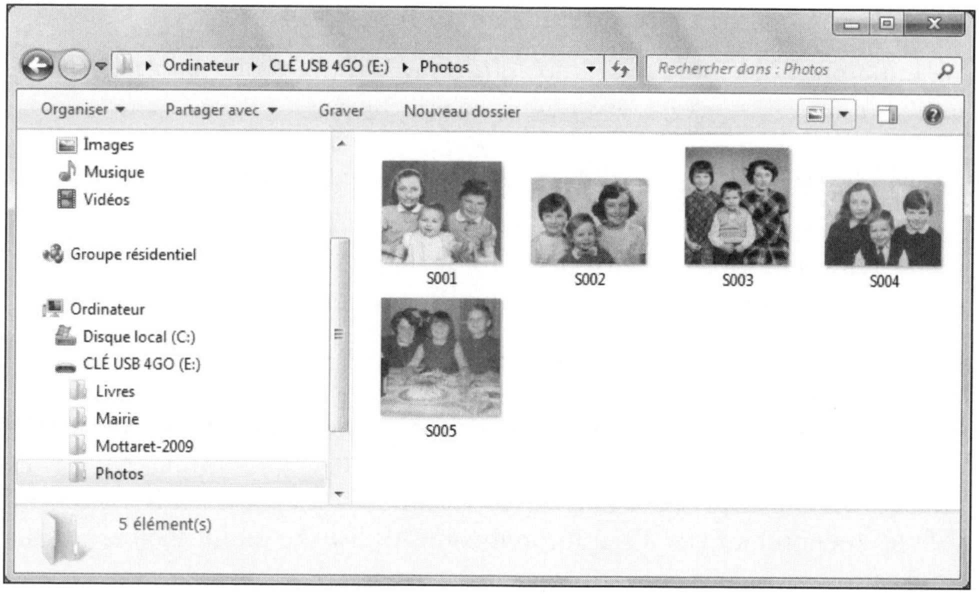

Figure 7-17 Contenu d'une clé USB.

Copier des documents sur une clé USB

1. Insérez votre clé dans un port USB.
2. Cliquez le bouton **Démarrer** → **Ordinateur**.
3. Recherchez le dossier qui contient les documents à copier sur la clé.
4. Sélectionnez les documents à copier (utilisez les touches **Ctrl** et **Maj** pour en sélectionner plusieurs).
5. Cliquez et faites glisser la sélection vers l'icône de votre clé. Les documents sont copiés en quelques secondes.
6. Cliquez l'icône de votre clé dans le volet de navigation. La partie droite affiche le contenu de la clé.

Retirer votre clé USB

Pour ne pas perdre de données, retirez votre clé USB après son utilisation en effectuant la procédure suivante :

1. Cliquez l'icône dans la barre des tâches. Si cette icône est masquée, cliquez le bouton dans la zone de notification.

2. Cliquez la commande **Éjecter** dans le menu contextuel.
3. Une info-bulle vous indique quand vous pouvez retirer votre clé USB.

Graver des fichiers sur CD ou DVD

Si vous êtes l'heureux possesseur d'un graveur de DVD, et c'est probablement le cas, profitez de l'opportunité pour conserver durablement vos documents.

À la question : « Quels documents ajouter à un CD ou à un DVD ? », la réponse pourrait être tout simplement « Tous ». Vous penserez sûrement à copier en priorité vos documents (textes, tableaux, bases de données, *etc.*), mais il est possible de sauvegarder tous les fichiers multimédias, comme la musique (Wave, MP3, *etc.*), la vidéo (AVI, MPG, *etc.*) ou les images (JPG, BMP, *etc.*). Pour les ouvrir à partir d'un CD ou d'un DVD, il vous suffira de les rechercher avec l'Explorateur ou d'utiliser le menu **Fichier → Ouvrir** de votre application.

Windows 7 propose deux types de gravure. Le format « Comme un lecteur flash USB » permet de graver des documents sur un CD ou DVD réinscriptible (CD-RW et DVD-RW). Le CD ou le DVD se comporte alors comme un disque dur : vous ajoutez ou supprimez des documents quand vous le désirez. Ce format nécessite cependant une préparation au préalable : le formatage. De plus, ce type de disque n'est lisible que sur ordinateur avec Windows XP, Windows Vista ou Windows 7.

Le format « À l'image », lui, permet de graver des documents sur tout type de disque (CD-R, DVD-R, CD-RW et DVD-RW). Ces disques sont lisibles sur tous les ordinateurs et sur certaines platines DVD de salon. En contrepartie, vous devrez graver tous les documents en une seule fois et vous ne pourrez pas les effacer. Attention ! Une fois gravés, les fichiers sont en lecture seule : vous ne pouvez pas les modifier à partir du CD ou du DVD. Pour travailler sur un document, vous devez au préalable le copier sur votre disque dur. Si vous avez utilisé le menu **Fichier → Ouvrir** dans une application puis sélectionné un document sur un CD ou un DVD, vous devez utiliser immédiatement le menu **Fichier → Enregistrer sous** pour sauvegarder le document dans un dossier de votre disque dur.

La gravure au format « À l'image » s'effectue en deux temps. En premier, vous devez choisir les documents à graver. Ils seront stockés dans un dossier temporaire, en attente de gravure. Vous pouvez ainsi choisir des documents en provenance de plusieurs dossiers. Une fois que cette première étape est réalisée, vous pouvez passer à la gravure proprement dite.

Tant qu'il reste de la place sur un disque, vous pouvez ajouter de nouveaux documents. Les anciens seront conservés.

Conseil Chaque fois que vous effectuez une gravure, vous créez une nouvelle session. Or, une session utilise environ 20 Mo du disque. Il est donc préférable de copier en une seule fois le maximum de fichiers pour faire un meilleur usage de l'espace de stockage.

Copier vos documents sur CD ou DVD comme sur un disque dur

1. Insérez un CD-RW ou un DVD-RW vierge dans votre graveur. La boîte d'exécution automatique s'affiche.

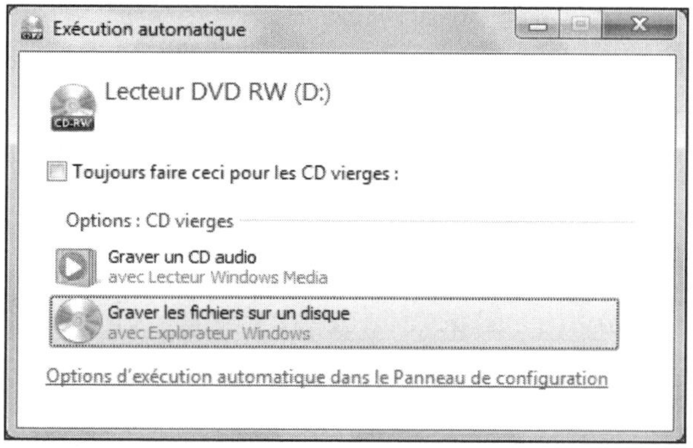

Figure 7-18 Boîte d'exécution automatique à l'insertion d'un CD ou DVD-RW.

2. Cliquez l'option **Graver les fichiers sur un disque**.

   Une nouvelle boîte s'affiche pour vous permettre de choisir le format.

3. Cochez l'option **Comme un lecteur flash USB**.

4. Tapez un nom dans la zone **Titre du disque**. Ce nom s'affichera dans l'Explorateur pour vous permettre d'identifier le CD ou le DVD.

Figure 7-19 Choix du format du disque.

5. Cliquez le bouton **Suivant**.

   Windows formate le CD-RW ou le DVD-RW. Quand cette opération est terminée, l'Explorateur s'ouvre pour vous permettre d'ajouter des documents à votre CD ou DVD.

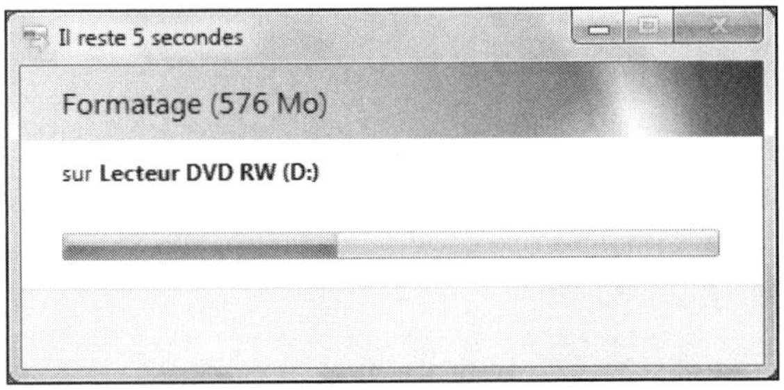

Figure 7-20 Formatage du CD ou DVD-RW.

6. Recherchez les dossiers et les documents à copier, puis faites-les glisser vers l'icône de votre graveur.

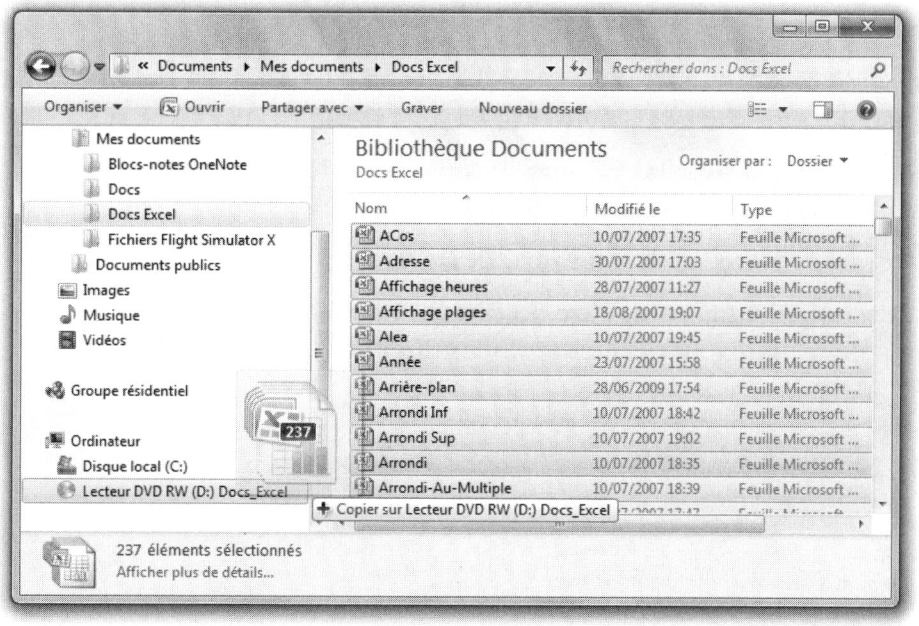

Figure 7-21 Ajout de fichiers à un CD ou DVD-RW.

Windows effectue la copie des documents vers le CD-RW ou le DVD-RW.

7. Cliquez le bouton **Plus de détails** pour voir le déroulement de l'opération.

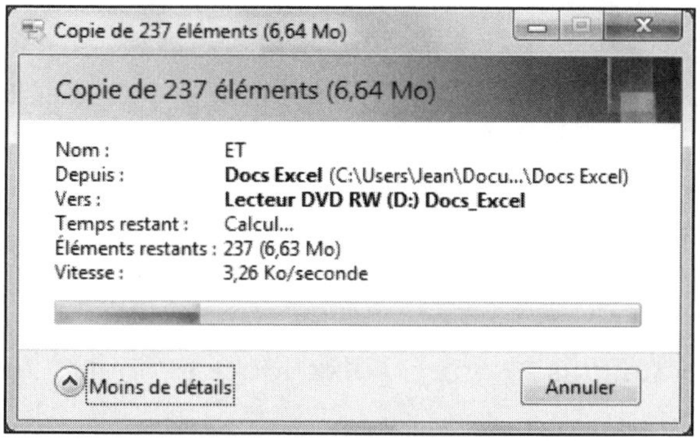

Figure 7-22 Gravure d'un CD ou DVD-RW.

Vous pouvez ajouter à votre CD ou DVD d'autres dossiers ou documents, ou supprimer ceux existants.

Graver vos documents sur CD ou DVD

1. Insérez un CD-R ou un DVD-R vierge dans votre graveur. La boîte d'exécution automatique s'affiche (vous pouvez aussi utiliser des CD et DVD-RW).
2. Cliquez l'option **Graver les fichiers sur un disque**. Une nouvelle boîte s'affiche pour vous permettre de choisir le format.
3. Cochez l'option **Avec un lecteur de CD/DVD**.
4. Tapez un nom dans la zone **Titre du disque**. Ce nom s'affichera dans l'Explorateur pour vous permettre d'identifier le CD ou le DVD.

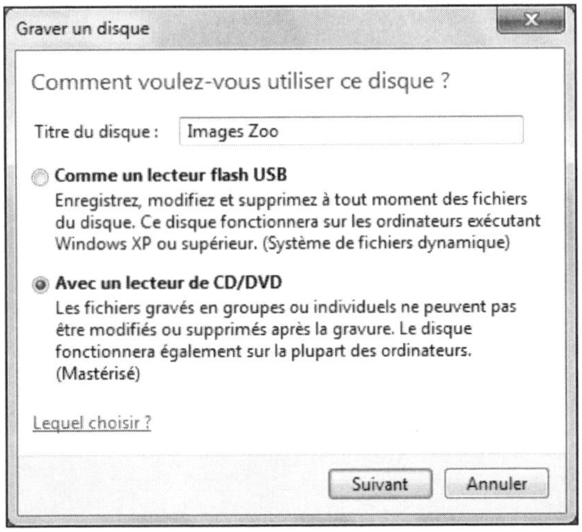

Figure 7-23 Choix du format du disque.

5. Cliquez le bouton **Suivant**.

   L'Explorateur s'ouvre pour vous permettre d'ajouter des documents à votre CD ou DVD.
6. Sélectionnez les dossiers et les documents à copier, puis cliquez le bouton **Graver** dans la barre d'outils.

Figure 7-24 Choix des fichiers et des dossiers à graver.

Windows ouvre une seconde fenêtre de l'Explorateur dans lequel le graveur est sélectionné pour vous montrer les dossiers et les documents à copier. Notez que les icônes sont dotées d'une flèche pour indiquer que les documents ne sont pas encore gravés. Vous pouvez ajouter d'autres documents ou supprimer ceux présents dans cette fenêtre.

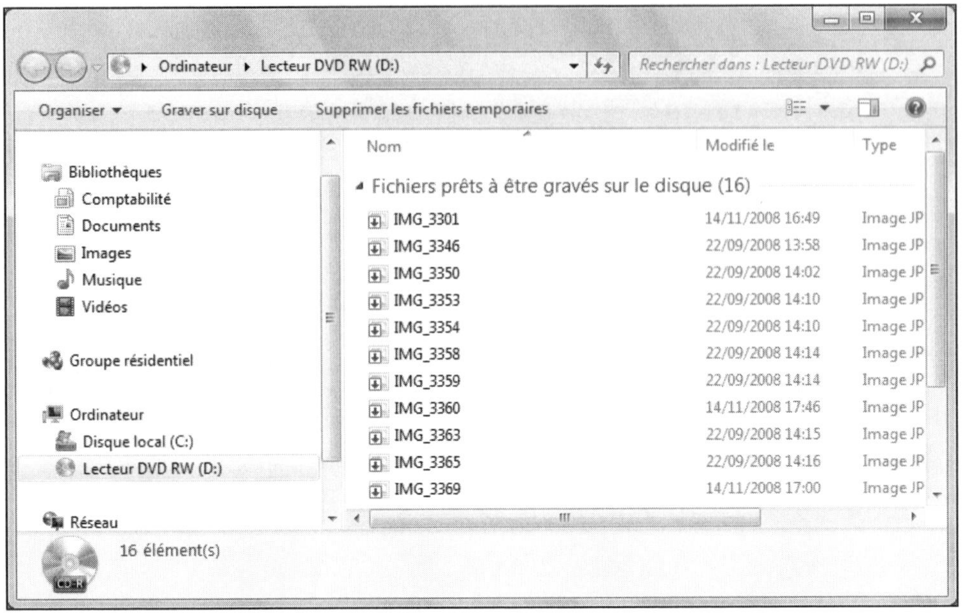

Figure 7-25 Liste des fichiers et des dossiers en attente de gravure.

7. Dès que tous les documents à graver ont été choisis, cliquez le bouton **Graver sur disque** dans la barre d'outils.
8. Éventuellement, changez le nom dans la zone **Titre du disque**.
9. Ensuite, sélectionnez la vitesse de gravure.

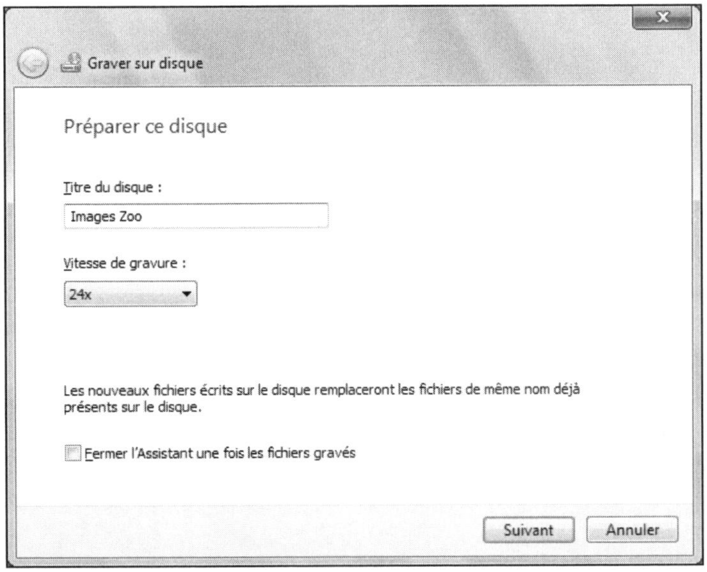

Figure 7-26 Options de gravure.

10. Cliquez le bouton **Suivant**.

    Les documents sont gravés sur le disque. À la fin de la gravure, le disque est éjecté du lecteur.

11. Cliquez le bouton **Terminer** dans la dernière boîte de dialogue.

Pour graver plusieurs CD ou DVD identiques, insérez un CD ou DVD vierge à la place de celui qui vient d'être éjecté à la fin de la gravure. Dans la dernière boîte de dialogue, cochez la case **Oui, graver ces fichiers…** puis cliquez le bouton **Suivant**.

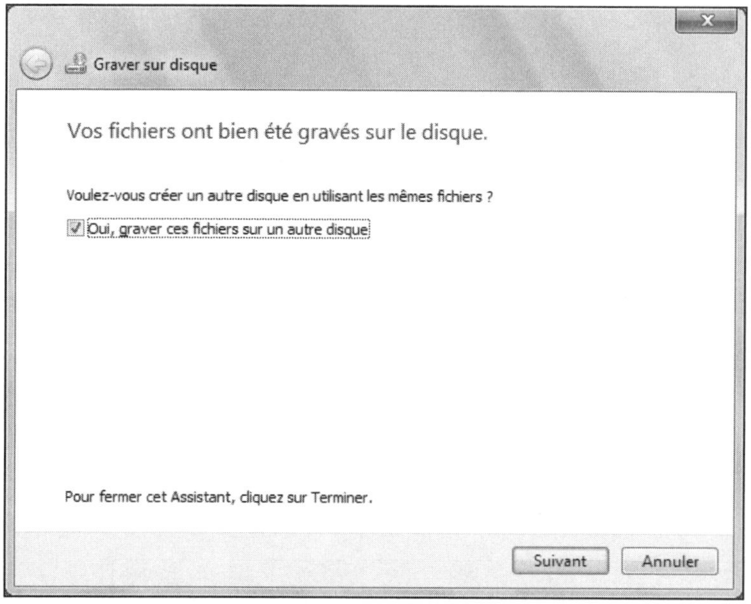

Figure 7-27 Copie de plusieurs CD ou DVD identiques.

Effacer les fichiers temporaires

Si les documents n'ont pas été gravés, ils restent dans un dossier temporaire (cela ne concerne pas les fichiers originaux). Supprimez-les pour gagner de la place sur votre disque dur (consultez le paragraphe « Modifier les paramètres de gravure » plus loin dans ce chapitre pour définir le disque de stockage).

1. Dans l'Explorateur, sélectionnez votre graveur dans le volet de navigation.

   Les documents en attente de gravure apparaissent dans la partie droite.

2. Cliquez le bouton **Supprimer les fichiers temporaires** dans la barre d'outils.

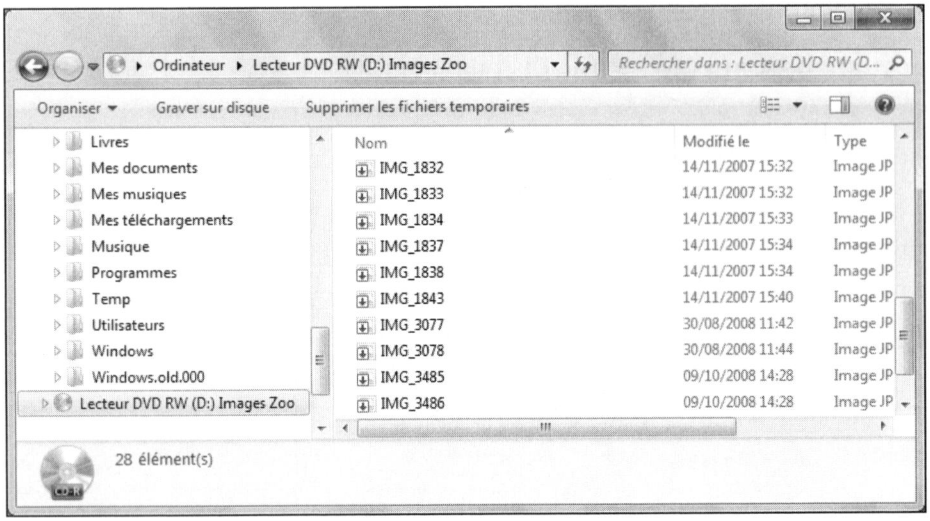

Figure 7-28 Suppression des fichiers temporaires.

Effacer un CD-RW ou un DVD-RW

Si un CD-RW ou un DVD-RW contient des données caduques, vous pouvez l'effacer en une seule opération.

1. Dans l'Explorateur, sélectionnez le graveur qui contient le disque.
2. Cliquez le bouton **Effacer ce disque** dans la barre d'outils.

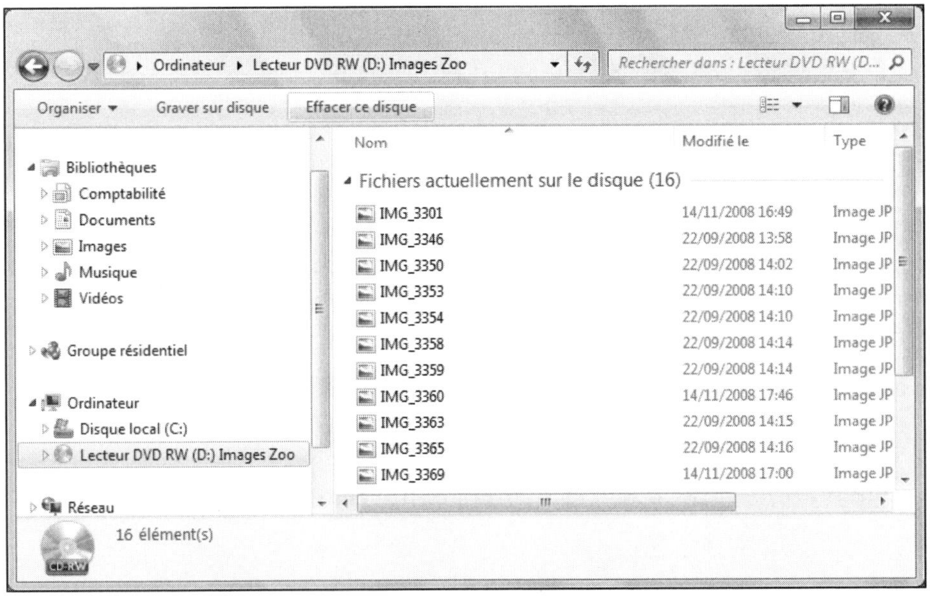

Figure 7-29 Effacement d'un CD ou DVD-RW.

3. Cliquez le bouton **Suivant** dans la boîte qui s'affiche pour effacer le contenu du disque.
4. Cliquez le bouton **Terminer** quand le disque a été effacé.

Modifier les paramètres de gravure

Si vous avez plusieurs graveurs ou plusieurs disques durs, vous pouvez modifier certains paramètres.

1. Cliquez avec le bouton droit l'icône de votre graveur.
2. Cliquez la commande **Propriétés** dans le menu contextuel.
3. Dans la boîte Propriétés, cliquez l'onglet **Enregistrement**.
4. Dans la liste **Sélectionnez le lecteur de gravure...**, choisissez le graveur à utiliser en priorité.
5. Dans la liste **Sélectionnez un lecteur de disque...**, sélectionnez le disque dur qui doit être utilisé pour les fichiers temporaires de la gravure.
6. Cochez la case **Éjecter automatiquement...** si vous désirez retirer immédiatement le disque après la gravure.

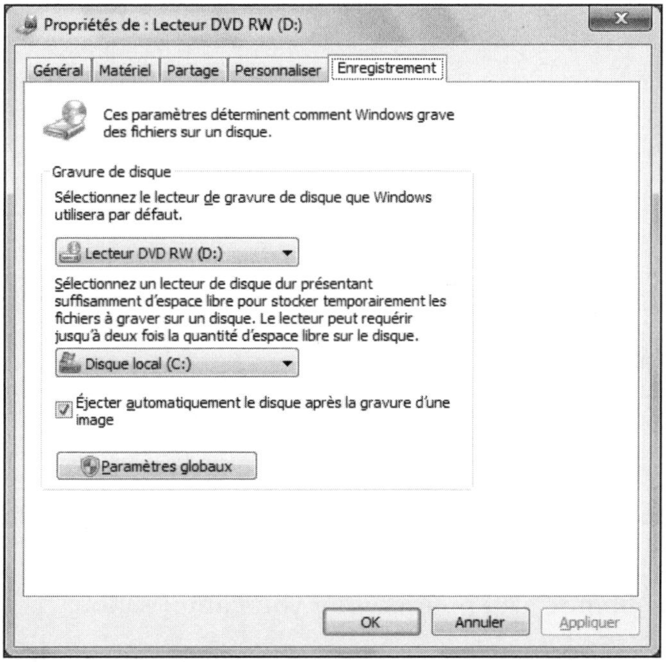

Figure 7-30 Paramètres de gravure.

Utiliser les sauvegardes de Windows

Si vous ne désirez pas gérer vous-même les copies de vos fichiers, Windows propose une solution simple et efficace. La sauvegarde automatique permet de conserver un double de vos documents sur des supports amovibles (CD ou DVD), vers un second disque dur de votre ordinateur, ou sur un disque dur d'un autre ordinateur de votre réseau. Cette sauvegarde se charge de compresser les données et de mettre à jour uniquement les fichiers modifiés depuis la sauvegarde précédente.

1. Cliquez le bouton **Démarrer** → **Tous les programmes** → **Maintenance** → **Sauvegarder et restaurer**.

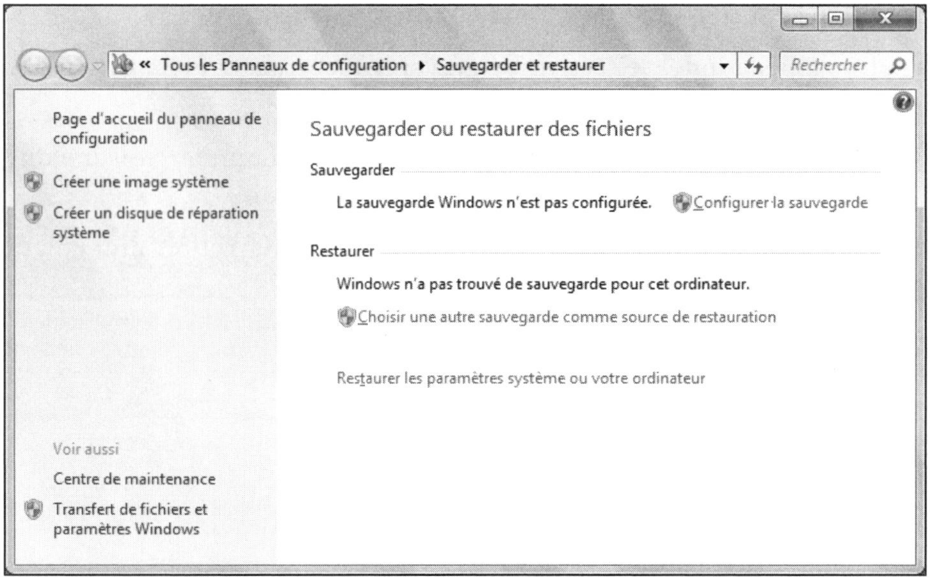

Figure 7-31 Fenêtre d'accès à la sauvegarde.

Configurer la sauvegarde

Avant de commencer vos sauvegardes, choisissez quelques paramètres.

1. Cliquez le lien **Configurer la sauvegarde** (figure 7-31). Si vous avez défini une configuration précédemment, cliquez le lien **Modifier les paramètres de sauvegarde**.
2. Éventuellement, cliquez le bouton **Oui** pour donner votre autorisation.

Choisir la destination de la sauvegarde

L'assistant de sauvegarde propose deux solutions :

- **Sur un disque dur, un CD ou un DVD** : c'est le cas le plus courant. Il n'est pas possible d'effectuer des sauvegardes d'un disque dur sur lui-même. Autrement dit, pour effectuer des sauvegardes du disque C: vous devez posséder un second disque dur interne ou externe. Il n'est pas non plus possible d'effectuer des sauvegardes vers des clés USB d'une capacité inférieure à 1 Go. L'assistant de sauvegarde ne prend pas en charge les lecteurs de bandes. En résumé, dans la majorité des cas vous devez effectuer vos sauvegardes sur CD, ou mieux, sur DVD.
- **Sur un réseau** : si vous êtes en réseau, la sauvegarde peut s'effectuer sur le disque dur d'un autre ordinateur. La sauvegarde *via* un réseau n'est disponible que dans les versions Windows Professionnel, Intégrale et Entreprise.

3. Sélectionnez la destination dans la liste **Enregistrer la sauvegarde sur**. Si vous venez de connecter le périphérique (disque dur externe, clé USB, *etc.*), cliquez au préalable le bouton **Actualiser**.

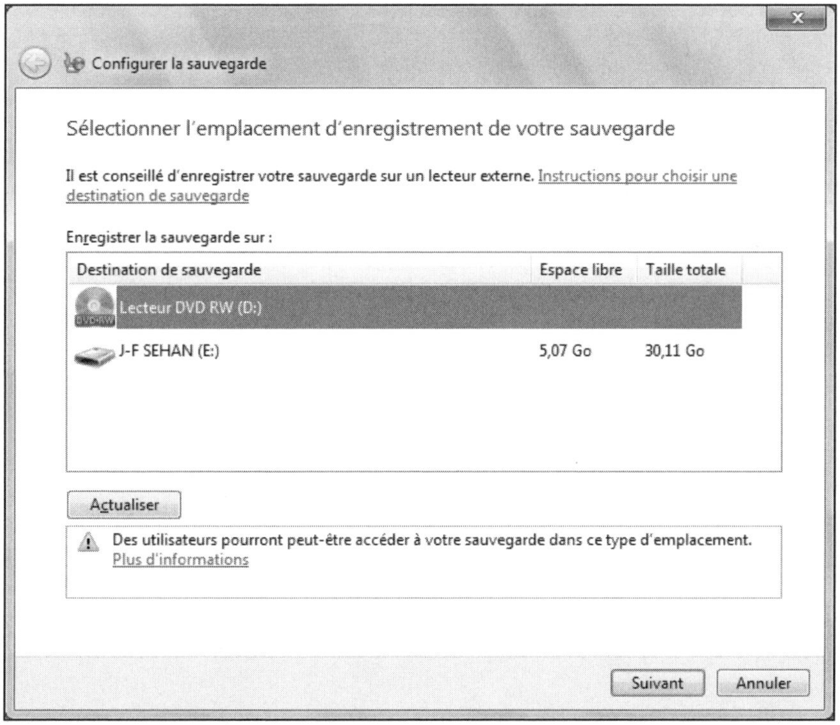

Figure 7-32 Choix de la destination de la sauvegarde.

4. Cliquez le bouton **Suivant**.

Définir le type de sauvegarde

Cette boîte permet de définir si Windows doit choisir les fichiers à sauvegarder ou si vous préférez les sélectionner vous-même.

5. Cochez une des deux options proposées.

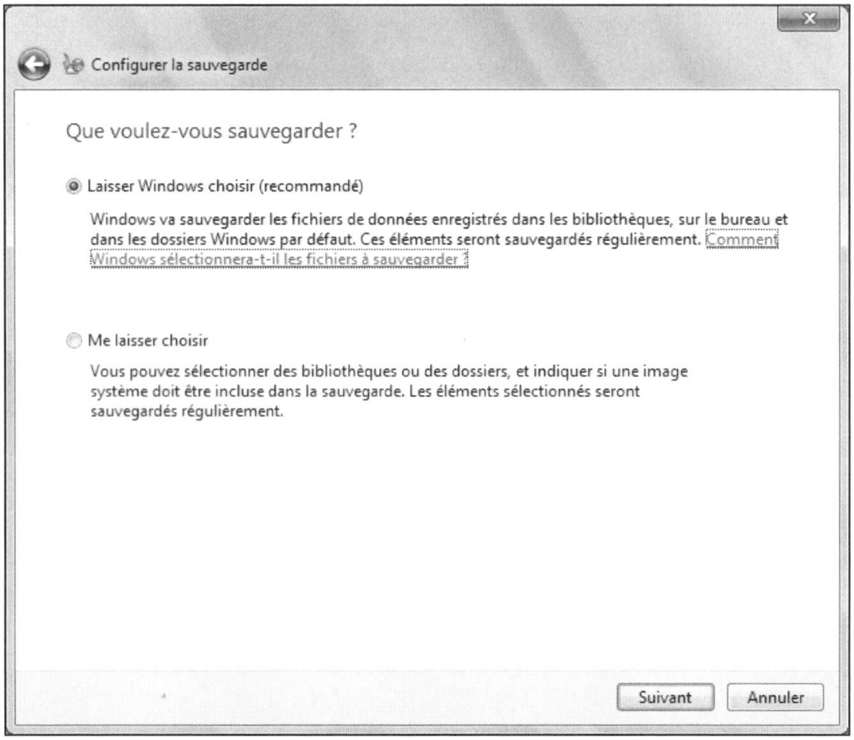

Figure 7-33 Choix du type de sauvegarde.

6. Cliquez le bouton **Suivant**. Si vous avez choisi l'option **Laisser Windows choisir**, passez à l'étape **10**.

Choisir les fichiers à sauvegarder

Cette nouvelle boîte de l'assistant propose la liste des bibliothèques des utilisateurs de l'ordinateur ainsi que l'arborescence de vos disques durs.

7. Cochez les bibliothèques que vous désirez sauvegarder pour chacun des utilisateurs.

8. Cochez dans l'arborescence de vos disques durs les dossiers à sauvegarder et décochez les autres.

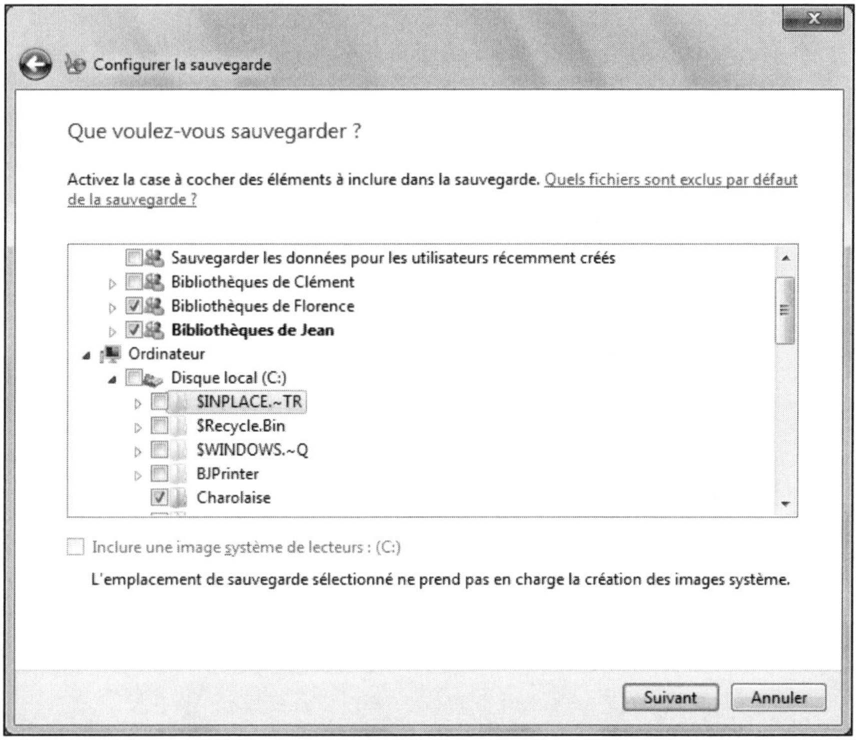

Figure 7-34 Choix des bibliothèques et des dossiers à sauvegarder.

9. Cliquez le bouton **Suivant**.

Choisir la fréquence des sauvegardes

Cette nouvelle boîte liste des données qui seront sauvegardées. Elle permet aussi de définir la planification des sauvegardes.

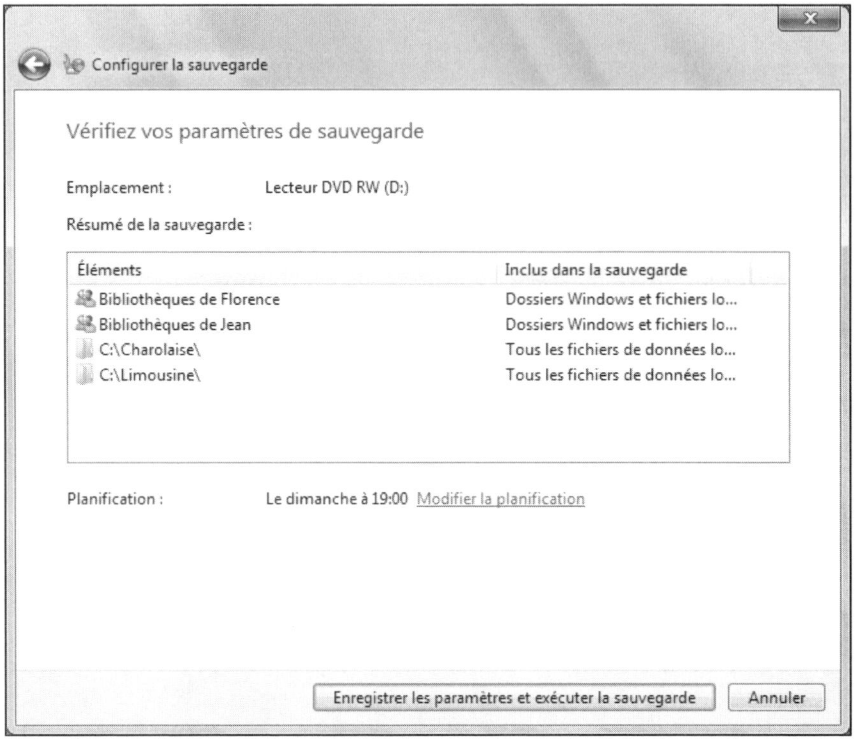

Figure 7-35 Liste des données à sauvegarder.

10. Cliquez le lien **modifier la planification**.
11. Sélectionnez la fréquence, le jour et l'heure de vos sauvegardes.

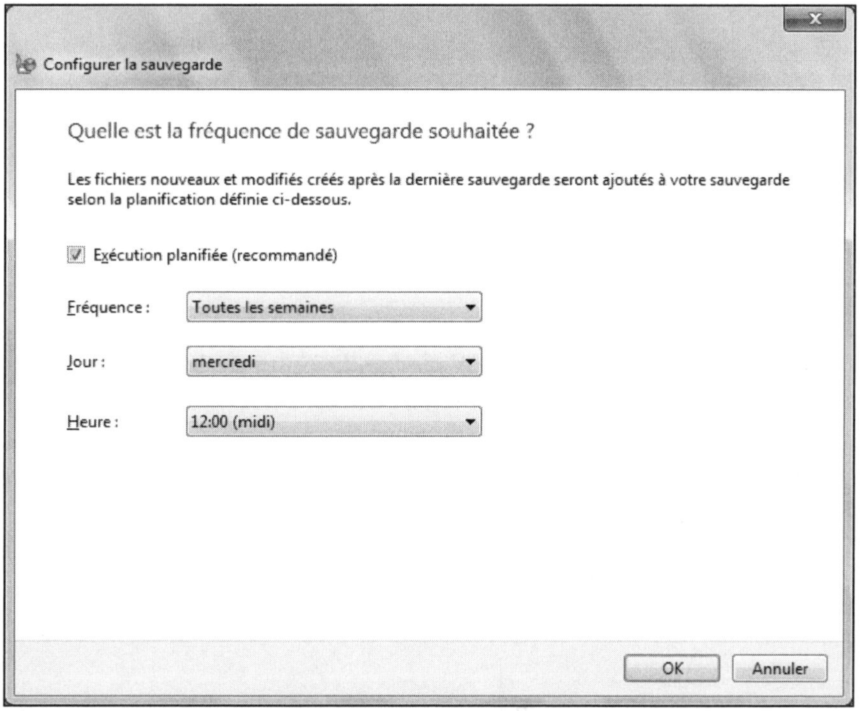

Figure 7-36 Choix de la fréquence des sauvegardes.

12. Cliquez le bouton **OK**.
13. Cliquez le bouton **Enregistrer les paramètres et exécuter la sauvegarde** ou **Enregistrer les paramètres et quitter**.
14. Si c'est votre première mise à jour des paramètres, ou si la sauvegarde se déclenche automatiquement à l'heure spécifiée, passez à l'étape **3** du paragraphe « Démarrer une sauvegarde ».

Démarrer une sauvegarde

Même si vous avez défini une fréquence de sauvegarde, vous pouvez aussi la lancer à tout moment.

1. Cliquez le bouton **Démarrer** → **Tous les programmes** → **Maintenance** → **Sauvegarder et restaurer**.
2. Cliquez le lien **Sauvegarder maintenant**, puis le bouton **Oui** si Windows demande une confirmation.
3. Si la sauvegarde nécessite un support amovible (CD ou DVD), notez sur celui-ci sa référence et son numéro, puis insérez-le dans le graveur.

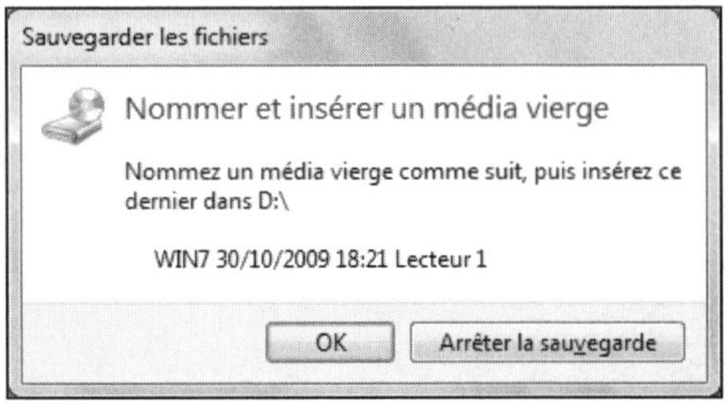

Figure 7-37 Insertion du support de sauvegarde.

4. Si vous avez inséré un CD ou un DVD-RW vierge, la boîte de la figure 7-38 demande l'autorisation de formater le disque. Cliquez le bouton **Formater** pour démarrer cette opération. Notez que cette dernière efface toutes les données présentes sur le disque. N'éteignez pas votre ordinateur pendant le formatage.

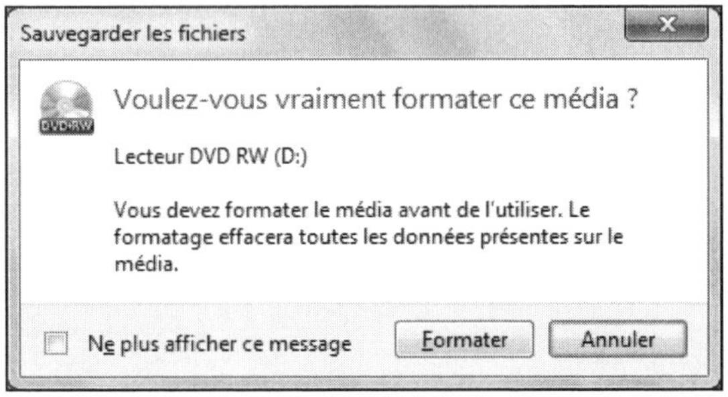

Figure 7-38 Formatage d'un CD ou d'un DVD-RW.

La sauvegarde commence. La boîte de la figure 7-39 affiche sa progression. Si cela est vraiment nécessaire, vous pouvez l'interrompre en cliquant le bouton **afficher les détails** puis le bouton **Arrêter la sauvegarde**.

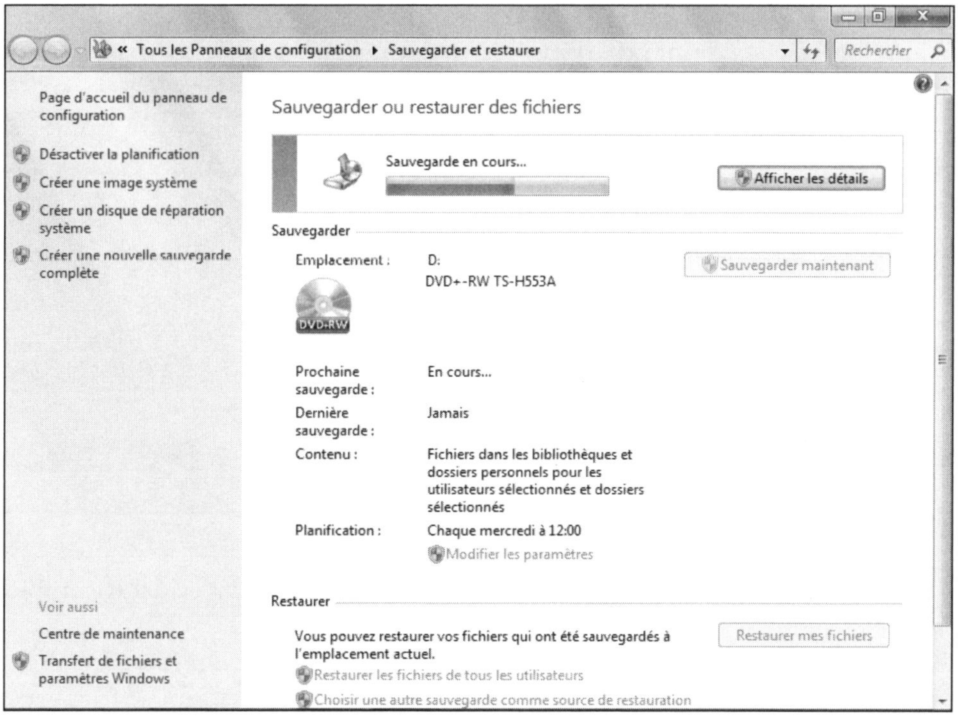

Figure 7-39 Progression de la sauvegarde.

Dès que la sauvegarde commence, vous pouvez cliquez le bouton pour fermer la fenêtre **Sauvegarder et restaurer** et continuer à travailler normalement. L'icône de la zone de notification de la barre des tâches indique que la sauvegarde est en cours. Pour réafficher la fenêtre **Sauvegarder et restaurer**, cliquez l'icône puis **Sauvegarde en cours**.

Pour voir plus précisément l'évolution de la sauvegarde, cliquez le bouton **Afficher les détails**.

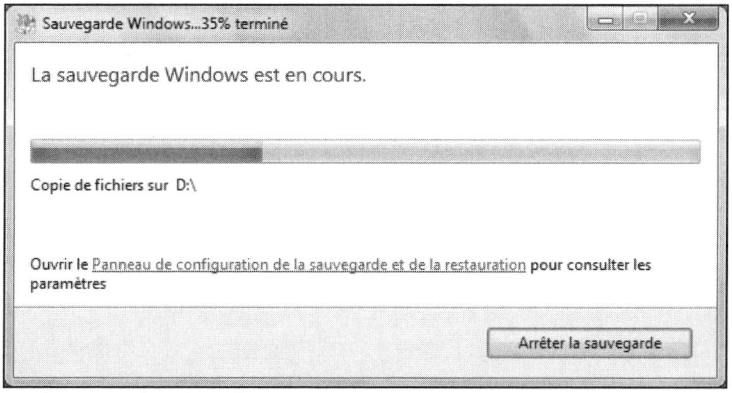

Figure 7-40 Détails sur la sauvegarde en cours.

Si la capacité du support (CD ou DVD par exemple) est inférieure à celle de la sauvegarde, une boîte vous demande d'insérer un nouveau support. Notez sur celui-ci le numéro indiqué dans la boîte de la figure 7-41, puis insérez-le dans le graveur.

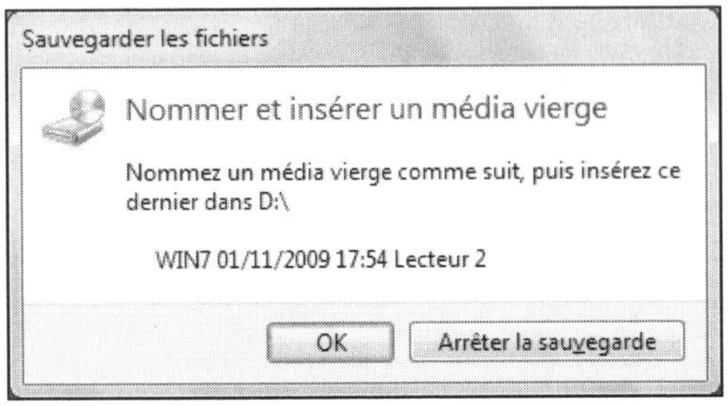

Figure 7-41 Demande d'un nouveau support pour la sauvegarde.

Relancer une sauvegarde interrompue

Si vous avez arrêté la sauvegarde, vous pouvez la reprendre à l'endroit où elle a été interrompue :

1. Cliquez le bouton **Démarrer** → **Tous les programmes** → **Maintenance** → **Sauvegarder et restaurer**.

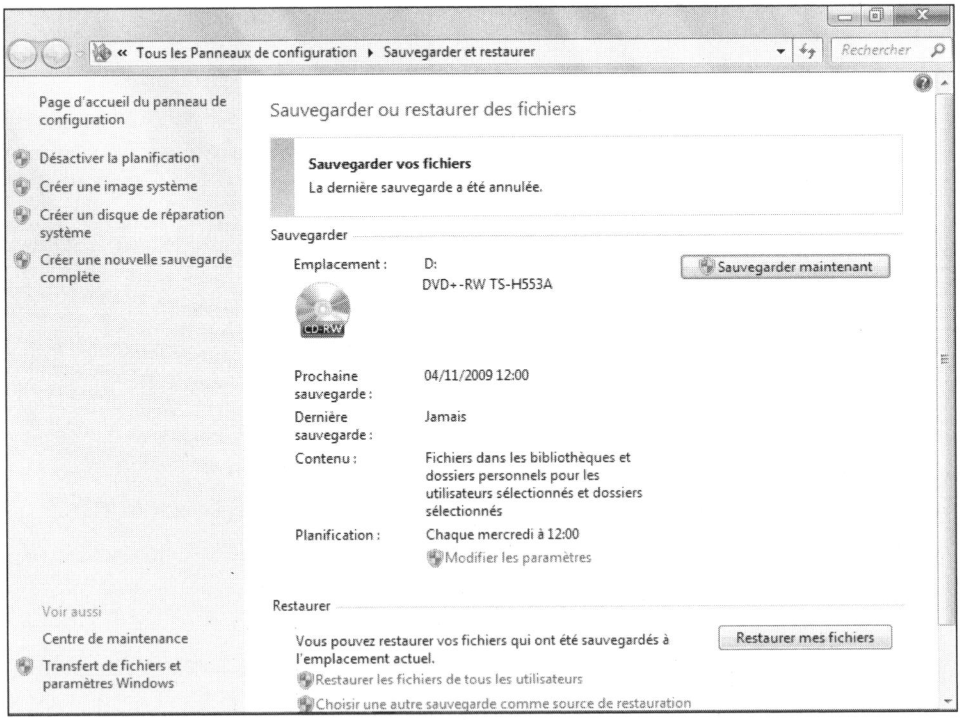

Figure 7-42 Reprise d'une sauvegarde interrompue.

2. Cliquez le lien **Sauvegarder maintenant** puis éventuellement le bouton **Oui** pour confirmer.

3. Suivez les étapes de l'assistant de sauvegarde.

Effectuer une nouvelle sauvegarde

À tout moment vous pouvez effectuer une nouvelle sauvegarde, par exemple si vous avez modifié une grande quantité de documents. La sauvegarde peut aussi se déclencher automatiquement si vous avez défini un jour et une heure.

Windows n'effectue pas une sauvegarde complète, mais ajoute à la dernière les nouveaux fichiers et ceux qui ont été modifiés.

1. Cliquez le bouton **Démarrer** → **Tous les programmes** → **Maintenance** → **Sauvegarder et restaurer**.

2. Cliquez le lien **Sauvegarder maintenant** puis éventuellement le bouton **Oui** pour confirmer.

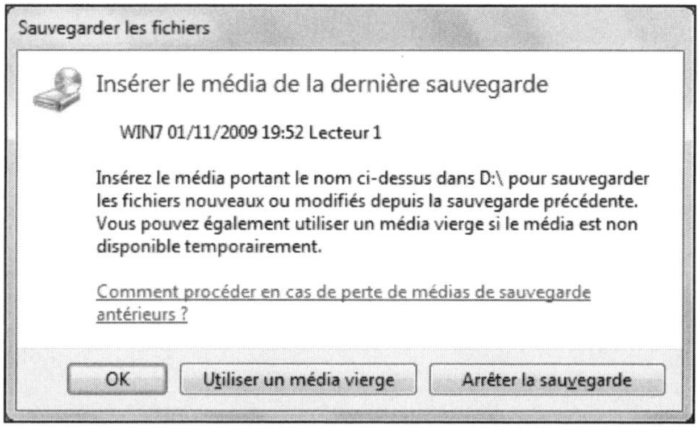

Figure 7-43 Modification d'une sauvegarde existante.

3. Insérez le support demandé, puis cliquez le bouton **OK**. Pour effectuer une sauvegarde complète, cliquez le bouton **Utiliser un disque vierge** puis insérez un nouveau support.

Restaurer une sauvegarde

Vous devez restaurer vos données dans les cas suivants :

- Votre disque dur ou votre ordinateur est tombé en panne.
- Vous désirez transférer vos documents sur le nouvel ordinateur que vous venez d'acquérir.

- Vous avez effacé des documents par mégarde.
- Vous désirez revenir à une version antérieure d'un document.

1. Cliquez le bouton **Démarrer** → **Tous les programmes** → **Maintenance** → **Sauvegarder et restaurer**.

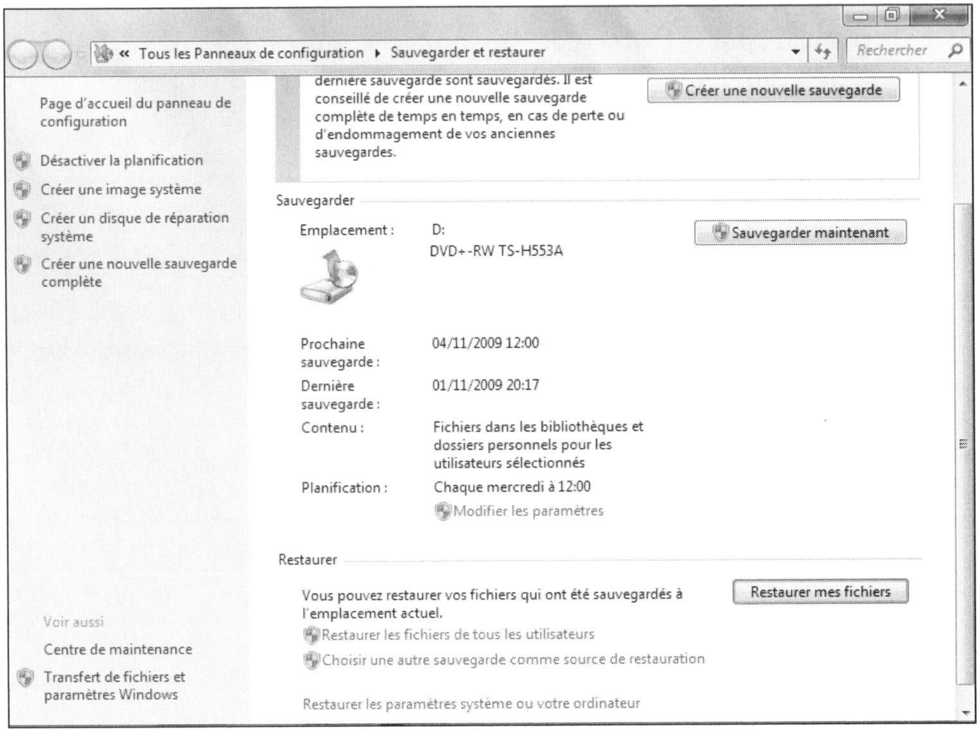

Figure 7-44 Options de restauration des sauvegardes.

L'assistant de sauvegarde propose trois solutions :

- **Restaurer mes fichiers** : cette option restaure les fichiers de la dernière sauvegarde.
- **Restaurer les fichiers de tous les utilisateurs** : cette option restaure les fichiers de tous les utilisateurs de l'ordinateur.
- **Choisir une autre sauvegarde** : cette option permet de restaurer des fichiers plus anciens (en remplacement des versions actuelles) ou provenant d'un autre ordinateur.

2. Cliquez le bouton ou le lien de l'option adéquate, et éventuellement le bouton **Oui** pour confirmer.

Choisir les dossiers ou fichiers à restaurer

La restauration permet de choisir la sauvegarde, les dossiers ou les fichiers à restaurer.

3. Cliquez le lien **Choisir une autre date** pour utiliser unc ancienne sauvegarde et insérez le support correspondant dans le lecteur (figure 7-47).
4. Sélectionnez la date correspond à la sauvegarde.

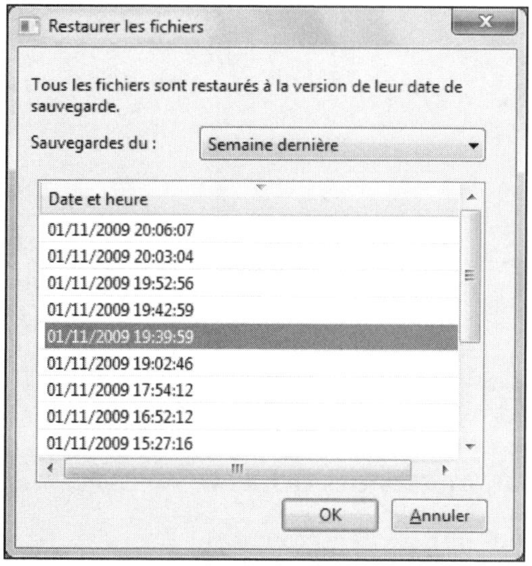

Figure 7-45 Restauration d'une ancienne sauvegarde.

5. Cliquez le bouton **OK**.
6. Cliquez le bouton **Dossier** ou **fichiers**.
7. Sélectionnez le dossier ou les fichiers à restaurer (utilisez les touche **Ctrl** et **Maj** comme dans l'Explorateur).

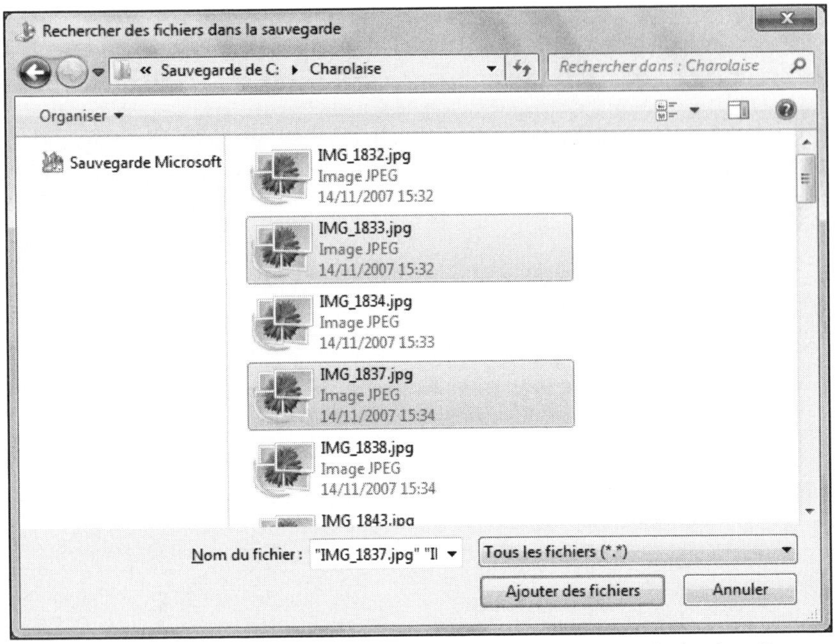

Figure 7-46 Restauration de certains fichiers et dossiers de la dernière sauvegarde.

8. Cliquez le bouton **Ajouter un dossier** ou **Ajouter des fichiers**.

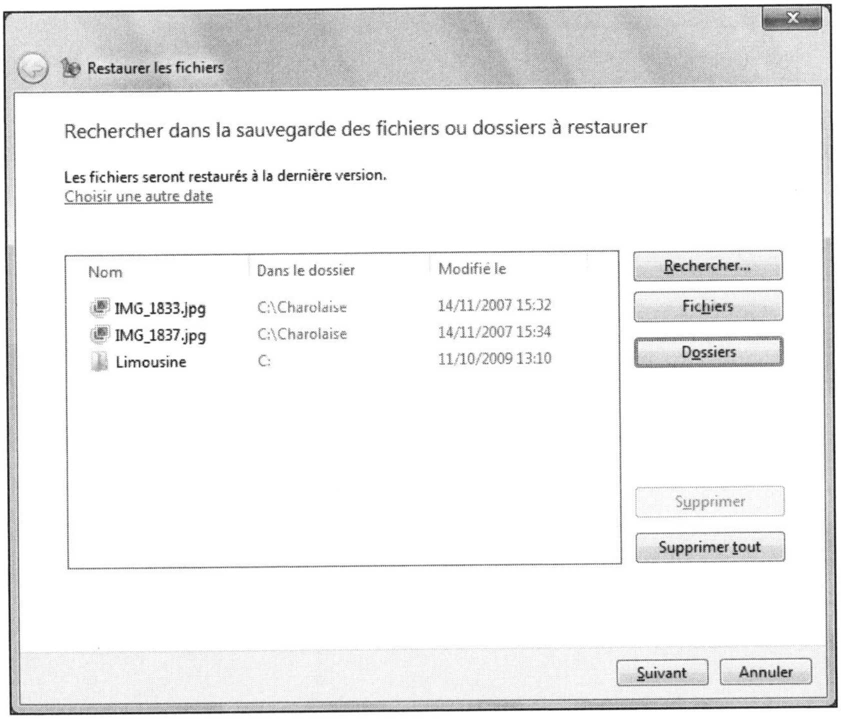

Figure 7-47 Liste des dossiers et fichiers à restaurer.

9. Cliquez le bouton **Suivant**.

10. Pour restaurer les fichiers à l'emplacement qu'ils occupaient lors de la sauvegarde, cochez l'option **Dans l'emplacement d'origine**. Pour une autre destination, cochez l'option **Dans l'emplacement suivant**, puis cliquez le bouton Parcourir pour rechercher le dossier. La boîte qui s'affiche permet de créer un nouveau dossier.

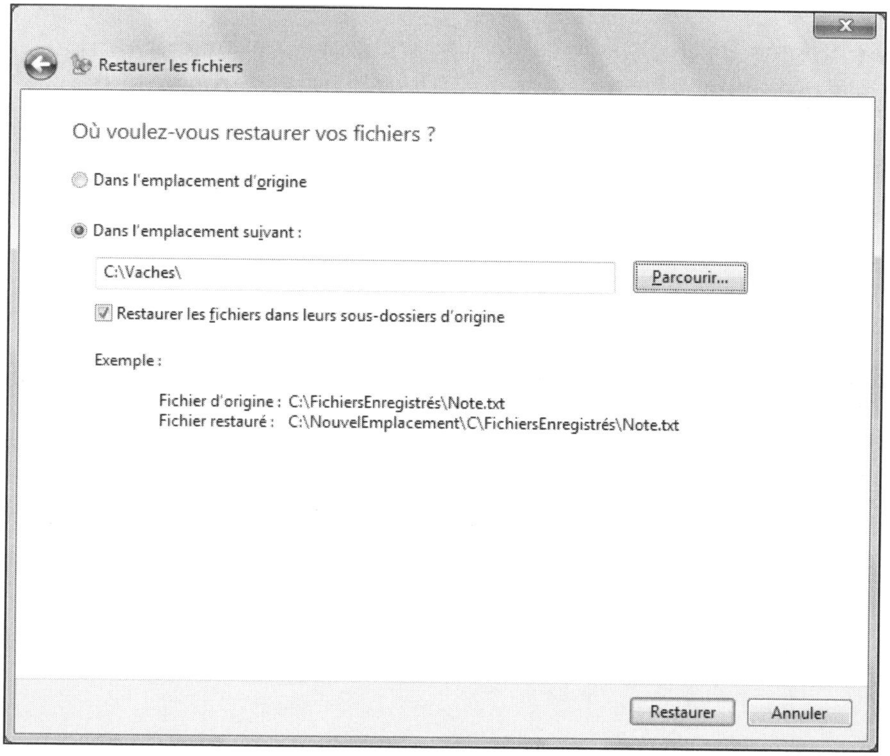

Figure 7-48 Choix de la destination des dossiers et des fichiers à restaurer.

11. Cliquez le bouton **Restaurer**.

12. Suivez les instructions de l'assistant.

Sauvegarder l'ensemble de votre ordinateur

L'assistant de sauvegarde permet de conserver l'intégralité de votre ordinateur (documents, applications, fichiers système, *etc.*). Comme cette sauvegarde est très longue, vous devez y recourir après des modifications importantes de l'ordinateur (installation de logiciels, mise à jour de Windows, *etc.*). Faites cette sauvegarde au moins une fois, et si possible une fois par mois.

1. Cliquez le bouton **Démarrer** → **Tous les programmes** → **Maintenance** → **Sauvegarder et restaurer**.
2. Dans le volet gauche, cliquez **Créer une image système**.

L'assistant de sauvegarde propose deux solutions :

- **Sur un disque dur** : cette option n'est disponible que si votre ordinateur possède plusieurs disques durs.
- **Sur un ou plusieurs DVD** : c'est le cas le plus courant. Comme ce type de sauvegarde est volumineux, l'assistant ne propose pas de sauvegarde sur CD.

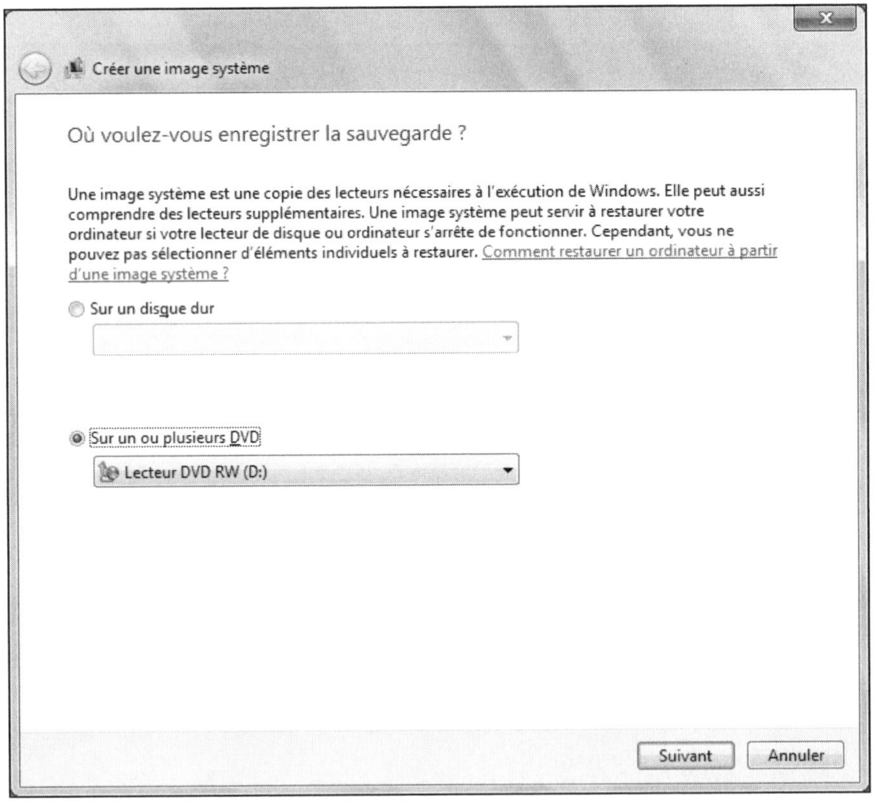

Figure 7-49 Choix du support pour la sauvegarde complète de l'ordinateur.

3. Cochez une des deux options proposées, puis sélectionnez le support.
4. Cliquez le bouton **Suivant**.

   L'assistant indique la taille de la sauvegarde.

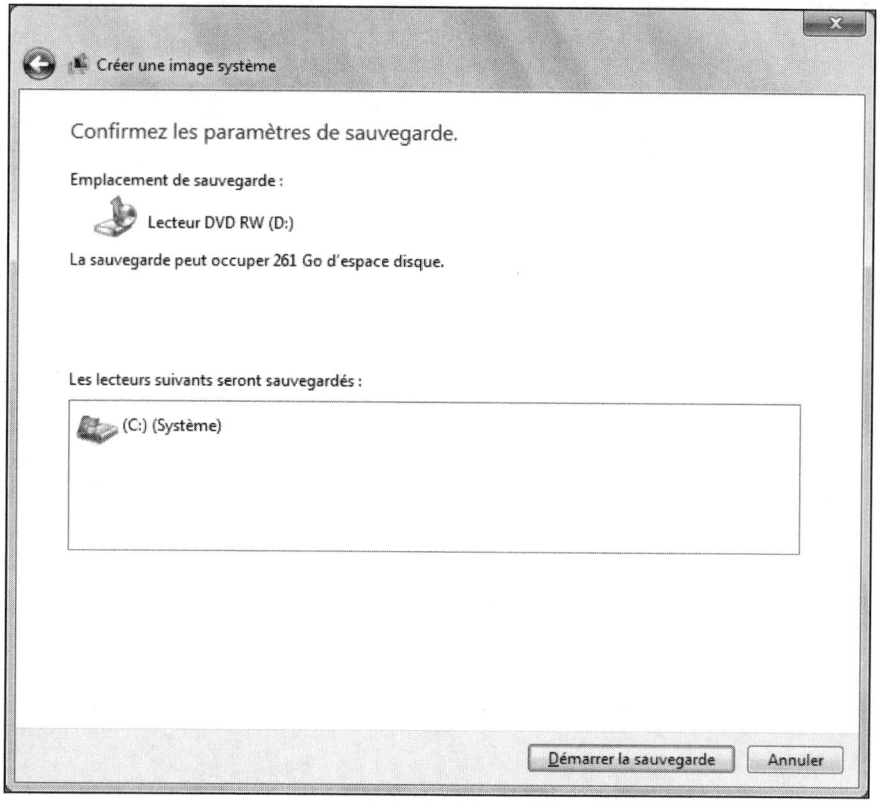

Figure 7-50 Paramètres de la sauvegarde complète de l'ordinateur.

5. Cliquez le bouton **Démarrer la sauvegarde**, puis suivez les instructions de l'assistant.

Note Pour créer un disque de réparation système, consultez le chapitre 25.

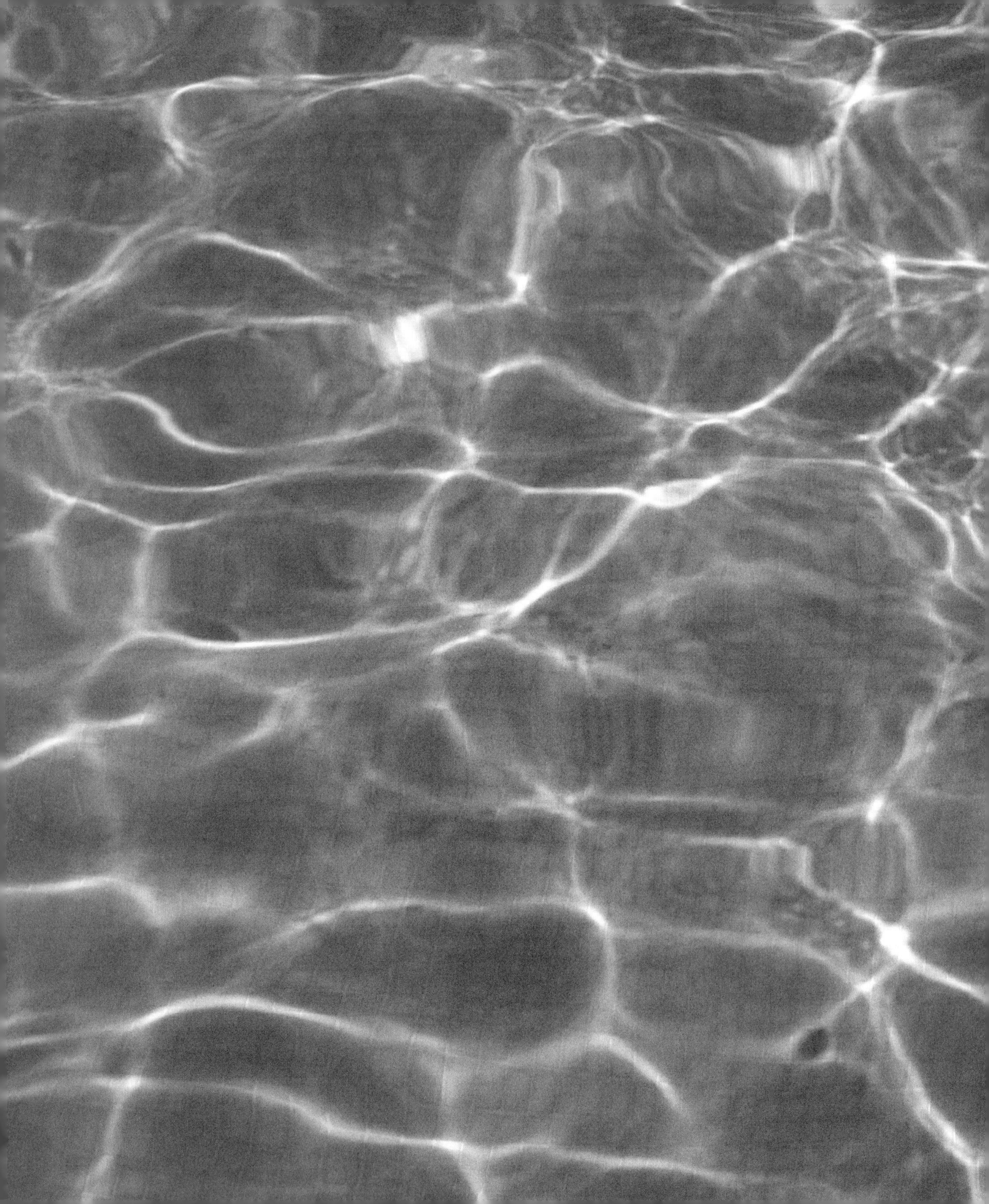

PARTIE III
PROFITER DES LOISIRS ET DU MULTIMÉDIA

Chapitre 8

Exploiter les images et les photographies

Dans ce chapitre

- Transférer des photographies d'un appareil numérique
- Gérer des photographies avec la Galerie de photos Windows
- Afficher un diaporama
- Corriger les défauts des photographies
- Imprimer des photographies
- Consulter des images avec l'Explorateur

Avec l'apparition des scanners et des appareils photo numériques, l'ordinateur est devenu un outil indispensable pour les amateurs de photographies et d'images. Il remplace à lui seul le laboratoire de développement, le studio de retouches et l'armoire de stockage.

Windows 7 a été conçu pour vous faciliter la tâche dans ce domaine, en proposant des outils pour transférer, capturer ou scanner des images, mais aussi les classer, les visionner et les imprimer.

Transférer des photographies d'un appareil numérique

Pour consulter, retoucher ou imprimer des photos, vous devez les transférer de votre appareil photo numérique (APN) vers l'ordinateur.

Connecter l'appareil photo

En fonction du modèle, il existe plusieurs solutions pour transférer vos photos vers l'ordinateur.

Port USB (Universal Serial Bus)

C'est sûrement le moyen le plus simple et le plus courant. Dès que le câble USB est connecté et que l'appareil photo est en marche, Windows le détecte automatiquement.

Figure 8-1 Câble USB.

Les connecteurs USB se présentent comme dans la figure 8-1. Le connecteur le plus grand (à gauche dans la figure 8-1) se branche sur un des ports USB de l'ordinateur.

L'autre partie du câble se branche sur l'APN. En fonction du modèle, le connecteur peut être différent de celui présenté dans la figure 8-1. Il peut s'agir, par exemple, d'une prise DIN ronde.

Carte mémoire

La lecture directe de la carte mémoire de votre appareil photo est le moyen le plus rapide d'effectuer un transfert. Cela nécessite cependant de posséder un lecteur comme celui de la figure 8-2. Ce lecteur apparaît dans l'Explorateur Windows comme un lecteur de disque dur. Le transfert s'effectue alors par un simple glisser-déposer.

Figure 8-2 Lecteur de cartes mémoire.

Note Il existe d'autres solutions pour transférer des photos depuis un appareil photo numérique ou un téléphone portable : liaison sans fil (*bluetooth* ou *Wi-Fi*), infrarouge, interface série, *etc.* Consultez la notice de votre appareil pour connaître toutes ses possibilités. De plus en plus d'imprimantes photos proposent leur propre lecteur de cartes.

Transférer les photos

1. Branchez et allumez votre APN. Au besoin, consultez sa notice.

   Windows affiche la boîte d'Exécution automatique.

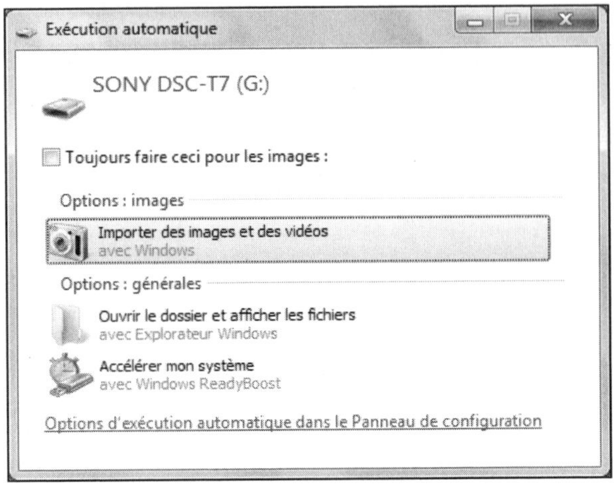

Figure 8-3 Transfert automatique d'un APN.

2. Si vous ne désirez plus passer par cette étape, cochez la case **Toujours faire ceci…**.
3. Cliquez **Importer des images** pour mettre en relation votre APN avec Windows.

   Une nouvelle boîte affiche la première photographie disponible.
4. Si vous désirez remplacer le numéro attribué par l'appareil photo par un nom explicite, tapez ce nom dans la zone **Marquer ces images**. Par exemple, si vous choisissez le mot « Maisons », vos photographies seront renommées Maisons 001, Maisons 002, *etc.*

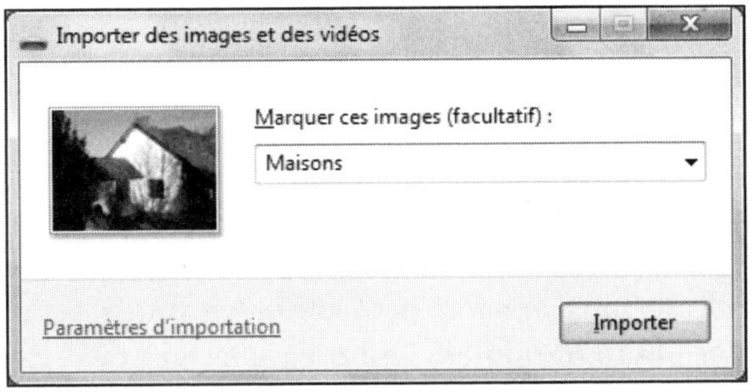

Figure 8-4 Modification du nom des images.

5. Cliquez le bouton **Importer** pour copier les photos de l'APN vers le disque dur de votre ordinateur.

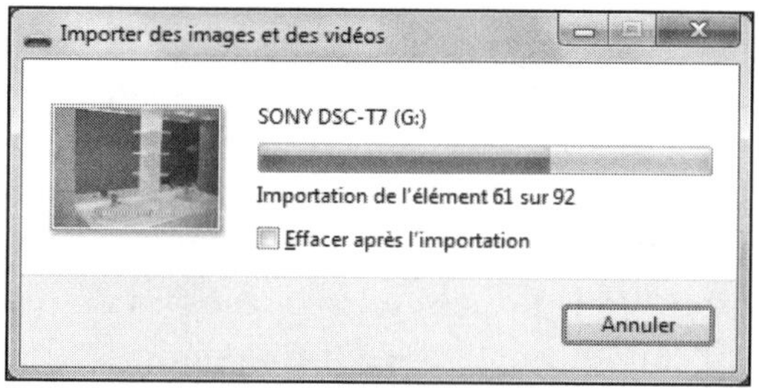

Figure 8-5 Importation des images depuis l'APN.

6. Si vous ne désirez pas conserver les photographies dans votre APN après le transfert, cochez la case **Effacer après l'importation**.

Windows ouvre l'application Galerie de photos pour vous permettre de consulter vos photographies.

Lire directement une carte mémoire

La lecture directe de la carte mémoire de votre appareil photo est le moyen le plus rapide d'effectuer un transfert. Cela nécessite cependant de posséder un lecteur de cartes extérieur ou intégré à l'ordinateur. Ce lecteur apparaît dans l'Explorateur Windows comme un lecteur de disque dur. Le transfert s'effectue alors par un simple glisser-déposer.

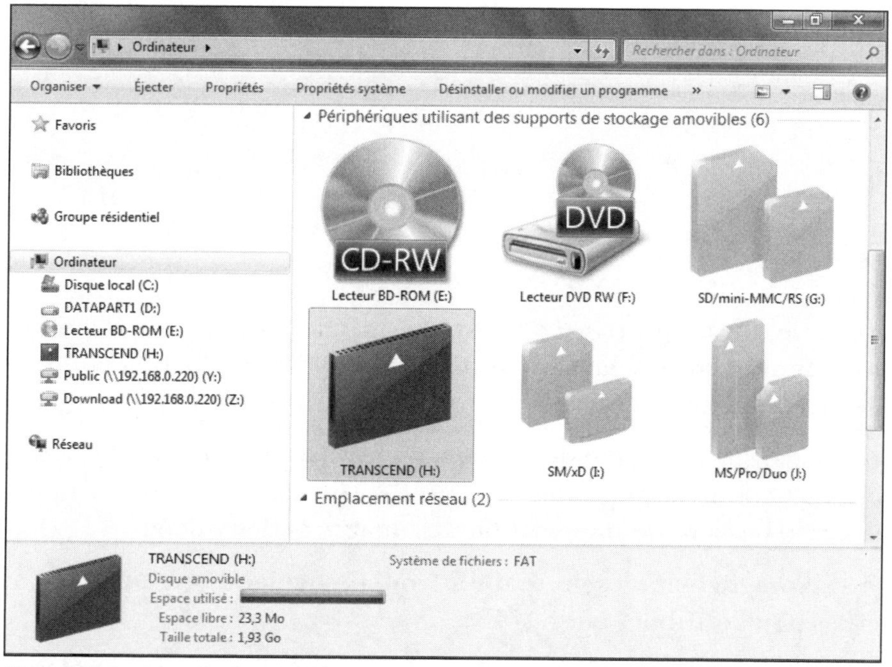

Figure 8-6 Carte mémoire dans l'Explorateur.

Modifier les options d'importation

Si le dossier de destination ou les noms des photos ne vous conviennent pas, vous pouvez les modifier au moment de l'importation.

1. Dans la boîte de dialogue **Importation des images et des vidéos** (figure 8-4), cliquez le lien **Paramètres d'importation**. Vous pouvez aussi accéder à cette boîte dans la Galerie de photos en cliquant l'onglet  → **Options** puis l'onglet **Importer**.

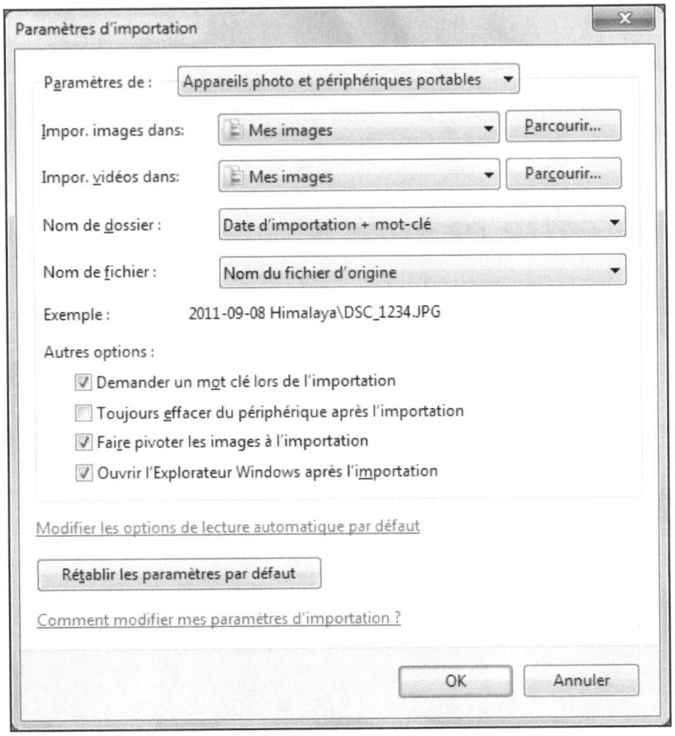

Figure 8-7 Options d'importation.

2. Pour changer le dossier principal de destination, cliquez le bouton **Parcourir** dans la zone **Impor. images dans** puis recherchez le dossier. La boîte qui s'ouvre vous laisse la possibilité de créer un nouveau dossier pour l'occasion.
3. Sélectionnez, dans la liste **Nom de dossier**, un format pour le nom du sous-dossier qui doit contenir les photos. Le terme « Mot-clé » correspond au nom que vous avez saisi dans la boîte **Importation des images et des vidéos**.
4. Dans la liste **Nom du fichier**, sélectionnez **Nom du fichier d'origine** pour conserver les noms attribués par l'APN.
5. Éventuellement, modifiez les **Autres options** en cochant ou décochant les cases.

6. Cliquez le bouton **OK** pour valider les modifications.
7. Cliquez le bouton **OK** dans la boîte qui vous indique que l'importation va redémarrer.

Gérer des photographies avec la Galerie de photos Windows

Après le transfert des photos de votre APN, vous pouvez les gérer avec l'application Galerie de photos. Pour ouvrir cette dernière, cliquez le bouton **Démarrer** → **Tous les programmes** → **Windows Live** → **Galerie de photos Windows Live**.

Note La Galerie de photos Windows n'est pas disponible en standard avec Windows 7. Pour l'installer, consultez la fin du chapitre 13. Pour ajouter un raccourci permanent dans le menu Démarrer ou la barre des tâches, consultez le début chapitre 1.

La partie gauche affiche les dossiers contenant vos photos. Comme dans l'Explorateur, vous pouvez changer de dossier et déplacer ou copier des photos pour mieux les classer. Seule l'arborescence **Toutes les photos et vidéos** contient les fichiers des photos. Le sous-dossier **Mes images** correspond à votre dossier par défaut. Les autres éléments n'affichent que les photos triées (**Date de la prise**, **Mots-clés**, *etc.*).

Par défaut, vos photos se trouvent dans le dossier qui porte le nom de la date d'importation (par exemple, 2011-09-23), éventuellement suivi du nom saisi lors du transfert (par exemple, 2011-09-23 Zoo).

La partie de droite affiche les photos contenues dans le dossier sélectionné dans la partie de gauche.

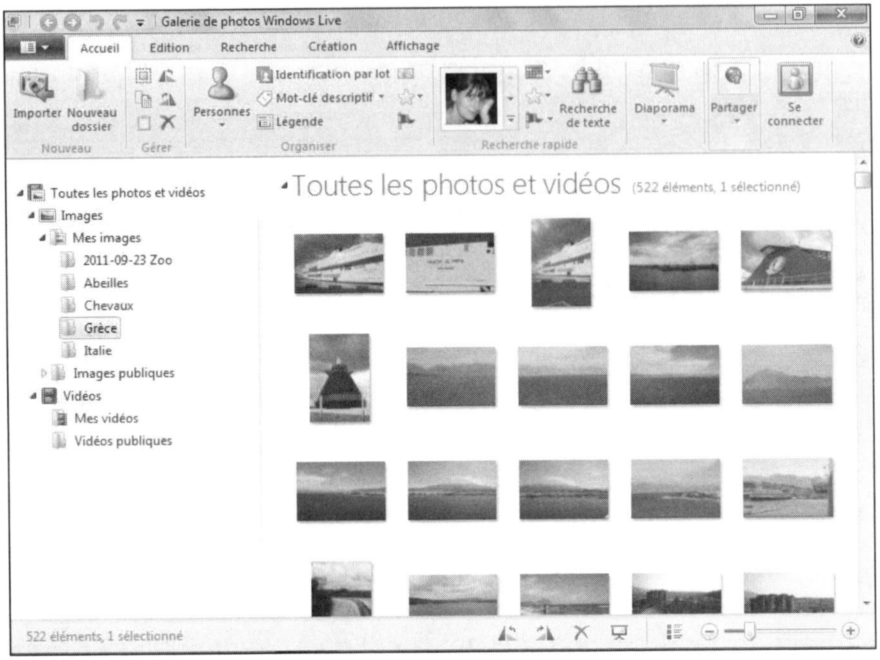

Figure 8-8 Dossier de photographies.

Note La galerie de photos utilise un ruban à partir de la version 2011. Consultez le chapitre d'introduction pour plus de détails.

Ajouter un dossier

Vous pouvez ajouter des dossiers autres que ceux proposés dans votre dossier **Mes images** (pour créer des dossiers, consultez le chapitre 3).

1. Sélectionnez le dossier qui doit contenir le nouveau dossier.
2. Cliquez l'onglet **Accueil → Nouveau → Nouveau dossier**.

Figure 8-9 Nouveau dossier de photographies.

3. Tapez le nom du nouveau dossier pour remplacer le nom par défaut et validez avec la touche **Entrée**.

Le dossier choisi devient un sous-dossier du dossier sélectionné à l'étape **1**.

Modifier l'affichage des miniatures

Vous pouvez afficher vos photographies sous différentes formes. Cliquez le bouton pour de simples miniatures, ou le bouton pour des miniatures avec légende.

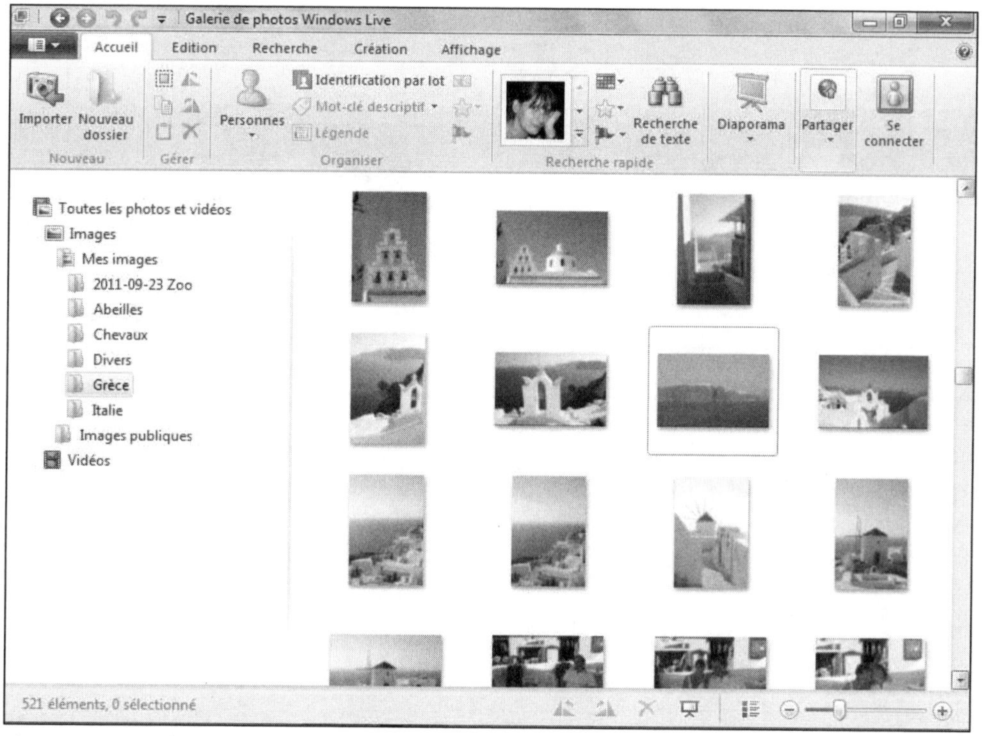

Figure 8-10 Affichage des miniatures simples.

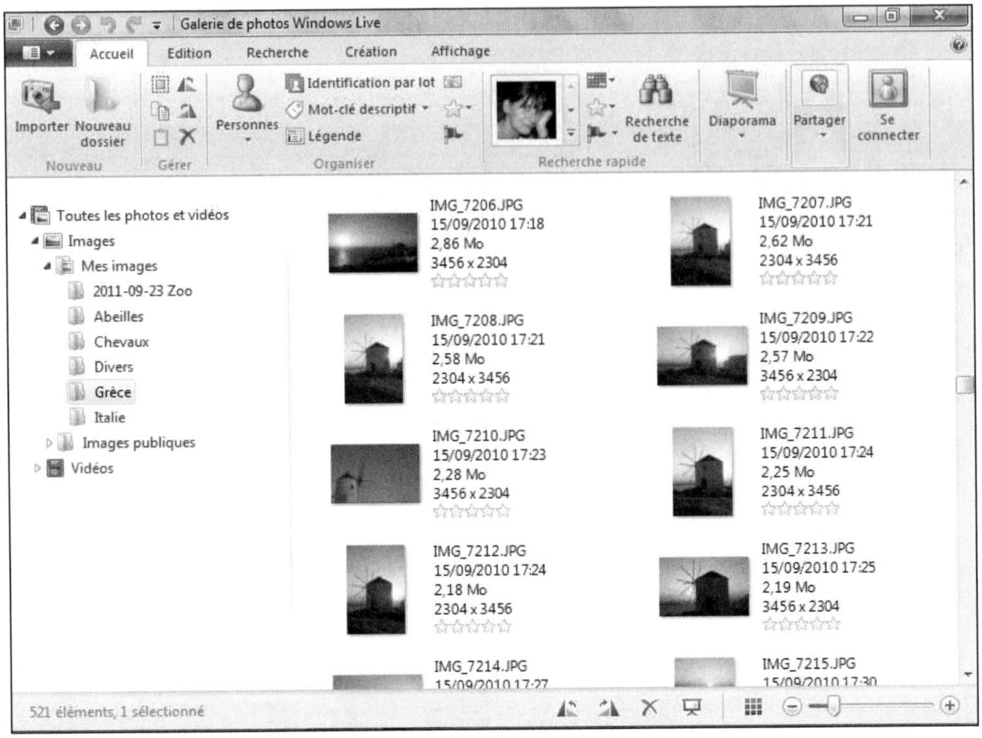

Figure 8-11 Affichage des miniatures avec légende.

Vous pouvez aussi choisir la taille des miniatures. Faites glisser le curseur de la zone 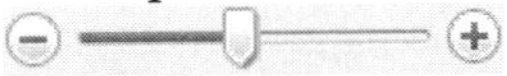 pour les agrandir ou les réduire.

Si les images sont très réduites, pointez celle qui vous intéresse pour afficher une image plus grande.

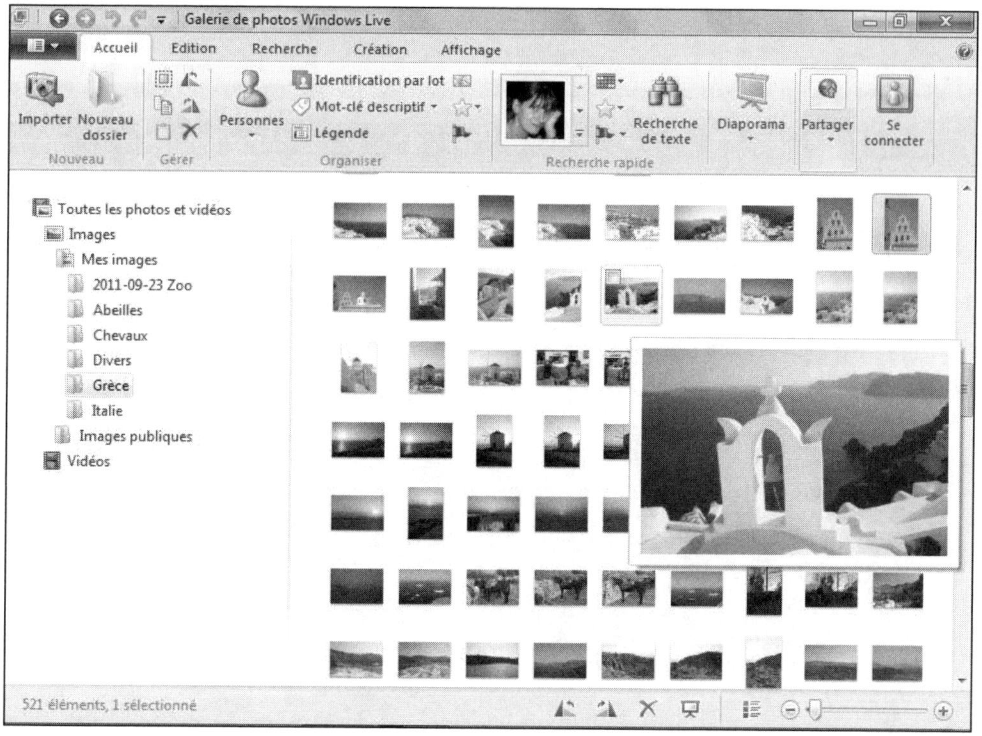

Figure 8-12 Affichage d'une miniature en grand format.

Pour afficher une photographie en plein écran, double-cliquez-la. Utilisez ensuite les boutons de navigation pour changer d'image. Le curseur [curseur de zoom] permet de modifier le zoom sur l'image. Vous pouvez aussi utiliser la roulette de la souris pour modifier le zoom. Quand l'image est agrandie, cliquez et faites glisser le centre de l'image pour la déplacer et voir un détail précis. Le bouton [bouton] permet d'alterner entre la taille de la fenêtre et la résolution réelle de l'image (zoom maximum). Ce bouton n'est donc pas actif si la taille de l'image est inférieure à celle de la fenêtre. Les boutons [bouton] et [bouton] permettent de faire pivoter les images vers la droite ou vers la gauche. Le bouton [bouton] expédie l'image dans la Corbeille. Vous devrez confirmer cette suppression.

Figure 8-13 Affichage en plein écran.

Pour revenir aux dossiers, cliquez l'onglet **Edition → Fermer le fichier** (en haut à droite) ou double-cliquez l'image.

Afficher des photographies sous forme de diaporama

Pour faire défiler les images en plein écran, demandez à la Galerie de photos de lancer un diaporama.

1. Cliquez la première image du diaporama pour la sélectionner.
2. Cliquez le bouton  dans la barre de navigation (en bas de la Galerie de photos).

   Le diaporama débute à partir de l'image choisie à l'étape **1**.
3. Déplacez la souris pour faire apparaître la barre de navigation dans le diaporama.

Figure 8-14 Diaporama dans la Galerie de photos Windows.

4. Cliquez le bouton ⏸ pour arrêter le diaporama. Cliquez les flèches ◀ et ▶ pour changer d'image. Cliquez le bouton ▶ pour redémarrer le diaporama.
5. Pour changer l'affichage (couleur, transitions, *etc.*), cliquez le texte **Modifier le thème** puis choisissez une des options proposées dans la liste (faites des tests).
6. Pour fermer le diaporama, cliquez le texte **Retour à la Galerie de photos**.

Ajouter des mots-clés et trier des photographies

Pour mieux classer et trier vos photographies, ajoutez des mots-clés et des légendes. Les mots-clés sont des repères qui permettent de regrouper des images par catégories et d'effectuer des recherches, y compris dans l'Explorateur. Une légende est un texte descriptif d'une image.

1. Cliquez l'onglet **Accueil → Organiser → Mot-clé descriptif**.

   Le volet d'informations s'affiche dans la partie de droite.
2. Sélectionnez la photographie dont vous désirez modifier les informations.
3. Pour attribuer les mêmes mots-clés à plusieurs photos, sélectionnez-les avec les touches **Ctrl** et **Maj** comme dans l'Explorateur.

4. Dans le volet d'informations, cliquez le bouton **Ajouter des mots-clés descriptifs**.
5. Tapez le mot-clé dans la zone qui s'affiche et validez avec la touche **Entrée**. Répétez l'opération pour chaque mot-clé.

Note Pour supprimer un mot-clé, cliquez-le, puis cliquez le bouton ✕ en regard. Si vous avez sélectionné plusieurs images, cliquez le bouton **Oui** pour confirmer les suppressions.

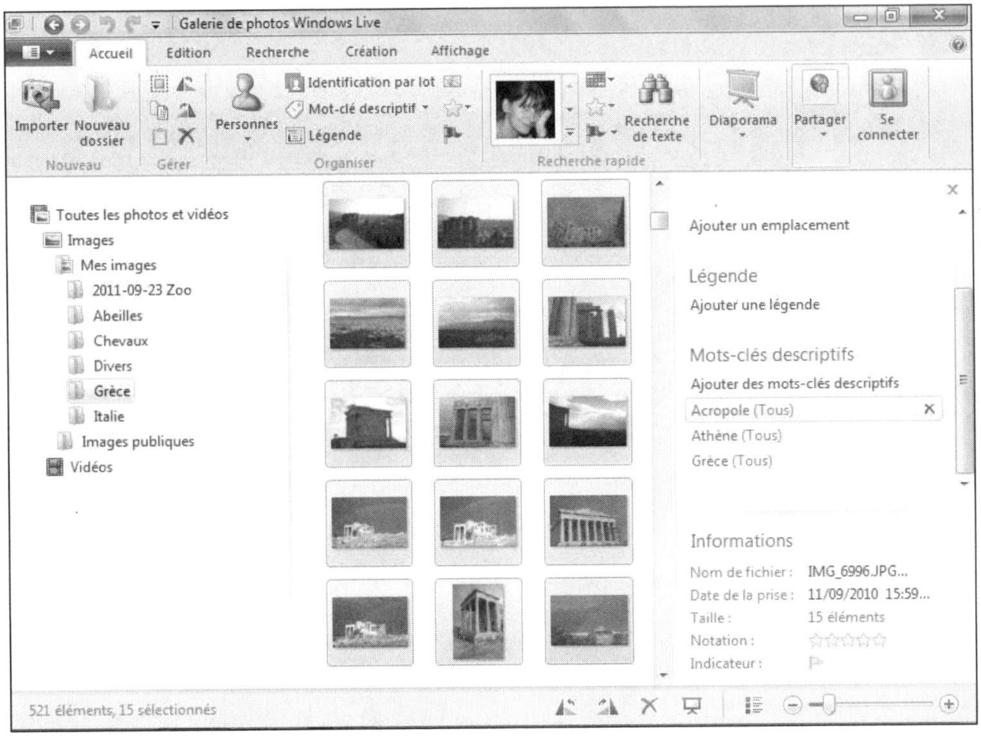

Figure 8-15 Ajout de mots-clés.

6. Pour ajouter le nom d'une personne ou un lieu, répétez les étapes **2** à **5** en cliquant le bouton **Identifier des personnes** ou **Ajouter un emplacement** à l'étape **4**.
7. Pour ajouter une description à une photographie, sélectionnez-la puis cliquez le bouton **Ajouter une légende** dans le volet d'informations. Tapez ensuite le texte qui décrit l'image.
8. Pour noter une photographie, sélectionnez-la plus cliquez le nombre d'étoiles dans le volet d'informations.

Trier les photographies

1. Cliquez l'onglet **Affichage → Organiser la liste**, puis le type de tri (Date, Nom, Personne, Notation, *etc.*). Si la liste est incomplète, cliquez le bouton ▾.

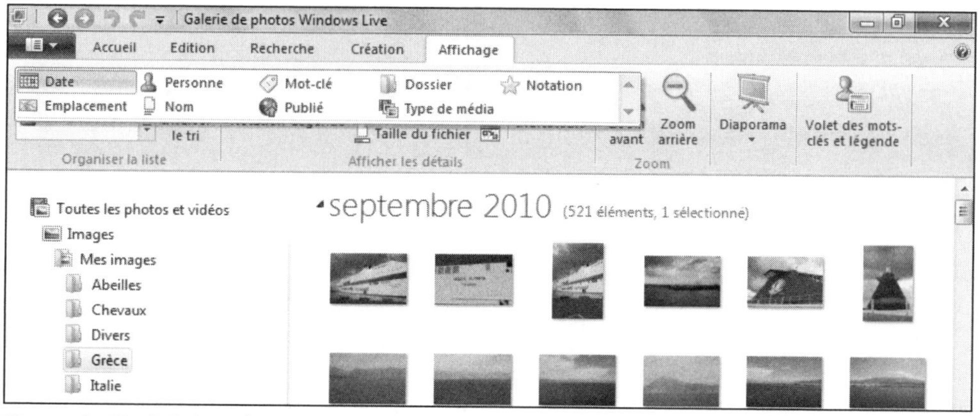

Figure 8-16 Tri des photographies.

2. Les images sont triées dans l'ordre choisi. Pour inverser l'ordre de tri, cliquez l'onglet **Accueil → Organiser la liste → Inverser le tri**.

3. Pour revenir au tri classique, cliquez l'onglet **Affichage → Organiser la liste → Nom**.

Trier plus facilement les photos par dates et mots-clés

Dès que vos photographies sont balisées, vous pouvez les consulter plus facilement. Il suffit de choisir un mot-clé ou une date dans l'arborescence du volet de navigation pour afficher toutes les photographies correspondantes. Il est nécessaire d'activer ces options au préalable.

1. Cliquez l'onglet [bouton] **→ Options**.

2. Dans l'onglet Général, cochez les cases **Afficher les mots-clés descriptifs** et **Afficher la date de la prise**.

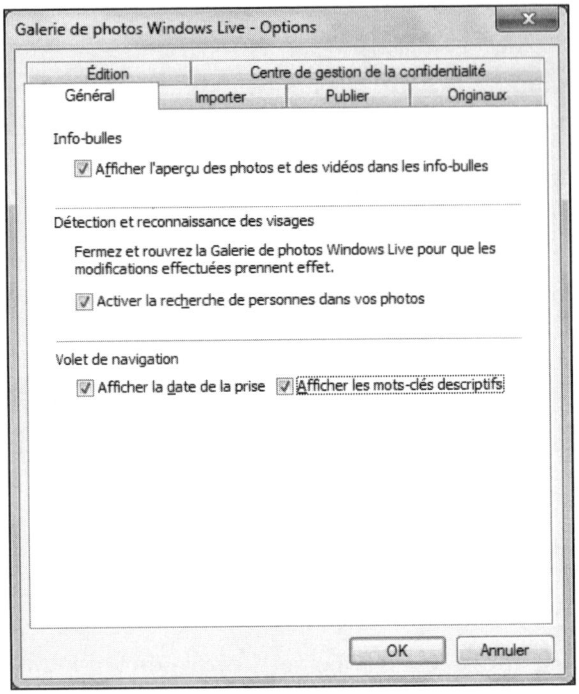

Figure 8-17 Options du volet de navigation.

3. Cliquez le bouton **OK**.
4. Dans le volet de navigation, développez l'arborescence des mots-clés, puis cliquez celui qui vous intéresse. Vous retrouvez toutes les photographies correspondantes, quel que soit leur dossier d'origine.

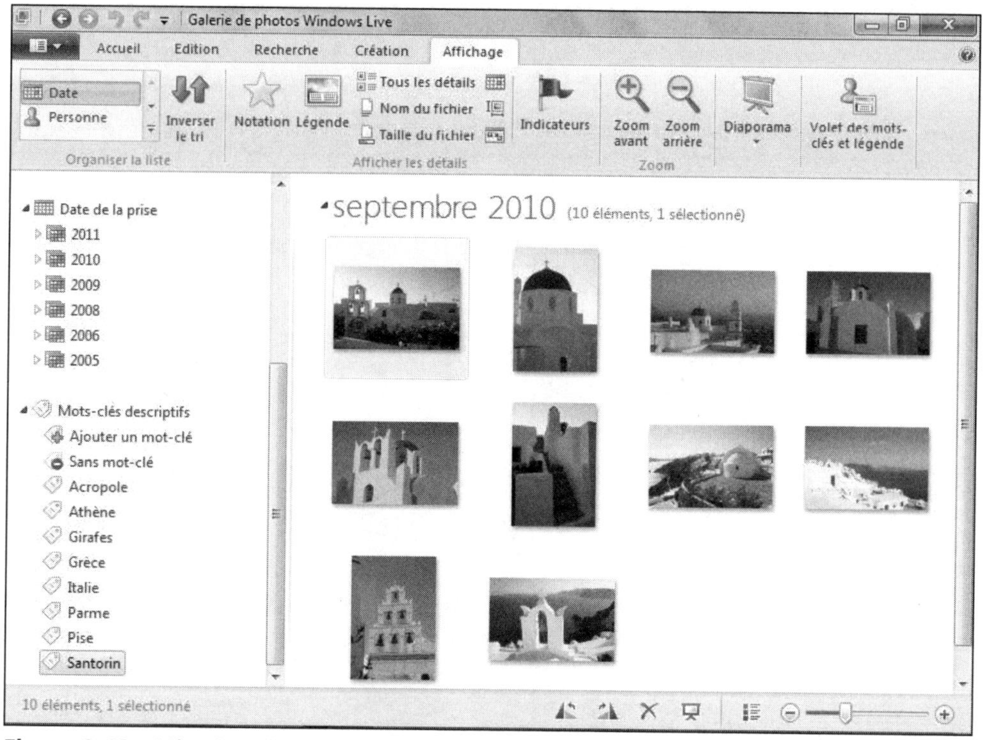

Figure 8-18 Sélection de photographies par mots-clés.

Il est aussi possible d'ajouter des mots-clés en déplaçant des photographies. Par exemple, si des images sont associées au mot-clé « Santorin » mais pas au mot-clé « Grèce », il suffit de sélectionner le mot-clé « Santorin » puis de faire glisser les images de ce dossier dans le mot-clé « Grèce ». Le mot-clé « Grèce » est ajouté automatiquement aux photographies déplacées.

De la même manière, vous pouvez consulter vos clichés par dates de prise de vue. Développez l'arborescence **Date de la prise** pour rechercher des photographies par années, mois ou jours.

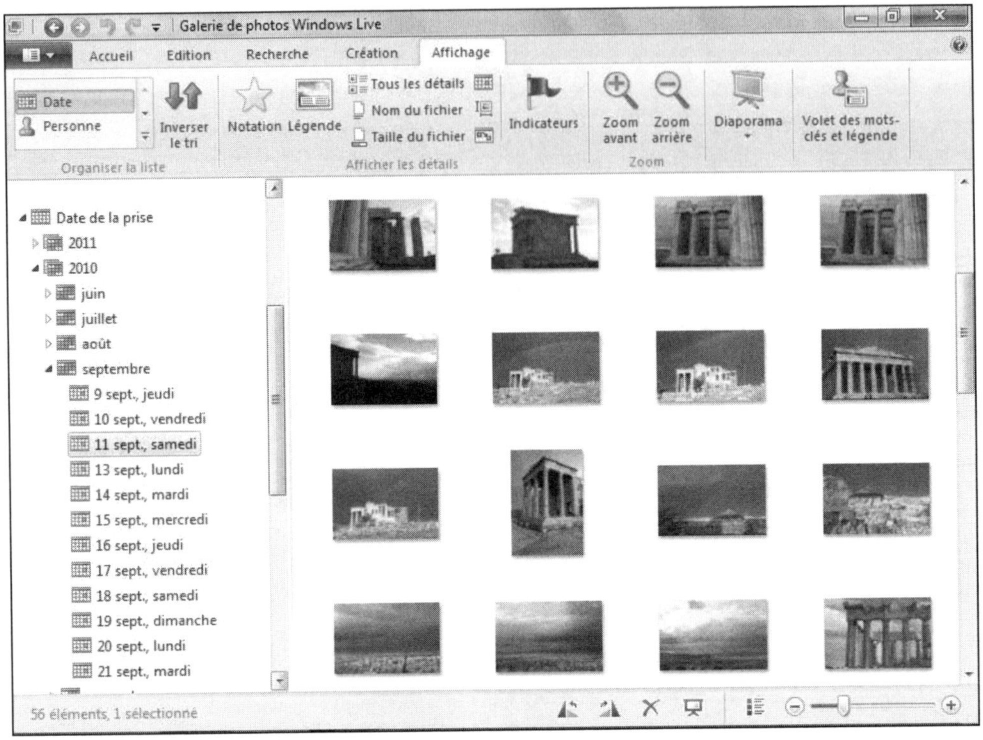

Figure 8-19 Sélection de photographies par dates.

Pour trier vos photographies par notes, cliquez l'onglet **Accueil → Organiser la liste → Notation**.

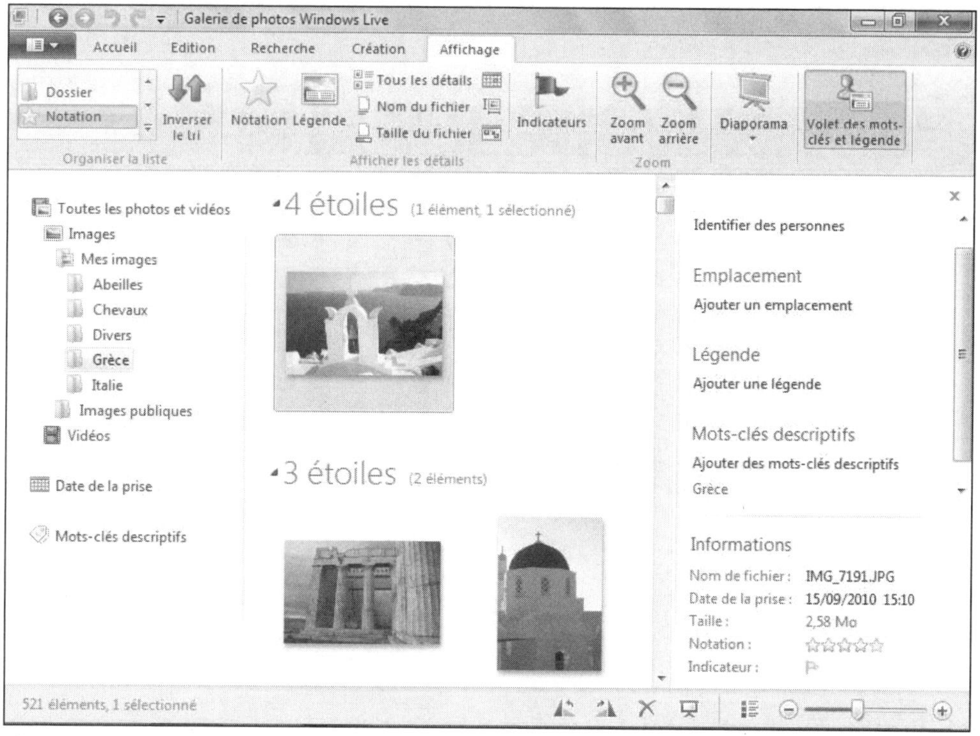

Figure 8-20 Photographies triées par notes.

Identifier des personnes

La Galerie de photos permet d'identifier des personnes à l'intérieur de vos clichés.

1. Cliquez l'onglet **Accueil → Organiser → Identification par lot**.

   La Galerie de photos affiche un nouvel onglet **Identification par lot**.

2. Cliquez l'onglet **Identification par lot → Personnes → Toutes les personnes détectées** (au besoin, cliquez le bouton pour agrandir la liste). Vous pouvez aussi sélectionner un des visages proposés.

Figure 8-21 Suggestions de la Galerie de photos.

La galerie affiche tous les visages détectés dans vos photographies ou celles correspondant à la personne choisie à l'étape **2**.

3. Cochez la ou les photos d'une même personne. Vous pouvez aussi utiliser les touches **Ctrl** et **Maj** comme dans l'Explorateur.

Astuce Si vous pointez une photo, la Galerie l'affiche intégralement pour vous permettre de la consulter dans son contexte d'origine. Cela permet aussi de découvrir les autres personnes présentes sur le cliché.

4. Cliquez l'onglet **Identification par lot → Identifier comme**.
5. Tapez le nom de la personne ou cliquez son nom dans la liste (s'il existe déjà).

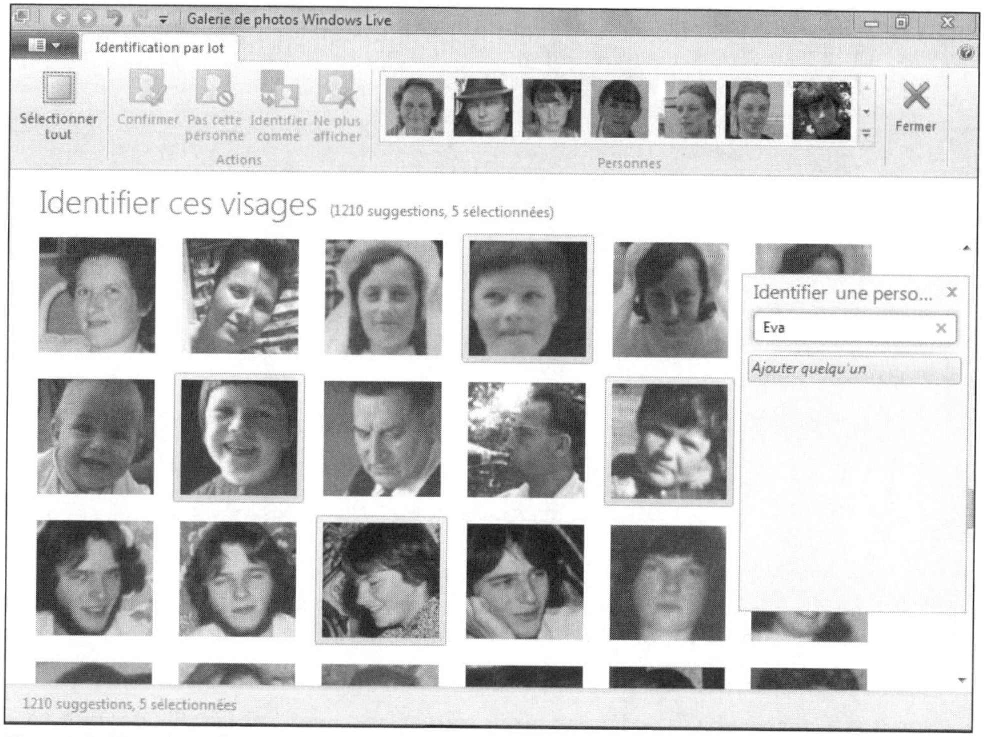

Figure 8-22 Identification d'une personne.

Note Plus vous identifiez de photos pour une même personne, plus la Galerie propose de suggestions pertinentes.

Afficher les principales propriétés des photographies

1. Cliquez l'onglet **Affichage → Afficher les détails** puis le type de détail (**Nom du fichier**, **Taille du fichier**, **Date de la prise**, *etc.*) ou **Tous les détails**.
2. Les détails sont affichés sous ou à côté des photographies.

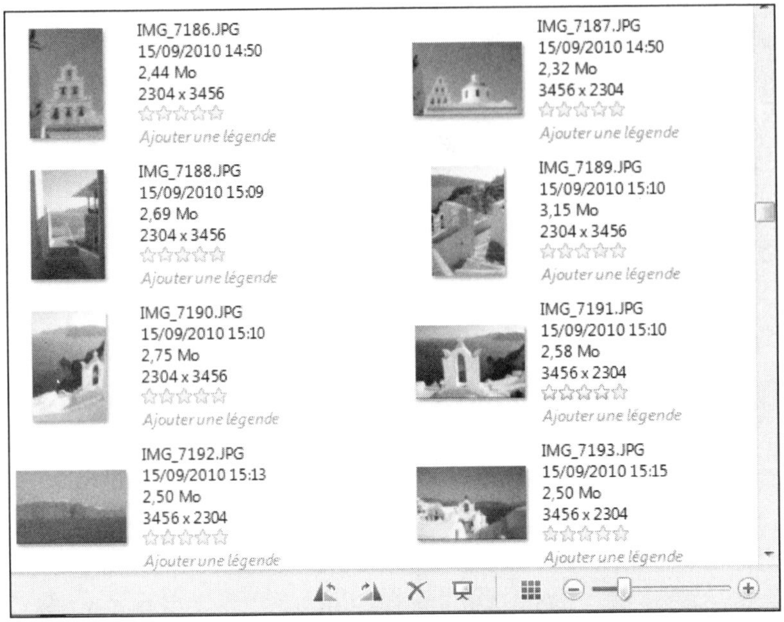

Figure 8-23 Propriétés des photographies.

Note Pour afficher un plus grand nombre d'informations, modifiez la taille des miniatures avec le curseur 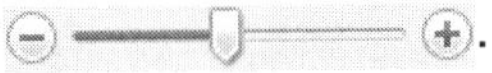.

Afficher les propriétés d'une photographie

Les appareils photo numériques conservent une foule de renseignements sur vos clichés (vitesse, focale, ouverture, distance, *etc.*) en plus des renseignements habituels des images numériques (taille, nombre de couleurs, date, *etc.*). Windows 7 permet de consulter ces informations car elles sont enregistrées en même temps que le fichier de l'image.

1. Cliquez avec le bouton droit une photographie.
2. Cliquez la commande **Propriétés** dans le menu contextuel.
3. Dans la boîte Propriétés, cliquez l'onglet **Détails**.

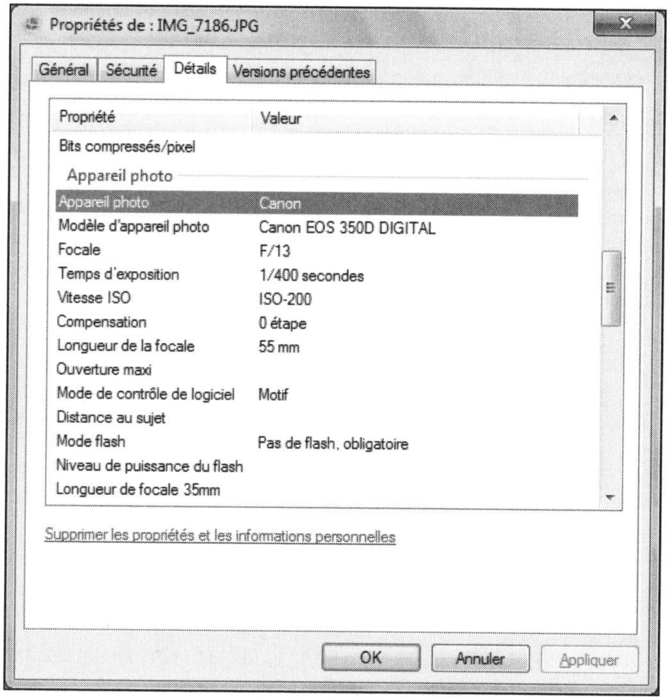

Figure 8-24 Propriétés d'une photographie.

4. Cliquez le bouton **OK**.

Modifier l'heure de prise de vue

Si l'heure de votre APN n'était pas réglée (par exemple, à cause de l'heure d'été), ou si les clichés ont été pris dans un autre fuseau horaire, il possible de modifier l'heure de vos fichiers.

1. Cliquez l'onglet **Affichage → Afficher les détails → Date de la prise**.
2. Cliquez la date ou l'heure au-dessous de l'image.
3. Modifiez la date dans le calendrier ou l'heure dans la zone qui s'affiche.

Figure 8-25 Modification de l'heure d'une photographie.

Corriger rapidement des photographies

Si vous n'avez pas de logiciel de retouche d'images, la Galerie de photos propose quelques outils pour corriger les défauts de vos photographies.

1. Double-cliquez la photo à modifier pour passer en mode édition.
2. Cliquez l'onglet **Édition → Réglages** puis le type de corrections proposés dans les étapes suivantes.
3. Cliquez l'onglet **Édition → Réglages → Ajustement automatiquement** pour effectuer, sans intervention de votre part, les corrections d'exposition, de couleurs, de redressement et de réduction du bruit de la photographie.
4. Pour définir les corrections automatiques, cliquez l'onglet **Édition → Réglages → Ajustement automatiquement → Paramètres**.
5. Cochez les cases des corrections à appliquer.
6. Choisissez le taux de compression des images (nous vous conseillons de conserver un taux de 98 % pour ne pas dégrader vos photographies).

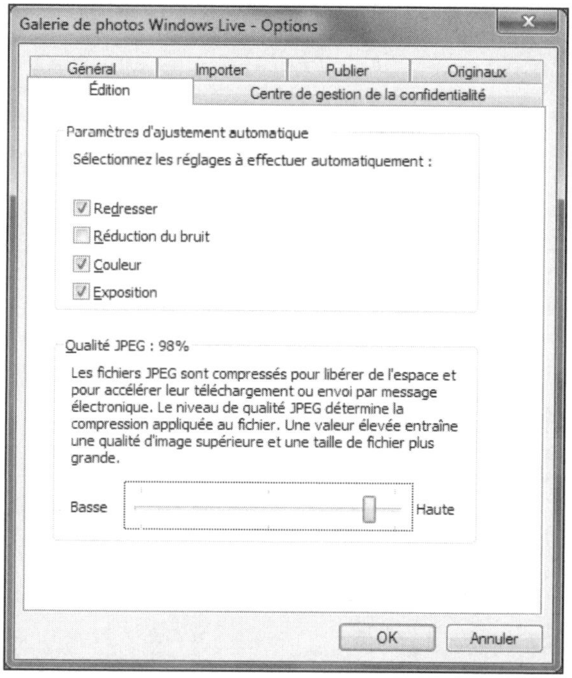

Figure 8-26 Modification des paramètres d'ajustement automatique.

7. Cliquez le bouton **OK**.
8. Cliquez l'onglet **Édition → Réglages → Exposition** pour effectuer, sans intervention de votre part, les corrections d'exposition de la photographie.
9. Cliquez l'onglet **Édition → Réglages** puis la flèche en regard du bouton **Exposition**. Sélectionnez dans la liste le type d'ajustement.

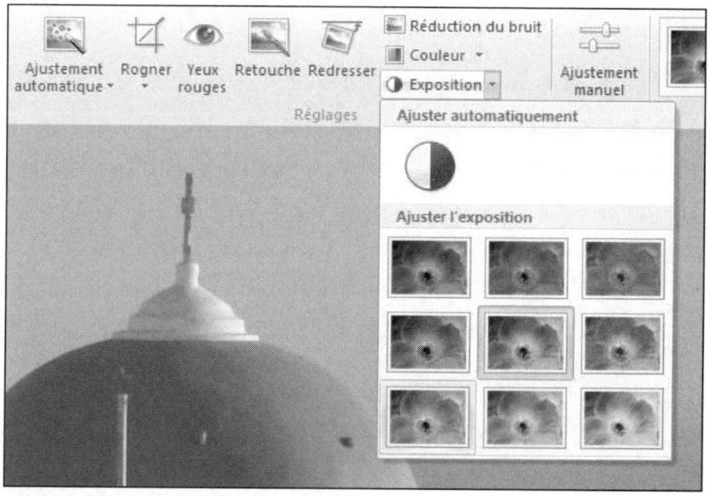

Figure 8-27 Modification de l'exposition.

10. Cliquez l'onglet **Édition → Réglages → Rogner** pour recadrer la photographie.
11. Faites glisser les petits carrés autour du cadre de sélection pour choisir la partie de l'image à conserver.

Figure 8-28 Recadrage d'une image.

12. Cliquez l'onglet **Édition → Réglages → Rogner** pour appliquer le recadrage.

Note La liste **Proportion** de l'onglet **Édition → Réglages → Rogner** permet de choisir une taille prédéfinie. Le bouton **Faire pivoter l'image** effectue une rotation de 90 ° du cadre de sélection.

13. Cliquez l'onglet **Édition → Réglages → Yeux rouges** pour supprimer l'effet des yeux rouges dû au flash. Faites éventuellement un zoom au préalable sur les yeux de votre sujet.
14. Cliquez et faites glisser pour tracer un cadre autour d'une pupille.

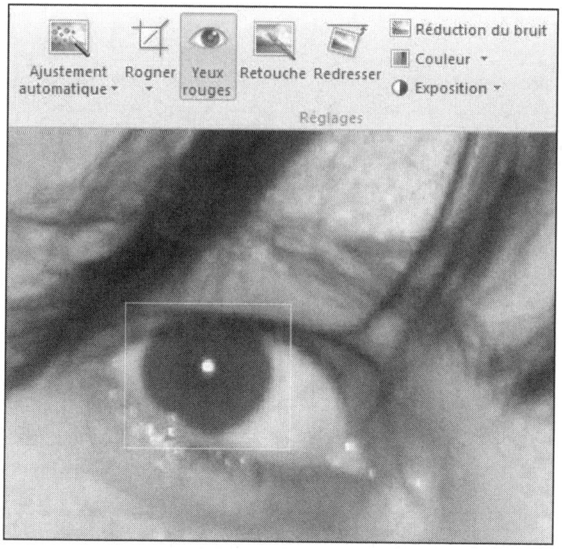

Figure 8-29 Suppression des yeux rouges.

15. Cliquez l'onglet **Édition → Réglages → Retouche** pour supprimer les imperfections de la photographie (taches, rayures, *etc.*). Faites un zoom au préalable sur l'imperfection.
16. Cliquez et faites glisser pour tracer un cadre autour de l'imperfection.

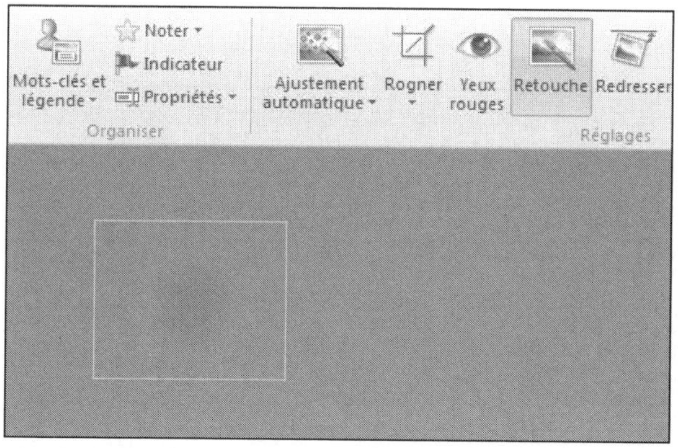

Figure 8-30 Corrections des imperfections.

17. Cliquez l'onglet **Édition → Réglages → Redresser** pour redresser automatiquement l'alignement horizontal.
18. Cliquez l'onglet **Édition → Effets** puis le type d'effet désiré (noir et blanc, sépia, cyan, *etc.*).

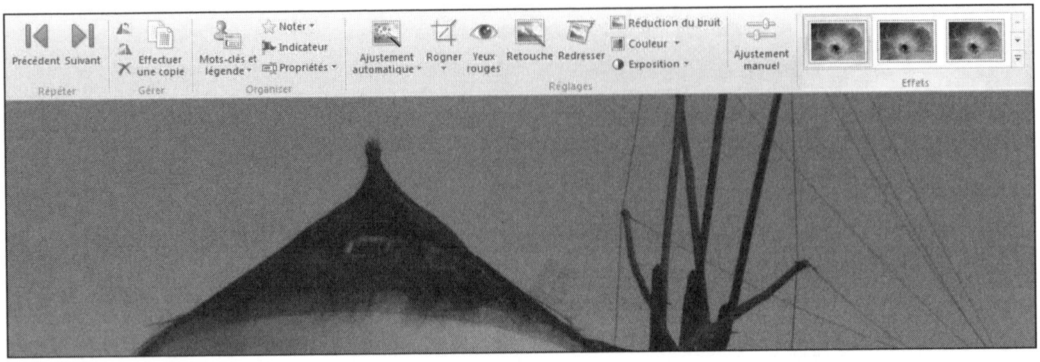

Figure 8-31 Application d'un effet.

19. Pour annuler les corrections, cliquez l'onglet **Édition → Revenir à l'original**.

Corriger manuellement des photographies

Vous pouvez aussi appliquer manuellement vos propres réglages.

1. Cliquez l'onglet **Édition → Réglages → Ajustement manuel**.
2. La Galerie affiche un volet pour vous permettre de corriger manuellement la photographie.
3. Cliquez le type de correction à effectuer.
4. Faites glisser les curseurs proposés pour modifier les valeurs.

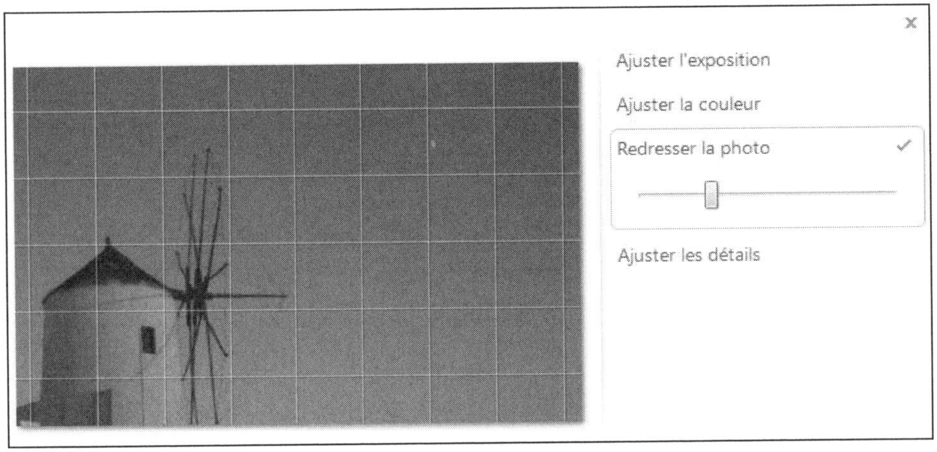

Figure 8-32 Modification manuelle d'une image.

Expédier une image par courrier électronique

Si vous désirez expédier une image par e-mail, la Galerie de photos vous propose de réduire sa taille avant l'expédition.

1. Sélectionnez l'image puis cliquez l'onglet **Accueil → Partager → Message photo → Envoyer des photos en pièces jointes**.
2. Sélectionnez la résolution dans la liste **Taille de la photo**.

Figure 8-33 Modification de la taille de l'image.

3. La boîte vous indique la taille estimée du fichier. Cliquez le bouton **Joindre**.
4. Un nouveau message est créé avec votre logiciel de messagerie. Le fichier est joint automatiquement au message. Vous n'avez plus qu'à le compléter (destinataire, corps du message, *etc.*).

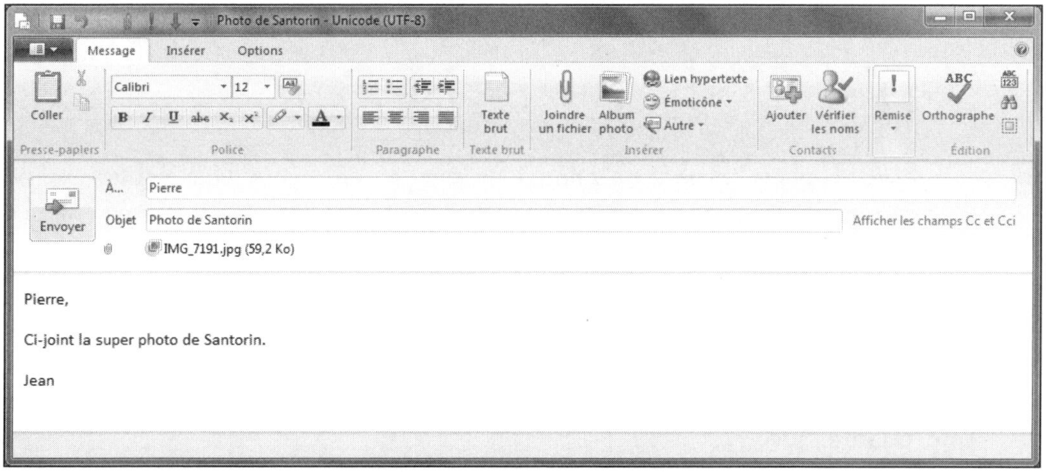

Figure 8-34 Message avec une photographie en pièce jointe.

Imprimer des photographies

L'impression de photographies nécessite l'aide d'un assistant. En effet, le coût du papier de qualité photo étant élevé, il est préférable d'imprimer plusieurs photos sur la même page. Par exemple, l'impression d'une seule image au format 9 × 13 sur une feuille A4 engendre une perte de 75 % du papier, alors qu'il serait possible d'imprimer quatre photos en même temps.

1. Dans le volet de navigation (partie gauche), sélectionnez le dossier qui contient les photographies à imprimer.
2. Sélectionnez la ou les photographies à imprimer. Pour sélectionner plusieurs clichés, utilisez les touches **Ctrl** et **Maj** comme dans l'Explorateur.

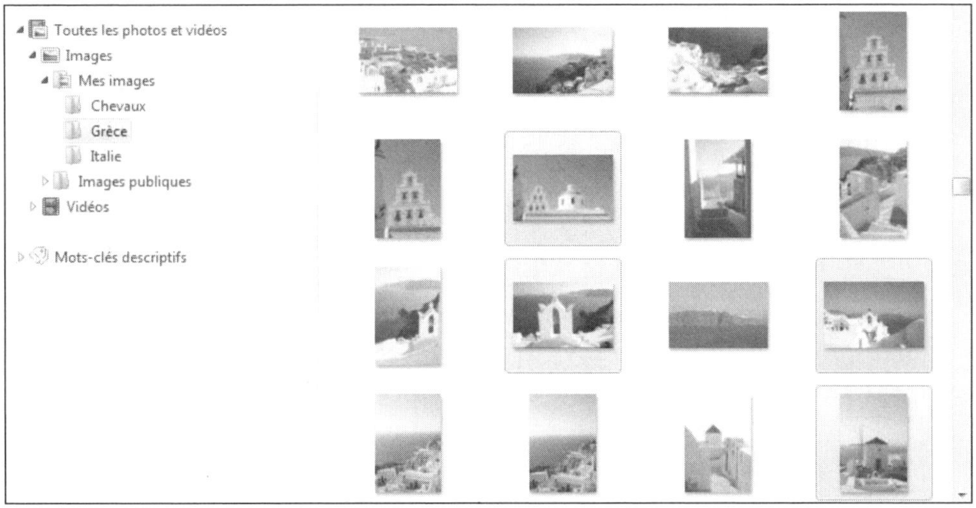

Figure 8-35 Sélection des images à imprimer.

Note Sélectionnez le nombre de photos en fonction de ce que vous voulez imprimer. Par exemple, si vous désirez quatre photographies par feuille, choisissez un nombre de photos multiple de quatre. Si vous ne sélectionnez que trois photos, vous perdrez 25 % de la surface de la page.

3. Cliquez l'onglet  → **Imprimer** → **Imprimer**.
4. Si vous avez plusieurs imprimantes, sélectionnez celle à utiliser dans la liste **Imprimante**.
5. Dans la liste **Format pap.**, sélectionnez la taille de vos feuilles.
6. Dans la liste **Qualité**, sélectionnez le nombre de points de l'impression.

7. Dans la liste **Type de papier**, sélectionnez la qualité de votre papier (photo, haute résolution, ordinaire, *etc.*).

Note Toutes ces options ne sont pas forcément disponibles : c'est fonction du type d'imprimante.

8. Dans la liste de droite, sélectionnez le nombre de photographies par feuille.

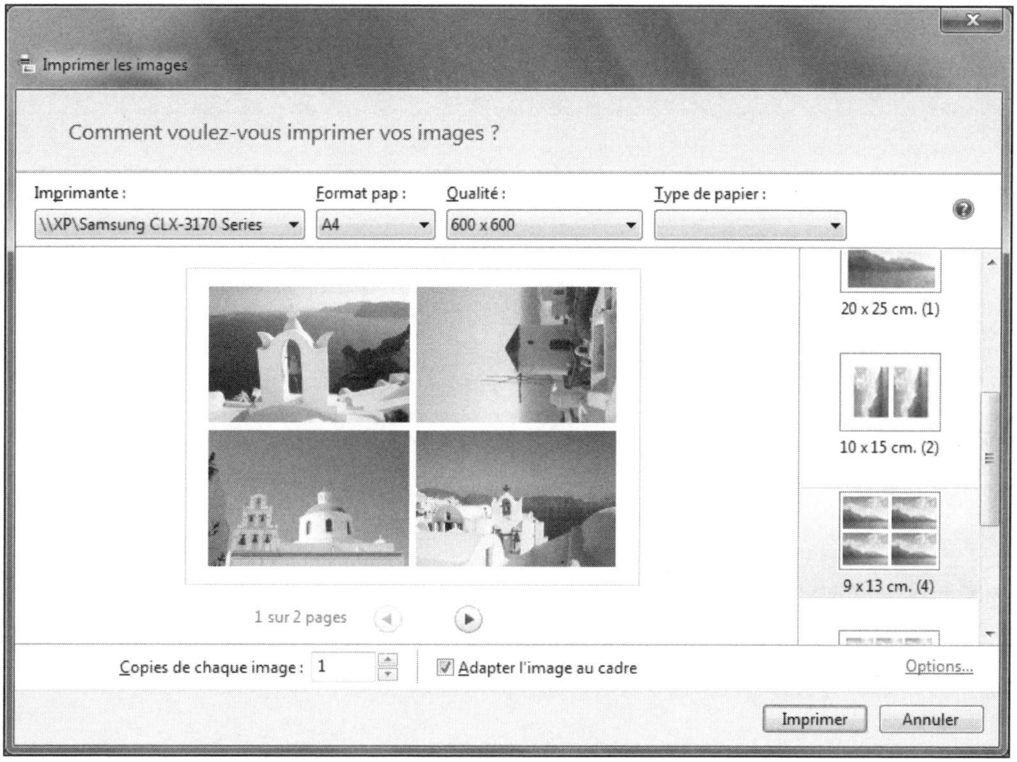

Figure 8-36 Assistant d'impression de photographies.

L'assistant affiche un aperçu de ce qui sera imprimé. Utilisez les boutons et pour consulter toutes les pages.

9. Cliquez le bouton **Imprimer** pour débuter l'impression.

Consulter des images avec l'Explorateur

Si vous êtes dans l'Explorateur, vous pouvez aussi consulter les photographies d'un dossier. Explorateur et Galerie de photos Windows restent cependant très liés.

1. Ouvrez l'Explorateur (tapez + **E** pour l'ouvrir rapidement).

2. Sélectionnez le dossier qui contient les images.

Chaque image est présentée sous forme de miniature.

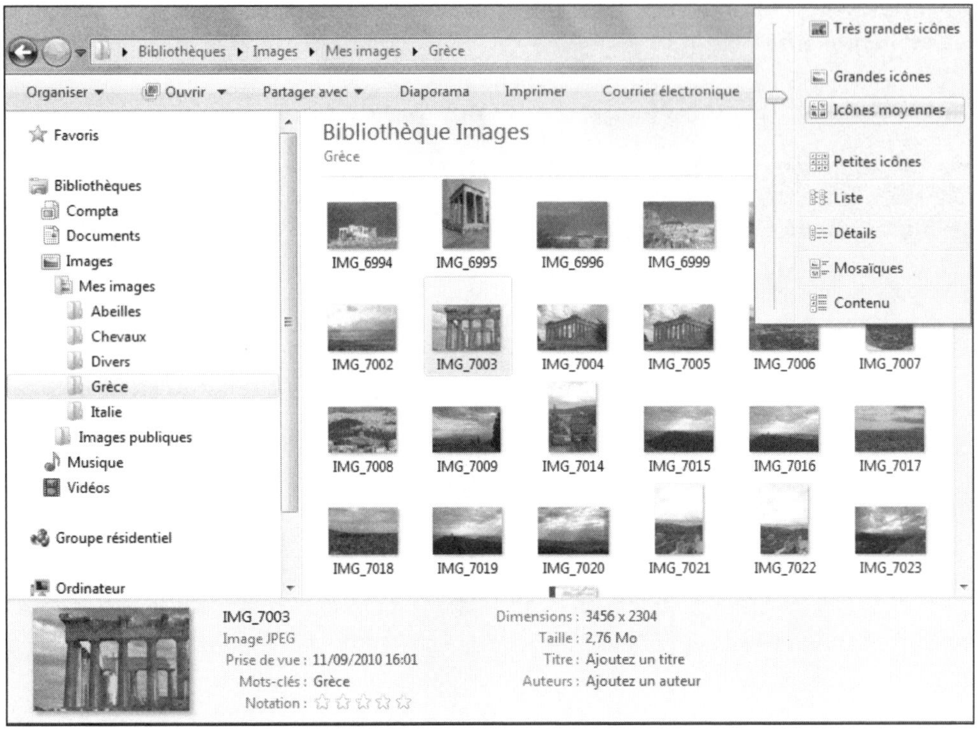

Figure 8-37 Images sous forme de miniatures.

Gérer les images avec l'Explorateur

Voici les possibilités offertes par l'Explorateur :

- **Taille des miniatures** : pour modifier la taille des miniatures, cliquez la flèche en regard du bouton de la barre d'outils, puis faites glisser le curseur qui s'affiche.
- **Informations** : pour afficher des informations sur les images, cliquez le bouton **Organiser → Disposition → Volet de détails**. Le volet s'affiche en bas de la fenêtre de l'Explorateur. Notez que vous pouvez modifier dans ce volet les mots-clés de la photographie.
- **Caractéristiques** : pour connaître les caractéristiques d'un cliché (vitesse, focale, ouverture, *etc.*), cliquez l'image avec le bouton droit, puis **Propriétés** dans le menu contextuel. Cliquez ensuite l'onglet **Détails**.

- **Plein écran** : pour afficher une image en plein écran, double-cliquez-la. L'image s'affiche dans la Visionneuse de photos Windows ou dans la Galerie de photos Windows. Pour accéder à toutes les commandes de cette dernière, cliquez le bouton **Modifier, organiser ou partager** dans la barre d'outils. Pour fermer cette fenêtre et revenir à l'Explorateur, cliquez le bouton X.
- **Diaporama** : pour afficher un diaporama, cliquez le bouton **Diaporama** dans la barre d'outils. Appuyez sur la touche **Echap** pour fermer le diaporama.
- **Imprimer** : pour imprimer des images, sélectionnez-les puis cliquez le bouton **Imprimer** dans la barre d'outils. Vous retrouvez l'assistant d'impression de la Galerie de photos Windows vu précédemment.

Établir une image comme papier peint du bureau

Vous désirez embellir votre bureau avec une image personnelle ? Ajoutez-la en papier peint.

1. Dans l'Explorateur, cliquez avec le bouton droit l'image à utiliser en fond d'écran du bureau.
2. Cliquez la commande **Choisir comme arrière-plan du Bureau** dans le menu contextuel.

Note Cette commande existe aussi dans la Galerie de photos Windows (commande **Définir en tant que papier peint du Bureau**).

3. Appuyez sur les touches ⊞ + **D** pour réduire toutes les applications et afficher le bureau.

Figure 8-38 Image comme papier peint du bureau.

L'image s'affiche comme fond du bureau.

Note Pour modifier les propriétés de l'image du bureau (étirement, mosaïque, *etc.*), consultez le chapitre 22.

Compression des images

Les images sont classées en trois grandes catégories :

- **Image Bitmap** : dans ce format, l'intégralité des points qui constituent l'image est enregistrée. Si l'image a une taille de 100 x 100 points, le fichier a donc une taille de 10 Ko environ (10 000 octets) en dégradé de gris ou en 256 couleurs (un octet par point), ou de 30 Ko en « vraies couleurs » (trois octets par point en RVB). Ici, l'image n'est pas compressée, elle utilise la taille maximale sur votre disque dur et ralentit les transferts sur Internet si vous devez l'expédier. Ce type d'image porte l'extension BMP dans Windows ou TIF sur Macintosh. L'image de la figure 8-39 est typique. Bien que composé pour l'essentiel de points identiques, le fichier conserve chaque point. Dans le format BMP, il utilise 500 Ko sur le disque dur. Dans un format compressé sans perte, le PNG par exemple, sa taille serait de 10 Ko !

Figure 8-39 Image simple qui utilise cependant un demi-mégaoctet au format BMP.

Définition **RVB** : chaque point à l'écran est constitué de trois couleurs (rouge, vert et bleu). Un octet correspond à une valeur variant de 0 à 255. Chaque couleur peut donc avoir 256 nuances différentes si elle est codée sur un octet. En associant ces trois couleurs, donc trois octets, on obtient une palette de 16 777 216 couleurs (256 x 256 x 256), donc proche de la réalité, d'où le terme « vraies couleurs ».

- **Image compressée sans perte** : ici, l'image est au format Bitmap, mais le fichier lui-même est compressé. Prenons l'exemple de la photographie de la figure 8-40. Toute la partie du haut est composée de bleu presque uni. Quand le programme de compression trouve plusieurs pixels identiques, il n'écrit pas dans le fichier chaque point mais un seul avec le nombre de points répétés. Les informations redondantes sont ainsi éliminées et le fichier final pèse moins lourd. Lors de la décompression, l'image retrouve tous ses points, comme pour une image BMP. L'image de la figure 8-40 pèse 5 Mo en BMP, mais seulement 1,5 Mo au format PNG.

→

Figure 8-40 Image compressée sans perte.

- **Image compressée avec perte** : ici, l'image est compressée, mais, en outre, pour diminuer la taille, le logiciel de compression omet certaines informations. Dans l'exemple de la figure 8-40, le ciel est presque uniforme. Pour gagner de la place, certains points de couleurs « presque identiques » sont regroupés lors de la compression. Tant que l'on conserve un taux de compression raisonnable, la différence n'est pas visible à l'œil nu. L'essentiel des images compressées avec perte sont au format JPG. Pour l'image de la figure 8-40, le fichier en JPG pèse 300 Ko et la différence de qualité avec celle au format BMP de 5 Mo n'est pas visible. Bien sûr, il est possible de diminuer cette taille en augmentant le taux de compression. Dans la figure 8-41, l'image ne pèse plus que 50 Ko, mais vous pouvez constater que le ciel compte maintenant des « nuages » dus à une compression excessive. Notez qu'à partir de ce dernier exemple il n'est plus possible de revenir en arrière, c'est-à-dire de l'image de la figure 8-41 à l'image de la figure 8-40. Les informations omises sont définitivement perdues.

→

Figure 8-41 Image compressée avec perte.

Chapitre 9

Profiter de la musique et de la vidéo

Dans ce chapitre

Ce chapitre vous fait découvrir la deuxième partie du monde du multimédia avec Windows 7 : la musique et la vidéo. Une fois de plus, votre ordinateur a toutes les qualités requises pour exploiter ces deux supports.

Avec le Lecteur Windows Media, vous pourrez écouter de la musique, créer vos propres compilations pour votre baladeur ou votre autoradio, visionner des films téléchargés ou lire des DVD.

Découvrir le Lecteur Windows Media

Le Lecteur Windows Media est le centre stratégique de toutes les sources multimédias : fichiers son ou vidéo, CD audio, DVD, *etc.*

Cliquez le bouton **Démarrer → Tous les programmes → Lecteur Windows Media**. Pour ouvrir rapidement le Lecteur Windows Media, cliquez le bouton dans la barre des tâches.

Figure 9-1 Lecteur Windows Media (interface complète).

Découvrir l'interface

Toutes les fonctions du Lecteur Windows Media sont regroupées par tâches accessibles dans une barre située dans la partie supérieure de l'interface (Bibliothèque, Lecture, Graver, *etc.*).

Réduire la fenêtre du lecteur

Pour la lecture des fichiers et des CD audio, vous pouvez aussi réduire rapidement l'interface du Lecteur Windows Media.

1. Cliquez le bouton (en bas à droite). Éventuellement, réduisez la taille de la fenêtre.

   Le lecteur est réduit. La fenêtre affiche la vidéo ou la pochette de l'album en cours de lecture. Pointez la fenêtre pour faire apparaître les boutons de commande.

Figure 9-2 Fenêtre réduite du Lecteur Windows Media.

2. Cliquez le bouton pour revenir à l'interface standard.

Changer l'apparence

La présentation par défaut du Lecteur Windows Media ne vous convient pas ? Choisissez-en une parmi les centaines proposées sur Internet.

1. Appuyez sur **Alt**, puis cliquez le menu **Affichage → Sélecteur d'apparence**.
2. Cliquez le bouton **Autres apparences**.

   Le site de Windows Media s'affiche dans votre navigateur.

3. Consultez dans les pages Web du site les apparences proposées.

Astuce La page d'accueil propose des liens vers des sites spécialisés dans les apparences pour le Lecteur Windows Media. Consultez-les pour obtenir davantage de choix. Si vous ne trouvez pas votre bonheur, faites une recherche sur Google avec les mots-clés « skins windows media » (consultez le chapitre 12).

Figure 9-3 Site de téléchargement dédié au Lecteur Windows Media.

4. Cliquez le lien d'une apparence pour la télécharger.
5. Cliquez le bouton **Ouvrir** dans la boîte de téléchargement.

Note Les apparences pour les lecteurs de médias sont appelées *skins* (« peaux », en anglais). Les skins de la version 9 sont compatibles avec celles des versions 10 et supérieures (Windows 7 utilise la version 12).

6. Après le téléchargement, choisissez dans la liste des apparences celle que vous venez de télécharger.

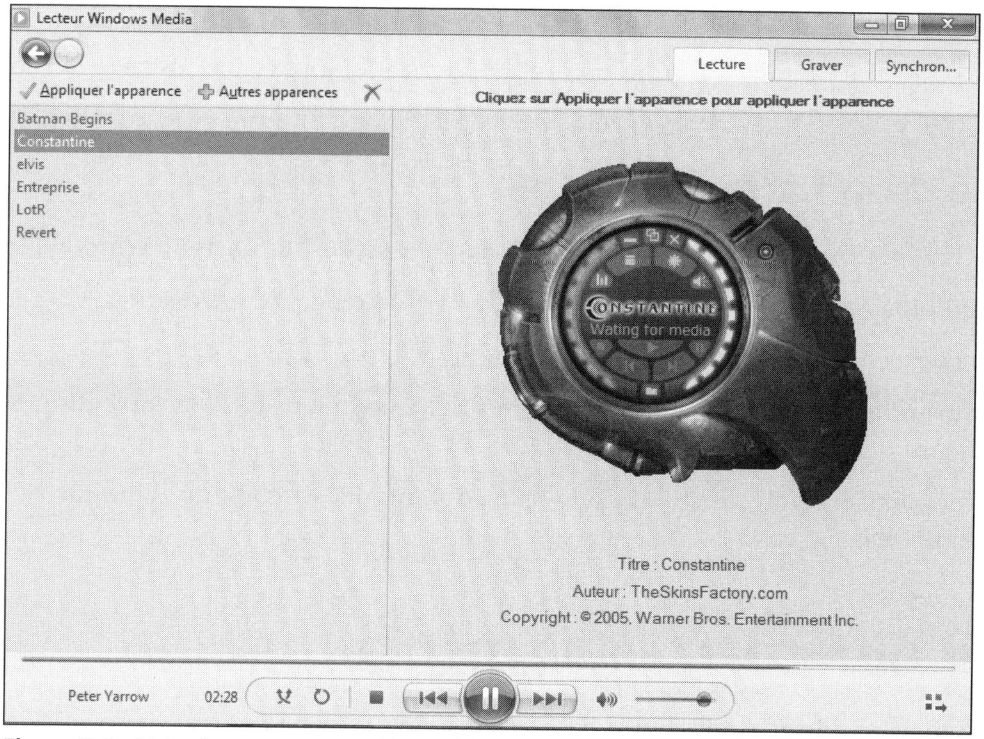

Figure 9-4 Liste des apparences disponibles.

7. Cliquez le bouton **Appliquer l'apparence**.

   Le Lecteur Windows Media s'affiche avec l'apparence choisie. Certaines apparences sont parfois difficiles à utiliser car les boutons de commande se confondent avec le dessin de l'interface. Si c'est le cas, vous devrez les rechercher à tâtons (aidez-vous des info-bulles).

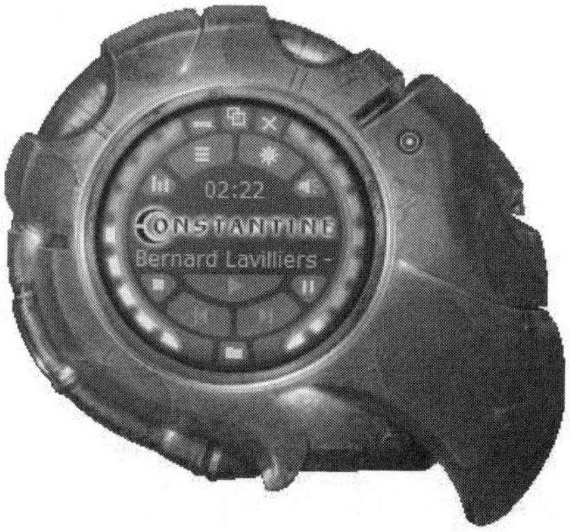

Figure 9-5 Lecteur Windows Media sous une nouvelle apparence.

8. Tapez le raccourci clavier **Ctrl + 1** pour revenir en mode complet.

Pour passer rapidement du mode complet au mode apparence, utilisez le raccourci **Ctrl + 2**.

Rôle de la barre des tâches

Voici le rôle principal des boutons de la barre des tâches du Lecteur Windows Media :

- **Bibliothèque** : arborescence pour accéder à vos fichiers et vos disques.
- **Lecture** : liste de lecture de musiques ou de vidéos.
- **Graver** : pour créer une compilation des fichiers de musique de votre disque dur vers un CD ou un DVD-R.
- **Synchroniser** : pour maintenir à jour le contenu de votre appareil mobile multimédia.

Ouvrir un fichier multimédia

Le Lecteur Windows Media permet de lire tous les types de fichiers vidéo (AVI, MPEG, WMV, ASF, DivX, *etc.*) ou musicaux (MP3, WAV, MID, WMA, AIF, *etc.*). Si le codec correspondant n'est pas installé, il tente de le trouver directement *via* Internet. Pour certains codecs, comme ceux du DivX, il est préférable de faire l'installation manuellement à partir du site officiel.

Définition **Codec** : programme de *co*mpression et de *déc*ompression d'une vidéo ou d'un fichier son. Pour lire un DivX, par exemple, vous devez installer le codec correspondant.

1. Cliquez le menu **Fichier → Ouvrir** ou tapez **Ctrl + O**.
2. Sélectionnez dans le volet de navigation le dossier qui contient les fichiers audio ou vidéo.
3. Sélectionnez le ou les fichiers à lire. Pour sélectionner plusieurs fichiers en même temps, utilisez les touches **Ctrl** et **Maj** comme dans l'Explorateur (au besoin, consultez le chapitre 4).
4. Cliquez le bouton **Ouvrir**.

Le fichier audio ou vidéo est ouvert dans le lecteur. Utilisez les boutons en bas de l'interface pour le piloter comme vous le faites d'habitude avec un lecteur de CD ou de DVD. Le curseur permet de choisir une position particulière dans la musique ou la vidéo.

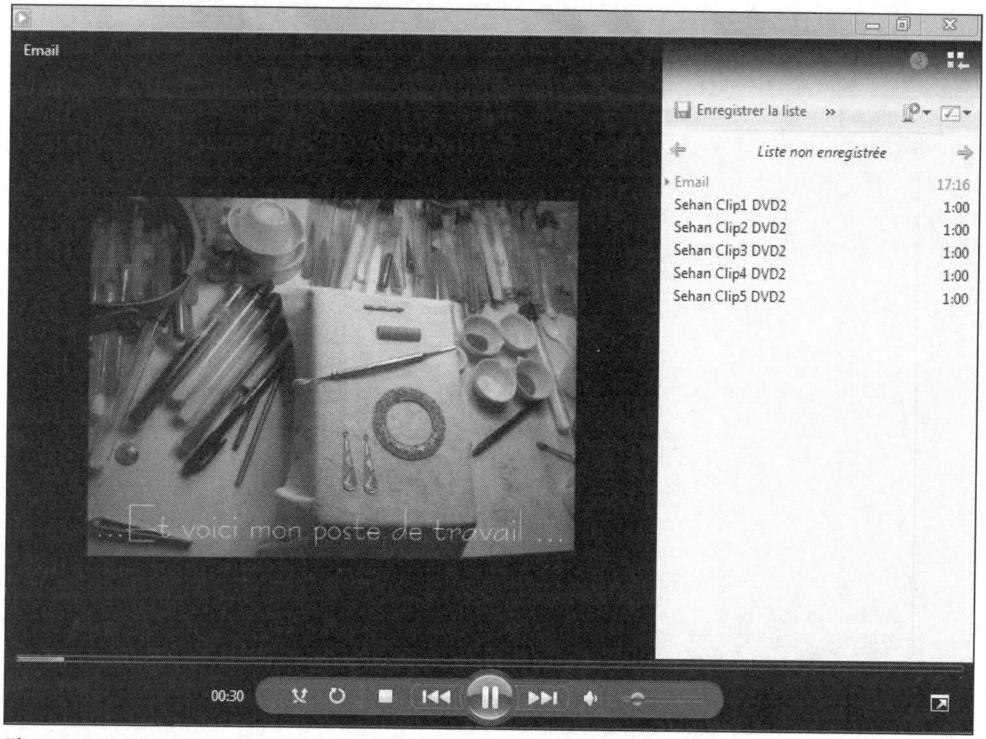

Figure 9-6 Lecture d'une vidéo avec le Lecteur Windows Media.

Si vous avez sélectionné plusieurs fichiers vidéo à l'étape **3**, effectuez un clic droit sur la vidéo en cours, puis cliquez la commande **Afficher la liste** pour que leurs noms apparaissent dans la partie de droite de l'interface. Double-cliquez-les pour passer de l'un à l'autre.

Si vous avez choisi une vidéo, vous pouvez la lire en plein écran.

1. Double-cliquez la vidéo pour passer en plein écran.
2. Pour accéder aux boutons de commande du lecteur, déplacez la souris.

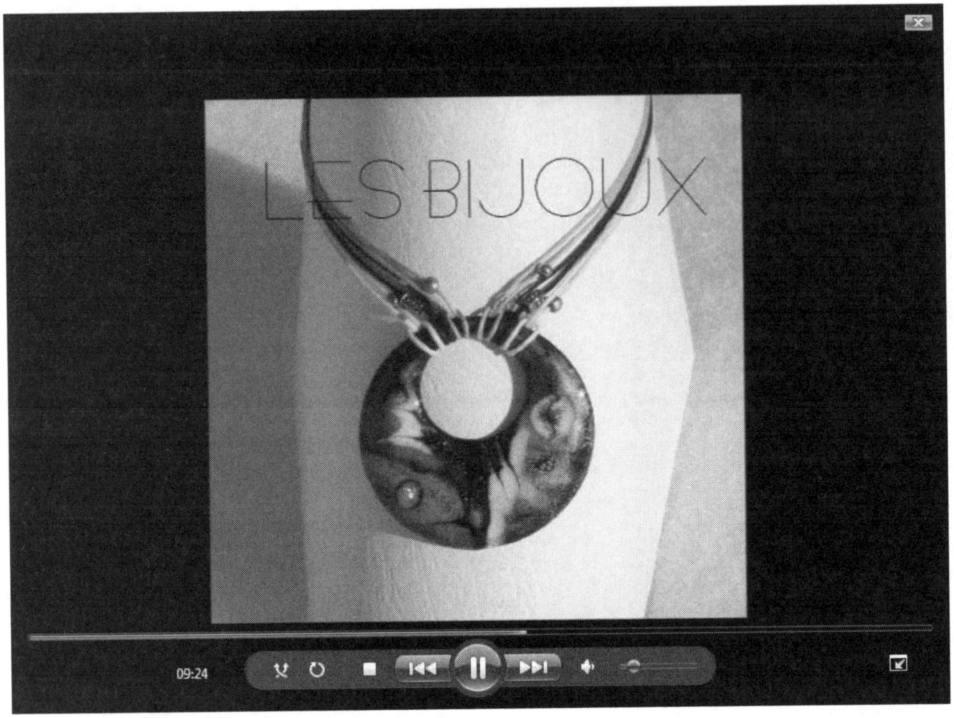

Figure 9-7 Lecture d'une vidéo en plein écran.

3. Pour revenir à l'interface standard, double-cliquez la vidéo.
4. Pour enregistrer une liste (audio ou vidéo), cliquez le bouton **Enregistrer la liste** puis tapez son nom pour remplacer le texte **Sélection sans nom**.

Visionner un DVD

Les DVD vidéo font maintenant partie de la vie courante. Votre ordinateur sait aussi lire ce type de média.

Insérez le DVD dans le lecteur. La lecture du DVD débute automatiquement en plein écran.

Contrairement à un lecteur de DVD de salon, vous pouvez cliquer les liens pour changer de menu, à la place des traditionnels boutons de navigation des télécommandes.

Pour accéder aux boutons de commandes du lecteur, déplacez la souris. Pour modifier les fonctionnalités du DVD (langue, sous-titres, *etc.*), cliquez la flèche en regard du bouton **DVD**, puis utilisez le menu contextuel.

Pour sortir du mode plein écran, double-cliquez le film. Pour revenir en mode Bibliothèque, cliquez le bouton .

Figure 9-8 Lecture d'un DVD.

Écouter un CD audio

Le Lecteur Windows Media ne se contente pas de lire les CD audio. Si vous êtes connecté à Internet, il peut retrouver le titre d'un album, le nom de l'interprète et les titres des morceaux. Pour certains disques, il peut aussi obtenir la jaquette du boîtier, des informations et des critiques du disque, la biographie et la discographie de l'auteur, ainsi que des liens vers des pages Web.

Insérez le CD audio dans le lecteur. Utilisez les boutons en bas de l'interface pour changer de morceau comme vous le faites d'habitude avec un lecteur de CD ou de DVD.

Si vous êtes connecté à Internet, le Lecteur Windows Media recherche automatiquement la référence du CD et affiche la liste des titres dans la partie de droite de l'interface. Au centre, il affiche la jaquette du boîtier comme dans la figure 9-9 (cela peut prendre quelques minutes).

Note Si vous êtes connecté à Internet et que la jaquette ne s'affiche pas après plusieurs minutes, cliquez avec le bouton droit la note de musique, puis cliquez **Mettre à jour les informations de l'album** dans le menu contextuel.

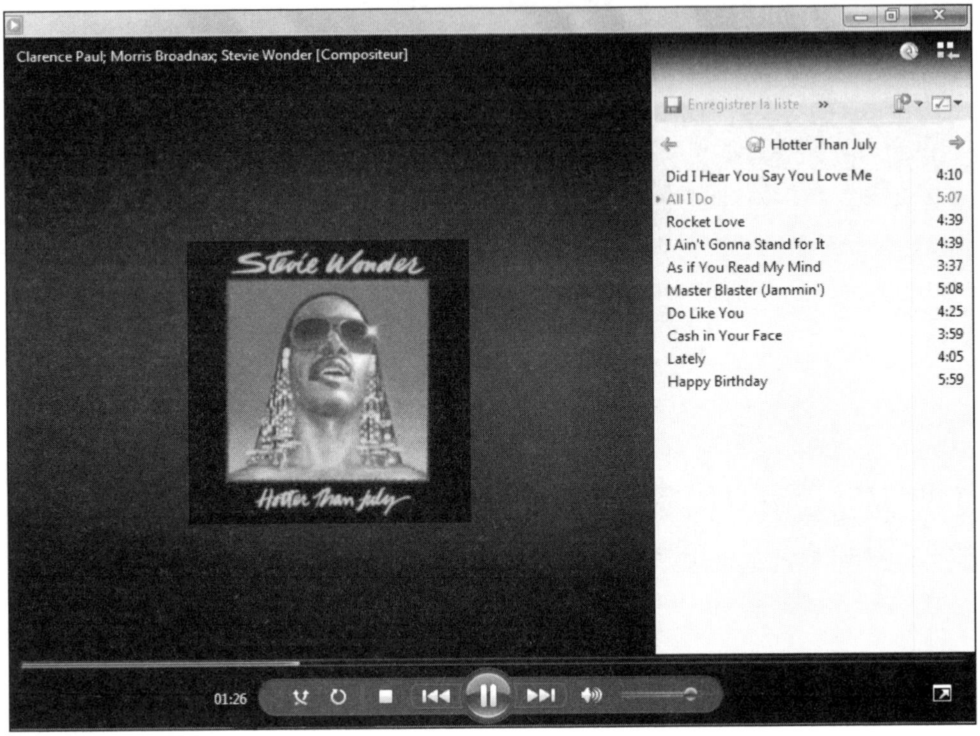

Figure 9-9 Lecture d'un CD audio.

Attention Si le Lecteur Windows Media n'affiche aucune information, vous devrez modifier les options. Appuyez sur la touche **Alt**, puis cliquez le menu **Outils ➜ Options**. Dans l'onglet **Lecteur**, cochez la case **Se connecter à Internet**. Dans l'onglet **Confidentialité**, cochez la case **Afficher les informations sur les médias provenant d'Internet**. Cliquez le bouton **OK**.

Copier des musiques et créer des CD audio

Vous souhaitez effectuer une copie d'un de vos CD ou réaliser une compilation des meilleurs titres de votre CDthèque ? Rien de plus simple avec votre graveur de CD/DVD.

Définir le format d'encodage

Le Lecteur Windows Media permet de créer des fichiers audio à partir d'un CD dans les formats WMA et MP3. Pour comprendre ces derniers et leurs utilisations, consultez l'encadré ci-dessous.

Avant de commencer la création des fichiers audio, vous devez définir le format d'encodage.

1. Appuyez sur la touche **Alt**, puis cliquez le menu **Outils → Options**.
2. Cliquez l'onglet **Extraire de la musique**.
3. Dans la zone **Extraire la musique à cet emplacement**, cliquez le bouton **Modifier** pour choisir le dossier de sauvegarde des fichiers encodés.

Comprendre les formats des fichiers audio

- **Fichiers non compressés** : sur un CD audio, les fichiers ne sont pas compressés, donc d'excellente qualité. Mais ce type de fichier prend une place considérable. Une seule minute de musique occupe 9 Mo, soit 540 Mo pour une heure. Ce format n'est pas exploitable dans un ordinateur, sauf pour quelques fichiers. Sur PC, les fichiers correspondants sont au format WAV.
- **Fichiers compressés** : pour pallier le problème de taille des fichiers, il existe plusieurs formats compressés. Mais ces fichiers sont compressés avec perte. Plus la compression est élevée, plus le son est de mauvaise qualité. Cela veut dire que vous devez effectuer des choix au moment de la conversion. En fait, le choix est simple : soit vous privilégiez la qualité du son, soit vous privilégiez la taille des fichiers. À vous de voir !
- **Format MP3 (*MPEG Audio Layer-3*)** : c'est le format le plus courant de fichiers audio compressés. Il est utilisé dans les PC, mais aussi par les lecteurs extérieurs, comme les platines de salon ou les baladeurs. Le MP3 compresse les données de trois façons différentes. La première filtre les fréquences pour éliminer celles qui ne sont pas audibles par l'oreille humaine (en dehors de la plage 20-20 000 Hz). La deuxième utilise une méthode psycho-acoustique pour éliminer les sons qui ne sont pas perceptibles. C'est le cas, par exemple, d'un son très bas qui succède immédiatement à un son élevé. La troisième méthode compresse les données en éliminant les données redondantes.

→

- **Format WMA** (***Windows Media Audio***) : c'est le format proposé par Microsoft pour contrer le MP3. Lisible sur PC – Windows oblige –, il est accepté aussi par la plupart des lecteurs DivX et des baladeurs MP3. Il prend deux fois moins de place, mais pour une qualité légèrement inférieure.
- **Débit binaire** : le débit, c'est-à-dire le nombre d'informations par seconde nécessaire à la restitution du son, est exprimé en kbits/s (kilobits par seconde). Plus le débit est important, meilleure est la qualité sonore. Le tableau ci-dessous vous donne le rapport débit/qualité.

MP3	WMA	Qualité
<= 96 kbits/s	48 kbits/s	Très mauvaise qualité. 64 kbits/s en MP3 correspond à la qualité d'une radio FM.
112 et 128 kbits/s	64 et 96 kbits/s	Bonne qualité audio. Utilisez ce format pour des transferts sur Internet.
160 kbits/s	128 kbits/s	Qualité proche des CD.
192 kbits/s	160 kbits/s	Qualité CD.
>= 224 kbits/s	192 kbits/s	Excellente qualité. 256 kbits/s correspond à la qualité studio.

- **Type de débit** : par défaut, le débit binaire est constant (CBR, *Constant BitRate*). Cela signifie que le nombre de bits utilisés par seconde est toujours le même, quel que soit le son à traiter, même s'il s'agit d'un silence. Avec un débit variable (VBR, *Variable BitRate*), le nombre de bits utilisés par seconde est fonction du type de son à traiter. Il en résulte une bonne qualité du son dans tous les cas et une diminution de la taille des WMA.

Définir la qualité des fichiers WMA

1. Sélectionnez **Audio Windows Media** dans la liste **Format**.
2. Faites glisser la barre de défilement horizontale pour choisir la qualité du son.

Un texte au-dessous de la barre de défilement indique le débit choisi ainsi que la taille approximative des fichiers sur le disque dur.

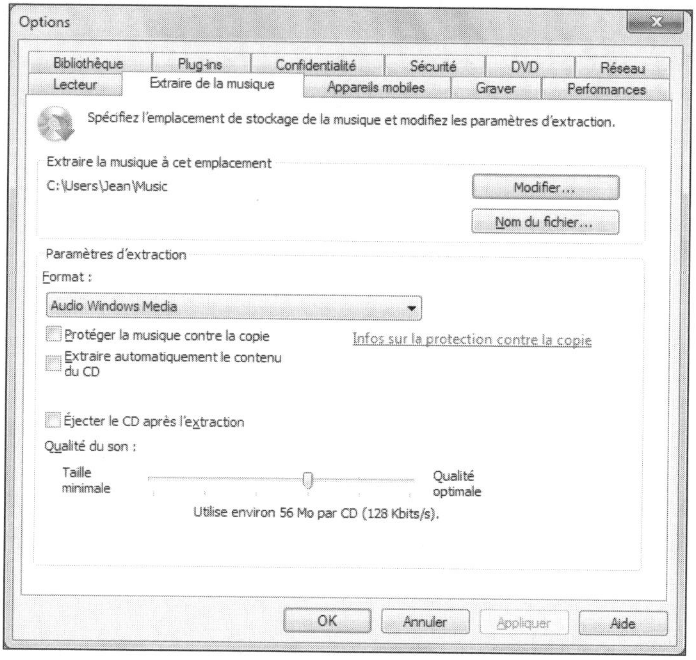

Figure 9-10 Choix de la qualité d'encodage d'un WMA dans Windows Media.

Note Le format **Audio Windows Media sans perte** force la valeur du débit binaire à son maximum (environ 600 kbits/s). C'est le format à utiliser si vous désirez uniquement copier ou compiler des CD audio et effacer ensuite les fichiers intermédiaires.

Définir la qualité des fichiers MP3

1. Sélectionnez **MP3** dans la liste **Format** (voir écran ci-dessus).
2. Faites glisser la barre de défilement horizontale pour choisir la qualité du son.

   Un texte au-dessous de la barre de défilement indique le débit choisi ainsi que la taille approximative des fichiers sur le disque dur.
3. Cliquez le bouton **OK** pour valider le choix du format.

Définir rapidement le format et la qualité

Vous pouvez choisir le format et la qualité juste avant l'extraction.

1. Cliquez **Paramètres d'extraction** dans la barre d'outils.
2. Cliquez la commande **Format** puis celui désiré dans la liste.
3. Cliquez la commande **Qualité audio** puis cliquez celle désirée dans la liste.

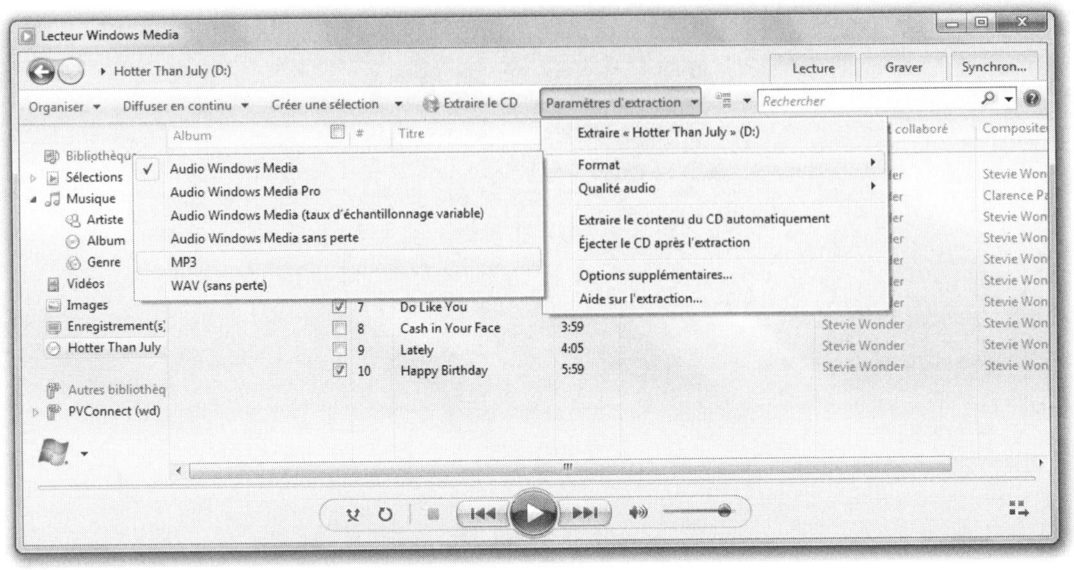

Figure 9-11 Choix rapide du format et de la qualité d'encodage.

Encoder les fichiers en WMA ou MP3

Avant de graver un CD, vous devez copier chaque morceau sur le disque dur. Cela vous permettra aussi de les écouter sans réinsérer le CD audio correspondant.

1. Insérez le CD audio dans le lecteur.
2. Éventuellement, cliquez le bouton pour basculer en mode Bibliothèque.
3. Cochez les titres que vous désirez copier.
4. Cliquez le bouton **Extraire le CD** dans la barre des tâches.

   Les morceaux sont copiés du CD audio sur le disque dur.
5. Répétez les étapes **1** à **4** pour ajouter les morceaux d'autres CD.

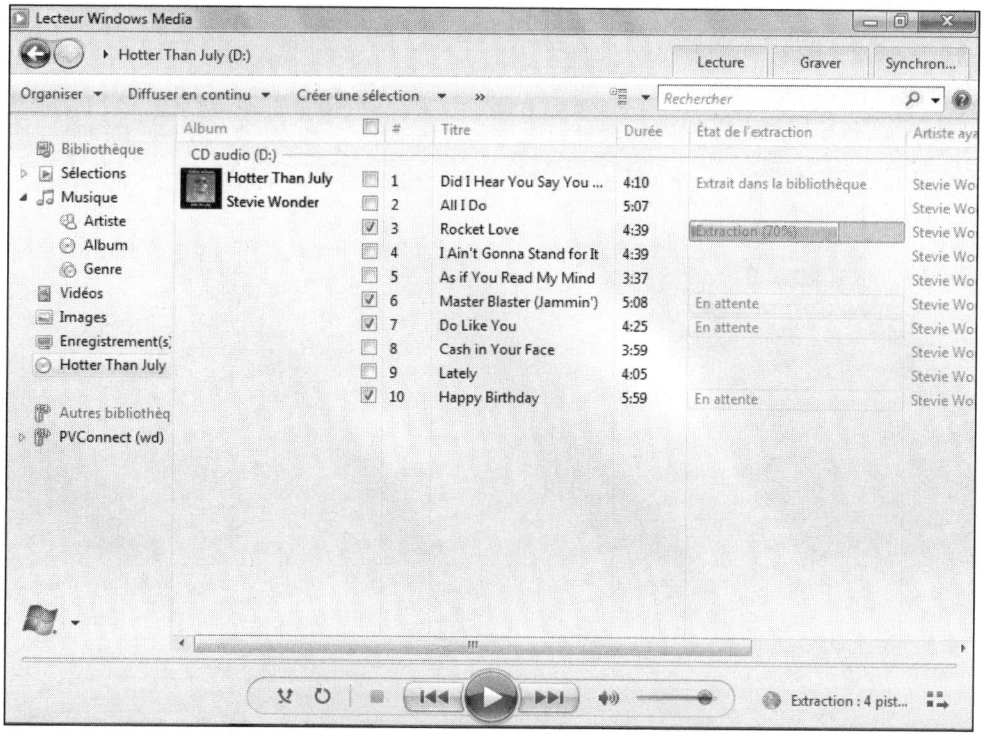

Figure 9-12 Encodage de WMA ou MP3 avec Windows Media.

Écouter les musiques enregistrées

Les morceaux de musique copiés sont placés sur le disque dur dans des sous-dossiers du dossier **Musique** correspondant aux noms des artistes et des albums. Vous pouvez les écouter comme tout autre fichier audio (consultez le paragraphe « Ouvrez un fichier multimédia » au début de ce chapitre). Mais ces fichiers font aussi l'objet d'un catalogage dans la bibliothèque multimédia.

Lors de la copie d'un CD audio vers un WMA ou un MP3, le Lecteur Windows Media enregistre dans chaque fichier les informations complètes sur le morceau (interprète, album, genre, titre, *etc.*). Ces informations sont appelées des *tags*.

1. Double-cliquez **Musique** dans l'arborescence de la bibliothèque.
2. Cliquez **Album** dans l'arborescence.
3. Double-cliquez la pochette de l'album.

   Windows Media affiche la liste des titres de l'album.
4. Double-cliquez les titres à écouter.

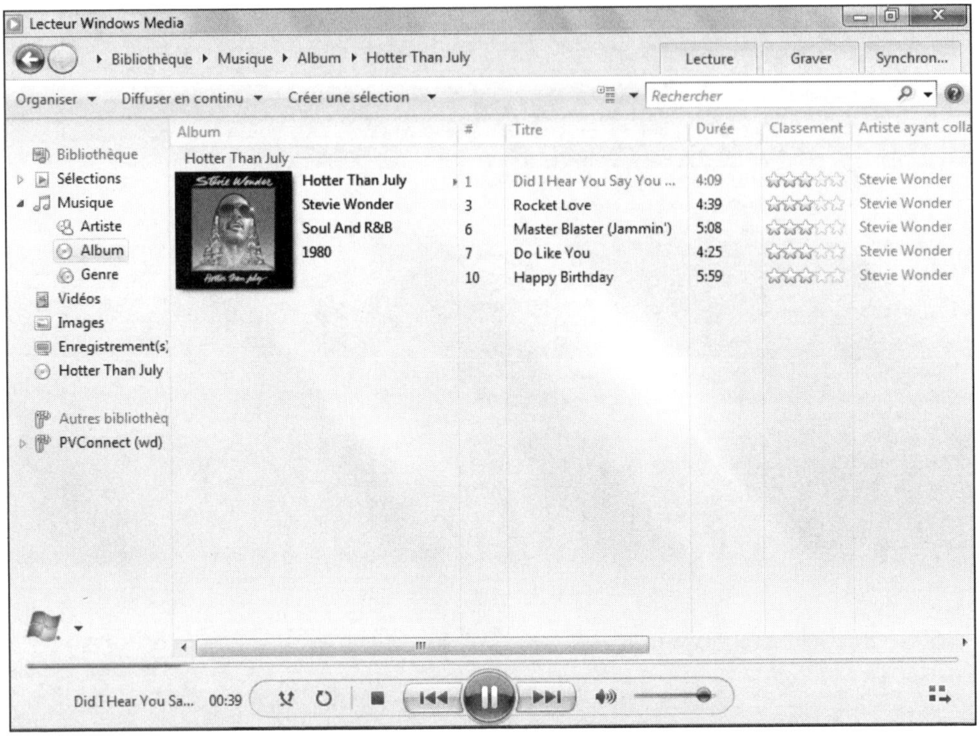

Figure 9-13 Bibliothèque multimédia du Lecteur Windows Media.

Créer un CD audio

Maintenant que vos morceaux sont copiés sur le disque dur et sont présents dans la bibliothèque multimédia, vous pouvez les copier sur un CD-R ou un CD-RW.

1. Insérez un CD-R ou un CD-RW dans le graveur.
2. Cliquez l'onglet **Graver** dans la barre des tâches de Windows Media.
3. Cliquez le bouton [bouton] ➜ **CD audio**.
4. Sélectionnez l'album dans la liste gauche.
5. Faites glisser les titres à copier dans la zone **Déplacer des éléments ici**.
6. Répétez les étapes **4** et **5** pour ajouter d'autres albums.

Figure 9-14 Copie de musique sur un CD.

7. Cliquez le bouton **Démarrer la gravure**.

Les titres choisis sont copiés sur le CD.

Conseil Évitez d'utiliser en même temps des logiciels qui sollicitent fortement le microprocesseur ou le disque dur afin de ne pas faire échouer la gravure.

Graver des CD et DVD MP3

Un CD ou un DVD MP3 est un CD-ROM ou un DVD-ROM sur lequel on place des fichiers audio dans ce format. En pratique, la lecture d'un tel disque ne pose aucun problème sur un ordinateur. Pour les lecteurs extérieurs, cela implique de relire un CD/DVD-ROM et de décoder chaque fichier. Ces lecteurs doivent donc être équipés d'un logiciel spécifique. C'est le cas des baladeurs CD MP3 et des lecteurs DivX de salon.

Graver rapidement un CD ou DVD MP3 avec Windows Media

Comme pour les CD audio, le Lecteur Windows Media permet de créer rapidement des CD ou DVD de MP3.

Choisir les albums de la compilation

1. Ouvrez le Lecteur Windows Media (menu **Démarrer** → **Tous les programmes** → **Lecteur Windows Media**).
2. Dans la barre des tâches de Windows Media, cliquez l'onglet **Graver**.
3. Cliquez le bouton → **CD ou DVD de données.**
4. Insérez un CD/DVD-R ou un CD/DVD-RW dans le graveur.

Astuce Vous pouvez réaliser des compilations sur un CD-R (disque enregistrable une seule fois) ou un CD-RW (disque réinscriptible un millier de fois). Si vous désirez avant tout effectuer des tests, utilisez des CD-RW. Vous pourrez toujours les effacer ensuite (consultez le chapitre 7 à ce sujet).

5. Si la boîte **Exécution automatique** s'affiche, cliquez le bouton X.
6. Cliquez **Album** dans la liste gauche.

Figure 9-15 Création d'un CD ou DVD MP3.

7. Faites glisser les albums ou les titres à copier dans la zone **Déplacer des éléments ici** (n'ajoutez que des dossiers contenant des MP3 et non des fichiers WAV).
8. Répétez l'étape **7** pour ajouter d'autres albums ou d'autres titres.

Note En haut de la partie droite, vous trouverez des indications sur le type de CD inséré ainsi que le temps restant sur le disque après l'ajout des titres.

9. Éventuellement, cliquez le bouton → **Trier la liste par** puis le type de classement (par **Albums** par exemple).
10. Pour donner un nom à votre CD ou à votre DVD et conserver les références de votre compilation, cliquez le texte **Graver la liste**, tapez le nom de votre compilation puis validez avec la touche **Entrée**.
11. Pour écouter votre compilation, double-cliquez le premier titre dans la liste de droite.

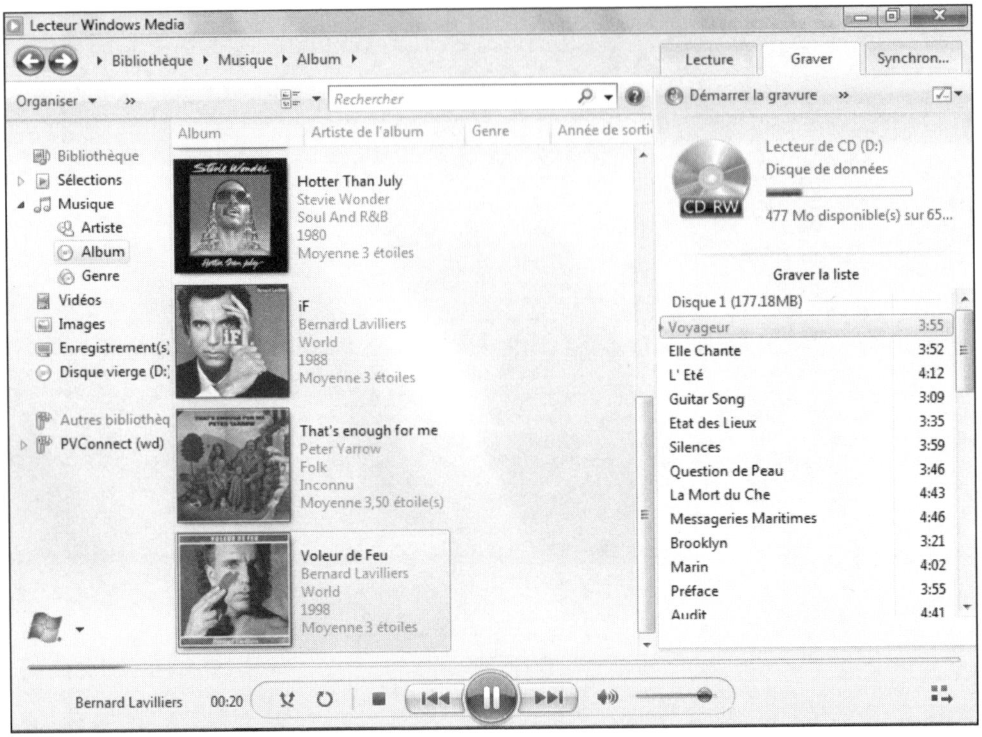

Figure 9-16 Ajout de MP3 à la compilation.

Graver le CD ou le DVD MP3

Maintenant que vous avez choisi les musiques de votre compilation, vous pouvez démarrer la gravure.

1. Cliquez le bouton **Démarrer la gravure**.

Figure 9-17 Gravure d'un CD ou d'un DVD MP3.

Les albums choisis sont copiés sur le CD ou le DVD. Le disque est éjecté après la gravure. Fermez le tiroir du graveur pour vérifier votre compilation.

Vous pouvez vérifier la structure du CD ou DVD MP3 avec l'Explorateur Windows.

2. Si la boîte de dialogue **Exécution automatique** s'affiche, cliquez **Ouvrir le dossier et afficher les fichiers**. Dans le cas contraire, ouvrez vous-même l'Explorateur (menu **Démarrer** → **Ordinateur**).

Si vous avez donné un nom à votre compilation, celui-ci apparaît à la suite des références de votre lecteur de DVD.

Le Lecteur Windows Media ajoute un fichier avec l'extension .WPL à la racine du CD ou du DVD. Double-cliquez ce fichier dans l'Explorateur pour écouter toutes les musiques.

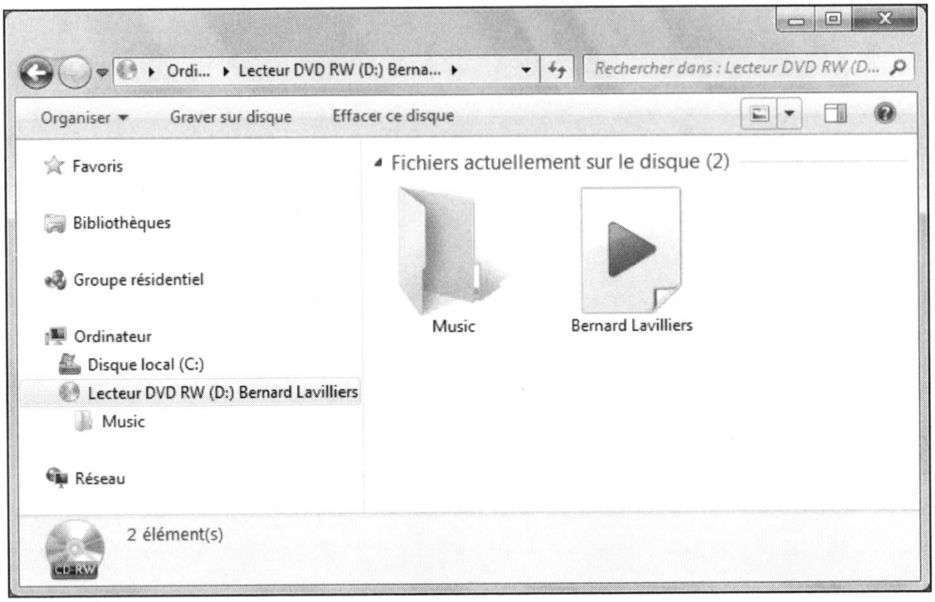

Figure 9-18 Lecture d'un CD ou DVD MP3.

Pour choisir un album en particulier, double-cliquez le dossier **Music**, puis le dossier, et éventuellement le sous-dossier, correspondant à cet album.

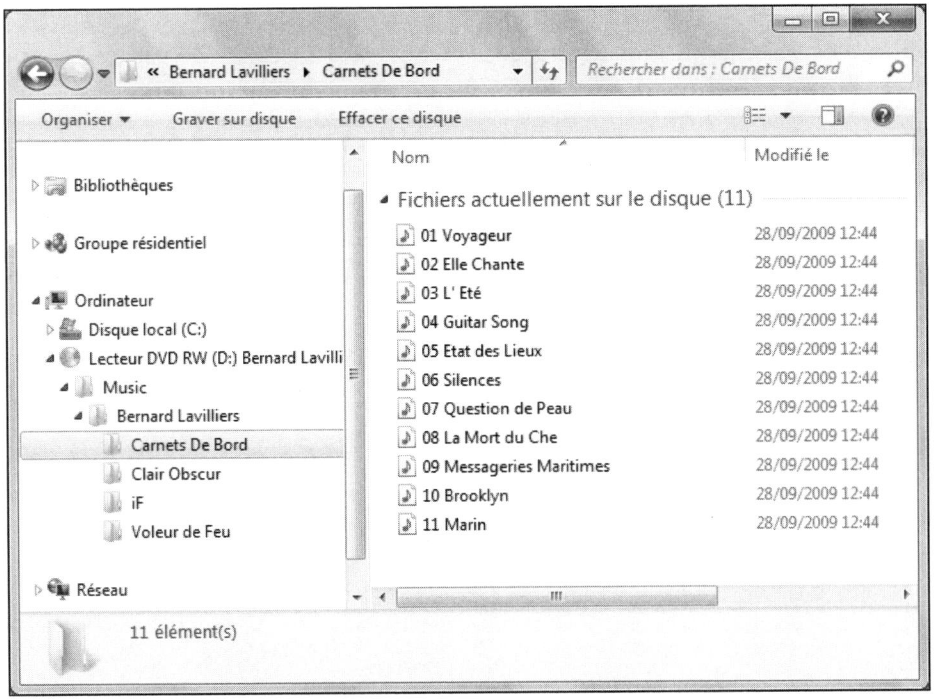

Figure 9-19 Choix d'un MP3 en particulier.

Compatibilité des disques gravés

Les disques gravés ne sont pas toujours reconnus par les lecteurs prévus pour lire des CD pressés industriellement. Cela est généralement signalé sur la notice d'emploi. De plus, la marque de CD-R peut entrer en ligne de compte. Vous pourrez peut-être relire les CD d'une marque particulière dans votre autoradio CD, mais pas ceux d'une autre. Dans ce domaine, il n'y a aucune règle.

Pour vérifier les compatibilités de formats et de supports avec votre lecteur de DVD de salon, consultez le site `www.videohelp.com` (en anglais). Il regroupe la compatibilité de plus de 10 000 lecteurs et les marques de supports à utiliser.

Copyright et législation

Ce qui est légal

Les lois françaises vous permettent, à titre préventif, d'effectuer une copie de sauvegarde de vos CD commerciaux. Vous devez cependant être toujours en possession de l'original même si ce dernier est endommagé. C'est la preuve que vous avez payé les droits d'auteur correspondants.

Selon l'article L.122-5 du code de la propriété intellectuelle :

Lorsque l'œuvre a été divulguée, l'auteur ne peut interdire : 1° Les représentations privées et gratuites effectuées exclusivement dans un cercle de famille. 2° Les copies ou reproductions strictement réservées à l'usage du copiste et non destinées à une utilisation collective…

Vous pouvez donc transformer vos CD audio en fichiers informatiques pour les conserver sur le disque dur de votre ordinateur ou les copier sur un autre lecteur (un baladeur MP3, par exemple).

Ce qui est illégal

Vous ne pouvez pas effectuer une copie et revendre l'original. Vous devez dans ce cas détruire la copie ou la donner à l'acheteur. Si la copie se présente sous la forme d'un fichier informatique, vous devez la supprimer de votre disque dur.

Pour les fichiers MP3, vous ne pouvez garder que ceux dont vous possédez les originaux. Conservez donc précieusement vos CD audio ou les justificatifs de vos achats sur Internet !

Quel que soit votre pays, nous vous invitons à prendre connaissance des lois locales portant sur la protection des œuvres intellectuelles.

Chapitre
10

Graver vos vidéos et vos photographies sur DVD

Dans ce chapitre

- Capturer des vidéos
- Monter un film
- Ajouter des transitions, des effets et des titres
- Enregistrer un film
- Publier un film
- Graver des vidéos sur DVD
- Graver des photographies sur DVD

Windows 7 propose un logiciel simple mais efficace pour créer vos vidéos : Windows Live Movie Maker. Il permet de capturer des clips à partir d'un Caméscope numérique, de les découper, de les assembler, puis de créer un film complet. Vous pouvez aussi utiliser d'autres vidéos que vous ont données vos amis ou que vous avez téléchargées (légalement) sur Internet.

En complément, Windows 7 possède une application pour créer des DVD de vos vidéos ou de vos photographies.

Note Windows Live Movie Maker n'est pas disponible en standard avec Windows 7. Pour l'installer, consultez la fin du chapitre 13. Pour ajouter un raccourci permanent dans le menu Démarrer ou la barre des tâches, consultez le début chapitre 1.

Capturer des vidéos

Matériel nécessaire

La source vidéo est un appareil extérieur à l'ordinateur, comme un Caméscope ou un magnétoscope numérique.

Figure 10-1 Caméscope numérique.

Pour le relier à l'ordinateur, ce dernier doit donc contenir une carte d'interface. Pour les Caméscope numériques (DV ou Digital 8), vous devez installer une carte IEEE-1394, appelée aussi FireWire ou i-Link.

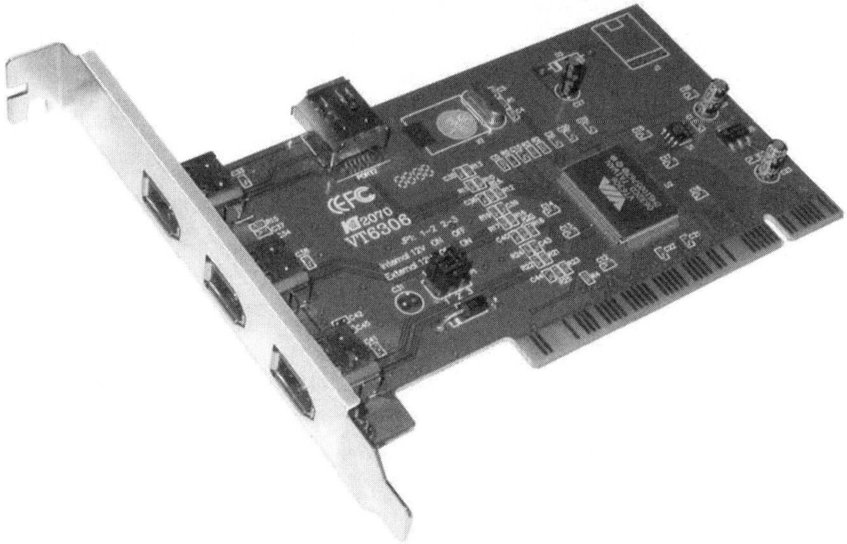

Figure 10-2 Carte FireWire.

La liaison entre les deux est réalisée avec des câbles, fournis avec les cartes d'interface. La plus grosse prise se branche sur l'ordinateur (figure 10-3).

Figure 10-3 Câble FireWire côté ordinateur.

La plus petite prise se branche sur le Caméscope numérique (figure 10-4). Si vous possédez un ordinateur portable, les prises sont identiques aux deux extrémités.

Figure 10-4 Câble FireWire côté Caméscope.

Si vous avez besoin d'autres d'explications sur les connexions, demandez conseil à votre revendeur. Pour les Caméscope récents (carte mémoire, disque dur, *etc.*), le transfert s'effectue comme pour des photographies provenant d'un APN. Dans tous les cas, consultez les notices de vos matériels.

Capturer des vidéos

1. Branchez votre Caméscope numérique.
2. Allumez-le en le mettant en mode **Magnétoscope**, **Lecteur** ou **Player**.

Note Si l'assistant de capture ne s'affiche pas automatiquement, ouvrez Movie Maker puis cliquez le bouton  → **Importer à partir d'un appareil**.

3. Dans la zone **Nom**, tapez le nom de la vidéo à capturer.
4. Cliquez le lien **Options d'importation**.
5. Sélectionnez **Mes vidéos** dans la liste **Importer vers**. Si vous désirez enregistrer la vidéo dans un autre dossier, cliquez le bouton **Parcourir**.

   La vidéo sera enregistrée dans un sous-dossier du dossier Mes vidéos. Vous pouvez définir le nom du sous-dossier et celui de la vidéo.
6. Sélectionnez un type de nom dans les listes **Nom du dossier** et **Nom du fichier**.

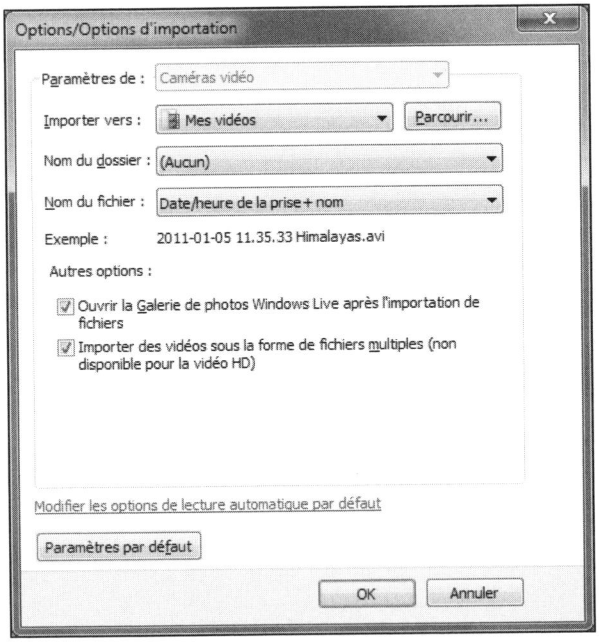

Figure 10-5 Options d'importation.

7. Cliquez le bouton **OK**.

L'assistant propose trois solutions d'importation :

- **Importer la vidéo complète** : Windows 7 va importer la totalité de la vidéo et la placer sur votre disque dur. C'est une solution si vous désirez faire un montage précis et avoir « sous la main » l'intégralité des rushs. Vous pourrez ensuite ne conserver que les parties importantes ou intéressantes.
- **Choisir les parties de la vidéo à importer** : vous pourrez choisir les parties intéressantes nécessaires au montage de votre film. C'est la meilleure solution pour un bon résultat.
- **Graver toute la vidéo sur un DVD** : Windows 7 importera la totalité de la vidéo puis la gravera sur un DVD. C'est la solution à adopter si vous ne désirez pas effectuer de montage du film. Avant de cliquer le bouton **Suivant**, saisissez un nom dans la zone **Titre du menu DVD**.

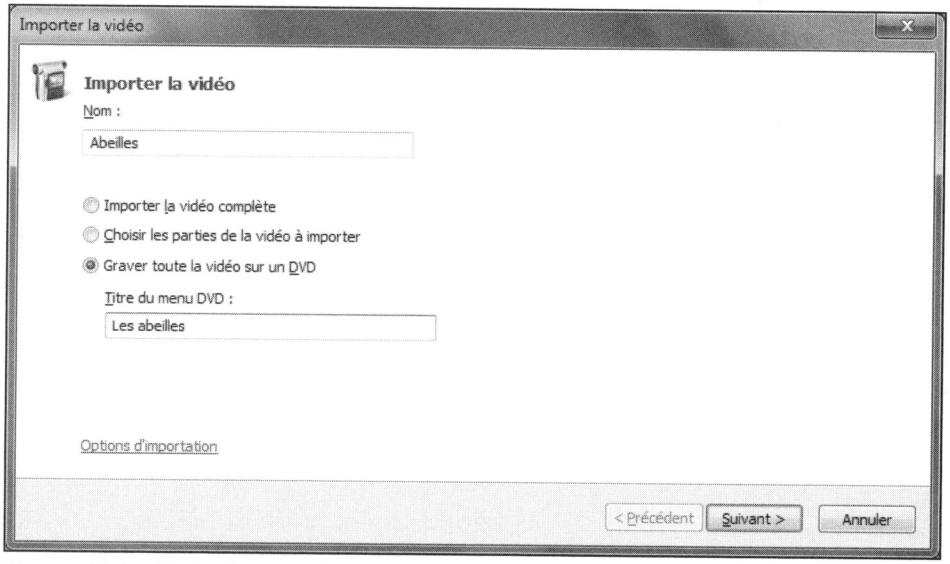

Figure 10-6 Choix du type de capture.

8. Cliquez l'option désirée.
9. Cliquez le bouton **Suivant**.
10. La boîte qui s'affiche est fonction de votre choix à l'étape **8**. Consultez les trois rubriques qui suivent.

Note Les fichiers vidéo au format DV occupent 220 Mo par minute, soit environ 13 Go par heure. Prévoyez de la place sur votre disque dur.

Option « Importer la vidéo complète »

Avec cette option, Windows 7 se contente de capturer la bande vidéo et de créer un fichier vidéo sur votre disque dur.

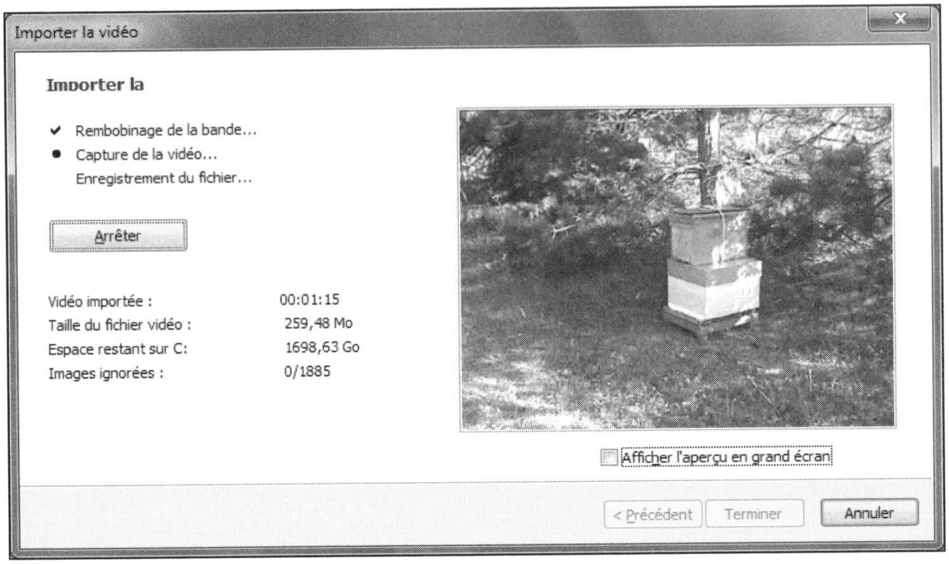

Figure 10-7 Importation de l'intégralité de la vidéo vers le disque dur.

Vous pouvez à tout moment arrêter la capture et conserver la partie déjà faite en cliquant le bouton **Arrêter**. Avec le bouton **Annuler**, Windows 7 ne conservera pas la partie déjà capturée. Si la bande n'a pas été intégralement enregistrée, vous pouvez cliquer le bouton **Arrêter** dès que la dernière séquence est capturée. À la fin de la capture, cliquez le bouton **Terminer**.

Option « Graver toute la vidéo sur un DVD »

Avec cette option, Windows 7 capture la bande vidéo, crée un fichier vidéo sur votre disque dur, puis grave ce fichier sur DVD.

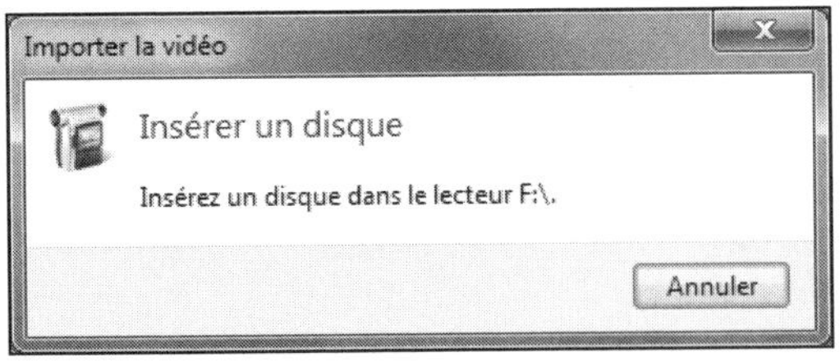

Figure 10-8 Demande d'insertion du support à graver.

1. Insérez un DVD-R ou un DVD-RW dans votre graveur. Sa détection est automatique. Si le disque n'est pas vierge, une boîte vous demande si les anciennes données doivent être effacées.

Note Pour des informations complémentaires sur les types de DVD (DVD-R et DVD-RW), consultez le chapitre 7.

Après la capture (voir option précédente), Windows 7 affiche la boîte de la figure 10-9.

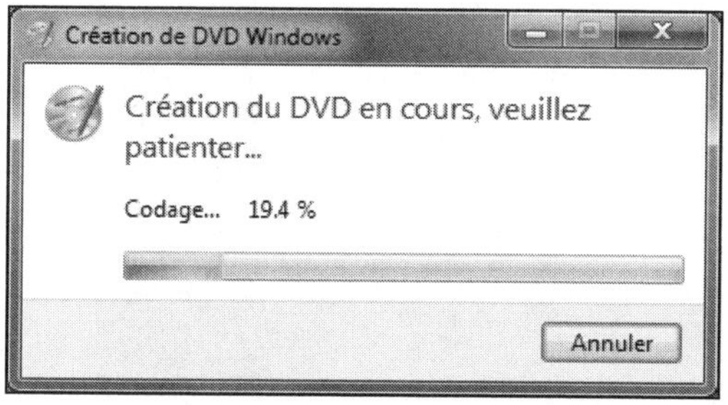

Figure 10-09 Codage de la vidéo au format DVD.

Dans un premier temps, il compresse la vidéo au format DVD vidéo, puis il la grave directement sur le disque. Ce dernier est éjecté à la fin de la gravure.

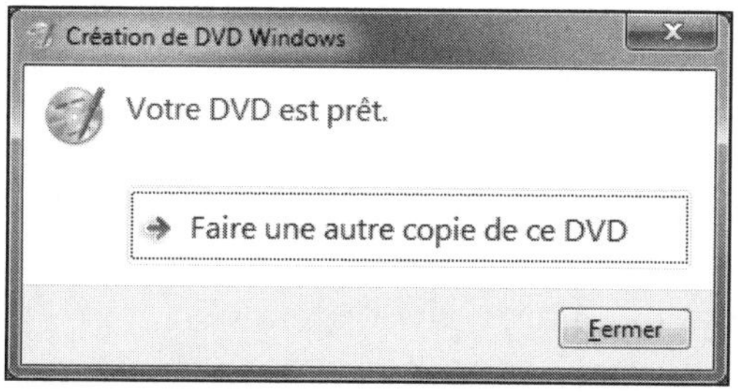

Figure 10-10 Fin de gravure et demande de copie.

2. Pour effectuer des doubles de votre DVD, cliquez le lien **Faire une autre copie de ce disque**. Sinon, cliquez le bouton **Fermer**.

3. Fermez le tiroir du graveur pour vérifier le DVD avec le lecteur Windows Media.

Figure 10-11 Lecture du DVD.

Option « Choisir les parties de la vidéo à importer »

Cette option permet de choisir les séquences à capturer. Il n'est pas nécessaire d'utiliser les boutons **Lecture** ou **Pause** : ils sont présents dans la boîte de capture. Vous pouvez donc piloter le Caméscope directement à partir de l'ordinateur.

1. Utilisez les boutons de commande pour rechercher la séquence à capturer puis cliquez le bouton **Pause**.

Figure 10-12 Capture d'une séquence.

2. Cliquez le bouton **Importer**.
3. À la fin de la séquence, cliquez le bouton **Arrêter**.
4. Répétez les étapes **1** à **3** pour capturer d'autres séquences.
5. Cliquez le bouton **Terminer**.

Après la capture, la Galerie de photos Windows s'ouvre pour vous permettre de vérifier les films. Double-cliquez une séquence pour la lire.

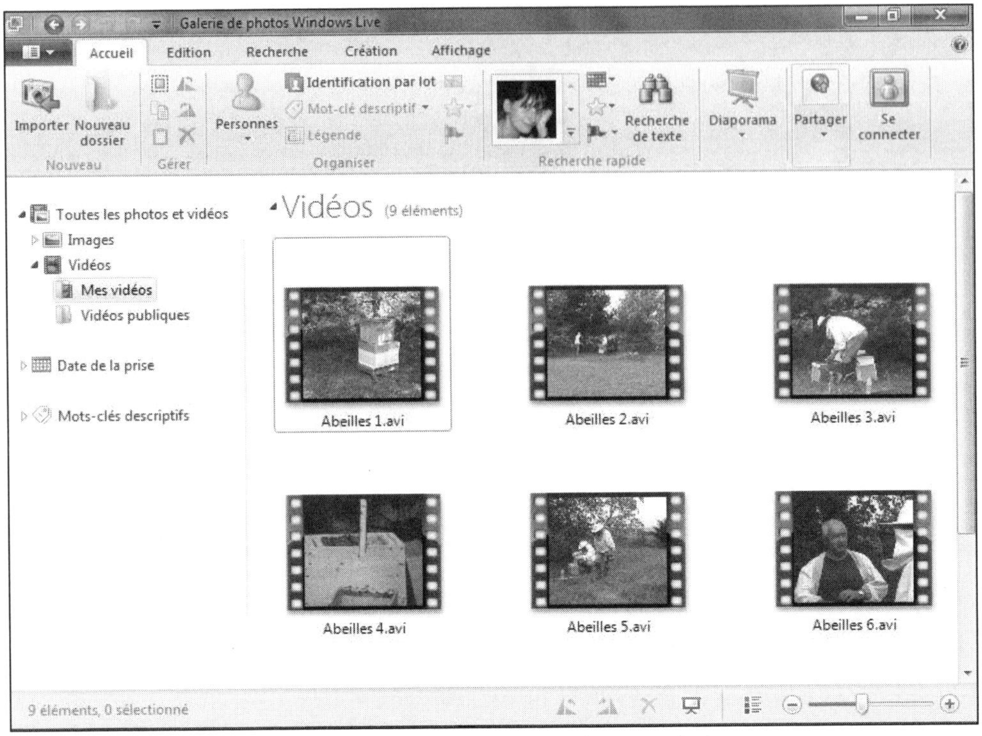

Figure 10-13 Séquences vidéo dans la Galerie de photos Windows.

Monter des vidéos avec Windows Movie Maker

Le montage des vidéos est l'une des étapes les plus intéressantes dans la création d'un DVD. À partir des vidéos capturées précédemment, vous allez créer un film complet en définissant la position des séquences, en les découpant, en les assemblant, ou en ajoutant des effets de transitions, des musiques ou des commentaires audio. En bref, un vrai travail de montage et de réalisation ! Les montages s'effectuent dans Movie Maker.

1. Cliquez le bouton **Démarrer** → **Tous les programmes** → **Windows Live Movie Maker**.

   Pour commencer, vous devez ajouter vos vidéos et vos photographies.

2. Cliquez l'onglet **Accueil** → **Ajouter** → **Ajouter des vidéos et des photos**.

Note Pour découvrir l'utilisation du ruban et la barre d'outils Accès rapide, consultez le chapitre d'introduction.

3. Sélectionnez le dossier puis les vidéos et les photos à ajouter au film (utilisez les touches **Ctrl** et **Maj** comme dans l'Explorateur).

Figure 10-14 Importation de vidéos et de photos.

4. Cliquez ensuite le bouton **Ouvrir**.

   Les vidéos et les photographies apparaissent dans la partie droite appelée « table de montage ».

5. Répétez les étapes **2** à **4** pour ajouter d'autres vidéos ou photos. Vous pouvez ajouter plusieurs fois la même vidéo pour effectuer des montages plus précis.

6. Pour agrandir ou réduire la taille des miniatures de ces vidéos, utilisez le curseur  en bas à droite (figure 10-15).

   Si l'ordre ne vous convient pas, modifiez-le.

7. Cliquez et faites glisser le clip à déplacer dans la table de montage pour modifier la séquence.

Figure 10-15 Windows Movie Maker.

Découper et associer des clips

Si le début ou la fin d'un clip n'est pas indispensable, vous pouvez le scinder en deux parties pour ne conserver que celle qui vous intéresse. Vous pouvez aussi supprimer son début et sa fin pour ne conserver que le milieu.

Pour fractionner un clip :

1. Cliquez le clip dans la table de montage.
2. Utilisez les boutons en dessous de la zone de visualisation pour trouver la position de coupure.
3. Cliquez l'onglet **Édition → Montage → Fractionner**.

Note Movie Maker ne coupe pas vos vidéos si vous fractionnez un clip en deux parties. Les fichiers des vidéos capturées ne sont pas modifiés. Movie Maker conserve juste les positions des clips à l'intérieur de la vidéo. Il utilise ces informations au moment de créer le film complet.

Figure 10-16 Découpage en deux parties d'un clip.

Pour supprimer le début et la fin d'un clip :

1. Cliquez le clip dans la table de montage.
2. Cliquez l'onglet **Édition → Montage → Outil Découper**.
3. Utilisez les boutons en dessous de la zone de visualisation pour trouver la position de début.
4. Cliquez l'onglet **Découper → Marqueurs de découpage → Définir le point de début**.
5. Utilisez les boutons en dessous de la zone de visualisation pour trouver la position de fin.
6. Cliquez l'onglet **Découper → Marqueurs de découpage → Définir le point de fin**.

Figure 10-17 Découpage d'un clip.

7. Cliquez l'onglet **Découper → Découper → Enregistrer le découpage**.

Pour supprimer un clip devenu inutile :

1. Cliquez le clip dans la table de montage.
2. Appuyez sur la touche **Suppr**.

Vous pouvez à tout moment ajouter le clip supprimé comme vu précédemment.

Ajouter des transitions

Quand on change radicalement de sujet dans un film, les effets de transition permettent de passer plus facilement d'un plan à un autre. Movie Maker propose une gamme d'effets pour agrémenter vos vidéos. Certains sont très sophistiqués et retiendront sûrement l'attention de vos spectateurs.

1. Cliquez le clip qui doit commencer par la transition.
2. Cliquez l'onglet **Animations → Transitions**, puis pointez une transition pour afficher immédiatement un exemple dans le lecteur (cliquez le bouton pour afficher plus de transitions).

Note Si vous avez choisi le premier clip de votre film à l'étape **1**, seules quelques transitions sont disponibles.

Figure 10-18 Ajout d'une transition entre deux clips.

3. Cliquez l'onglet **Animations → Transitions**, puis la transition à ajouter au clip.
4. Cliquez l'onglet **Animations → Transitions → Durée**, puis tapez en secondes le temps d'exécution de la transition.

Une marque en bas à gauche de l'image du clip indique la présence d'une transition (visible dans le troisième clip de la figure 10-18).

Pour supprimer une transition :

1. Cliquez le clip avec une transition.
2. Cliquez l'onglet **Animations → Transitions**, puis **Aucune transition** dans la liste.

Ajouter des effets

Les effets permettent de personnaliser votre film (noir et blanc, sépia, retournement, pixellisation, *etc.*).

1. Cliquez le clip qui doit recevoir un effet.

2. Cliquez l'onglet **Effets visuels → Effets**, puis pointez un effet pour afficher immédiatement un exemple dans le lecteur.

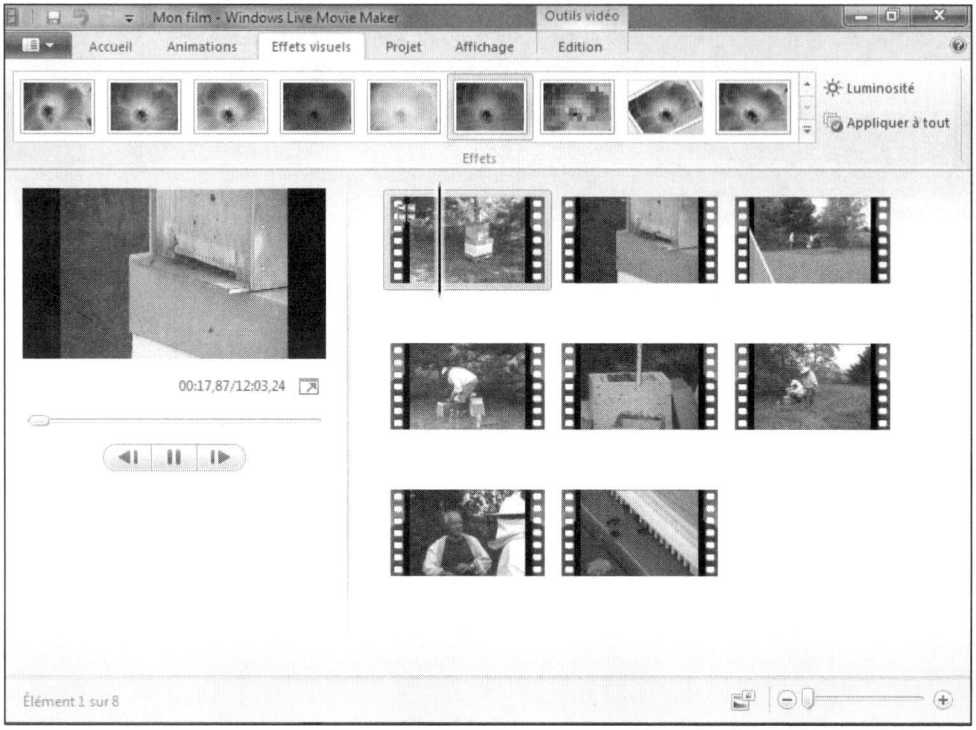

Figure 10-19 Ajout d'un effet à un clip.

3. Cliquez l'onglet **Effets visuels → Effets**, puis l'effet à ajouter au clip.
4. Cliquez l'onglet **Effets visuels → Effets**, puis le bouton **Luminosité**, et choisissez cette dernière avec le curseur.

Une marque en haut à gauche de l'image du clip indique la présence d'un effet (visible dans le premier clip de la figure 10-19).

Pour supprimer un effet :

1. Cliquez le clip avec un effet.
2. Cliquez l'onglet **Effets visuels → Effets**, puis **Aucun effet** dans la liste.

Vous pouvez aussi cumuler plusieurs effets :

1. Cliquez le clip qui doit recevoir plusieurs effets.
2. Cliquez l'onglet **Effets visuels → Effets**, la flèche puis cliquez **Plusieurs effets** en bas de la liste.
3. Cliquez un effet dans la liste **Effets disponibles**.

4. Cliquez le bouton **Ajouter**.
5. Répétez les étapes **3** et **4** pour ajouter d'autres effets.

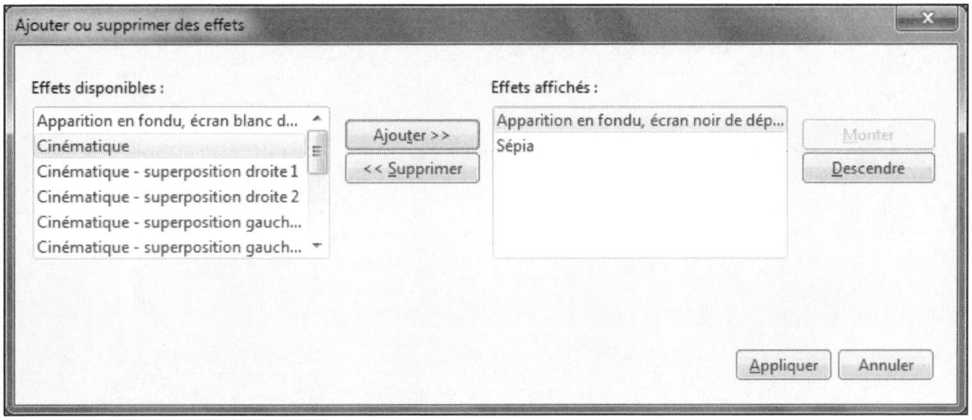

Figure 10-20 Ajout de plusieurs effets à un clip.

6. Cliquez le bouton **Appliquer**.

Ajouter de la musique

Pour agrémenter votre film, ajoutez-lui un fond musical.

1. Éventuellement, cliquez le clip où doit commencer la musique.
2. Cliquez l'onglet **Accueil → Ajouter → Ajouter de la musique**. Si vous avez choisi un clip à l'étape **1**, cliquez l'onglet **Accueil → Ajouter → Ajouter de la musique au point actuel**.
3. Sélectionnez le ou les fichiers de musique présents sur votre ordinateur. Pour en sélectionner plusieurs, utilisez les touches **Ctrl** et **Maj** comme dans l'Explorateur.

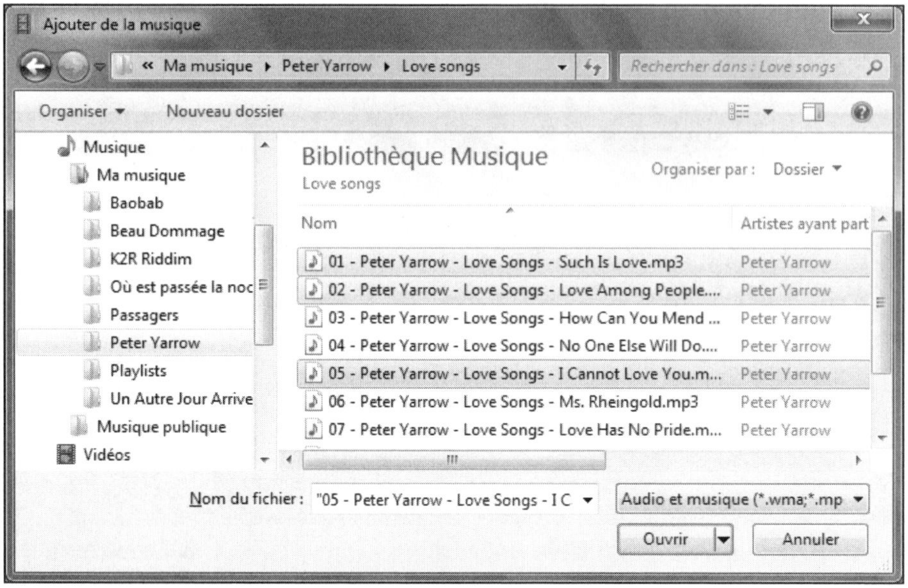

Figure 10-21 Sélection des musiques du film.

Note Movie Maker accepte les formats les plus courants : MP3, WMA, WAV, *etc.*

4. Cliquez le bouton **Ouvrir**.

Les titres des musiques apparaissent au-dessus des clips. L'onglet **Options** permet de modifier ces musiques.

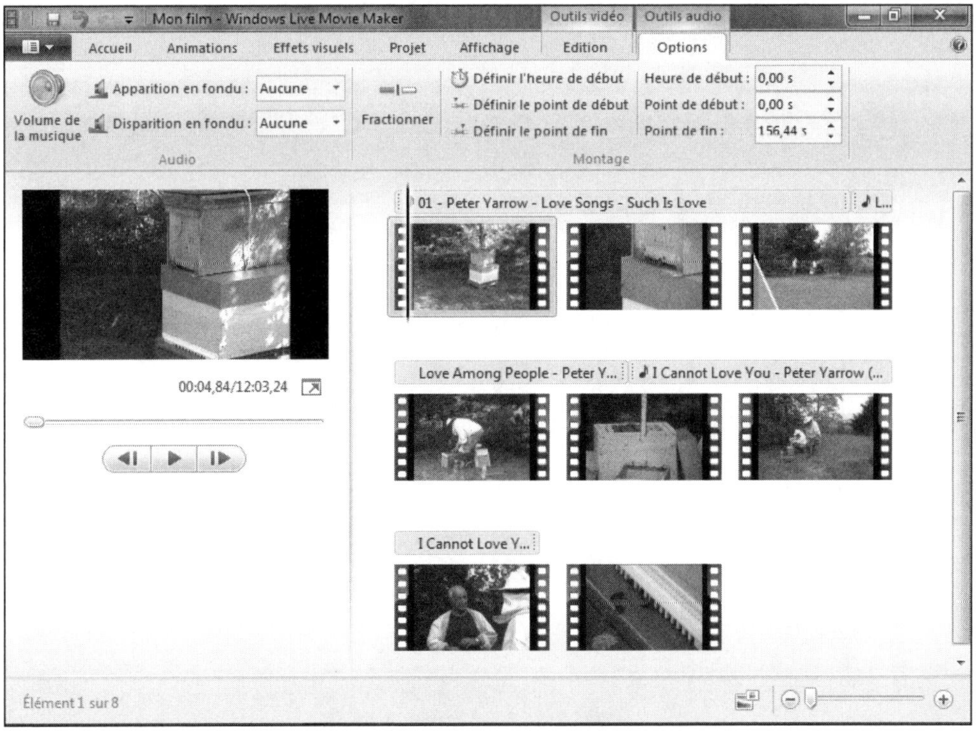

Figure 10-22 Ajout d'une musique au film.

Ajouter des textes

Les textes donnent un repère à vos spectateurs. Ils peuvent prendre la forme d'un générique, d'un texte sur une image ou un fond de couleur, ou être incrustés dans une vidéo.

Ajouter des titres

Les titres sont des textes séparés du reste de la vidéo.

1. Cliquez le clip avant lequel vous désirez insérer le titre.
2. Cliquez l'onglet **Accueil → Ajouter → Ajouter un titre**.
3. Tapez le texte du titre dans la fenêtre de visualisation en remplacement du texte générique « Mon film ».
4. Utilisez les commandes des groupes **Police** et **Paragraphe** de l'onglet **Format** pour modifier les attributs du texte et la couleur du fond.
5. Utilisez les commandes du groupe **Ajuster** de l'onglet **Format** pour modifier la durée d'apparition du titre. Ce dernier peut-être prolongé sur le clip suivant.

6. Cliquez l'onglet **Format → Effets**, puis sélectionnez un effet de transition dans la liste.

Figure 10-23 Ajout d'un titre dans le film.

Ajouter des légendes

Les légendes sont des textes qui se superposent aux vidéos et aux photographies.

1. Cliquez le clip sur lequel vous désirez insérer la légende.
2. Cliquez l'onglet **Accueil → Ajouter → Ajouter une légende**.
3. Tapez le texte de la légende dans la fenêtre de visualisation en remplacement du texte générique « Entrer du texte ici».
4. Utilisez les commandes des groupes **Police** et **Paragraphe** de l'onglet **Format** pour modifier les attributs de la légende.
5. Utilisez les commandes du groupe **Ajuster** de l'onglet **Format** pour modifier la durée d'apparition de la légende.
6. Cliquez l'onglet **Format → Effets**, puis sélectionnez un effet de transition dans la liste.

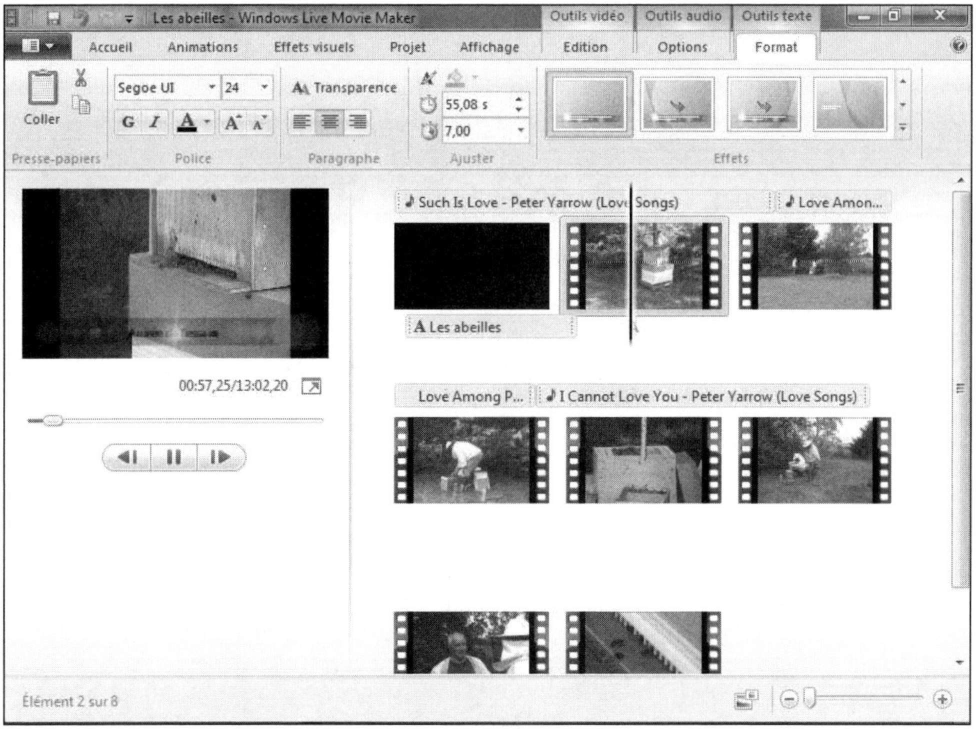

Figure 10-24 Ajout d'une légende dans une vidéo ou une photographie.

Ajouter un générique

Le générique est un texte qui apparaît à la fin d'un film.

1. Cliquez l'onglet **Accueil → Ajouter**, la flèche en regard du bouton **Ajouter un générique**, puis le type de générique.
2. Tapez le texte du générique dans la fenêtre de visualisation.
3. Utilisez les commandes des groupes **Police** et **Paragraphe** de l'onglet **Format** pour modifier les attributs du générique et la couleur du fond.
4. Utilisez les commandes du groupe **Ajuster** de l'onglet **Format** pour modifier la durée du générique.
5. Cliquez l'onglet **Format → Effets**, puis sélectionnez un effet de transition dans la liste.

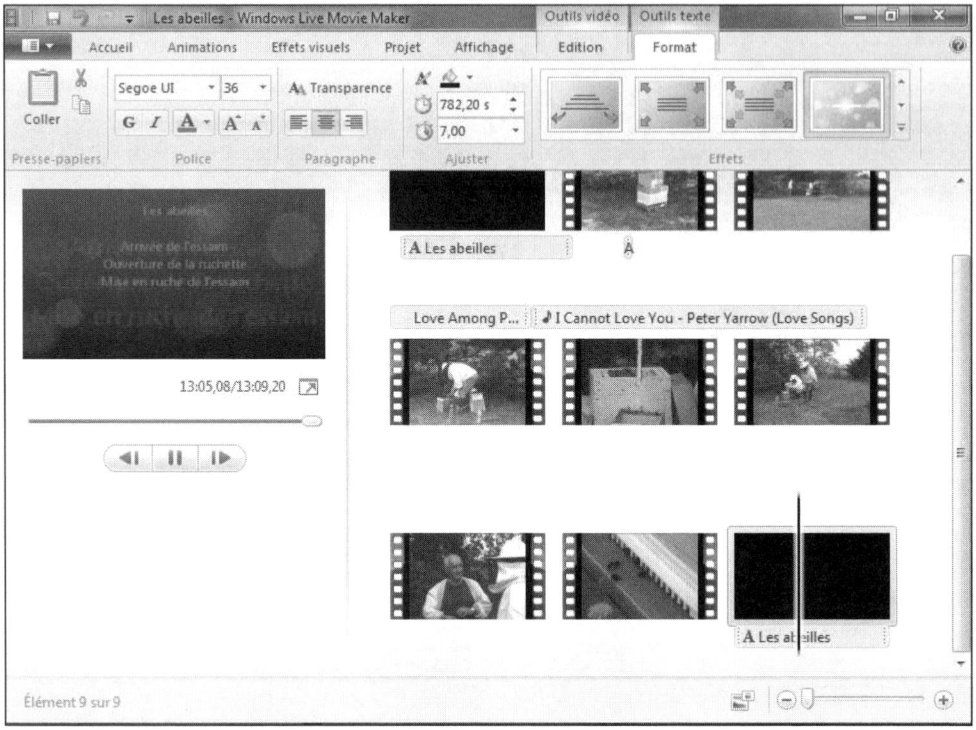

Figure 10-25 Ajout d'un générique à un film.

Utiliser l'assistant de montage

Si vous désirez créer un film rapidement, utilisez l'assistant de montage. Ce dernier ajoute automatiquement un titre, un générique, des effets de transition et vous demandera si vous désirez ajouter de la musique.

1. Ajoutez vos vidéos et vos photographies comme vu précédemment.
2. Cliquez l'onglet **Accueil → Montage automatique**.
3. Suivez les instructions de l'assistant.

Enregistrer un projet

Comme toutes les applications, Movie Maker permet d'enregistrer des « documents ». Il s'agit ici de conserver toutes les informations sur le projet, c'est-à-dire la liste des vidéos capturées, la position et la durée de chaque clip dans les vidéos et leur position dans la table de montage. Le projet ne conserve pas les vidéos elles-mêmes, puisqu'elles sont déjà sur le disque dur.

1. Cliquez le bouton  **→ Enregistrer le projet** ou tapez **Ctrl** + **S**.

2. Éventuellement, sélectionnez le dossier de sauvegarde dans la barre d'adresses ou le volet de navigation.
3. Tapez un nom pour le projet dans la zone **Nom du fichier**.
4. Cliquez le bouton **Enregistrer**.

Note Pour créer un nouveau dossier, consultez le chapitre 3. Pour plus de renseignements sur l'enregistrement des documents, consultez le chapitre 2.

Lire le film

Avant d'enregistrer le film complet, visionnez-le intégralement.

1. Dans la table de montage, cliquez le premier clip.
2. Utilisez les boutons de la fenêtre de visualisation pour lire le film tel qu'il sera enregistré (vidéo, musique, commentaire, titres, *etc.*).

Enregistrer le film

C'est maintenant le moment d'enregistrer le film complet, c'est-à-dire un seul fichier vidéo créé à partir des clips et lisible dans le Lecteur Windows Media.

Pour créer votre film, cliquez le bouton  → **Enregistrer le film**.

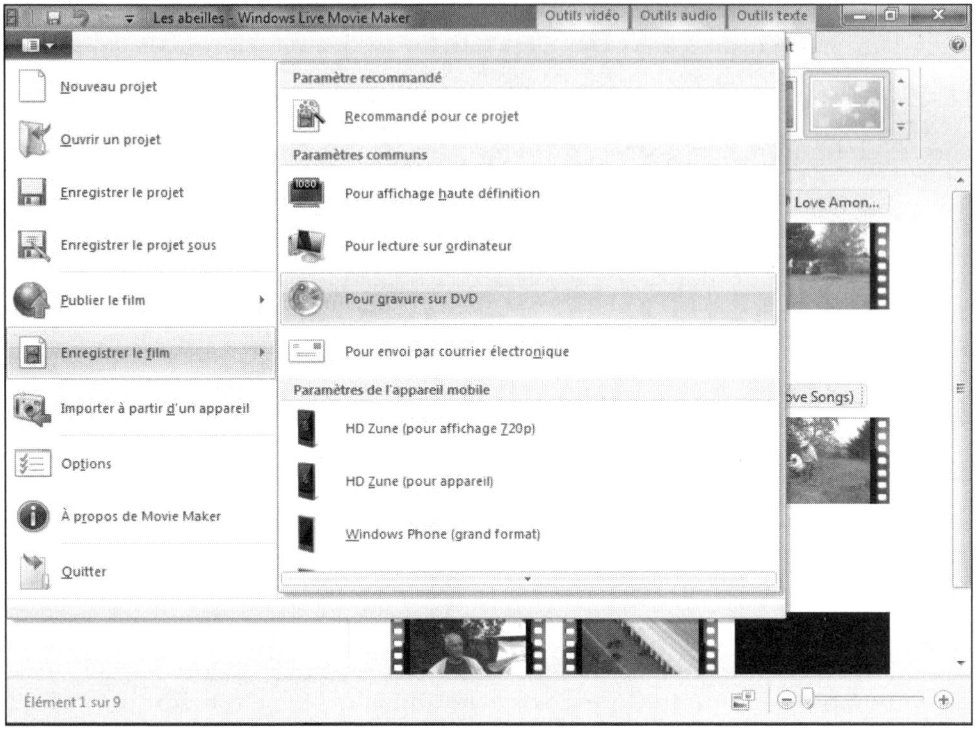

Figure 10-26 Enregistrement d'un film.

Le menu Enregistrer le film propose plusieurs formats.

- **Pour gravure sur DVD** : ouvre l'application Création de DVD Windows (voir plus loin dans ce chapitre). Un DVD est une vidéo de très grande qualité gravée sur un DVD-R/RW ou un DVD+R/RW. Il peut contenir de 1 à 2 heures de vidéo en fonction de la compression des fichiers (format MPG-2).
- **Paramètres de l'appareil mobile** : crée un fichier adapté à ce type d'appareil.
- **Pour envoi par courrier électronique** : crée un fichier de très basse qualité puis l'expédie en pièce jointe d'un e-mail.
- **Pour affichage haute définition/Pour lecture sur ordinateur** : crée un fichier vidéo sur votre disque dur au format WMV (Windows Media Vidéo) avec la définition choisie.

Créer le fichier vidéo

1. Cliquez le bouton  → **Enregistrer le film**, puis le type de format.
2. Dans la zone **Nom du fichier**, tapez le nom de la vidéo à publier.
3. Cliquez le bouton **Enregistrer**.

Figure 10-27 Encodage d'un film.

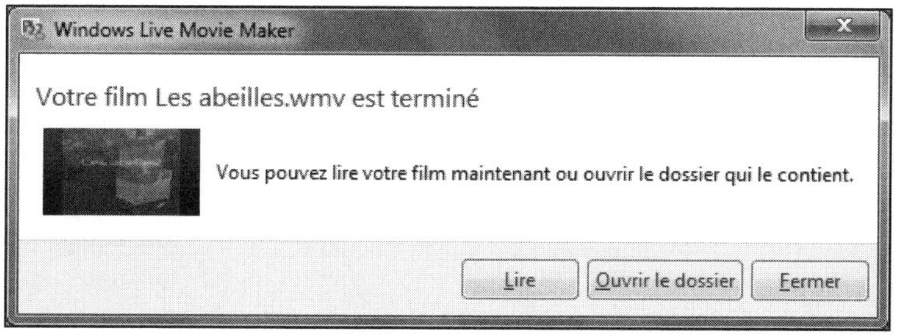

Figure 10-28 Fin de la création du fichier vidéo.

4. Cliquez le bouton **Lire** après l'encodage.

Le film est lu avec le Lecteur Windows Media.

Si vous avez choisi l'option **Graver un DVD**, Movie Maker ouvre automatiquement l'application Création de DVD Windows.

Publier votre film

Movie Maker propose de publier directement sur Internet, par exemple sur YouTube.

1. Cliquez le bouton  ➜ **Publier le film** puis choisissez le site d'hébergement (par exemple YouTube).
2. Suivez les instructions de l'assistant de publication.

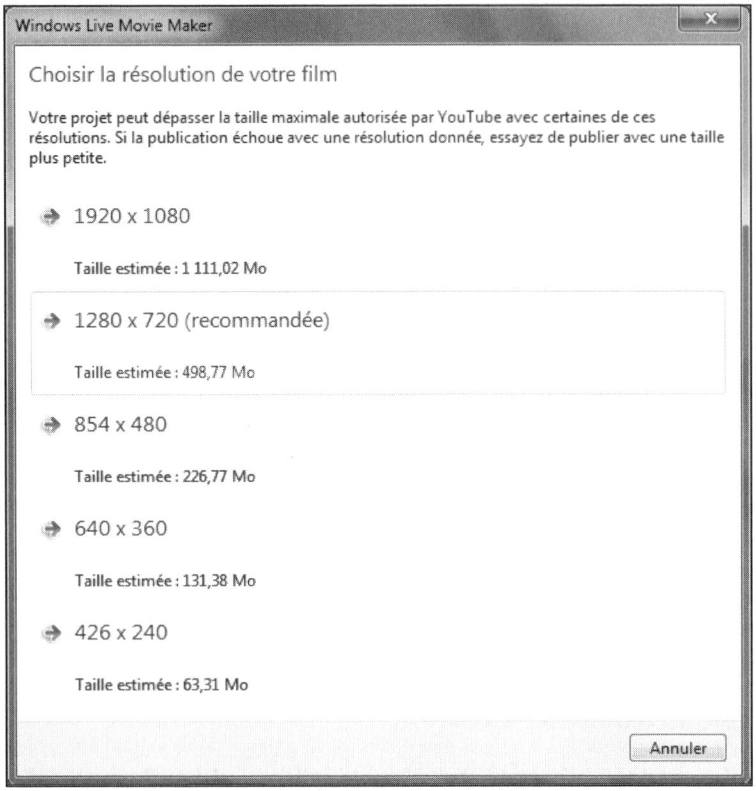

Figure 10-29 Publication d'une vidéo sur Internet.

Créer des DVD vidéo ou de photographies

Le logiciel Création de DVD Windows permet de réaliser de vrais DVD vidéo lisibles dans votre lecteur de salon. Même s'il est très simple, il propose des fonctionnalités intéressantes comme les menus personnalisables et le chapitrage.

Le menu principal d'un DVD permet de lancer le film, d'accéder aux chapitrages ou d'afficher la page de commentaires. Les menus de chapitrages permettent d'accéder directement à une des vidéos présentes sur le DVD.

Choisir les vidéos du DVD

1. Cliquez le bouton **Démarrer** → **Tous les programmes** → **Création de DVD Windows**. Si la boîte **Conservez vos souvenirs numériques sur DVD** s'affiche, cliquez le bouton **Choisissez des photos et des vidéos**.

Note Si vous avez choisi l'option DVD lors de la création du film dans Windows Movie Maker, votre vidéo est déjà présente dans Création de DVD Windows.

2. Cliquez le bouton **Ajouter des éléments**.
3. Sélectionnez la ou les vidéos à ajouter au DVD.

Figure 10-30 Ajout de vidéos au DVD.

4. Cliquez le bouton **Ajouter**.
5. Pour modifier l'ordre de lecture des vidéos, cliquez et faites glisser les vignettes pour les déplacer.
6. Pour supprimer une vidéo, cliquez-la, puis appuyez sur le bouton **Supprimer les éléments**.
7. Pour ajouter d'autres vidéos, répétez les étapes **2** à **4**.
8. Tapez le nom du DVD dans la zone **Titre du disque**.

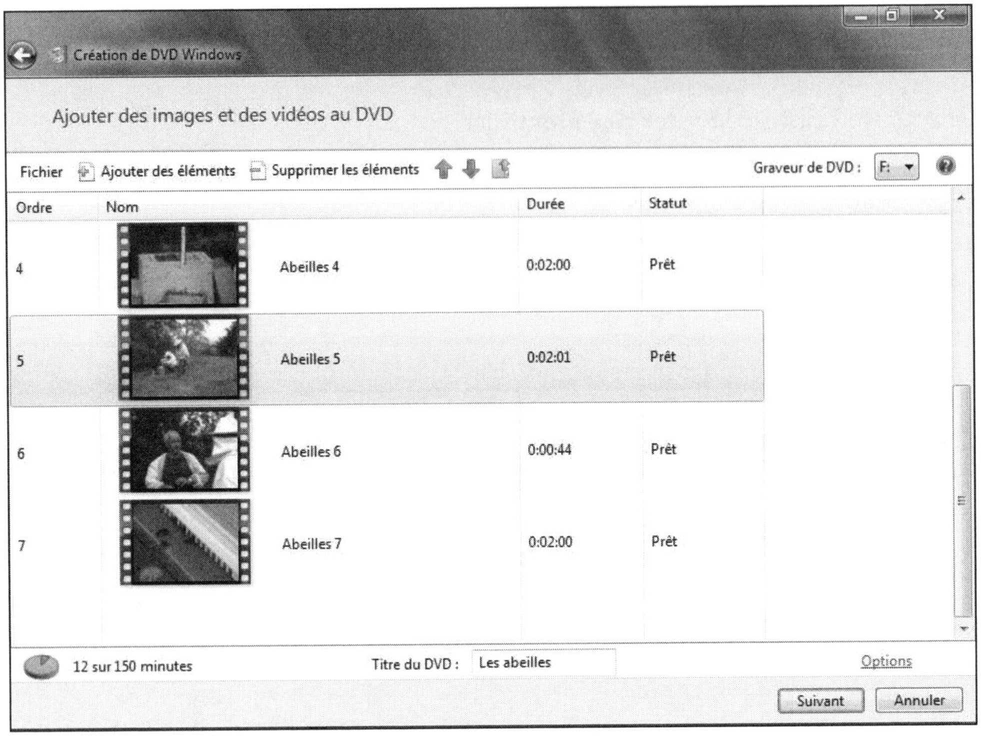

Figure 10-31 Liste des vidéos du DVD.

Définir les paramètres du DVD

1. Cliquez le lien **Options** à l'étape Ajouter des images et des vidéos de la fenêtre Création de DVD Windows.
2. Choisissez la position du menu par rapport au film dans la zone **Choisir les paramètres de lecture**. L'option **Lire la vidéo en boucle** supprime le menu.
3. Choisissez le format de l'image dans la zone **Rapport hauteur-largeur** (4/3 ou 16/9).
4. Sauf exception, gardez l'option **PAL** qui correspond au format européen.

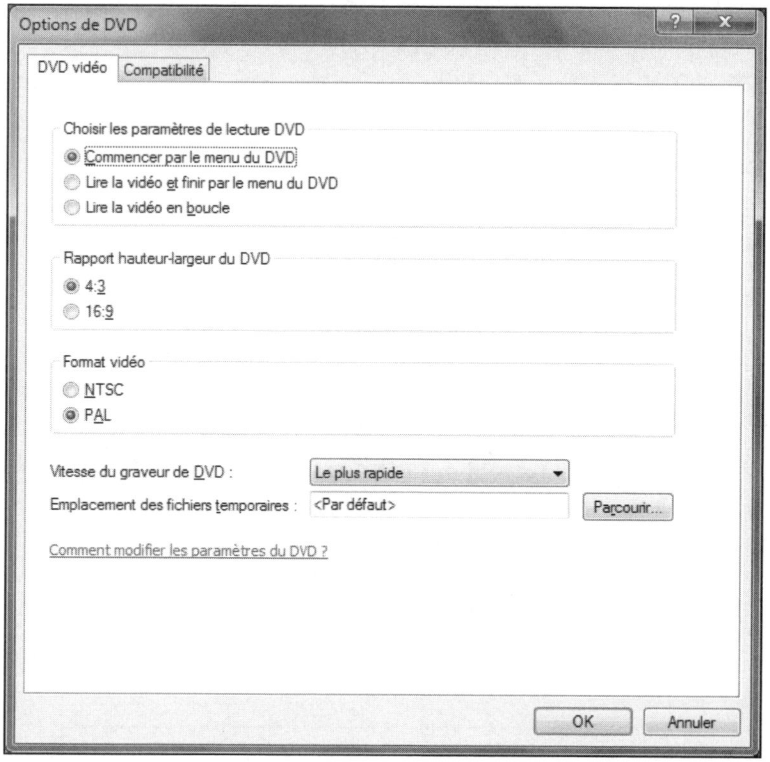

Figure 10-32 Paramètres du DVD.

5. Cliquez le bouton **OK**.
6. Cliquez le bouton **Suivant** à l'étape Ajouter des images et des vidéos de la fenêtre Création de DVD Windows.

Définir les menus

Pour personnaliser votre DVD, vous pouvez choisir un style de menu prédéfini parmi ceux proposés. Choisissez celui qui correspond le mieux au type de film que vous présentez.

1. Cliquez un style de menu dans la liste de droite.

   Un exemple s'affiche immédiatement.

Figure 10-33 Menu principal du DVD.

Personnaliser les menus

Il est tout à fait possible de personnaliser les menus en partant d'un style prédéfini.

1. Cliquez le bouton **Personnaliser le menu**.
2. Modifiez les attributs des textes (police, couleur, gras et italique).

   Vous pouvez remplacer les éléments de premier et d'arrière-plan avec des vidéos ou des images.

Note Tous les styles de menus ne permettent pas de changer les vidéos de premier et d'arrière-plan.

3. Cliquez les boutons **Parcourir** des zones **Vidéo de premier plan** et **Vidéo d'arrière-plan** pour choisir les vidéos ou les images des menus.

Conseil Pour obtenir des menus plus lisibles, il est déconseillé d'ajouter deux vidéos en même temps. Choisissez plutôt une image pour l'arrière-plan.

Vous pouvez aussi sonoriser vos menus.

4. Cliquez le bouton **Parcourir** de la zone **Audio des menus** pour choisir une musique.

   Les chapitres sont accessibles avec des boutons. Définissez leur forme.

5. Cliquez la zone **Styles des boutons scènes** puis sélectionnez une forme dans la liste.

   Au fur et à mesure des modifications, la partie droite de la fenêtre affiche l'aperçu du menu principal et de celui des chapitrages. À tout moment vous pouvez cliquer le bouton **Aperçu** pour visualiser le résultat en grandeur réelle.

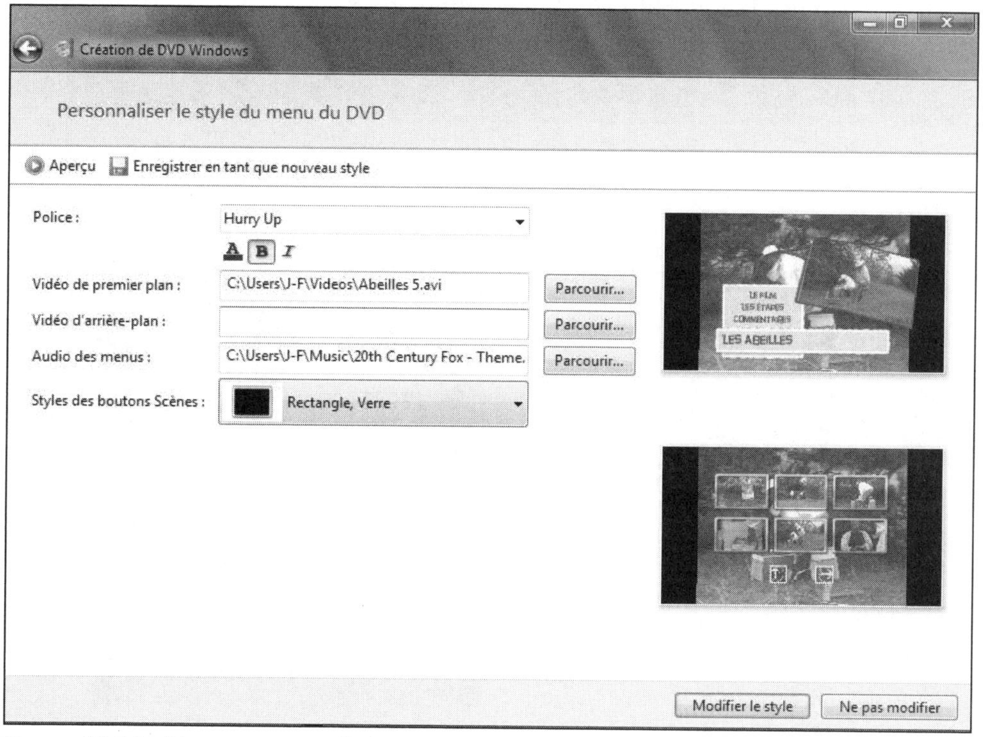

Figure 10-34 Menu personnalisé.

Astuce Si vous devez utiliser fréquemment le même menu personnalisé, cliquez le bouton **Enregistrer en tant que nouveau style**. Donnez ensuite un nom au nouveau style. Ce dernier apparaît dans la liste des styles de menus.

6. Cliquez le bouton **Modifier le style**.

Modifier les textes et ajouter une page de commentaires

1. Cliquez le bouton **Texte de menu** dans l'étape Prêt à graver le disque.
2. Éventuellement, si vous ne l'avez pas déjà fait dans la personnalisation des menus, modifiez les attributs des textes (police, couleur, gras et italique).
3. Saisissez les textes du menu principal (titre et boutons).

   Vous pouvez ajouter une page supplémentaire au DVD contenant des commentaires.
4. Saisissez votre texte dans la zone **Commentaires**.

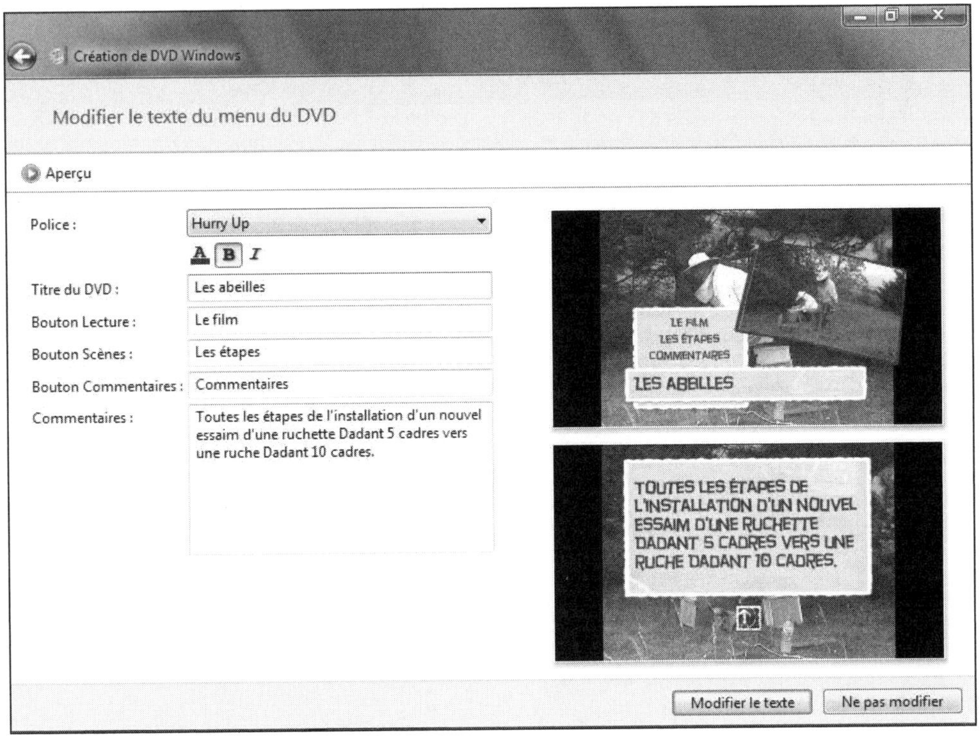

Figure 10-35 Textes personnalisés.

Comme pour la personnalisation des menus, la partie droite de la fenêtre affiche des aperçus. À tout moment vous pouvez cliquer le bouton **Aperçu** pour visualiser le résultat.

5. Cliquez le bouton **Modifier le texte**.

Finaliser le DVD

Tester le DVD

Avant de graver le DVD, il est plus sage de le tester.

1. Cliquez le bouton **Aperçu** dans l'étape Prêt à graver le disque.

Figure 10-36 Test du futur DVD.

2. Utilisez les boutons de commande pour tester toutes les fonctionnalités du DVD.
3. Cliquez le bouton **OK**.
4. Vous pouvez toujours revenir sur les étapes précédentes pour peaufiner votre réalisation. Utilisez les boutons ← et **Suivant** pour changer d'étape.

Graver le DVD

Vous êtes maintenant à la phase finale de la création de votre DVD.

1. Insérez un DVD-R/RW ou un DVD+R/RW dans votre graveur.

Conseil Pour ne pas gaspiller un DVD-R ou un DVD+R, il est préférable d'effectuer une première gravure sur un DVD-RW ou un DVD+RW. Testez-le ensuite avec votre lecteur de salon ou votre ordinateur. S'il fonctionne correctement, gravez-le ensuite sur un DVD-R ou un DVD+R.

2. Cliquez le bouton **Graver**.

   L'encodage des vidéos et des menus débute, suivi de la gravure du DVD.

Note Le temps d'élaboration d'un DVD dépend de la durée des films, de la vitesse du graveur et de la rapidité de votre ordinateur. Soyez patient !

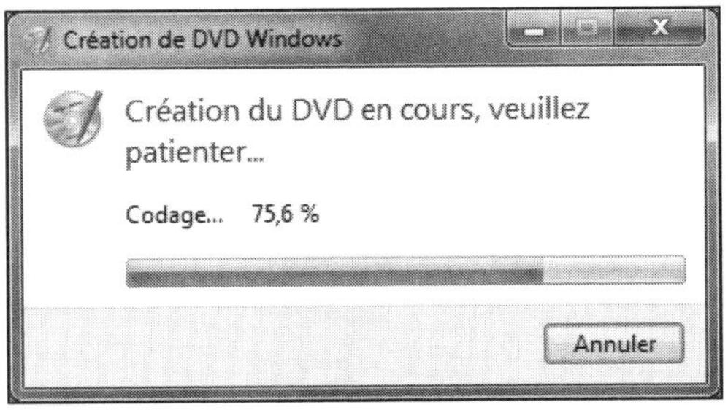

Figure 10-37 Encodage et gravure du DVD.

3. Cliquez le bouton **Fermer** après la gravure.
4. Pour enregistrer votre projet de DVD, cliquez le menu **Fichier → Enregistrer**. Sélectionnez le dossier d'enregistrement, tapez le nom du projet dans la zone **Nom du fichier**, puis cliquez le bouton **Enregistrer**.
5. Cliquez le bouton  pour fermer Création de DVD Windows.

Créer des diaporamas sur DVD

Le logiciel Création de DVD Windows permet aussi de créer des DVD qui contiennent des images. Il permet même de mélanger vidéos et photographies sur le même DVD.

Pour créer un diaporama, cliquez le bouton **Ajouter des éléments** à l'étape Ajouter des images et des vidéos au DVD, puis sélectionnez toutes vos photographies.

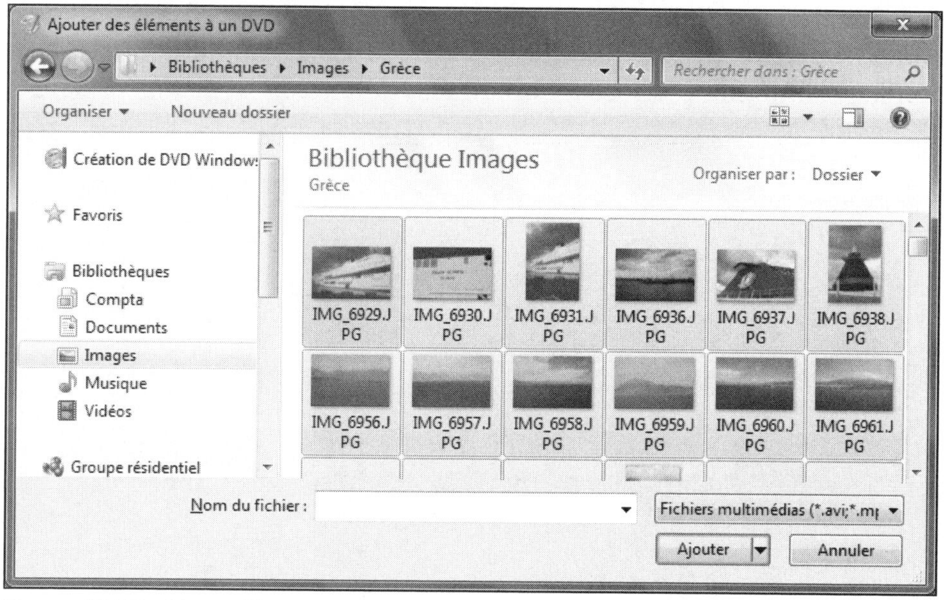

Figure 10-38 Ajout d'images au DVD.

Toutes les images sélectionnées sont regroupées dans le dossier Diaporama.

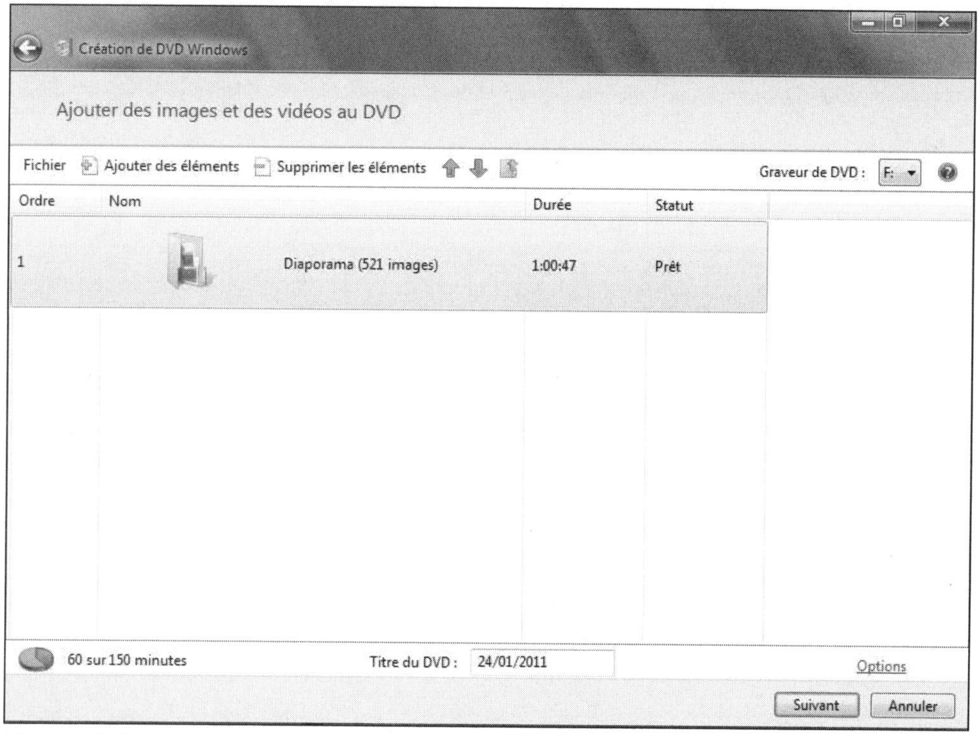

Figure 10-39 Dossier Diaporama du DVD.

Toutes les étapes qui concernent les menus sont identiques à celles d'un DVD vidéo. Les chapitres permettent d'accéder à des groupes de photographies. Si le DVD possède aussi des vidéos, toutes les photographies du diaporama sont regroupées dans un seul et même chapitre.

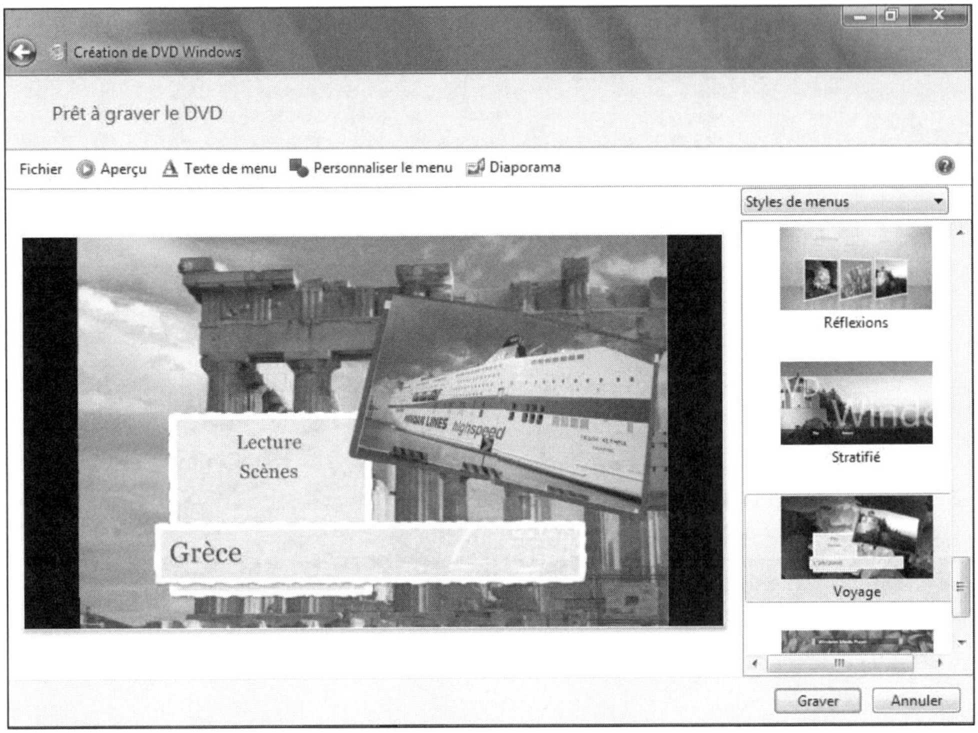

Figure 10-40 Diaporama avant la gravure.

Pour le diaporama lui-même, vous pouvez changer quelques paramètres.

1. À l'étape Prêt à graver le disque, cliquez le bouton **Diaporama**.
2. Cliquez le bouton **Ajout de musique** pour sonoriser le diaporama. Vous pouvez ajouter plusieurs morceaux de musique.
3. Sélectionnez la durée d'affichage de chaque photographie dans la liste **Durée de l'image**.
4. Cochez la case **Changer la durée...** si vous désirez ajuster la durée d'affichage de chaque photographie en fonction de la durée totale des musiques.
5. Sélectionnez l'effet de transition entre chaque photographie dans la liste **Transition**.

6. Cochez la case **Utiliser les effets...** si vous désirez appliquer des zooms et des défilements aux photographies. Faites néanmoins des essais pour cette option car le résultat n'est pas toujours probant.

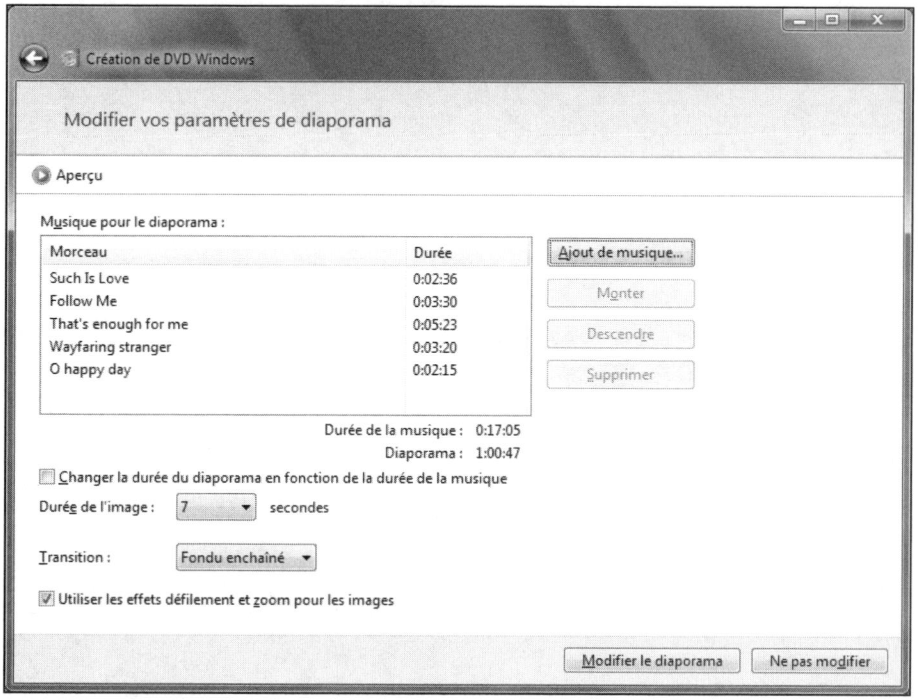

Figure 10-41 Paramètres du diaporama.

7. Cliquez le bouton **Modifier le diaporama**.

8. Suivez les étapes comme pour un DVD vidéo.

PARTIE IV
EXPLOITER LES RESSOURCES D'INTERNET

Chapitre 11

Naviguer sur Internet

Dans ce chapitre

- Visiter des sites Web
- Conserver des adresses
- Utiliser l'historique
- Utiliser les onglets
- Exploiter les pages Web
- Supprimer les publicités
- Navigation InPrivate

Internet offre de multiples facettes. De la simple navigation dans des pages Web à la messagerie, cet outil n'est pas près de cesser de vous étonner. Internet permet de visiter des millions de pages proposées par les sites du monde entier. Les internautes appellent cela « surfer » : vous vous déplacez de page en page grâce aux liens proposés pour approfondir le sujet qui vous intéresse ou en découvrir de nouveaux. Ce chapitre vous explique la navigation sur Internet, le moyen d'organiser vos liens vers les sites que vous consultez fréquemment, ainsi que l'exploitation du contenu des pages pour les conserver durablement. N'oubliez pas qu'Internet est en perpétuelle évolution, et certaines pages peuvent disparaître d'un jour à l'autre.

Visiter des sites Web

La navigation sur le Web est la principale activité des internautes. Son principe est très simple : vous saisissez l'adresse d'un site, puis vous cliquez les liens proposés pour « naviguer » ou « surfer » de page en page sur les sujets qui vous intéressent.

Définition **World Wide Web** ou tout simplement **Web** : service sur Internet qui permet de consulter des pages au format HTML.

Définition **HTLM** (*HyperText Markup Language*) : langage pour décrire des pages Web avec des fonctions qui n'existent pas dans un texte ordinaire : liens vers d'autres pages ou sites, insertions de tableaux ou d'images, sons, animations, vidéos, *etc*.

Une adresse de site est composée de trois parties. Comme le service sur Internet qui permet de consulter des pages s'appelle le World Wide Web, les adresses des sites commencent donc par les lettres « www ». On trouve ensuite le nom du site. C'est généralement le nom d'une société, d'une marque ou d'un organisme. L'adresse est complétée par quelques lettres qui indiquent le type de site : « com » correspond à une société commerciale, « fr » à un site français, *etc*. Ces trois parties sont séparées par des points. Prenons un exemple. Pour accéder au site de la radio RTL, il suffit de taper l'adresse `www.rtl.fr`. Notez que les espaces n'existent pas dans les adresses. Les majuscules ne sont pas prises en compte. Il est donc inutile de les saisir.

1. Cliquez le bouton **Démarrer** → **Tous les programmes** → **Internet Explorer**, ou cliquez le bouton dans la barre des tâches.

Note Pour surfer, vous devez être connecté. Vous pouvez aussi naviguer « hors connexion », mais seulement pour les dernières pages que vous avez visitées.

Vous êtes maintenant dans l'interface d'Internet Explorer, qui vous permettra de découvrir toutes les possibilités du Web.

L'adresse doit être saisie dans la zone située à droite des boutons .

2. Cliquez la zone **Adresse** (à droite des boutons).
3. Tapez l'adresse du site, par exemple `www.rtl.fr`, puis validez avec la touche **Entrée**.

Conseil Il n'est pas nécessaire de faire précéder l'adresse du protocole http://. Pour les adresses se terminant par .com, tapez uniquement le nom du site et appuyez sur **Ctrl** + **Entrée**. L'adresse est automatiquement complétée : par exemple, google devient www.google.com.

La page correspondant à l'adresse saisie est affichée. Si vous avez tapé uniquement l'adresse du site, c'est la page principale qui s'affiche (figure 11-1).

Figure 11-1 Page Web affichée dans Internet Explorer.

Note Pour actualiser le contenu d'une page, cliquez le bouton dans la zone Adresse. Pour arrêter le chargement d'une page, cliquez le bouton ✕ dans la zone Adresse.

Maintenant, vous pouvez naviguer de page en page. Comment ? Tout simplement en recherchant les liens qui vous dirigent vers d'autres pages. Certains liens sont facilement reconnaissables : ils ont une couleur différente du reste du texte et sont généralement soulignés. Mais ce n'est pas toujours le cas. Pour repérer un lien, déplacez la souris. Si le curseur prend la forme , il s'agit d'un lien. Dans ce cas, cliquez-le pour passer à une autre page ou à une autre partie de la page en cours.

Si l'adresse saisie est mal orthographiée, Internet Explorer affiche un message d'erreur, ou vous êtes redirigé vers un autre site, celui de votre fournisseur d'accès par exemple. Corrigez dans ce cas votre saisie, puis appuyez sur **Entrée**.

Si vous vous êtes trompé en cliquant un lien ou si vous désirez parcourir des pages déjà visitées, Internet Explorer vous propose des boutons pour accéder aux pages suivantes et précédentes, mais aussi à une page précise.

1. Pour revenir à la page précédente, cliquez le bouton .
2. Pour voir la page suivante, cliquez le bouton .

   Ces boutons ne sont disponibles que si vous avez déjà consulté au minimum deux pages depuis l'ouverture d'Internet Explorer.
3. Pour choisir une page précise, cliquez avec le bouton droit de la souris les boutons puis le nom de la page dans la liste qui s'ouvre.

Améliorer l'affichage

Si vous visitez des pages Web conçues pour des navigateurs plus anciens, il est possible d'en améliorer l'affichage (problèmes de menus, images ou textes décalés, *etc.*). Cliquez simplement le bouton dans zone Adresse. Ce bouton n'apparaît que si une amélioration est possible. Si le résultat n'est pas satisfaisant, cliquez de nouveau le bouton .

Conserver les adresses

Avec le temps, vous verrez que l'on revient très souvent sur les mêmes sites, généralement parce qu'ils correspondent à des hobbies, des informations pour le travail, ou des sites marchands que l'on privilégie.

Pour ne pas retaper l'adresse de ces sites, vous pouvez les conserver dans un dossier appelé « Favoris ».

Ajouter une adresse aux favoris

1. Affichez la page dont vous désirez conserver l'adresse.

2. Cliquez le bouton ☆ → **Ajouter aux Favoris**.
3. Tapez le nom du site ou de la page dans la zone **Nom**. Ce nom n'a aucune influence sur le lien.
4. Sélectionnez dans la liste **Créer dans** le dossier qui doit contenir l'adresse (voir figure 11-2).

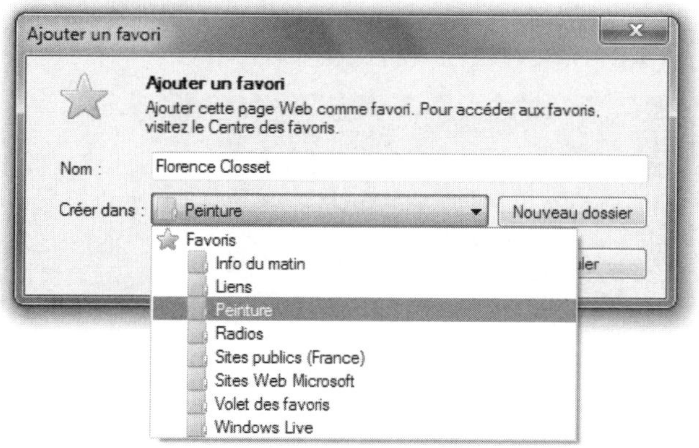

Figure 11-2 Ajout de la page Web en cours dans les favoris.

5. Cliquez le bouton **Ajouter**.

Utiliser une adresse des favoris

Tous les liens ajoutés sont disponibles dans un volet. Ce dernier permet de continuer à naviguer tout en ayant la liste des liens.

1. Cliquez le bouton ☆ puis cliquez l'onglet **Favoris**.
2. Cliquez l'adresse dans l'arborescence du volet des favoris. Cliquez le bouton → en regard de l'adresse pour l'afficher dans un nouvel onglet.
3. Pour conserver le volet des favoris ouvert, cliquez le bouton ⇐. Pour fermer le volet, cliquez le bouton ✕.

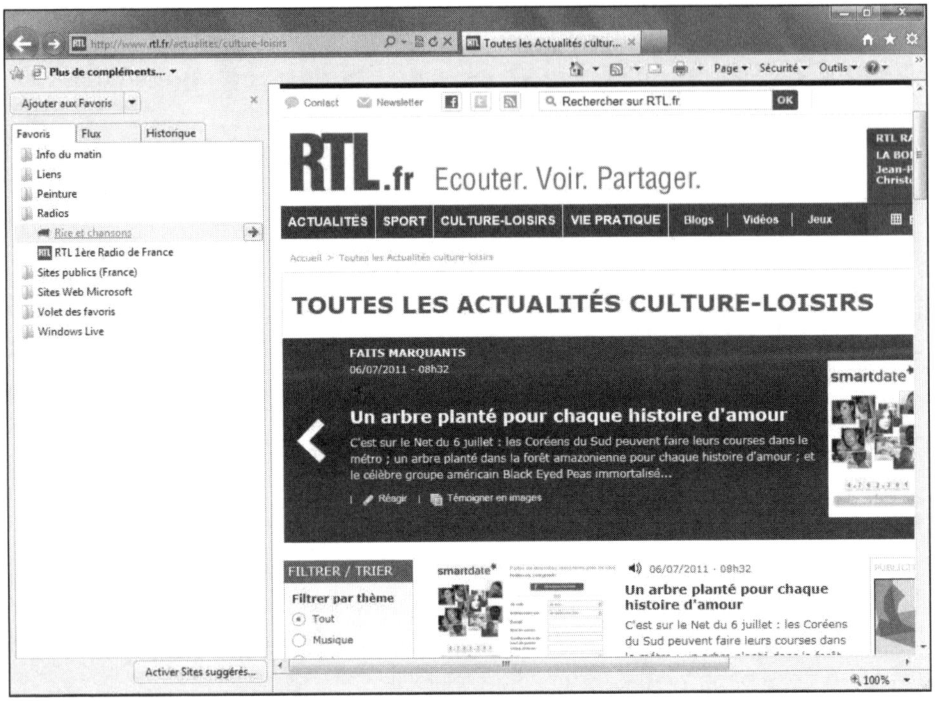

Figure 11-3 Volet des favoris.

Ajouter un site au volet des Favoris

Pour les sites que vous visitez très fréquemment, ajoutez des boutons dans la barre Volet des favoris.

1. Affichez la page que vous visitez fréquemment.
2. Cliquez le bouton .

   Un nouveau bouton s'affiche dans la barre Volet des favoris (à droite du bouton).
3. Répétez les étapes **1** et **2** pour tous les sites auxquels vous désirez accéder rapidement.

Figure 11-4 Adresses de sites dans le volet favoris.

Organiser les favoris

Pour ne pas être submergé par une quantité importante de liens, mieux vaut les organiser en les classant par thèmes dans des dossiers.

1. Cliquez le bouton , ensuite la flèche en regard du bouton **Ajouter aux favoris** puis cliquez **Organiser les Favoris**.

   La boîte qui s'affiche permet de créer, de renommer ou de supprimer des dossiers. Il s'agit d'une arborescence semblable à celle de votre disque dur.

2. Utilisez les boutons correspondants pour modifier les dossiers (voir figure 11-5).

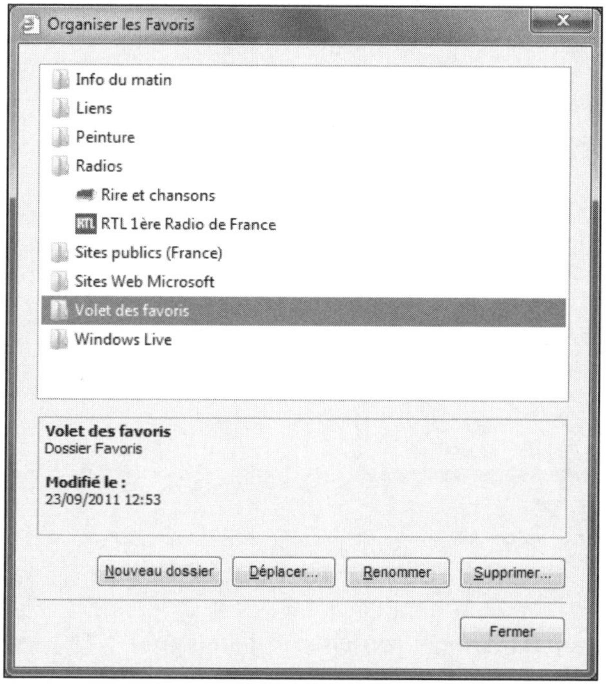

Figure 11-5 Organisation du menu des favoris.

Définir la page de démarrage

Si vous consultez toujours la même page à chaque connexion, définissez-la comme page par défaut.

1. Affichez la page à utiliser par défaut.
2. Cliquez le bouton Outils ▾.
3. Cliquez l'onglet **Général** (figure 11-6).
4. Cliquez le bouton **Page actuelle** pour qu'elle devienne la page de démarrage.

Note Si vous cliquez le bouton **Par défaut**, le site MSN de Microsoft ou celui du constructeur de l'ordinateur sera ouvert au démarrage. Si vous cliquez le bouton **Page vierge**, aucun site ne sera affiché à l'ouverture d'Internet Explorer.

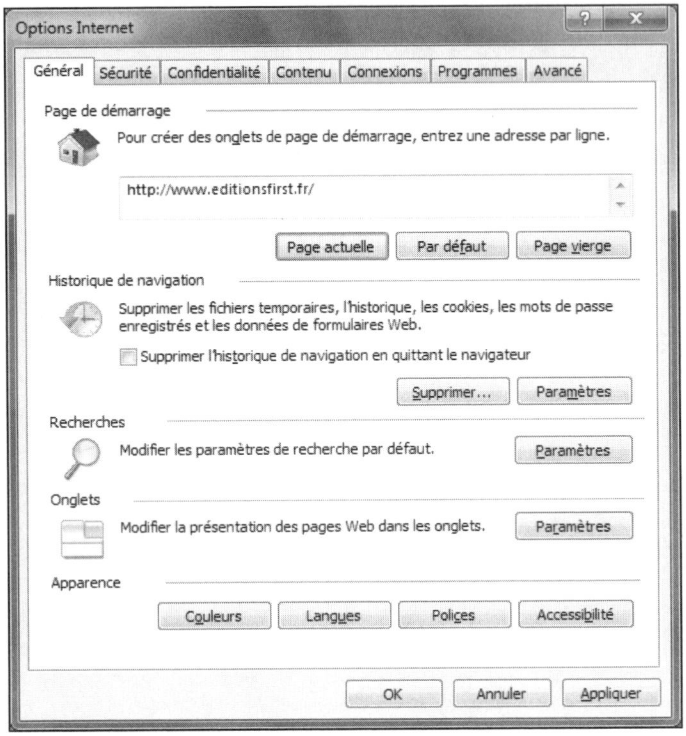

Figure 11-6 Choix de la page de démarrage.

5. Cliquez le bouton **OK**.

Conseil Pour ajouter plusieurs pages au démarrage, consultez le paragraphe « Utiliser les onglets » plus loin dans ce chapitre.

Utiliser l'historique

Internet Explorer conserve l'adresse des dernières pages visitées. Elles sont regroupées par semaines, et par jours pour la dernière semaine.

1. Cliquez le menu **Affichage ➜ Volet d'exploration ➜ Historique**, ou cliquez le bouton Favoris puis le bouton Historique.

   Le volet Historique s'affiche dans la partie gauche d'Internet Explorer.

Conseil Pour conserver ouvert le volet de l'historique dans la partie de gauche, cliquez le bouton . Pour fermer le volet, cliquez le bouton .

2. Cliquez le jour ou la semaine à consulter.

   Chaque dossier correspond à un site visité.

3. Cliquez un dossier pour l'ouvrir.

   Chaque lien correspond à une page visitée.

4. Cliquez un lien pour afficher la page correspondante.

   La page s'ouvre dans la partie de droite d'Internet Explorer.

Figure 11-7 Historique des pages visitées.

Astuce Pour obtenir rapidement la liste des dernières adresses saisies, les derniers sites de votre Historique ou celles de vos Favoris, cliquez la flèche entre les boutons et dans la zone Adresse.

Utiliser les onglets

Pour naviguer facilement entre les sites ouverts, utilisez les onglets.

1. Pour ajouter une nouvelle page, cliquez l'onglet vide à la fin de la liste des onglets (l'onglet prend la forme  quand vous le pointez). Vous pouvez aussi utiliser le raccourci **Ctrl** + **T**.

   Internet Explorer affiche un nouvel onglet. Il propose dans ce dernier vos sites préférés.

2. Saisissez l'adresse du site comme à l'accoutumée, ou cliquez un des sites proposés.

3. Pour changer de site, cliquez l'onglet correspondant.

4. Pour fermer un onglet, cliquez-le, puis cliquez le bouton  à l'intérieur de cet onglet. La fermeture du dernier onglet entraîne celle d'Internet Explorer.

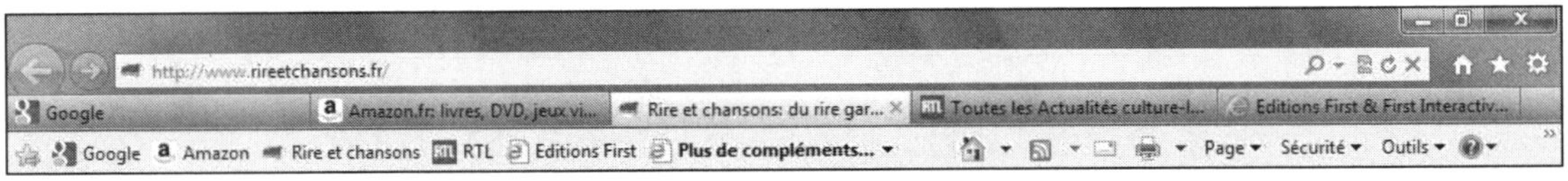

Figure 11-8 Sites Internet accessibles avec des onglets.

Conseil Si vous désirez ouvrir un site dans une nouvelle fenêtre d'Internet Explorer et non dans un onglet, tapez le raccourci **Ctrl** + **N**. Les nouvelles fenêtres et les onglets sont accessibles avec la barre des tâches. Pour ouvrir un lien dans un nouvel onglet, cliquez-le tout en maintenant enfoncée la touche **Ctrl**. Vous pouvez aussi déplacer les onglets pour en afficher un plus grand nombre. Cliquez un onglet avec le bouton droit, puis cliquez la commande **Afficher les onglets sur une ligne séparée** dans le menu contextuel.

Utiliser l'aperçu en mosaïque

Si vous avez ouvert une grande quantité d'onglets, vous pouvez obtenir un aperçu rapide des pages en cours.

1. Tapez le raccourci **Ctrl** + **Q**.

   Toutes les pages des onglets sont visibles.

Note Si le raccourci **Ctrl** + **Q** ne fonctionne pas, vous devez activer cette fonction. Consultez le paragraphe « Modifier les paramètres des onglets » plus loin dans ce chapitre.

Figure 11-9 Aperçu en mosaïque des sites Internet accessibles avec les onglets.

2. Cliquez la page à ouvrir dans l'aperçu en mosaïque.

Ajouter un groupe d'onglets aux favoris

Si vous ouvrez toujours les mêmes sites, ajoutez un groupe dans les favoris.

1. Ouvrez les sites dans des onglets comme vu précédemment.
2. Cliquez le bouton ☆, cliquez la flèche en regard du bouton **Ajouter aux favoris** puis cliquez **Ajouter le groupe d'onglets aux Favoris**.
3. Tapez un nom dans la zone **Nom du dossier**.
4. Éventuellement, sélectionnez le dossier qui doit contenir le dossier du groupe dans la liste **Créer dans**.

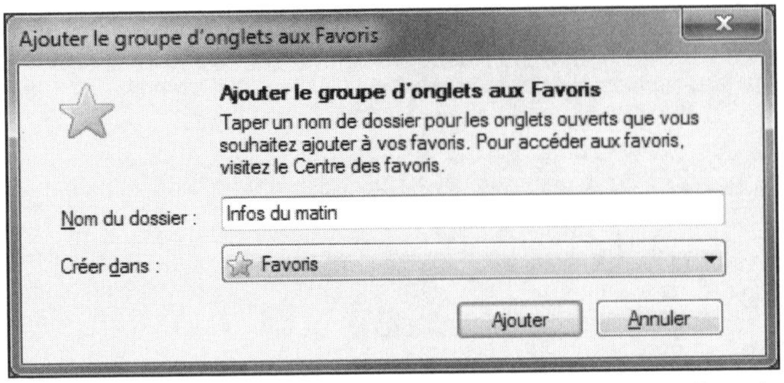

Figure 11-10 Création d'un favori pour un groupe d'onglets.

5. Cliquez le bouton **Ajouter**.

Internet Explorer crée un dossier avec le nom saisi à l'étape **3**. Ce dossier contient les liens vers les pages ouvertes actuellement.

Pour ouvrir en une seule fois tous les sites d'un groupe :

1. Cliquez le bouton puis l'onglet **Favoris**.
2. Cliquez le bouton en regard du nom du groupe dans la liste des favoris.

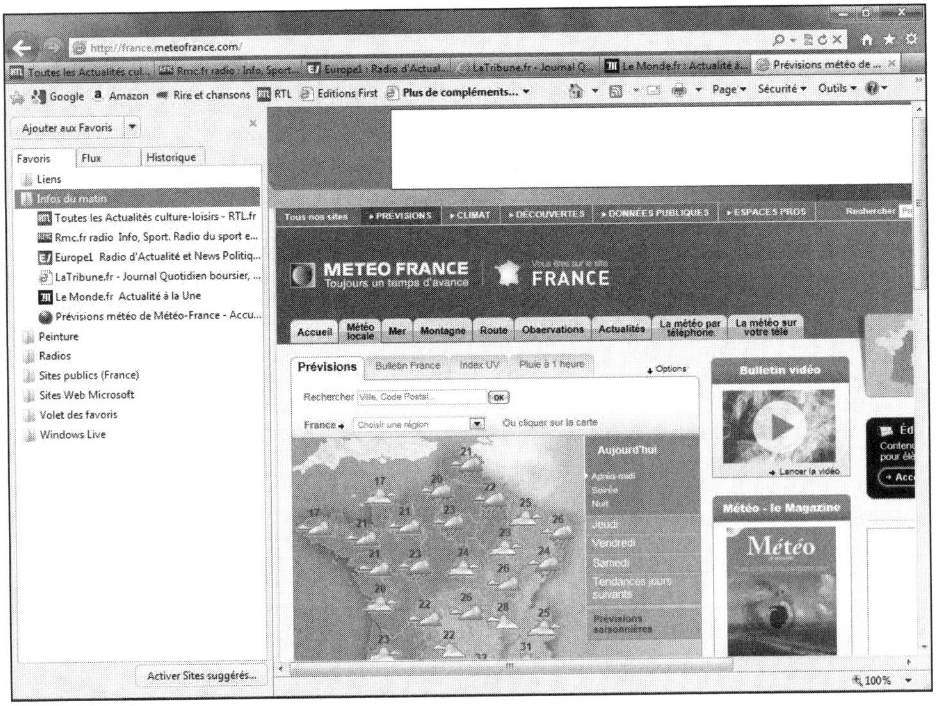

Figure 11-11 Ouverture d'un groupe d'onglets.

Toutes les pages du groupe sont ouvertes dans des onglets.

Astuce Vous pouvez ouvrir de la même manière toutes les pages d'un dossier des favoris. Il n'est pas nécessaire pour cela de créer un groupe.

Ajouter plusieurs pages de démarrage

Internet Explorer permet d'ouvrir plusieurs pages Web dès son ouverture.

1. Ouvrez les pages à afficher lors du démarrage d'Internet Explorer.
2. Cliquez la flèche en regard du bouton .
3. Cliquez la commande **Ajouter ou modifier une page de démarrage** dans le menu contextuel.
4. Cochez l'option **Utiliser l'ensemble d'onglets…**.

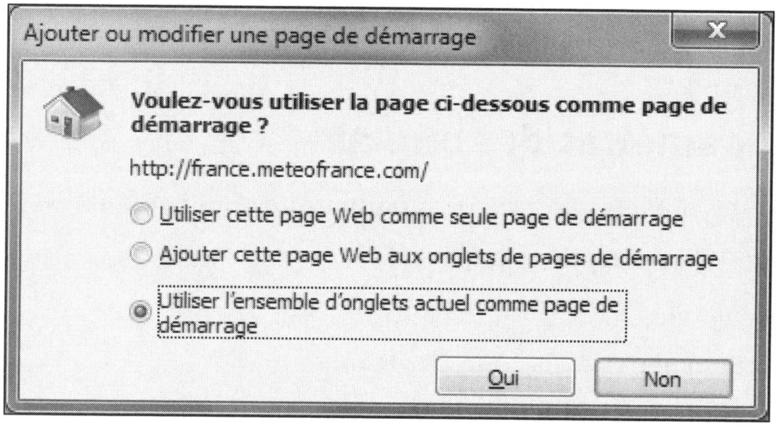

Figure 11-12 Ajout de plusieurs pages de démarrage.

5. Cliquez le bouton **Oui**.

Toutes les pages actuelles seront ouvertes au démarrage d'Internet Explorer.

Gérer les onglets à la fermeture

Internet Explorer propose de retrouver les pages actuellement ouvertes lors de votre prochaine session.

1. Ouvrez des pages dans plusieurs onglets.
2. Cliquez le bouton X pour fermer Internet Explorer.

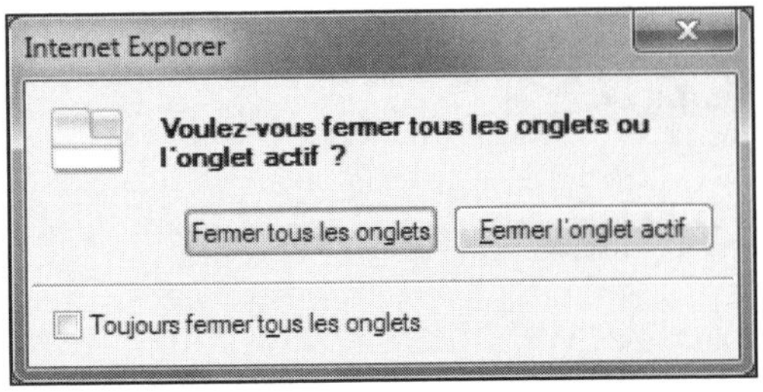

Figure 11-13 Boîte de fermeture d'Internet Explorer.

3. Cliquez le bouton correspondant au type de fermeture.

Attention Si vous cochez la case **Toujours fermer tous les onglets** (figure 11-13), Internet Explorer ne vous posera plus la question. Pour rétablir cette option, cliquez le bouton Outils ▾ ➜ **Options Internet**, cliquez l'onglet **Général** puis le bouton **Paramètres** de la zone **Onglets**. Cochez la case **M'avertir lors de la fermeture de plusieurs onglets** puis validez les boîtes ouvertes.

Modifier les paramètres des onglets

Une bonne utilisation des onglets nécessite de modifier quelques paramètres.

1. Cliquez le bouton Outils ▾ ➜ **Options Internet**.
2. Cliquez l'onglet **Général**.
3. Cliquez le bouton **Paramètres** de la zone **Onglets**.

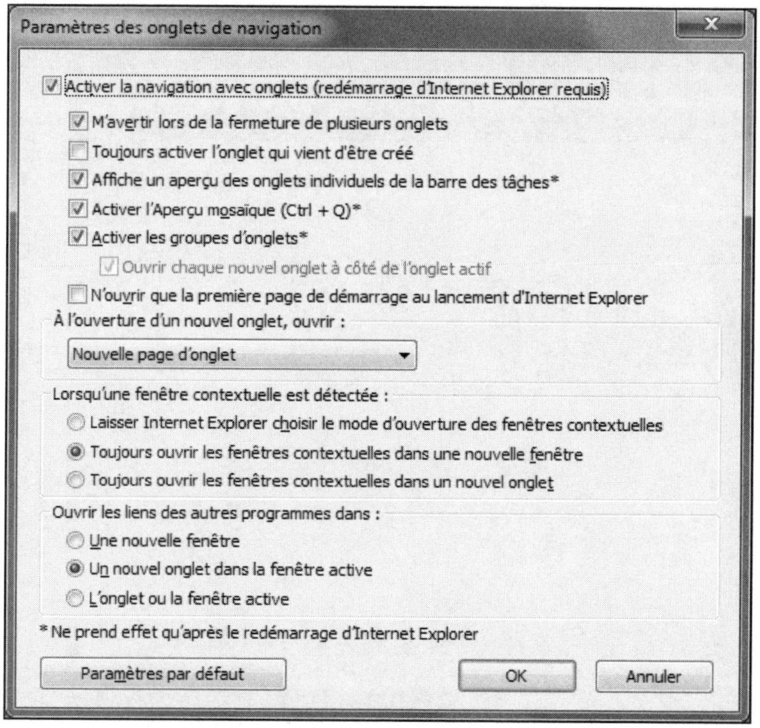

Figure 11-14 Paramètres des onglets.

Une boîte propose toutes les options pour gérer les onglets.

4. Modifiez les paramètres proposés.
5. Cliquez le bouton **OK** dans les boîtes ouvertes.

Épingler vos sites favoris dans la barre des tâches

Pour accéder encore plus facilement à vos sites favoris, vous pouvez ajouter des boutons dans la barre des tâches comme vous le faites avec une application (consultez le chapitre 1).

1. Ouvrez le site à épingler sur la page qui vous intéresse.
2. Cliquez et faites glisser l'onglet du site vers la barre des tâches.

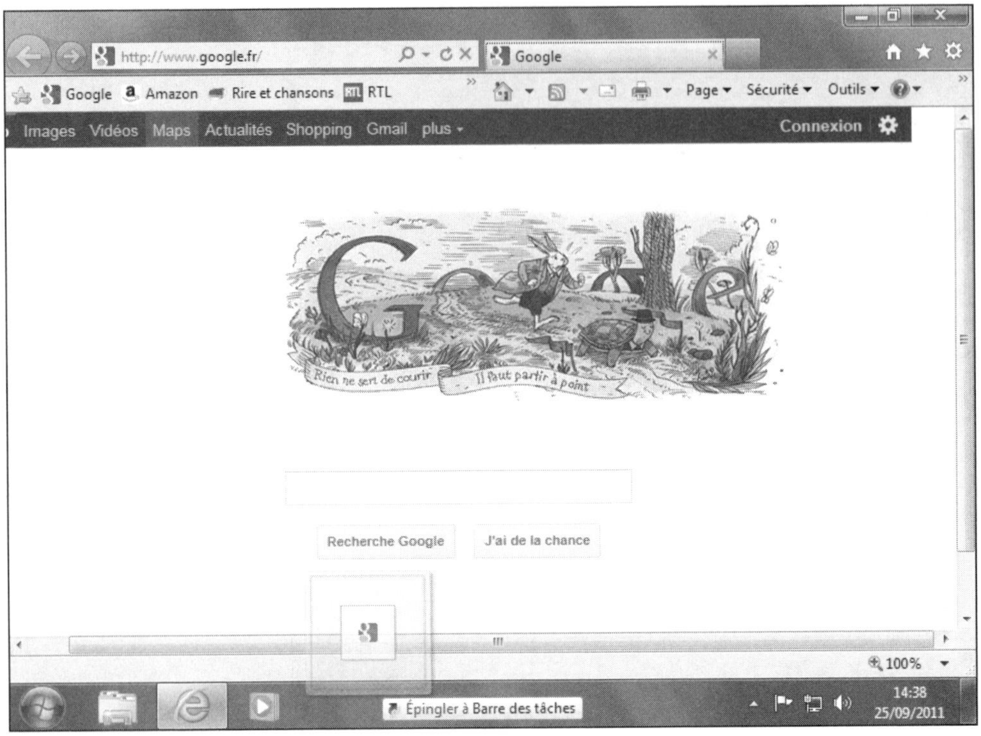

Figure 11-15 Ajout d'un site à la barre des tâches.

Les boutons des sites restent présents dans la barre des tâches.

Figure 11-16 Boutons de sites dans la barre des tâches.

Il suffit maintenant de cliquer le bouton dans la barre des tâches pour ouvrir le site sur la page choisie. L'icône, à gauche des boutons 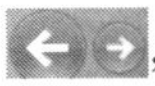, permet de revenir à cette page si vous vous êtes déplacé dans le site. La fenêtre d'Internet Explorer ne propose plus de barre d'outils. Les boutons 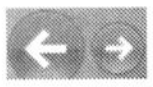 sont de couleurs différentes.

Figure 11-17 Site ouvert *via* la barre des tâches.

Pour supprimer le bouton d'un site dans la barre des tâches :

1. Faites un clic droit sur le bouton du site.
2. Cliquez la commande **Détacher ce programme de la barre des tâches**.

Figure 11-18 Suppression du bouton d'un site dans la barre des tâches.

Quelques sites pour bien débuter

Si vous ne savez pas par où commencer, voici une liste de sites pertinents classés par thèmes.

Sorties et spectacles

www.allocine.com

www.infoconcert.com

www.telerama.fr

Dictionnaires et encyclopédies

www.dicorama.com (moteur de recherche de dictionnaires)

fr.wikipedia.org

Actualités

www.liberation.fr

www.lemonde.fr

www.lefigaro.fr

www.nouvelobs.com

www.ladepeche.com

www.lexppress.fr

news.google.fr

www.linternaute.com

→

Argent

www.boursorama.com

www.votreargent.fr

fr.finance.yahoo.com

Météo

www.meteofrance.com

www.lachainemeteo.com

Annuaires téléphoniques

www.pagesjaunes.fr

www.annu.com

www.118218.fr

www.118712.fr

www.infobel.com (portail vers tous les annuaires du monde)

Annuaires inversés

www.ctqui.com

www.cekiki.com

www.pagesjaunes.fr/quidonc/

Plans et itinéraires

www.mappy.com

www.viamichelin.fr

maps.google.fr

Rencontres et retrouvailles

www.copainsdavant.com

www.ame-soeur.com

www.meetic.fr

www.rencontre.com

Vidéos et musiques

www.youtube.com

www.dailymotion.com

Téléchargement de logiciels

www.01net.com

www.clubic.com

www.commentcamarche.net

www.zdnet.fr

Exploiter les pages Web

Pour exploiter les pages en dehors de la navigation, vous pouvez les enregistrer sur votre disque dur, les imprimer, ou copier des portions de texte vers un autre logiciel.

Rechercher un texte

La recherche d'un texte permet de se positionner directement à un endroit précis, quelle que soit la longueur de la page. Cette recherche se limite à la page en cours.

1. Tapez le raccourci **Ctrl** + **F**.

   Internet Exploreur affiche la barre de recherche en dessous des onglets.

2. Tapez le texte à trouver dans la zone **Rechercher**. Éventuellement, cliquez le bouton **Options** pour affiner votre recherche.

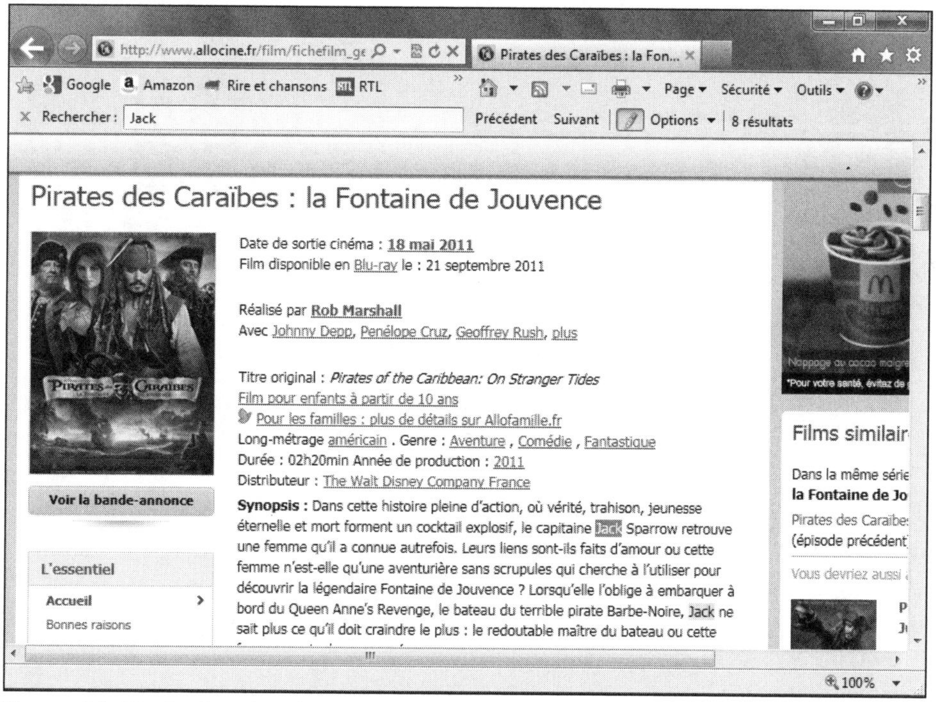

Figure 11-19 Recherche d'un texte dans une page Web.

   Le texte trouvé est en surbrillance à l'intérieur de la page Web.

3. Cliquez le bouton **Suivant** pour trouver une nouvelle occurrence du texte.

Astuce Pour surligner dans la page en cours toutes les occurrences du texte recherché, cliquez le bouton .

Sélectionner et copier un texte

En sélectionnant une portion de page, vous pourrez copier ou imprimer cette sélection.

1. Cliquez avant le premier caractère du texte, puis, sans relâcher le bouton de la souris, faites glisser jusqu'au dernier caractère.

Note Pour des explications plus approfondies sur les « Copier/Coller », reportez-vous au chapitre 2.

2. Tapez **Ctrl** + **C** pour copier la sélection dans le presse-papiers.

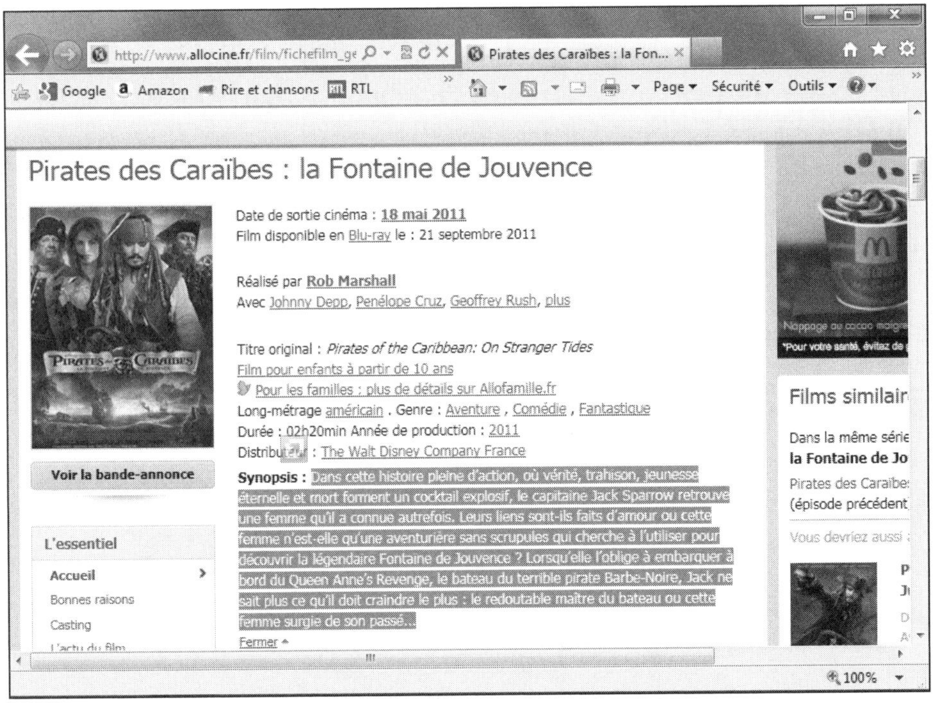

Figure 11-20 Sélection et copie d'un texte dans une page Web.

3. Ouvrez l'application et le document (ou un document vierge) qui doit contenir le texte copié.

Note Toutes les applications n'acceptent pas ce type de copie. Faites des tests avec la vôtre.

4. Cliquez la position d'insertion.
5. Tapez **Ctrl** + **V** pour coller le contenu du presse-papiers à la position du curseur.

   Le texte de la page Web est inséré dans le document de votre application.

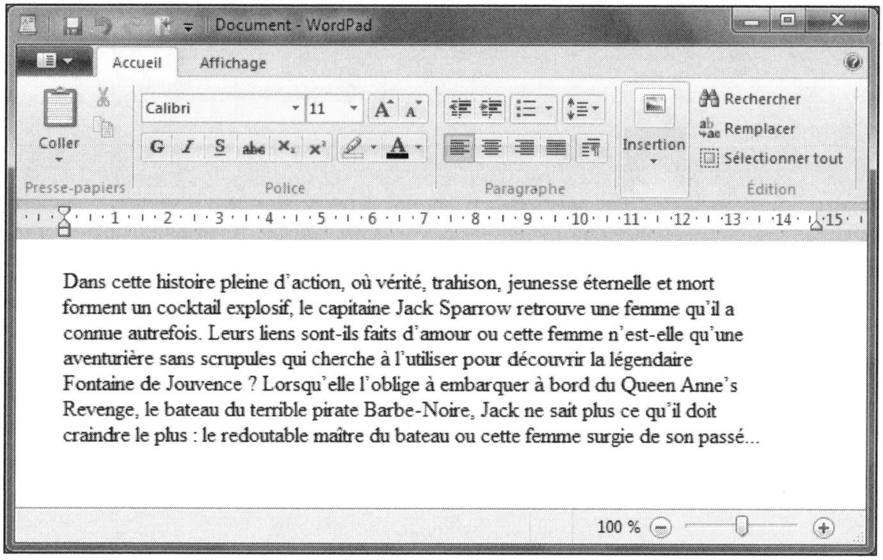

Figure 11-21 Copie d'un texte d'une page Web dans un document WordPad.

6. Si vous le souhaitez, mettez en forme le texte avec votre application.

Conseil Il est parfois difficile de sélectionner uniquement du texte, car les pages Web contiennent souvent des images. Recommencez la sélection pour ne sélectionner que le texte désiré. Si nécessaire, copiez le texte en plusieurs fois. Certains textes sont en réalité des images. Vous ne pourrez donc que copier l'image et vous ne pourrez pas la modifier comme du texte après collage.

Enregistrer une page

Internet Explorer ne conserve les pages visitées que dans la limite de la taille allouée sur le disque. Pour être sûr de conserver durablement une page, vous devez l'enregistrer.

1. Cliquez le bouton Page ➜ **Enregistrer sous**.
2. Sélectionnez le dossier de destination dans le volet de navigation.
3. Tapez le nom de la page dans la zone **Nom du fichier**.
4. Dans la liste **Type**, sélectionnez **Page Web complète** pour enregistrer les éléments de la page dans un dossier séparé. Sélectionnez **Archive Web** pour enregistrer tous les éléments dans un unique fichier.

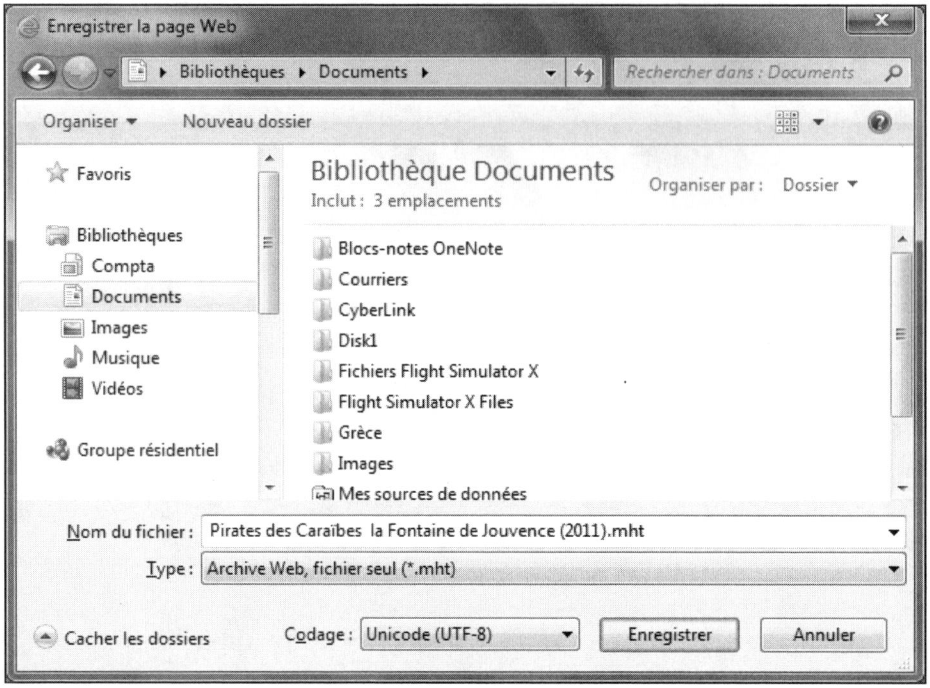

Figure 11-22 Enregistrement d'une page Web.

5. Cliquez le bouton **Enregistrer**.

À tout moment, vous pourrez accéder à la page enregistrée en cliquant le menu **Fichier ➜ Ouvrir** ou en tapant le raccourci **Ctrl** + **O**.

Imprimer une page

Pour conserver une trace d'une page Web, par exemple une commande ou une facture, imprimez-la. Internet Explorer propose une mise en page complète avant l'impression.

Définir la mise en page

1. Cliquez la flèche en regard du bouton 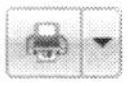 puis **Mise en page**.
2. Sélectionnez le format du papier dans la liste **Taille**.
3. Sélectionnez dans les listes **En-têtes** et **Pied de page** les textes à imprimer à gauche, au centre et à droite dans les en-têtes et les pieds de chaque page.
4. Cochez l'orientation de la page : **Portrait** pour une impression verticale et **Paysage** pour une impression horizontale.

Conseil Il est presque toujours nécessaire d'imprimer en mode **Paysage** pour adapter l'impression à la largeur des pages.

5. Tapez dans les zones **Gauche**, **Droite**, **Haut** et **Bas** les marges non imprimables.

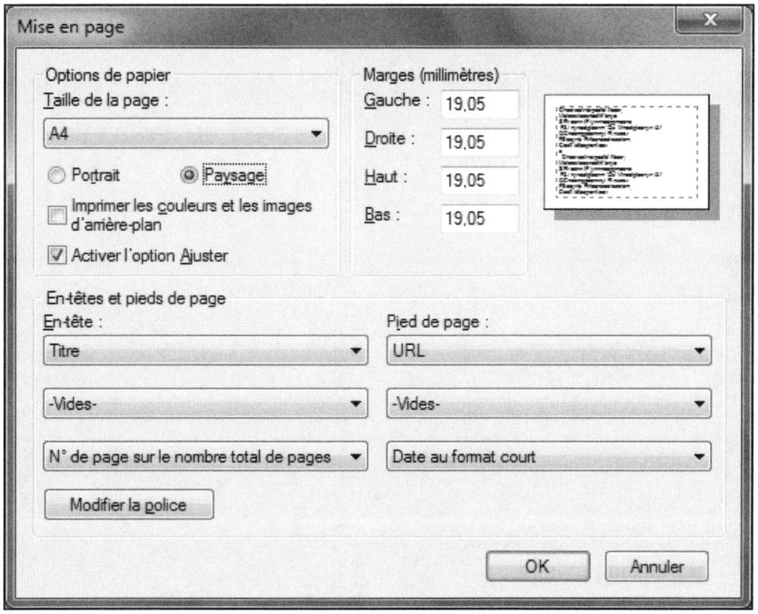

Figure 11-23 Mise en page avant l'impression.

6. Cliquez le bouton **OK**.

Imprimer une page

1. Cliquez la flèche en regard du bouton puis **Imprimer**, ou tapez le raccourci **Ctrl** + **P**.
2. Dans la zone **Sélectionnez une imprimante**, choisissez celle à utiliser (le symbole indique l'imprimante par défaut).
3. Cliquez le bouton **Préférences** si vous souhaitez modifier les options de l'imprimante (résolution d'impression, taille du papier, *etc.*).
4. Sélectionnez les pages à imprimer. Si vous choisissez l'option **Pages**, tapez le numéro de la première page, un tiret puis le numéro de la dernière page. L'option **Sélection** est disponible si une partie de la page Web est sélectionnée.
5. Sélectionnez le nombre de copies à imprimer Si vous avez choisi d'en imprimer plusieurs, cochez l'option **Copies assemblées** pour obtenir des pages triées

(pages 1, 2, 3, *etc.*, puis 1, 2, 3, *etc.*) ou décochez l'option pour une impression plus rapide (pages 1, 1, *etc.*, puis 2, 2, *etc.*).

Figure 11-24 Impression de pages Web.

6. Cliquez le bouton **Imprimer**.

Exploiter les images des pages Web

Vous êtes intéressé par une image ? Conservez-la sur votre disque dur, sur papier, ou expédiez-la à un ami par e-mail.

Imprimer une image

1. Cliquez avec le bouton droit l'image à imprimer.

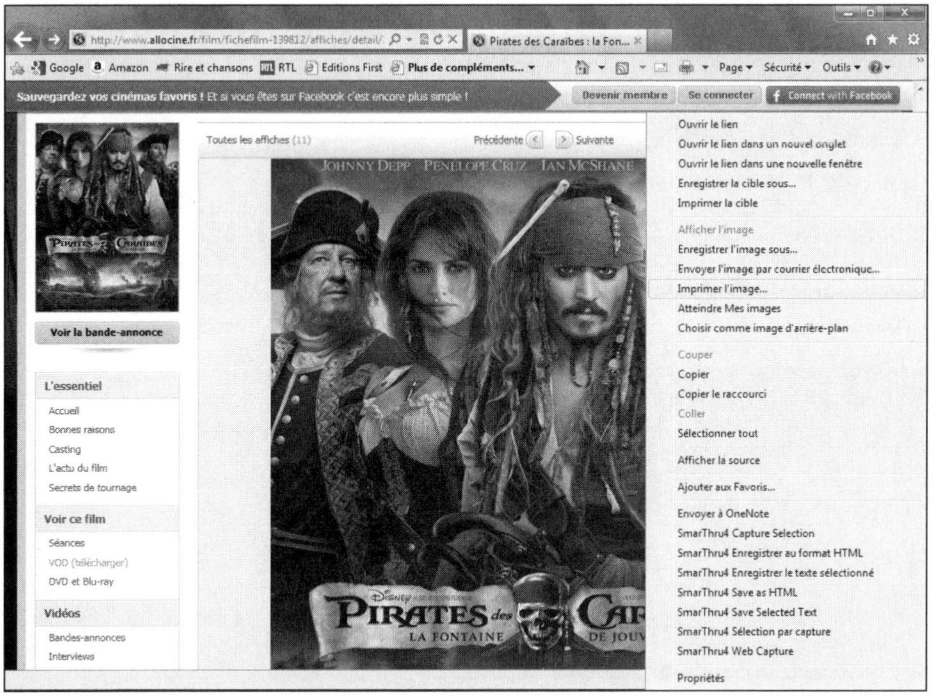

Figure 11-25 Utilisation du menu contextuel pour exploiter une image d'une page Web.

2. Cliquez la commande **Imprimer l'image** dans le menu contextuel.
3. Modifiez les options proposées (consultez le paragraphe précédent).
4. Cliquez le bouton **Imprimer**.

Enregistrer une image

En enregistrant une image, vous pourrez l'utiliser ultérieurement pour l'insérer dans un document ou pour l'imprimer.

1. Cliquez avec le bouton droit l'image à conserver.
2. Cliquez **Enregistrer l'image sous** dans le menu contextuel.
3. Sélectionnez le dossier de destination dans le volet de navigation. Par défaut, l'image est enregistrée dans le dossier Mes images.
4. Tapez dans la zone **Nom du fichier** le nom de l'image. Vous pouvez aussi conserver le nom d'origine.
5. Cliquez le bouton **Enregistrer**.

Expédier une image par courrier électronique

Si vous avez trouvé l'image que tout le monde cherche, expédiez-la par e-mail à vos amis.

1. Cliquez avec le bouton droit l'image à expédier.
2. Cliquez **Envoyer l'image par courrier électronique** dans le menu contextuel.
3. Cliquez le bouton **Autoriser** si Internet Explorer affiche une boîte d'avertissement.

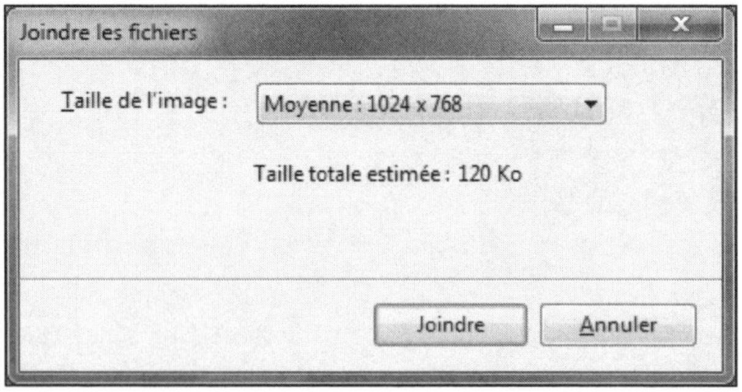

Figure 11-26 Redimensionnement des images avant l'expédition par e-mail.

4. Comme l'image peut être de taille imposante, la boîte de la figure 11-26 s'affiche. Indiquez la grandeur de l'image en la sélectionnant dans la liste **Taille de l'image**, puis cliquez le bouton **Joindre**.

   Le nom du fichier de l'image apparaît dans la zone Joindre.
5. Tapez le nom ou l'adresse e-mail du destinataire dans la zone **À**.
6. Éventuellement, modifiez la zone **Objet**.
7. Si vous le voulez, tapez un commentaire dans la zone du bas.
8. Cliquez le bouton **Envoyer**.

Placer une image en papier peint

On trouve sur le Web de plus en plus d'images. Changez régulièrement le fond de votre bureau en les installant comme papier peint.

1. Cliquez avec le bouton droit l'image qui vous intéresse.
2. Cliquez **Choisir comme image d'arrière-plan** dans le menu contextuel.
3. Cliquez le bouton **Oui** pour confirmer.
4. Réduisez la fenêtre d'Internet Explorer pour voir le bureau.

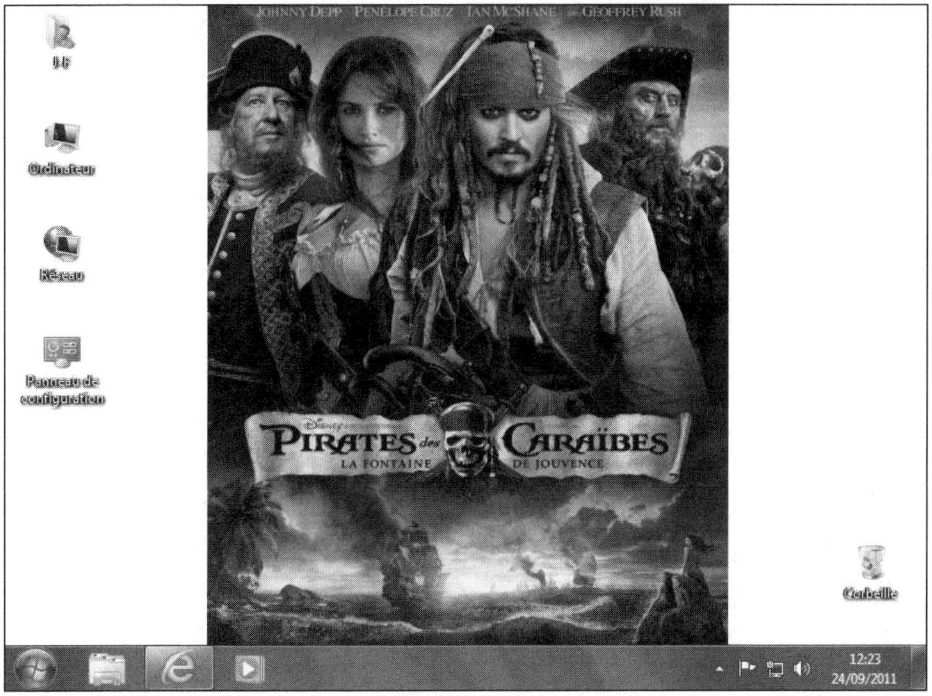

Figure 11-27 Image Web comme papier peint.

L'image apparaît en fond d'écran.

Note Consultez le chapitre 22 pour adapter l'image à votre écran.

Supprimer les fenêtres publicitaires

Les pop-up sont de petites fenêtres, généralement publicitaires, qui s'ouvrent spontanément quand vous naviguez sur le Web. Certains sites abusent tellement de cette technique qu'il devient très difficile de naviguer en toute sérénité. Pour vous débarrasser de ces fenêtres, il existe une solution efficace.

1. Cliquez le bouton Outils ▾ ➜ **Bloqueur de fenêtres contextuelles ➜ Activer le bloqueur...**.

Note Si le bloqueur est déjà actif, le menu propose la commande **Désactiver le bloqueur...**.

Dès qu'un site affiche une fenêtre pop-up, une barre d'information vous indique que cette dernière est bloquée.

Si vous désirez ponctuellement afficher une fenêtre pop-up, cliquez la barre d'information puis la commande **Autoriser une fois**.

Figure 11-28 Barre d'information indiquant la présence d'une fenêtre pop-up.

Navigation InPrivate

La fonction InPrivate permet de surfer sans laisser aucune trace de votre navigation.

Pour cela, Internet Explorer supprime l'intégralité des fichiers nécessaires à la session. Cela comprend les adresses visitées (pas d'historique), les fichiers temporaires (pages HTML, images, *etc.*), les cookies, ainsi que d'autres données masquées mais qui restent habituellement sur votre disque dur. Les barres d'outils et les extensions sont désactivées.

Pour activer la fonction InPrivate, cliquez dans la barre d'outils le bouton Sécurité ➜ **Navigation InPrivate**. Vous pouvez aussi cliquer le lien **Navigation InPrivate** dans la page d'un nouvel onglet, ou utiliser le raccourci clavier **Ctrl** + **Maj** + **P**.

Le message « InPrivate » apparaît alors à gauche de la barre d'adresses.

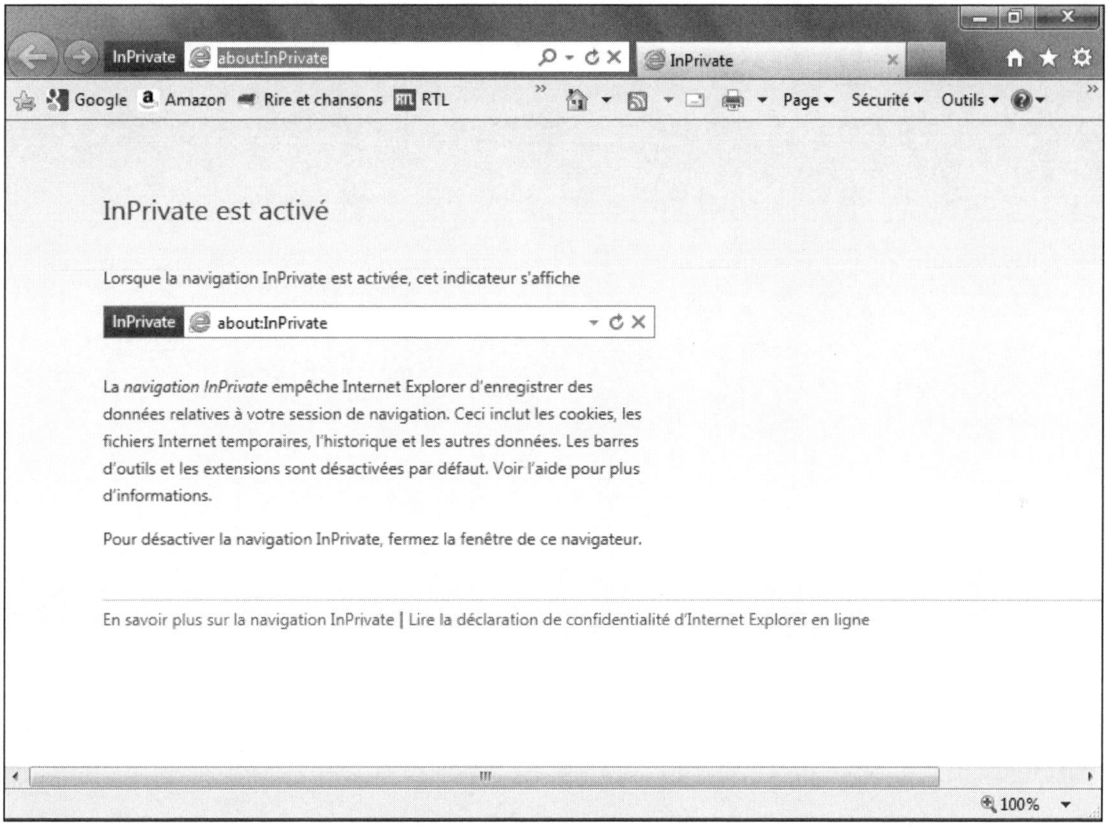

Figure 11-29 Navigation en mode InPrivate.

Pour revenir à une session normale, il est nécessaire de fermer la fenêtre d'Internet Explorer.

Note Pour plus d'informations sur la sécurité, consultez le chapitre 26.

Chapitre 12

Effectuer des recherches

Dans ce chapitre

- S'informer sur l'actualité
- Rechercher un site Web
- Peaufiner les recherches
- Trouver des numéros de téléphone et des cartes géographiques
- Parcourir les dictionnaires et les encyclopédies
- Trouver ou retrouver des amis

Il vous manque une information ? Vous recherchez un numéro de téléphone ou une adresse ? Vous n'avez pas de dictionnaire sous la main ? Vous recherchez d'anciennes connaissances ? Vous désirez connaître l'actualité du jour ? Vous avez besoin d'une recette de cuisine ? Toutes ces informations sont disponibles sur Internet en quelques clics. Ce chapitre fait le tour des outils mis à votre disposition.

Effectuer des recherches

Si vous ne disposez pas de l'adresse Web d'un site, vous devez effectuer une recherche. Les moteurs de recherche permettent de retrouver des pages Web en fonction de mots-clés. Internet Explorer propose une zone pour accéder directement aux moteurs.

Choisir vos moteurs de recherche

Pour accéder rapidement à vos moteurs favoris, ajoutez-les dans Internet Explorer.

1. Cliquez le bouton 🔍 dans la zone Adresse.
2. Cliquez le bouton **Ajouter** en bas de la liste.
3. Éventuellement, pour trouver d'autres moteurs que ceux proposés dans la page d'accueil, cliquez le type à utiliser (vidéos, musique, actualités, recherche, *etc.*).

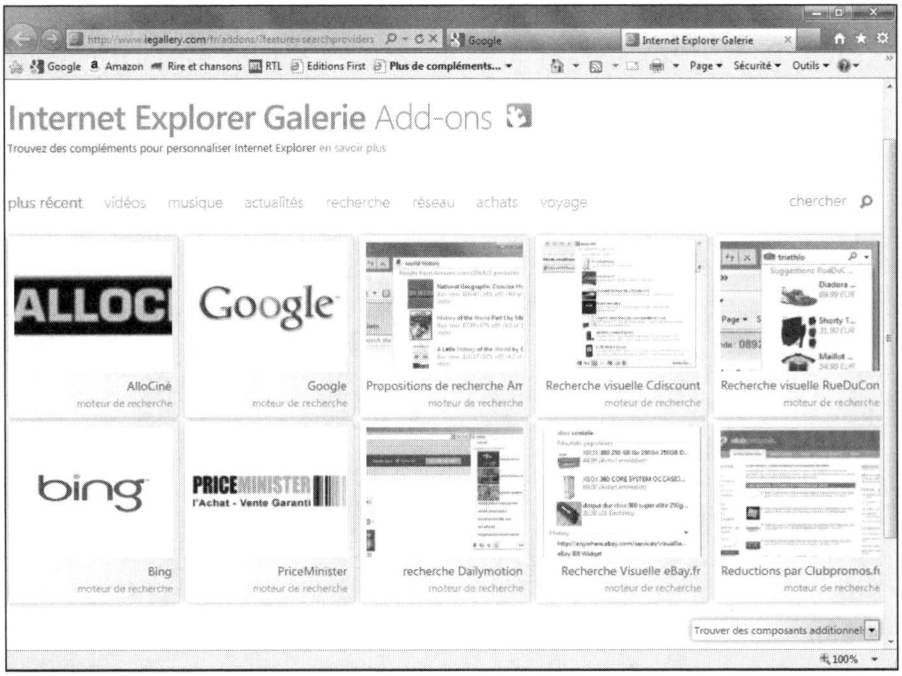

Figure 12-1 Choix des moteurs de recherche dans Internet Explorer.

4. Cliquez le logo du moteur à ajouter.
5. Cliquez le lien **Click to install**.
6. Pour utiliser en priorité ce moteur, cochez la case **En faire mon moteur de recherche par défaut**.
7. Cochez la case **Utiliser les suggestions...** pour que ce moteur vous propose des suggestions de navigation lors d'une recherche.

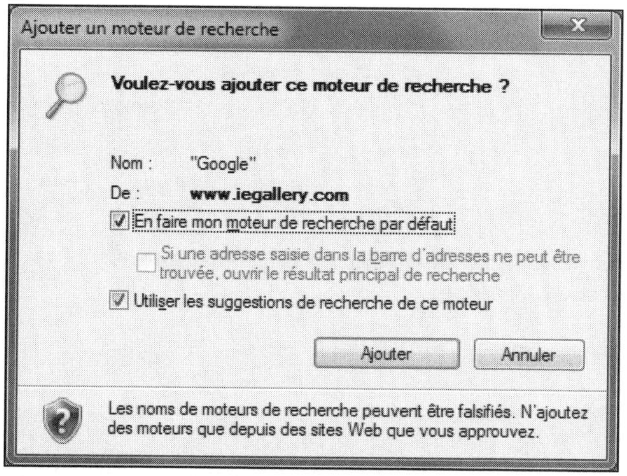

Figure 12-2 Ajout d'un moteur de recherche.

8. Cliquez le bouton **Ajouter**.

Gérer les moteurs de recherche

Si vous avez installé plusieurs moteurs de recherche, choisissez celui disponible à chaque ouverture de session, ou celui à utiliser en cours de session.

Pour définir votre moteur de recherche par défaut :

1. Cliquez le bouton Outils ▾.
2. Cliquez la commande **Gérer les modules complémentaires.**
3. Cliquez **Moteurs de recherche** dans la liste de gauche.
4. Cliquez le nom du moteur dans la liste à droite.
5. Cliquez le bouton **Par défaut**. Cliquez le bouton **Supprimer** si vous ne désirez plus l'utiliser.

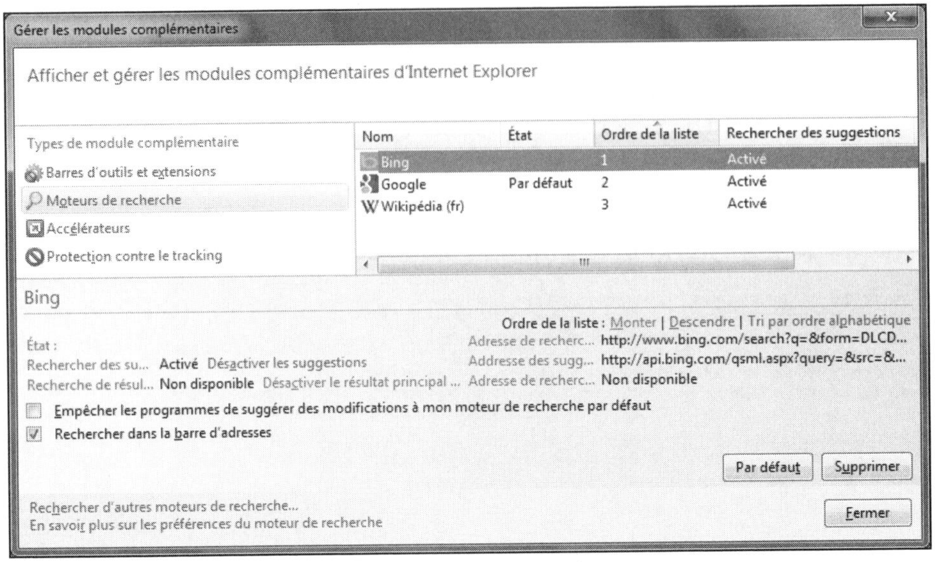

Figure 12-3 Choix du moteur de recherche par défaut.

6. Cliquez le bouton **Par défaut**.
7. Cliquez le bouton **Fermer**.

Pour choisir momentanément un moteur de recherche autre que celui par défaut :

1. Cliquez le bouton dans la zone Adresse.
2. Cliquez le logo du moteur en bas de la liste.

Utiliser les moteurs de recherche

1. Tapez dans la zone Adresse des mots-clés correspondant au site auquel vous désirez accéder.

   Notez que le logo du moteur de recherche est affiché à gauche de la zone Adresse.

2. Appuyez sur la touche **Entrée** (ou sur **Alt** + **Entrée** pour afficher le résultat dans un nouvel onglet).

   Le moteur de recherche vous propose plusieurs liens correspondant aux mots-clés de votre recherche.

Figure 12-4 Recherche d'une page Web.

3. Cliquez un lien pour ouvrir la page associée. Pour ouvrir le lien dans un nouvel onglet, cliquez-le avec le bouton droit, puis choisissez **Ouvrir dans un nouvel onglet** dans le menu contextuel. Vous pouvez aussi maintenir enfoncée la touche **Ctrl** puis cliquer le lien. Pour ouvrir le lien dans une nouvelle fenêtre, cliquez-le avec le bouton droit, puis sélectionnez **Ouvrir dans une nouvelle fenêtre** dans le menu contextuel.

Utiliser directement les moteurs de recherche

Les moteurs de recherche sont en fait des sites comme tous les autres. Il suffit donc de saisir leur adresse pour y accéder. Voici quelques moteurs indispensables (ils ne sont pas forcément proposés par le site de Microsoft) :

`www.google.com`

`www.voila.fr`

`www.yahoo.fr`

Ces sites proposent généralement une aide pour affiner votre recherche. Consultez-la pour accéder plus facilement à l'information que vous désirez obtenir.

Effectuer une recherche avec Google

Le moteur de recherche Google répertorie plusieurs milliards de pages Web. C'est le meilleur moyen de trouver rapidement l'information qui vous manque.

Recherche simple

1. Tapez `www.google.fr` dans la barre d'adresses puis appuyez sur **Entrée**.
2. Tapez le ou les mot(s)-clé(s) de la recherche.

Note L'encadré qui suit donne des conseils sur l'utilisation des mots-clés.

Google affiche immédiatement une liste de mots-clés présents dans sa base de données.

3. Éventuellement, utilisez les flèches **Haut** et **Bas** pour sélectionner des mots-clés proposés dans la liste.

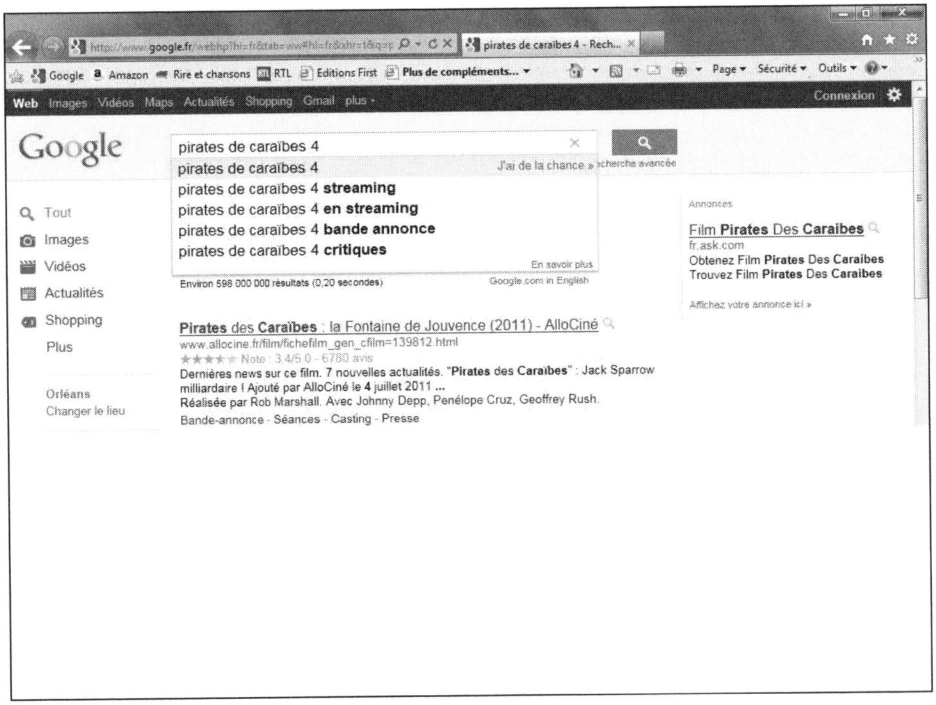

Figure 12-5 Recherche sur Google.

4. Appuyez sur la touche **Entrée** pour afficher tous les liens vers les pages concernées.

Google affiche une liste de liens vers les pages qui contiennent les mots-clés saisis à l'étape **2** ou sélectionnés à l'étape **3**.

5. Si vous désirez consulter sommairement une page sans l'ouvrir, cliquez le bouton 🔍 à droite du lien (figure 12-6).

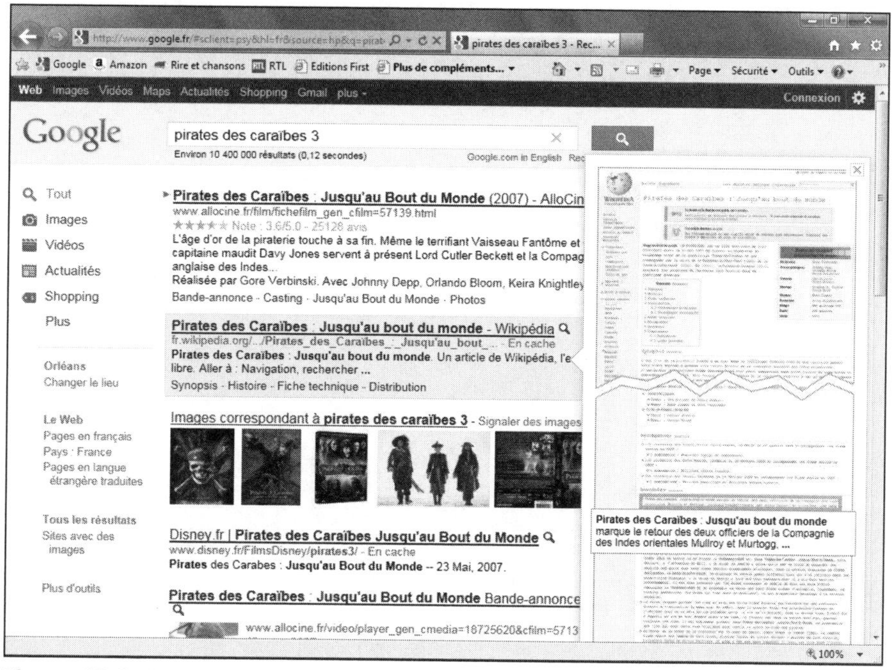

Figure 12-6 Pages proposées par Google.

6. Cliquez le lien dont vous désirez consulter la page.
7. Si vous ne trouvez pas de lien intéressant, cliquez le lien **Suivant** en bas de page pour en afficher d'autres.

Recherche avancée

1. Ouvrez Google.
2. Cliquez le lien **Recherche avancée**.
3. Saisissez les renseignements de la recherche dans la page qui s'affiche (figure 12-7).

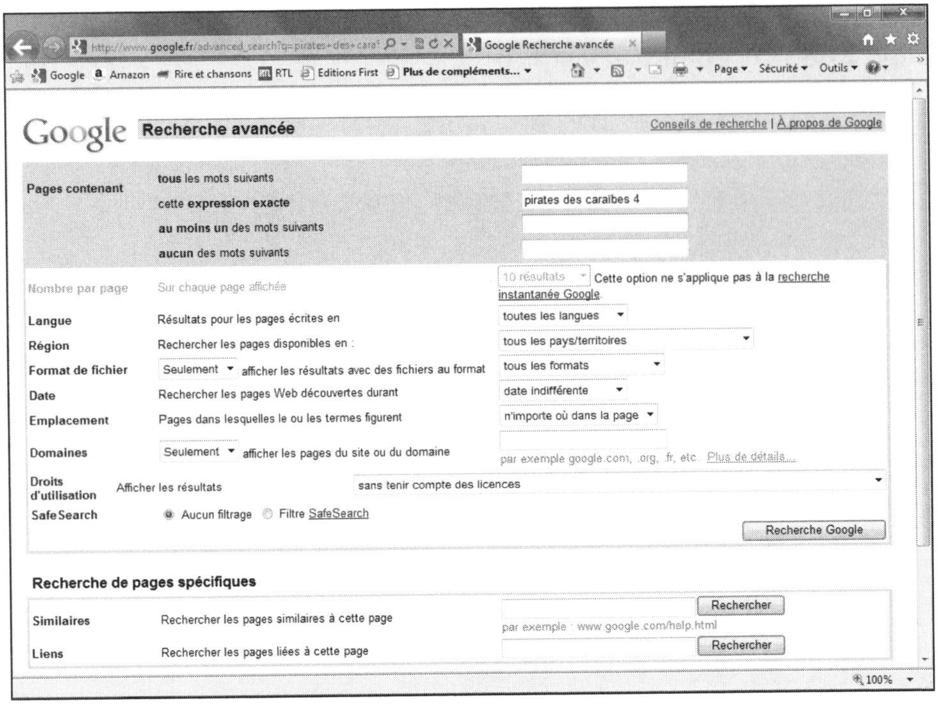

Figure 12-7 Recherche avancée avec Google.

4. Cliquez le bouton **Recherche Google**.

Améliorer les recherches avec Google

- Google recherche les pages qui contiennent tous les mots que vous avez saisis. Cependant, ces derniers ne sont pas forcément dans l'ordre dans lequel vous les avez tapés, et ne sont pas obligatoirement les uns à la suite des autres.
- Pour rechercher une expression complète, par exemple une personne ou le titre d'un film, placez les mots entre guillemets ("jean nashe" ou "star wars").
- Pour exclure un mot de la recherche, faites-le précéder du signe moins (–).
- Google ne tient pas compte des mots de liaison (de, la, *etc.*), ni des chiffres et des lettres seules. Pour forcer la recherche avec ces mots, faites-les précéder du signe plus (+).
- Google ne tient pas compte des majuscules. Il est donc inutile de les saisir.

Rechercher des images

1. Ouvrez Google.
2. Cliquez le lien **Images**.
3. Tapez le ou les mot(s)-clé(s) de la recherche.
4. Cliquez le bouton **Recherche d'images** ou validez avec la touche **Entrée**.

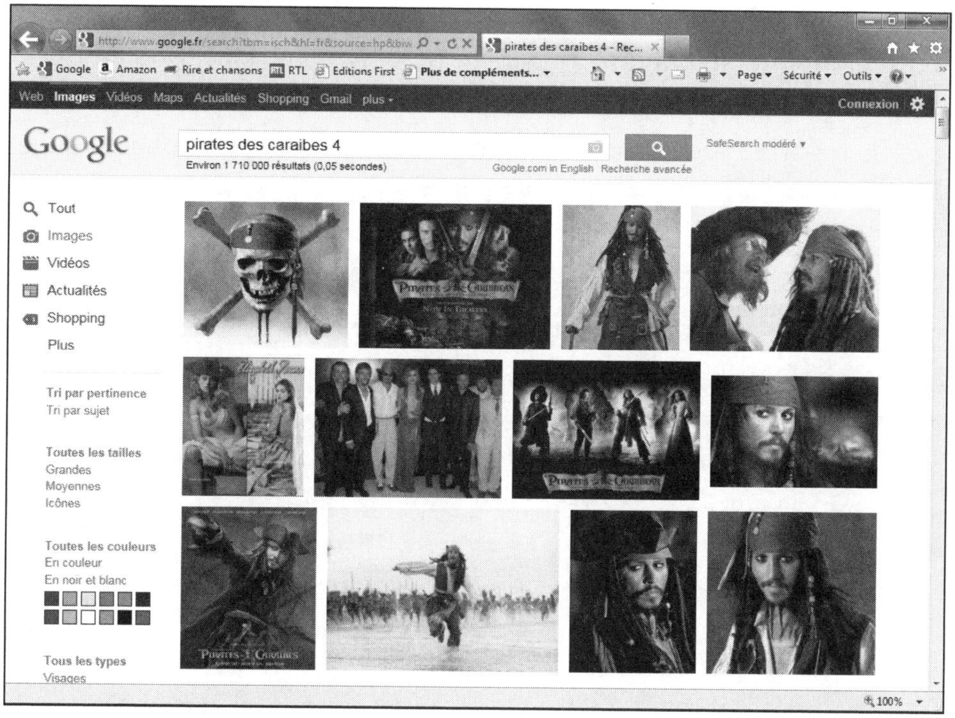

Figure 12-8 Recherche d'images avec Google.

Google affiche les images qui correspondent aux mots-clés saisis.

5. Cliquez l'image pour la visualiser dans sa page d'origine.

Note Pour limiter le nombre d'images en fonction de la taille, sélectionnez **Grandes, Moyennes,** *etc.* dans la liste de gauche.

Effectuer une recherche dans un site

Les grands sites proposent eux aussi une zone de recherche pour vous permettre de trouver une donnée ou un produit. Ils utilisent généralement le système de mots-clés pour vous donner accès à l'information. Mais, parfois, ils proposent des listes dans lesquelles vous pouvez sélectionner des thèmes.

Conseil Les pages Web sont généralement « intuitives ». C'est donc à vous de les parcourir et de rechercher les informations qui vous intéressent. Comme tous les sites ont leur propre interface, il serait vain d'expliquer ici le fonctionnement des millions de pages disponibles sur Internet. Ayez donc de l'« intuition » et n'hésitez pas à user de votre souris.

Rechercher un numéro de téléphone

Avec Internet, plus besoin d'annuaire papier. De plus, vous pouvez obtenir des numéros de téléphone en dehors de votre département et à l'étranger.

Il existe plusieurs sites, dont l'incontournable Pages jaunes (`www.pagesjaunes.fr`). Les recherches dans les pages jaunes et les pages blanches sont gratuites. Il n'en est pas de même pour les autres recherches.

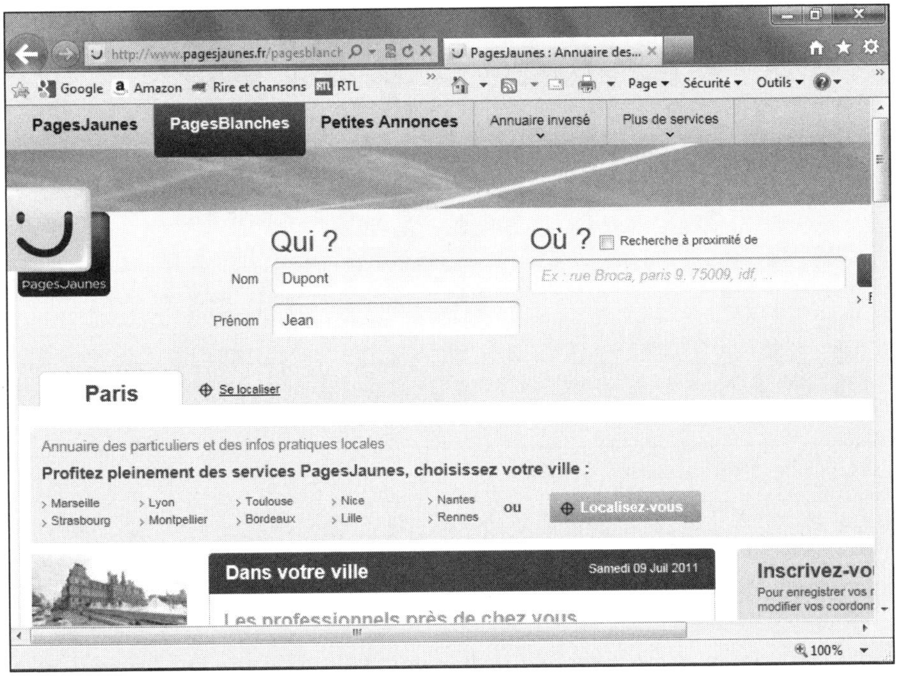

Figure 12-9 Le site des Pages jaunes.

Signalons aussi quatre autres sites qui proposent des annuaires en ligne :

`www.annu.com`

`www.infobel.com`

`www.118218.fr`

`www.118712.fr`

Annuaire inversé

La plupart des sites d'annuaires proposent de retrouver un abonné à partir de son numéro de téléphone. Ces recherches sont généralement gratuites.

Figure 12-10 Le site de CTQui pour une recherche inversée.

Les sites suivants proposent un annuaire inversé :

`www.ctqui.com`

`www.pagesjaunes.fr/quidonc`

`www.cekiki.com`

`www.infobel.com`

Numéros à l'étranger

Tous les pays ont leur propre annuaire téléphonique. Les sites comme les Pages jaunes ou Infobel proposent des liens vers les annuaires du monde entier. Les pages sont généralement dans la langue du pays (figure 12-11).

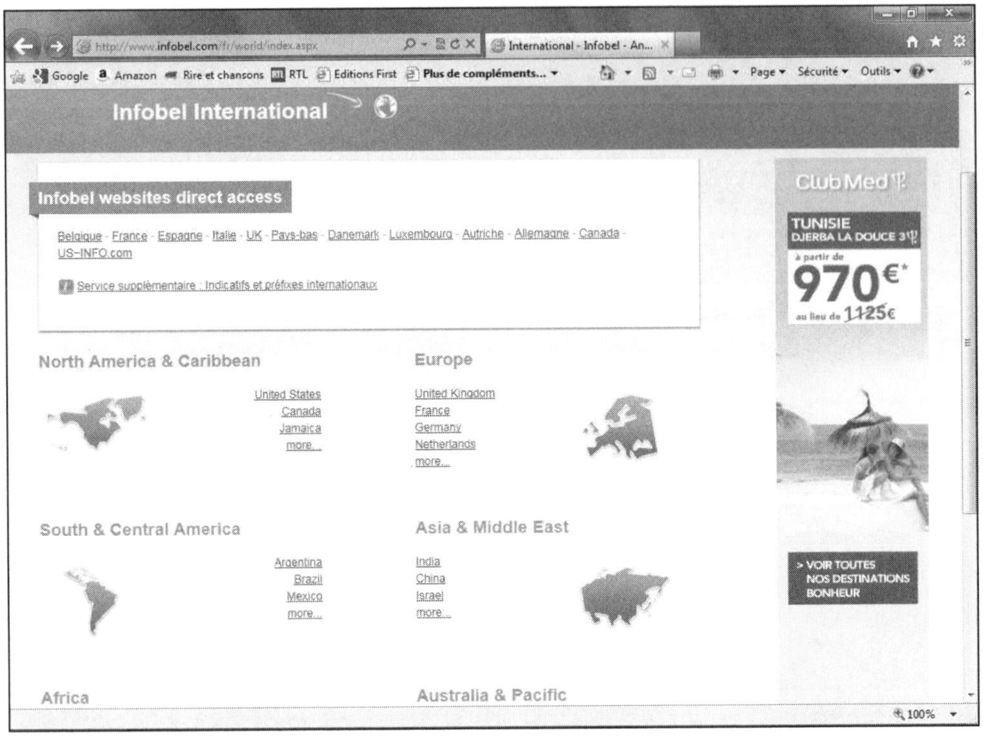

Figure 12-11 Sur le site d'Infobel, faites le choix du pays.

Obtenir directement une carte géographique dans une page Web

À partir d'un simple mot dans une page Web, vous pouvez obtenir une carte géographique.

1. Sélectionnez un mot dans la page Web (pays, ville, *etc.*).
2. Cliquez avec le bouton droit la sélection.
3. Pointez la commande **Afficher une carte avec Bing** dans le menu contextuel.

Internet Explorer affiche immédiatement la carte correspondante.

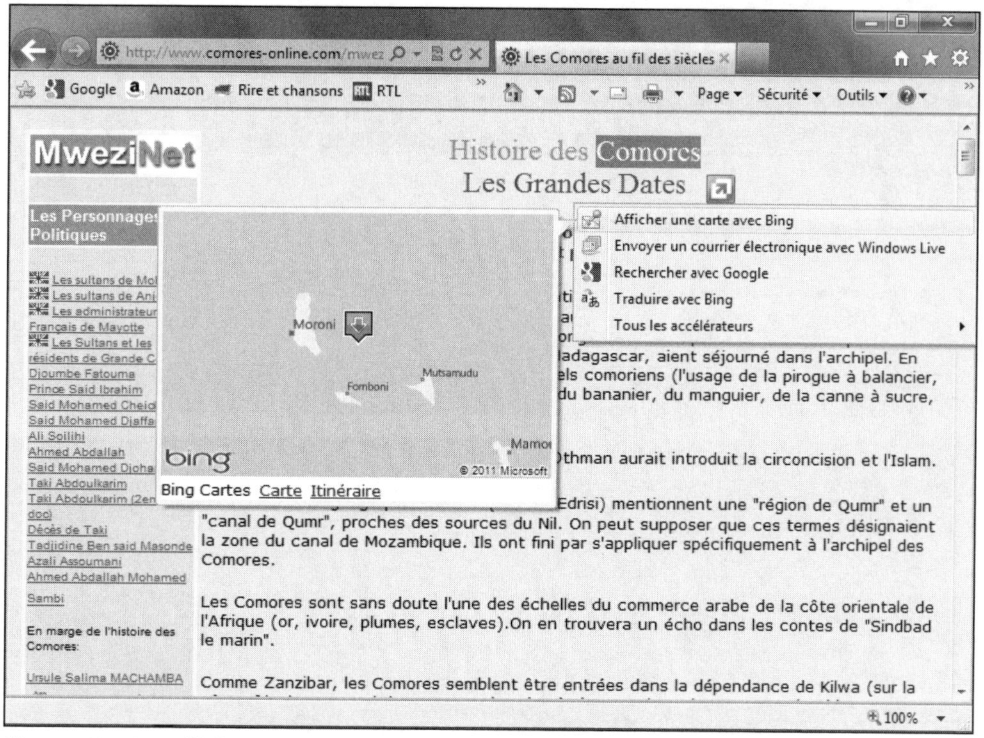

Figure 12-12 Affichage d'une carte dans une page Web.

Vous pouvez aussi obtenir une carte géographique plus complète :

1. Sélectionnez un mot dans la page Web (pays, ville, *etc.*).
2. Cliquez avec le bouton droit la sélection.
3. Cliquez la commande **Afficher une carte avec Bing** dans le menu contextuel.

Internet Explorer ouvre un nouvel onglet avec une carte plus détaillée.

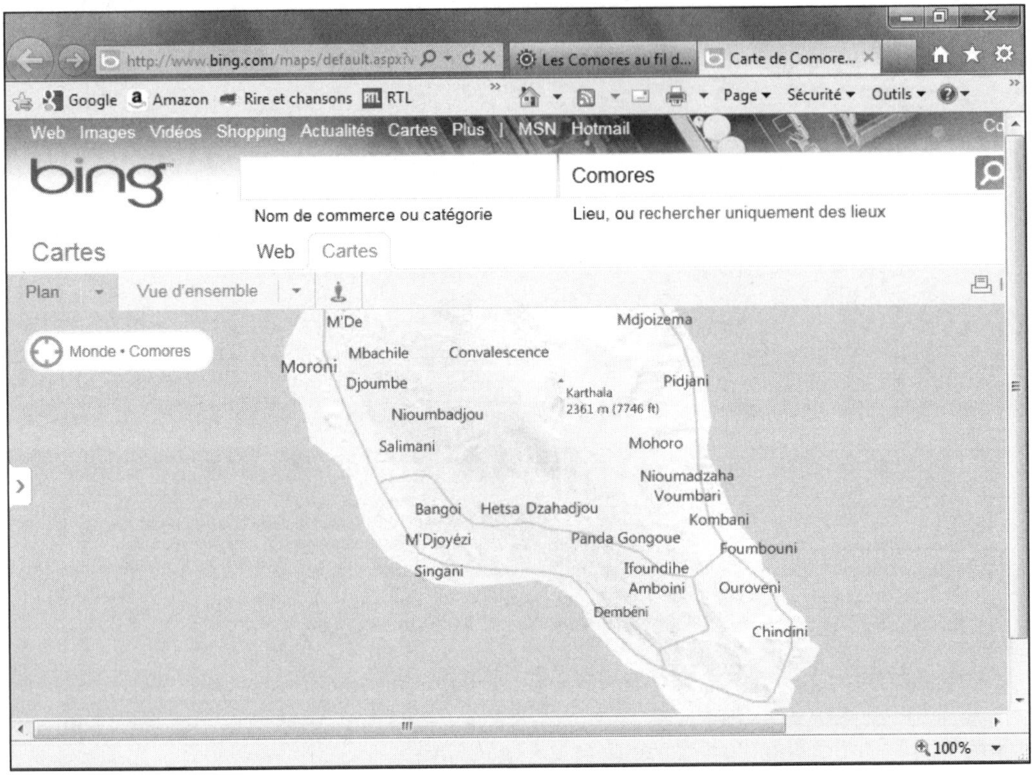

Figure 12-13 Affichage d'une carte géographique dans le site de Bing.

Rechercher un plan ou un itinéraire

Avant de partir en balade, mieux vaut se munir d'un plan détaillé. Des sites spécialisés proposent des cartes ou des itinéraires complets avec la liste des routes à emprunter, le kilométrage, le coût en essence et en péage, *etc.* Le site Mappy est probablement un des plus complets (`www.mappy.com`). Il propose en plus les parkings, les hôtels, les restaurants, les monuments, *etc.* (figure 12-14).

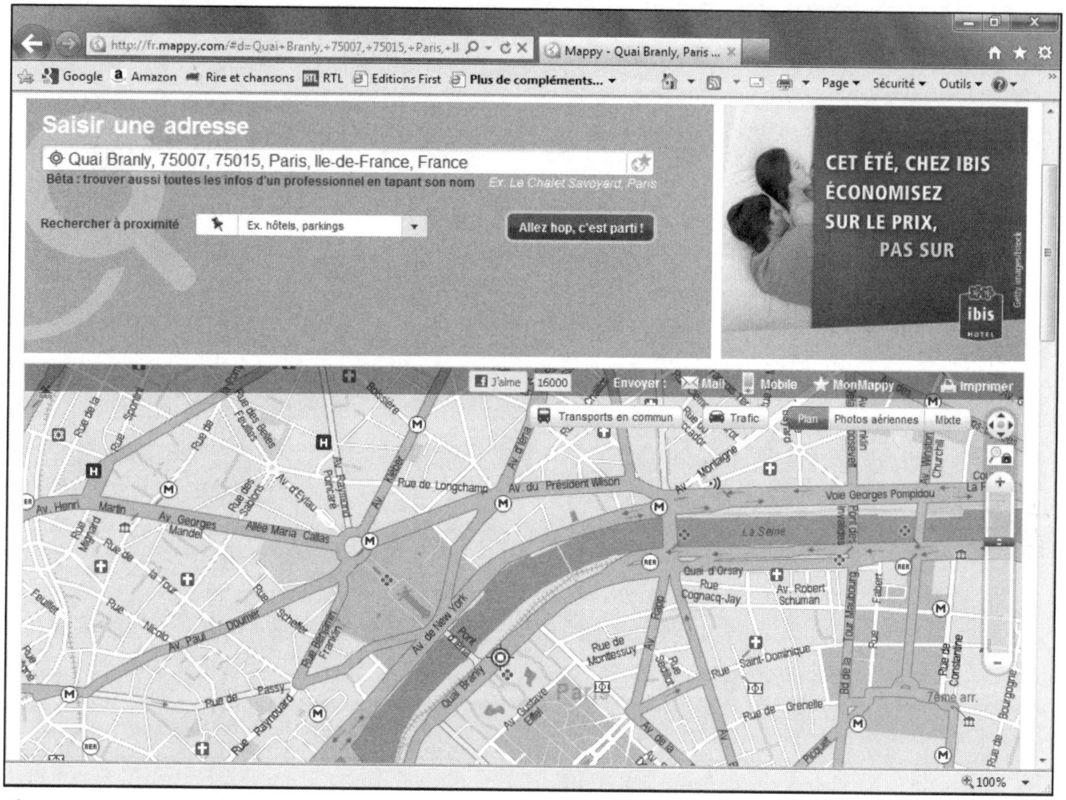

Figure 12-14 Mappy, un site complet pour les cartes et les itinéraires.

Les cartes sont affichées sous forme de plans et/ou de vues aériennes pour les grandes villes (figure 12-15).

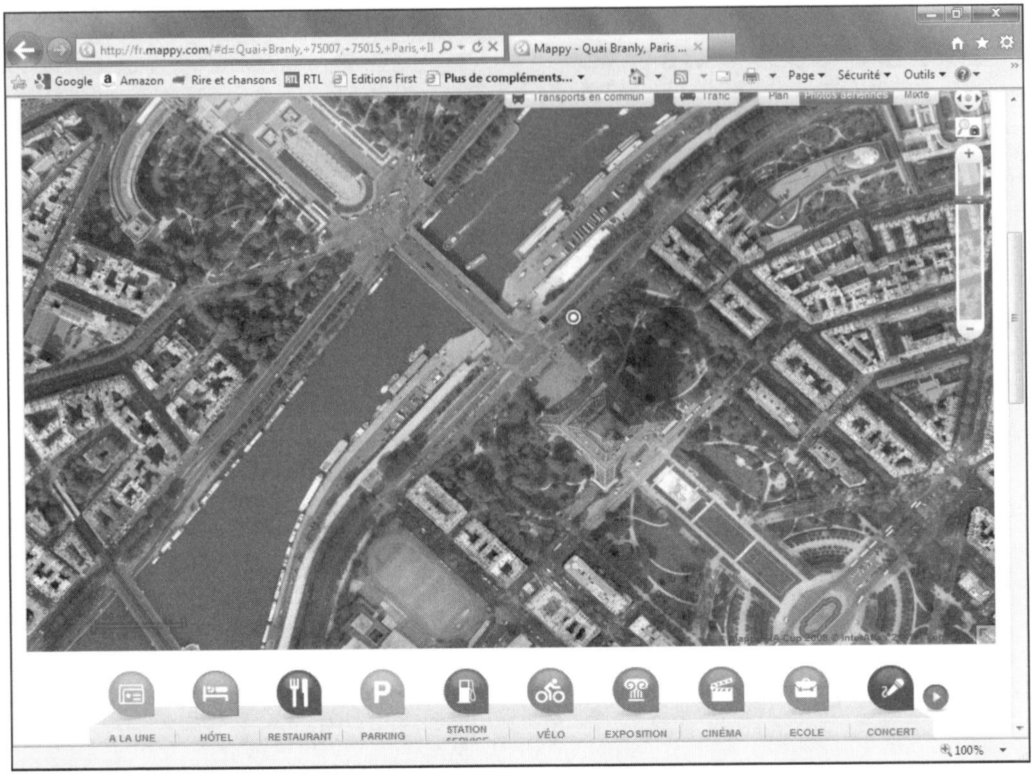

Figure 12-15 Un plan sous forme de vue aérienne.

Pour obtenir un itinéraire, il suffit de donner l'adresse de départ et celle d'arrivée.

Voici quelques sites pour rechercher des cartes et des itinéraires :

`www.viamichelin.fr`

`www.1bis.com`

`maps.google.fr`

`fr.maps.yahoo.com`

Trouver des photos satellite et aériennes

Si vous désirez observer votre maison vue du ciel, Internet vous propose plusieurs sites.

En priorité, le site national GéoPortail qui couvre toute la France et les territoires d'outre-mer (`www.geoportail.fr`). Les plans et les vues aériennes sont fournies par l'IGN (*Institut géographique national*).

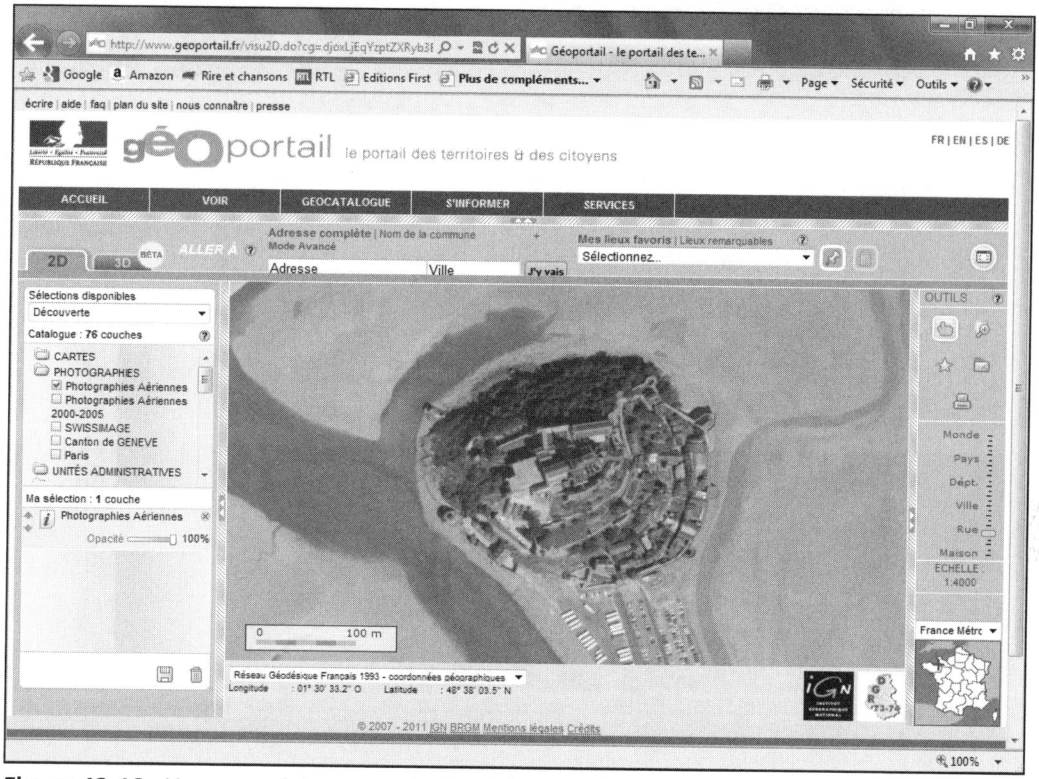

Figure 12-16 Une vue aérienne sur le site GéoPortail.

Google propose aujourd'hui un logiciel gratuit pour accéder à des images satellite du monde entier. Ce logiciel est disponible à l'adresse `earth.google.fr` (figure 12-17).

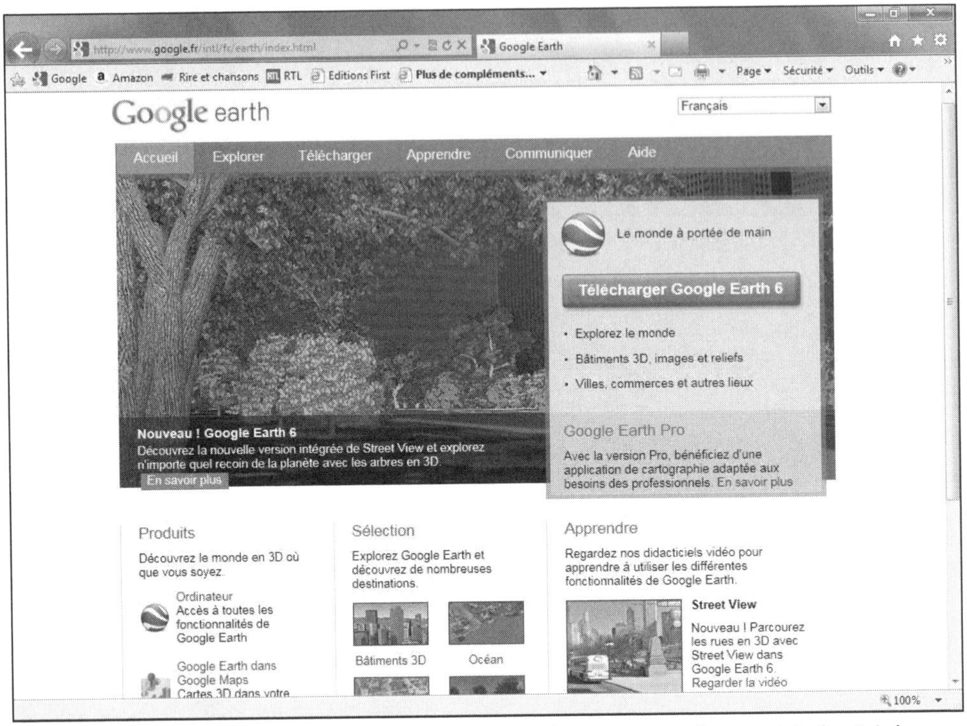

Figure 12-17 Le site de Google Earth pour télécharger gratuitement le logiciel.

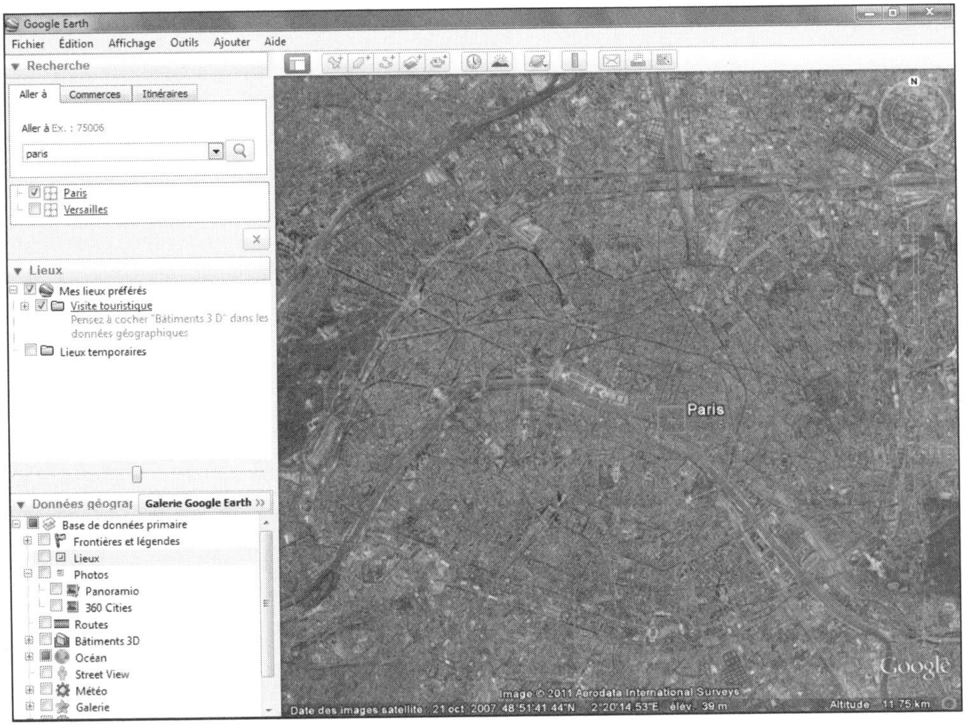

Figure 12-18 Le logiciel Google Earth.

Point intéressant, des éléments géographiques comme les routes, les transports, les sites peuvent se superposer à ces photos. Il est alors plus facile de retrouver un point précis.

Pour apprécier la puissance du logiciel, faites un test simple : placez-vous sur une ville, par exemple Paris, puis demandez à passer à une autre ville très éloignée, par exemple Hong Kong. Le déplacement entre les deux villes est très impressionnant.

Figure 12-19 Une vue détaillée des jardins du château de Versailles. En bas de l'image, on trouve les coordonnées Nord-Est, l'altitude réelle, ainsi que l'altitude de la photo.

Note La consultation des photos satellite sur Internet est très récente. Des améliorations importantes sont réalisées chaque jour, tant pour Google que pour GéoPortail. Les vues en 2D seront remplacées par des vues 3D, la couverture sera plus importante et la résolution des images, de meilleure qualité.

Utiliser les dictionnaires

Les dictionnaires et les encyclopédies foisonnent sur Internet. Quel que soit le sujet qui vous intéresse, vous trouverez un dictionnaire adapté. Faites une recherche sur Google avec les mots-clés « dictionnaire » et votre sujet, par exemple « dictionnaire informatique ». Vous pouvez aussi utiliser le portail Dicorama (`www.dicorama.com`) pour trouver un lien vers l'un des 1 200 dictionnaires proposés (figure 12-20).

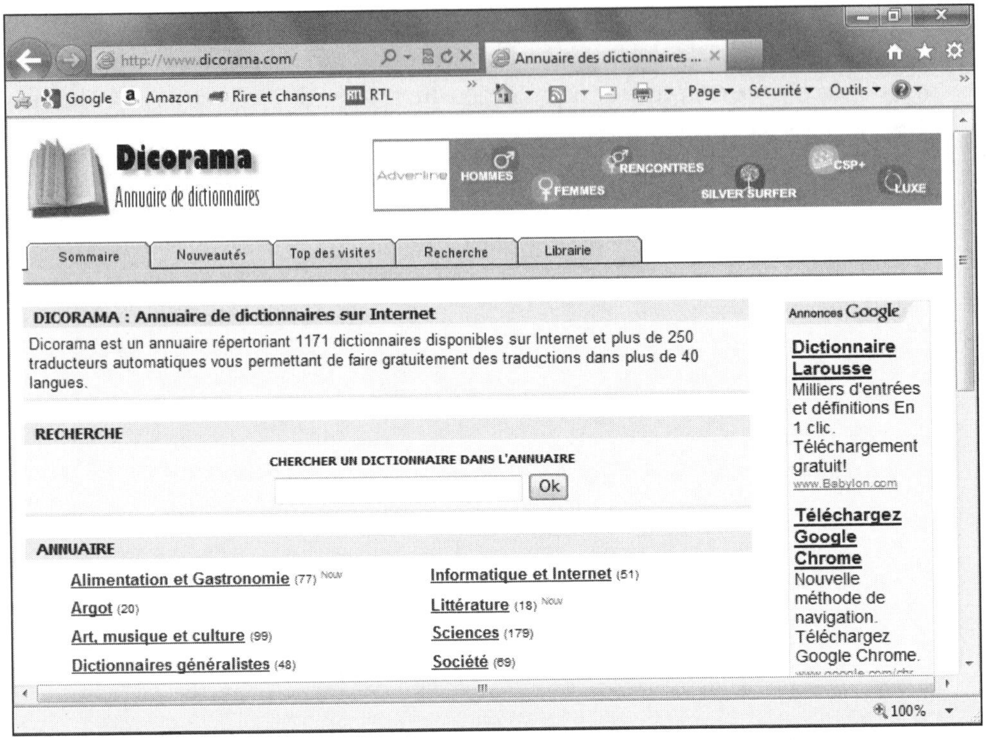

Figure 12-20 Dicorama, un portail vers des dictionnaires sur Internet.

Il existe aussi des encyclopédies vivantes. Elles sont mises à jour et complétées quotidiennement par les internautes. C'est le cas de Wikipedia (`fr.wikipedia.org`). Si vous êtes un spécialiste dans un domaine précis, vous pouvez déposer un nouvel article. Vous pouvez aussi compléter des articles existants. Wikipedia propose actuellement plus de 1 125 000 articles en français, et plus de 14 millions dans 270 langues : une source inépuisable d'informations (figure 12-21).

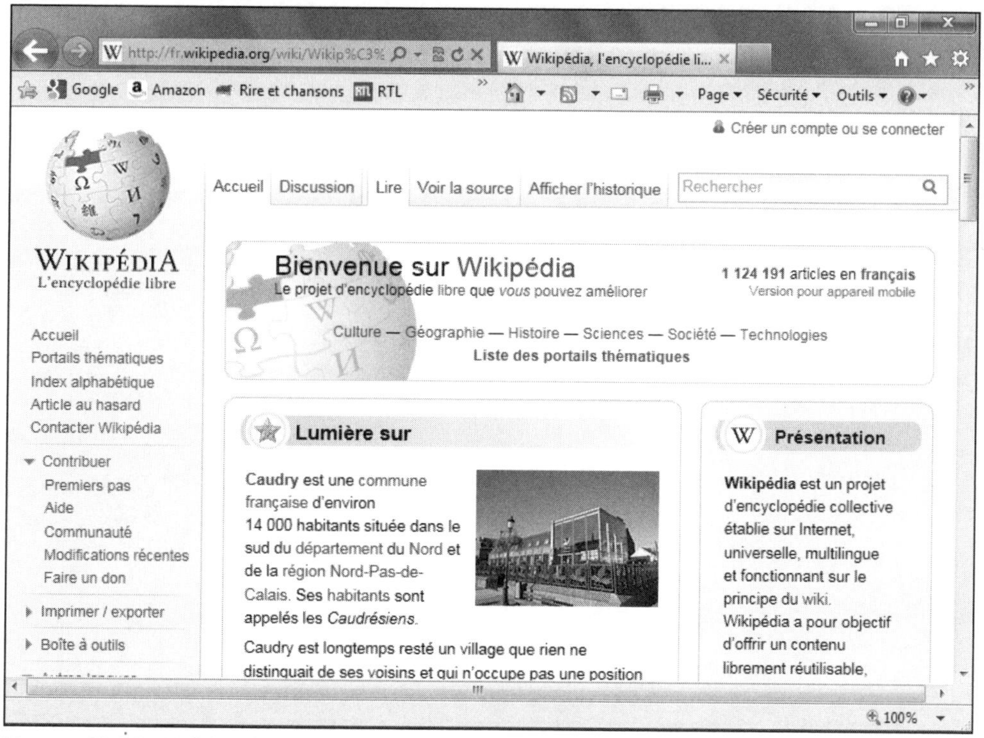

Figure 12-21 Wikipedia, une encyclopédie vivante.

Rechercher d'anciens amis

Retrouver d'anciens amis du lycée, du service militaire ou un ancien collègue, c'est ce que vous propose le site Copains d'avant (`www.copainsdavant.com`).

Il suffit de vous inscrire gratuitement en indiquant votre parcours (école, entreprise, club, association, *etc.*), de préciser les dates correspondantes et d'ajouter un texte de recherche. Il est aussi possible de déposer une photographie. Vous verrez ensuite la liste des personnes qui correspondent à votre parcours (figure 12-22).

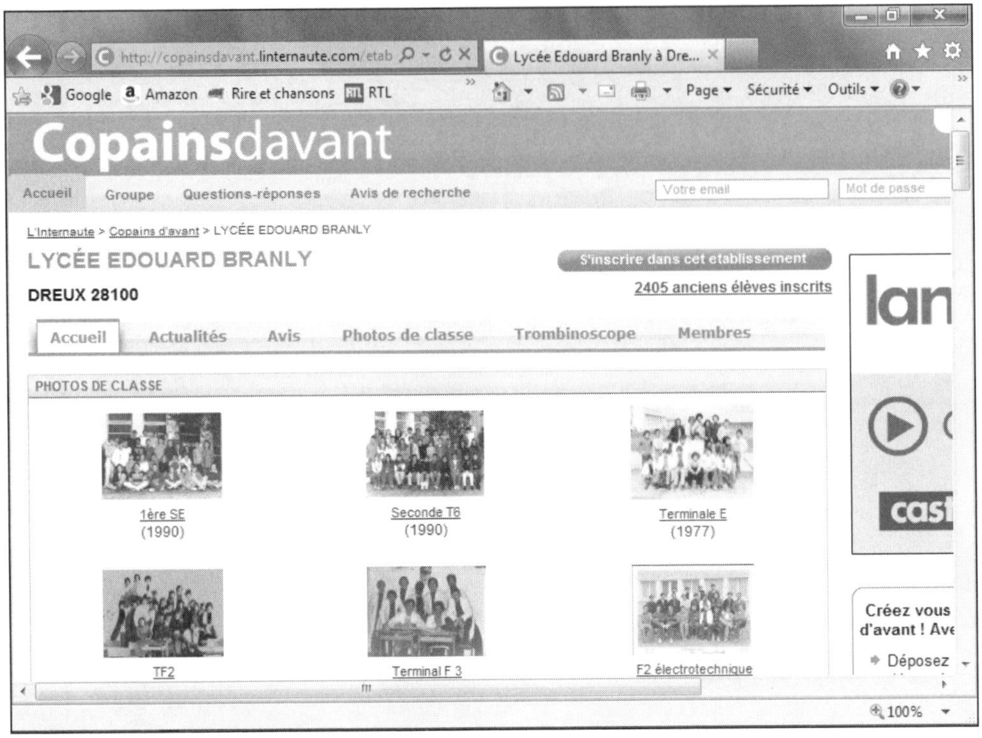

Figure 12-22 Le site Copains d'avant.

Trouver l'âme sœur

Internet est aussi un moyen de trouver sa moitié. Il s'agit d'une nouvelle forme d'agence matrimoniale. Il suffit de laisser votre profil et de répondre à un questionnaire très complet sur votre personnalité. Un programme se charge de rechercher les personnes qui correspondent le mieux à votre profil (figure 12-23).

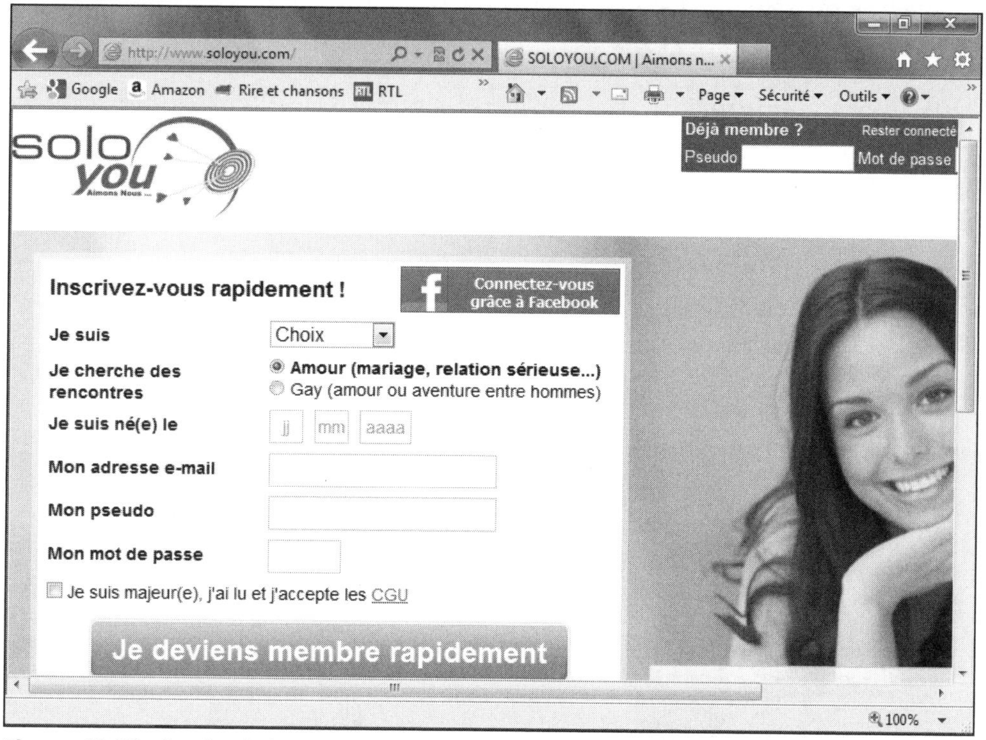

Figure 12-23 Le site Solo you.

Comme toute agence matrimoniale, cela n'est pas gratuit. Il vous en coûtera de 10 à 40 € par mois.

Voici quelques sites pour vous permettre de comparer les prestations et les prix, mais aussi le nombre de membres :

`www.ame-soeur.com`

`www.parship.fr`

`www.meetic.fr`

`www.rencontre.com`

`www.coteamour.com`

Parcourir l'actualité

Pour être toujours informé des derniers événements, consultez les sites Internet spécialisés. Outre les informations relatives à la télévision et à la radio (voir chapitre 13), la plupart des quotidiens et des hebdomadaires proposent un site avec les grands titres de l'actualité. Même le moteur de recherche Google offre un tel service.

Figure 12-24 Le site du journal Le Monde.

Voici quelques sites d'actualité :

`www.liberation.fr`

`www.lemonde.fr`

`www.lefigaro.fr`

`www.nouvelobs.com`

`www.ladepeche.com`

`www.lexpansion.com`

`news.google.fr`

Informations tous azimuts

Pour finir ce chapitre, je vous propose de découvrir un site remarquable, tant par sa qualité que par sa diversité.

L'Internaute est un magazine gratuit qui traite toutes sortes d'informations : actualité, arts, cuisine, météo, programmes TV, offres d'emploi, voyages, *etc.*

Je vous laisse le découvrir à l'adresse `www.linternaute.com`.

Figure 12-25 L'Internaute : un magazine complet.

Chapitre
13

Exploiter les ressources d'Internet

Dans ce chapitre

- Écouter de la musique
- Visionner des vidéos
- Écouter la radio
- Télécharger et acheter de la musique
- Télécharger des fichiers sur le Web
- Publier des photos numériques
- Télécharger des compléments Windows

Le multimédia est probablement la partie la plus attirante d'Internet. Les nouvelles technologies permettent d'aller au-delà de la simple consultation d'images, de sons ou de vidéos. Vous pouvez écouter les stations de radio du monde entier, regarder des chaînes de télévision ou vous offrir une séance de cinéma avec le film de votre choix.

Nul doute que le nombre de sites proposant des médias à la carte ne cessera d'augmenter de jour en jour. Profitez dès à présent de votre connexion pour exploiter tous les médias qui vous sont proposés.

Écouter de la musique

Même si Windows propose une alternative avec le Windows Media, le format RealMedia est devenu incontournable sur Internet. Il permet de lire des vidéos et des sons en continu : une petite partie du début du film ou du son est téléchargée, puis la lecture commence. La suite du film ou du son est téléchargée en même temps que vous regardez ou écoutez les parties déjà chargées. On appelle cela le « streaming ».

Il est donc indispensable d'installer RealPlayer pour écouter de la musique ou regarder des vidéos, et ce, pour une grande majorité des sites Web.

Installer RealPlayer

Le lecteur simple (RealPlayer) est téléchargeable gratuitement sur Internet. La version complète (RealPlayer Plus) est payante, mais permet de lire plus d'une cinquantaine de formats différents, dont les DVD. Elle permet aussi de graver des CD au format MP3.

1. Ouvrez le site `www.france.real.com`.
2. Téléchargez sur le site la dernière version de RealPlayer.

Figure 13-1 Site de téléchargement de RealPlayer.

3. Suivez les instructions pour l'installation du logiciel.

Même la version simple autorise la lecture d'une grande quantité de formats différents (images, sons et vidéo). Pour les connaître, cliquez le menu **Fichier → Ouvrir** puis le bouton **Parcourir**. Cliquez la zone **Type de fichiers** pour lister ceux pris en charge.

Écouter de la musique sur un site

Après l'installation du lecteur RealPlayer, vous pourrez écouter de la musique à partir de la plupart des sites. Les autres formats sont pris en charge par le lecteur par défaut, Windows Media.

1. Recherchez une page qui propose de la musique.
2. Cliquez le lien pour lancer la lecture.

Dans le cas d'un format RealMedia, la musique est lue dans une fenêtre séparée, proposant parfois une image correspondant au morceau écouté (figure 13-2). Cependant, certains sites intègrent directement le lecteur dans la page Web.

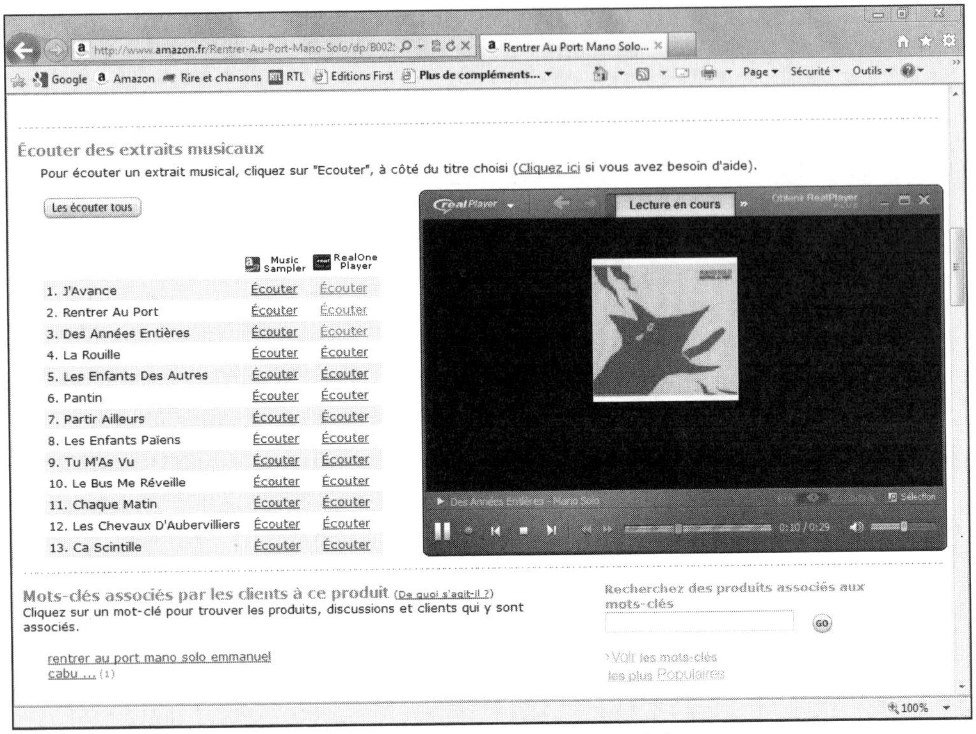

Figure 13-2 Lecture d'un morceau de musique avec RealPlayer.

Le lecteur s'utilise comme un lecteur habituel de CD ou de DVD : pilotez l'écoute des musiques, ainsi que le visionnage des vidéos, avec les boutons de lecture, de mise en pause, *etc.*

Conseil Certains sites proposent plusieurs qualités d'enregistrement en fonction de la vitesse de votre modem (28 kbits ou 56 kbits pour un modem classique, 256 kbits ou 512 kbits pour le câble ou l'ADSL). Choisissez une vitesse raisonnable selon votre cas pour que la musique ou la vidéo soit « fluide ». Avant de commencer la lecture, une partie de la musique ou de la vidéo est chargée en mémoire. Soyez patient !

Visionner des vidéos

Comme pour la musique, certains sites proposent des vidéos. Les chaînes de télévision mettent à votre disposition des émissions déjà diffusées, notamment les journaux télévisés. Vous pouvez donc regarder votre émission préférée à l'heure qui vous convient, et bénéficier de l'information télévisuelle en continu comme avec le câble ou le satellite.

Avec l'arrivée de l'ADSL, cette technologie devrait prendre un essor important et engendrer la naissance d'une multitude de sites proposant des émissions de télévision et des films. Avec une connexion classique, n'espérez pas obtenir une qualité d'image acceptable.

Regarder la télévision

Outre les chaînes nationales, Internet met à votre portée des dizaines de chaînes de télévision dans les domaines les plus variés et dans toutes les langues. Si vous résidez à l'étranger, vous pouvez suivre vos émissions préférées ou vous maintenir au courant de l'actualité de votre pays.

Pour les chaînes payantes, vous devez souscrire un abonnement, généralement au mois, au trimestre ou à l'année.

Figure 13-3 Journal télévisé d'une chaîne nationale.

Voici la liste des sites des chaînes hertziennes nationales :

`www.tf1.fr`

`www.france2.fr`

`www.france3.fr`

`www.canalplus.fr`

www.france5.fr

www.arte-tv.com

www.m6.fr

Si le site d'une chaîne ne propose pas de direct, essayez le site www.playtv.fr. On y trouve le direct de la majorité des chaînes de la TNT.

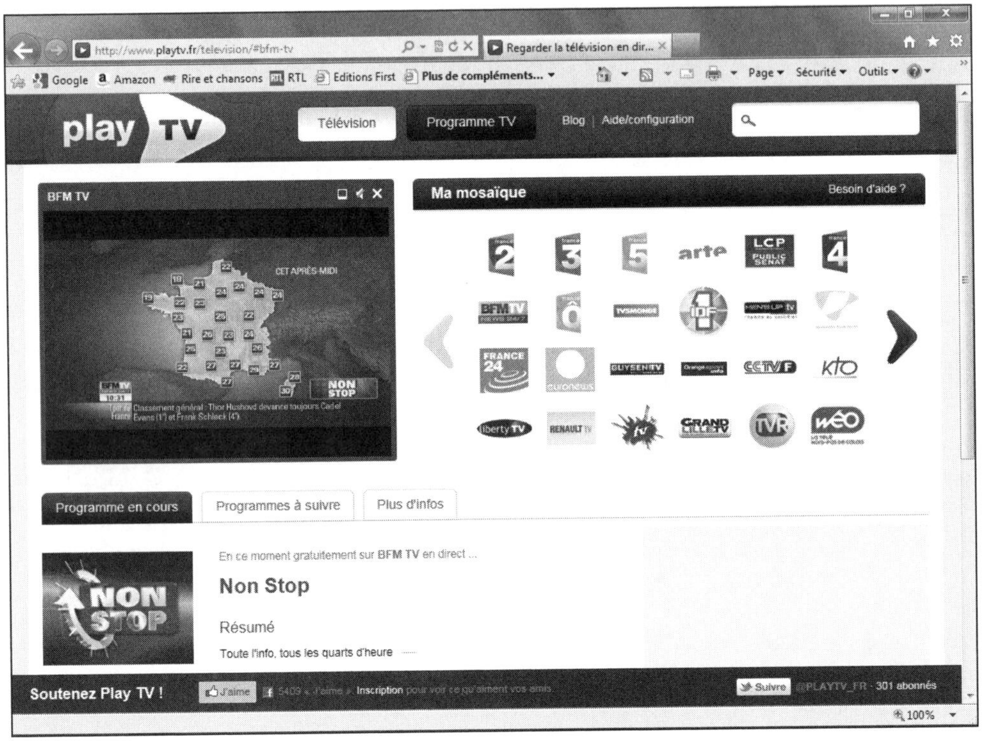

Figure 13-4 Site proposant des chaînes de télévision en direct.

Projeter des films

Et si vous alliez au cinéma sans bouger de chez vous ? Maintenant, avec Internet, vous pouvez regarder les films récents à domicile. Là aussi il est nécessaire d'avoir une connexion haut débit ADSL ou câble (512 kbits).

Le principe est simple : vous vous inscrivez, vous téléchargez les films de votre choix, puis vous les regardez dans les 24 heures. À titre d'exemple, sur le site www.canal-play.com, un film récent coûte 4,99 € et un film plus ancien, 3,99 €.

Figure 13-5 Site proposant des films à la carte.

Les sites comme CanalPlay.com proposent même de télécharger définitivement des films et de les graver sur DVD avec votre ordinateur.

Regarder des vidéos gratuitement

Certains sites proposent des vidéos à lire directement dans Internet Explorer. C'est le cas de YouTube (`www.youtube.com`) qui met à votre disposition des millions de vidéos partagées par les internautes du monde entier. Faites simplement sur le site une recherche des sujets qui vous intéressent.

Figure 13-6 Le site YouTube pour lire et partager des vidéos.

Voici d'autres sites qui proposent ce type de service :

- Dailymotion : `www.dailymotion.com/fr`
- Google vidéo : `video.google.fr`
- Yahoo vidéo : `fr.video.yahoo.com`

Écouter la radio

Vous souhaitez écouter les radios françaises que vous ne captez pas habituellement, voire les radios du monde entier ? Aujourd'hui, la quasi-totalité des stations de radio ont leur propre site Web. Vous pouvez donc les écouter en direct avec votre PC *via* votre connexion Internet. Il existe même des stations de radio qui n'émettent que sur Internet.

1. Tapez **windowsmedia.com/radiotuner** dans la barre d'adresses et validez avec **Entrée**.

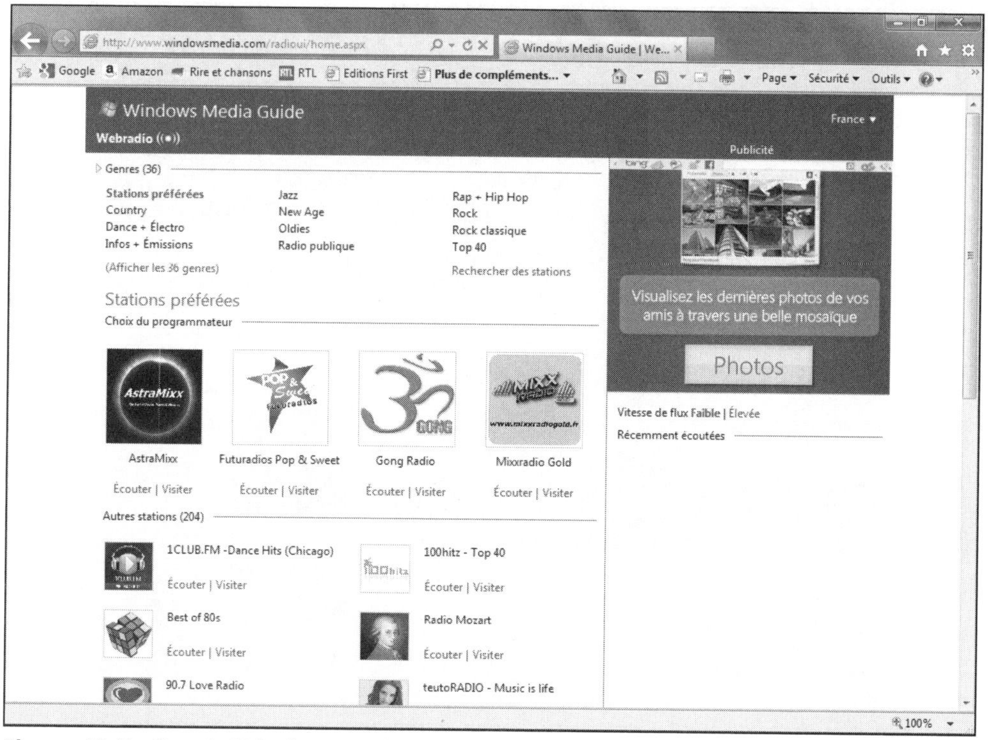

Figure 13-7 Site de WindowsMedia.com.

Le site Windows Media propose des stations de radios, avec des liens **Écouter** et **Visiter**.

2. Cliquez le lien **Écouter** pour diffuser la radio *via* le Lecteur Windows Media. Cliquez le lien **Lecture** ou le lien **Visiter** pour afficher le site dans Internet Explorer.

Note Utilisez la zone de recherche du site pour trouver d'autres stations de radio dans le monde.

Toutes les radios ne sont pas proposées par le site Windowsmedia.com. Pour écouter d'autres radios, effectuez des recherches avec Internet Explorer et le moteur de recherche `www.google.fr`. Tapez, par exemple, les mots-clés « Radio FM Rire Chansons » pour trouver la radio Rire & Chansons.

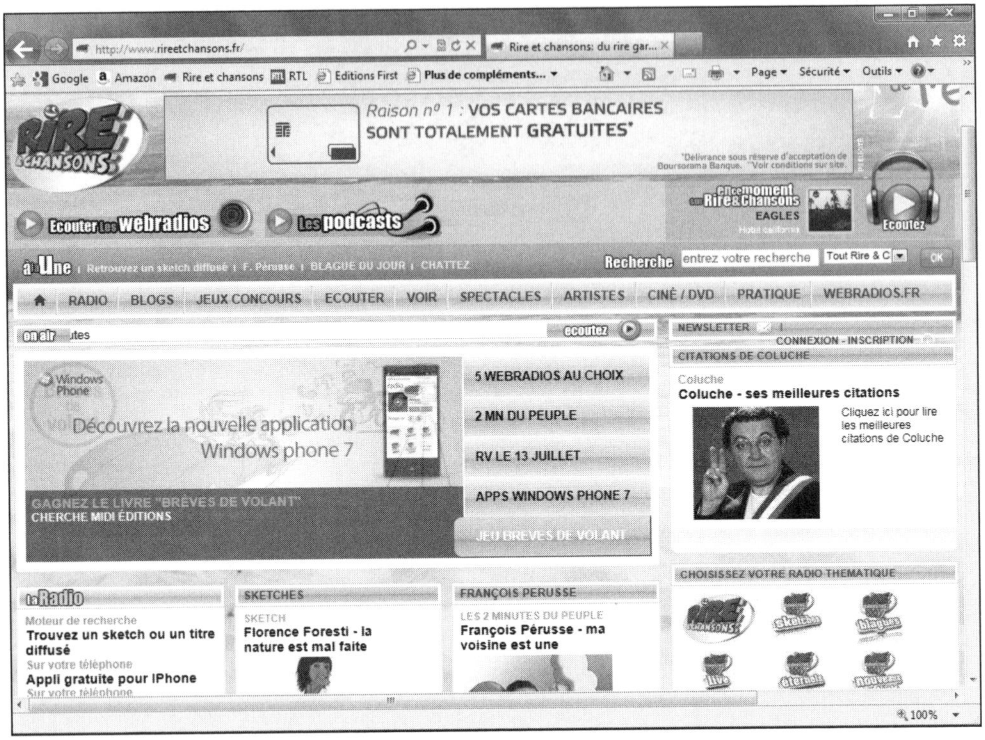

Figure 13-8 Site d'une radio FM.

Les sites des radios proposent généralement un lecteur personnalisé. Ce dernier offre l'avantage de vous donner des informations sur la musique que vous écoutez actuellement (nom du groupe ou du chanteur, nom du morceau, pochette d'album, date des prochains concerts, *etc.*).

Figure 13-9 Lecteur spécifique pour écouter une station de radio dans Internet Explorer.

Télécharger et acheter de la musique

Internet est une mine d'or pour les audiophiles. On peut y trouver « presque » toutes les musiques, dans tous les genres et de toutes les époques. Vous trouverez dans les paragraphes qui suivent tous les moyens mis à votre disposition pour télécharger des titres sur les sites commerciaux et les sites gratuits.

Acheter de la musique sur Internet

Les sites de vente de musiques sur Internet sont une alternative à l'achat de CD audio. Comme le support physique a disparu, les prix sont logiquement inférieurs. Nous disons « logiquement », car certains marchands pratiquent des tarifs élevés, et il n'est pas rare de constater que le téléchargement de tous les morceaux d'un album revient plus cher que le CD audio lui-même !

Pour vous aider à faire vos choix, nous répertorions ici les sites les plus connus en commentant leurs avantages et leurs inconvénients, ainsi que les tarifs pratiqués.

Virgin Megastore : www.virginmega.fr

Simple d'emploi et très complet, le site de Virgin Megastore propose plus de deux millions de titres. Les albums complets sont à 9,99 € et chaque titre à 0,99 €. Vous pouvez écouter les trente premières secondes de chaque titre.

Figure 13-10 Le site de Virgin Megastore.

Les fichiers téléchargés sont au format MP3. Votre compte vous permet de les télécharger de nouveau en cas de perte. Il n'y a pas de limite pour les transferts vers un baladeur ou pour les gravures sur CD.

Fnac Music : www.fnacmusic.com

Le site de la Fnac ne se distingue pas des autres sites et propose des prix presque identiques : 0,99€ le titre et 9,99€ pour un album. Vous pouvez grappiller quelques centimes avec les packs à 25, 50 ou 100€ qui allègent vos achats de 10%. Pour une écoute illimitée en streaming, il vous en coûtera 9,99€ par mois.

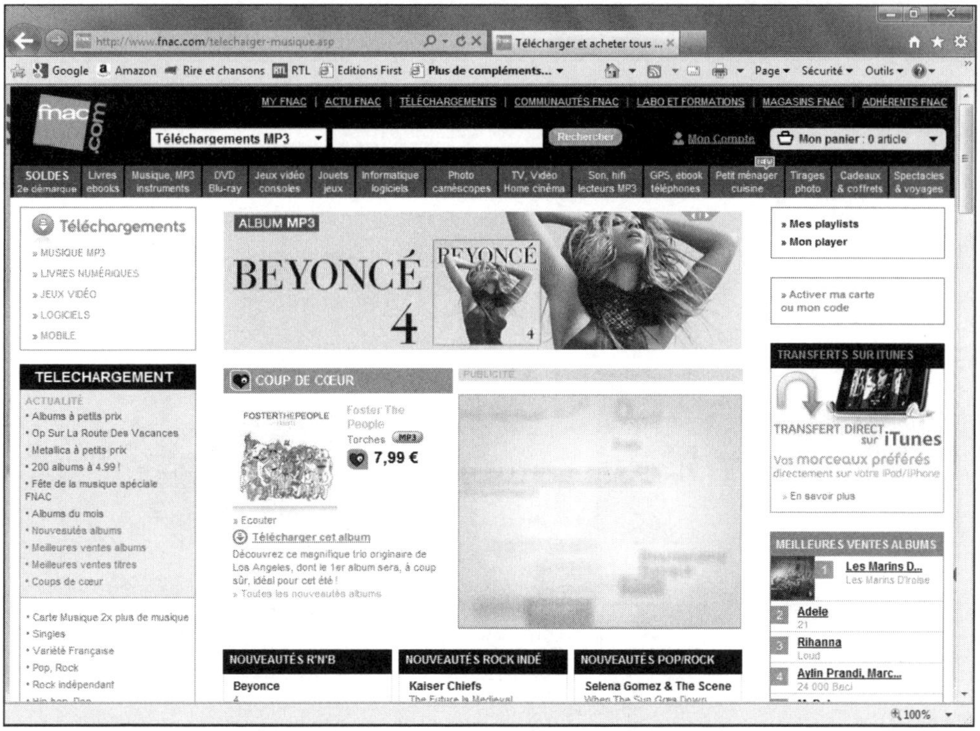

Figure 13-11 Le site Fnac Music.

Les fichiers téléchargés au format WMA sont protégés en DRM. La protection limite à 5 transferts vers un baladeur ou un autre ordinateur et à 7 gravures sur CD. Les fichiers MP3 n'ont pas de restriction.

Définition **DRM** (*Digital Rights Management*) : système de protection contre la copie des fichiers musicaux achetés sur Internet. Les fichiers WMA utilisent cette technologie.

eCompil : www.ecompil.fr

Le site e-Compil propose des formules pour 10 titres à 6€ et 25 titres à 12€. Pour les jeunes, il propose de multiplier l'achat par 3 (par exemple 15€ de musique pour 5€ payés). Les morceaux téléchargés sont gravables sur CD ou transférables sur baladeur.

Figure 13-12 Le site e-Compil.

Écouter ou télécharger des musiques gratuitement

Il existe des sites qui proposent de télécharger gratuitement des musiques. Cela est tout à fait légal puisque le partage est fait avec l'autorisation des artistes. C'est pour eux un moyen de se faire connaître, autant du grand public que des maisons de disques.

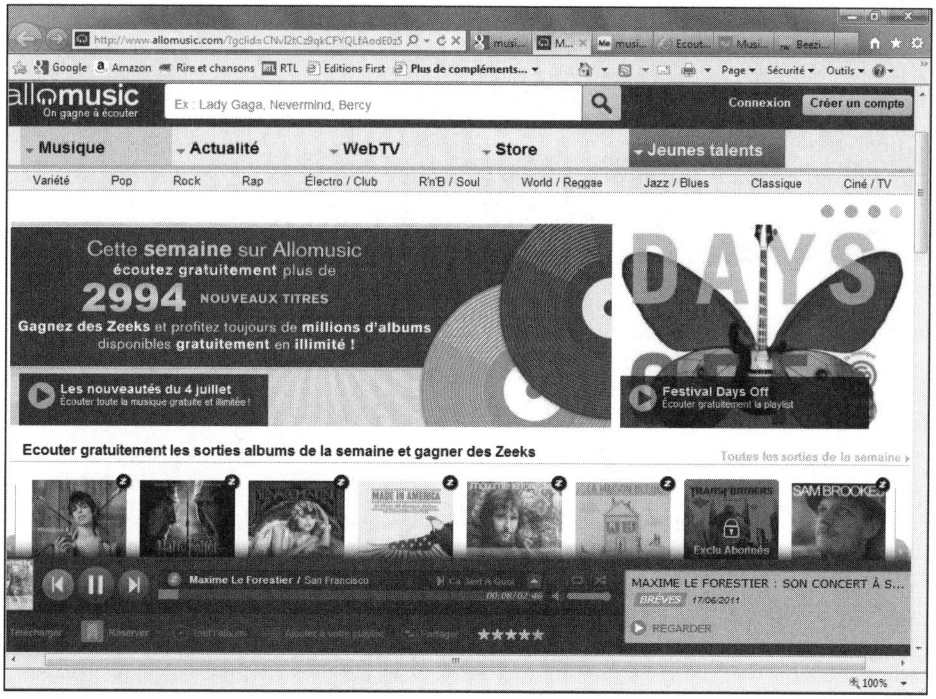

Figure 13-13 Le site de Allomusic.

Voici quelques exemples de sites qui proposent d'écouter ou de télécharger des musiques :

`www.allomusic.com`

`www.musicme.com`

`www.wizzmusic.com`

`www.beezik.com`

`www.mp3.com`

Vous trouverez bien sûr d'autres sites en effectuant une recherche sur `google.fr`, par exemple.

Figure 13-14 Le site de MusicMe.

Sites des artistes

Certains artistes mettent à votre disposition leurs œuvres sur le site qui leur est dédié. Faites une recherche avec Google pour trouver le site de votre groupe ou de votre chanteur préféré, mais peu connu, et vérifiez les téléchargements possibles.

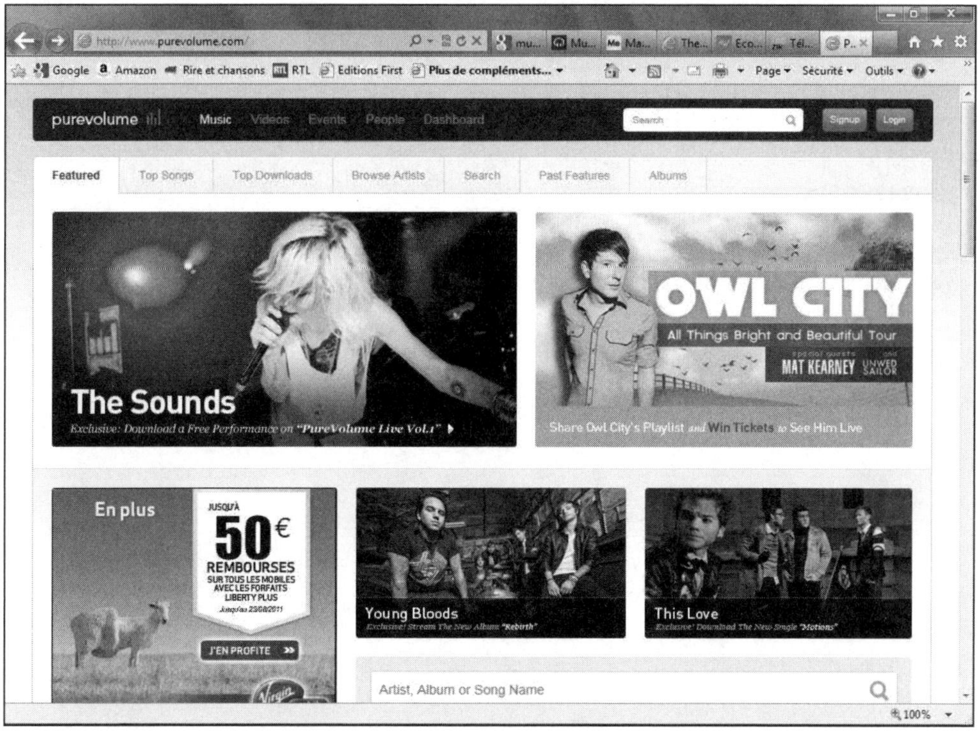

Figure 13-15 Le site PureVolume.com propose en téléchargement des artistes peu connus.

Télécharger des fichiers sur le Web

Dans des temps plus reculés, les téléchargements s'effectuaient à partir de sites spécialisés : les sites FTP (*File Transfer Protocol*). Pour simplifier la procédure de téléchargement, les sites Web permettent aujourd'hui d'enregistrer des fichiers sur votre disque dur ou d'ouvrir directement des documents.

1. Recherchez sur le Web le fichier à télécharger (musique, vidéo, programme, *etc.*).
2. Cliquez dans la page le lien ou le bouton de téléchargement.

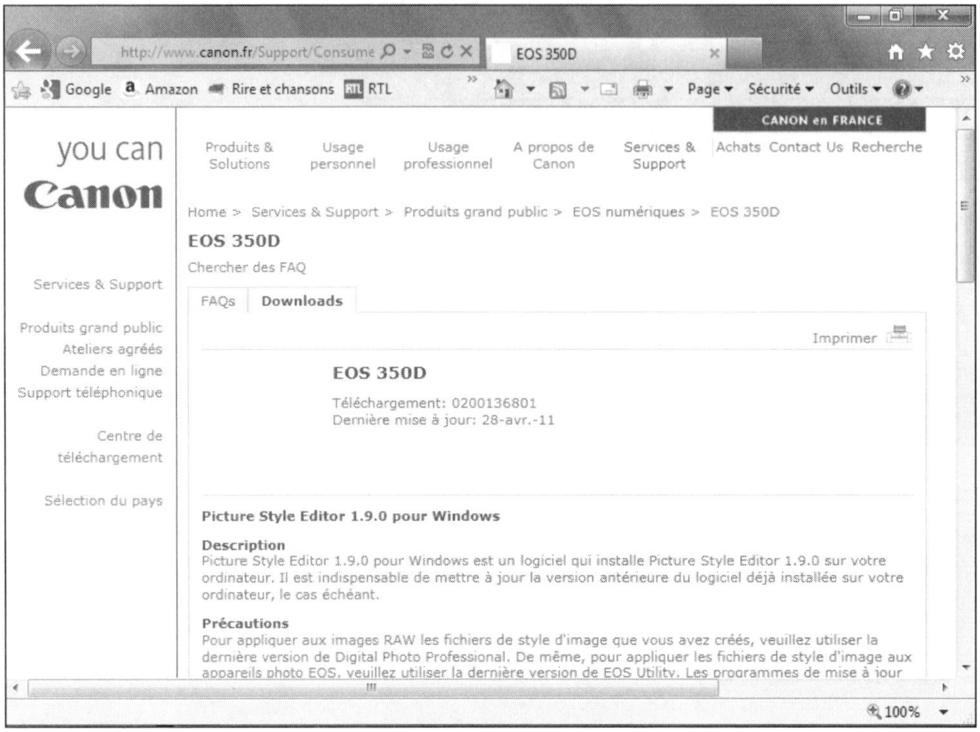

Figure 13-16 Téléchargement d'un fichier sur un site Web.

3. Cliquez le bouton **Exécuter**, **Enregistrer** ou **Ouvrir** selon la destination du fichier.

Figure 13-17 Boîte pour choisir l'enregistrement ou l'ouverture d'un fichier téléchargé.

4. Si vous avez choisi d'enregistrer la cible, le fichier est placé dans le dossier **Téléchargements** de votre dossier personnel. Pour choisir un autre emplacement, cliquez la flèche en regard du bouton **Enregistrer**, puis choisissez **Enregistrer sous**. Une boîte de dialogue s'ouvre pour définir l'emplacement du fichier sur votre disque dur. Sélectionnez le dossier de destination dans le volet de navigation, tapez le nom du fichier dans la zone **Nom du fichier** puis cliquez le bouton **Enregistrer**.

Le fichier est téléchargé, puis ouvert, enregistré ou exécuté, selon vos choix. Une boîte affiche la progression de l'opération.

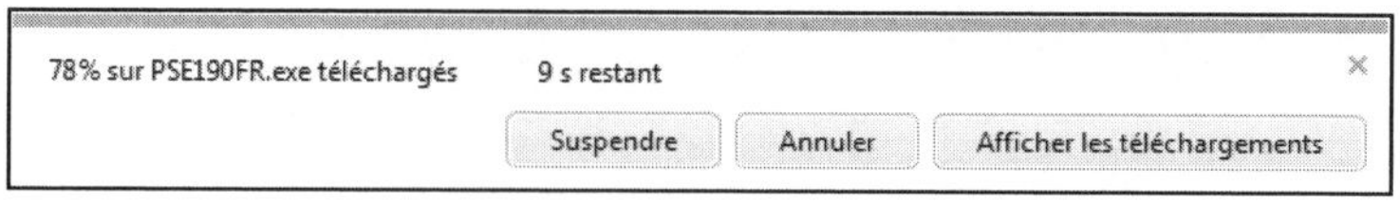

Figure 13-18 Progression du téléchargement d'un fichier.

Astuce Vous pouvez télécharger d'autres fichiers sans attendre la fin du téléchargement des premiers. Plusieurs boîtes s'ouvriront. Cela permet d'utiliser au maximum votre connexion Internet.

Publier des photos numériques

Si vous désirez mettre vos photos à la disposition de vos proches et de vos amis, il existe sur le Web des dizaines de sites qui sont prêts à vous héberger. L'avantage de ces sites commerciaux est de proposer 200 Mo, 400 Mo voire aucune limite pour le stockage de vos clichés. Chacun pourra les consulter et, bien sûr, en demander un tirage papier moyennant quelques euros.

Les photos peuvent provenir d'un appareil numérique ou de tirages argentiques préalablement scannés.

Voici quelques sites qui proposent ce service :

`www.photoweb.fr`

`www.photoreflex.com`

`www.photostation.fr`

`www.photoservice.com`

`www.photoways.com`

`www.photosapiens.com`

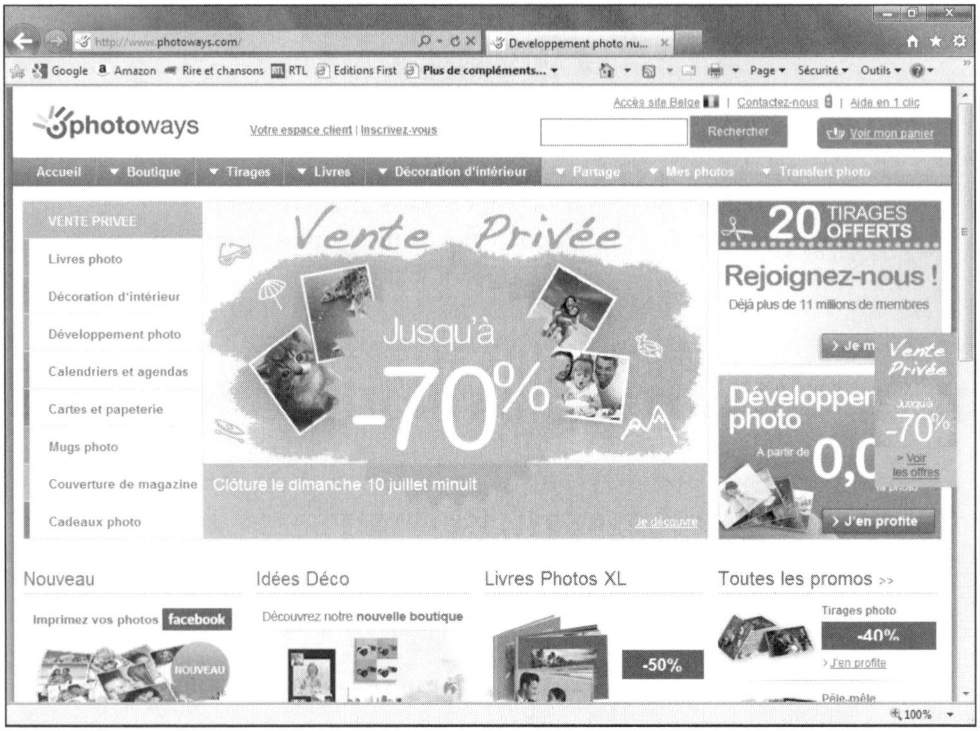

Figure 13-19 Site proposant de stocker vos photos et d'effectuer des tirages papier.

Note Pour échanger des fichiers avec d'autres personnes, utilisez une messagerie instantanée comme Windows Live Messenger. Consultez pour cela le chapitre 17.

Télécharger des compléments Windows Live

Certains compléments ne sont pas disponibles lors de l'installation de Windows 7. Vous devez les télécharger *via* Internet. C'est le cas de la Galerie de photos (chapitre 8), Movie Maker (chapitre 10), de Windows Mail (chapitre 18) et de Live Messenger (chapitre 17).

1. Cliquez bouton **Démarrer** ➜ **Tous les programmes** ➜ **Accessoires** ➜ **Mise en route**.

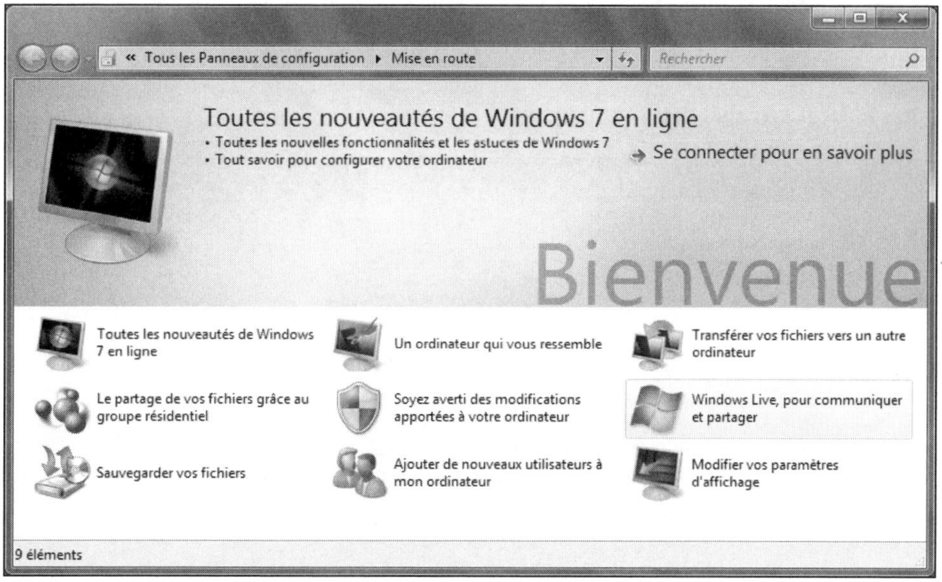

Figure 13-20 Fenêtre de bienvenue de Windows **7**.

2. Double-cliquez **Windows Live, pour communiquer et partager**.

Note Si le bouton **Windows Live, pour communiquer et partager** n'est pas présent dans votre version, vous devez ouvrir directement la page Internet `http://explore.live.com`, puis cliquer le lien **Windows Live**.

3. Cliquez le bouton **Télécharger** dans la page qui s'affiche.
4. Cliquez le bouton **Exécuter** dans la boîte qui s'affiche.

5. Cliquez le bouton **Oui** si Windows vous demande de confirmer le téléchargement.

6. Cliquez le lien **Choisir les programmes à installer**.

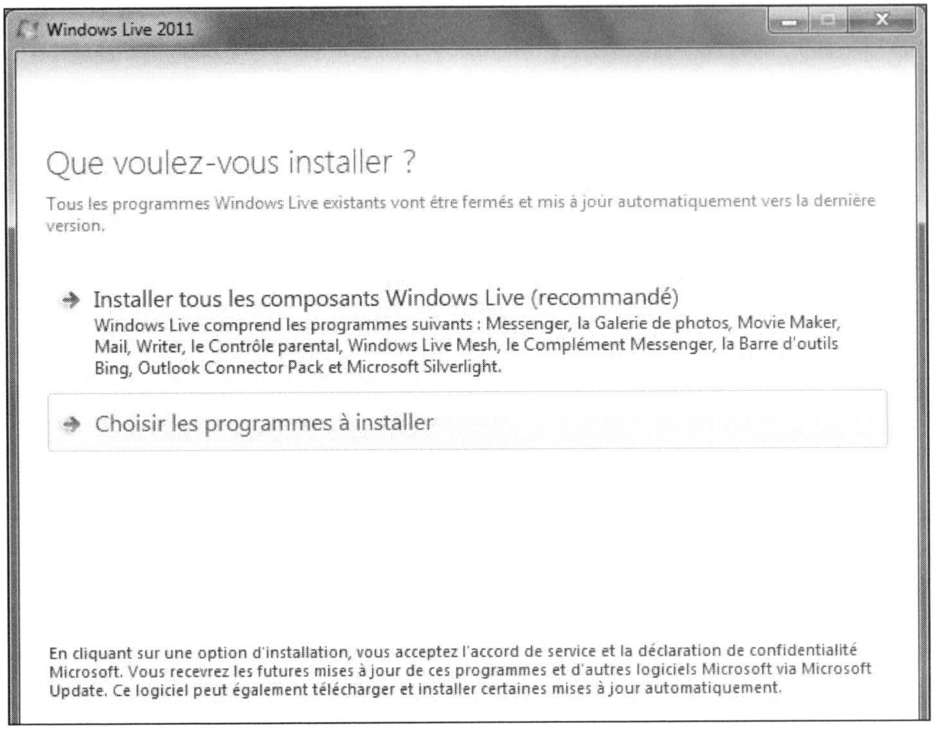

Figure 13-21 Choix du type d'installation.

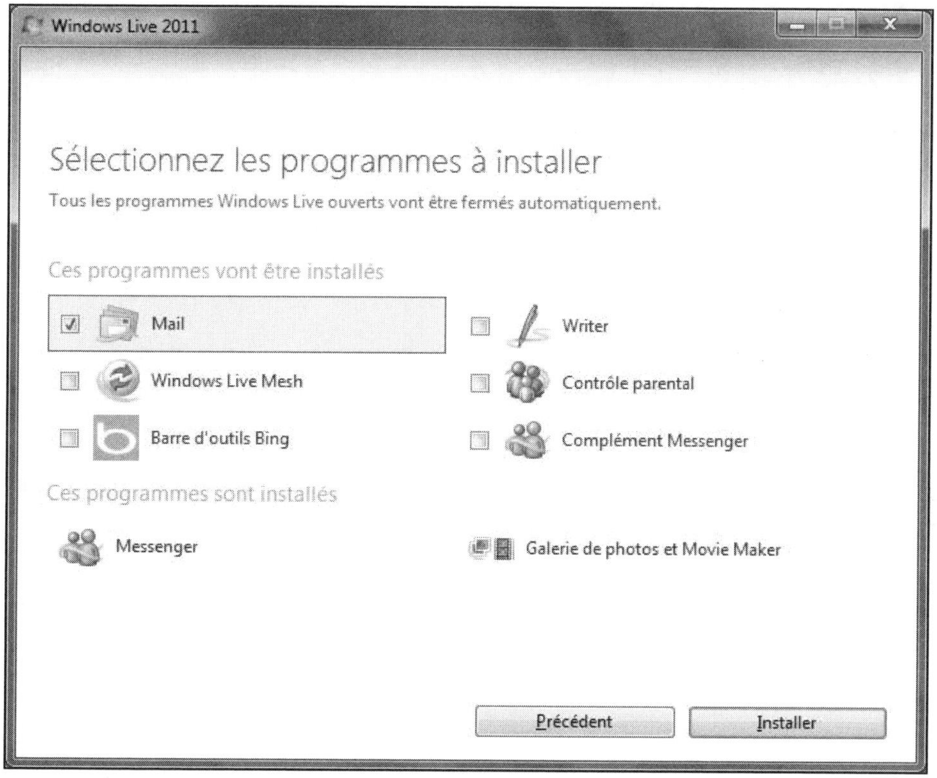

Figure 13-22 Choix des programmes à installer.

7. Cochez les compléments à installer et décochez les autres.
8. Cliquez le bouton **Installer**.
9. Suivez les instructions à l'écran pour terminer l'installation des programmes.

Chapitre 14

Acheter et vendre sur Internet

Dans ce chapitre

- Effectuer des achats en ligne
- Utiliser les moteurs de comparaison
- Gagner de l'argent sur vos achats
- Acheter ou vendre aux enchères

Le *marchandising* sur Internet prend une ampleur croissante. La vente par correspondance (VPC) *via* le Web permet, de la grande entreprise au petit artisan, de toucher un plus grand nombre d'acheteurs y compris à l'étranger. Toutes les grandes enseignes, même celles qui ont pignon sur rue, proposent leur site. Pour l'internaute cela permet de disposer d'un plus grand choix et de comparer rapidement les produits disponibles sur le marché. C'est aussi un formidable moyen de faire des affaires et de réaliser d'importantes économies.

Acheter sur Internet

L'achat sur Internet est devenu monnaie courante. Des millions de transactions sont effectuées chaque jour. Les risques ne sont pas plus importants que pour des achats traditionnels par correspondance.

Faire son shopping

La majorité des sites de vente proposent des liens vers des catégories de produits. Ce sont généralement des onglets qui se trouvent en haut ou à gauche de chaque page visitée. Ils vous dirigent vers le magasin concerné. Comme certains sites proposent des produits très disparates, cette première sélection est indispensable. Le site de la figure 14-1 propose aussi bien des produits high-tech que du prêt-à-porter.

Si vous avez une idée bien précise, utilisez le moteur de recherche, soit avec la catégorie du produit, par exemple « télévision 3d », soit avec la référence exacte, par exemple « tx-p46gt30e ».

Figure 14-1 Onglets pour changer de magasin dans un site de vente.

Une fois que vous avez trouvé le bon produit, cliquez le bouton d'achat pour l'ajouter à votre panier ou à votre Caddie. Continuez ensuite vos recherches sur le site pour ajouter d'autres marchandises.

Régler vos achats

Dès que votre panier est complet, vous pouvez passer à la caisse pour régler vos achats. Cliquez le bouton ou le lien correspondant pour vérifier la liste de vos courses.

Vous pouvez à tout moment supprimer des articles, en modifier les quantités ou en ajouter de nouveaux en revenant dans les pages du site.

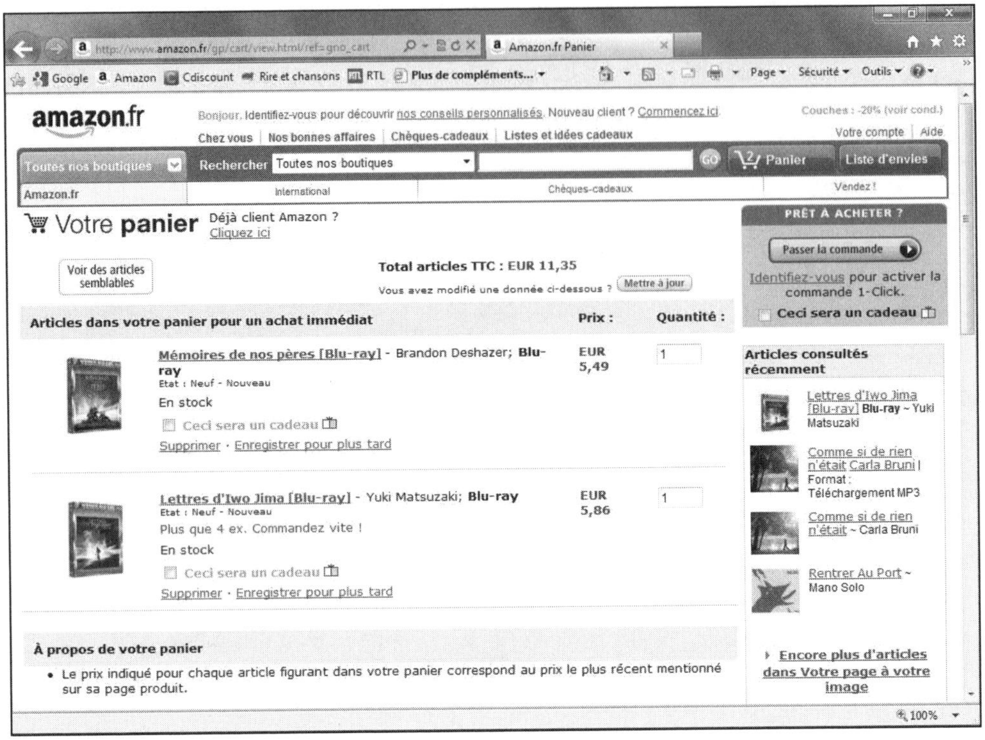

Figure 14-2 Liste de vos courses.

Avant de passer aux étapes suivantes, vérifiez bien que la liste correspond à vos souhaits (quantité, prix, montant total de la commande, *etc.*). Vérifiez surtout que le marchand n'a pas ajouté des prestations non désirées, comme des assurances ou des prolongations de garantie.

La plupart des sites ajoutent des frais de port. Vérifiez avec soin leur montant, surtout pour des achats à l'étranger ou de petites commandes. Les frais de port peuvent parfois dépasser le montant des articles.

Note Tant que vous n'avez pas saisi vos coordonnées et confirmé votre commande avec un moyen de paiement, vous pouvez quitter le site. Vous ne serez ni livré, ni facturé.

Payer en ligne

Le paiement en ligne est probablement l'élément qui freine le plus les internautes pour effectuer des achats sur le Web. Or, aujourd'hui, les transactions sont sécurisées. Cela veut dire que votre numéro de carte est crypté avant d'être expédié au marchand ou à la banque qui réalise la transaction. Effectuer un achat par téléphone est beaucoup plus risqué que par Internet.

Vous devez donc vous assurer que la transaction est bien sécurisée avant de saisir votre numéro de carte. Vous trouverez l'icône suivante dans la zone Adresse de votre navigateur : .

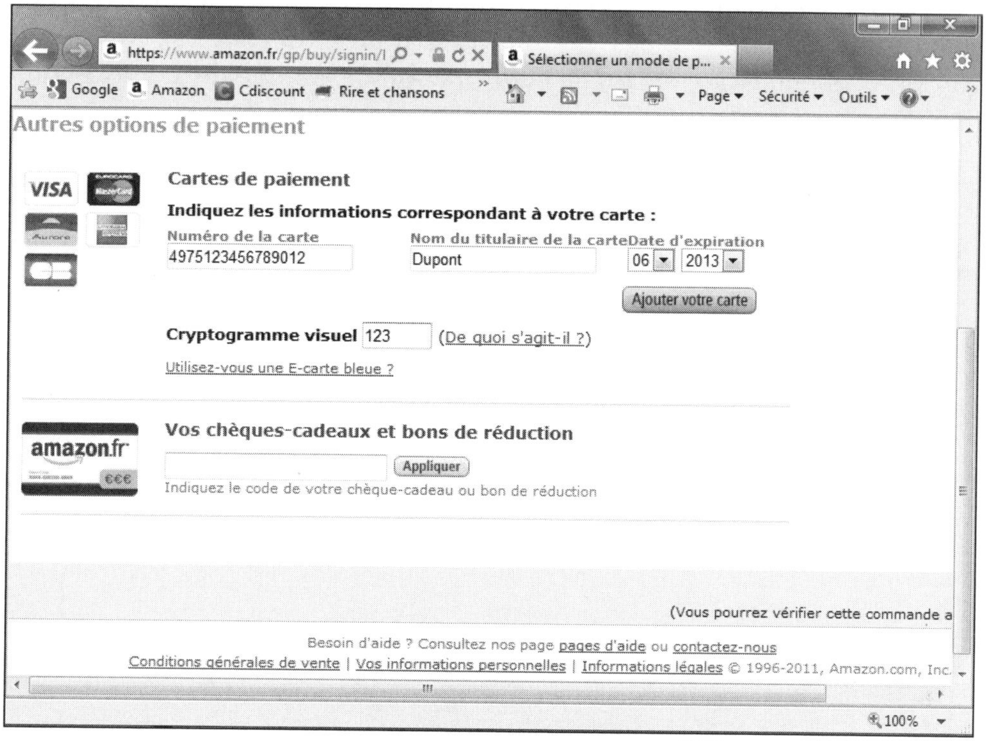

Figure 14-3 Paiement en ligne : la transaction est sécurisée .

Si vous utilisez un autre navigateur ou une version précédente d'Internet Explorer, vous trouverez une des icônes suivantes dans la barre d'état (ligne en bas de la fenêtre) : . Dans tous les cas, si aucune de ces icônes ne s'affiche, la transaction n'est pas sécurisée. Ne saisissez pas dans ce cas votre numéro de carte bancaire et renseignez-vous auprès du site.

Attention À aucun moment vous ne devez donner le numéro de code de votre carte bancaire. Votre code secret ne doit être utilisé que pour des transactions *via* une machine (distributeur de billets, terminal de magasin, *etc.*). Même votre banquier ne peut pas l'obtenir ni vous le demander.

Si vous ne désirez pas utiliser votre carte bancaire, les sites proposent généralement d'autres moyens de paiement (chèques, virements, *etc.*). Cela retarde cependant la livraison de votre commande.

Suivre vos commandes

Les sites marchands proposent un service intéressant : le suivi en temps réel du traitement de votre commande. Vous pouvez connaître à tout moment le bon déroulement des opérations : disponibilité des produits, préparation du colis, expédition, *etc.* Vous recevrez probablement des e-mails de confirmation de commande et d'expédition des marchandises.

Figure 14-4 Suivi d'une commande sur le site marchand.

Après l'expédition, c'est le site du transporteur qui prend le relais. Par exemple, pour une expédition par La Poste, il suffit de donner le numéro du colis fourni par le vendeur pour connaître toutes les phases de son acheminement.

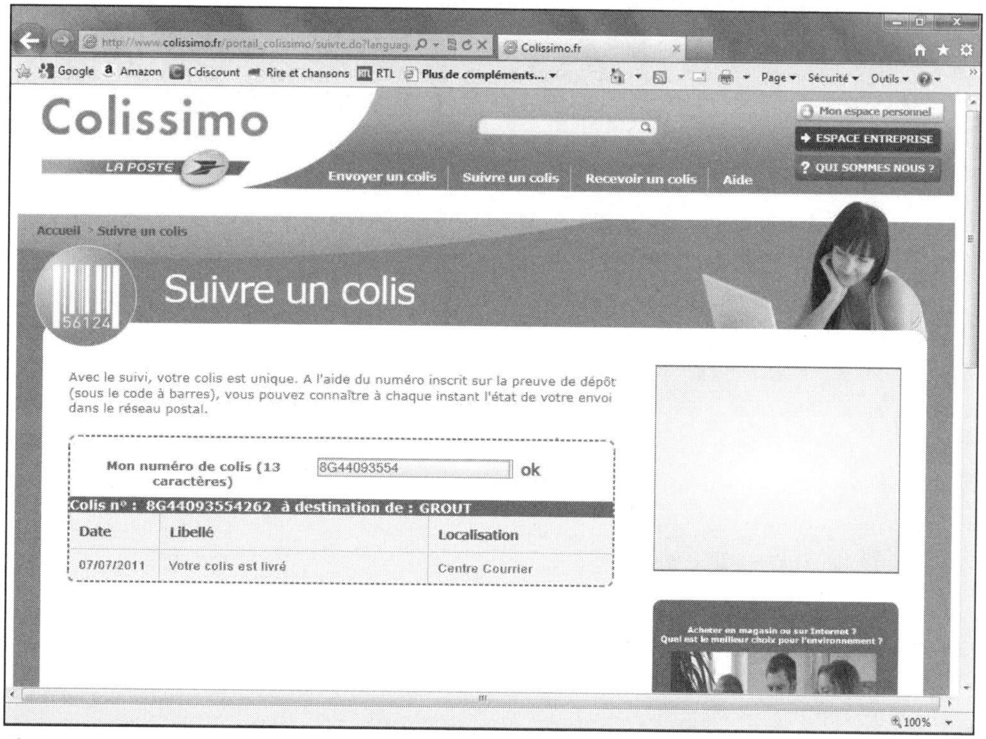

Figure 14-5 Suivi d'une commande sur le site du transporteur.

Comparer les prix

Pour trouver le meilleur prix d'un article, consultez les sites de comparaison. Ils effectueront pour vous des recherches sur le Web et vous donneront des informations sur la qualité des prestations des vendeurs.

Rechercher des produits

Les sites de comparaison sont généralement spécialisés par produit (électroménager, voyages, informatique, DVD, *etc.*). Pour trouver ces sites, utilisez le moteur de recherche Google, avec les mots-clés « comparateur prix » puis le type de matériel, par exemple « comparateur prix dvd » ou « comparateur prix ordinateur ». La recherche des meilleurs prix sur Internet étant devenue un « sport international », vous trouverez des dizaines de sites vous proposant ce service.

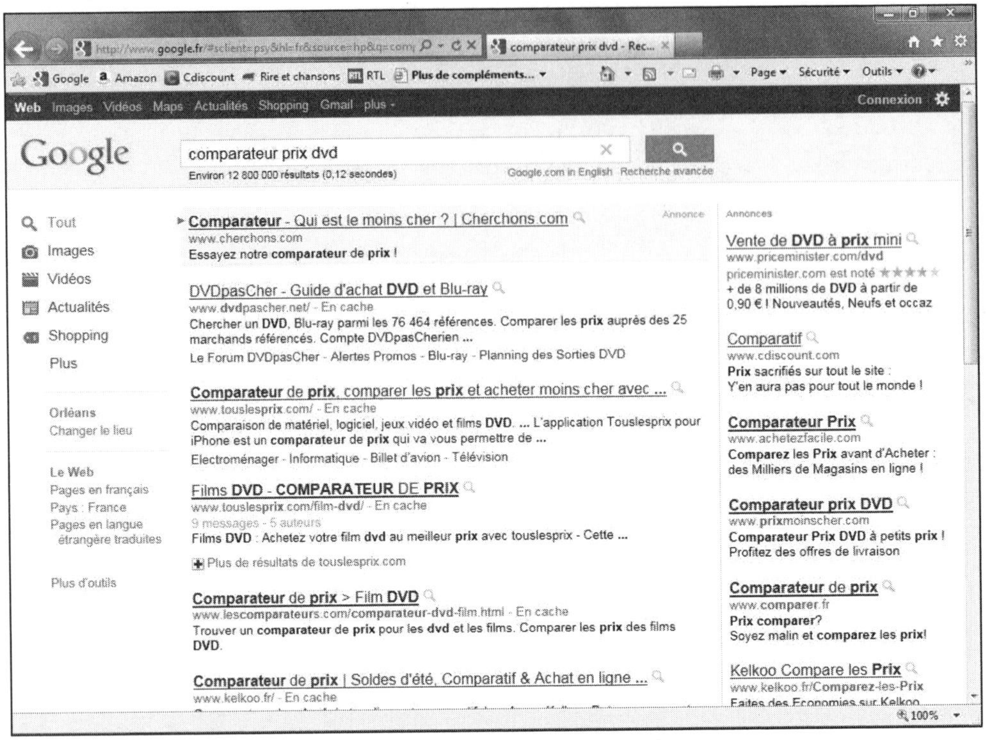

Figure 14-6 Recherche de sites de comparaison sur Google.

Conseil Les sites de comparaison sont rémunérés par les sites de vente. Méfiez-vous des comparateurs qui proposent peu de vendeurs et toujours les mêmes. Ces sites ne jouent pas le jeu : ils ne proposent que les vendeurs qui leurs reversent la meilleure commission, pas forcément ceux qui proposent les meilleurs prix à l'acheteur.

Tous les comparateurs proposent un moteur de recherche. Tapez simplement les références du produit pour obtenir une liste des vendeurs et de leurs prestations (prix, frais de port, disponibilité, *etc.*).

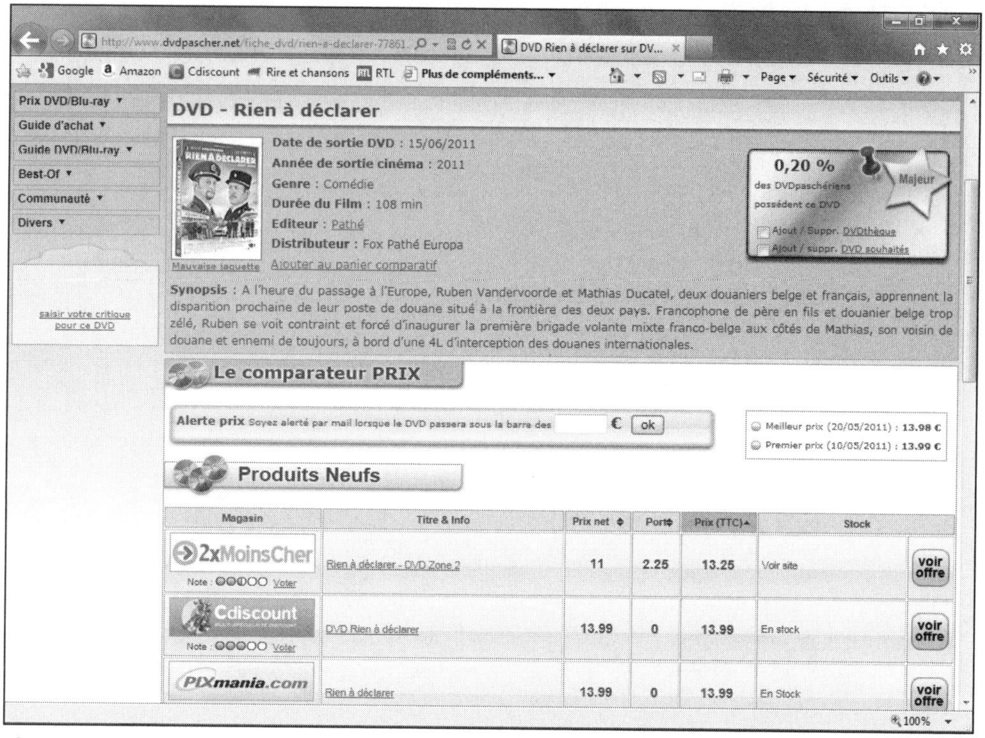

Figure 14-7 Recherche de produit sur le site comparateur DVDpasCher.net.

Vérifier la qualité des prestations des vendeurs

La plupart des sites de comparaison laissent la possibilité à leurs visiteurs de déposer des appréciations sur le déroulement de leurs achats. Cela permet aux visiteurs suivants d'éviter certains vendeurs qui ne respectent pas leurs engagements.

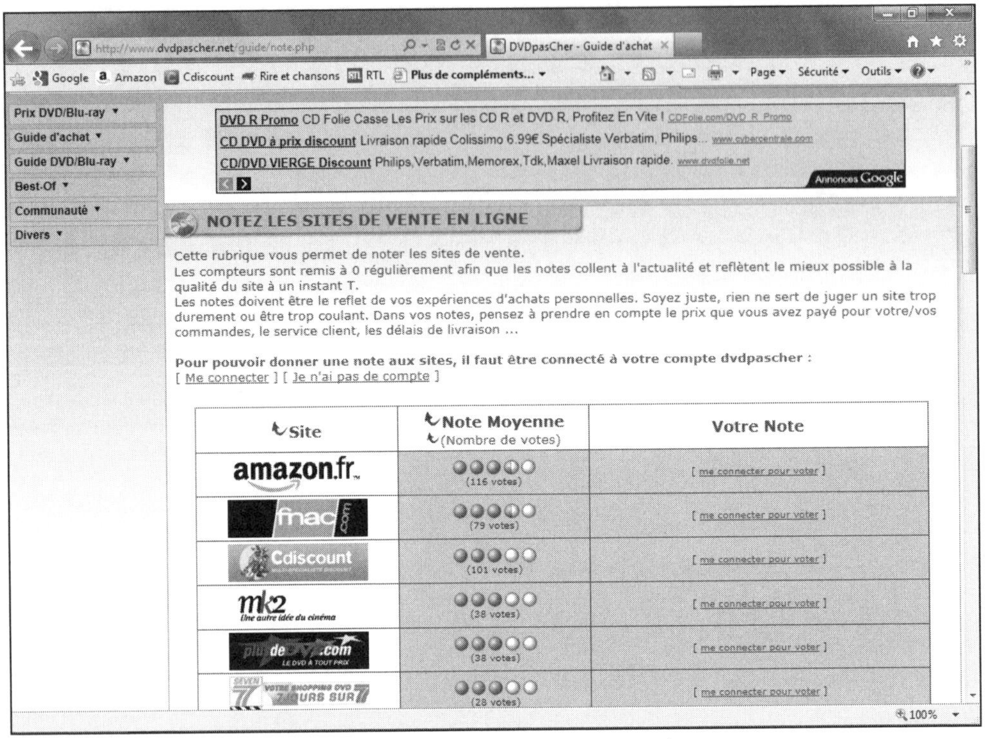

Figure 14-8 Comparaisons des sites de vente sur DVDpasCher.

Il existe aussi des organismes dont le but est de vérifier la qualité des prestations des marchands et qui vous aident dans vos démarches en cas de litige. C'est le cas du site `fia-net.com`. En achetant des produits sur les sites qui participent au programme FIA-NET, vous bénéficiez automatiquement et gratuitement d'un certain nombre de services : paiement sécurisé, accès aux performances du site, service de médiation en cas de litiges, *etc.* C'est le commerçant qui paie pour se soumettre aux analyses de FIA-NET et ainsi faire la preuve de la qualité de ses services à ses visiteurs. C'est donc pour vous un gage de sécurité supplémentaire.

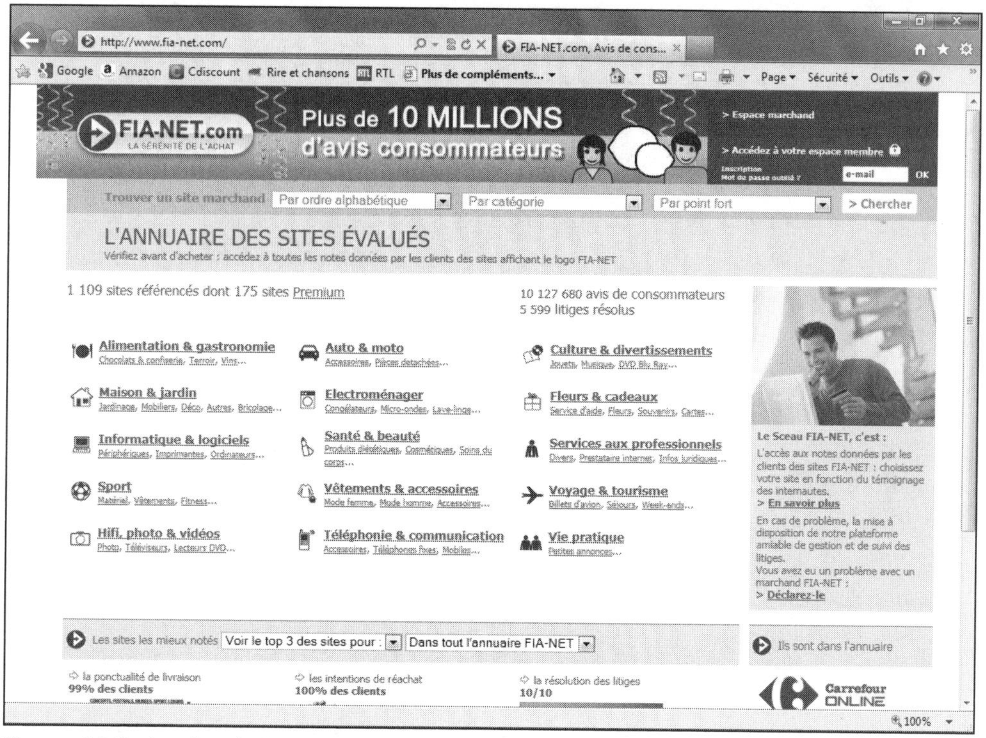

Figure 14-9 Le site de FIA-NET.com.

Si FIA-NET protège le consommateur, il protège aussi le marchand contre les fraudes à la carte bancaire et l'usurpation d'identité. Lors de votre premier achat, vous devrez fournir certains documents directement à FIA-NET (copie de carte d'identité, RIB, *etc.*).

Gagner de l'argent sur vos achats

En passant par un programme de fidélité avant d'effectuer vos achats, vous pouvez obtenir des réductions substantielles. Ces réductions se cumulent sous forme de points échangeables contre des produits (électroménager, abonnements à des magazines, DVD, *etc.*), des bons d'achats pour les sites partenaires, voire des chèques bancaires.

Figure 14-10 Le site Maximiles.

Les plus connus sont `Maximiles.com` et `Ouah.fr`. Avant de passer une commande sur Internet, vérifiez sur ces sites s'ils proposent un lien vers le marchand de votre choix. La plupart des grands sites sont proposés : Amazon, CDiscount, Dell, Fnac, Voyages-SNCF, *etc.* Vous pourrez gagner de 1 à 10 % sur vos achats.

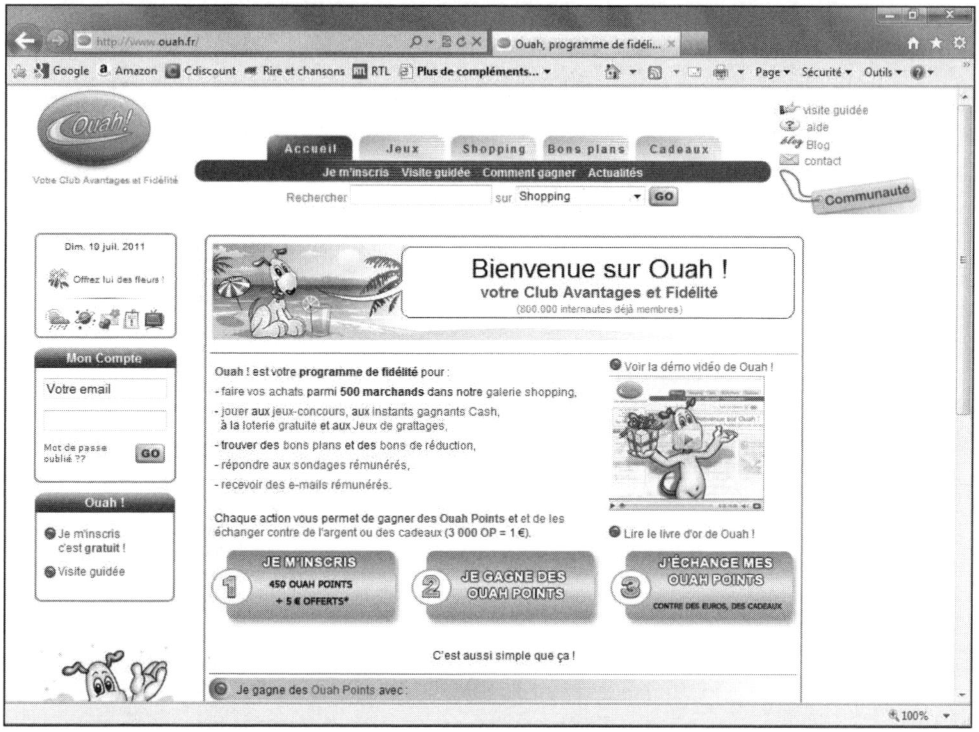

Figure 14-11 Le site Ouah.

Bien sûr, toutes les grandes sociétés proposent leur propre programme de fidélité. C'est le cas des compagnies aériennes, des loueurs de voitures, des chaînes d'hôtels, *etc.* Si vous utilisez régulièrement leurs services, inscrivez-vous sur leur site.

Beaucoup de sites appliquent des réductions moyennant des codes. Pour obtenir ces derniers, effectuez des recherches sur Google avec le mot-clé « code » puis le nom du marchand. Les codes de réduction sont à saisir lors du paiement de votre commande.

Vous trouverez des codes de réduction sur les sites suivants :

`www.code-reduction.fr`

`www.ebuyclub.com`

`www.code-de-reduction.net`

`www.ma-reduc.com`

`www.radins.com`

`www.codepromo.com`

`www.rembourser.com`

`www.achetergagnant.com`

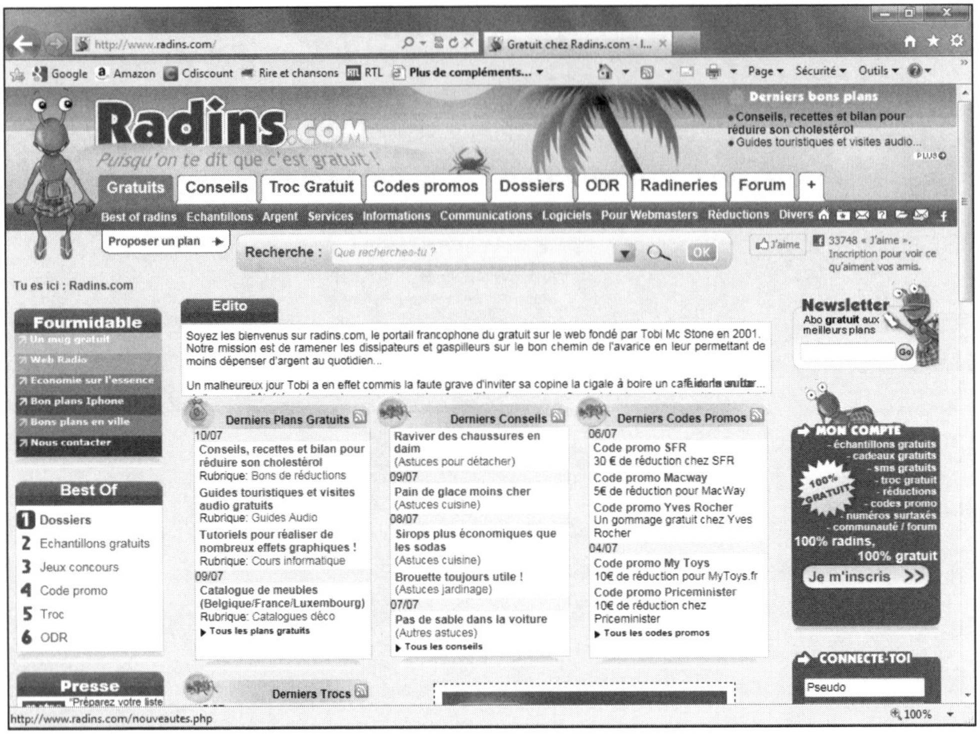

Figure 14-12 Sites pour obtenir des codes de réduction.

Gagner de l'argent sans acheter

Les programmes de fidélité proposent aussi des moyens de vous rémunérer sans effectuer d'achat. Ils expédient des e-mails publicitaires dont la lecture vous donne des points supplémentaires, sans pour autant passer de commande.

Autre solution très rémunératrice : les sociétés de sondages. Vous répondez régulièrement à des questionnaires pour gagner des points qui sont déposés sur le compte de votre programme de fidélité. Le programme Maximiles propose régulièrement des sondages et des études : une bonne idée pour augmenter rapidement votre nombre de points.

Figure 14-13 Toluna : un site de sondages qui vous rétribue.

Acheter ou vendre aux enchères

Que vous cherchiez un produit neuf ou d'occasion, vous pouvez faire des affaires grâce aux enchères sur le Web.

Le principe est simple. Des internautes mettent en vente des objets, avec descriptions et photos à l'appui, et définissent le prix de départ et la durée de mise en vente (entre 3 et 10 jours). Les acheteurs intéressés enchérissent sur le prix initial. À la fin du délai de mise en vente, le dernier enchérisseur remporte le produit.

Si eBay est le plus connu (`www.ebay.fr`), il en existe beaucoup d'autres : `www.onatoo.com`, `www.freebazar.net`, *etc.* Vous en trouverez d'autres avec les mots-clés « site enchère » sur Google.

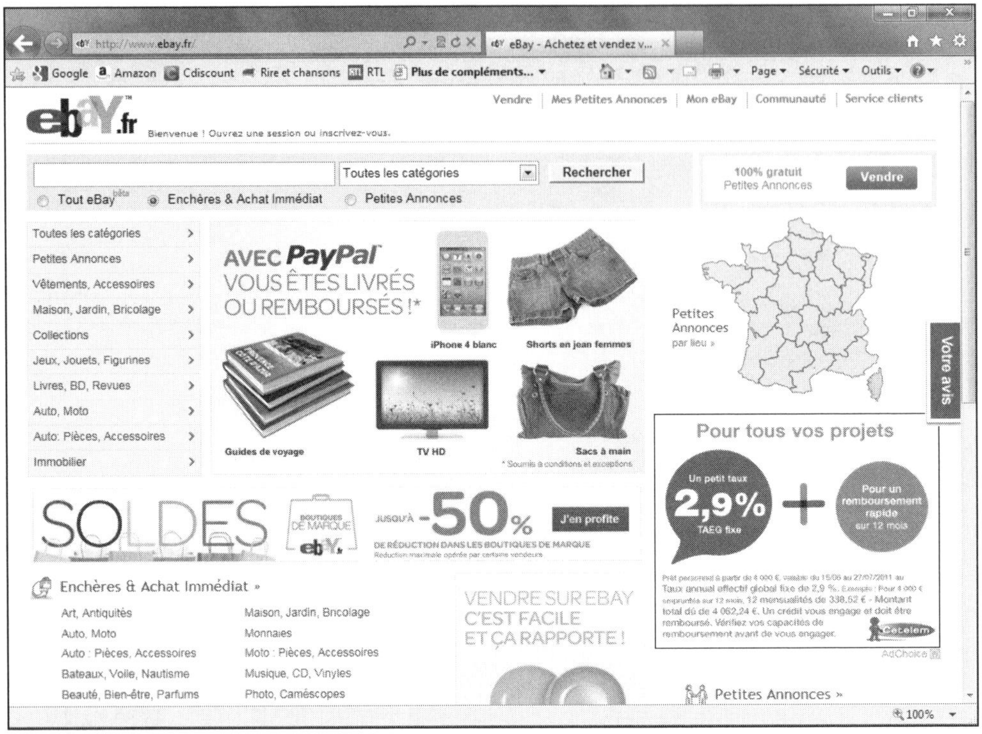

Figure 14-14 Le site eBay.

Avant de vous lancer dans les enchères, assurez-vous que le produit correspond bien à vos attentes : description de l'objet, neuf ou d'occasion, avec des défauts, photos, mode de paiement, frais de port, moyen de paiement, localisation géographique, *etc.*

Mais le plus important est de vérifier la réputation du vendeur. Pour chaque transaction, les acheteurs laissent une évaluation et un court résumé. Vous pouvez donc d'un seul coup d'œil juger de la qualité de votre interlocuteur.

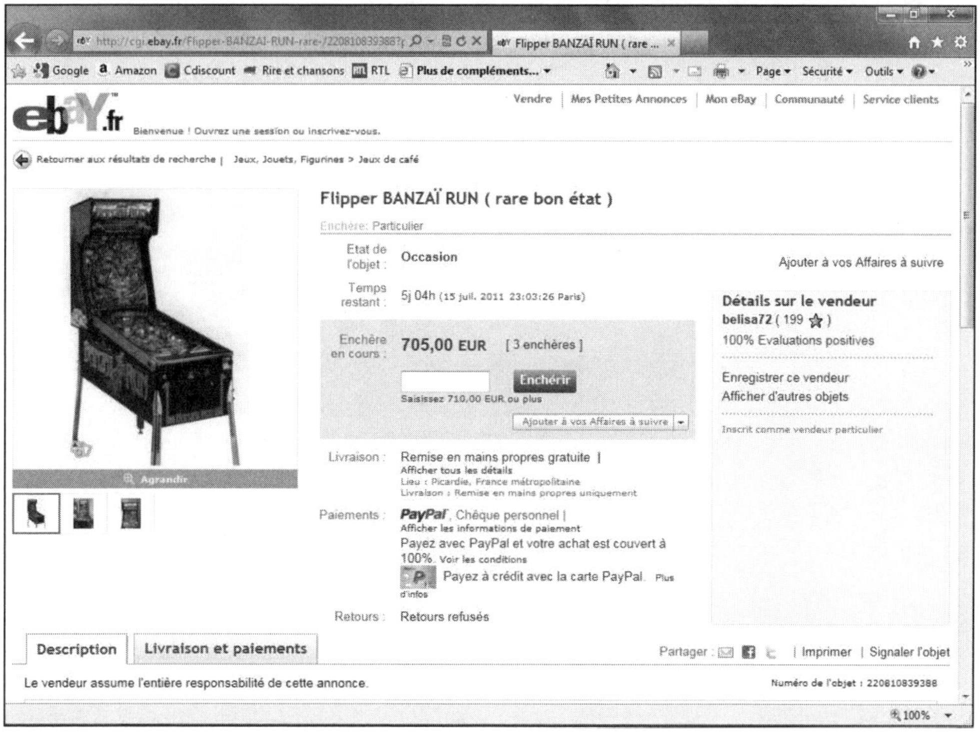

Figure 14-15 Objet aux enchères sur eBay.

On trouve aussi sur eBay des achats immédiats. Ce sont des ventes directes sans enchère. Cela permet à des petits commerçants de vendre sur Internet sans créer leur propre site dont la gestion est compliquée quand elle nécessite des paiements en ligne.

Pour une plus grande sérénité dans vos achats, préférez les moyens de paiement sécurisés comme PayPal. Évitez les paiements par chèque, et surtout les virements *via* un organisme comme Western Union.

Attention Si vous désirez effectuer des achats sur eBay, lisez en priorité le chapitre 15.

Chapitre 15

Déjouer les pièges sur Internet

Dans ce chapitre

- Carte bancaire
- Hameçonnage
- Sites d'enchères
- Spam
- Faux en tout genre
- Canulars (hoax)

Les escroqueries ont toujours existé. Internet n'est qu'un nouveau terrain pour les filous en tout genre. Force est de constater qu'ils ne manquent ni de ressources ni d'imagination.

Les pièges sont un peu partout : sur le Web, dans les e-mails, dans les achats, sur les sites d'enchères...

Ce chapitre fait un tour d'horizon, non exhaustif, des moyens employés pour vous faire tomber dans les pièges des escrocs.

Carte bancaire

La fraude à la carte bancaire est un grand classique. En possession des coordonnées de votre carte (numéro, date d'expiration, *etc.*), les escrocs passent des dizaines de commandes à votre place. Ces informations sont récupérées de différentes façons : piratage des sites de vente, hameçonnage (voir ci-après), *etc.*

Mais pour recevoir la marchandise, il est nécessaire de donner un nom et une adresse. Il existe plusieurs solutions pour contourner le problème. En voici deux. Le voleur donne un faux nom mais une véritable adresse d'un bâtiment abandonné. Il ne lui reste plus qu'à attendre le facteur tous les jours pour réceptionner les colis. L'autre solution nécessite un complice : le facteur lui-même, généralement dans un petit village. Les noms et adresses sont faux, mais le postier sait ce qu'il doit intercepter et donner à l'escroc directement.

Le temps de vous apercevoir de la supercherie, d'en informer votre banque et le site de vente, il s'écoulera plus d'une quinzaine de jours voire un mois. Le voleur a disparu dans la nature depuis longtemps...

Hameçonnage

Le « phishing », ou « hameçonnage », consiste à obtenir des informations sur vous-même et sur votre carte de crédit. Cela permet aux escrocs d'effectuer des achats à votre place.

La technique est simple : un e-mail de votre banque vous signale que, pour des raisons de sécurité, votre compte ou votre carte sera bloqué si vous ne saisissez pas les informations nécessaires. L'e-mail comprend tout ce qui est nécessaire pour vous faire croire à un vrai message de votre banque : logo (récupéré sur le site même de la banque), informations légales, lien vers le site officiel, *etc.*

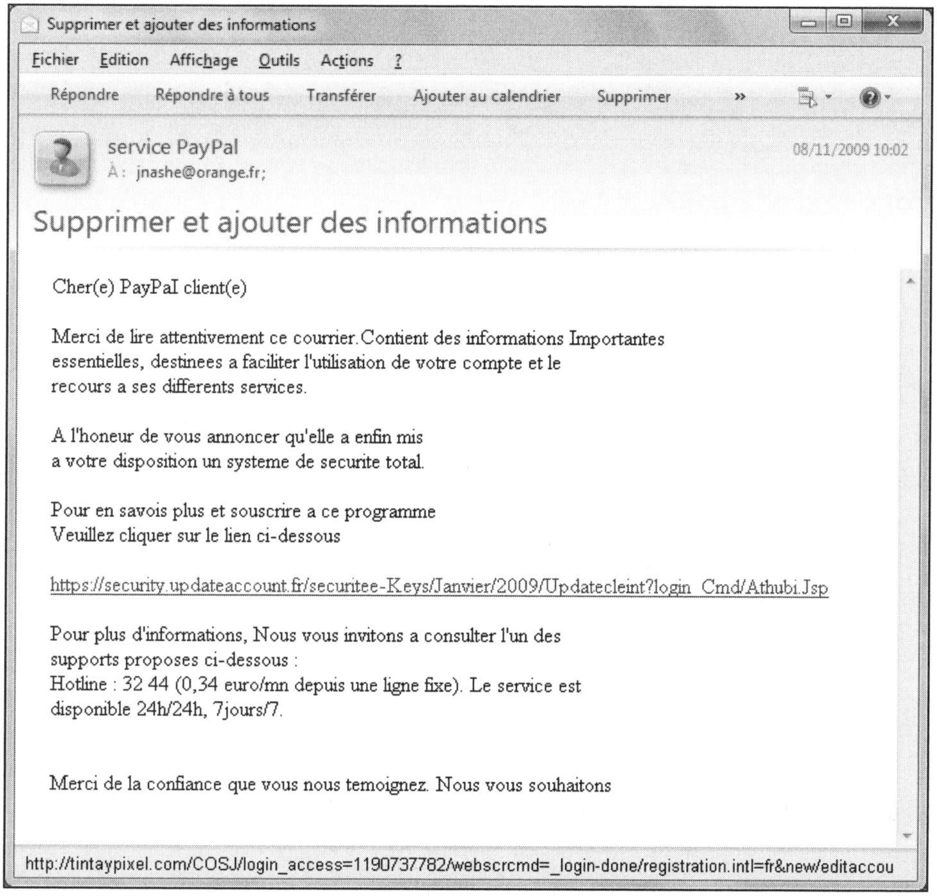

Figure 15-1 Un e-mail vous invitant à mettre à jour vos coordonnées PayPal.

Dans l'hameçonnage de la figure 15-1, il y a un lien vers un site de sécurité. Mais si vous pointez ce lien, la barre d'état vous indique l'adresse exacte : il s'agit de l'adresse...d'un site pirate !

Dans l'exemple de la figure 15-2, la première page du site vous demande votre adresse e-mail et votre mot de passe. À partir de ces informations, il devient facile de pirater votre compte.

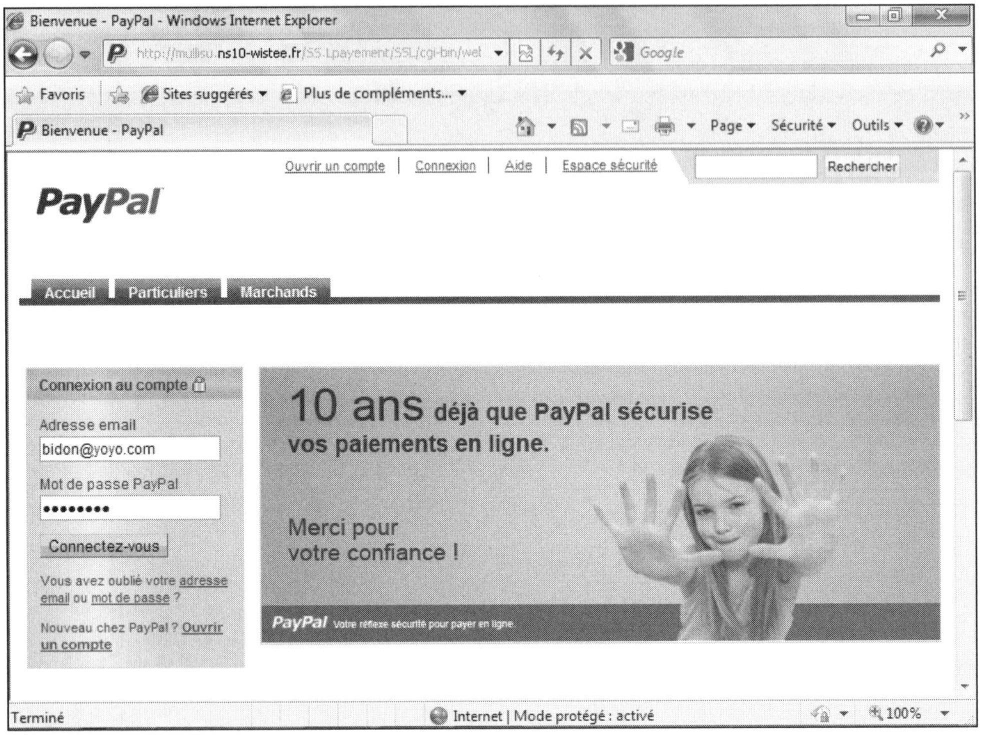

Figure 15-2 Un site d'hameçonnage.

La page suivante vous demande le numéro de votre carte bancaire, mais aussi celui du cryptogramme visuel (les trois derniers chiffres que l'on trouve sur le panneau signature au verso des cartes). Aucune banque ne demande ces renseignements, pour la simple raison qu'elle les connaît déjà. Pour compléter le tout, vous devez aussi fournir votre adresse, votre date de naissance, votre adresse actuelle ainsi que le numéro de votre carte d'identité !

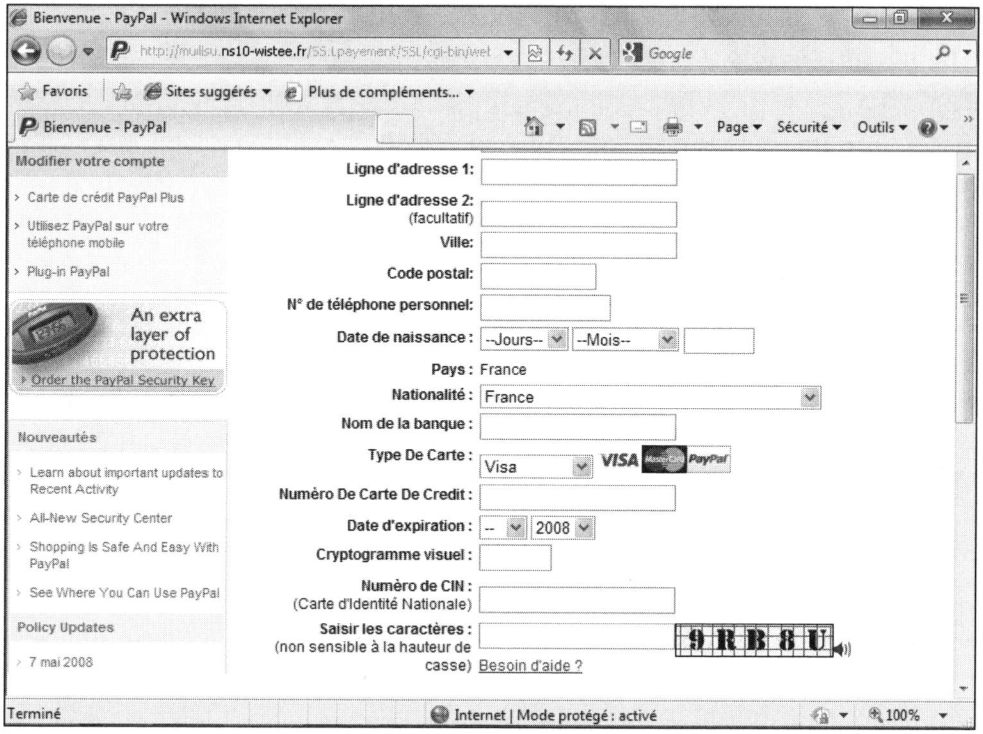

Figure 15-3 Informations complémentaires demandées par le site d'hameçonnage.

Si le site d'hameçonnage est déjà connu, Internet Explorer bloque son accès et affiche la page de la figure 15-4.

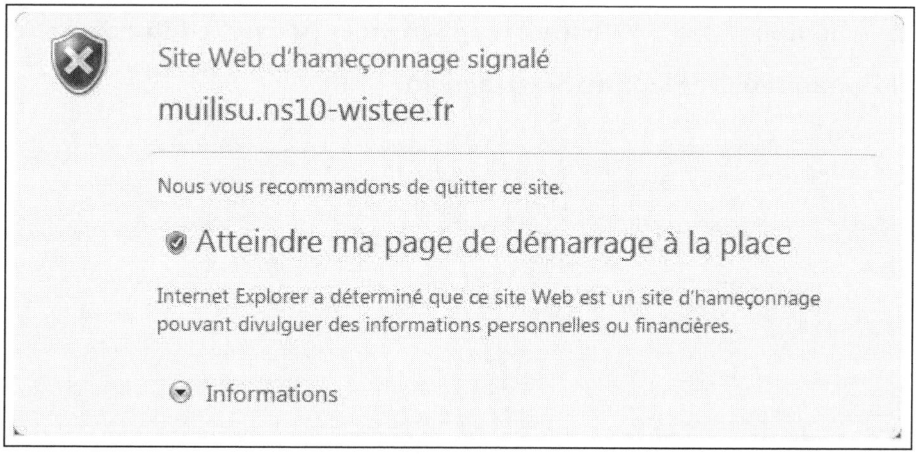

Figure 15-4 Blocage d'un site d'hameçonnage

Il existe maintenant une nouvelle forme de phishing. Un e-mail vous demande de composer un numéro de téléphone. Une boîte vocale vous demande alors de taper votre numéro de carte bancaire, le cryptogramme visuel, *etc.* Avec ce système, les pirates n'ont même plus besoin de créer de faux sites.

Si l'essentiel du phishing concerne les banques américaines, les banques françaises ne sont pas pour autant épargnées. Si vous recevez un e-mail de ce type, prévenez immédiatement votre banque pour qu'elle prenne les dispositions nécessaires.

Fausse commande

Voici une autre forme de phishing. Vous recevez un e-mail confirmant la livraison d'un matériel très cher que vous n'avez pas commandé. L'e-mail propose un numéro de téléphone pour tous renseignements complémentaires (un numéro de portable évidemment). Si vous téléphonez, l'opérateur vous proposera d'annuler la commande, mais pour cela vous devrez d'abord fournir votre numéro de carte bleue et le cryptogramme visuel. Si vous n'avez pas masqué votre numéro de téléphone, l'escroc connaît en plus vos nom et adresse grâce à l'annuaire inversé !

Ce système fonctionne aussi avec la loterie. Un e-mail vous annonce que vous venez de gagner un million d'euros. Pour virer l'argent, on vous demande simplement votre numéro de compte et celui de votre carte bancaire...

Activer l'anti-hameçonnage d'Internet Explorer

Internet Explorer propose une solution pour éviter l'hameçonnage.

1. Ouvrez Internet Explorer.
2. Cliquez le bouton Sécurité ➜ **Filtre SmartScreen** ➜ **Activer le filtre SmartScreen**.
3. Cochez l'option **Activer le filtre SmartScreen**.

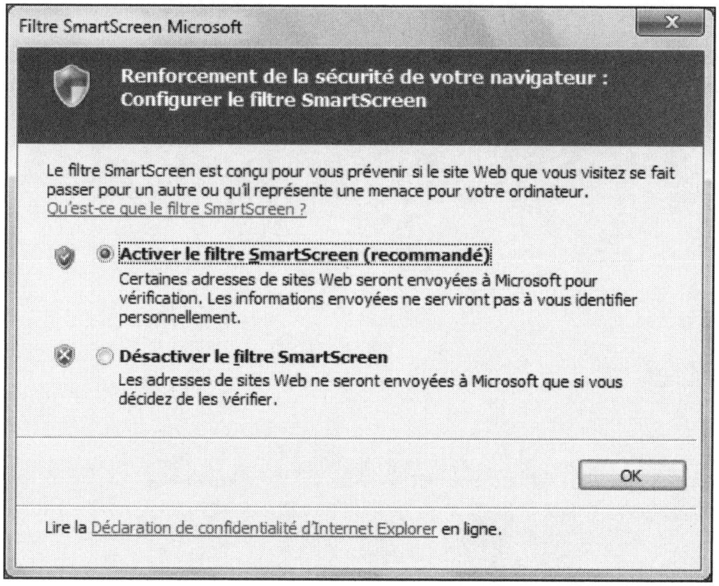

Figure 15-5 Activation du filtre anti-hameçonnage.

4. Cliquez le bouton **OK**.

Internet Explorer vérifie maintenant les sites que vous consultez et vous avertit en cas d'hameçonnage.

Sites d'enchères

Acheter aux enchères

Sur les sites d'enchères, vous achetez à une personne inconnue et qui n'a pas pignon sur rue (dans la majorité des cas). Vous payez le produit et vous attendez que le vendeur vous l'expédie. Autant dire que le risque est important.

Il est donc facile pour un escroc de mettre en vente un objet, à un prix très attrayant, d'attendre le paiement, et de ne jamais rien expédier. Son seul souci est d'encaisser votre argent sans laisser de trace.

Il existe essentiellement trois moyens de paiement : le virement par carte bancaire *via* un organisme comme PayPal, le chèque bancaire expédié par voie postale, ou le virement en argent liquide par un système comme Western Union (accepté par la majorité des postes du monde).

Tant que le vendeur est en France ou dans un pays de la CEE, vous pouvez payer avec un chèque. Ce dernier laisse des traces car il n'est encaissable que sur un compte et n'est pas endossable. En dehors de la CEE, vous prenez un risque. Les banques de certains pays n'exigent pas les mêmes garanties pour ouvrir un compte que dans nos contrées. Il est alors facile d'ouvrir un compte et de le clôturer quelques jours après.

Figure 15-6 Le site de PayPal.

Avec Western Union, vous pouvez payer le vendeur directement en liquide entre deux bureaux de poste, même à l'étranger. Si Western Union exige que le postier demande une pièce d'identité, ce n'est pas toujours le cas. Dans certains pays (en Europe de l'Est principalement), il est très facile de trouver un postier complice qui verse directement l'argent sans demander votre identité et touche ainsi une commission. Certains escrocs encaissent ainsi des dizaines de virements sous des noms différents, dans le même bureau de poste et dans la même journée. Méfiez-vous donc des vendeurs qui ne proposent que ce type de paiement.

Pour les grosses transactions, vous pouvez aussi utiliser les services d'un tiers de confiance. Vous payez directement à l'intermédiaire qui indique au vendeur qu'il est en possession du paiement. Dès que vous recevez la marchandise, le tiers reverse l'argent au vendeur. Cela vous coûtera au maximum 1 % du montant. Le vendeur, lui, ne sera payé qu'une quinzaine de jours après. Ce système fonctionne très bien et permet tant à l'acheteur qu'au vendeur d'effectuer des transactions sereinement. Pour vos transactions avec un tiers de confiance, utilisez, par exemple, `www.escrow-europa.com` ou le site recommandé par eBay.

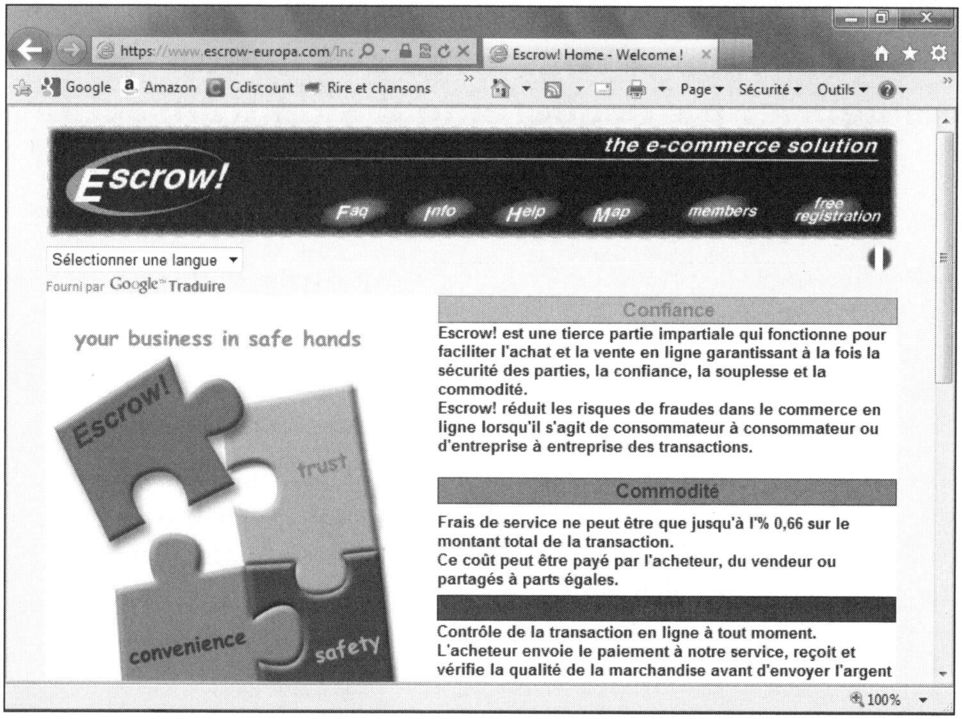

Figure 15-7 Le site de Escrow.

Quatre règles à suivre pour ne pas se faire piéger sur les sites d'enchères :

- Vérifiez toujours la notoriété du vendeur en consultant les appréciations des acheteurs précédents. C'est un conseil spartiate au regard des nouveaux vendeurs qui n'ont pas encore réalisé beaucoup de transactions, mais c'est avant tout votre argent qui est en jeu.
- Ne sortez pas du cadre du site en pensant économiser quelques pourcents (la rémunération du site). Ne payez jamais en liquide une transaction, particulièrement avec les virements comme Western Union. Utilisez toujours un moyen de paiement sécurisé comme PayPal ou passez par un tiers de confiance.
- N'achetez à l'étranger que dans des pays proches, si possible dans la CEE. Évitez à tout prix les pays de l'Est et les pays dits « exotiques ».
- N'achetez pas de produits quand l'affaire semble trop belle. Personne ne vend 100 téléphones portables neufs sous garantie à 50 € quand le produit est dans le commerce à 500 €. Ou les téléphones n'existent pas, ou c'est du matériel volé.

Trois conseils si vous avez des doutes sur le vendeur et particulièrement si la transaction porte sur une somme importante (une voiture par exemple) :

- Demandez une nouvelle photo du produit, autre que celles proposées sur le site (une photo avec le numéro de série par exemple). Les escrocs qui ne possèdent pas le matériel utilisent directement les photos du site du constructeur ou celles d'autres annonces.
- Demandez l'adresse et le numéro de téléphone du vendeur. Vous pourrez toujours vérifier ces informations dans l'annuaire. Refusez les numéros de portable ou d'Internet (Skype, MSN, *etc.*)Dites au vendeur que vous, ou un ami habitant près de chez lui, peut prendre le produit sur place et lui payer directement. Vous verrez bien sa réaction...

Vendre aux enchères

Vous pensez sûrement, qu'en tant que vendeur, vous êtes à l'abri des escroqueries. Il n'en est rien ! Voici deux escroqueries pour piéger aussi les vendeurs.

L'acheteur vous expédie un chèque que vous encaissez immédiatement. Comme le crédit apparaît bien sur votre compte en banque, vous expédiez la marchandise à votre acheteur. Plus de quinze jours après, votre banquier vous débite de la même somme, voire avec des frais supplémentaires. Le chèque est un faux. Vous n'avez aucun recours.

Voici une autre manière de procéder. On vous propose de vous payer plus que le prix demandé (tous les prétextes sont bons : intermédiaire, société en faillite, divorce, *etc.*). C'est à vous de retourner l'excédant *via* un paiement comme Western Union. Cette escroquerie, associée à celle du faux chèque, fonctionne à merveille : vous pouvez faire le paiement demandé puisque votre compte en banque est déjà crédité. Au final vous avez perdu votre matériel et le virement, mais vous avez gagné des frais de chèque impayé et des empoignades avec votre banquier ! Une fois de plus, tout échange d'argent *via* Western Union est à prohiber.

Note Nous n'avons rien contre la société Western Union. C'est un formidable moyen de vous dépanner en argent liquide, par exemple si vous êtes à l'étranger et que vous vous retrouviez démuni. En revanche, ce n'est pas un moyen de paiement satisfaisant entre internautes.

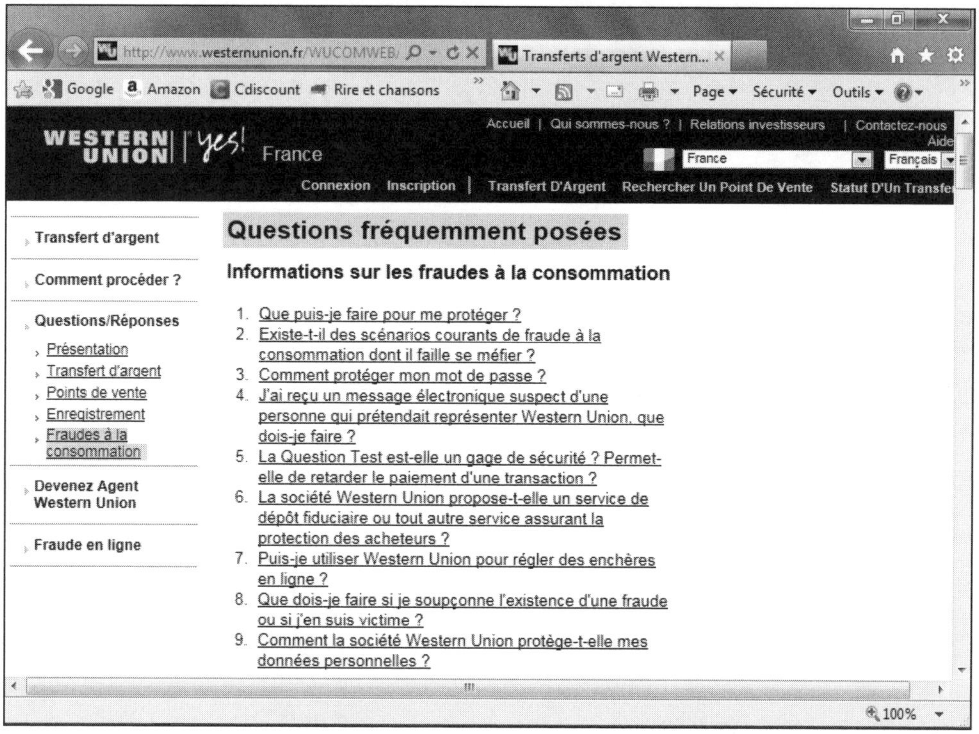

Figure 15-8 Le site de Western Union : une page est consacrée aux fraudes.

Pour des informations complémentaires, vous trouverez dans votre bureau de poste des dépliants sur le transfert d'argent *via* Western Union (figure 15-9).

Figure 15-9 Dépliants Western Union disponibles dans les bureaux de poste.

Le ministère de l'Intérieur diffuse un dépliant sur les escroqueries. Vous pouvez l'obtenir auprès de votre mairie (figure 15-10).

Figure 15-10 Dépliant du ministère de l'Intérieur.

Spam

Les « spams », appelés aussi « pourriels », sont des e-mails publicitaires non désirés. Un spam vous propose toujours un lien vers l'adresse du spammer, puis vous redirige vers un site de vente légale ou illégale. Si vous effectuez des achats, le spammer touche sa commission.

Note SPAM, acronyme de *Spiced Pork And Meat*, est une marque de corned-beef, pas très bon, pour ne pas dire infect, que les américains mangeaient lors de la seconde guerre mondiale. C'est aussi une chanson des Monty Python dans laquelle ils répètent inlassablement « Spam, spam, spam, spam.... ».

Une fois de plus, Internet est un terrain de prédilection pour appliquer à grande échelle ce que vous rencontrez quotidiennement et auquel vous ne prêtez plus attention : publicité dans votre boîte aux lettres ou sur votre pare-brise, coup de téléphone ou fax directement chez vous ou dans votre entreprise, *etc.*

Sachez qu'un spam expédié à 100 millions d'internautes coûte environ 100 $ au spammer. Il suffit qu'un millier de personnes répondent favorablement au message pour que le spammer gagne beaucoup d'argent.

La constitution des fichiers d'e-mails utilisés par les spammers s'effectue de plusieurs façons.

- Vous avez laissé votre e-mail dans un message d'un groupe de discussion ou d'un forum. Donnez plutôt une fausse adresse en indiquant le moyen d'obtenir la bonne, par exemple durant@free.com en précisant qu'il faut remplacer le .com par .fr.
- Vous avez déposé votre adresse e-mail sur un site. Ce dernier l'utilise pour des spams ou l'a revendue à un spammer. Votre adresse apparaît peut-être aussi dans votre propre site.
- Votre adresse e-mail est très simple, par exemple jeandupont@free.fr. Des ordinateurs génèrent des adresses e-mail en associant prénoms, noms et fournisseurs d'accès. Si le premier e-mail expédié n'est pas retourné comme inconnu, c'est que l'adresse existe. Vous êtes placé dans la liste du spammer.
- Votre fournisseur d'accès a cédé sa liste d'abonnés à un tiers, qui lui-même l'a cédé à quelqu'un d'autre, *etc.*
- Vous avez publié votre adresse dans un annuaire Internet. Votre adresse est maintenant connue de tous.

Il n'existe pas, pour l'instant, de moyen efficace pour éviter les spams. Même les filtres proposés par votre fournisseur d'accès ou les logiciels anti-spams ne sont pas efficaces à 100 %, d'autant moins que la forme des e-mails évolue en fonction des parades utilisées. C'est donc un bras de fer quotidien entre les fournisseurs d'accès et les spammers.

Si la majorité des spams sont tout simplement des e-mails publicitaires, certains sont véritablement des escroqueries.

Voici quelques exemples d'arnaques que l'on reçoit fréquemment par e-mail :

- L'enfant malade qui nécessite une opération coûteuse aux États-Unis. Le spam est généralement assorti d'une photo pour vous apitoyer. Des milliers d'internautes répondront favorablement en expédiant 5, 10 voire 100 €. L'escroc encaisse l'argent sans aucun risque. Le même type d'escroquerie a été utilisé après le passage du cyclone Katrina aux États-Unis.

- Un travail à 6 000€ par mois, ça vous dit ? Vous devrez simplement effectuer des virements de plusieurs milliers d'euros... que vous ne reverrez jamais !
- Pour devenir riche, investissez en bourse. Les escrocs vous proposent la belle affaire si vous achetez les actions de la société x. Les titres sont cotés 1 €, mais les cours vont monter à 10€ dans une semaine et à 100€ dans un mois. Des internautes se précipitent pour acheter des actions, ce qui fait effectivement monter les cours. Les escrocs revendent les titres qu'ils n'ont payés, eux, que quelques centimes...

Faux en tout genre et produits interdits

Internet regorge de faux et de produits illicites. Ils sont généralement proposés par e-mails *via* des spams.

On y trouve des contrefaçons de toutes sortes (montres, sacs à main, stylos, *etc.*), des copies illégales (logiciels, DVD, diplômes, *etc.*), des produits dont l'importation est illicite (cigarettes, animaux exotiques, *etc.*), mais aussi des médicaments interdits à la vente ou qui nécessitent une ordonnance (Viagra, DHEA, *etc.*).

Si vous commandez ce type de produit, vous risquez de vous retrouver dans l'illégalité. Comme les médicaments sont expédiés en grand nombre depuis les États-Unis, les douanes repèrent facilement les colis suspects (même type d'enveloppe et même expéditeur). La marchandise est confisquée, elle ne vous sera jamais livrée et vous risquez des amendes.

Quant aux contrefaçons, la Rolex proposée à 250€, alors qu'elle en coûte 5 000€ dans le commerce, est une pâle copie achetée en Chine à 5€ ! N'oubliez pas que le recel de contrefaçon est puni sévèrement par les lois françaises (jusqu'à 300 000€ d'amende et 3 ans de prison - `www.douane.gouv.fr`).

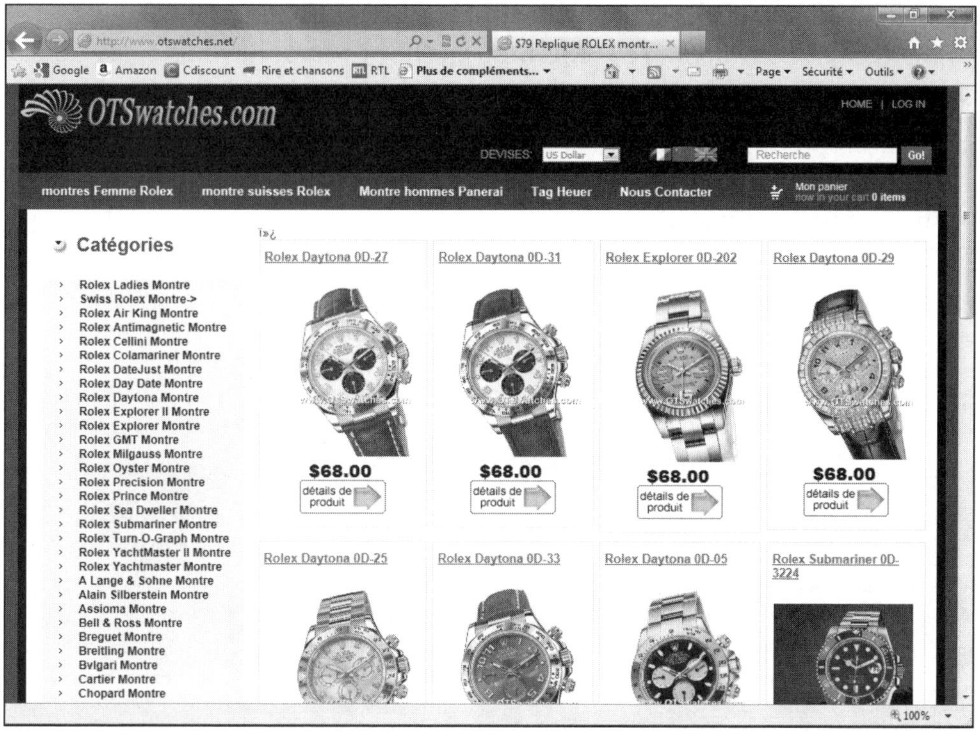

Figure 15-11 Faux en tout genre : ici des montres. Ce site, presque « honnête », indique clairement qu'il s'agit de copies.

Déjouer les hoax

Les « *hoax* », canulars en anglais, sont des plaisanteries expédiées par e-mail. Si un canular peut sembler anodin (vous serrez prévenu après coup de la supercherie), il n'en est pas de même des hoax qui circulent entre les internautes.

Voici une liste de quelques hoax fréquents :

- Virus : un message vous annonce la présence d'un virus dans votre ordinateur et vous donne la solution pour l'éradiquer. Il suffit de supprimer certains fichiers de votre disque dur, généralement dans le dossier Windows. En conséquence, votre ordinateur ne fonctionne plus correctement. Ce type d'hoax se propage très rapidement et fait des milliers de victimes. De plus, si vous avez diffusé cette information, vous risquez de perdre des amis ainsi que votre crédibilité auprès de vos collègues de bureau...
- Désinformation et rumeur : un message vous informe d'un fait totalement scandaleux. Il implique généralement des sociétés, des gouvernements ou des gens

célèbres. Sans vérifier la véracité des faits, vous réexpédiez le message...peut-être même avec des commentaires ! En diffusant l'information, vous pouvez porter atteinte à la vie privée d'autrui ou porter préjudice à une entreprise.

- Pétition : un message vous informe d'une injustice et vous propose de vous joindre à une pétition et de diffuser l'information. Bien évidemment, cette dernière est inventée de toutes pièces.

Si vous recevez un e-mail vous invitant à le réexpédier au plus grand nombre, vérifiez s'il s'agit d'un hoax sur les sites suivants :

`www.hoaxbuster.com`

`www.hoaxkiller.fr`

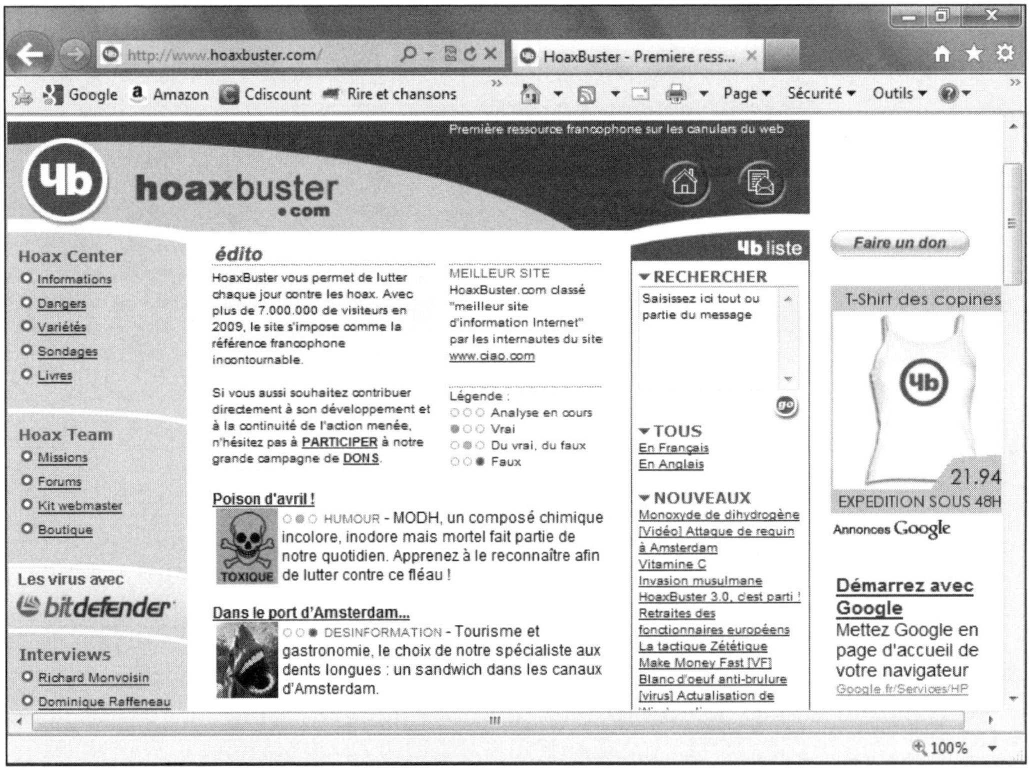

Figure 15-12 Le site Hoaxbuster pour déjouer les canulars.

PARTIE V
COMMUNIQUER AVEC INTERNET

Chapitre 16

Participer aux communautés et rester informé avec les flux

Dans ce chapitre

- Blogs
- Forums
- Chats
- MySpace, Facebook et Second Life
- Flux RSS

Ce chapitre présente d'autres formes de communications *via* Internet. C'est le cas des blogs – des journaux proposés par des internautes – des forums et des chats pour dialoguer en différé ou en temps réel, ou des communautés comme MySpace pour s'exprimer et partager des documents.

De plus en plus de sites diffusent des informations en continu que vous pouvez recevoir automatiquement sans demander de mise à jour : on les appelle les flux RSS. Il suffit de vous abonner pour recevoir en temps réel ces informations.

Utiliser les blogs

Les blogs, appelés aussi blogues ou joueb (journal Web), sont des journaux ou des carnets de bord mis à jour fréquemment. Ils abordent tous les sujets, des faits quotidiens (comme dans un journal intime) aux opinions politiques, en passant par la musique, le cinéma ou la broderie.

Ils ont l'avantage d'être plus simplement mis en œuvre que les sites Web avec des pages personnelles. Pour l'administrateur du blog, appelé aussi *blogueur*, *carnetier* (rédacteur d'un carnet de bord) ou *diariste* (auteur d'un journal intime), il suffit de placer ses textes et ses photos dans un environnement prédéfini. Il n'est pas nécessaire de connaître le langage HTML ou d'utiliser des logiciels complexes de création de sites (Dreamweaver, FrontPage, *etc.*).

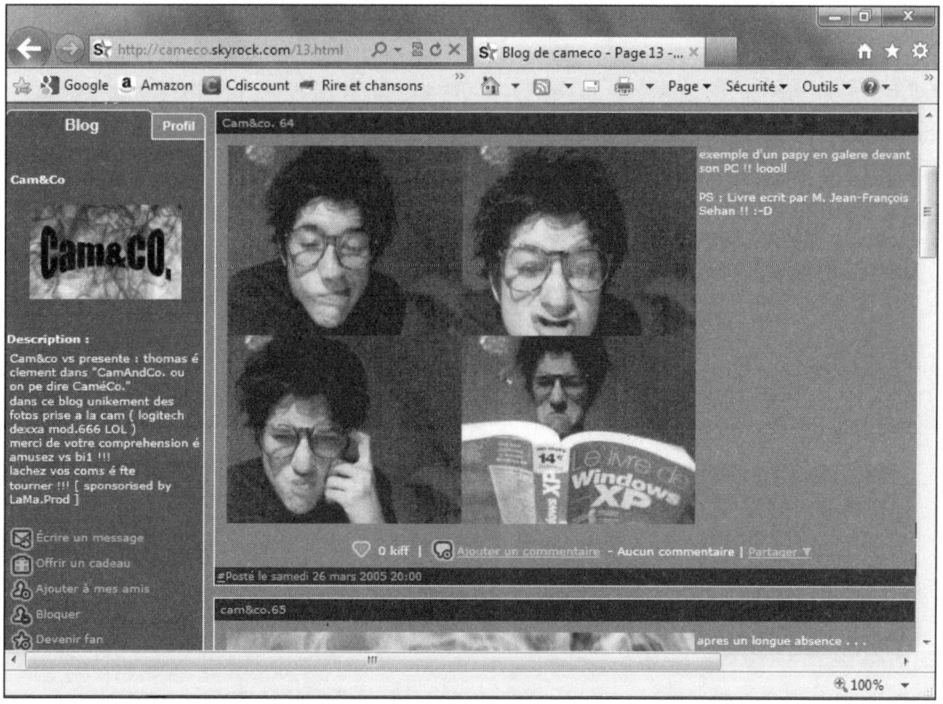

Figure 16-1 Blog avec des textes et des images.

Trouver des blogs

Dans la grande majorité des cas, les adresses de blogs vous seront communiquées par des proches et des amis. Si vous trouvez ces blogs intéressants, c'est à vous de diffuser ensuite ces adresses au plus grand nombre.

De plus en plus de sites proposent des liens vers des blogs en rapport avec le sujet traité, comme ils l'ont toujours fait vers d'autres sites. Vérifiez dans les pages de vos sites favoris s'il existe de tels liens.

Les sites qui hébergent les blogs proposent généralement une zone de recherche. Rendez-vous sur ces sites pour trouver les sujets qui vous plaisent ou pour en découvrir de nouveaux (consultez le paragraphe ci-après « Créer votre blog »).

Pour trouver des blogs qui correspondent à vos sujets de prédilection, il est plus simple d'effectuer une recherche sur le Web. Tapez simplement dans le moteur de recherche le mot « blog », ainsi qu'un mot-clé correspondant au sujet désiré. Une recherche sur Google avec les simples mots-clés « blog cinéma » propose plus d'un million de pages.

Le phénomène des blogs est maintenant si répandu que Google a décidé de créer un moteur de recherche uniquement pour eux (en version de test pour l'instant). Vous pouvez y accéder par l'adresse `http://blogsearch.google.fr/`.

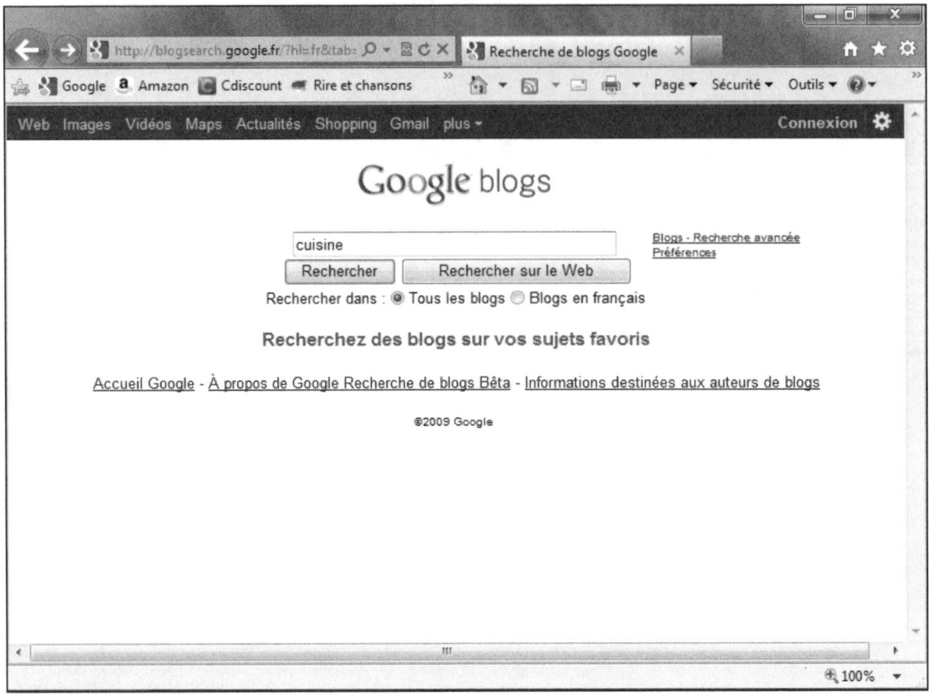

Figure 16-2 Moteur spécialisé dans la recherche de blogs.

Consulter et participer aux blogs

Les articles sont placés les uns au-dessous des autres, en commençant par les derniers postés dans la majorité des cas. Les articles sont datés et signés car un blog peut être géré par plusieurs personnes. Pour chaque article, vous pouvez laisser un commentaire en cliquant le lien correspondant. Avant d'ajouter votre prose, lisez les conditions d'utilisation sur le site d'hébergement.

Créer votre blog

Si vous désirez partager une passion, ou tout simplement compter votre vie de tous les jours (postez fréquemment de nouveaux textes pour conserver votre auditoire), vous pouvez très facilement créer votre blog. Dans un premier temps, vous devez choisir un hébergeur, c'est-à-dire un site qui gère des blogs. Vous en trouverez des centaines en effectuant une recherche sur le Web avec les mots-clés « créer blog ». L'hébergement des blogs est proposé gratuitement, sauf si vous souhaitez obtenir un nom de domaine, bénéficier de centaines de mégaoctets de stockage, *etc.* Voici une liste de quelques sites :

`www.blogger.com` (Google)

`www.over-blog.com`

www.novoblog.com

www.blogg.org

www.oldiblog.com

www.skyblog.com (radio Skyrock)

www.nrjblog.fr (radio NRJ)

www.one2blog.fr (blogs d'entreprise, service payant)

Suivez les instructions de chaque site pour créer votre blog. C'est généralement simple et rapide.

Participer aux forums

Un forum est un espace virtuel permettant de déposer des questions ou de répondre à celles des autres participants. Vous pouvez y discuter « librement » sur des sujets précis. Nous mettons le mot « librement » entre guillemets car chaque forum est surveillé par un modérateur (le « modo ») susceptible d'intervenir à tout instant, voire de supprimer les messages qui ne respectent pas la charte du forum.

Contrairement à la messagerie instantanée ou aux chats, les questions et les réponses sont différés sur les forums. Vous n'obtiendrez donc pas de réponse immédiatement. En revanche, vos messages restent disponibles à tout moment.

Pour trouver des forums, effectuez une recherche sur un moteur comme Google avec le mot-clé « forum » associé au sujet qui vous intéresse.

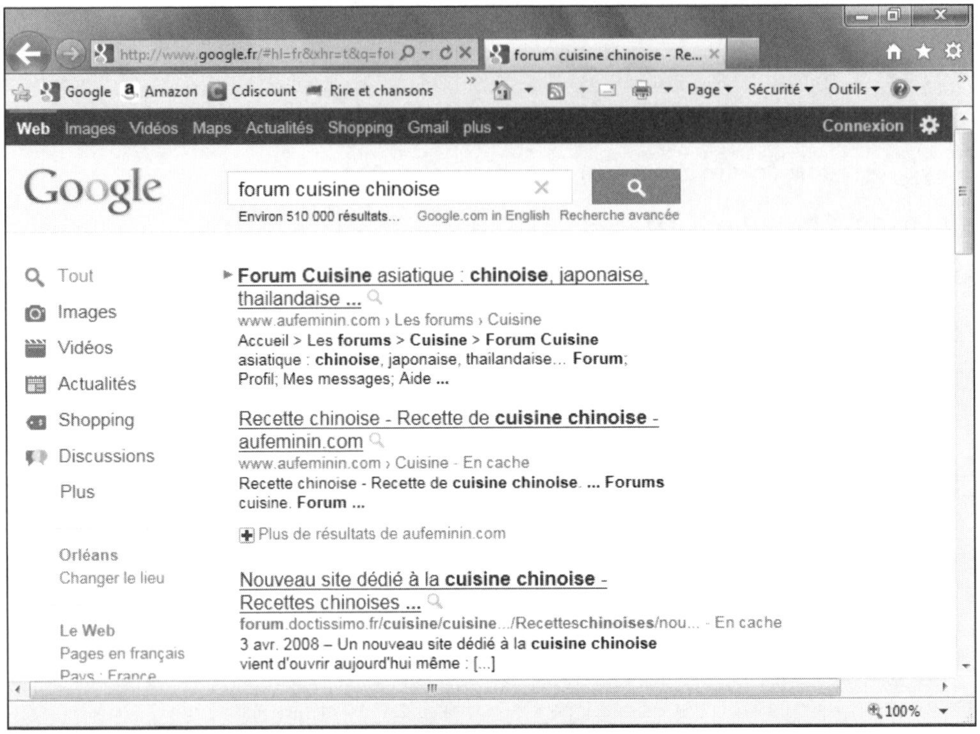

Figure 16-3 Recherche de forums avec Google.

Dans la majorité des cas, vous pouvez consulter librement les textes postés sur les forums. Si vous voulez poster de nouveaux sujets ou participer à ceux existants, vous devez créer un compte. C'est rapide et gratuit.

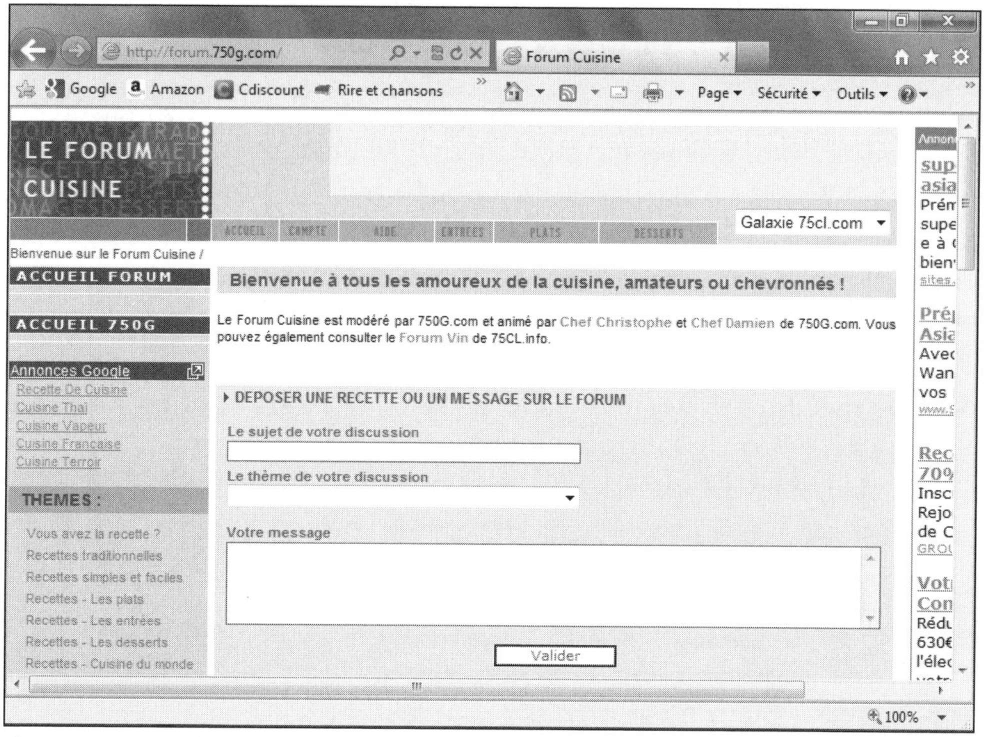

Figure 16-4 Un forum sur la cuisine.

Participer aux chats

Les *chats* (prononcez *tchatte*) sont des conversations en ligne. Ils s'apparentent à la messagerie instantanée, à la différence que vous ne choisissez pas vos interlocuteurs. Vous entrez dans un salon et entamez des conversations en temps réel.

Comme pour les forums, les chats sont surveillés par des modérateurs qui peuvent tout simplement vous interdire l'accès à un salon s'ils considèrent que vous ne respectez pas certaines règles de bonne conduite.

Pour trouver des chats, effectuez une recherche sur un moteur comme Google avec le mot-clé « chat » associé au sujet qui vous intéresse.

Vous devrez vous inscrire ou parfois choisir tout simplement un pseudonyme pour initier une conversation.

Participer aux réseaux sociaux

Les réseaux sociaux, connus sous le nom de « service de réseautage social » (en anglais *social networking*), sont des sites qui mettent gratuitement un espace Web à la disposition de leurs membres.

Facebook est le plus connu des réseaux sociaux, avec plus de 750 millions d'adhérents. À l'origine, il était destiné à regrouper les trombinoscopes (*face books* en anglais) des lycéens et des étudiants des pays anglophones. Depuis 2007, le site est ouvert à tous. Il se trouve à l'adresse `www.facebook.com`.

Facebook permet de saisir des informations personnelles, d'entrer en contact avec les autres utilisateurs et de former des groupes autour de centres d'intérêts communs. Inscrivez-vous pour en découvrir toutes les possibilités.

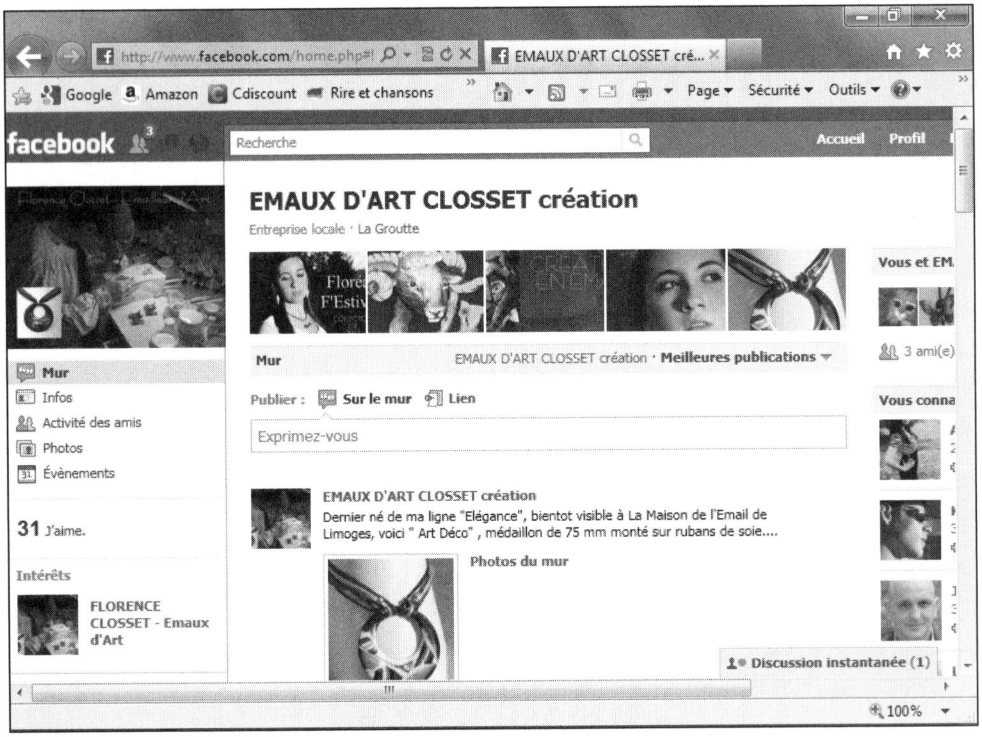

Figure 16-5 La page d'un membre de Facebook.

Note Le site français `Copainsdavant.com` propose aussi de vous mettre en relation avec d'anciens amis et de consulter des trombinoscopes. Ce site propose fréquemment de nouvelles fonctionnalités.

Utiliser les flux RSS

Un flux RSS (*Really Simple Syndication*) permet de recevoir en continu des informations mises à jour fréquemment (actualités, cours de la bourse, météo, blogs, *etc.*)

Internet Explorer propose dans sa barre d'outils le bouton pour accéder aux flux. Dès que vous visitez un site qui propose des flux RSS, le bouton devient disponible (il n'est plus grisé).

S'abonner à un flux

Pour s'abonner à un flux, vous devez ouvrir avec Internet Explorer un site proposant cette technologie, par exemple celle d'un journal (`www.lemonde.fr`, `www.liberation.fr`, `www.lesechos.fr`, *etc.*).

1. Ouvrez le site qui propose des flux (le bouton n'est pas grisé).
2. Cliquez la flèche en regard du bouton .

Figure 16-6 Site proposant une liste de flux RSS.

3. Cliquez le flux qui vous intéresse dans la liste.

La page du flux choisi s'affiche. Elle compte des liens qui mènent à des articles plus complets.

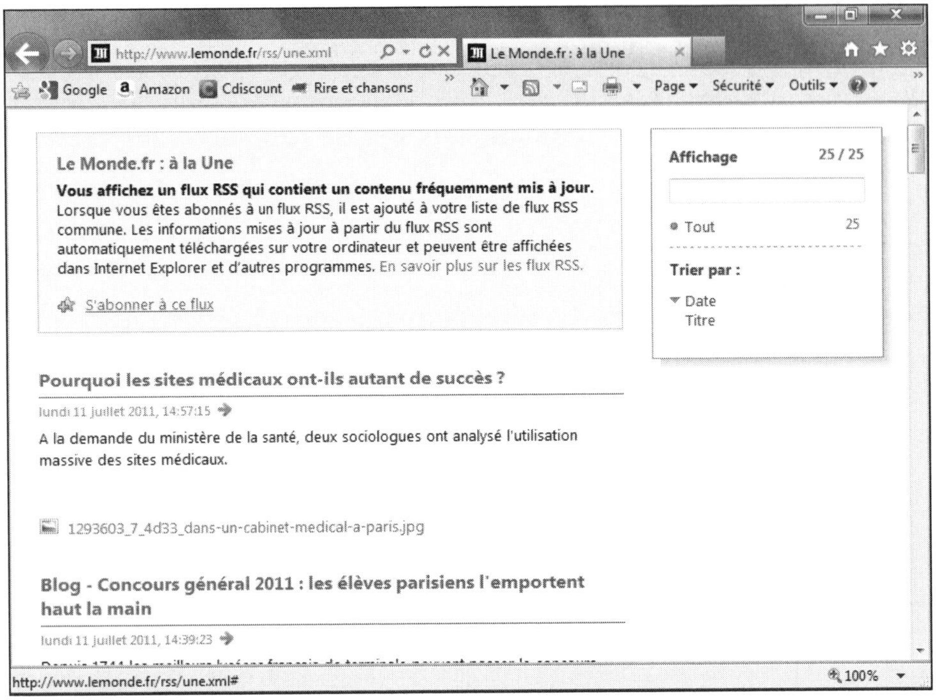

Figure 16-7 Page d'un flux RSS.

4. Cliquez le lien **M'abonner à ce flux**.
5. Éventuellement, tapez un nouveau nom pour le flux dans la zone **Nom**.
6. Sélectionnez le dossier de destination du flux dans la liste **Créer dans**.

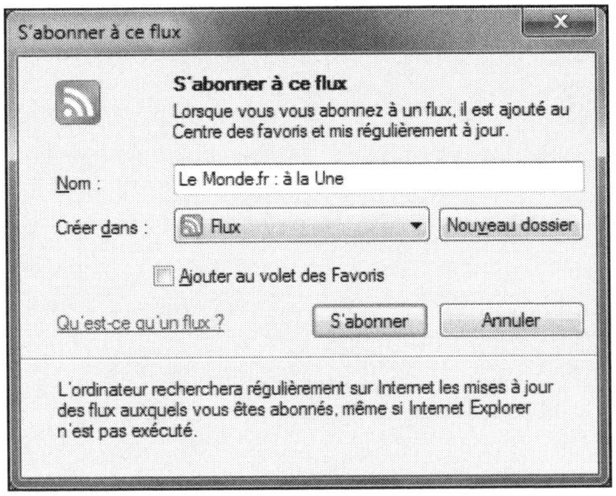

Figure 16-8 Abonnement à un flux RSS.

7. Cliquez le bouton **M'abonner**.

Consulter des flux

Les flux auxquels vous êtes abonné sont regroupés dans la liste des favoris.

1. Cliquez le bouton pour ouvrir la liste des favoris.
2. Cliquez l'onglet **Flux**.

   Vous retrouvez ici la liste des vos abonnements.

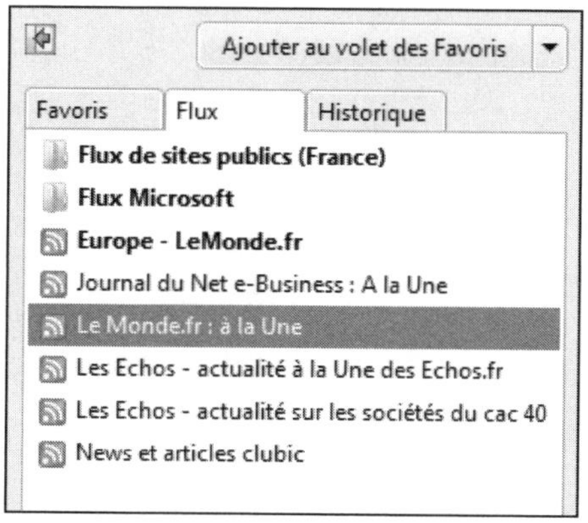

Figure 16-9 Liste de vos abonnements à des flux RSS.

3. Cliquez un des flux proposés pour ouvrir la page correspondante.

Modifier les propriétés d'un flux

Vous pouvez définir la fréquence de mise à jour des flux :

1. Cliquez le bouton pour ouvrir la liste des favoris.
2. Cliquez l'onglet **Flux**.
3. Cliquez le nom d'un flux avec le bouton droit, puis **Propriétés** dans le menu contextuel.

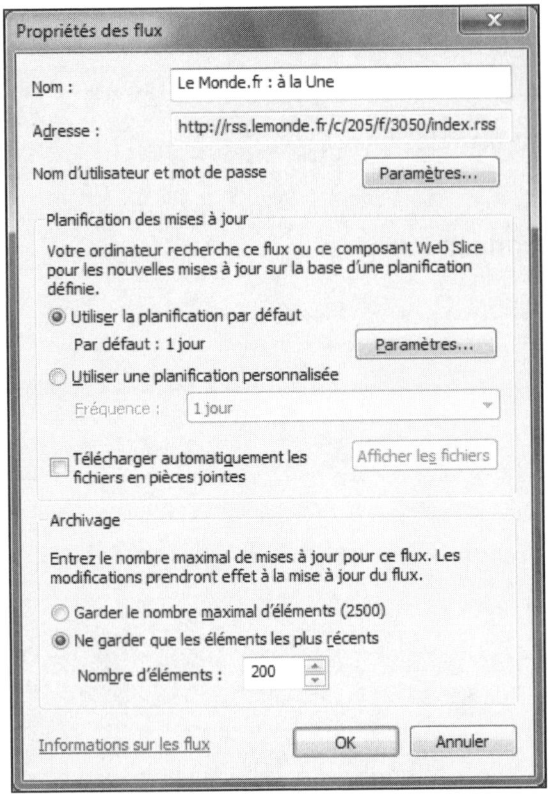

Figure 16-10 Propriétés d'un flux RSS.

La boîte des propriétés vous propose de modifier la fréquence de mise à jour du flux, de télécharger les fichiers joints (articles, images, *etc.*), ou de définir le nombre de mises à jour à conserver.

4. Modifiez les options qui vous intéressent, puis cliquez le bouton **OK**.

Afficher un flux sur le bureau avec un gadget

Le gadget « Titre des flux » permet de consulter des flux RSS directement sur votre bureau.

Note Pour tout savoir sur les gadgets, reportez-vous au chapitre 1.

1. Cliquez avec le bouton droit le fond du bureau
2. Cliquez la commande **Gadgets** dans le menu contextuel.

   La liste des gadgets disponibles s'affiche.
3. Cliquez et faites glisser le gadget **Titres des flux** vers le bureau.

4. Cliquez le bouton [icône] du gadget Titres des flux.
5. Sélectionnez un flux dans la liste **Afficher ce flux**.

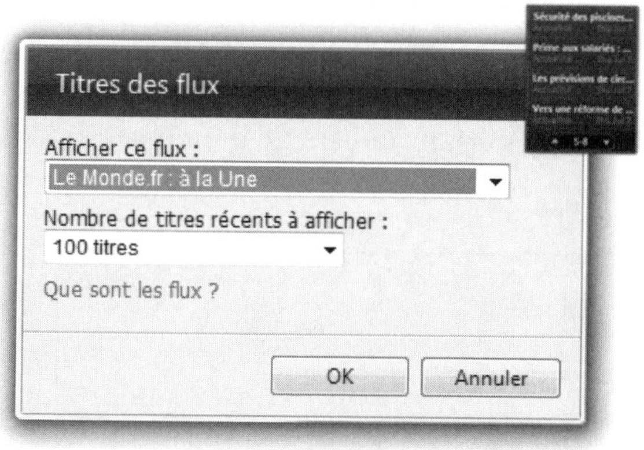

Figure 16-11 Choix d'un flux dans le gadget Titres des flux.

6. Cliquez le bouton **OK**.
7. Pour afficher le contenu d'un titre, cliquez-le dans le gadget.

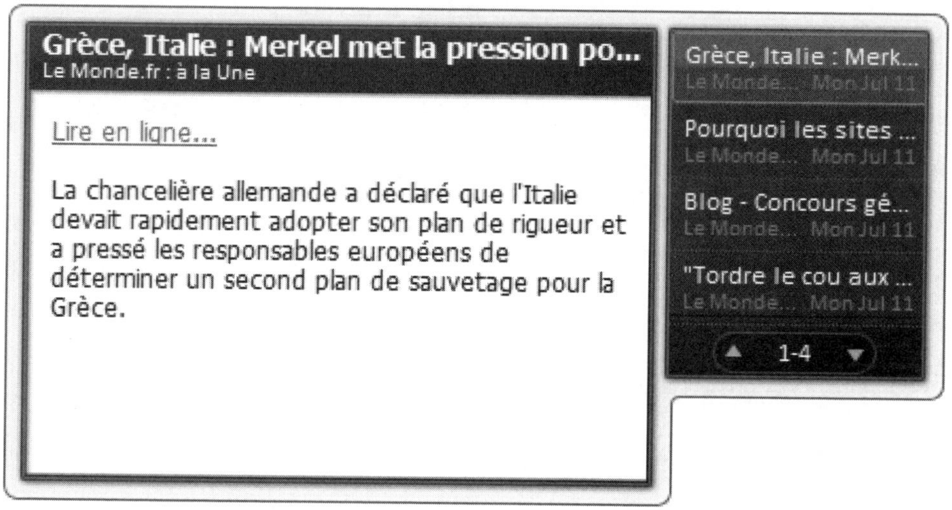

Figure 16-12 Affichage du contenu d'un titre.

Vous serez maintenant au courant de l'actualité en continu, et cela directement sur votre bureau.

Lire les flux avec Windows Mail

Le logiciel de messagerie Windows Mail peut aussi servir de lecteur des flux RSS.

1. Ouvrez Windows Live Mail (menu **Démarrer ➜ Tous les programmes ➜ Windows Live Mail**).

Note Pour des informations complémentaires sur Windows Mail, consultez le chapitre 18

2. Cliquez **Flux RSS** dans le volet de navigation (en bas à gauche).
3. Cliquez un des flux ajoutés précédemment dans la liste de gauche.
4. Cliquez un article dans la liste des messages.

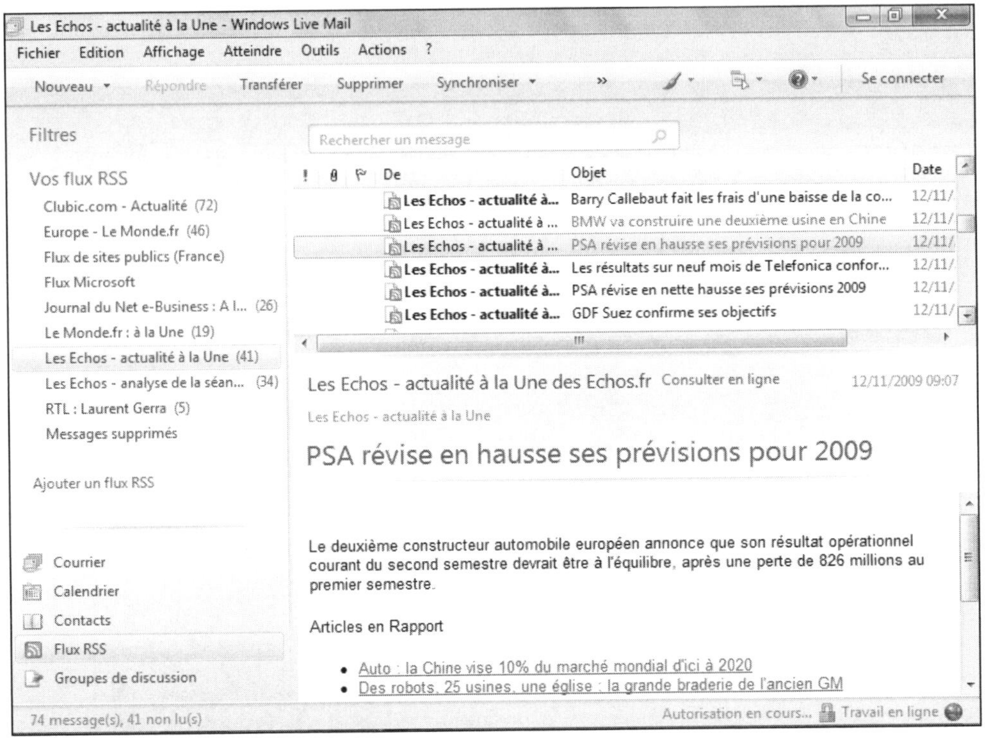

Figure 16-13 Flux RSS dans Windows Mail.

Le volet de lecture affiche l'article sélectionné.

Chapitre 17

Communiquer avec Windows Live Messenger

Dans ce chapitre

- Installer Windows Live Messenger
- Obtenir un identifiant et se connecter
- Ajouter des contacts
- Engager une conversation
- Transférer des documents et des photographies
- Configurer votre matériel audio et vidéo
- Converser vocalement et visuellement
- Messenger Plus!

La messagerie instantanée est incontestablement l'innovation Internet la plus importante de ces dernières années. En plus d'envoyer des messages immédiatement et d'expédier des fichiers, vous pouvez prendre le contrôle à distance des applications de vos correspondants, et même modifier leurs documents. Le logiciel spécialisé Windows Live Messenger propose également des conversations vocales et vidéo avec une webcam, des jeux en ligne, et probablement d'autres innovations à venir.

Installer Live Messenger

Windows Live Messenger n'est pas installé par défaut. Vous devez le télécharger à partir du site de Microsoft.

Pour installer Windows Live Messenger, consultez la fin du chapitre 13.

Obtenir un identifiant Live Messenger et se connecter

Obtenir un identifiant

Pour converser avec d'autres personnes *via* Live Messenger, vous devez posséder une adresse électronique particulière, appelée identifiant Windows Live ID. Sa création est rapide et gratuite.

1. Ouvrez Live Messenger avec le bouton **Démarrer** → **Tous les programmes** → **Windows Live Messenger**, ou cliquez son bouton dans la barre des tâches.
2. Cliquez le lien **Inscrivez-vous** dans la boîte de connexion de Live Messenger.
3. Suivez les indications du site pour créer votre identifiant. Si vous désirez utiliser une adresse Hotmail à la place de votre adresse habituelle, cliquez le lien **Créer une adresse de messagerie gratuite**.

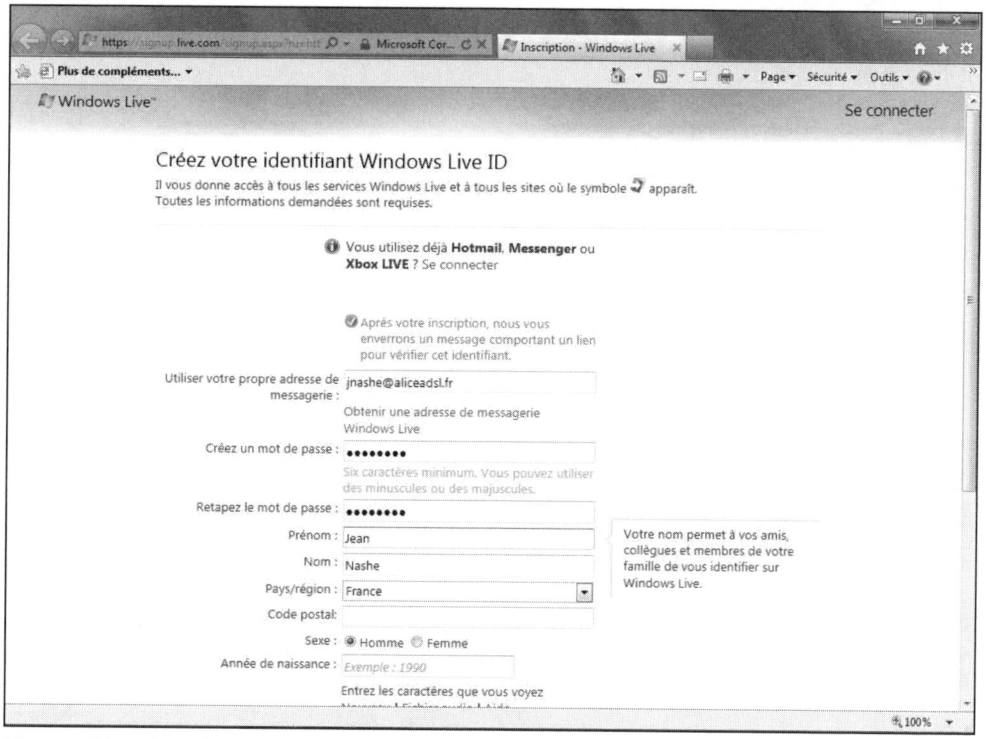

Figure 17-1 Inscription sur le site de Windows Live.

Se connecter

Maintenant vous pouvez vous connecter.

1. Dans la boîte de connexion, tapez votre identifiant et votre mot de passe.
2. Pour ne pas avoir à retaper ces données les fois suivantes, cochez les cases **Mémoriser mon adresse** et **Mémoriser mon mot de passe**.
3. Pour être connecté à l'ouverture de Live Messenger, cochez la case **Connexion automatique**.
4. Cliquez le bouton **Se connecter** pour ouvrir une session.

Figure 17-2 Boîte de connexion.

La fenêtre de Live Messenger s'affiche. Vous êtes maintenant en ligne pour communiquer avec tous vos correspondants actuellement connectés.

Ajouter des contacts

Sans contacts, point de communication. Ajoutez vos relations pour rester en communication avec elles. Ces dernières doivent vous fournir l'adresse électronique correspondant à leur identifiant. Windows Live Messenger reste compatible avec les versions précédentes, Windows Messenger et MSN Messenger. Vos contacts n'ont pas besoin de posséder la dernière version ni d'utiliser Windows 7.

1. Cliquez le bouton ➜ **Ajouter un ami**.
2. Saisissez l'adresse électronique du contact dans la zone **Entrer l'adresse de messagerie**.

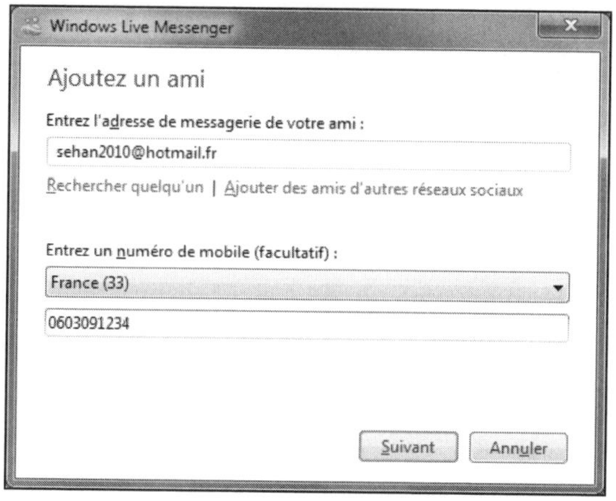

Figure 17-3 Ajout d'un contact.

3. Cliquez le bouton **Suivant**.
4. Pour ajouter le contact dans la première liste de Live Messenger, les favoris, cochez la case **Ajouter cette personne**.

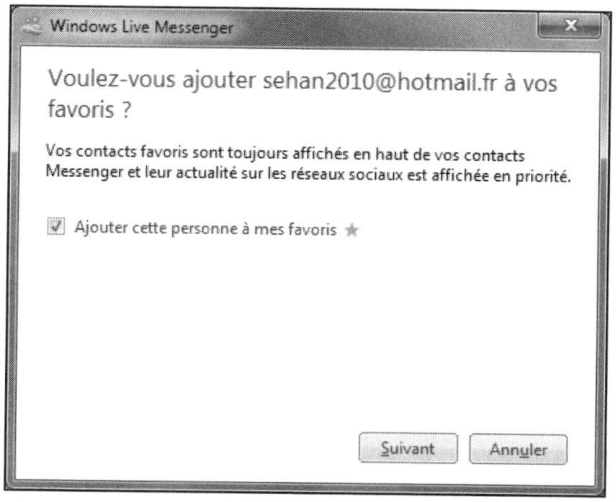

Figure 17-4 Message à destination du nouveau contact.

5. Cliquez le bouton **Suivant**.
6. Cliquez le bouton **Fermer** dans la dernière boîte.

Confirmer un nouveau contact

Pour converser avec le contact que vous avez ajouté, celui-ci doit au préalable accepter de figurer dans votre liste. Il reçoit pour cela le message ci-dessous. Vous recevrez vous-même ce type de message pour les personnes qui désirent figurer dans votre liste.

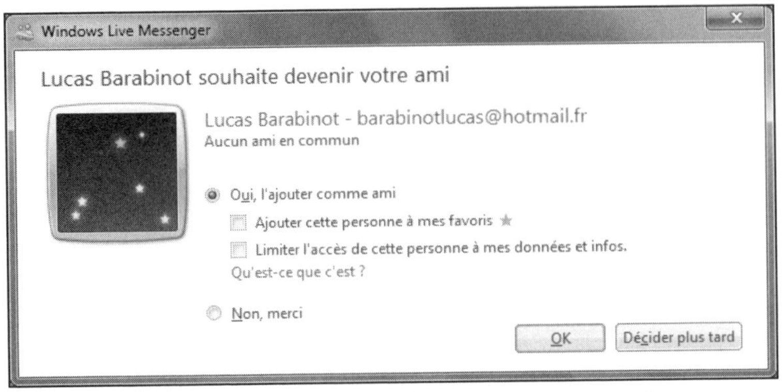

Figure 17-5 Autorisation d'accès d'un nouveau contact.

1. Cochez une des options proposées (**Oui** ou **Non**).
2. Cliquez le bouton **OK** ou le bouton **Décider plus tard**.

Quand une personne refuse de vous ajouter à sa liste de contacts, une boîte de dialogue vous en avertit.

Vos contacts apparaissent dans la fenêtre principale de Live Messenger. Vous pouvez voir d'un seul coup d'œil ceux qui sont connectés actuellement et avec lesquels vous pouvez converser. Les nouveaux contacts ne s'affichent en ligne qu'après leur autorisation d'accès.

Figure 17-6 Live Messenger après l'ajout de vos contacts.

Note Les nouveaux contacts ne s'affichent en ligne qu'après leur autorisation d'accès.

Si un contact vient de se connecter, une petite fenêtre apparaît en bas à droite de l'écran.

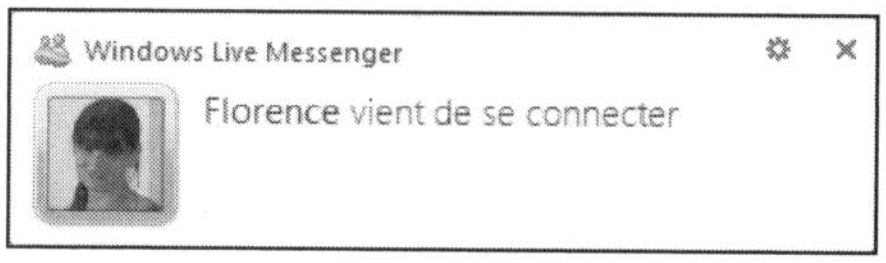

Figure 17-7 Fenêtre de connexion d'un contact.

Engager une conversation

À tout moment vous pouvez expédier des messages aux personnes en ligne et débuter une nouvelle conversation.

1. Dans la fenêtre principale, double-cliquez le nom du destinataire du message instantané.

   Une fenêtre de conversation s'affiche.

2. Cliquez la zone en bas de la fenêtre et tapez votre message.

Figure 17-8 Début d'une conversation.

3. Appuyez sur la touche **Entrée** pour expédier le message.

Conseil Pour passer à la ligne dans votre message sans l'expédier, utilisez les touches **Maj + Entrée**.

Les messages expédiés et leurs réponses s'affichent dans la fenêtre de conversation. La barre d'état affiche la date et l'heure du dernier message reçu ou si le correspondant est en train de taper une réponse.

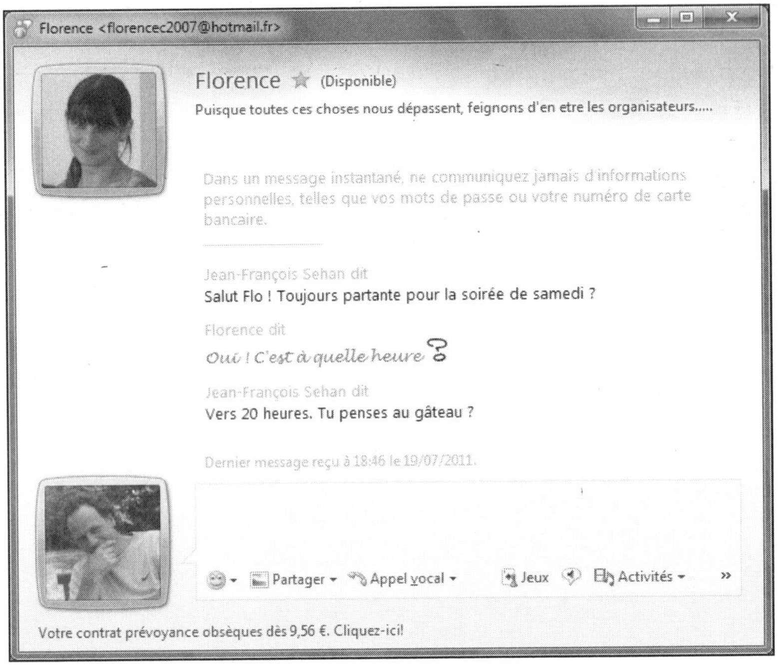

Figure 17-9 Conversation dans Live Messenger.

Recevoir un message

Lorsque vous recevez un message (en dehors de la conversation en cours), une petite fenêtre s'affiche en bas à droite de l'écran comme dans la figure 17-10.

1. Cliquez la petite fenêtre pour répondre au message.

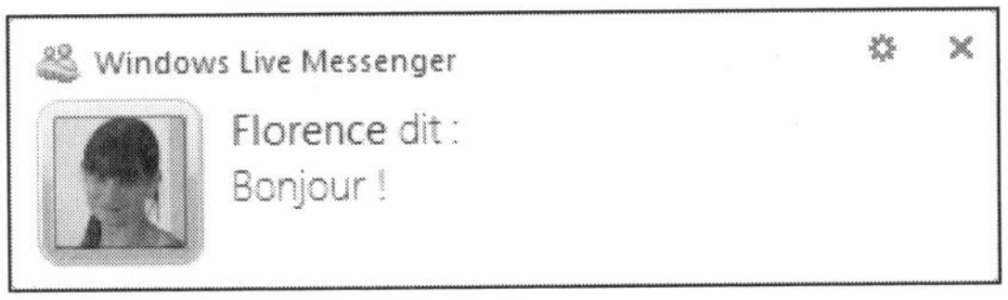

Figure 17-10 Demande de conversation.

Note Si la petite fenêtre est fermée, cliquez le bouton clignotant dans la barre des tâches.

Remplacer votre identifiant par un nom

Par défaut, c'est votre identifiant qui apparaît dans la fenêtre de vos contacts. Pour une plus grande convivialité, modifiez-le.

1. Cliquez votre nom en dessous de votre photo dans la fenêtre principale de Live Messenger.
2. Cliquez la commande **Modifier votre nom** dans la liste.
3. Saisissez vos nom et prénom dans la page Web qui s'affiche.
4. Cliquez le bouton **Enregistrer**.

Modifier votre image personnelle

Comme vous avez pu le remarquer dans les écrans précédents, il est possible d'ajouter une image pour vous identifier (les adeptes de Messenger appellent cela un « avatar »).

1. Cliquez votre image dans la fenêtre principale de Live Messenger.
2. Sélectionnez dans la liste une des images proposées, ou cliquez le bouton **Parcourir** pour rechercher une image plus personnelle.

Figure 17-11 Modification de l'image personnelle.

3. Cliquez le bouton **OK**.

Modifier la police de caractères de vos messages

Pour distinguer vos messages de ceux de vos correspondants, modifiez les caractères de votre texte (police, couleur, *etc.*).

1. Dans la zone de saisie des messages, cliquez le bouton » puis la commande **Modifier la police**.
2. Sélectionnez le type de caractères à utiliser dans les listes **Police**, **Style**, **Taille** et **Couleur**.

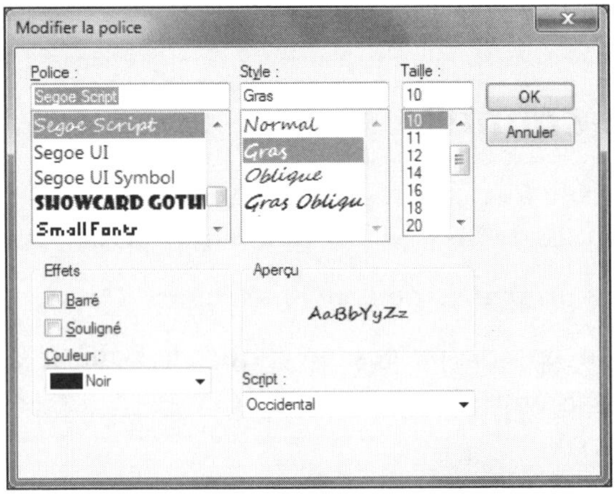

Figure 17-12 Modification de la police des messages.

3. Cliquez le bouton **OK** pour valider vos choix.

Ajouter des émoticônes

Les émoticônes sont de petits dessins qui symbolisent vos émotions.

Définition **Émoticône, émoticon** ou **smiley** : suite de caractères qui indiquent vos émotions. Par exemple, la suite **:)** correspond à « heureux » ou à un « sourire ». Live Messenger transforme automatiquement ces suites par une icône (dans notre exemple) et permet aussi de les insérer directement à partir d'une liste.

1. Tapez le début du message.
2. Cliquez le bouton .
3. Cliquez l'émoticône à insérer dans le message.

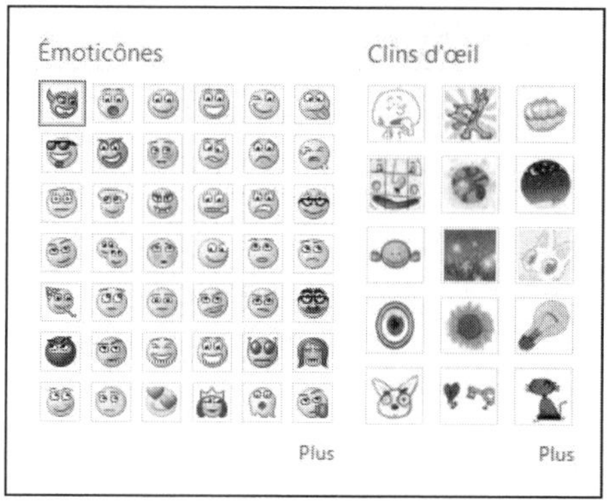

Figure 17-13 Insertion d'une émoticône dans un message.

Si vous ne trouvez pas votre bonheur, cliquez le lien **Plus** pour trouver d'autres émoticônes.

Vous pouvez aussi saisir directement les codes de chaque émoticône.

1. Cliquez le bouton .
2. Cliquez le lien **Plus**.

La boîte **Émoticônes** vous donne la liste des codes à utiliser dans vos messages.

Figure 17-14 Liste des codes des émoticônes.

Inviter une autre personne à la conversation en cours

Pourquoi se limiter à converser à deux ? Live Messenger permet d'inviter d'autres contacts dans la conversation en cours.

1. Dans la zone de saisie des messages, cliquez le bouton .
2. Cliquez les noms des contacts à inviter (en utilisant les touches **Maj** et **Ctrl** pour en sélectionner plusieurs, comme dans l'Explorateur Windows).

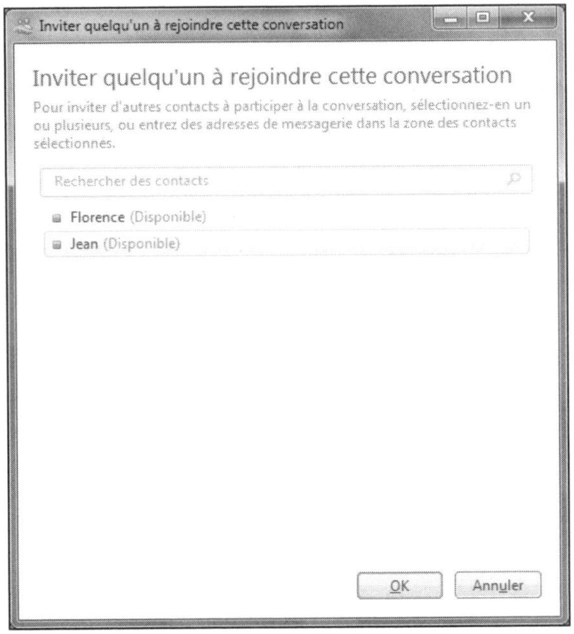

Figure 17-15 Ajout d'un contact à la conversation en cours.

3. Cliquez le bouton **OK** pour valider.

La liste des personnes qui participent actuellement à la conversation s'affiche en haut de la fenêtre.

Définir votre statut actuel

Même si vous êtes connecté, vous souhaitez peut-être ne pas être dérangé. Modifiez dans ce cas votre statut.

1. Dans la fenêtre principale de Messenger, cliquez votre nom.
2. Cliquez le nouveau statut dans la liste (**Disponible**, **Occupé**, *etc.*).

Figure 17-16 Modification du statut actuel.

Ce statut apparaîtra dans la fenêtre Live Messenger de vos contacts.

Vous pouvez aussi définir des paramètres de statut automatiquement.

1. Dans la fenêtre principale de Live Messenger, cliquez votre nom puis la commande **Autres options**.
2. Dans l'onglet **Personnel** de la boîte **Options**, tapez le nombre de minutes après lesquelles vous êtes considéré comme absent dans la zone **Afficher le statut «Absent»après**.
3. Cliquez le bouton **OK**.

Définir votre message de bienvenue

En plus de votre nom qui apparaît chez vos contacts, vous pouvez afficher un message permanent ou bien encore le titre du disque que vous écoutez si vous utilisez le lecteur Windows Media.

1. Cliquez le texte **Exprimez-vous !** dans la fenêtre principale.
2. Saisissez votre message et validez avec la touche **Entrée**.

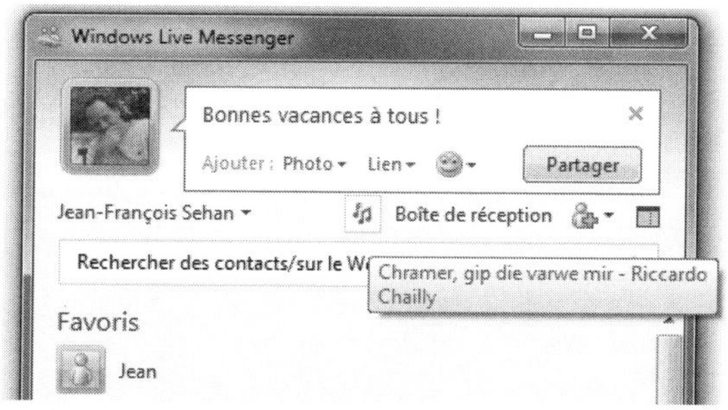

Figure 17-17 Message de bienvenue.

Pour partager la musique que vous écoutez en ce moment :

1. Dans la fenêtre principale de Live Messenger, cliquez votre nom puis la commande **Autres options**.
2. Dans l'onglet **Personnel** de la boîte **Options**, cochez la case **Afficher les informations sur la chanson que j'écoute**.
3. Cliquez le bouton **OK**.
4. Pour afficher le titre de musique que vous écoutez, pointez le bouton .

Expédier un message vocal

Sans utiliser la conversation vocale, vous pouvez expédier facilement un petit message vocal lors d'une conversation.

1. Cliquez et maintenez enfoncé le bouton .
2. Énoncez le message dans votre microphone.
3. Relâchez le bouton .

Expédier des *wizz* et des clins d'œil

Les clins d'œil sont des images animées qui s'affichent au-dessus de l'interface de vos contacts.

1. Cliquez le bouton .
2. Choisissez le clin d'œil à expédier à votre contact dans la liste de droite.

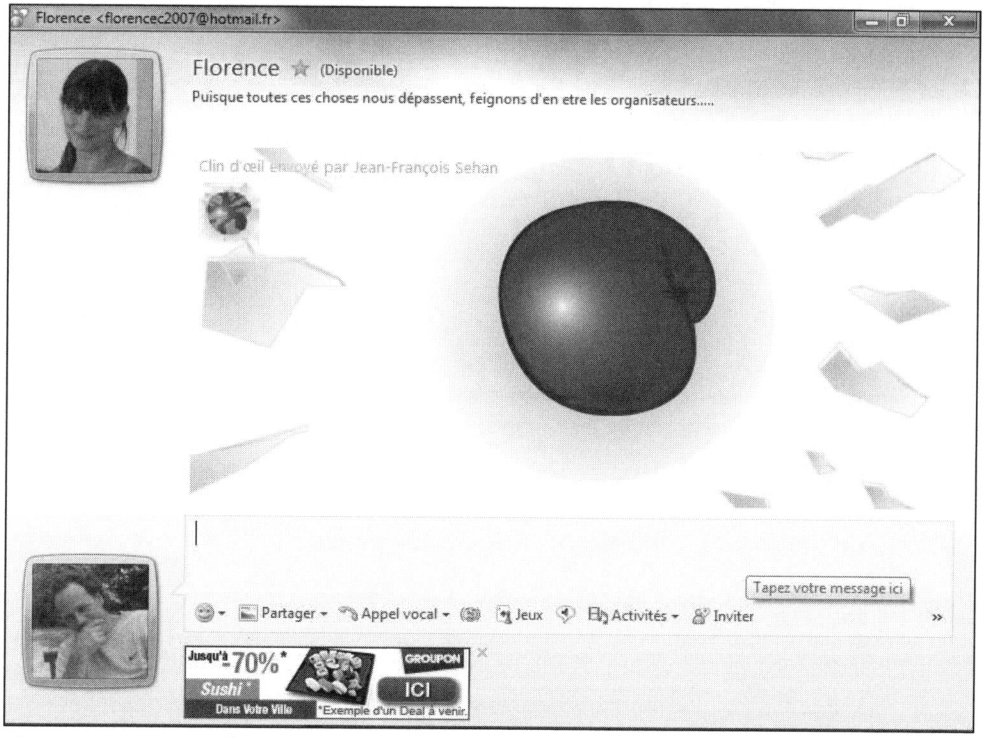

Figure 17-18 Expédition d'un clin d'œil.

Les *wizz* permettent de « secouer » la fenêtre Live Messenger de vos contacts. Cliquez simplement le bouton lors d'une conversation.

Créer vos propres émoticônes

Live Messenger permet de compléter la liste des émoticônes avec vos propres images.

1. Cliquez le bouton .
2. Cliquez le bouton **OK…** en haut à droite.
3. Cliquez le bouton **Rechercher une image**, puis indiquez le fichier à utiliser pour votre émoticône.

Note Live Messenger accepte les formats d'images les plus courants (jpg, bmp, gif, *etc.*).

4. Pour insérer plus facilement votre émoticône, tapez un code de raccourci dans la zone **2**. Cette information est obligatoire.
5. Tapez un nom pour votre émoticône dans la zone **3**. Cette information est facultative.

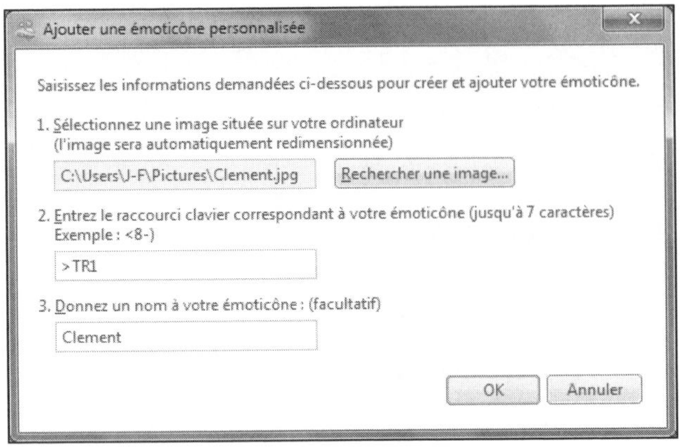

Figure 17-19 Création d'une nouvelle émoticône.

7. Cliquez le bouton **OK**.

   La boîte de la figure 17-20 liste vos propres émoticônes.

Figure 17-20 Liste des émoticônes personnalisées.

8 Cliquez le bouton **OK** dans la boîte Émoticônes.

Modifier le thème

Pour égayer l'interface de Live Messenger, ajoutez une image d'arrière-plan.

1. Dans la fenêtre principale, cliquez avec le bouton droit la zone vide entre la barre de titre et votre message de bienvenue.

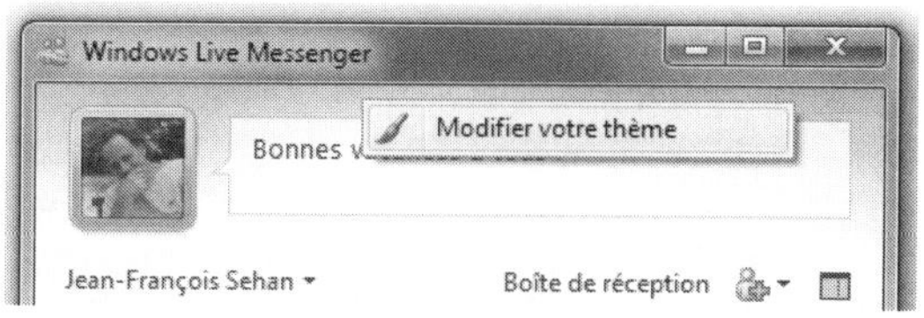

Figure 17-21 Accès à la modification du thème.

2. Cliquez la commande **Modifier votre thème**.
3. Sélectionnez un thème dans la liste ou cliquez le bouton **Parcourir** pour le rechercher.

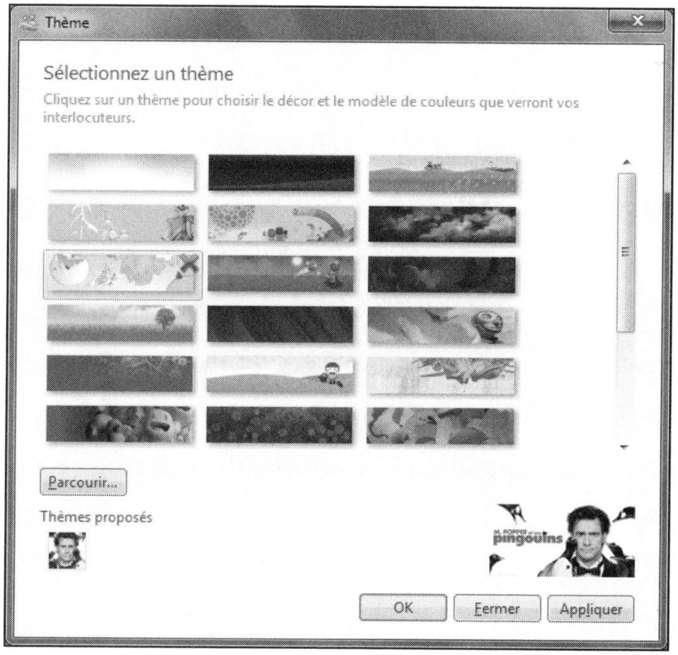

Figure 17-22 Modification du thème.

4. Cliquez le bouton **OK**.

Le thème apparaît dans la fenêtre principale et dans la fenêtre de conversation de votre contact.

Apparaître hors ligne pour une personne

Si vous désirez ne pas être dérangé par une personne précise, vous pouvez momentanément apparaître hors ligne, sans toutefois supprimer le contact définitivement.

1. Cliquez avec le bouton droit le nom du contact, puis cliquez **Apparaître hors ligne pour cette personne** dans le menu contextuel.

L'icône et le nom du contact sont grisés.

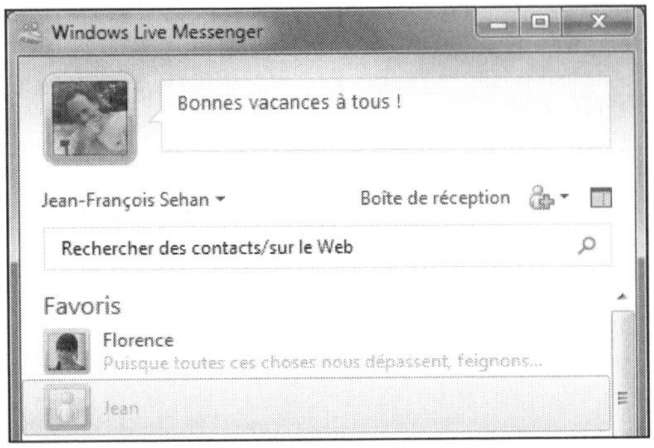

Figure 17-23 Contact pour lequel vous apparaissez hors ligne.

Pour réapparaitre, répétez les étapes précédentes en choisissant **Apparaître en ligne pour cette personne** dans le menu contextuel.

Enregistrer les conversations

Pour garder une trace de vos conversations, Live Messenger peut les enregistrer dans un fichier texte.

1. Dans la fenêtre de conversation, cliquez le bouton » ➔ **Autres options**.
2. Cliquez **Historique** dans la liste à gauche.
3. Cochez la case **Enregistrer automatiquement l'historique de mes conversations**.
4. Pour afficher la toute dernière conversation avec un contact, cochez la case **Afficher ma dernière conversation...**.
5. Cliquez le bouton **OK** pour valider.

Pour relire d'anciennes conversations :

1. Dans la fenêtre de conversation, cliquez le bouton » ➔ **Historique**.

Une fenêtre liste toutes les anciennes conversations avec le contact choisi. Utilisez les boutons de la barre d'outils pour effectuer des recherches dans le texte, supprimer ces conversations, *etc.*

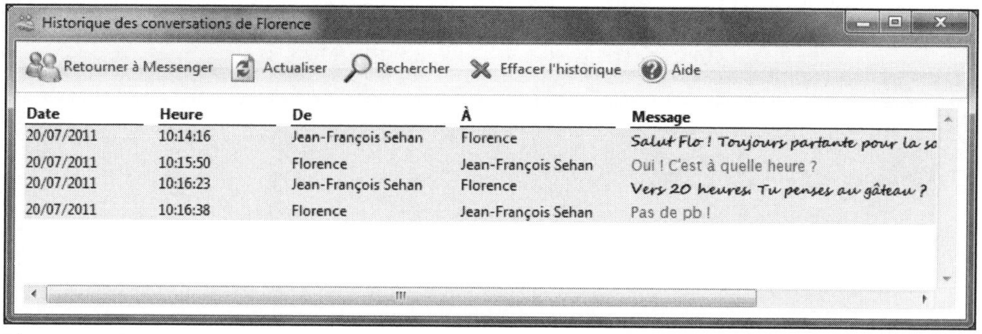

Figure 17-24 Enregistrement d'une conversation.

Transférer des documents et des photographies

Lors d'une conversation, vous pouvez expédier simultanément un fichier à un contact, et cela quelle que soit sa taille. En effet, les serveurs de messagerie limitent la taille globale des messages stockés dans votre boîte à lettres. Il n'est donc pas possible de faire transiter en pièce jointe un film de plusieurs dizaines de mégaoctets par e-mail, voire, parfois, une simple image de seulement 2 ou 3 mégaoctets. Live Messenger est donc une solution mieux adaptée.

1. Dans la fenêtre de conversation, cliquez le bouton **Partager → Photos sur mon ordinateur** ou **Fichiers sur mon ordinateur**.

2. Recherchez le dossier qui contient le document puis sélectionnez ce dernier.

3. Cliquez le bouton **Ouvrir** pour expédier le document.

Pour que le fichier soit expédié, le destinataire doit accepter sa réception. Live Messenger envoie donc une demande de confirmation. La transmission débute dès que le contact accepte la demande. Vous pouvez continuer la conversation en cours pendant ce temps.

Figure 17-25 Transfert d'un document.

Pour ouvrir les fichiers reçus, cliquez le lien affiché par Live Messenger durant la conversation. Ce lien apparaît dès la fin du transfert.

Converser vocalement et visuellement

Avec un simple microphone et des haut-parleurs, vous pouvez correspondre vocalement avec vos contacts. Avec une Webcam, vous pouvez aussi converser visuellement.

Pour obtenir de bons résultats, il est cependant nécessaire d'avoir une connexion Internet rapide (ADSL ou câble).

Configurer votre matériel audio et vidéo

Avant d'utiliser les fonctionnalités audio et vidéo, configurez votre matériel lors de la première utilisation (webcam, microphone, haut-parleurs ou casque).

Si vous cliquez pour la première fois le bouton, Live Messenger ouvre un assistant (une suite de boîtes de dialogue) pour configurer votre matériel audio et vidéo.

1. Dans la fenêtre de conversation, cliquez le bouton **Conversation vidéo ➜ Configurer des appareils audio et vidéo**.

   Live Messenger affiche un assistant. Testez votre matériel audio et vidéo.

2. Effectuez les réglages de vos haut-parleurs, de votre microphone ou de votre casque.

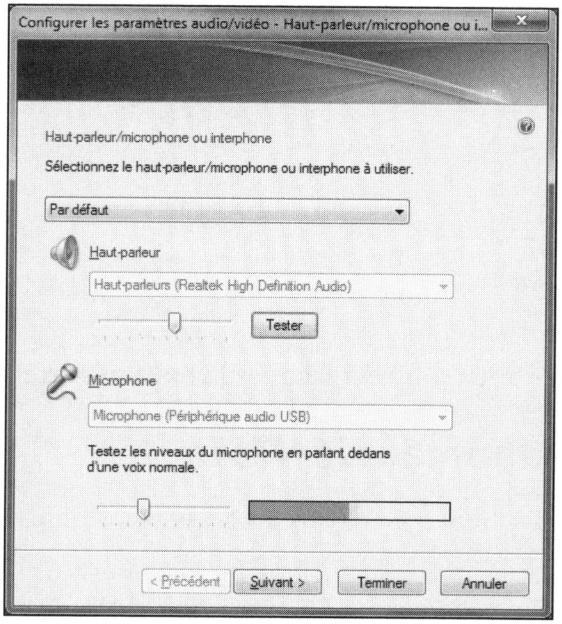

Figure 17-26 Réglage des haut-parleurs et du microphone.

3. Cliquez le bouton **Suivant**.

4. Si vous avez plusieurs dispositifs vidéo, choisissez celui à utiliser dans la liste du haut.

5. Réglez votre webcam pour vous voir au milieu de la fenêtre. Certaines proposent des réglages plus pointus. Si c'est le cas de la vôtre, cliquez le bouton **Paramètres de la webcam**.

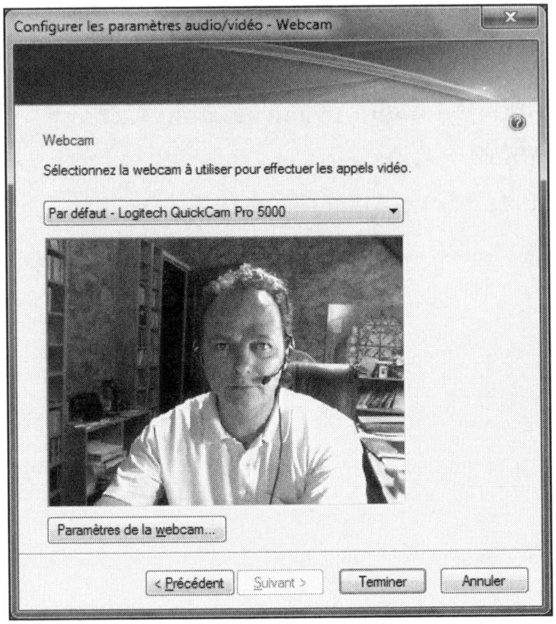

Figure 17-27 Réglage de la Webcam.

6. Dès que le réglage de votre webcam vous convient, cliquez le bouton **Terminer**.

Commencer une conversation audio-vidéo

Encore mieux que le téléphone : le visiophone. Avec votre webcam, vous pourrez voir vos contacts.

1. Dans la fenêtre de conversation, cliquez le bouton **Conversation vidéo ➜ Conversation vidéo**.
2. Votre contact recevra un message qu'il devra confirmer pour débuter la conversation vidéo (liens **Accepter** ou **Refuser**).

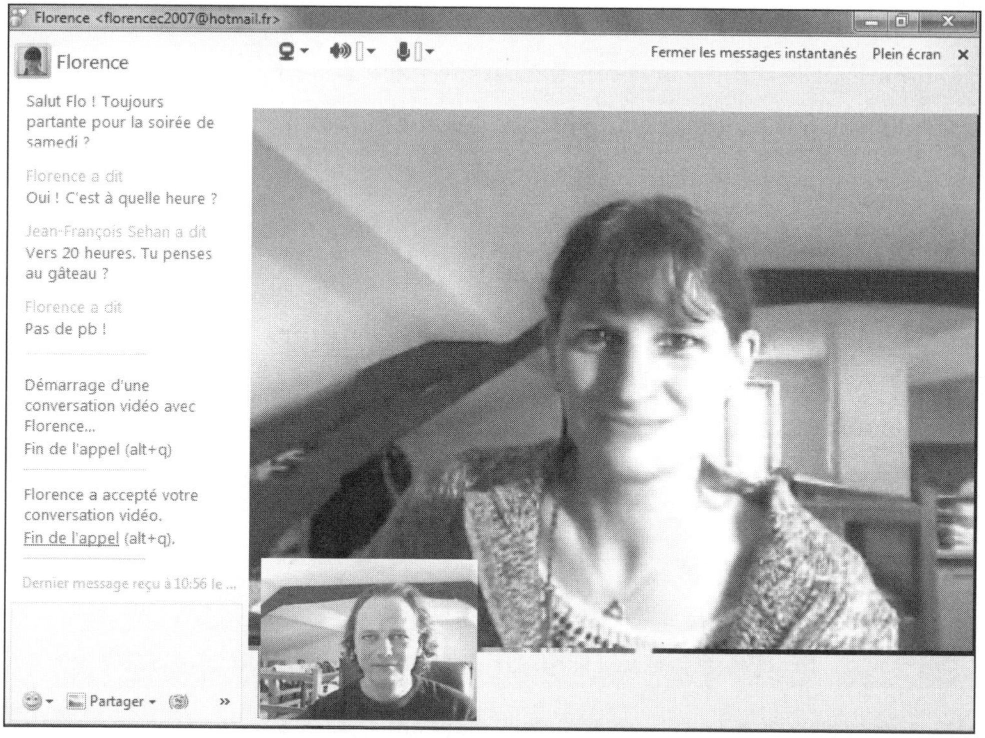

Figure 17-28 Conversation audio-vidéo.

Vous trouverez, en haut de la fenêtre, des boutons de réglage pour activer ou désactiver votre microphone, vos haut-parleurs et votre webcam. Cliquez le lien **Plein écran** pour que la vidéo de votre correspondant couvre toute la surface de l'écran. Si ces réglages n'apparaissent pas, déplacez simplement votre souris.

Pour terminer une conversation vidéo, un des correspondants doit cliquer le lien **Fin de l'appel** du dernier message.

Messenger Plus!

Avec plusieurs dizaines de nouvelles fonctions, Messenger Plus! se greffe sur Live Messenger (c'est un *add-on*). Il est développé par PatChou et disponible sur les sites `www.msgpluslive.fr` ou `www.msgplus.net`. Avec plus de 60 millions d'utilisateurs c'est un complément indispensable si vous utilisez intensivement Messenger.

Voici quelques possibilités offertes par Messenger Plus! :

- Définir vos propres statuts (autres que Occupé(e) ou Absent(e) par exemple).
- Répondeur automatique lors des absences.

- Renommer les contacts.
- Statistiques sur les contacts (pour faire le ménage de temps en temps).
- Personnaliser son pseudo (couleurs, icônes, *etc.*).
- Plus grand choix d'émoticônes animées.
- Archivage avec mot de passe et historique des événements.
- Plus grand choix de mises en forme.
- Masquer Messenger avec un raccourci clavier et expédier un message aux contacts en cours.
- Avertissement de nouveaux e-mails autres que ceux de Hotmail.

Figure 17-29 Le site Messenger Plus!.

Chapitre 18

Expédier et recevoir des messages

Dans ce chapitre

- Créer un compte de messagerie
- Rédiger et mettre en forme un message
- Envoyer et recevoir des messages et des fichiers
- Ouvrir ou enregistrer les pièces jointes
- Répondre à un message
- Transférer un message
- Filtrer et trier les messages
- Imprimer les messages
- Vérifier le courrier indésirable

Le courrier électronique permet d'envoyer en quelques secondes des messages à votre voisin ou à un collègue de bureau, mais aussi à des destinataires à l'autre bout du monde. Plus de papier, d'enveloppes ou de timbres : tout est pris en charge par Windows Mail.

Ce chapitre vous explique la création d'un compte de messagerie pour utiliser une nouvelle adresse e-mail, ainsi que l'expédition et la réception de fichiers (pièces jointes).

Note Windows Mail n'est pas disponible en standard avec Windows 7. Pour l'installer, consultez la fin du chapitre 13. Pour ajouter un raccourci permanent dans le menu Démarrer ou la barre des tâches, consultez le début chapitre 1.

Créer un compte de messagerie

Avant d'expédier et de recevoir des messages, vous devez indiquer les différents paramètres remis par votre fournisseur de messagerie. Comme il est courant aujourd'hui de posséder plusieurs comptes, il est nécessaire de maîtriser cette étape. Vous devez ajouter autant de comptes que vous possédez d'adresses e-mail.

1. Ouvrez Windows Live Mail (menu **Démarrer ➜ Tous les programmes ➜ Windows Live Mail**).
2. Cliquez l'onglet **Comptes ➜ Nouveau compte ➜ Adresse de messagerie**.
3. Tapez votre adresse e-mail.

Note Toutes les indications nécessaires à la création d'un compte vous sont transmises par votre fournisseur d'accès ou le site qui vous propose d'héberger vos messages. Consultez les documents en votre possession.

4. Dans la zone **Mot de passe**, tapez votre mot de passe de messagerie.
5. Cochez **Mémoriser le mot de passe** pour vous épargner de le retaper à chaque connexion.

Attention L'option **Mémoriser le mot de passe** permet à d'autres utilisateurs de votre ordinateur de télécharger vos messages. Pour éviter cela, créez des comptes d'utilisateurs avec mot de passe (voir chapitre 28).

6. Tapez le nom qui doit apparaître chez vos correspondants lors de la réception de vos messages. Vous pouvez utiliser un pseudonyme ou un surnom que vos destinataires connaissent bien.

7 Éventuellement, cochez la case **Définir comme compte de messagerie par défaut** si vous avez déjà un autre compte et que le nouveau doit être utilisé en priorité.

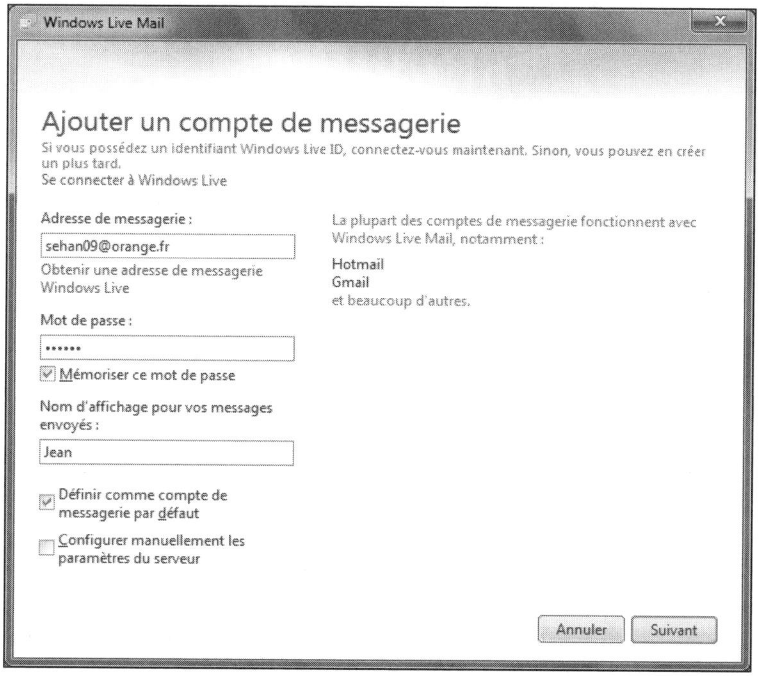

Figure 18-1 Création d'un nouveau compte de messagerie.

8. Cliquez le bouton **Suivant** puis le bouton **Terminer**.

Si après la saisie de ces renseignements votre compte de messagerie ne fonctionne pas, c'est qu'il est nécessaire de saisir manuellement les paramètres.

1. Répétez les étapes **1** à **7**.
2. Cochez la case **Configurer manuellement les paramètres**.
3. Cliquez le bouton **Suivant**.
4. Dans la liste **Mon serveur de messagerie…**, sélectionnez le type. POP est le type courant des serveurs de messagerie. IMAP est un protocole qui laisse les messages sur le serveur. Windows Live Hotmail permet d'ajouter un compte Web.
5. Dans la zone **Serveur entrant**, tapez le nom du serveur pour les messages à recevoir. (Il commence généralement par « pop ».)
6. Dans la zone **Identifiant de connexion**, tapez votre identifiant de messagerie.
7. Dans la zone **Serveur sortant**, tapez le nom du serveur pour les messages à expédier. (Il commence généralement par « smtp ».)

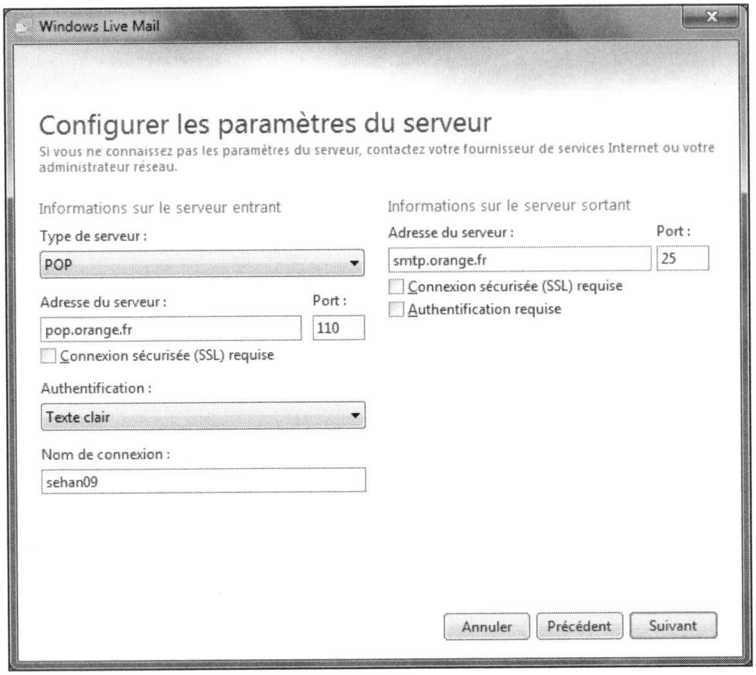

Figure 18-2 Informations sur votre serveur de messagerie.

8. Cliquez le bouton **Suivant** puis le bouton **Terminer**.

Consulter et modifier vos comptes de messagerie

Vous pouvez à tout moment vérifier un compte et modifier ses paramètres.

1. Dans la fenêtre principale de Windows Mail, cliquez l'onglet 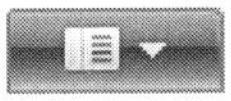 ➜ **Options ➜ Comptes de messagerie**.
2. Cliquez le nom du compte de messagerie à modifier dans la zone **Courrier**.

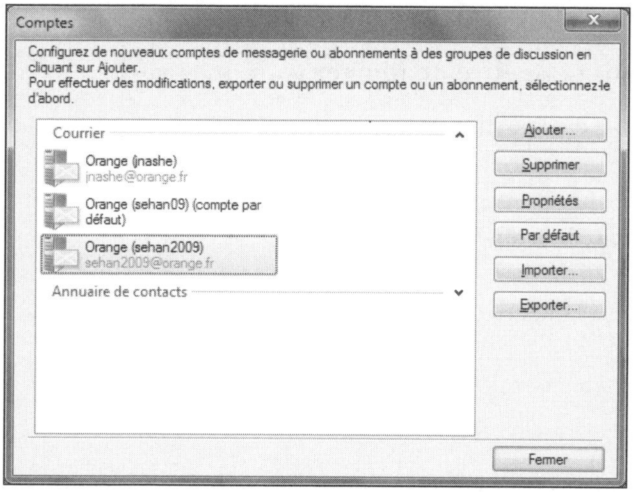

Figure 18-3 Modifications des comptes de messagerie.

3. Cliquez le bouton de votre choix :

   - **Supprimer** : retire le compte de messagerie sélectionné. Cliquez **OK** dans la boîte qui s'affiche pour confirmer la suppression.
   - **Propriétés** : affiche tous les éléments nécessaires au fonctionnement du compte.
   - **Par défaut** : le compte par défaut est utilisé pour expédier des messages.
   - **Importer** : importe les renseignements d'un compte précédemment exporté.
   - **Exporter** : crée un fichier avec tous les éléments du compte. Utilisez cette possibilité pour installer un compte existant sur un autre ordinateur. Tapez son nom dans la zone **Nom du fichier** puis cliquez le bouton **Enregistrer**.

Rédiger un message

La composition d'un message est très simple. Vous donnez l'adresse de votre correspondant, vous saisissez une phrase définissant l'objet du message, puis vous tapez le message lui-même.

Une adresse e-mail est composée de deux parties. La première correspond au nom ou au pseudonyme du destinataire, par exemple jean.dupont. La seconde correspond au nom du fournisseur d'accès Internet qui gère la messagerie, par exemple free.fr. Ces deux parties sont séparées par le symbole @ (prononcez *arobase*, *at* ou *chez*). Pour obtenir ce caractère, tapez **Alt Gr** + **à**. Dans notre exemple, l'adresse complète est donc jean.dupont@free.fr.

1. Cliquez l'onglet **Accueil → Nouveau → Message électronique**.

   Une fenêtre s'ouvre pour vous permettre de rédiger votre message.

2. Tapez dans la zone **À** l'adresse e-mail du correspondant. Si vous expédiez le message à plusieurs personnes, séparez les adresses par des points-virgules. Vous pouvez aussi expédier une copie à d'autres destinataires en tapant leur adresse dans la zone **Cc**. Pour expédier le message à l'insu des personnes des zones **À** et **Cc**, tapez les adresses dans la zone **Cci**. Pour accéder à votre carnet d'adresses, cliquez le bouton **À** (consultez la section « Utiliser le carnet d'adresses » ci-après).

Note Si les zones **Cc** et **Cci** n'apparaissent pas, cliquez le lien **Afficher les champs Cc et Cci** à droite de la zone **Objet**.

3. Tapez dans la zone **Objet** quelques mots pour décrire l'objet du message. Votre correspondant verra cette phrase avant de découvrir le contenu du message.

4. Tapez le contenu du message dans la zone inférieure de la fenêtre.

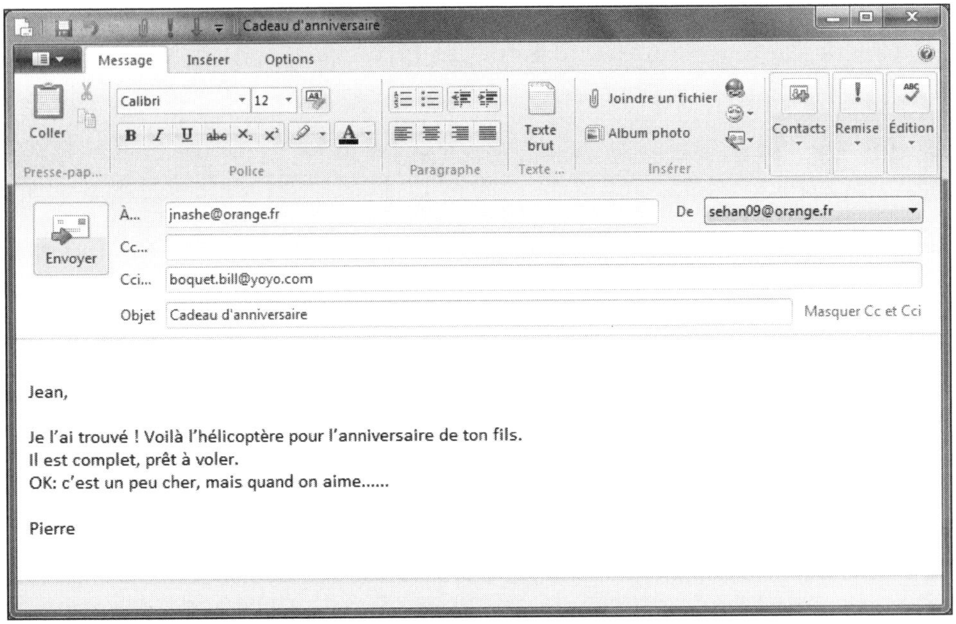

Figure 18-4 Composition d'un message électronique.

5. Cliquez le bouton **Envoyer**.

Note Sauf si vous avez modifié les options de Windows Mail (onglet → **Options → Courrier**, onglet **Envoi**, case **Envoyer les messages immédiatement**), le message est expédié immédiatement.

Utiliser le carnet d'adresses

Comme il n'est pas facile de se souvenir de toutes les adresses e-mail, accédez directement au carnet d'adresses pour les ajouter à vos messages.

1. Pour rechercher les destinataires dans le carnet d'adresses, cliquez le bouton **À** dans le message.
2. Tapez dans la zone en dessous de **Sélectionner les contacts…** le début du nom du contact pour le localiser plus facilement.

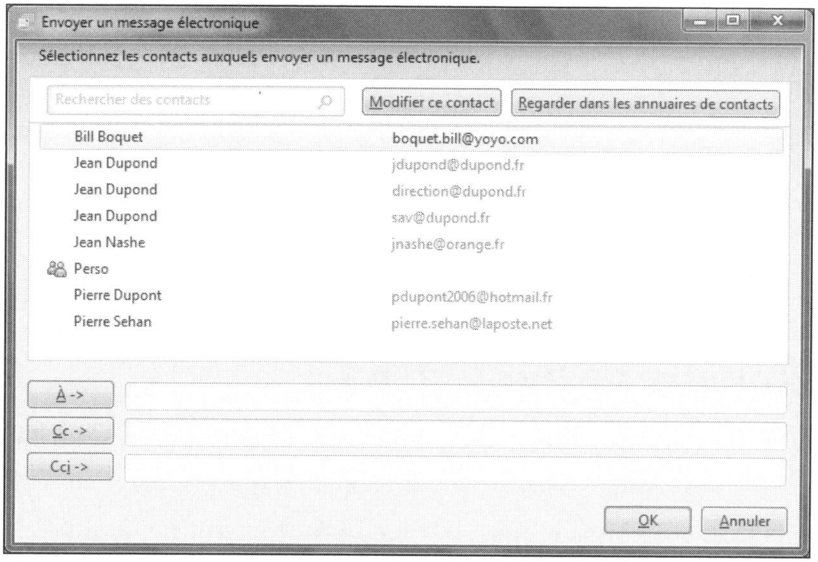

Figure 18-5 Sélection des contacts.

3. Cliquez le contact souhaité dans la liste.
4. Cliquez le bouton **À**, **Cc** ou **Cci** afin d'ajouter le contact à la zone correspondante.

Note Vous pouvez aussi ajouter directement un contact dans la zone **À** en le double-cliquant dans la liste. Cette boîte permet aussi d'ajouter des catégories de contacts. Pour des renseignements complémentaires sur la gestion du carnet d'adresses, consultez le chapitre 19.

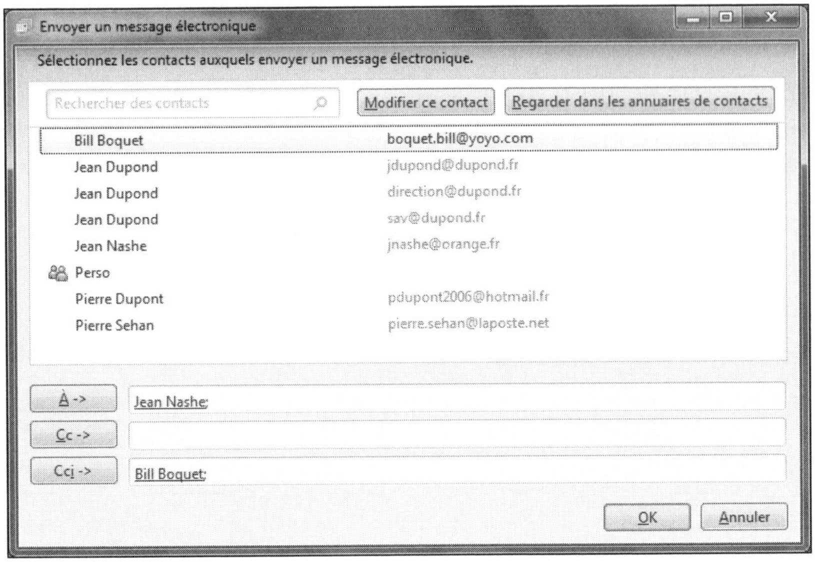

Figure 18-6 Ajout de destinataires à partir du carnet d'adresses.

5. Cliquez le bouton **OK**.

Changer de compte de messagerie

Si vous avez plusieurs comptes de messagerie, choisissez celui à utiliser avant l'expédition du message.

Cliquez la zone **De**, à droite de la zone **À**, puis sélectionnez le compte à utiliser.

Note Consultez le début de ce chapitre pour ajouter d'autres comptes de messagerie et définir celui par défaut.

Vérifier l'orthographe

Windows Mail peut vous aider à traquer les fautes d'orthographe.

1. Cliquez le texte du message.

   Les mots avec une faute d'orthographe sont soulignés.

2. Cliquez le mot mal orthographié avec le bouton droit de la souris

3. Cliquez la bonne orthographe dans le menu contextuel.

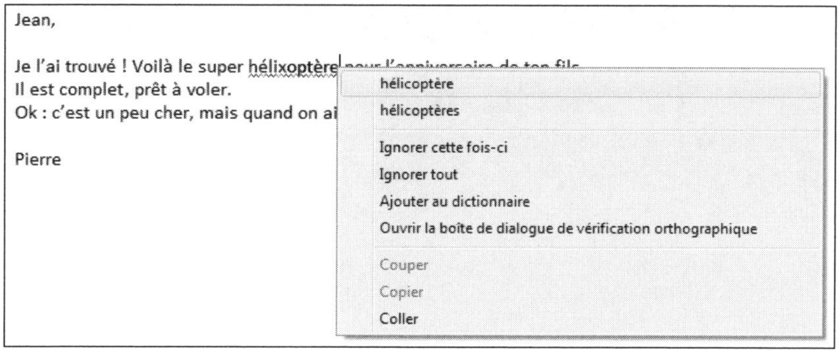

Figure 18-7 Vérification de l'orthographe des messages.

Vous pouvez aussi vérifier l'ensemble du texte.

1. Cliquez l'onglet **Message ➜ Édition ➜ Orthographe**.
2. Suivez les instructions de la boîte qui s'ouvre pour corriger l'orthographe.

Mettre en forme un message

Windows Mail propose deux formats pour l'expédition des messages. Si vous utilisez le format HTML, vous pouvez les mettre en forme comme dans un traitement de texte.

1. Créez un nouveau message (onglet **Accueil ➜ Nouveau ➜ Message électronique**).
2. Assurez-vous que la commande **Texte brut** [et non la commande **Texte enrichi (HTML)**] est présente dans l'onglet **Message ➜ Texte brut** .
3. Sélectionnez le texte à mettre en forme dans le corps du message.
4. Utilisez les commandes des groupes **Police** et **Paragraphe** de l'onglet **Message**.

Note Les commandes des groupes **Police** et **Paragraphe** s'emploient comme celles d'un traitement de texte. Consultez les explications sur WordPad dans le chapitre 2.

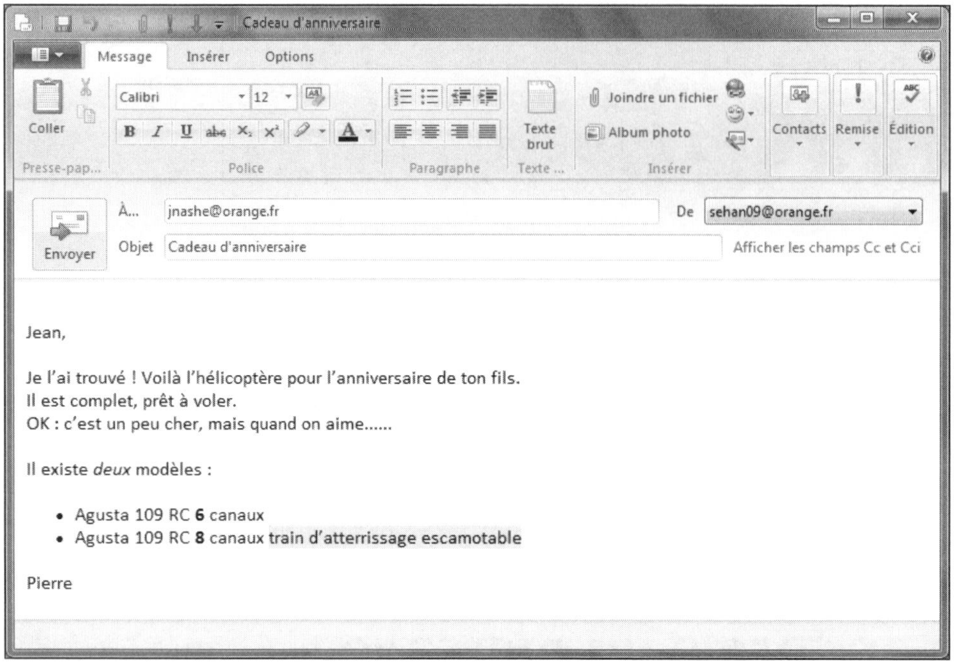

Figure 18-8 Mise en forme d'un message.

Personnaliser un message

En plus des mises en forme vues précédemment, Windows Mail propose de personnaliser vos messages avec des images.

Insérer une image

1. Cliquez là où devra apparaître l'image dans le corps du message.
2. Cliquez l'onglet **Insérer ➜ Photo ➜ Une seule photo**.
3. Recherchez l'image sur votre disque dur.
4. Cliquez le bouton **Ouvrir**.

   L'image apparaît là où se trouvait le point d'insertion.
5. Cliquez l'image pour la sélectionner.
6. Cliquez l'onglet **Format**. Cet onglet propose des commandes pour modifier l'image.

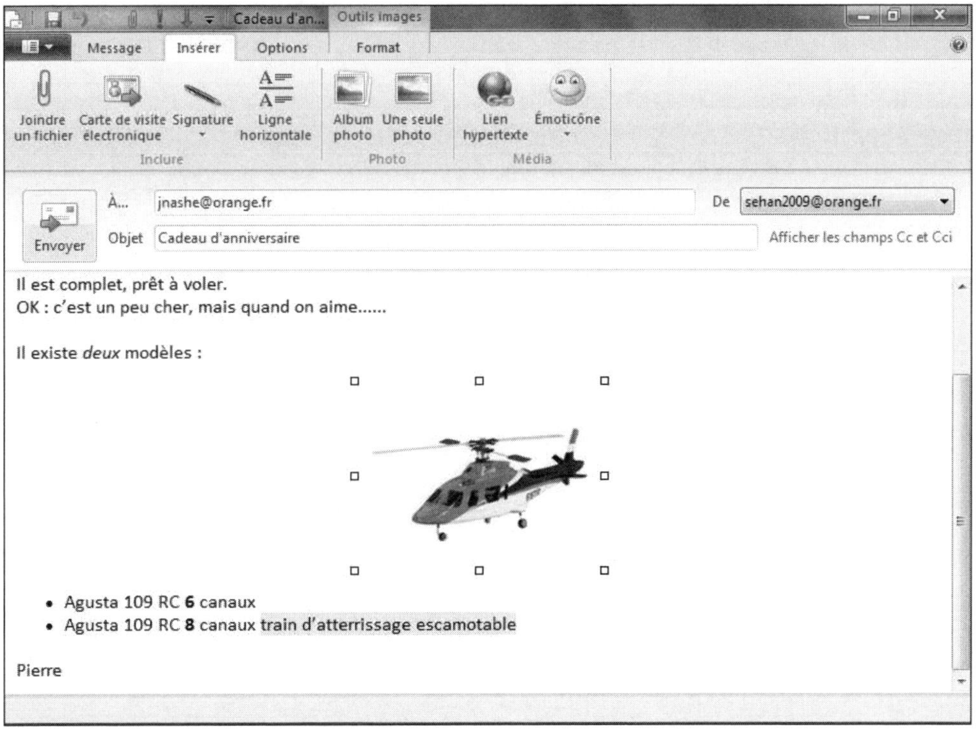

Figure 18-9 Message avec une image.

Insérer des émoticônes

Pour compléter vos messages, vous pouvez insérer des émoticônes.

1. Cliquez là où devra apparaître l'émoticône dans le corps du message.
2. Cliquez l'onglet **Insérer ➜ Média ➜ Émoticône**.
3. Cliquez l'émoticône de votre choix dans la liste.

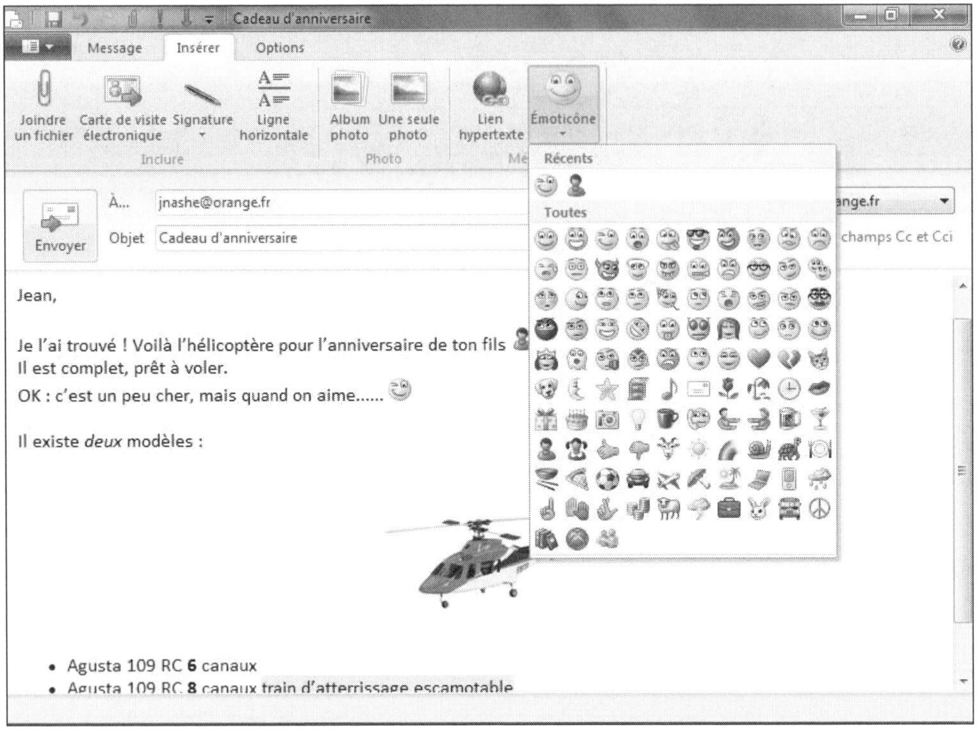

Figure 18-10 Ajout d'émoticônes.

Ajouter un fichier au message

En plus du texte des messages, vous pouvez expédier des fichiers de différents types : documents, images, logiciels, *etc.*

1. Dans la fenêtre du message, cliquez l'onglet **Message ➜ Insérer ➜ Joindre un fichier**, ou l'onglet **Insérer ➜ Inclure ➜ Joindre un fichier**.
2. Sélectionnez le dossier qui contient le ou les fichiers.
3. Cliquez le nom du fichier à expédier en même temps que le message. Vous pouvez sélectionner plusieurs fichiers avec les touches **Ctrl** et **Maj**.
4. Cliquez le bouton **Ouvrir**.

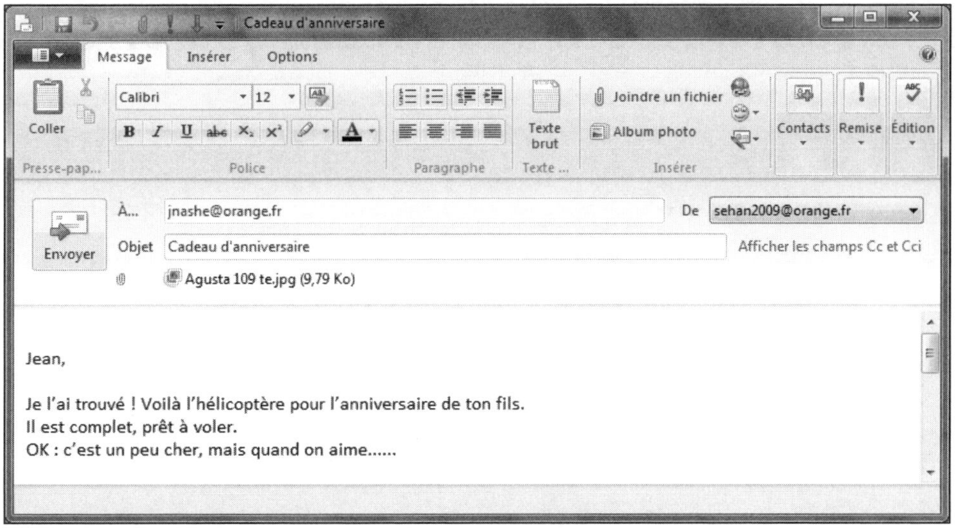

Figure 18-11 Expédition d'un fichier en pièce jointe.

Le nom du fichier apparaît en dessous de la zone **Objet**.

Conseils pour l'expédition des pièces jointes

- N'expédiez des fichiers de grande taille que si c'est indispensable, car l'envoi et la réception risquent d'être très longs.
- Si votre envoi est refusé, vous avez peut-être dépassé certaines limites fixées par votre fournisseur d'accès (taille maximale des messages ou taille globale de la boîte de réception). Utilisez plutôt la messagerie instantanée pour les gros fichiers quand votre correspondant est connecté à Live Messenger (consultez le chapitre 17).
- Si vous expédiez un document d'un format particulier, assurez-vous que le destinataire possède le logiciel adéquat pour l'ouvrir.

Attirer l'attention sur les messages expédiés et reçus

Pour attirer l'attention sur un message, ajoutez un niveau de priorité. Vous pouvez aussi indiquer au destinataire que vous désirez qu'il confirme sa réception.

1. Dans l'onglet **Message → Remise**, cliquez la commande **Priorité haute** ou **Priorité basse**.

Note Le niveau ne change pas le délai de remise du message.

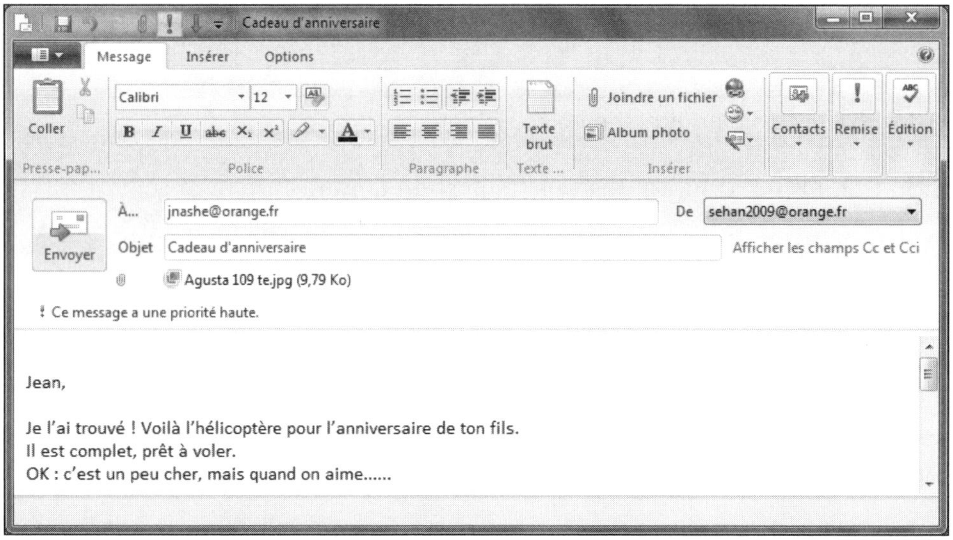

Figure 18-12 Message avec une priorité haute.

Windows Mail indique par un message, au-dessous de la zone **Objet**, le niveau de priorité.

2. Pour demander une confirmation de votre message, cliquez l'onglet **Message → Remise**, puis cochez la case **Confirmation de lecture**.

Ajouter une signature

Pour vous éviter de saisir toujours le même texte à la fin de vos messages, ajoutez plutôt une signature.

Créer une signature

1. Cliquez le bouton  ➜ **Options** ➜ **Courrier** à partir de la fenêtre principale de Windows Mail.

Note Cette commande n'est pas disponible si vous avez déjà commencé la rédaction d'un nouveau message.

2. Cliquez l'onglet **Signatures**.
3. Cliquez le bouton **Nouvelle**.

   Une signature avec un nom par défaut s'affiche dans la liste **Signatures**.
4. Tapez dans la zone **Texte** le message à ajouter comme signature.

Note Vous pouvez aussi cocher l'option **Fichier**, puis cliquer le bouton **Parcourir** pour rechercher le fichier texte (format .txt ou .html).

5. Répétez les étapes **3** et **4** pour ajouter d'autres signatures.
6. Pour ajouter la signature à tous les nouveaux messages, cochez la case **Ajouter les signatures…**.
7. Pour ne pas ajouter la signature aux réponses et aux transferts, cochez la case **Ne pas ajouter de signatures…**.

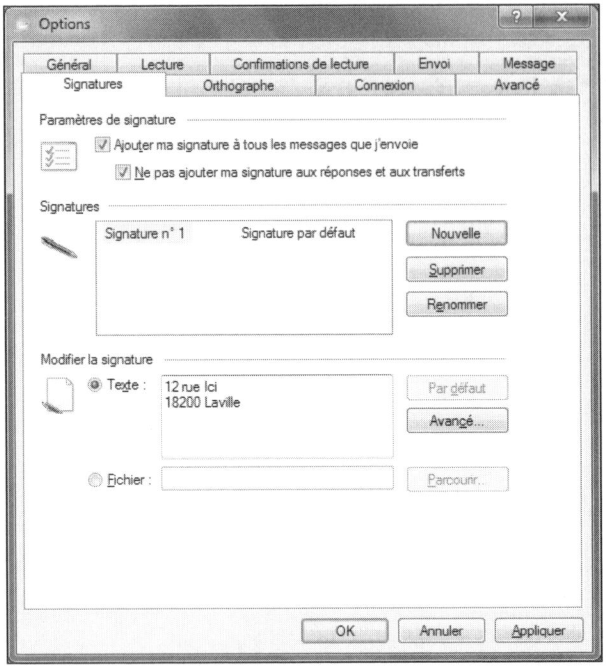

Figure 18-13 Création de signatures.

8. Cliquez le bouton **OK**.

Renommer une signature

Pour bien classer vos signatures, renommez-les.

1. Cliquez la signature dans la liste **Signatures**.
2. Cliquez le bouton **Renommer**.
3. Tapez le nouveau nom.

Note Pour supprimer une signature, sélectionnez-la puis cliquez le bouton **Supprimer**.

Définir la signature par défaut

Si vous avez créé plusieurs signatures, définissez celle par défaut.

1. Cliquez la signature dans la liste (figure 18-13).
2. Cliquez le bouton **Par défaut**.

Note Pour associer une signature à un compte de messagerie, cliquez le bouton **Avancé**.

Insérer une signature dans un message

1. Créez un nouveau message.
2. Cliquez la position d'insertion de la signature dans le message.
3. Cliquez le bouton  ➜ **Insérer une signature**, puis cliquez la signature à insérer.

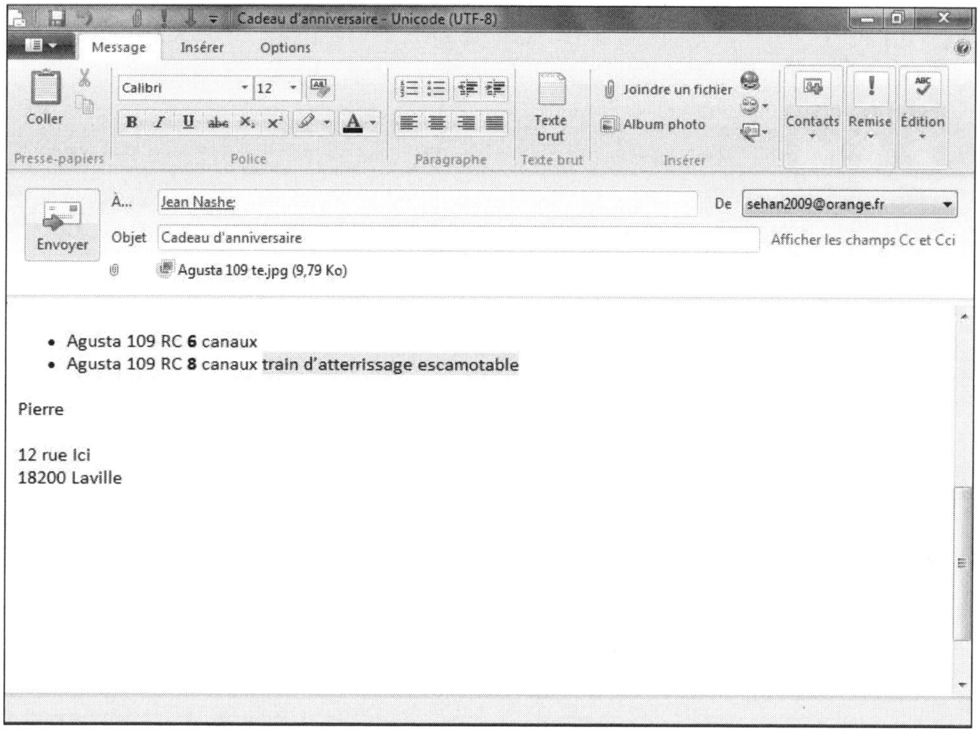

Figure 18-14 Ajout d'une signature dans un message.

La signature apparaît là où se trouvait le point d'insertion.

Échanger des messages

Vous devez vous connecter à votre serveur de messagerie pour vérifier si vous avez reçu de nouveaux messages. Il est aussi possible que des messages non expédiés soient en attente dans le dossier Boîte d'envoi (le chiffre entre parenthèses qui suit le dossier Boîte d'envoi indique le nombre de ces messages). Cette mise à jour est effectuée automatiquement et régulièrement. Pour la réaliser de façon manuelle, appuyez simplement sur la touche **F5**.

La boîte de dialogue de la figure 18-15 indique la progression de l'expédition et de la réception du courrier.

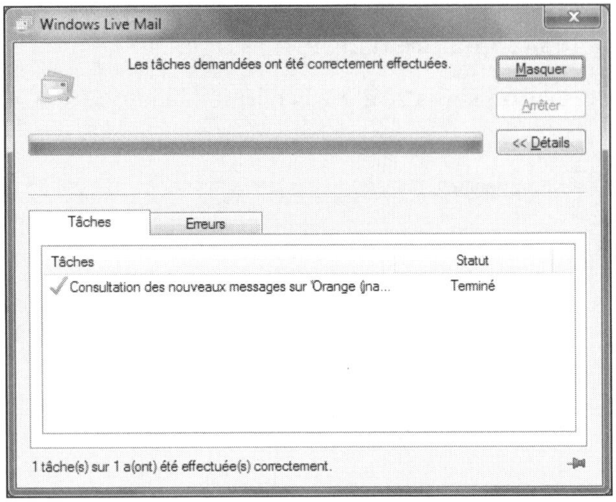

Figure 18-15 Réception et expédition des messages.

Lire les messages reçus

Le nouveau courrier est placé dans le dossier Boîte de réception. Ouvrez-le pour lire vos messages.

Note Le chiffre entre parenthèses qui suit le dossier Boîte de réception indique le nombre de messages non lus.

1. Cliquez le dossier **Boîte de réception** dans la partie de gauche (Volet des dossiers).

   La partie du centre affiche la liste des messages de ce dossier. Les messages non lus sont en gras.

2. Cliquez le message à lire (vous pouvez aussi double-cliquer un message pour l'afficher dans une nouvelle fenêtre).

   Le message s'affiche dans la partie droite (Volet de lecture).

3. Si Windows Mail masque des images, cliquez le lien **Afficher les images**.

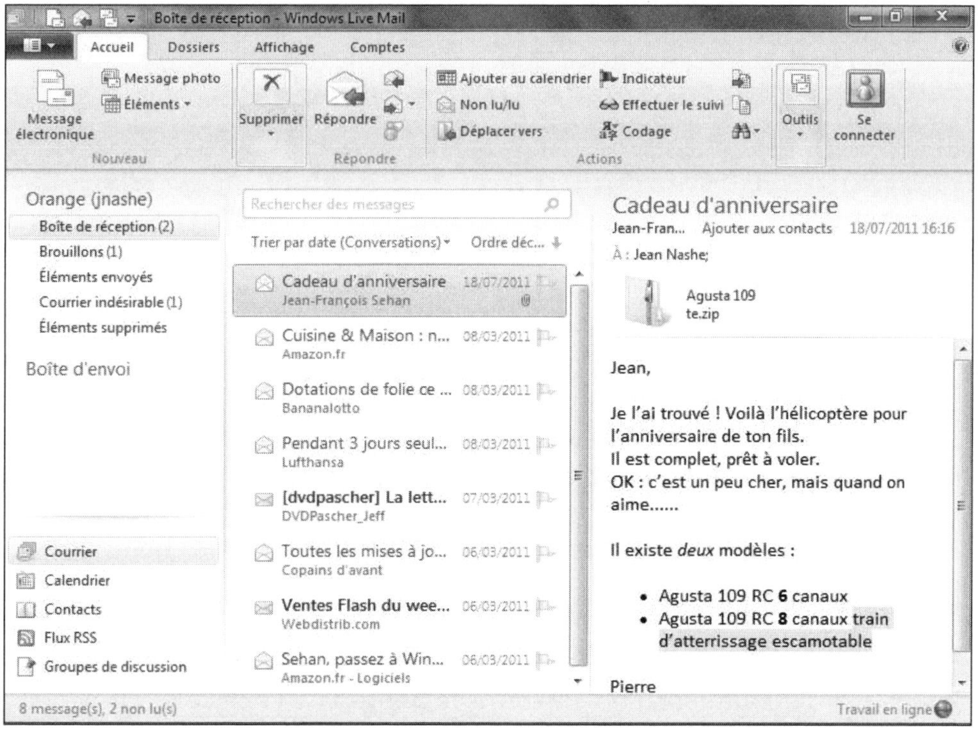

Figure 18-16 Lecture des messages reçus.

Visualiser ou enregistrer des pièces jointes

Si le message contient une pièce jointe, un bouton avec le nom et la taille du fichier s'affiche en haut du Volet de lecture. Consultez-la ou enregistrez-la pour la conserver.

1. Un bouton avec le nom et l'icône du fichier s'affiche en haut du Volet de lecture. Double-cliquez ce bouton.

   Pour des questions de sécurité, Windows Mail demande s'il doit ouvrir le fichier. En effet, si le fichier est en réalité un virus, il est plus prudent de ne pas l'ouvrir mais de l'enregistrer pour le vérifier avec un antivirus. Dans tous les cas, n'ouvrez pas des fichiers dont vous ne connaissez pas l'expéditeur.

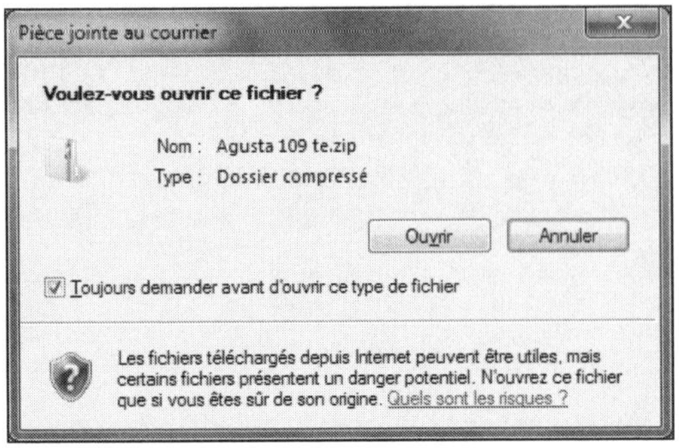

Figure 18-17 Ouverture d'une pièce jointe.

Note Pour protéger votre ordinateur avec un antivirus, consultez le chapitre 26. Certains fichiers comme les images apparaissent directement sans ouvrir la boîte d'avertissement.

2. Cliquez l'option **Ouvrir** si vous connaissez la provenance du fichier.

Le fichier s'ouvre avec l'application qui lui est associée.

Pour enregistrer directement une pièce jointe :

1. Cliquez avec le bouton droit de la souris le bouton de la pièce jointe.
2. Cliquez la commande **Enregistrer sous** dans le menu contextuel.
3. Sélectionnez le dossier qui doit contenir le fichier.
4. Cliquez le bouton **Enregistrer**.

Conseils pour la réception des pièces jointes

- Méfiez-vous des fichiers joints dont vous ne connaissez pas la provenance. Ils peuvent contenir des virus et détruire les données de votre ordinateur. Méfiez-vous particulièrement des fichiers avec l'extension .exe, .com, .scr, .js ou .vb.
- Si votre logiciel antivirus ne vérifie pas le contenu des messages reçus, il est préférable d'enregistrer la pièce jointe puis de demander à l'antivirus de la vérifier.
- Méfiez-vous des types de fichiers. À chaque type de fichier est associée une icône précise. Pour vérifier l'association type/icône, visualisez des fichiers du même type dans l'Explorateur Windows. Si l'icône ne correspond pas, n'ouvrez pas le fichier. Certains fichiers sont nommés avec un nom ordinaire (par exemple, Image.jpg), suivi d'une centaine d'espaces puis de la véritable extension (par exemple, .exe).

Répondre à un message

Si vous devez donner suite à un message, il est facile d'y répondre sans ajouter le nom de l'expéditeur d'origine.

1. Cliquez le message auquel vous désirez répondre.
2. Cliquez l'onglet **Accueil ➜ Répondre ➜ Répondre**.

   Vous retrouvez la même fenêtre que pour la création d'un message. Le nom du destinataire se trouve déjà dans la zone **À**. L'objet du message est le même que celui de l'expéditeur, mais il est précédé du mot **Re** pour indiquer qu'il s'agit d'une réponse. La zone du message contient le texte d'origine.
3. Ajoutez votre réponse dans le corps du message, puis cliquez le bouton **Envoyer**.

Transférer un message

Si un message reçu peut intéresser une ou plusieurs autres personnes, transférez-le pour ne pas avoir à le retaper.

1. Cliquez le message que vous désirez transférer.
2. Cliquez l'onglet **Accueil ➜ Répondre ➜ Transférer**.
3. Tapez ou recherchez le(s) destinataire(s) du transfert comme pour tous les messages.
4. Tapez le motif de transfert avant le début du texte du message d'origine.
5. Cliquez le bouton **Envoyer**.

Note Si le message d'origine contenait des pièces jointes, elles sont aussi transférées.

Rechercher un message

Vous voulez retrouver un message parmi les centaines enregistrés dans vos dossiers ? Demandez un coup de main à Windows Mail.

1. Cliquez avec le bouton droit le dossier où doit s'effectuer la recherche.
2. Cliquez la commande **Rechercher** dans le menu contextuel.

Note Choisissez le nom d'un compte à l'étape **1** pour une recherche sur tous vos dossiers.

3. Tapez les mots recherchés dans les zones proposées.

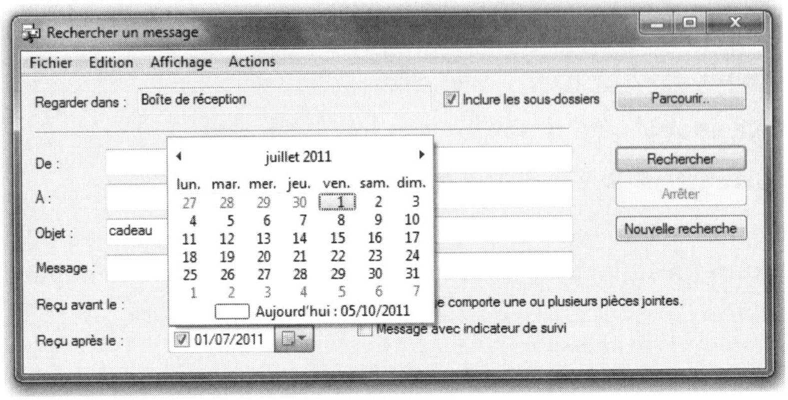

Figure 18-18 Recherche de messages.

4. Cliquez les flèches des zones **Reçu avant le** et **Reçu après le** pour sélectionner des dates dans un calendrier (figure 18-18).

Note Décochez les cases des zones **Reçu...** pour ne pas limiter la recherche dans le temps.

5. Cliquez le bouton **Rechercher**.

   La liste en bas de la boîte de recherche (figure 18-19) affiche les messages répondant aux critères.

6. Pour ouvrir un message, double-cliquez-le.

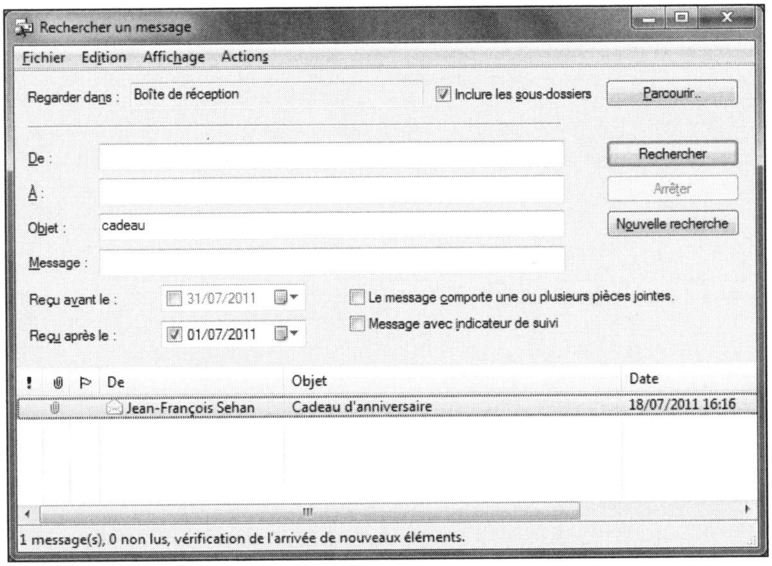

Figure 18-19 Listes des messages trouvés.

7. Cliquez le bouton  pour fermer la boîte de recherche.

Pour effectuer une rechercher rapide :

1. Sélcctionnez le dossier concerné.
2. Tapez un mot-clé dans la zone **Rechercher un message** (au-dessus de la liste des messages).

   Windows Mail n'affiche que les messages qui contiennent le ou les mots-clés.
3. Pour annuler la recherche, cliquez le bouton  dans la zone **Rechercher des messages**.

Filtrer et trier les messages

Pour accéder rapidement aux messages qui vous intéressent, filtrez-les et triez-les. Vous pourrez ainsi masquer les messages lus et vous concentrer sur les derniers messages reçus.

Filtrer les messages

1. Cliquez le dossier à réorganiser.
2. Cliquez l'onglet **Affichage ➜ Affichages ➜ Filtrer les messages** puis le type de filtre à appliquer.

Note Choisissez **Afficher tous les messages** à l'étape **2** pour rétablir la liste normale. Les messages non lus sont en gras.

Trier les messages

1. Cliquez le bouton **Trier par...** au dessus de la liste des messages, puis cliquez le type de tri.
2. Cliquez le bouton **Ordre croissant** ou **Ordre décroissant** au-dessus de la liste des messages pour choisir l'ordre de tri.

Figure 18-20 Tri des messages.

Organiser la fenêtre de Windows Mail

Windows Mail propose plusieurs types d'affichage pour réorganiser sa fenêtre en fonction de vos habitudes.

1. Cliquez l'onglet **Affichage ➜ Disposition**.
2. Cliquez le nom du volet à modifier, puis le type de modification.

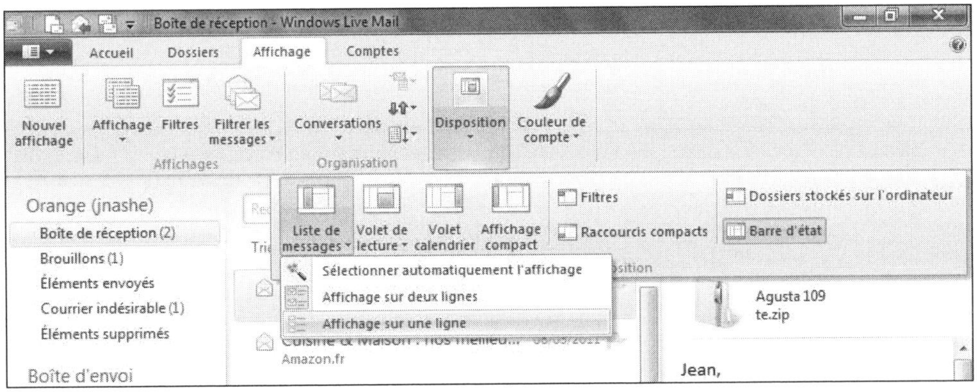

Figure 18-21 Modification des options d'affichage.

Imprimer les messages

Afin de garder une trace de vos messages, imprimez-les.

1. Cliquez avec le bouton droit le message à imprimer.
2. Cliquez **Imprimer** dans le menu contextuel.

3. Choisissez les options d'impression (voir éventuellement le chapitre 2).
4. Cliquez le bouton **Imprimer**.

Définir les options de la messagerie

Windows Mail propose une multitude d'options pour micux gérer vos messages électroniques et les groupes de discussion.

1. Cliquez l'onglet 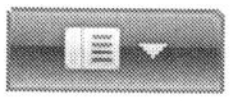 ➜ **Options** ➜ **Courrier**.
2. Cliquez l'un des onglets proposés.

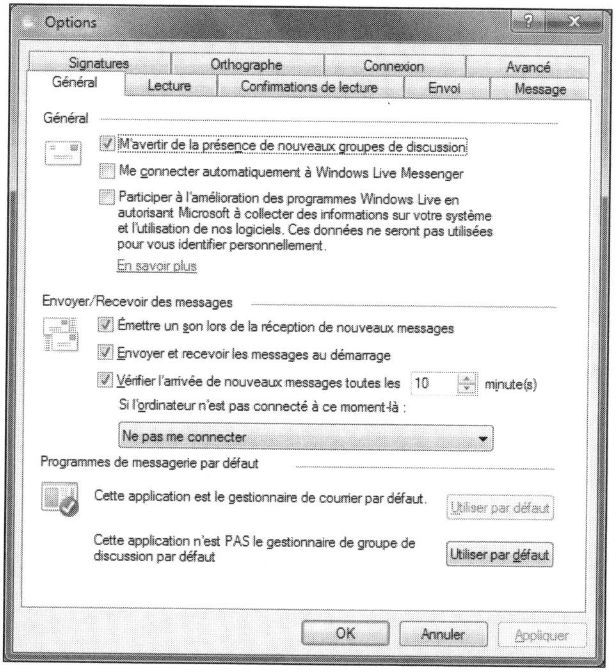

Figure 18-22 Options de configuration de Windows Mail.

3. Modifiez les options qui vous concernent.
4. Cliquez le bouton **OK**.

Supprimer des messages

N'encombrez pas inutilement vos dossiers : supprimez les messages obsolètes, inutiles, voire parasites.

Supprimer un message

1. Cliquez le message à supprimer pour le sélectionner.
2. Appuyez sur la touche **Suppr**.

Le message est transféré dans le dossier **Éléments supprimés**.

Astuce Pour supprimer directement le message, appuyez sur les touches **Maj** + **Suppr** puis cliquez le bouton **Oui** pour confirmer.

Supprimer définitivement un message

1. Cliquez le dossier **Éléments supprimés**.
2. Cliquez le message pour le sélectionner puis appuyez sur la touche **Suppr**.
3. Cliquez le bouton **Oui** pour confirmer.

Conseil Pour supprimer tous les messages, cliquez le bouton ✖ dans le bouton du dossier **Éléments supprimés** puis cliquez **Oui** pour confirmer.

Vérifiez le courrier indésirable

Les *spams*, appelés aussi *pourriels*, sont des e-mails publicitaires non désirés. Ils vous proposent toujours un lien vers l'adresse du spammer, puis vous redirigent vers un site de vente légale ou illégale. Si vous effectuez des achats, le spammer touche sa commission.

Windows Mail vérifie automatiquement vos messages et élimine les spams. Ils sont déplacés dans le dossier Courrier indésirable. Vous êtes averti des courriers indésirables par une boîte de dialogue.

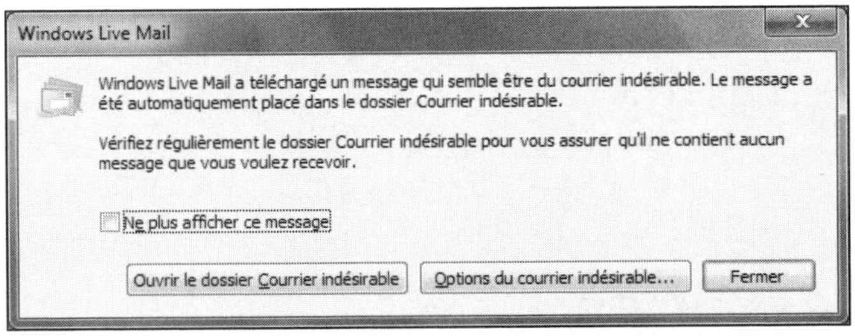

Figure 18-23 Arrivée d'un courrier indésirable.

Même si ce tri fonctionne convenablement, il est préférable de vérifier si de bons courriers n'ont pas été transférés par mégarde dans ce dossier.

1. Cliquez le dossier **Courrier indésirable**.
2. Vérifiez la liste des messages.
3. Si vous trouvez un courrier déplacé par erreur, sélectionnez-le puis cliquez l'onglet **Accueil ➔ Répondre ➔ Supprimer ➔ Courrier légitime**.
4. Après cette vérification, cliquez  dans le bouton du dossier **Courrier indésirable** pour supprimer tous ces messages.

Chapitre

19

Gérer le carnet d’adresses

Dans ce chapitre

- Ajouter et modifier des contacts
- Créer des catégories de contacts
- Utiliser le carnet d’adresses
- Importer ou exporter un carnet d’adresses

Le carnet d'adresses (ou Contacts Windows) regroupe toutes les informations de vos relations, tels les adresses électroniques, les adresses postales ou les numéros de téléphone. Il est utilisé par Windows Mail pour l'expédition des messages électroniques.

Gérer les contacts

Le carnet d'adresses, ou Contacts Windows, est accessible *via* Windows Mail.

1. Dans Windows Mail, cliquez le dossier **Contacts** dans le Volet des dossiers (en bas à gauche). Si Windows Mail n'est pas ouvert, cliquez au préalable le bouton **Démarrer** ➜ **Tous les programmes** ➜ **Windows Live Mail**.

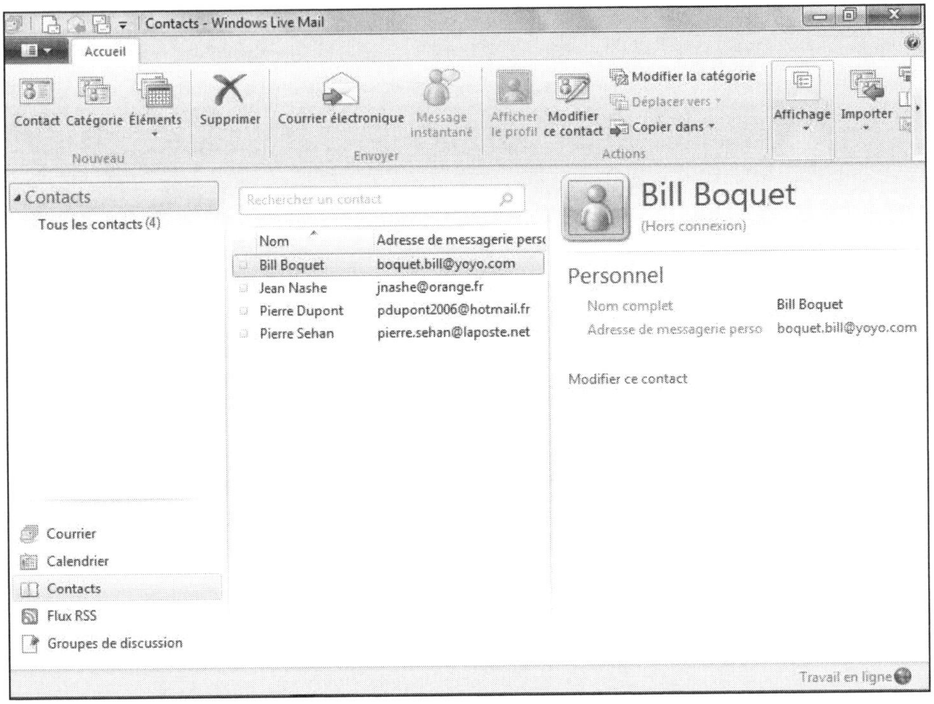

Figure 19-1 Carnet d'adresses Contacts Windows.

Note Il existe aussi un carnet d'adresses géré par Windows. Pour y accéder, cliquez le bouton **Démarrer**, cliquez votre nom d'utilisateur dans la liste de droite, puis double-cliquez le dossier **Contacts**. Son fonctionnement est presque identique à celui de Contacts Windows. Pour échanger des contacts entre ces deux carnets, utilisez les commandes d'importation et d'exportation (consultez la fin de ce chapitre).

2. Pour modifier la forme et l'ordre d'affichage de vos contacts, cliquez l'onglet **Accueil** ➜ **Affichage** puis sélectionnez la commande correspondante.

Ajouter un contact

Pour constituer votre carnet d'adresses, vous devez saisir un à un vos contacts.

1. Cliquez l'onglet **Accueil ➜ Nouveau ➜ Contact** ou tapez le raccourci **Ctrl** + **N**.
2. Tapez le prénom et le nom du contact dans les zones correspondantes.
3. Tapez dans les autres zones son adresse e-mail et son numéro de téléphone personnels, ainsi que le nom de sa société.

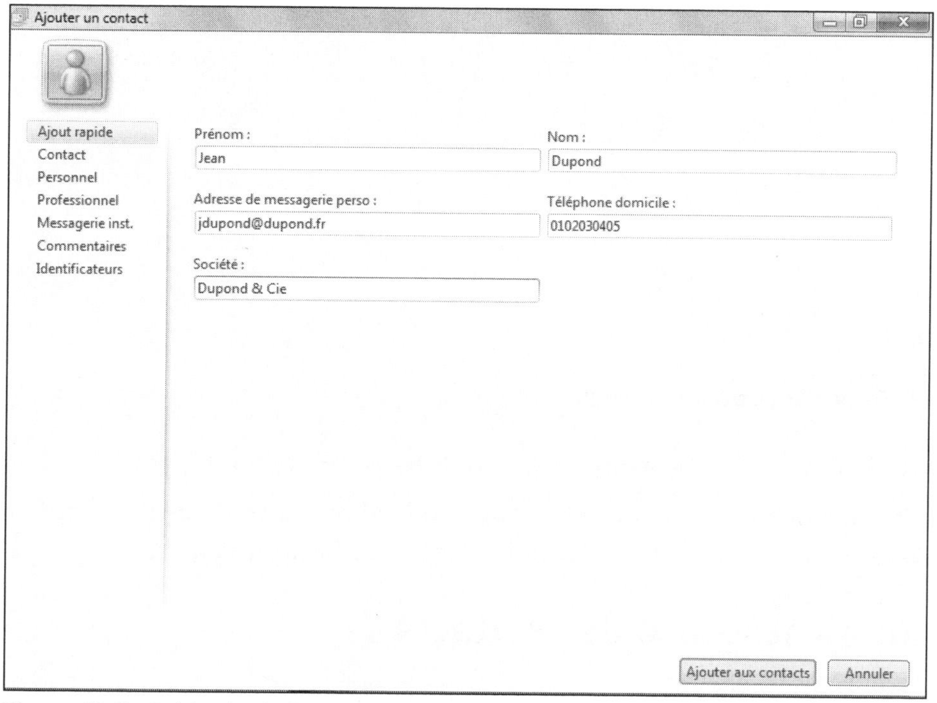

Figure 19-2 Saisie des informations d'un contact.

4. Cliquez le bouton **Ajouter aux contacts**.

Modifier ou saisir d'autres renseignements sur vos contacts

1. Double-cliquez le nom du contact.
2. Cliquez un des boutons de la liste de gauche (**Contact**, **Personnel**, *etc.*).
3. Tapez les autres renseignements dans les zones appropriées.

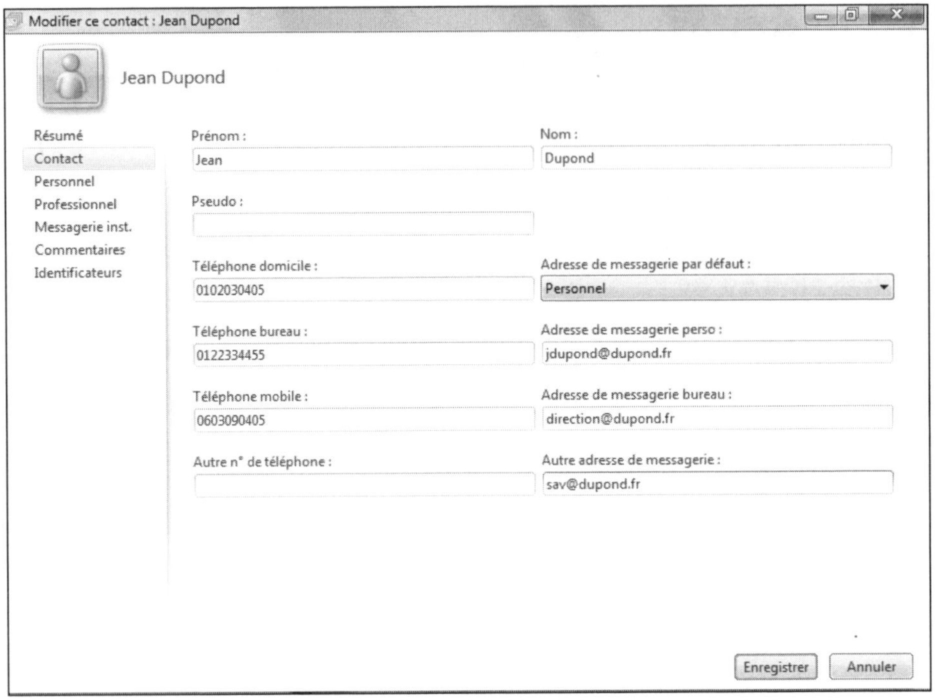

Figure 19-3 Saisie des autres renseignements.

4. Cliquez le bouton **Enregistrer** dès que tous les renseignements sont saisis.

Pour supprimer un contact, cliquez-le pour le sélectionner, puis appuyez sur la touche **Suppr**. Cliquez ensuite le bouton **OK** pour confirmer la suppression.

Créer une catégorie de contacts

Si vous vous adressez souvent au même groupe de contacts, il est plus simple de les réunir sous un seul nom. Vous pourrez ainsi leur expédier rapidement le même message.

1. Cliquez l'onglet **Accueil ➜ Nouveau ➜ Catégorie**.
2. Tapez le nom de la catégorie dans la zone **Entrez le nom**.
3. Cliquez le nom des contacts à ajouter dans le groupe (utilisez la touche **Maj** pour sélectionner des noms contigus comme dans l'Explorateur).

   Les contacts sélectionnés apparaissent dans la liste du bas.

Figure 19-4 Contacts d'une nouvelle catégorie.

4. Cliquez le bouton **Enregistrer**.

Note Pour modifier la liste des contacts, cliquez avec le bouton droit le nom de la catégorie dans le volet **Contacts** puis cliquez **Modifier la catégorie** dans le menu contextuel.

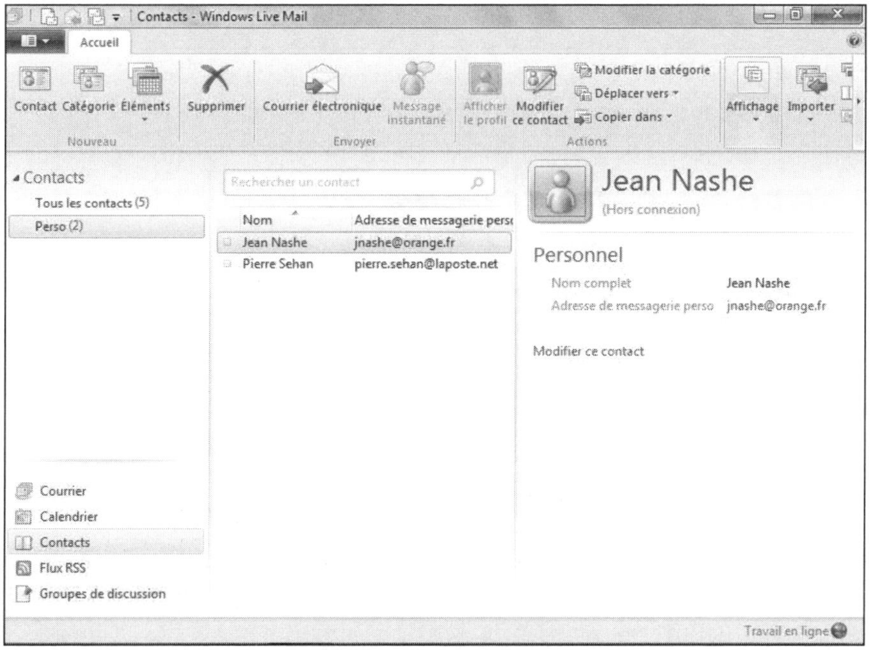

Figure 19-5 Catégories de contacts dans le carnet d'adresses.

Rechercher un contact

Si votre carnet d'adresses contient beaucoup de contacts, effectuez des recherches simples ou avancées. Vous pouvez aussi obtenir des adresses en les recherchant sur Internet.

1. Tapez le début du nom du contact dans la zone **Rechercher un contact**.

Les contacts correspondants sont sélectionnés dans la liste des contacts.

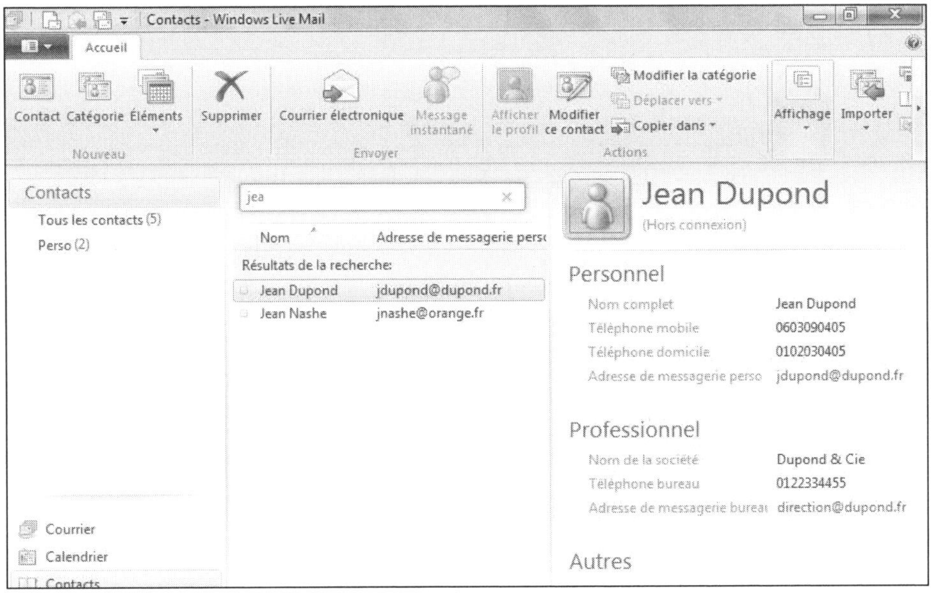

Figure 19-6 Recherche d'un contact.

Utiliser le carnet d'adresses

Expédier un message à un contact

À partir de Contacts Windows, vous pouvez expédier immédiatement un message à un contact de votre carnet d'adresses.

1. Sélectionnez le contact.
2. Cliquez l'onglet **Accueil ➜ Envoyer ➜ Courrier électronique**. Si le contact possède plusieurs adresses, faites un clic droit sur le nom du contact, cliquez **Envoyer un message** dans le menu contextuel, puis cliquez l'adresse souhaitée.

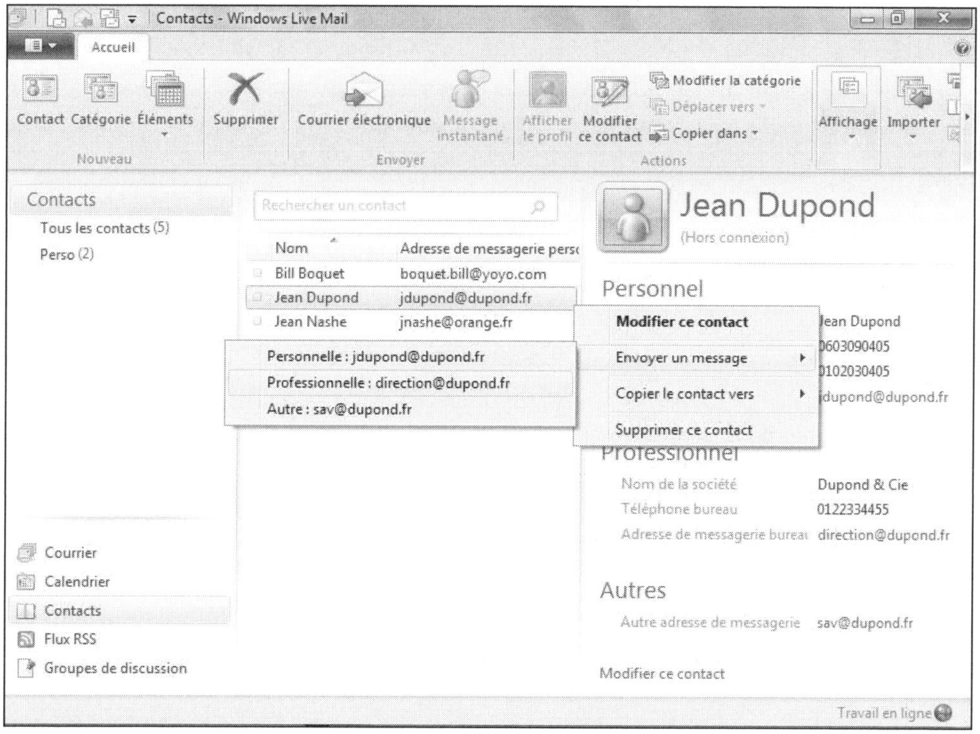

Figure 19-7 Choix de l'adresse du contact.

Dans la fenêtre du message, la zone **À** est déjà renseignée.

3. Tapez l'objet et le message.
4. Cliquez le bouton **Envoyer** pour expédier le message.

Note Pour des informations complémentaires sur la messagerie, consultez le chapitre 18.

Expédier un message à une catégorie de contacts

Vous pouvez expédier en une seule fois le même message à l'ensemble des contacts d'une catégorie.

Dans Contacts Windows, cliquez avec le bouton droit le nom de la catégorie, puis la commande **Envoyer un message** dans le menu contextuel.

Dans Windows Mail, créez un nouveau message et tapez le nom de la catégorie dans la zone **À** puis validez avec la touche **Entrée**. Le nom de la catégorie est alors précédé d'un signe plus pour indiquer la présence d'un groupe de contacts.

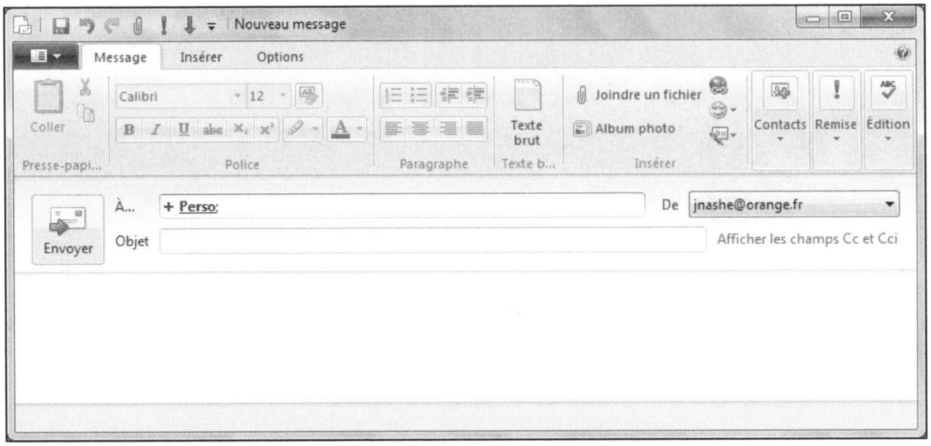

Figure 19-8 Expédition d'un message à plusieurs contacts.

Si vous avez des doutes sur la liste des contacts, cliquez le signe plus dans la zone **À**. Le nom de la catégorie est alors remplacé par la liste des e-mails de l'ensemble des contacts. Vous pouvez en ajouter d'autres et en supprimer certains.

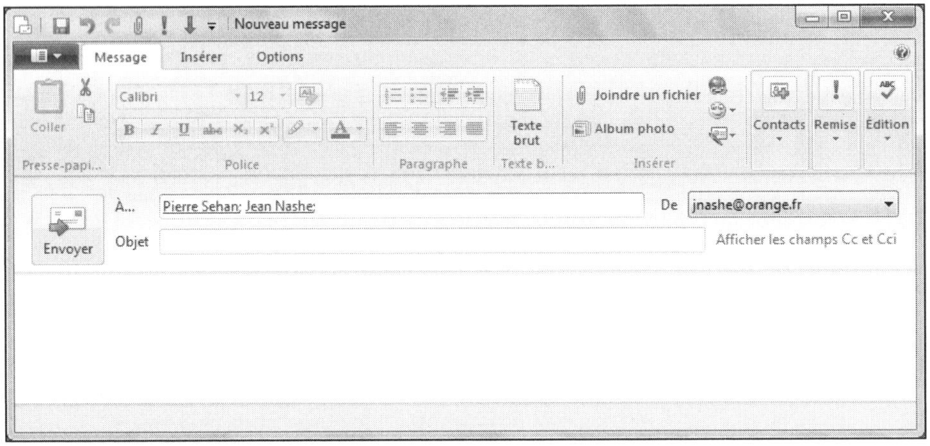

Figure 19-9 Liste des destinataires du message.

Imprimer les contacts

Pour emporter avec vous votre carnet d'adresses, imprimez-le.

1. Éventuellement, sélectionnez les contacts à imprimer (en utilisant les touches **Maj** et **Ctrl** comme dans l'Explorateur, voir le chapitre 4).
2. Cliquez l'onglet → **Imprimer**.
3. Cliquez l'imprimante à utiliser dans la zone **Sélectionnez une imprimante** (le symbole indique l'imprimante par défaut).

4. Cliquez le bouton **Préférences** si vous souhaitez modifier les options de l'imprimante (résolution d'impression, taille du papier, *etc.*).

Note La boîte Options d'impression qui s'ouvre en cliquant **Préférences** dépend de votre imprimante. Au besoin, consultez sa notice.

5. Cliquez l'option **Tous les Contacts** pour imprimer l'intégralité du carnet d'adresses, ou l'option **Contacts sélectionnés** si vous avez effectivement sélectionné des contacts à l'étape **1**.
6. Cliquez le format dans la zone **Style d'impression**. (**Memo** ou **Liste téléphonique**).

Note Il n'existe pas d'aperçu avant impression. Imprimez le carnet d'adresses avec chacune des options pour choisir celle qui vous convient le mieux.

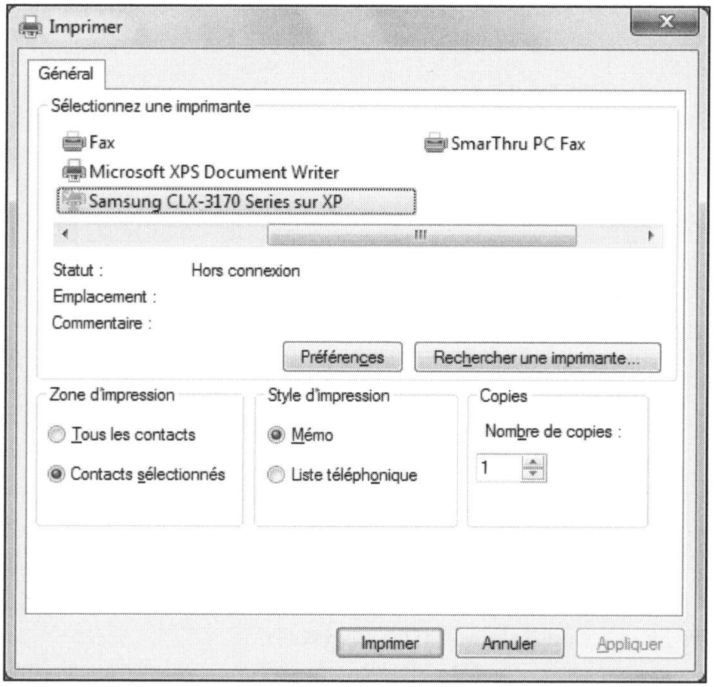

Figure 19-10 Impression du carnet d'adresses.

7. Cliquez le bouton **Imprimer**.

Note Le bouton **Rechercher une imprimante** permet de parcourir le réseau pour trouver une imprimante partagée.

Exporter ou sauvegarder le carnet d'adresses

Pour utiliser votre carnet d'adresses sur un autre ordinateur ou pour conserver un double, exportez-le sous forme de fichier.

1. Cliquez l'onglet **Accueil ➜ Outils ➜ Exporter**.
2. Cliquez le format souhaité dans la liste **Exporter**.

Note CSV est un format texte générique lisible par la majorité des applications. Le format VCF (carte de visite), plus complet, est utilisé par des applications spécialisées.

3. Si vous avez choisi le format VCF, sélectionnez dans la boîte qui s'affiche le dossier qui doit contenir les fiches de chaque contact, puis cliquez le bouton **OK**. Utilisez le bouton **Créer un nouveau dossier** si nécessaire.

Figure 19-11 Dossier de destination du carnet d'adresses au format VCF.

4. Si vous avez choisi le format CSV, cliquez le bouton **Parcourir** pour choisir le dossier de destination, tapez un nom pour le fichier du carnet d'adresses dans la zone **Nom du fichier**, puis cliquez le bouton **Enregistrer**.

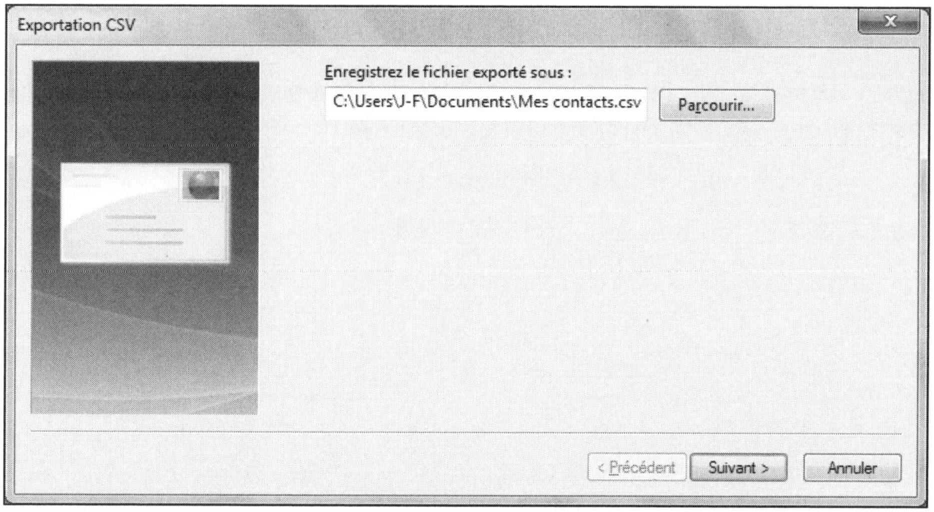

Figure 19-12 Fichier de destination du carnet d'adresses au format CVS.

5. Cliquez le bouton **Suivant**.
6. Cochez les cases des informations à exporter.

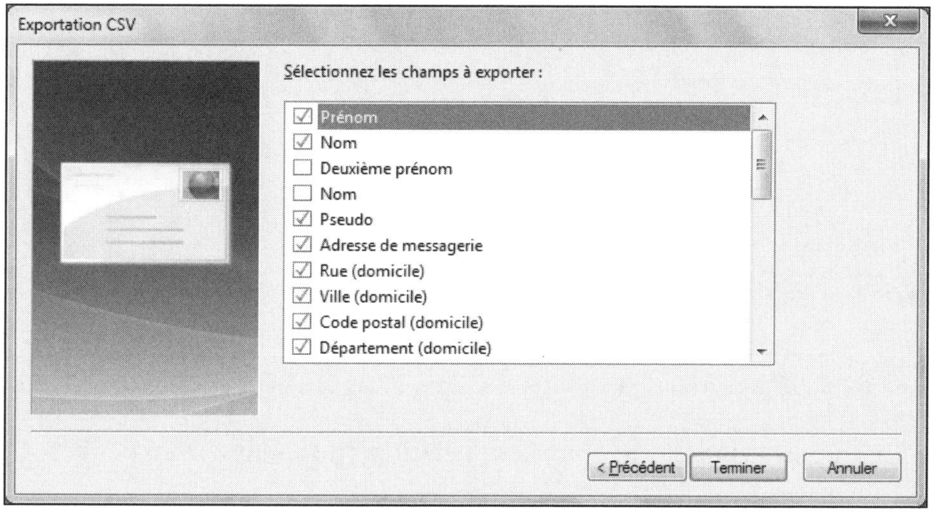

Figure 19-13 Exportation du carnet d'adresses au format CSV.

7. Cliquez le bouton **Terminer**.

Importer un carnet d'adresses

Importez un carnet d'adresses si vous avez changé d'ordinateur ou de logiciel de messagerie électronique, ou tout simplement pour réinstaller une sauvegarde.

1. Cliquez l'onglet **Accueil ➜ Outils ➜ Importer**.
2. Cliquez le format d'importation dans la liste **Importer**.

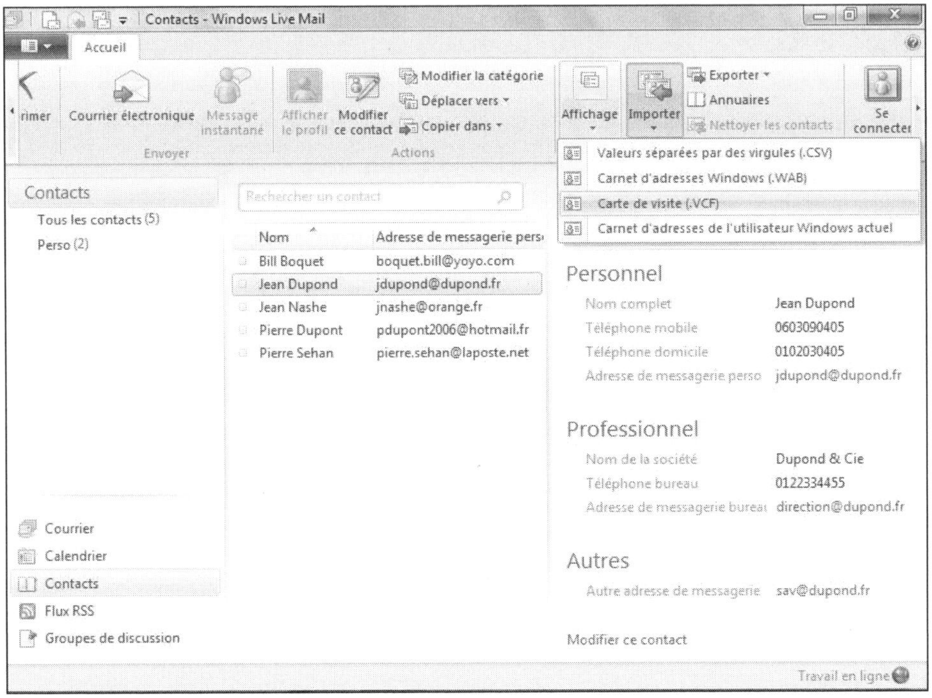

Figure 19-14 Liste des formats d'importation.

Note Le format WAB correspond au format standard des carnets d'adresses de Windows.

3. Suivez les mêmes étapes que pour l'exportation en fonction du type de format.

Les contacts importés sont ajoutés à votre carnet d'adresses. Les contacts ajoutés entre l'exportation et l'importation ne sont pas supprimés.

Chapitre 20

Participer aux groupes de discussion

Dans ce chapitre

- Configurer un serveur de groupes
- S'abonner à des groupes de discussion
- Modifier la liste des abonnements
- Lire et répondre à des messages
- Lire un message en plusieurs parties
- Poster des messages
- Effectuer la maintenance

Vous avez un hobby, comme l'équitation, le bricolage ou la photographie ? Discutez-en avec des milliers d'autres passionnés. Parmi plus de 120 000 groupes, vous trouverez bien celui qui correspond à votre sujet favori.

Les groupes de discussion sont des messageries publiques, par opposition à la messagerie personnelle du chapitre 18. Vous pouvez lire les messages, et les autres personnes peuvent lire les vôtres. Ils permettent aussi de répondre aux messages dans le groupe, ou de répondre directement à leur auteur. Comme la messagerie personnelle, les groupes de discussion sont gérés par Windows Mail.

Configurer un serveur de groupes

Pour accéder aux groupes de discussion, vous devez configurer votre serveur de news. Cela n'est pas toujours fait automatiquement à l'installation de votre connexion Internet, ni à la création d'un compte de messagerie.

1. Ouvrez Windows Live Mail (→ **Tous les programmes** → **Windows Live Mail**).
2. Cliquez l'onglet **Comptes** → **Nouveau compte** → **Groupe de discussion**.
3. Tapez le nom qui doit apparaître quand vous postez un message (votre nom ou un pseudonyme).

Conseil Il est d'usage de rester anonyme dans les groupes. Les utilisateurs des news prennent presque toujours un pseudonyme. Ne fournissez jamais de données personnelles : nom et prénom réels, adresse, téléphone, *etc.* Ces renseignements ne doivent être communiqués que dans des messages personnels.

4. Cliquez le bouton **Suivant**.
5. Tapez votre adresse de messagerie pour que l'on puisse vous répondre directement sans passer par le groupe.

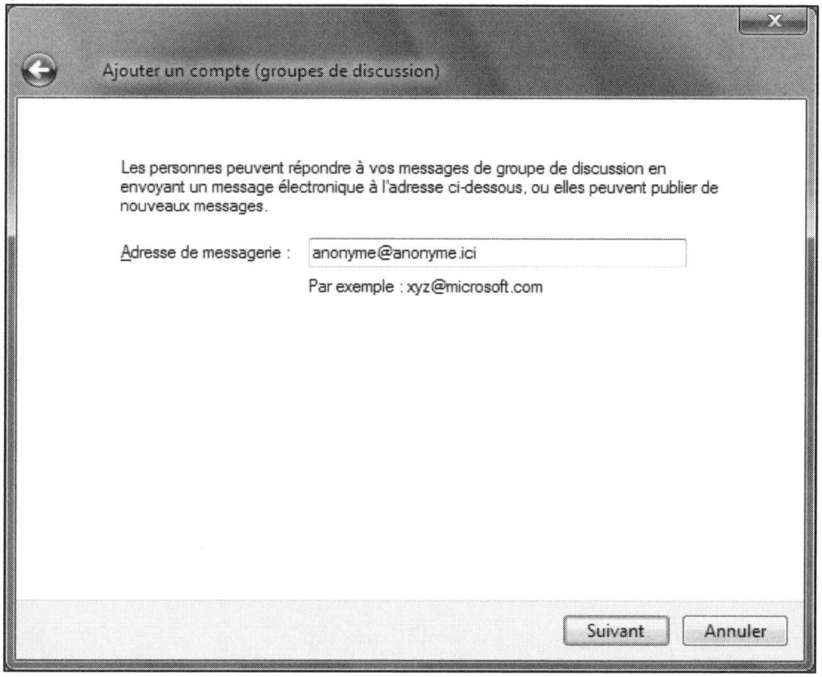

Figure 20-1 Vraie ou fausse adresse de réponse pour les groupes de discussion.

Conseil Tapez une fausse adresse si vous ne désirez pas que l'on vous réponde directement (`anonyme@anonyme.ici` par exemple). Attention ! des robots lisent les messages des groupes de discussion à la recherche d'adresses électroniques pour expédier des courriers non désirés, généralement des publicités (*spam*). Pour l'éviter, et si vous voulez quand même donner votre adresse, modifiez-la légèrement et précisez dans votre texte la manière d'obtenir la véritable adresse : par exemple, tapez l'adresse `durant@free.com` et précisez qu'il est nécessaire de remplacer `.com` par `.fr`. Le robot expédiera des messages à l'adresse `durant@free.com` et non à l'adresse `durant@free.fr`.

6. Cliquez le bouton **Suivant.**
7. Tapez le nom du serveur (qui débute généralement par le mot news).

Note Toutes les indications nécessaires à la création d'un compte de news vous sont transmises par votre fournisseur d'accès ou par le site qui vous propose ce service. Consultez les documents en votre possession.

8. Cochez la case **Connexion à mon serveur de News requise** si le serveur nécessite un nom d'utilisateur et un mot de passe (figure 20-2).

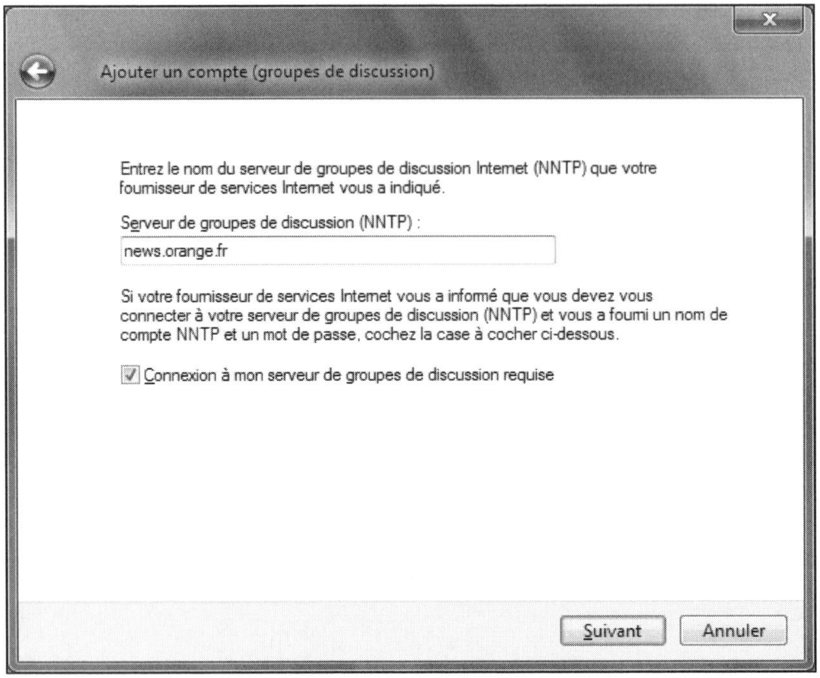

Figure 20-2 Informations sur votre serveur de news.

9. Cliquez le bouton **Suivant**. Si vous n'avez pas coché la case **Connexion à mon serveur…**, passez à l'étape **14**.
10. Saisissez votre nom d'utilisateur dans la première zone.
11. Saisissez votre mot de passe dans la seconde zone.
12. Cochez **Mémoriser le mot de passe** pour ne pas le retaper à chaque connexion.

Note Contrairement au mot de passe de la messagerie personnelle, vous pouvez cocher sans remord l'option **Mémoriser le mot de passe**. Il n'y a pas ici de problème de confidentialité puisque les groupes de discussion sont publics !

13. Cliquez le bouton **Suivant**.
14. Cliquez le bouton **Terminer** dans la dernière boîte.

Conseil Vous pouvez à tout moment vérifier un compte en cliquant son nom dans le volet de gauche avec le bouton droit, puis en choisissant la commande **Propriété** dans le menu contextuel. Vous pouvez créer plusieurs comptes de news.

Windows Mail télécharge automatiquement la liste des groupes. Cette opération peut être longue, mais elle n'a lieu qu'une seule fois. Windows Mail téléchargera automatiquement les nouveaux groupes, et uniquement eux, à chaque nouvelle session.

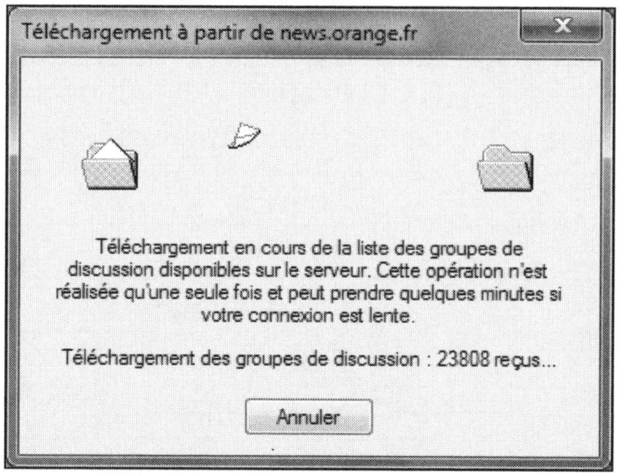

Figure 20-3 Téléchargement de la liste des groupes de discussion.

Pour remettre à jour la liste des groupes de discussion :

1. Cliquez **Groupes de discussion** dans le volet de navigation (en bas à gauche).
2. Cliquez le bouton **Afficher les groupes de discussion**.
3. Cliquez le bouton **Réinitialiser la liste**.

Astuce Il est fort probable que votre fournisseur d'accès ne vous propose pas les 120 000 groupes dont nous avons parlé dans l'introduction de ce chapitre. En réalité, chaque fournisseur décide de ceux auxquels vous pouvez vous abonner. Si vous ne trouvez pas le groupe qui vous intéresse, faites une demande auprès de votre FAI. Si ce dernier n'accepte pas, vous pouvez toujours souscrire un abonnement à un serveur spécialisé (faites une recherche sur Google).

S'abonner à des groupes de discussion

Comme il existe des dizaines de milliers de groupes, vous devez vous abonner à ceux qui vous intéressent. Sélectionnez les plus pertinents : ne vous abonnez pas à des groupes que vous ne lirez jamais.

1. Cliquez le dossier du compte de news.
2. Cliquez le bouton **Afficher les groupes de discussion** pour afficher la liste des groupes.

Le tableau 20-1 donne la liste de quelques mots-clés pour trouver plus facilement des groupes de discussion.

Mot clé	Signification	Type de groupe
Alt	*Alternative*	Mélange de tous
Binaries		Propose des fichiers (images, programmes, vidéos, *etc.*)
Biz	*Business*	Affaires
Comp	*Computer*	Informatique
Ieee		Électronique
K12		Éducation
News		Nouveautés Internet
Rec	*Recreation*	Loisirs, divertissements
Soc	*Society*	Problèmes de société
Fr		France
Franco		Francophone
Be		Belgique
UK		Angleterre
De		Allemagne
US		États-Unis
Can		Canada

Tableau 20-1 Mots-clés dans les noms des groupes de discussion.

3. Tapez dans la zone **Afficher les groupes** un ou plusieurs mots-clés pour sélectionner des groupes (par exemple « fr. » pour obtenir la liste des groupes français).
4. Cliquez le nom du groupe qui vous intéresse dans la liste au-dessous.
5. Cliquez le bouton **S'abonner**.

Astuce Pour obtenir la liste des groupes de discussion francophones, consultez le site `www.usenet-fr.net`.

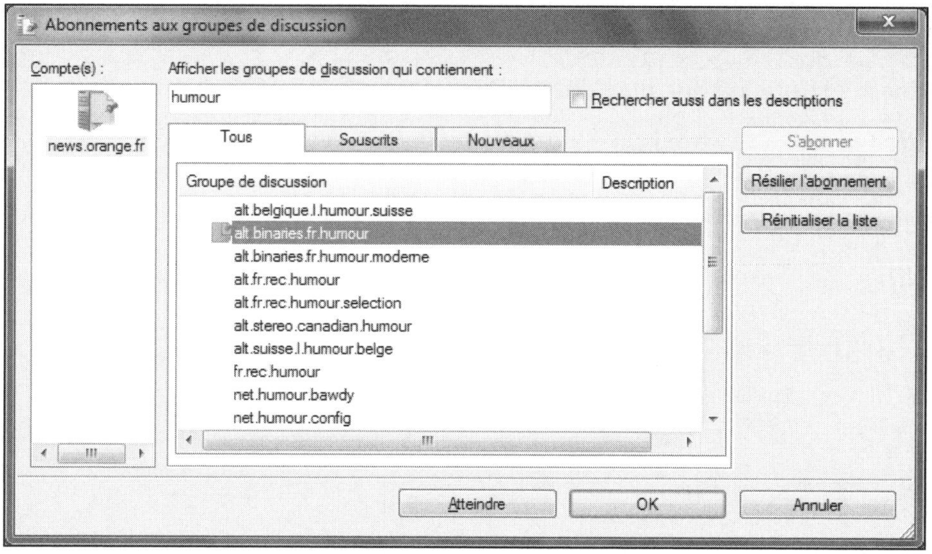

Figure 20-4 Abonnements à des groupes de discussion.

Une icône indique les groupes auxquels vous êtes abonné.

6. Répétez les étapes **3** à **5** pour les autres groupes.

Note Le bouton **Réinitialiser la liste** permet de télécharger l'intégralité des groupes proposés sur votre serveur de news.

7. Cliquez le bouton **OK**.

Attention Pour tester les groupes de discussion, choisissez-en un contenant le mot « test ». N'expédiez pas de messages d'essai dans les autres groupes sous peine de vous faire « invectiver ».

Vous pouvez à tout moment modifier la liste des abonnements en cliquant l'onglet **Dossiers ➜ Groupes de discussion**.

Lire et répondre à des messages

Windows Mail ne charge que les en-têtes des messages. Pour télécharger et lire un message, il suffit de cliquer son en-tête. Si les messages sont longs à télécharger, parce qu'ils contiennent des images par exemple, il suffit d'en cliquer plusieurs pour qu'ils soient téléchargés automatiquement les uns après les autres.

Lire les messages

1. Cliquez le groupe à consulter dans la liste des dossiers.
2. Cliquez le message à lire dans la liste à droite.

Note Utilisez les boutons ▷ et ◢ pour développer ou réduire une discussion.

Le volet en bas à droite affiche le contenu du message après son téléchargement.

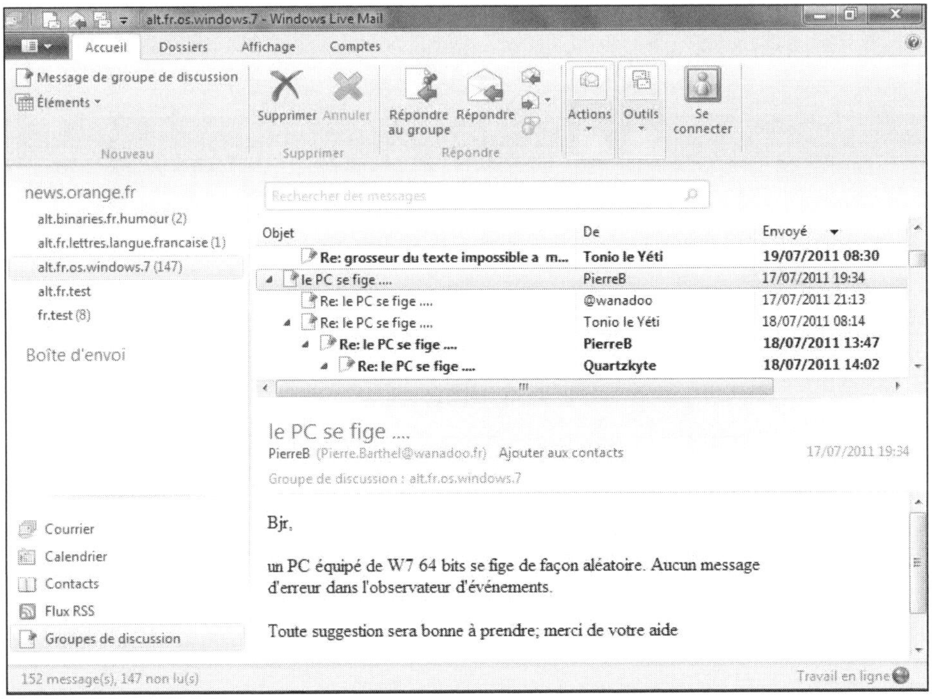

Figure 20-5 Lecture des messages dans les groupes de discussion.

Windows Mail ne charge que les premiers en-têtes. C'est à vous de demander les en-têtes suivants.

1. Cliquez l'onglet **Accueil ➜ Obtenir les x en-têtes suivants**.

Note Pour définir le nombre d'en-têtes chargés sur le serveur quand vous cliquez l'onglet **Accueil ➜ Obtenir les x en-têtes suivants**, cliquez le bouton ▤▾ **➜ Options ➜ Courrier**. Cliquez l'onglet Lecture puis tapez le nombre d'en-têtes dans la zone Télécharger (entre 1 et 1 000).

Répondre à un message

1. Cliquez le message auquel vous désirez répondre.
2. Cliquez l'onglet **Accueil ➜ Répondre ➜ Répondre au groupe**.

   Windows Mail ouvre une fenêtre de message. La zone **Groupes de discussion** contient le nom du groupe.
3. Éventuellement, si vous désirez expédier une copie à une personne supplémentaire, tapez son adresse e-mail dans la zone **Cc** (cliquez le lien **Afficher le champ CC** si nécessaire).
4. Saisissez votre réponse dans le corps du texte.

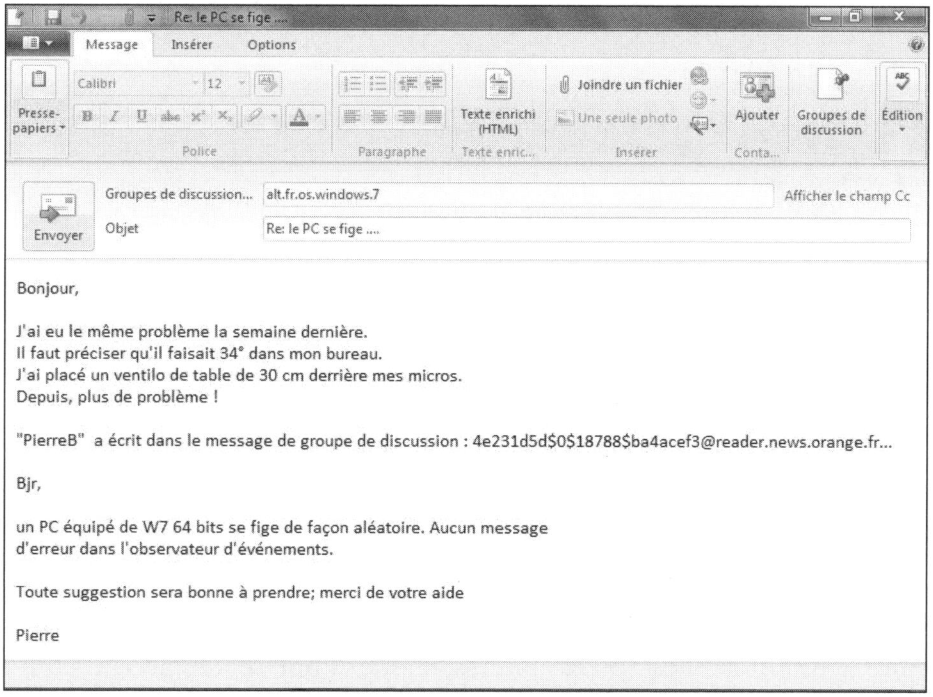

Figure 20-6 Répondre à un message d'un groupe de discussion.

5. Cliquez le bouton **Envoyer**.

Comme pour tous les messages, votre réponse est expédiée immédiatement. Si vous avez bloqué l'expédition automatique, le message reste dans le dossier Boîte d'envoi. Appuyez dans ce cas sur la touche F5 pour expédier vos messages.

Reconstituer un message en plusieurs parties

Dans les groupes contenant le mot Binaries, on trouve des fichiers multimédias tels que des images ou des vidéos. Comme les serveurs n'acceptent pas les messages supérieurs à 1 Mo, les fichiers sont répartis dans plusieurs messages.

1. Cliquez la première partie du message. (Les différentes parties sont numérotées.)
2. Maintenez la touche **Maj** enfoncée, puis cliquez la dernière partie du message.

   Toutes les parties du message sont alors sélectionnées.
3. Cliquez du bouton droit un des messages sélectionnés.
4. Cliquez la commande **Recombiner les pièces jointes** dans le menu contextuel.
5. Si les messages ne sont pas dans le bon ordre, cliquez les messages à déplacer puis **Monter** ou **Descendre**.

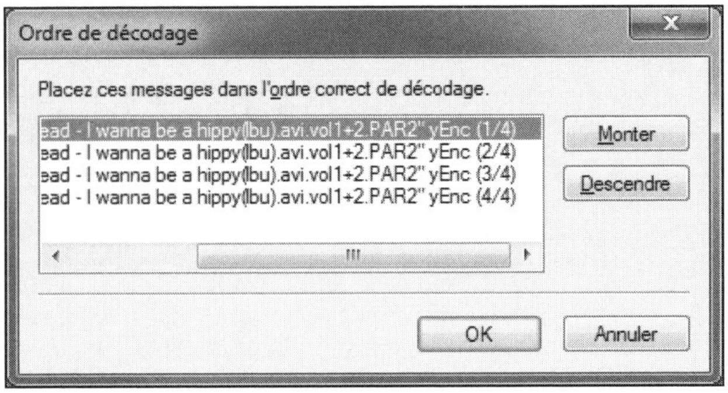

Figure 20-7 Reconstitution d'un message en plusieurs parties.

6. Cliquez le bouton **OK**.

   Windows Mail télécharge tous les messages sélectionnés pour recréer le ou les messages. Le message reconstitué s'affiche dans une fenêtre séparée.
7. Si le message contenait des pièces jointes, cliquez l'une d'elles avec le bouton droit puis sélectionnez une action (ouverture ou enregistrement).

Conseils pour les messages en plusieurs parties

- Certaines pièces jointes sont compressées. Vous devez utiliser un utilitaire extérieur pour les décompresser. Windows reconnaît les fichiers Zip. Pour les fichiers Rar ou Ace, consultez le site `www.rarsoft.com`.
- Certaines pièces jointes sont codées. Vous devez utiliser un utilitaire extérieur pour les décoder. Pour les fichiers « splitter » (qui portent l'extension .000, .001, *etc.*), utilisez l'utilitaire Xtremsplit (faites une recherche sur Google). Pour les fichiers Ydec, consultez le site `www.ydecode.com`.

Poster un nouveau message

Pour poser des questions en rapport avec le sujet d'un groupe, postez un message. Consultez au préalable les FAQ : elles contiennent peut-être déjà les réponses à vos questions.

Définition FAQ (*Frequently Asked Questions* ou Foire Aux Questions) : messages (généralement postés par la personne qui gère le groupe de discussion) contenant les questions et les réponses les plus fréquemment posées. Consultez ces messages (le mot FAQ se trouve dans l'objet), ils vous informeront sur l'usage du groupe et apporteront rapidement des réponses à vos questions.

1. Cliquez le groupe de discussion dans lequel vous désirez poster votre message.
2. Cliquez le l'onglet **Accueil ➜ Nouveau dans la barre d'outils ➜ Message de groupe de discussion.**

Windows Mail ouvre la même fenêtre que pour un message ordinaire. Consultez le chapitre 18 pour des informations complémentaires.

Conseils pour joindre des fichiers

- Vous pouvez joindre des fichiers à vos messages dans les groupes de discussion prévus à cet effet. Comme la procédure à suivre est la même que pour la messagerie, consultez le chapitre 18.
- Si vous postez des fichiers joints, il peut être nécessaire de les scinder en plusieurs parties. Pour définir la taille maximale des parties d'un message, cliquez le nom du compte de news avec le bouton droit, puis choisissez **Propriétés** dans le menu contextuel. Dans l'onglet **Avancé**, cochez la case **Scinder les messages**, puis tapez la taille en Ko.

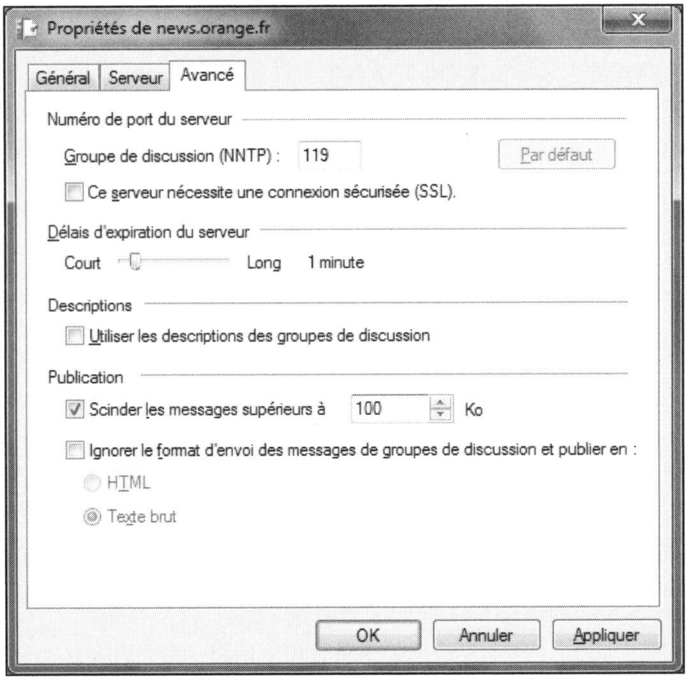

Figure 20-8 Taille des messages.

Effectuer la maintenance

Windows Mail conserve les en-têtes et même les corps des messages si vous en faites la demande. Faites du ménage de temps en temps pour libérer de la place sur votre disque dur.

1. Cliquez **bouton**  **➜ Options ➜ Courrier.**
2. Cliquez l'onglet **Avancé**.
3. Cliquez le bouton **Maintenance**.

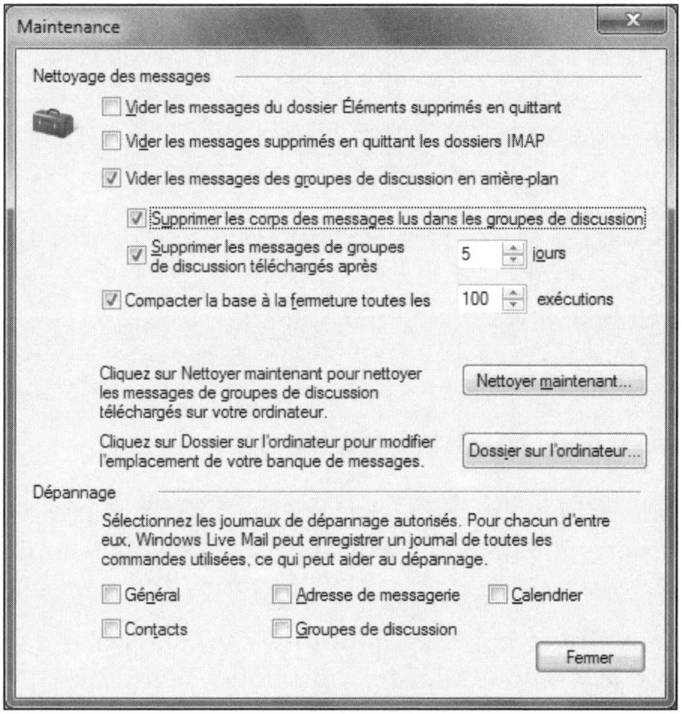

Figure 20-9 Options de maintenance.

4. Cochez la case **Vider les messages des groupes de discussion**.
5. Cochez la case **Supprimer les corps…** pour ne pas les conserver.
6. Cochez la case **Supprimer les messages…** puis tapez le nombre de jours.
7. Cliquez le bouton **Nettoyer maintenant**.
8. Éventuellement, cliquez le bouton **Sélectionner** pour choisir le dossier.
9. Cliquez un des trois boutons proposés en fonction du type de nettoyage à effectuer, puis validez avec le bouton **Oui**.

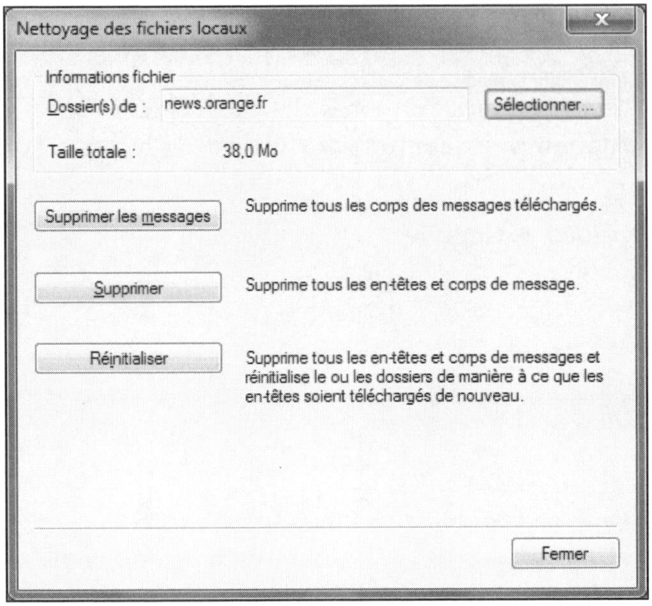

Figure 20-10 Suppression des messages.

10. Après l'opération de nettoyage, cliquez le bouton **Fermer**.

Conseils de maintenance

- Les fichiers Windows Mail sont par défaut stockés sur le disque C:. Si vous désirez changer de disque ou de dossier, cliquez le bouton **Dossiers sur l'ordinateur** dans la boîte **Maintenance**.
- Les fichiers sont conservés sans être compressés. Pour forcer le compactage, tapez le nombre d'exécutions de Windows Mail à partir duquel il est nécessaire d'effectuer cette opération dans la zone **Compacter la base...** de la boîte **Maintenance**.

Chapitre 21

Profiter d'Internet avec Windows 7

Dans ce chapitre

- Ajouter des liens sur le bureau
- Utiliser la barre Liens
- Utiliser la barre d'adresses
- Accéder rapidement à vos sites favoris
- Transformer les icônes du bureau et de l'Explorateur en liens
- Ouvrir rapidement une page Internet
- Ajouter vos sites favoris dans la barre des tâches

Vous aimeriez rendre votre ordinateur encore plus proche d'Internet ? Alors sachez que vous pouvez convertir les éléments de l'Explorateur et les icônes du bureau en liens accessibles par un seul clic, taper directement les adresses Internet dans la barre des tâches ou ajouter des liens Internet sur le bureau.

Ce chapitre présente toutes les astuces pour rendre Internet encore plus accessible à partir de Windows 7.

Ajouter des liens sur le bureau

Vous désirez accéder plus facilement à vos pages Web favorites ? Ajoutez des liens sur le bureau.

1. Cliquez avec le bouton droit le fond du bureau.
2. Cliquez **Nouveau ➜ Raccourci** dans le menu contextuel.
3. Tapez l'adresse de la page Web.

Note Si vous avez déjà visité le lien, Windows propose une liste des chemins correspondant aux premières lettres que vous tapez. Dans ce cas, cliquez simplement l'adresse dans la liste.

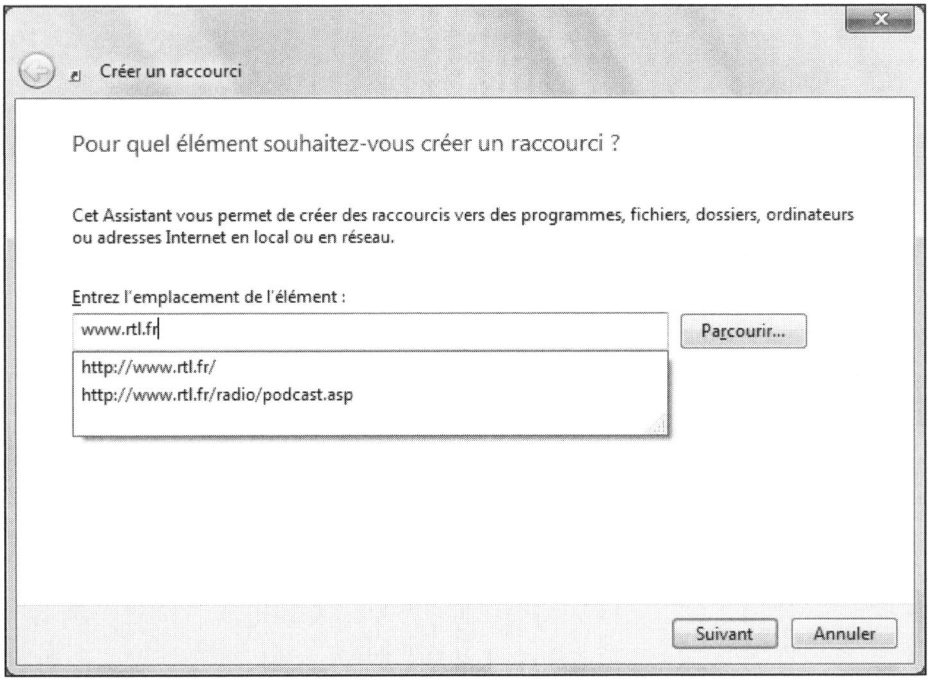

Figure 21-1 Ajout d'un lien Internet sur le bureau.

4. Cliquez le bouton **Suivant**.
5. Tapez un nom pour le lien.
6. Cliquez le bouton **Terminer**.

Figure 21-2 Liens Internet sur le Bureau.

Utiliser la barre des Liens

Comment accéder rapidement à vos liens favoris ? Il suffit d'utiliser la barre des Liens.

1. Dans Internet Explorer, ajoutez vos sites dans le dossier **Liens** du dossier **Favoris**. Consultez pour cela le chapitre 11.
2. Cliquez avec le bouton droit une zone vide de la barre des tâches.
3. Cliquez **Barres d'outils ➜ Liens** dans le menu contextuel pour cocher l'option.

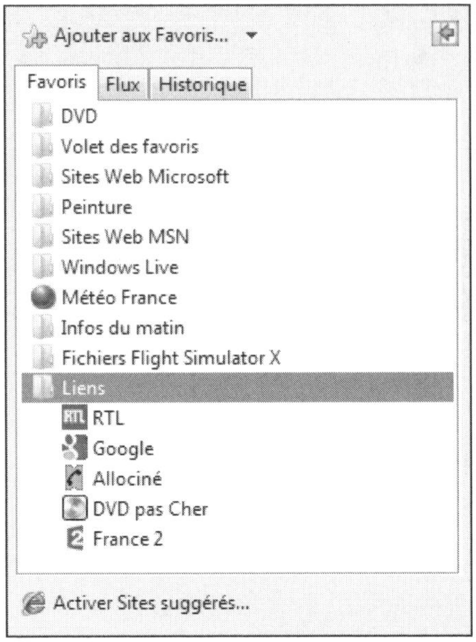

Figure 21-3 Liens dans le dossier Liens des favoris.

La barre Liens apparaît dans la barre des tâches. Ses boutons donnent accès aux sites répertoriés dans le dossier Lien des favoris.

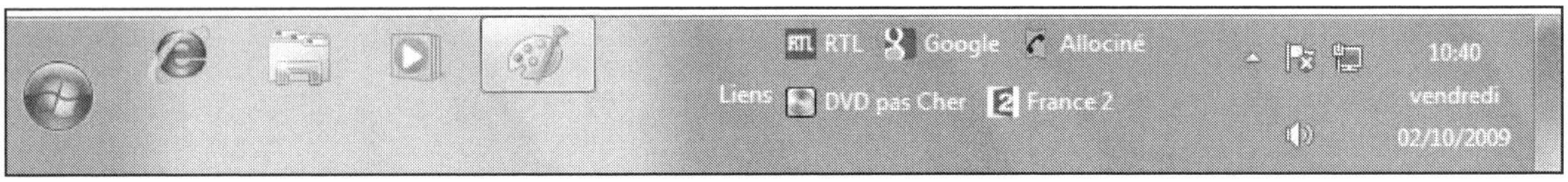

Figure 21-4 Liens dans la barre des tâches.

Comme on peut le voir dans la figure 21-4, les liens sont composés d'une icône et d'un nom ce qui prend trop de place. Nous avons donc volontairement agrandi la barre des tâches (consultez le chapitre 1 pour redimensionner la barre des tâches).

Pour gagner de la place, il suffit de masquer le nom des sites et celui de la barre.

1. Cliquez avec le bouton droit une zone vide de la barre des tâches, puis choisissez **Verrouiller la barre des tâches** dans le menu contextuel pour décocher l'option.
2. Cliquez avec le bouton droit une zone vide de la barre des tâches, puis cliquez **Afficher le texte** dans le menu contextuel pour décocher l'option. Cela masque le nom des sites.
3. Cliquez avec le bouton droit une zone vide de la barre des tâches, puis **Afficher le titre** dans le menu contextuel pour décocher l'option. Cela masque le nom de la barre.

4. Cliquez avec le bouton droit une zone vide de la barre des tâches, puis **Verrouiller la barre des tâches** dans le menu contextuel pour cocher l'option.

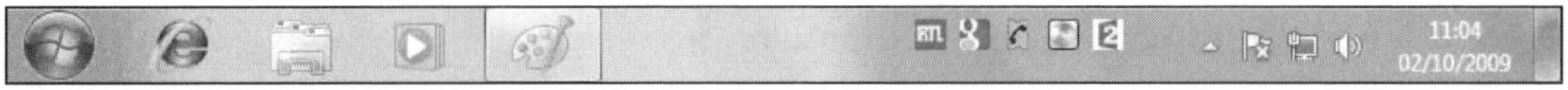

Figure 21-5 Liens dans la barre des tâches sans le nom des sites.

Pour connaître le nom du site d'un bouton de la barre des Liens, pointez-le pour afficher une info-bulle.

Utiliser la barre d'adresses

Si vous souhaitez naviguer aussi bien sur le Web qu'à l'intérieur de votre ordinateur, rien de plus simple : utilisez la barre Adresse qui s'insère dans la barre des tâches.

1. Cliquez avec le bouton droit une zone vide de la barre des tâches.
2. Cliquez **Barres d'outils ➜ Adresse** dans le menu contextuel pour cocher l'option.

Pour utiliser la barre Adresse :

1. Cliquez la zone **Adresse**.
2. Tapez l'adresse Internet dans la barre Adresse. Validez avec la touche **Entrée**.

La page s'ouvre avec votre navigateur Internet.

Figure 21-6 Barre Adresse dans la barre des tâches.

Astuce Vous pouvez aussi saisir un chemin vers un dossier de votre ordinateur, par exemple `C:\Mon dossier`, pour l'ouvrir dans l'Explorateur.

Accéder rapidement à vos sites favoris

Le menu Démarrer peut aussi afficher la liste des sites favoris que vous avez créés dans Internet Explorer.

1. Cliquez avec le bouton droit une zone vide de la barre des tâches.
2. Cliquez la commande **Propriétés** dans le menu contextuel.
3. Cliquez l'onglet **Menu Démarrer**.

4. Cliquez le bouton **Personnaliser**.
5. Cochez la case **Menu Favoris**.
6. Cliquez les boutons **OK** des deux boîtes ouvertes.
7. Cliquez le menu **Démarrer** → **Favoris**.

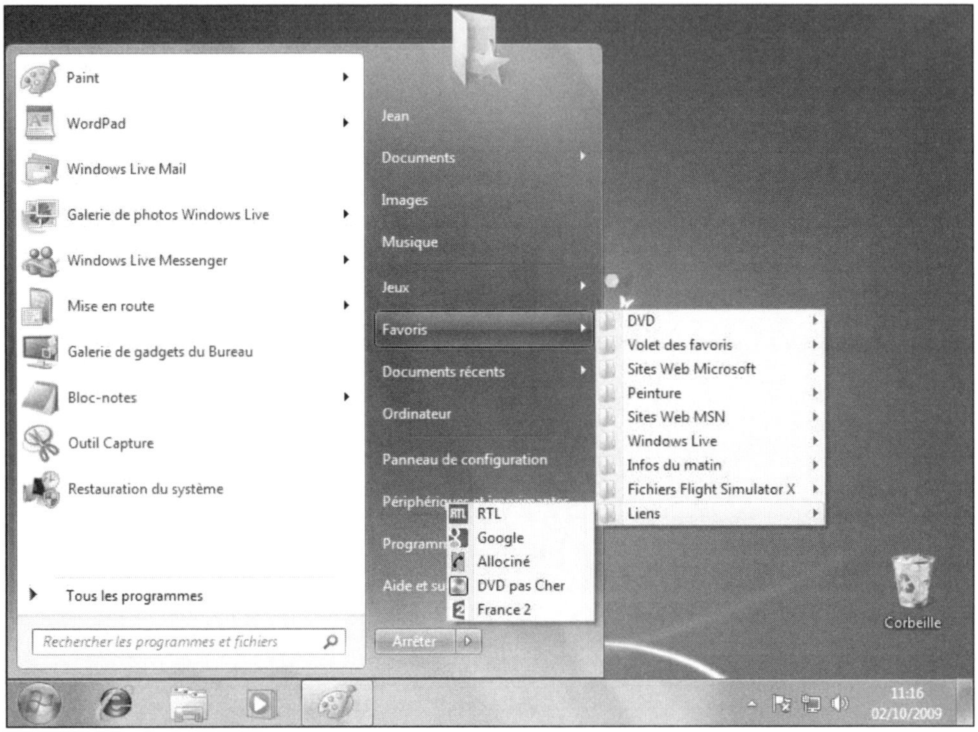

Figure 21-7 Favoris dans le menu Démarrer.

Vous retrouvez ici le volet des favoris d'Internet Explorer.

Transformer les icônes du bureau et de l'Explorateur en liens

Voici de quoi réjouir les internautes ! Les icônes du bureau et de l'Explorateur peuvent aussi se comporter comme les liens des pages Web.

1. Cliquez le bouton **Démarrer** → **Ordinateur**.
2. Cliquez le menu **Outils** → **Options des dossiers** (appuyez sur la touche **Alt** pour afficher la barre de menus).

3. Cochez l'option **Ouvrir les éléments par un simple clic**.
4. Cochez le type de soulignement dans les options en dessous.

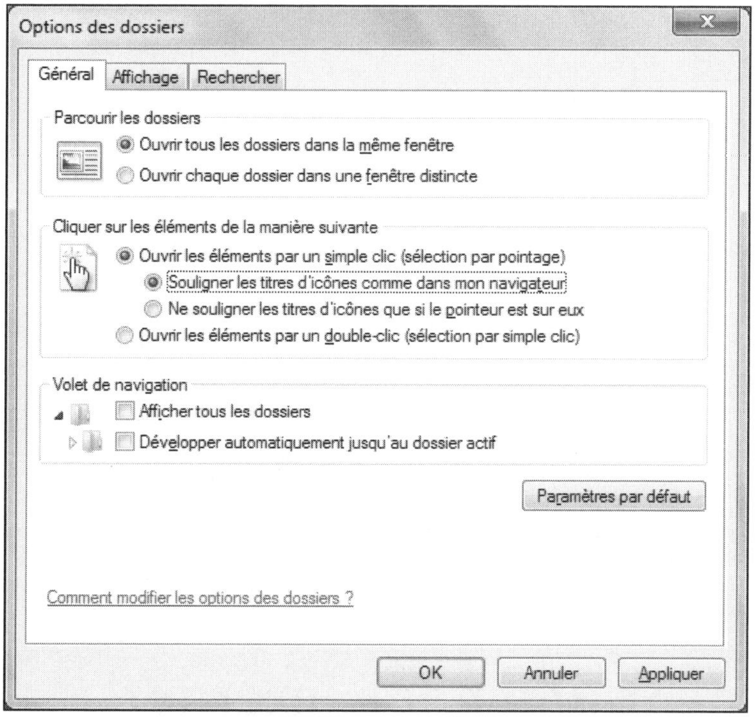

Figure 21-8 Options des dossiers.

5. Cliquez le bouton **OK**.

Les noms des icônes sont soulignés ou se soulignent si vous les pointez. Un simple clic permet de les ouvrir. Il en est de même pour les icônes du bureau.

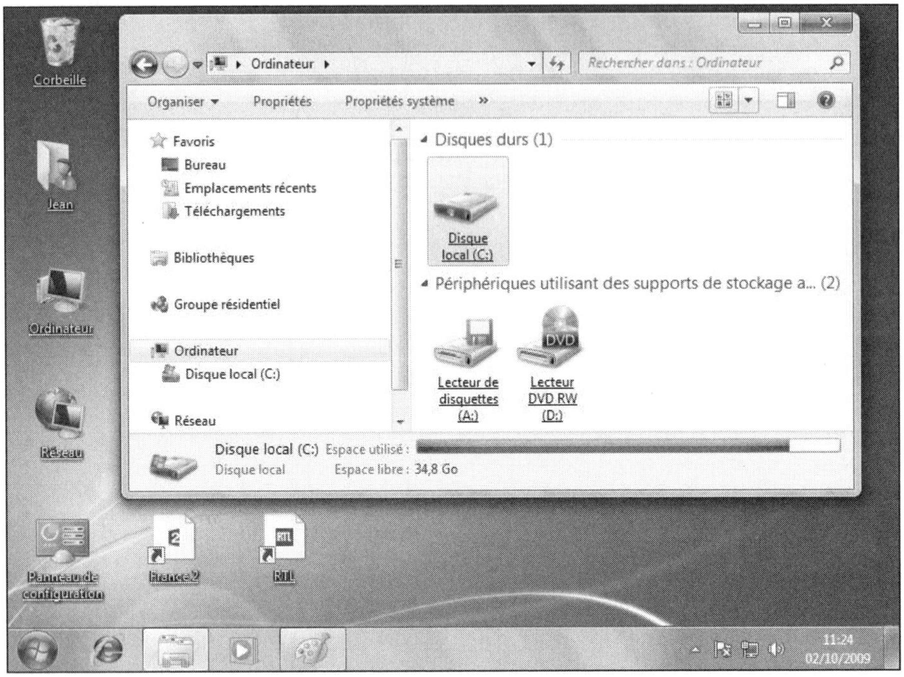

Figure 21-9 Éléments de l'Explorateur se comportant comme les liens des pages Web.

Ouvrir rapidement une page Internet

Si vous ne désirez pas installer la barre d'adresses dans la barre des tâches (voir plus haut dans ce chapitre), utilisez directement la commande Exécuter.

1. Tapez le raccourci clavier + **R**.
2. Tapez l'adresse du site ou de la page dans la zone **Ouvrir**.

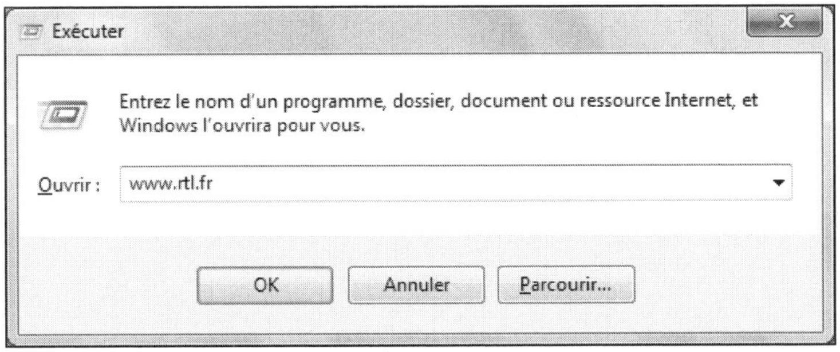

Figure 21-10 Accès à un site Internet à partir de la boîte Exécuter.

3. Cliquez le bouton **OK** ou appuyez sur la touche **Entrée**.

Le site s'ouvre dans votre navigateur.

Ajouter vos sites favoris dans la barre des tâches

Si vous avez installé la version 9 d'Internet Explorer, vous pouvez ajouter des boutons pour vos sites favoris dans la barre des tâches comme vous le faites avec une application. Il suffit de faire glisser l'onglet du site d'Internet Explorer vers la barre des tâches.

Figure 21-11 Boutons de sites dans la barre des tâches.

Note Pour des informations complémentaires sur l'épinglage, consultez le paragraphe « Épingler vos sites favoris dans la barre des tâches » du chapitre 11.

PARTIE VI PERSONNALISER, ENTRETENIR ET SÉCURISER WINDOWS 7

Chapitre 22

Configurer le bureau

Dans ce chapitre

- Placer une image sur le bureau
- Changer l'écran de veille
- Modifier les couleurs des éléments de Windows
- Afficher ou modifier les icônes de Windows
- Changer la résolution d'écran
- Réorganiser les icônes
- Changer de thème

Ce chapitre est consacré à une tâche importante : la configuration du bureau. En effet, pour travailler confortablement, il est nécessaire de paramétrer l'affichage et de choisir l'environnement le mieux adapté à vos habitudes. Vous trouverez ici toutes les explications pour modifier la résolution de l'écran, ajouter une image, un écran de veille, ou réorganiser les icônes placées sur le bureau. La fin de ce chapitre vous donne des solutions pour modifier l'intégralité de votre environnement avec des thèmes.

Placer une image sur le bureau

Pour modifier l'apparence de votre bureau, personnalisez-le en ajoutant une ou plusieurs images sous forme de diaporama.

1. Cliquez avec le bouton droit le fond du bureau dans une zone vide (sans icône).
2. Cliquez la commande **Personnaliser** dans le menu contextuel.
3. Dans la fenêtre qui s'affiche, cliquez le lien **Arrière-plan du Bureau**.

Choisir l'image du bureau

La liste **Emplacement de l'image** propose plusieurs solutions. L'emplacement **Arrière-plan du Bureau Windows** montre des photographies de Windows. L'emplacement **Bibliothèque d'images** correspond à votre dossier de photographies. L'emplacement **Photos ayant le meilleur classement** est celui des images les mieux classées dans votre dossier Images ou dans le dossier Public\Images publiques. **Couleurs unies** ne propose pas d'images mais une palette de couleurs.

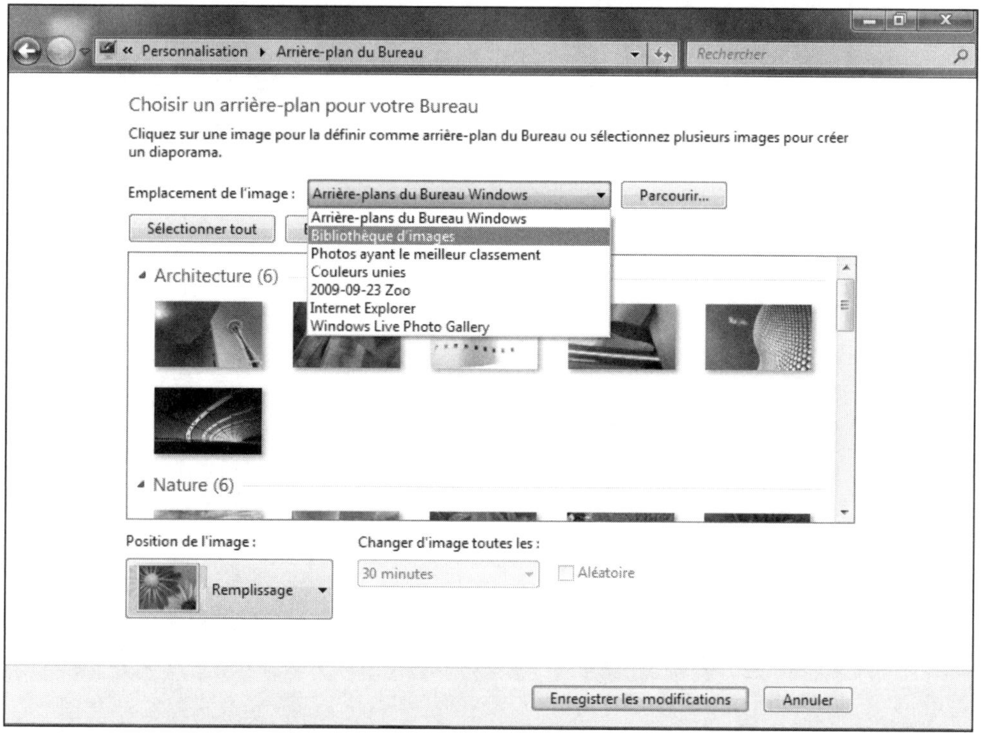

Figure 22-1 Choix d'images pour le bureau.

1. Cliquez la liste **Emplacement de l'image** puis choisissez un des emplacements proposés.
2. Cliquez l'image de l'arrière-plan dans la liste en dessous.

L'image est immédiatement placée comme papier peint de votre bureau.

Figure 22-2 Modification de l'image du bureau.

Vous pouvez aussi choisir plusieurs images qui défileront en arrière-plan sous forme de diaporama.

1. Cliquez la liste **Emplacement de l'image** puis choisissez un des emplacements proposés.
2. Cochez la case des images souhaitées. Pour cocher toutes les images, cliquez le bouton **Sélectionner tout**. Pour toutes les décocher, cliquez **Effacer tout**.
3. Cliquez la liste **Changer d'image toutes les** puis choisissez le laps de temps entre deux images.
4. Cochez la case **Aléatoire** si vous ne désirez pas que les images défilent dans l'ordre du dossier.

Figure 22-3 Sélection de plusieurs images pour le diaporama.

Si vous avez choisi **Couleurs unies**, cliquez dans la liste la couleur qui doit remplacer l'image de fond d'écran.

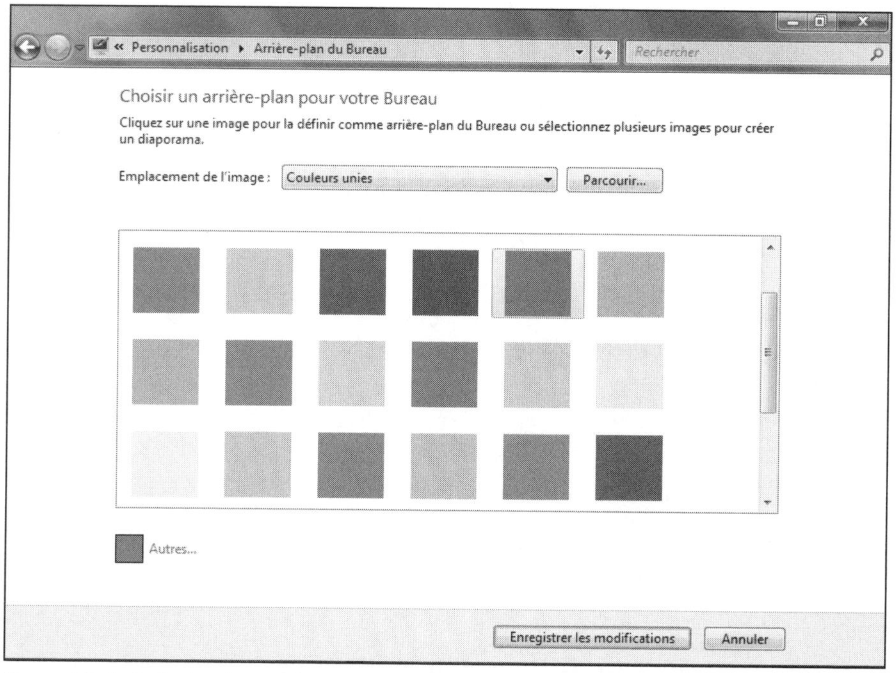

Figure 22-4 Palette de couleurs proposée pour votre fond d'écran.

Note Si vous ne trouvez pas votre couleur préférée, cliquez le lien **Autres** pour ouvrir une boîte proposant une palette plus complète.

Rechercher une autre image pour le fond d'écran

Si vous ne trouvez pas votre bonheur dans la liste **Emplacement de l'image**, vous devrez chercher sur votre disque dur.

1. Cliquez le bouton **Parcourir**.
2. Développez l'arborescence pour trouver le dossier qui contient votre image.

   Windows accepte les images des principaux formats (BMP, GIF, JPG, *etc.*).
3. Cliquez l'image à placer comme papier peint du bureau.

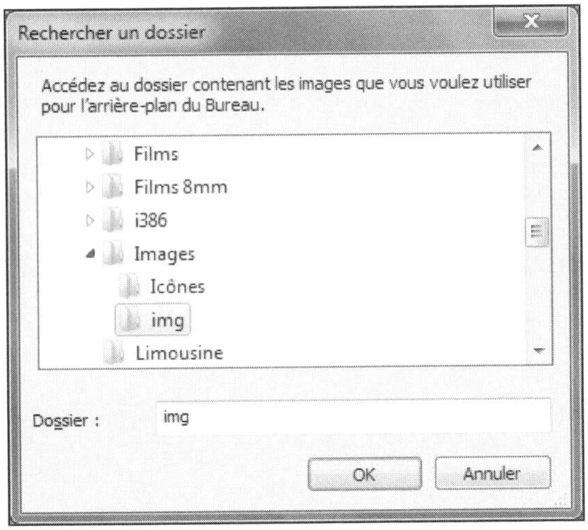

Figure 22-5 Recherche du dossier d'images pour le fond du bureau.

4. Cliquez le dossier qui contient l'image à placer comme papier peint du bureau dans la liste proposant maintenant les images du dossier sélectionné.

Notez que la liste **Emplacement de l'image** conserve le chemin que vous avez choisi.

Modifier l'aspect de l'image du bureau

La zone **Position de l'image** propose cinq options :

- **Remplissage** : augmente la taille de l'image pour qu'elle couvre toute la surface de l'écran. L'image n'est pas déformée, mais elle peut être tronquée.

- **Ajuster** : augmente la taille de l'image pour qu'elle couvre au maximum l'écran. Comme l'image n'est pas tronquée, des bandes peuvent apparaître autour de l'image (en haut et en bas, ou à gauche et à droite).
- **Étirer** : étire l'image pour qu'elle couvre tout le bureau. Si la largeur et la hauteur de l'image ne sont pas adaptées à celles de l'écran, l'image est déformée.
- **Mosaïque** : répète l'image pour couvrir le fond du bureau. Si la largeur et la hauteur de l'image sont supérieures à celles de l'écran, vous ne verrez qu'une partie de l'image.
- **Centrer** : place l'image au centre de l'écran. Si elle est plus grande que la taille de l'écran, vous ne verrez que le milieu de l'image.

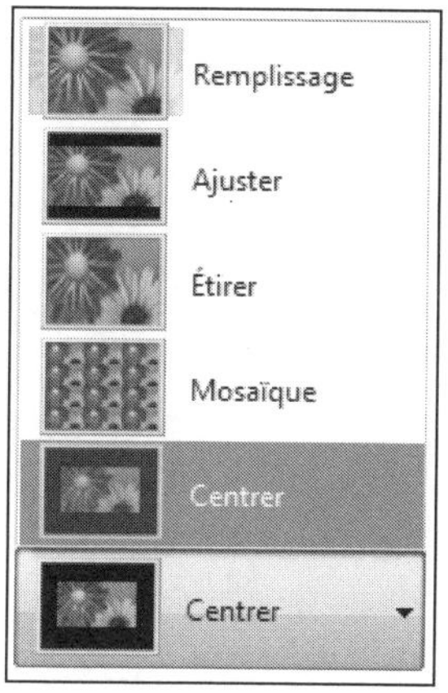

Figure 22-6 Liste des aspects des images en fond d'écran.

Le lien **Modifier la couleur d'arrière-plan** permet de choisir la couleur qui apparaît en dessous de l'image si cette dernière ne couvre pas toute la surface de l'écran.

En dehors des solutions vues précédemment, il existe d'autres endroits pour modifier l'image de votre bureau. C'est le cas de l'Explorateur, de la Galerie de photos Windows, mais aussi d'Internet Explorer lors de votre navigation sur le Web.

Dès que vous trouvez une image qui vous intéresse dans une des trois applications précitées, cliquez-la avec le bouton droit, puis cliquez la commande **Choisir comme arrière-plan du Bureau** (Explorateur), **Définir comme papier peint du Bureau** (Galerie de photos) ou **Choisir comme image d'arrière-plan** (Internet Explorer) dans le menu contextuel. L'image est immédiatement adoptée comme arrière-plan du bureau.

Changer l'écran de veille

L'écran de veille, appelé aussi « économiseur d'écran », se déclenche dès que vous n'utilisez pas le clavier ou la souris pendant un certain temps. Il évite l'usure, due aux images fixes, des moniteurs à tube cathodique.

1. Cliquez avec le bouton droit le fond du bureau dans une zone vide.
2. Cliquez la commande **Personnaliser** dans le menu contextuel.
3. Dans la fenêtre qui s'affiche, cliquez le lien **Écran de veille**.
4. Sélectionnez dans la liste **Écran de veille** celui que vous désirez adopter.

Note Les économiseurs **Photos** et **Galerie de photos Windows** utilisent toutes les images contenues dans votre dossier **Images** et ses sous-dossiers.

La boîte de dialogue affiche instantanément un exemple.

Figure 22-7 Choix de l'écran de veille.

5. Tapez dans la zone **Délai** le nombre de minutes d'inaction de la souris ou du clavier après lequel l'écran de veille se déclenche.

Modifier les paramètres de l'écran de veille

1. Cliquez le bouton **Paramètres.**

   Les paramètres proposés sont fonction de l'écran de veille.

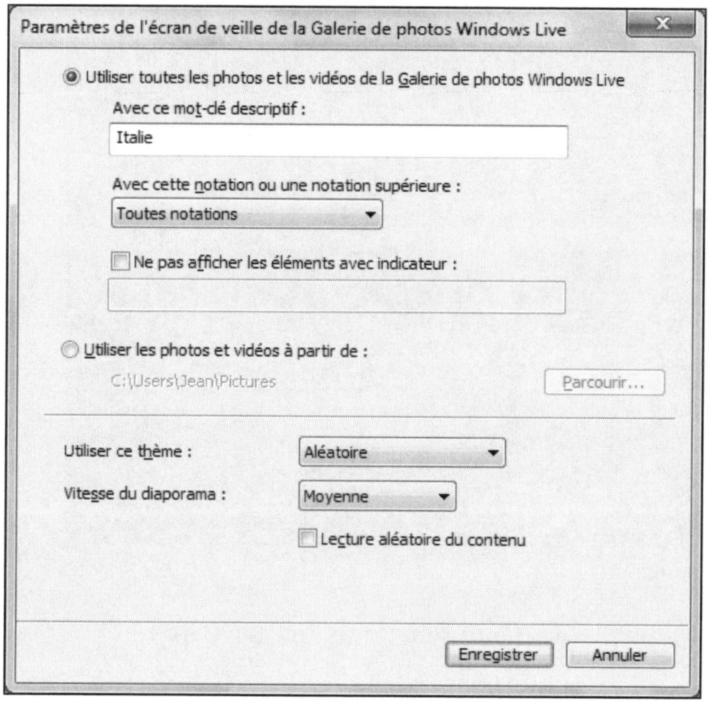

Figure 22-8 Paramètres d'un écran de veille.

2. Modifiez les paramètres proposés.
3. Cliquez le bouton **OK** ou **Enregistrer**.

Tester l'écran de veille

Pour vérifier immédiatement les paramètres, testez l'écran de veille sans attendre le délai choisi.

1. Cliquez le bouton **Aperçu**.

   L'écran de veille s'affiche en tenant compte des paramètres sélectionnés.

Figure 22-9 Test de l'écran de veille.

2. Déplacez la souris ou appuyez sur une touche pour quitter l'aperçu.
3. Cliquez le bouton **OK** pour valider vos choix.

Astuce Vous pouvez trouver d'autres écrans de veille sur Internet. Effectuez une recherche avec le mot-clé « screensaver » dans un moteur de recherche (par exemple, `www.google.fr`).

Gérer l'alimentation de l'ordinateur

Les ordinateurs modernes possèdent des fonctions d'économie d'énergie. Cela permet d'éteindre totalement le moniteur ou le disque dur quand vous n'utilisez plus votre PC, et donc de consommer moins d'électricité.

1. Dans la boîte Paramètres de l'écran de veille, cliquez le lien **Modifier les paramètres d'alimentation** (figure 22-7).
2. Dans la zone **Modes favoris,** cochez le type d'utilisation de votre ordinateur.

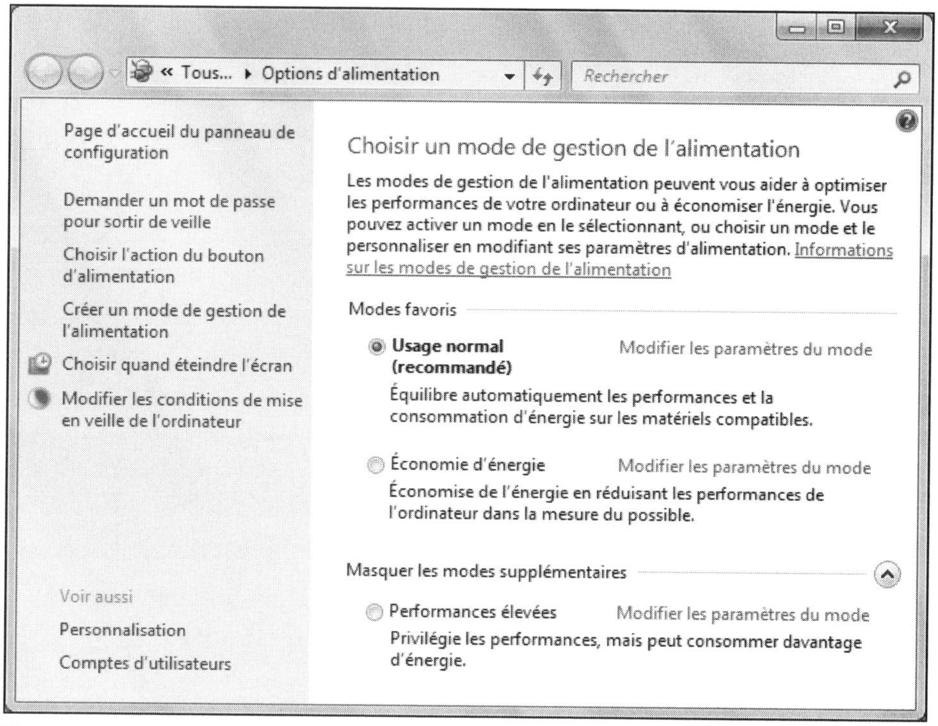

Figure 22-10 Gestion de l'alimentation de l'ordinateur.

3. En regard du mode choisi à l'étape **2**, cliquez le lien **Modifier les paramètres du mode**.
4. Sélectionnez dans la liste **Éteindre l'écran** la durée qui précède l'arrêt du moniteur.
5. Sélectionnez dans la liste **Mettre l'ordinateur en veille** la durée qui précède l'arrêt en cas de non-utilisation.

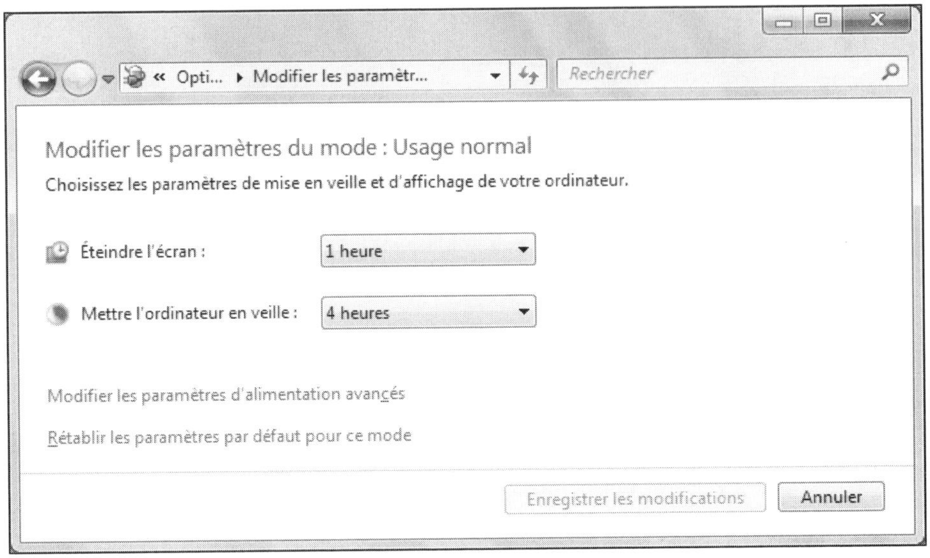

Figure 22-11 Paramètres de la gestion de l'alimentation.

6. Cliquez le lien **Modifier les paramètres d'alimentation avancés**.

7. Modifiez dans la liste les paramètres proposés pour chaque élément de l'ordinateur.

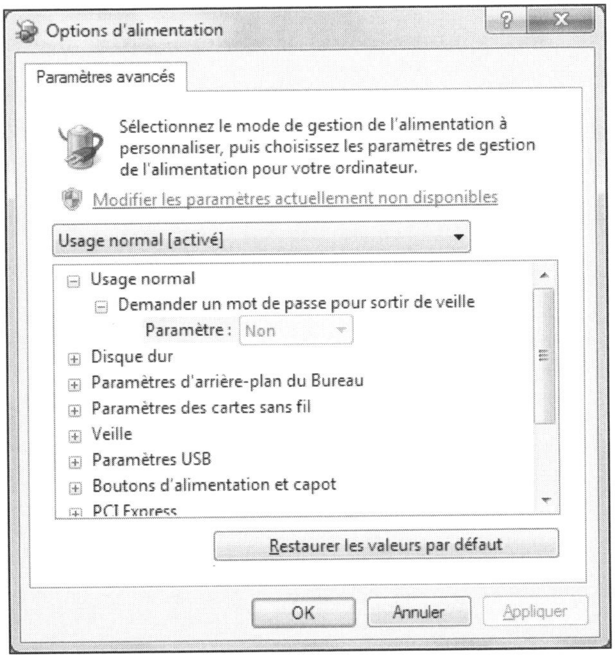

Figure 22-12 Paramètres avancés de la gestion de l'alimentation.

8. Validez toutes les boîtes ouvertes.

Modifier les couleurs des éléments de Windows

Les couleurs des éléments utilisés par Windows ne correspondent pas à votre personnalité ? Partez des modèles préexistants ou laissez libre cours à votre fantaisie.

1. Cliquez avec le bouton droit le fond du bureau dans une zone vide.
2. Cliquez la commande **Personnaliser** dans le menu contextuel.
3. Dans la fenêtre qui s'affiche, cliquez le lien **Couleur de la fenêtre**.

Note Si vous n'avez pas l'écran ci-dessous, vous devez appliquer le mode Aero comme c'est expliqué dans le chapitre 1.

4. Cliquez une des couleurs proposées pour modifier l'apparence des fenêtres.

   La couleur choisie s'applique immédiatement.

5. Pour obtenir plus de choix, cliquez le bouton **Afficher le mélangeur de couleurs**, puis faites glisser les curseurs de **Teinte**, de **Saturation** et de **Luminosité**.

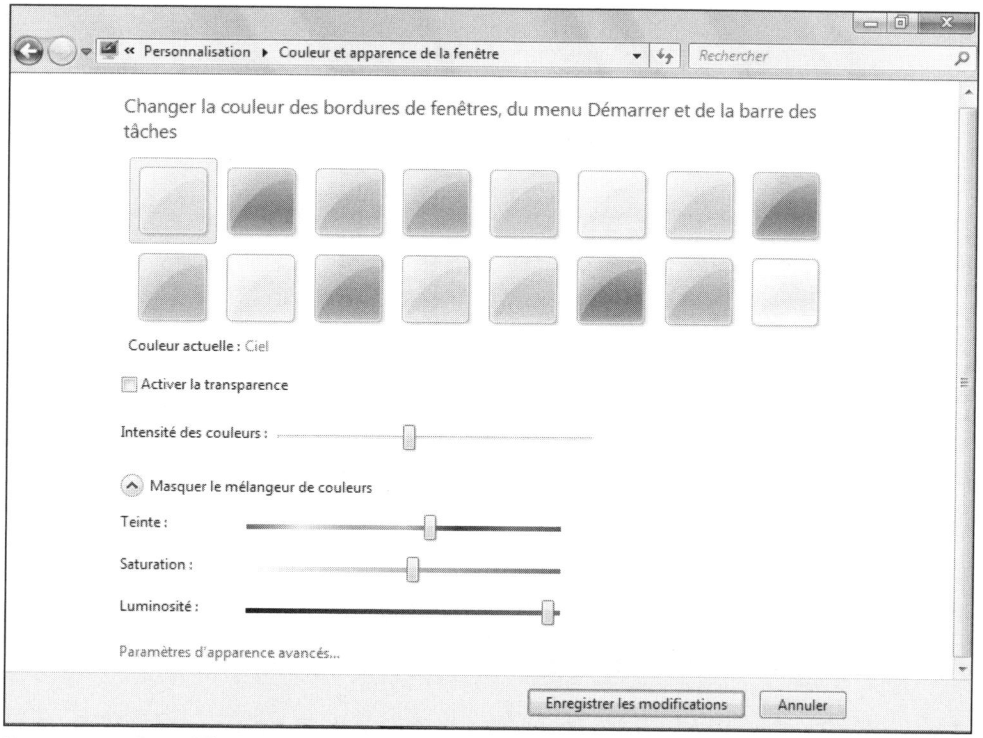

Figure 22-13 Modification des couleurs.

6. Cliquez le bouton **Enregistrer les modifications** pour valider la nouvelle apparence de vos fenêtres.

Notez que la couleur s'applique aussi à la barre des tâches et au menu Démarrer.

Afficher ou modifier les icônes de Windows

Choisir les icônes du bureau

Par défaut, Windows masque ses icônes (Ordinateur, Réseau, *etc.*) puisqu'elles sont accessibles facilement par le menu Démarrer.

1. Cliquez avec le bouton droit le fond du bureau.
2. Cliquez la commande **Personnaliser** dans le menu contextuel.
3. Cliquez le lien **Changer les icônes du bureau** dans le volet gauche.
4. Cochez les cases des icônes à afficher dans la zone **Icônes du Bureau**.

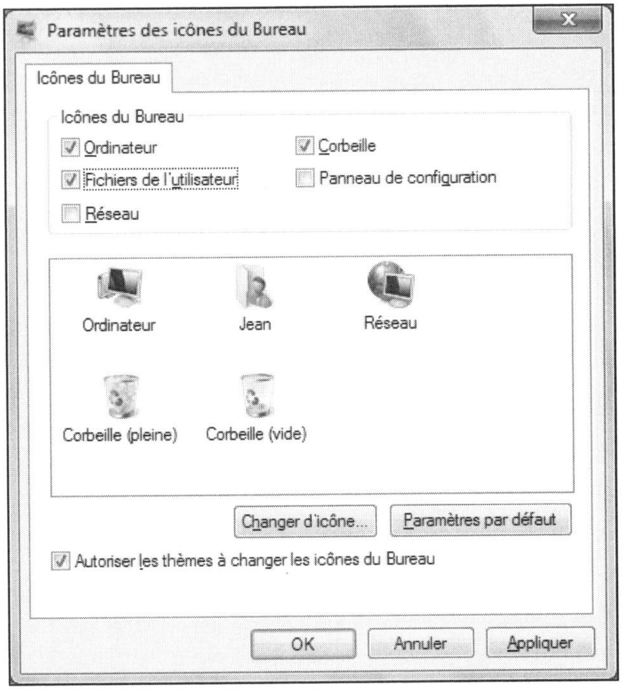

Figure 22-14 Affichage des icônes du bureau.

Modifier les icônes

1. Cliquez l'icône à modifier dans la liste (figure 22-14).
2. Cliquez le bouton **Changer d'icône**.
3. Cliquez l'icône de remplacement.

Figure 22-15 Modification des icônes du bureau.

4. Cliquez le bouton **OK**.

Note Pour rétablir l'icône d'origine : dans la boîte Paramètres des icônes du Bureau (figure 22-14), cliquez l'icône puis le bouton **Paramètres par défaut**.

Choisir des icônes autres que celles proposées

Si vous connaissez le nom d'un fichier qui contient des icônes, tapez-le dans la zone **Rechercher des icônes...** de la boîte **Changer d'icône** (figure 22-16) puis validez avec la touche **Entrée**. Sinon, cliquez le bouton **Parcourir** pour rechercher un fichier qui propose des icônes.

C'est le cas, par exemple, du fichier `C:\Windows\System32\shell32.dll`, mais aussi de beaucoup de fichiers avec l'extension .exe ou .dll.

→

Figure 22-16 Icônes proposées par le fichier shell32.dll.

Changer la résolution d'écran

Votre écran affiche un certain nombre de points en largeur et en hauteur, qui définissent ce que l'on appelle la *résolution d'écran*. En réduisant cette dernière, vous pouvez agrandir la taille des caractères. En contrepartie, votre écran affichera moins d'informations. À l'inverse, en augmentant la résolution, vous afficherez plus d'informations, mais celles-ci seront moins lisibles.

1. Cliquez avec le bouton droit le fond du bureau.
2. Cliquez la commande **Résolution d'écran** dans le menu contextuel.
3. Cliquez la liste **Résolution**, puis faites glisser le curseur pour choisir le nombre de points affichés à l'écran (la largeur et la hauteur sont indissociables et prédéfinies).

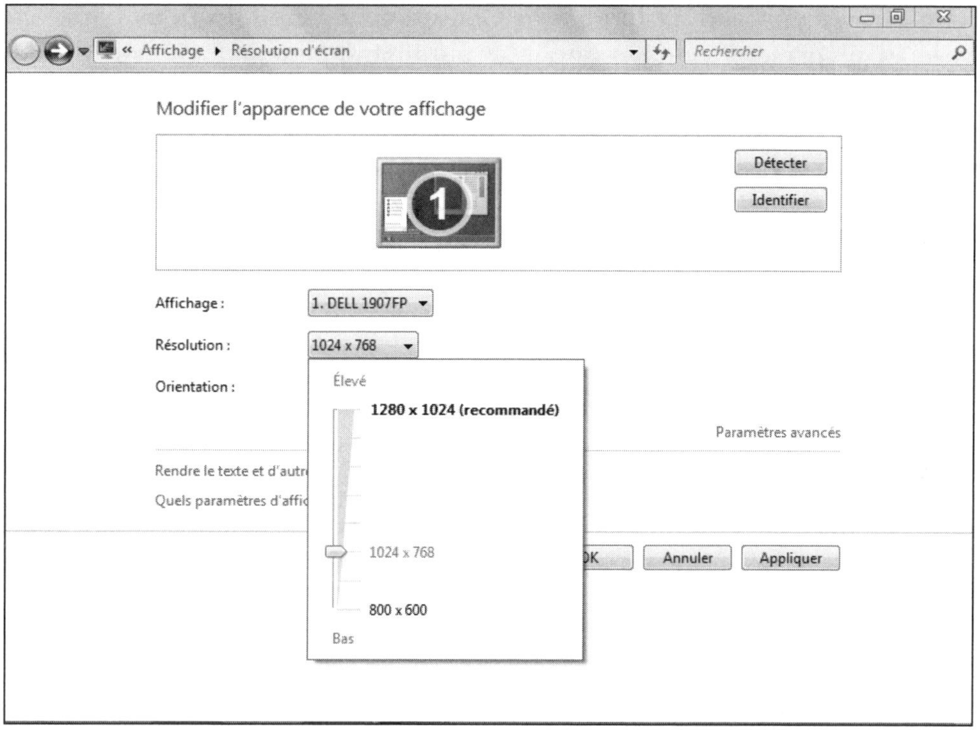

Figure 22-17 Modification de la résolution de l'écran.

4. Cliquez le bouton **OK** pour appliquer les nouveaux paramètres d'écran.

   Comme les écrans ne supportent pas toutes les tailles, Windows effectue un test avant de conserver les nouveaux paramètres.

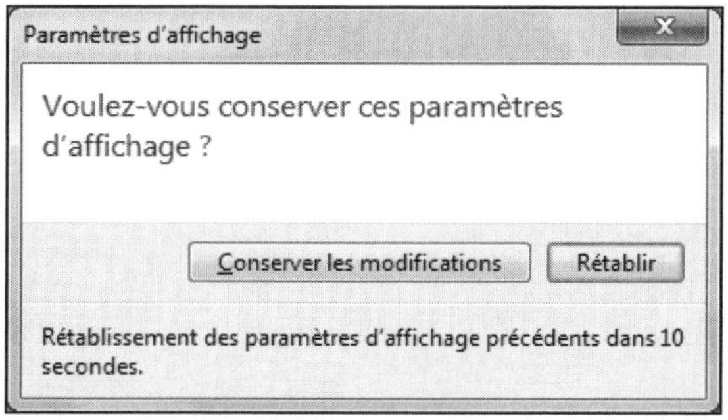

Figure 22-18 Vérification de l'affichage avant son application définitive.

5. Cliquez le bouton **Conserver les modifications** si l'affichage paraît normal, **Rétablir** dans le cas contraire.

Si vous n'avez pas pu cliquer le bouton **Conserver les modifications** parce que l'affichage était incorrect, Windows applique automatiquement l'ancienne taille après 15 secondes.

Choisir d'autres paramètres que ceux proposés

Il existe une solution pour choisir des paramètres autres que ceux proposés par le curseur **Résolution**.

1. Dans la boîte **Résolution d'écran** (figure 22-17), cliquez le lien **Paramètres avancés**.
2. Cliquez l'onglet **Carte**.
3. Cliquez le bouton **Lister tous les modes**.
4. Sélectionnez la taille, le nombre de couleurs et la fréquence de rafraîchissement dans la liste.

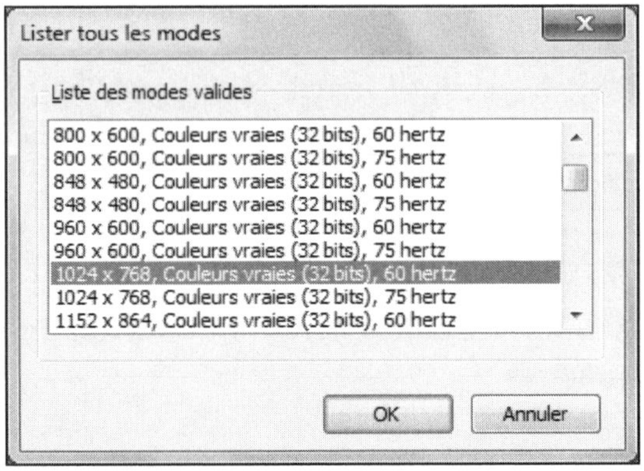

Figure 22-19 Liste des résolutions et des couleurs possibles.

5. Cliquez le bouton **OK**.

Réorganiser les icônes

Déplacez les icônes ou demandez une réorganisation automatique pour mieux adapter le bureau à votre manière de travailler.

Réorganiser les icônes automatiquement

1. Cliquez avec le bouton droit le fond du bureau.

2. Cliquez la commande **Affichage ➜ Réorganiser automatiquement les icônes** dans le menu contextuel.

Toutes les icônes sont placées à gauche de l'écran, les unes en dessous des autres.

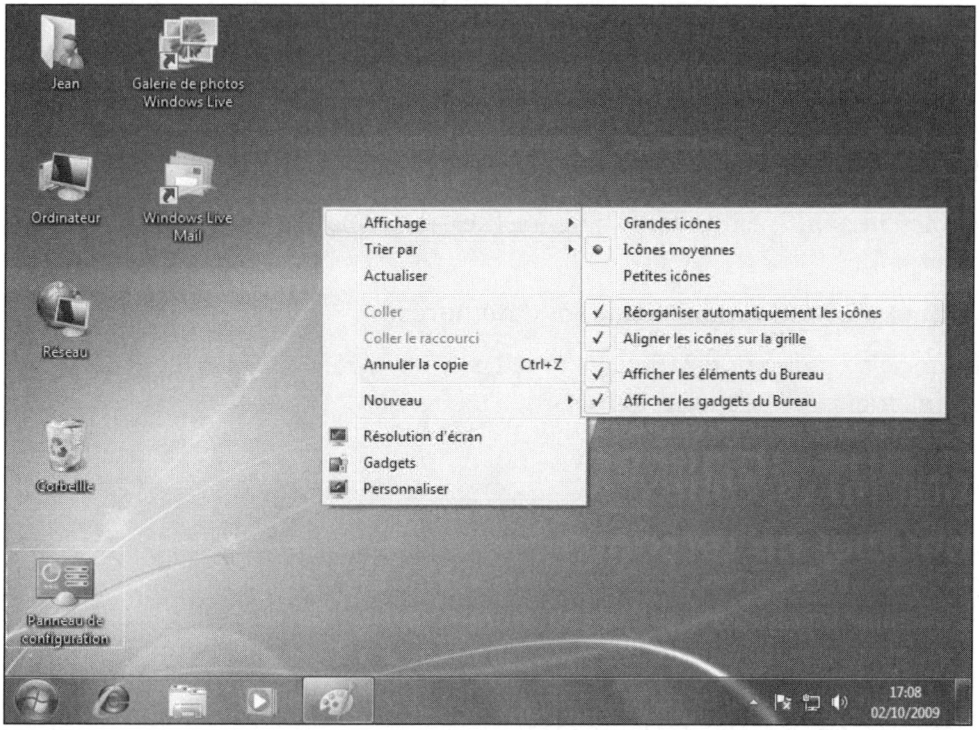

Figure 22-20 Réorganisation des icônes du bureau.

Choisir l'ordre de réorganisation automatique

1. Cliquez avec le bouton droit le fond du bureau.
2. Cliquez la commande **Trier par**.
3. Cliquez l'ordre de classement (**Nom**, **Taille**, **Type d'élément** ou **Date de modification**).

Déplacer les icônes

Avant de déplacer des icônes, il faut s'assurer que la réorganisation automatique n'est pas activée.

1. Cliquez avec le bouton droit le fond du bureau.
2. Cliquez la commande **Affichage** dans le menu contextuel.

3. Éventuellement, cliquez la commande **Réorganiser automatiquement les icônes** pour ôter la coche.
4. Cliquez et faites glisser l'icône à déplacer.

Note Pour déplacer plusieurs icônes, sélectionnez-les au préalable. Utilisez la touche **Ctrl** comme pour sélectionner plusieurs fichiers dans l'Explorateur.

Aligner les icônes après un déplacement

Les icônes ne sont pas toujours alignées les unes par rapport aux autres après un déplacement.

1. Cliquez avec le bouton droit le fond du bureau.
2. Cliquez la commande **Affichage ➜ Aligner les icônes sur la grille** dans le menu contextuel pour cocher l'option.

Renommer une icône

1. Cliquez l'icône pour la sélectionner.
2. Cliquez le nom en dessous de l'icône pour passer en mode édition.
3. Tapez le nouveau nom de l'icône et validez avec la touche **Entrée**.

Modifier la taille des icônes

1. Cliquez avec le bouton droit le fond du bureau.
2. Cliquez la commande **Affichage**.
3. Cliquez la taille souhaitée (**Grandes icônes**, **Icônes moyennes** ou **Petites icônes**).

Figure 22-21 Modification de la taille des icônes.

Changer de thème

Un thème est un ensemble d'éléments qui modifie le bureau, les fenêtres, et bien d'autres choses (couleurs, papier peint, écran de veille, sons, *etc.*).

Choisir un thème

1. Cliquez avec le bouton droit le fond du bureau.
2. Cliquez la commande **Personnaliser** dans le menu contextuel.
3. Cliquez un thème dans la liste **Thèmes Aero** ou **Thèmes de base**.

Le thème est appliqué immédiatement.

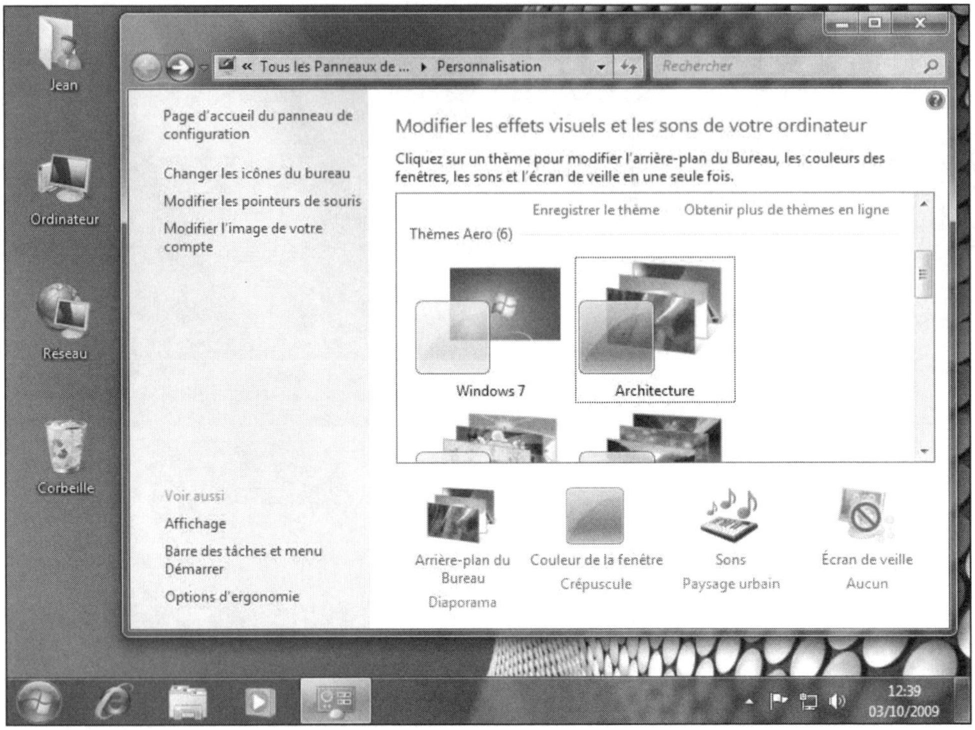

Figure 22-22 Sélection et application d'un thème.

Note Pour retrouver le bureau habituel, sélectionnez le thème **Windows 7** à l'étape **3**.

Sauvegarder le thème actuel

Si vous avez modifié les paramètres du bureau (arrière-plan, couleur de fenêtre, écran de veille, sons, *etc.*), vous pouvez enregistrer l'ensemble de ces modifications dans un thème.

Note Pour modifier les sons de Windows, cliquez **Sons** dans la fenêtre de personnalisation (figure 22-24), puis sélectionnez un thème de sons dans la liste **Modèle de sons**. Pour créer vos propres modèles, consultez le chapitre 24.

1. Modifiez les paramètres du bureau (arrière-plan, couleur de fenêtre, *etc.*).
   Vous pouvez choisir au préalable un thème prédéfini avant d'appliquer ces modifications.

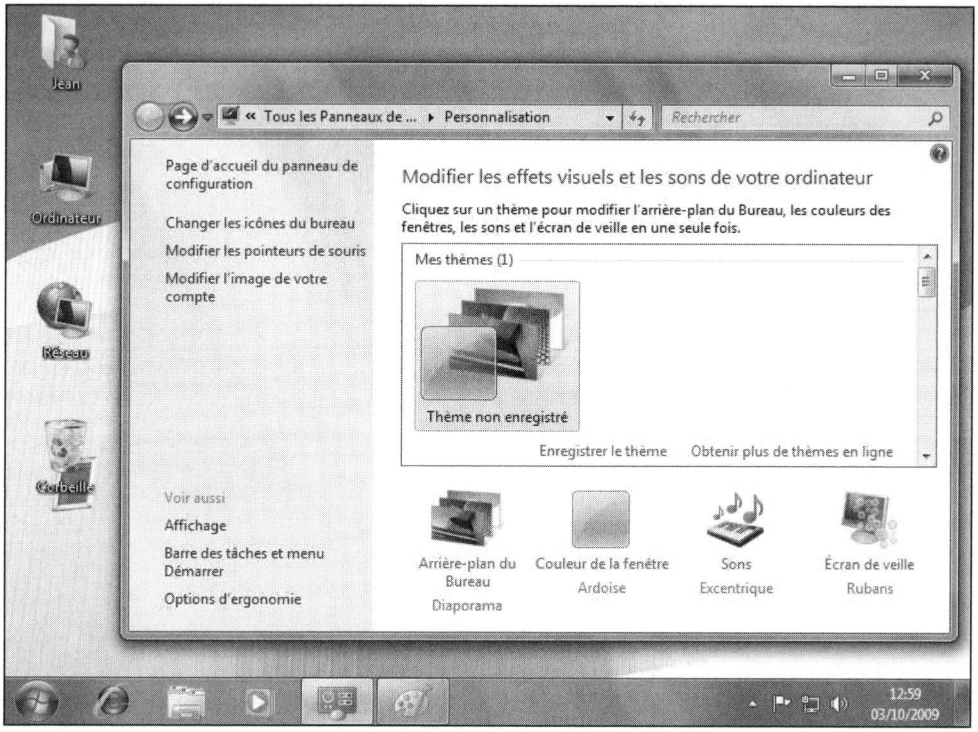

Figure 22-23 Thème après modification.

2. Cliquez le lien **Enregistrer le thème**.
3. Tapez un nom dans la zone **Nom de thème**.
4. Cliquez le bouton **Enregistrer**.

La liste **Mes thèmes** répertorie vos thèmes et les thèmes téléchargés.

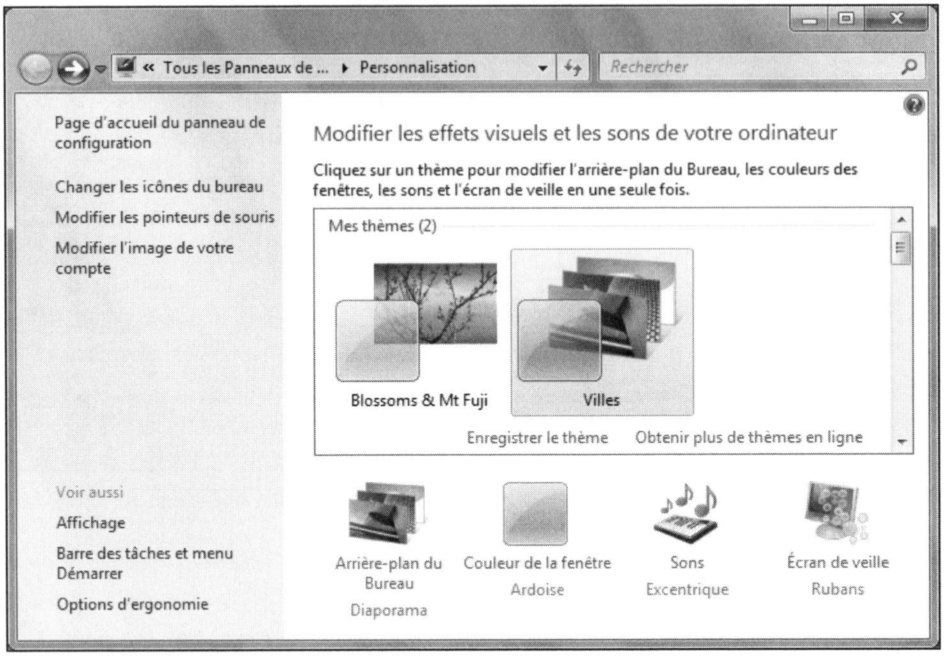

Figure 22-24 Thèmes enregistrés et téléchargés.

Trouver d'autres thèmes

Vous pouvez trouver de nouveaux thèmes directement sur le site de Microsoft ou sur d'autres sites.

1. Cliquez le lien **Obtenir plus de thèmes en ligne** (figure 22-24).
2. Cliquez le thème à installer puis suivez les instructions à l'écran.

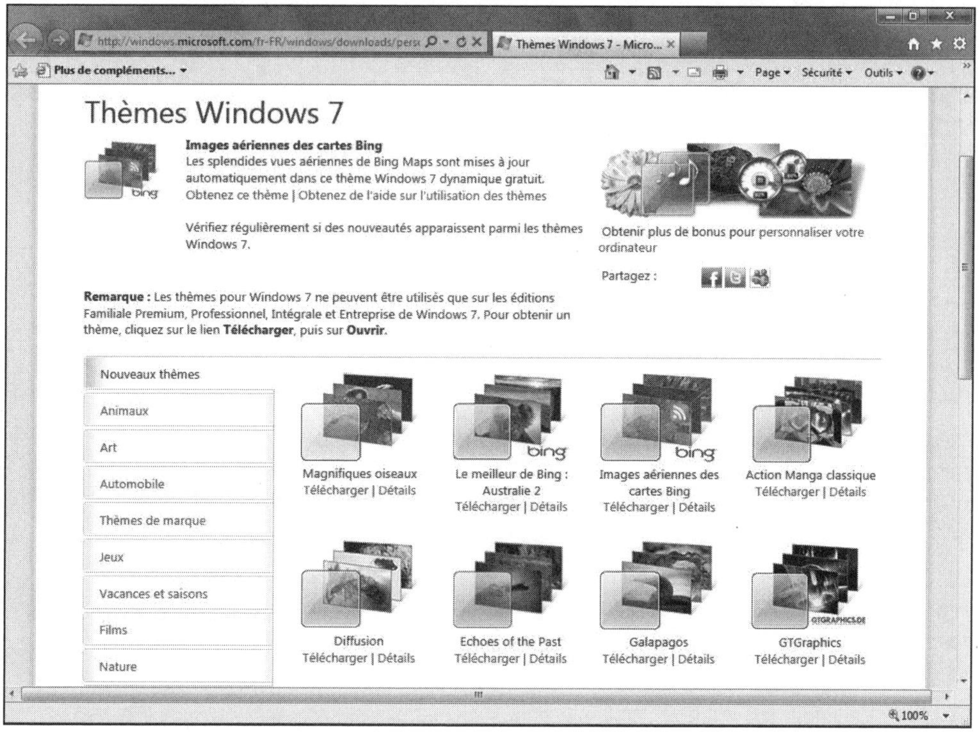

Figure 22-25 Nouveaux thèmes proposés par Microsoft.

Les internautes proposent régulièrement de nouveaux thèmes pour Windows. Faites une recherche avec les mots-clés « theme Windows 7 » sur Google.

Voici quelques bonnes adresses pour trouver de nouveaux thèmes. Ces sites proposent des thèmes complets, mais aussi des éléments séparés (papiers peints, écrans de veille, curseurs, *etc.*), ainsi que des conseils pour créer vos propres thèmes :

- Clubic : `www.clubic.com`
- Telecharger.com : `www.01net.com`
- Informatruc : `www.informatruc.com`
- Win Customize (en anglais) : `www.wincustomize.com`

Chapitre 23

Modifier le menu Démarrer

Dans ce chapitre

- Lancer une application sans raccourci
- Modifier les propriétés d'un raccourci
- Déplacer, copier ou supprimer des raccourcis

Le menu Démarrer est destiné à exécuter des applications. Maîtrisez-le et adaptez-le à votre mode de travail pour ne pas perdre de temps. Ce chapitre explique, entre autres, la gestion des raccourcis, l'organisation du menu Démarrer et la résolution des problèmes de compatibilité avec vos anciennes applications.

Lancer une application sans raccourci

Il est possible que certaines applications ne proposent pas de raccourci dans le menu Démarrer.

Définition **Raccourci** : petit fichier qui contient le chemin d'une application et permet d'y accéder facilement. Vous pouvez ajouter autant de raccourcis que nécessaire. La suppression d'un raccourci n'entraîne pas celle de l'application. Ne vous en privez pas !

1. Cliquez le bouton **Démarrer** ➜ **Exécuter** ou appuyez sur les touches ⊞ + **R**.

Note Si la commande **Exécuter** ne s'affiche pas dans le menu Démarrer : cliquez avec le bouton droit une zone vide de la barre des tâches, puis cliquez **Propriétés** dans le menu contextuel. Cliquez l'onglet **Menu Démarrer** puis le bouton **Personnaliser**. Cochez la case **Commande Exécuter**. Cliquez le bouton **OK** pour toutes les boîtes ouvertes.

2. Si vous les connaissez, tapez le chemin et le nom de l'application puis cliquez le bouton **OK** pour la lancer. Sinon, cliquez le bouton **Parcourir** pour rechercher cette application.

Note Si le chemin et le nom de l'application que vous tapez contiennent des espaces, mettez l'ensemble entre guillemets (par exemple «`C:\Mon dossier\Mon application`»). Windows ajoute ces guillemets si vous utilisez le bouton **Parcourir**.

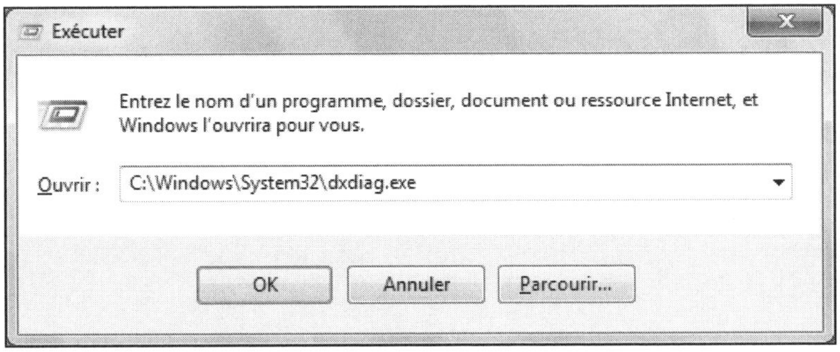

Figure 23-1 Exécution d'une application.

Astuce Il n'est pas nécessaire de préciser le chemin si l'application se trouve dans le dossier `C:\Windows` ou un de ses sous-dossiers. La commande « Calc », par exemple, ouvre directement la calculatrice.

Si vous avez cliqué le bouton **Parcourir** :

1. Sélectionnez le dossier qui contient l'application dans l'arborescence du volet de navigation.
2. Cliquez l'application à exécuter dans la liste à droite.

Note Vous pouvez aussi ouvrir un document. Sélectionnez **Tous les fichiers** dans la liste en regard de la zone **Nom du fichier** pour afficher les applications et les documents. Double-cliquez le document. Windows se chargera d'ouvrir le document avec l'application correspondante.

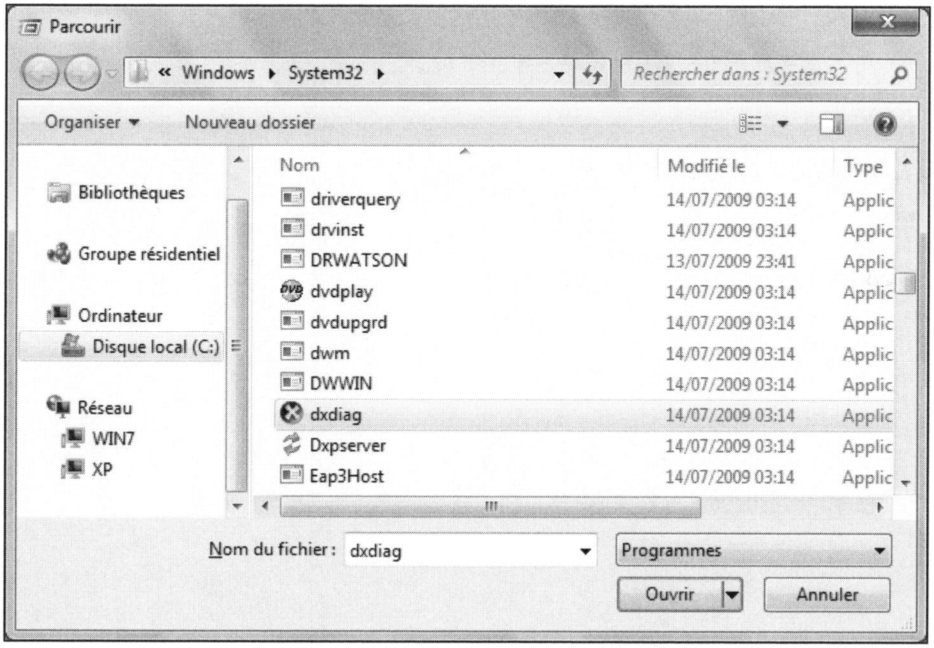

Figure 23-2 Sélection de l'application ou du document à ouvrir.

3. Cliquez le bouton **Ouvrir**.
4. Cliquez le bouton **OK** dans la boîte **Exécuter**.

Modifier les propriétés d'un raccourci

La boîte des propriétés des raccourcis permet de changer les icônes et de résoudre les problèmes de compatibilité des anciennes applications.

1. Cliquez avec le bouton droit l'icône du raccourci dans le menu Démarrer ou sur le bureau.
2. Cliquez la commande **Propriétés** dans le menu contextuel.
3. Cliquez l'onglet **Général**.

   Cet onglet affiche les caractéristiques du raccourci (chemin et date de modification).
4. Cliquez l'onglet **Raccourci**.

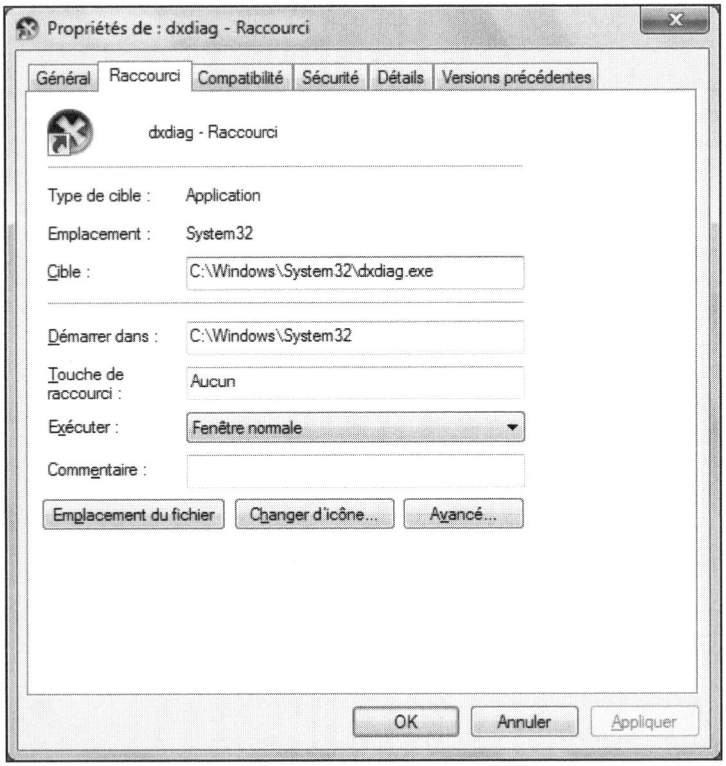

Figure 23-3 Propriétés d'un raccourci.

Attention Dans le cas d'une application ou d'un document placé sur le bureau (et non d'un raccourci), l'onglet **Raccourci** n'apparaît pas.

Cet onglet permet de modifier le chemin et l'icône du raccourci.

Conseil Normalement, vous ne devez pas modifier le chemin du raccourci, sauf si vous avez volontairement déplacé l'élément qu'il pointe.

Modifier l'icône du raccourci

1. Cliquez le bouton **Changer d'icône** (figure 23-3).
2. Cliquez une icône dans la liste.

Figure 23-4 Modification de l'icône d'un raccourci.

3. Cliquez le bouton **OK**.

Note Pour trouver d'autres d'icônes, consultez le chapitre 22.

Résoudre les problèmes de compatibilité

Certaines anciennes applications ne fonctionnent plus correctement sous Windows 7. Vous pouvez régler le problème à partir du raccourci.

Note Si Windows 7 ne peut pas exécuter une ancienne application, il ouvre automatiquement l'Assistant Compatibilité des programmes. Suivez les étapes de cet assistant pour régler les problèmes de compatibilité.

1. Cliquez l'onglet **Compatibilité**.

Note Les paramètres de cet onglet ne sont pas modifiables pour une application conçue pour Windows 7.

2. Si l'application fonctionnait correctement avec une version antérieure de Windows, cochez la case **Exécuter ce programme…** puis sélectionnez l'ancienne version dans la liste en dessous.
3. Si l'application ne fonctionne pas quand l'affichage est supérieur à 256 couleurs, cochez la case **Exécuter en 256 couleurs**.
4. Si l'application ne fonctionne pas quand l'affichage est supérieur à 640 x 480, cochez la case **Exécuter avec une résolution d'écran de 640 x 480**.
5. Si vous avez des problèmes dans l'application avec les menus et les boutons de la barre de titre, cochez la case **Désactiver les thèmes visuels**.

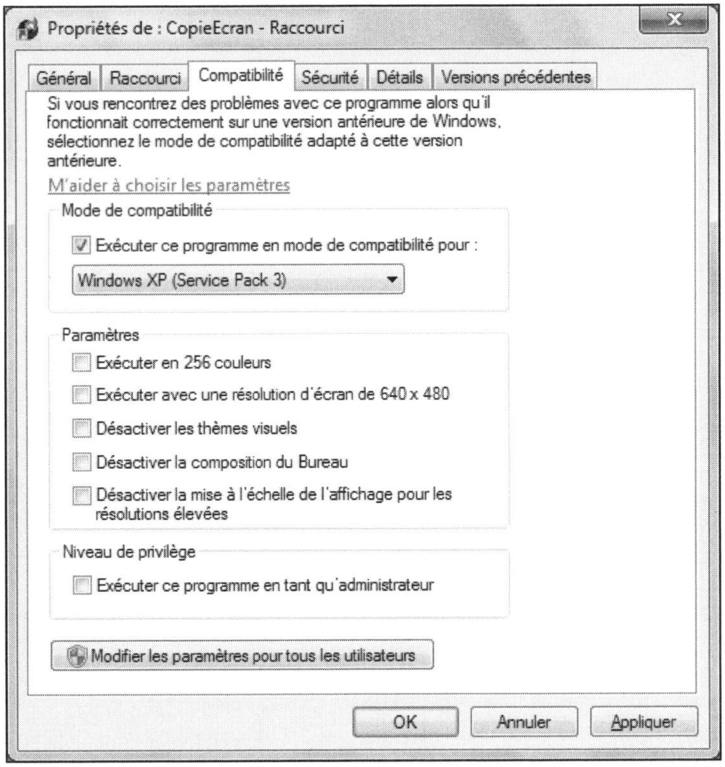

Figure 23-5 Paramètres de compatibilité.

6. Cliquez le bouton **OK**.

Note Les anciennes valeurs d'affichage sont restaurées dès que l'application est fermée.

Déplacer, copier ou supprimer des raccourcis

Vous pouvez modifier et réorganiser le menu Démarrer en déplaçant les raccourcis qu'il contient.

Attention Pour modifier le menu Démarrer, l'option **Activer les menus contextuels et le glisser-déplacer** doit être cochée. Cliquez avec le bouton droit une zone vide de la barre des tâches, puis cliquez la commande **Propriétés**. Cliquez l'onglet **Menu Démarrer** puis cliquez le bouton **Personnalisé**. Cochez l'option **Activer les menus contextuels et le glisser-déplacer**.

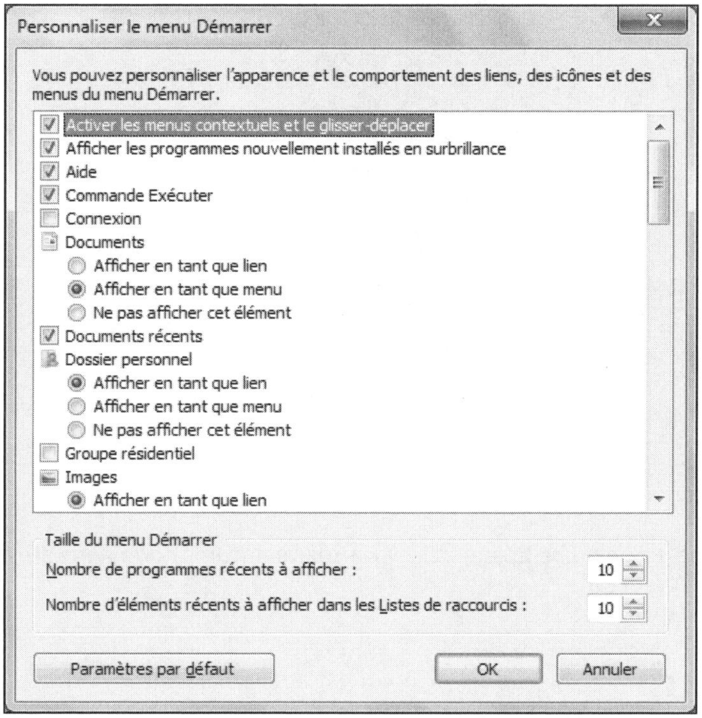

Figure 23-6 Propriétés avancées du menu Démarrer.

Déplacer un raccourci

1. Cliquez le bouton **Démarrer** → **Tous les programmes**.
2. Recherchez le raccourci à déplacer.
3. Cliquez et faites glisser le raccourci vers son nouvel emplacement. L'info-bulle vous indique que le raccourci est déplacé.

   Une barre horizontale indique la nouvelle position.

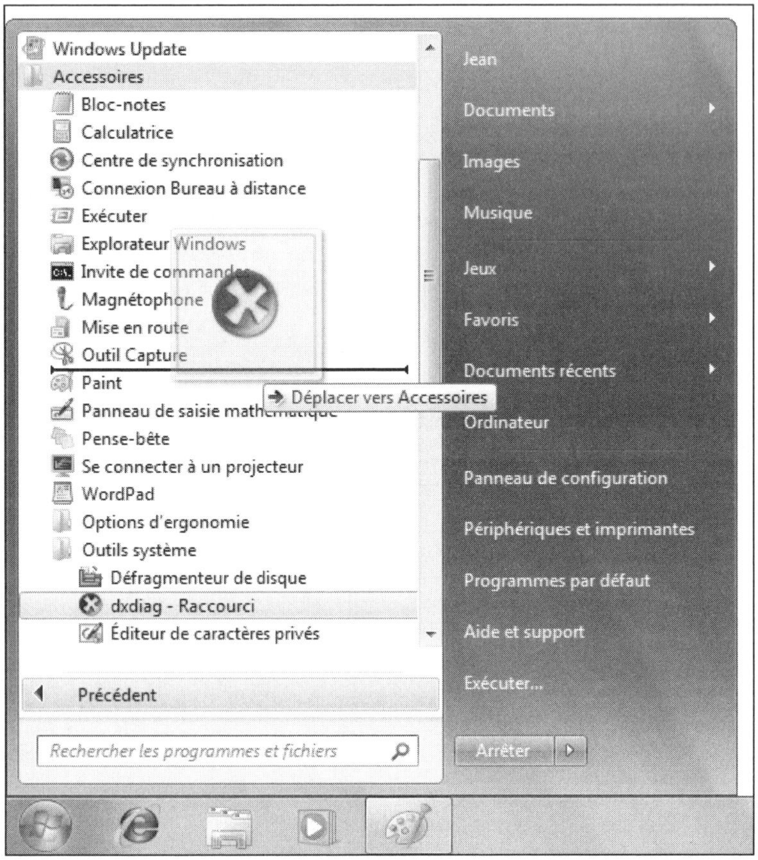

Figure 23-7 Déplacement d'un raccourci dans le menu Démarrer.

Note Vous pouvez aussi choisir un autre dossier. Celui-ci s'ouvre automatiquement dès qu'il est pointé.

Copier un raccourci

1. Maintenez la touche **Ctrl** enfoncée.
2. Effectuez les mêmes étapes que pour déplacer un raccourci. L'info-bulle vous indique que le raccourci est copié.
3. Relâchez le bouton de la souris, puis relâchez la touche **Ctrl**.

Supprimer un raccourci

1. Cliquez le bouton **Démarrer ➜ Tous les programmes**.
2. Cliquez avec le bouton droit le raccourci à supprimer.

3. Cliquez la commande **Supprimer** dans le menu contextuel.
4. Cliquez le bouton **Oui** pour confirmer la suppression.

Note Les raccourcis supprimés transitent aussi par la Corbeille. Vous pouvez donc les rétablir facilement en cas de fausse manœuvre (consultez le chapitre 6).

Exécuter une application au démarrage de Windows

Si vous ouvrez toujours la même application au démarrage, vous pouvez demander à Windows de la lancer automatiquement. Il suffit pour cela d'ajouter un raccourci vers cette application dans le dossier **Démarrage** (bouton **Démarrer** ➜ **Tous les programmes** ➜ **Démarrage**). Vous pouvez ouvrir n'importe quelle application, y compris un traitement de texte ou un tableur. Copiez tout simplement le raccourci d'origine vers ce dossier, comme vu précédemment.

Chapitre 24

Configurer Windows 7

Dans ce chapitre

- Afficher le Panneau de configuration
- Installer une nouvelle imprimante et d'autres périphériques
- Ajouter ou supprimer des fonctionnalités Windows
- Modifier les paramètres du clavier
- Modifier les paramètres de la souris
- Modifier les options régionales
- Ajouter des polices de caractères
- Configurer les périphériques audio
- Consulter les paramètres système
- Modifier les options d'ergonomie
- Se connecter à Internet en bas débit

Une nouvelle imprimante ? Une souris capricieuse ? Le Panneau de configuration regroupe l'installation et la désinstallation des applications et des matériels. Il permet de régler les problèmes de souris ou de clavier, d'installer des polices, de modifier les options régionales ou de changer les sons par défaut.

Afficher le Panneau de configuration

Le Panneau de configuration regroupe les éléments de votre ordinateur (matériels et logiciels). Naturellement, vous pouvez les paramétrer à votre guise.

1. Cliquez le bouton **Démarrer** ➜ **Panneau de configuration**.

   Le Panneau de configuration s'ouvre dans l'Explorateur. Il regroupe tous les éléments de configuration par catégories ou par tâches.

2. Si vous êtes dans l'affichage par éléments, sélectionnez **Catégorie** dans la liste **Afficher par**.

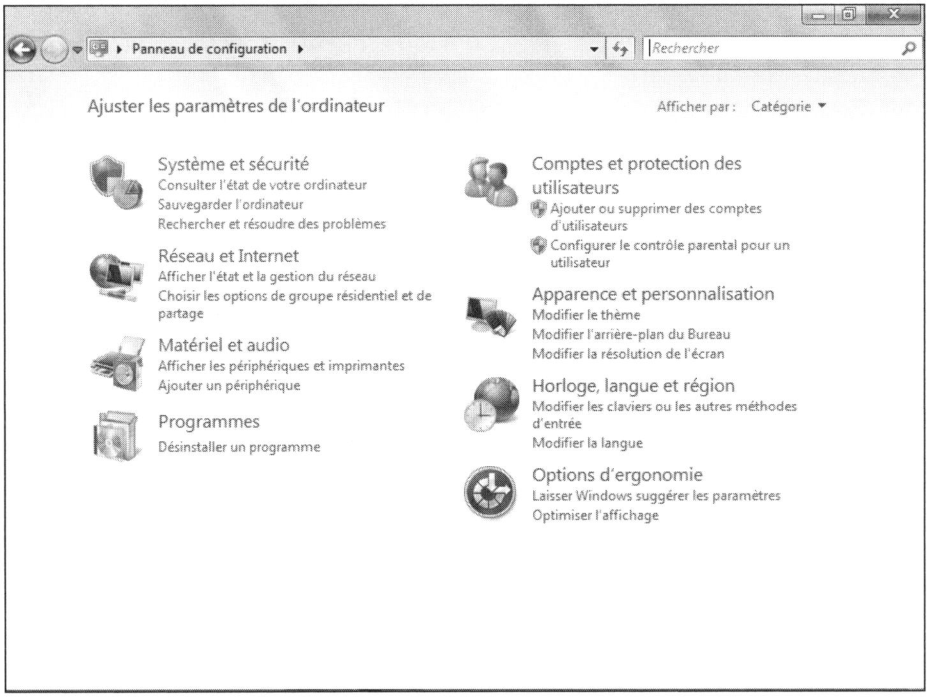

Figure 24-1 Panneau de configuration : affichage par catégories.

La figure 24-1 correspond à l'affichage par catégories. Chaque icône de catégorie ouvre une nouvelle fenêtre qui propose des tâches. Les liens à côté des icônes permettent d'accéder aux tâches les plus courantes.

3. Pour passer à l'affichage par éléments, sélectionnez **Grandes icônes** ou **Petites icônes** dans la liste **Afficher par**.

La figure 24-2 montre l'affichage par éléments. Cette fenêtre propose l'intégralité des icônes du Panneau de configuration. Elle sert de référence pour toutes les pages de ce chapitre.

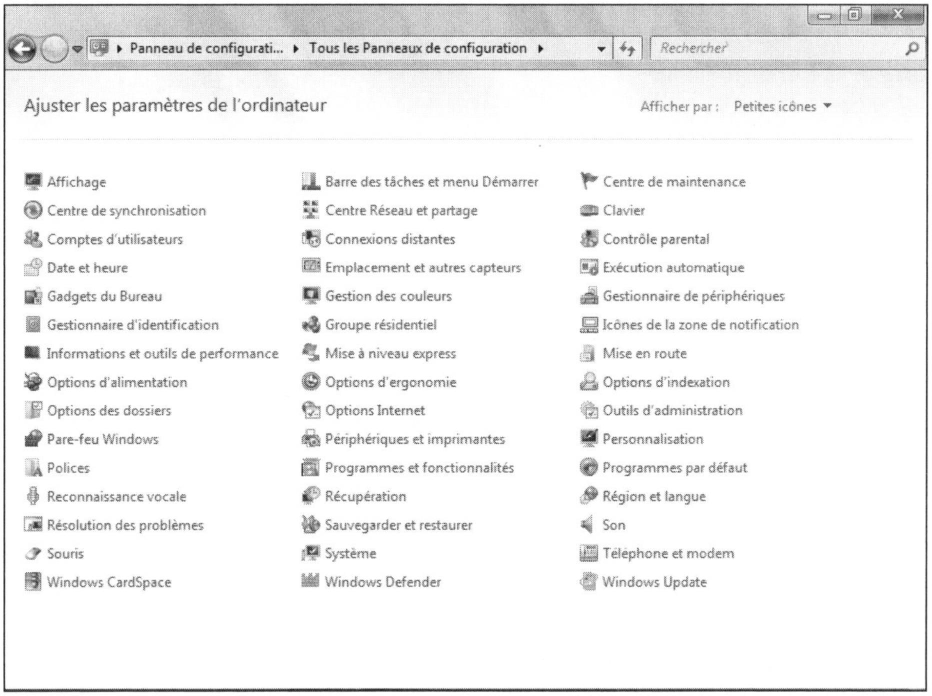

Figure 24-2 Panneau de configuration : affichage par éléments.

Pour revenir à l'affichage par catégories, sélectionnez **Catégorie** dans la liste **Afficher par**.

Note Pour les icônes **Barre des tâches et menu Démarrer** et **Date et heure**, reportez-vous au chapitre 1. Pour l'icône **Options des dossiers**, reportez-vous aux chapitres 3, 4, 5 et 21. Pour l'icône **Personnalisation**, reportez-vous au chapitre 22. Pour les icônes **Centre de maintenance**, **Pare-feu Windows** et **Windows Defender**, reportez-vous au chapitre 26. Pour les icônes **Comptes d'utilisateurs** et **Contrôle parental**, reportez-vous au chapitre 28.

Installer une nouvelle imprimante

Avec Windows 7, l'installation d'une imprimante ne pose aucun problème. Branchez-la sur un port USB, puis allumez-la. Windows la détecte automatiquement et lance le programme d'installation. Une bulle dans la barre des tâches vous informe du bon déroulement de l'opération.

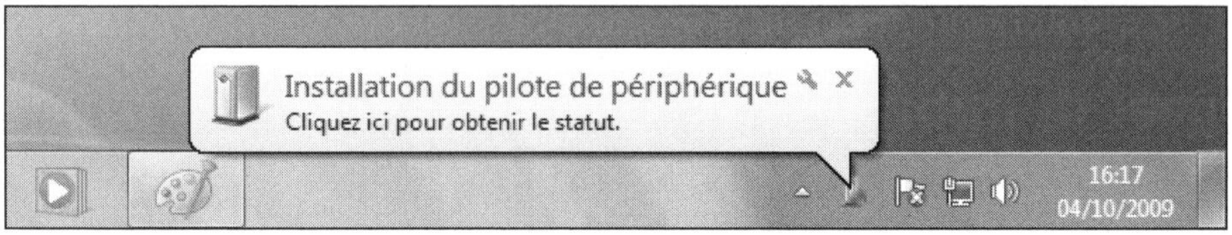

Figure 24-3 Installation d'un matériel « Plug-and-Play ».

Si Windows ne possède pas les pilotes (des petits programmes qui permettent de communiquer entre l'imprimante et l'ordinateur), vous devrez insérer le CD fourni par le constructeur. Suivez dans ce cas les instructions à l'écran et, le cas échéant, reportez-vous à la notice fournie.

Installer une ancienne imprimante

Si votre imprimante n'est pas connectée à un port USB, vous devez suivre une procédure particulière.

1. Cliquez l'icône **Périphériques et imprimantes** (figure 24-2).

Astuce Si le raccourci existe, cliquez directement le bouton **Démarrer** ➜ **Périphérique et imprimantes**.

   La fenêtre qui s'affiche contient les icônes des imprimantes déjà installées.

2. Cliquez le bouton **Ajouter une imprimante** dans la barre d'outils.

   L'ajout se fait avec un assistant (une suite de boîtes de dialogue).

3. Cliquez **Ajouter une imprimante locale**.

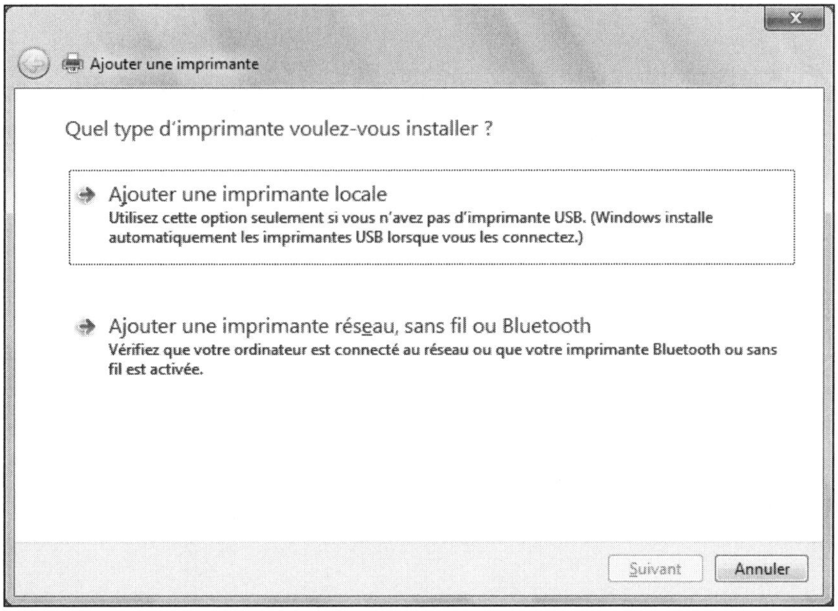

Figure 24-4 Assistant d'installation d'une imprimante non « Plug-and-Play ».

4. Sélectionnez le port auquel vous avez connecté l'imprimante.

Note **LPT1** correspond au port parallèle, **COM1** et **COM2** aux ports séries. **File** enregistre l'impression dans un fichier que vous pouvez utiliser sur l'ordinateur auquel est réellement connectée l'imprimante.

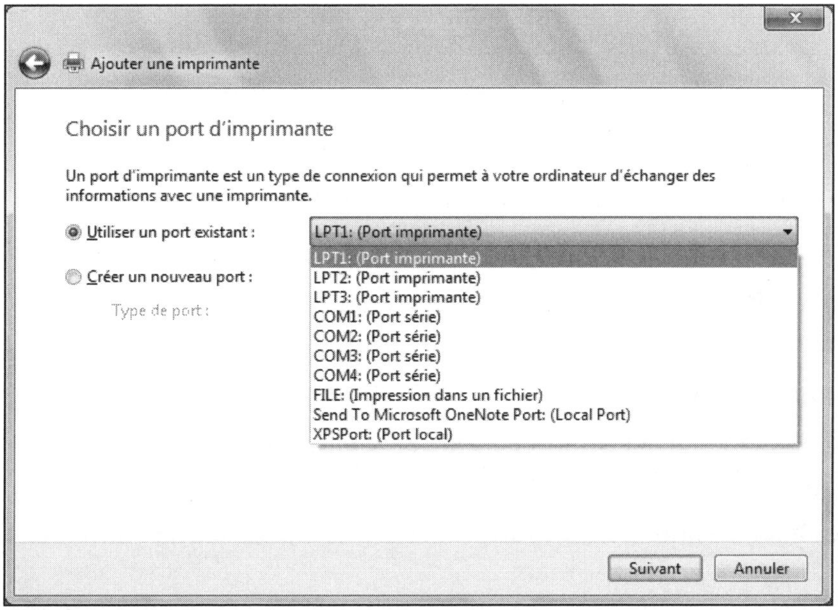

Figure 24-5 Choix du port de connexion de l'imprimante.

5. Cliquez le bouton **Suivant**.
6. Sélectionnez le constructeur dans la liste à gauche.
7. Sélectionnez le modèle d'imprimante dans la liste à droite.

Note Si le constructeur ou l'imprimante n'est pas listée, insérez la disquette ou le CD-ROM fourni avec l'imprimante puis cliquez **Disque fourni**. Suivez les instructions de l'assistant.

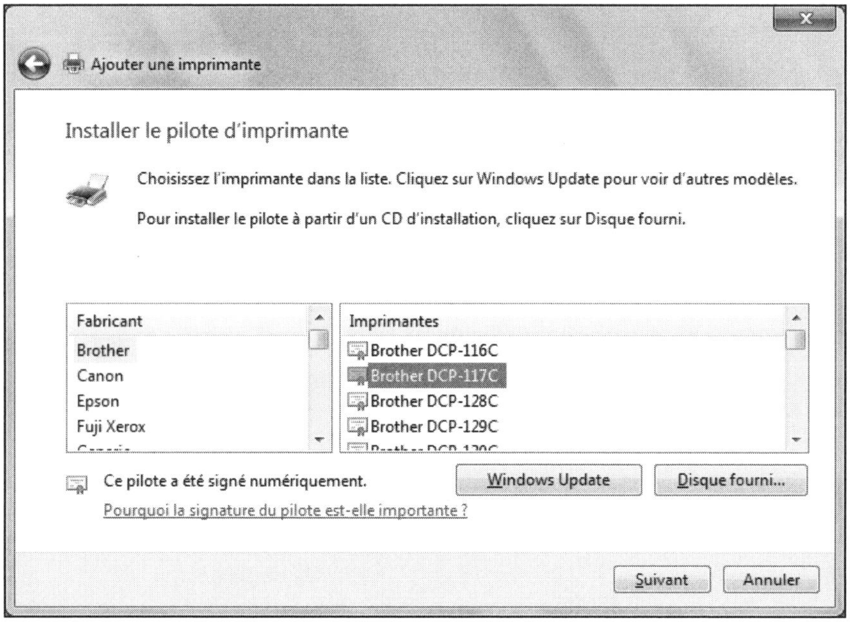

Figure 24-6 Choix du modèle d'imprimante.

8. Cliquez le bouton **Suivant**.
9. Tapez un nom pour l'imprimante (ou conservez celui proposé).
10. Cliquez le bouton **Suivant**.
11. Cochez l'option **Partager cette imprimante...** pour que d'autres utilisateurs de votre réseau puissent l'utiliser.
12. Cliquez le bouton **Suivant**.
13. Éventuellement, décochez l'option **Définir en tant qu'imprimante par défaut** si vous avez déjà une imprimante principale.
14. Si vous le souhaitez, cliquez le bouton **Imprimer une page de test** pour vérifier le bon fonctionnement de l'imprimante.

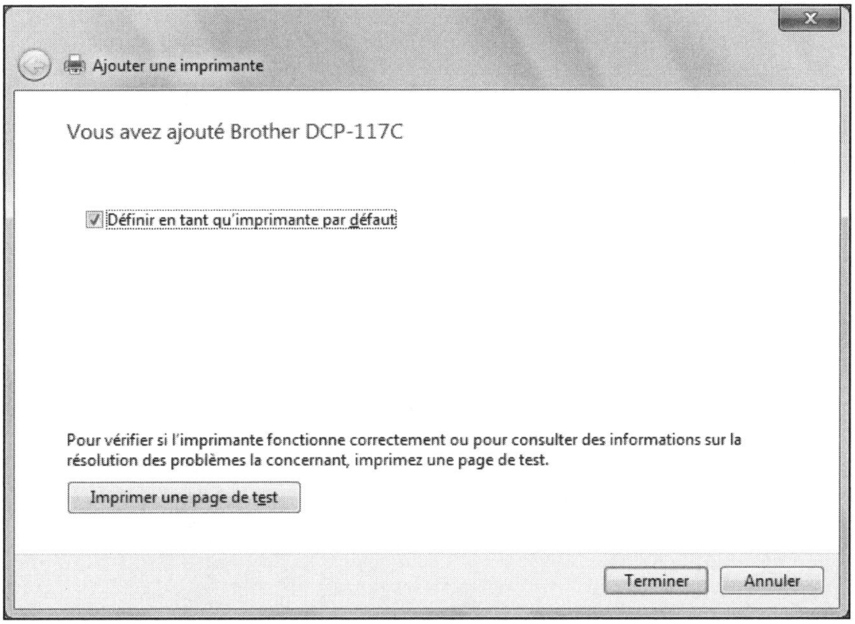

Figure 24-7 Fin de l'installation de l'imprimante.

15. Cliquez le bouton **Terminer**.

Installer une imprimante réseau

Si un utilisateur du réseau partage son imprimante, vous pouvez vous y connecter.

1. Cliquez l'icône **Périphériques et imprimantes** (figure 24-2).
2. Cliquez le bouton **Ajouter une imprimante** dans la barre d'outils.
3. Cliquez **Ajouter une imprimante réseau**.
4. Sélectionnez l'imprimante dans la liste des imprimantes réseau disponibles.

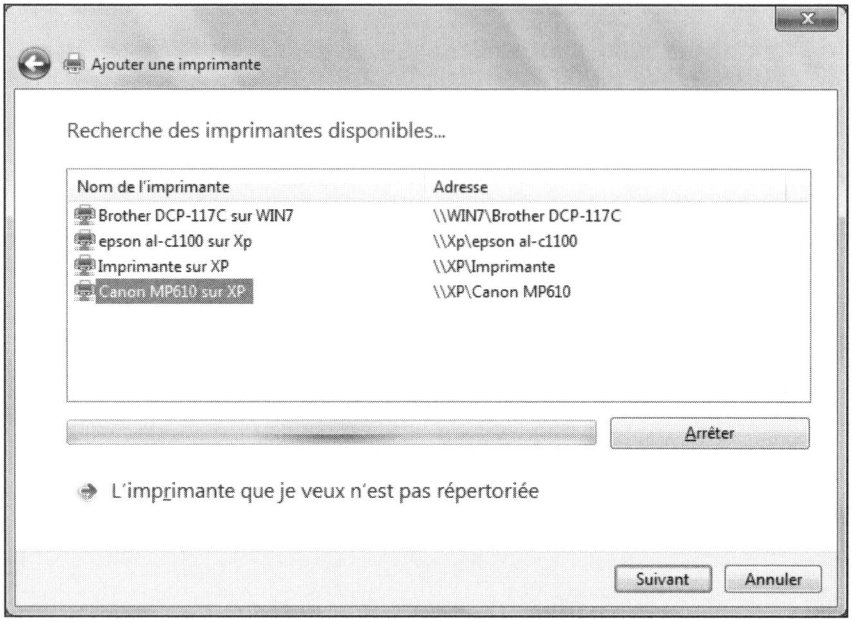

Figure 24-8 Connexion d'une imprimante réseau.

Note Si l'imprimante à connecter n'est pas listée, cliquez **L'imprimante que je veux n'est pas répertoriée** puis saisissez son chemin réseau dans la boîte qui s'affiche.

5. Cliquez le bouton **Suivant** puis suivez les instructions de l'assistant comme vu précédemment.

Partager une imprimante

Pour que les utilisateurs du réseau puissent accéder à votre imprimante, partagez-la.

1. Cliquez l'icône **Périphériques et imprimantes** (figure 24-2).
2. Cliquez avec le bouton droit l'imprimante à partager, puis **Propriétés de l'imprimante** dans le menu contextuel.
3. Cliquez l'onglet **Partage**.
4. Cochez la case **Partager cette imprimante**.
5. Dans la zone **Nom de partage**, tapez son nom sur le réseau. Donnez ce nom aux autres utilisateurs pour qu'ils puissent s'y connecter.

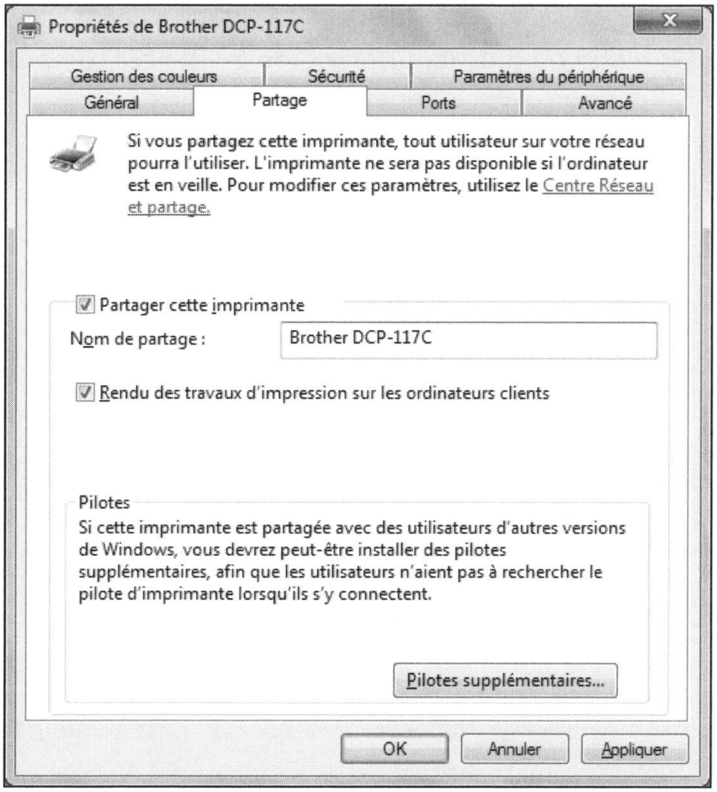

Figure 24-9 Partage d'une imprimante.

6. Cliquez le bouton **OK**.

Ajouter ou supprimer des fonctionnalités Windows

Windows n'installe pas par défaut toutes les applications. À vous de les ajouter ou de les supprimer.

1. Cliquez l'icône **Programmes et fonctionnalités** (figure 24-2).
2. Cliquez le lien **Activer ou désactiver des fonctionnalités Windows** dans le volet gauche.
3. Cliquez le bouton **Oui** si Windows demande une autorisation.

   La boîte qui s'affiche propose toutes les applications Windows sous forme d'arborescence. Les composants de même type sont regroupés dans un dossier. Par exemple, le groupe « Jeux » contient tous les jeux disponibles. Ceux qui sont effectivement installés sont précédés d'une coche. Si vous cochez ou décochez la case d'un groupe, vous installez ou vous supprimez l'intégralité des composants de ce groupe.

4. Cochez ou décochez les cases des fonctionnalités ou des groupes de fonctionnalités à installer ou désinstaller.

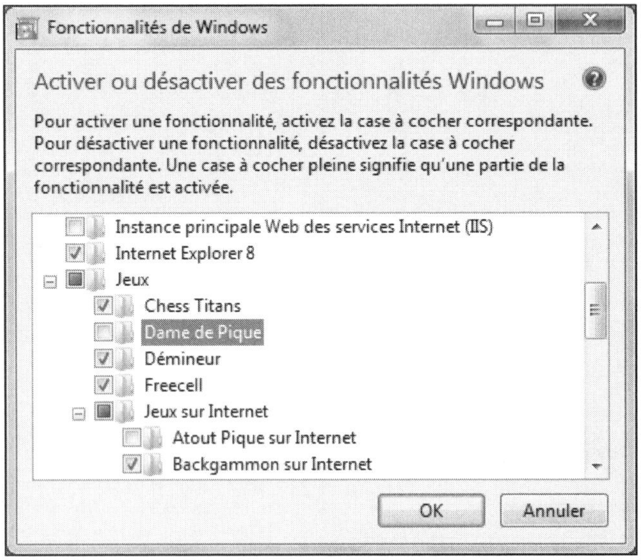

Figure 24-10 Ajout ou suppression de fonctionnalités Windows.

5. Cliquez le bouton **OK**.

Note Vous devrez peut-être insérer le CD-ROM de Windows 7 et même devoir redémarrer l'ordinateur. Dans ce cas, suivez les instructions à l'écran.

Modifier les paramètres du clavier

Votre clavier est mal réglé ? Modifiez le délai avant répétition et la fréquence de répétition d'une touche.

1. Cliquez l'icône **Clavier** (figure 24-2).
2. Déplacez le curseur **Délai avant répétition** pour choisir le délai à partir duquel une touche enfoncée est répétée.
3. Déplacez le curseur **Fréquence de répétition** pour définir la vitesse de répétition d'une touche enfoncée.
4. Tapez des caractères dans la zone **Cliquez ici...** pour tester vos réglages.

5. Déplacez le curseur **Fréquence de clignotement** pour définir la vitesse de clignotement du curseur.

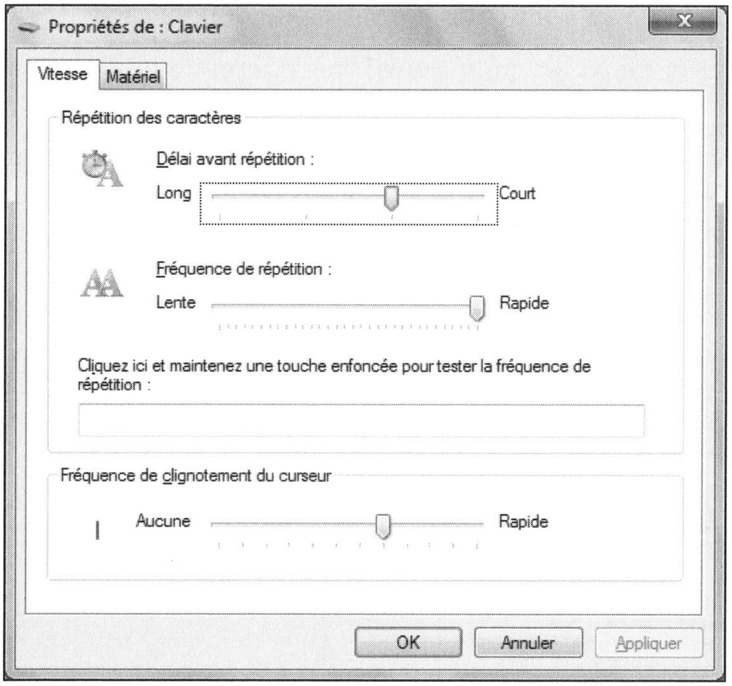

Figure 24-11 Réglage du clavier.

6. Cliquez le bouton **OK**.

Modifier les paramètres de la souris

La souris n'est pas toujours bien domptée ! Il est parfois nécessaire d'effectuer quelques réglages.

Cliquez l'icône **Souris** dans le Panneau de configuration (figure 24-2).

Inverser les boutons et régler le double clic

Si vous êtes gaucher, vous pouvez inverser les fonctions des boutons gauche et droit.

1. Cliquez l'onglet **Boutons**.
2. Éventuellement, cochez la case **Permuter les boutons**.

Note Faites des tests avant d'opter définitivement pour cette solution qui se révèle problématique si plusieurs personnes utilisent l'ordinateur.

Si le double clic vous semble indomptable, vous pouvez choisir la durée qui espace chaque clic.

3. Faites glisser le curseur **Vitesse** pour choisir la vitesse du double clic.
4. Double-cliquez le dossier en regard pour l'ouvrir ou le fermer et tester ainsi le double clic.
5. Éventuellement, cochez la case **Activer le verrouillage du clic** pour éviter de maintenir continuellement le bouton de la souris lors d'un « glisser-déposer ». Cliquez le bouton **Paramètres** pour définir le temps nécessaire au verrouillage du clic.

Figure 24-12 Réglage du double clic et inversion des boutons.

Modifier les options du pointeur de souris

Le curseur s'affole ? Il se traîne ? Sa vitesse de déplacement est fonction du type de souris et de la taille du bureau. Un simple réglage lui imposera votre rythme.

1. Cliquez l'onglet **Options du pointeur**.
2. Faites glisser le curseur **Sélectionner la vitesse** pour modifier la vitesse du pointeur.

3. Cochez l'option **Améliorer la précision** pour accélérer ou ralentir le pointeur en fonction des déplacements de la souris.
4. Cochez la case **Placer automatiquement…** pour que le pointeur soit déplacé sur le bouton par défaut des boîtes de dialogue.
5. Cochez la case **Afficher les traces de la souris** si vous avez un portable avec un écran à cristaux liquides, et que vous vouliez que Windows simule la rémanence des tubes cathodiques avec des traînées.
6. Faites glisser le curseur en dessous pour augmenter ou diminuer le nombre de traces.
7. Déplacez la souris pour tester les traces.
8. Cochez la case **Masquer le pointeur** pour cacher le curseur de souris quand vous tapez du texte au clavier.
9. Cochez la case **Afficher l'emplacement** pour voir la position du curseur quand vous appuyez sur **Ctrl**. Appuyez sur **Ctrl** pour tester immédiatement cette option.

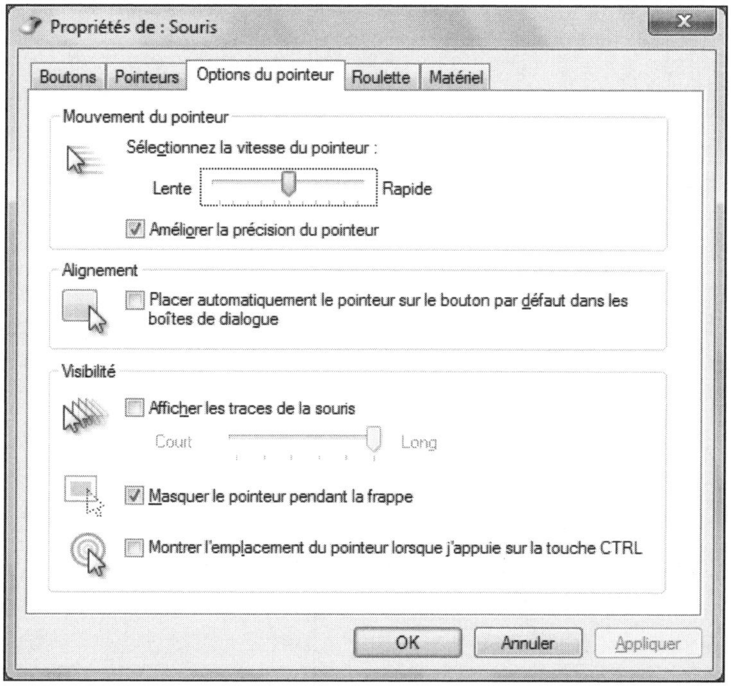

Figure 24-13 Options du pointeur de souris.

Modifier les options régionales

Windows propose trois types d'options pour adapter votre travail à celui de votre région : les nombres, les valeurs monétaires et les dates.

1. Cliquez l'icône **Région et langue** (figure 24-2).
2. Cliquez l'onglet **Formats**.
3. Cliquez le bouton **Paramètres supplémentaires**.

Définir le format des nombres

Les formats des nombres sont utilisés par les applications. Vous devez les modifier pour les adapter à vos habitudes.

1. Cliquez l'onglet **Nombres**.
2. Sélectionnez ou tapez les nouvelles valeurs dans les listes (consultez le tableau 24-1 pour plus de détails).

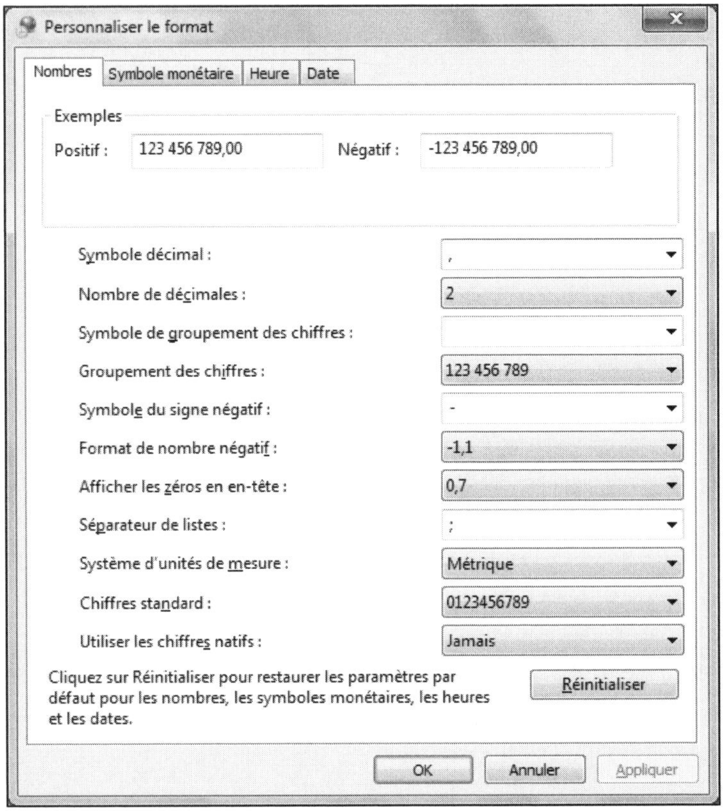

Figure 24-14 Modification du format des nombres.

3. Cliquez le bouton **Appliquer** pour afficher un exemple dans la zone **Exemple**.

Paramètres	**Signification**
Symbole décimal	Séparateur des décimales (virgule, point, *etc.*).
Nombre de décimales	Nombre de décimales affichées dans les formats standard.
Symbole de groupement des chiffres	Séparation des groupes de chiffres (espace, point, *etc.*).
Groupement des chiffres	Nombre de chiffres dans un groupe (sélectionnez un exemple dans la liste).
Symbole du signe négatif	Symbole des nombres négatifs (généralement le signe moins).
Format de nombre négatif	Format d'affichage des nombres négatifs (parenthèses en comptabilité).
Afficher les zéros en en-tête	Afficher ou non les zéros non significatifs (par exemple 0,1 ou ,1).
Séparateurs de liste	Séparateur des énumérations essentiellement utilisé pour séparer les paramètres d'une fonction.
Système de mesure	Système de mesure (métrique ou anglo-saxon).
Chiffres standard	Type d'écriture des chiffres.
Utiliser les chiffres natifs	Utiliser les chiffres de votre langue.

Tableau 24-1 Paramètres des nombres.

Définir le format des valeurs monétaires

Les options régionales vous permettent de définir les formats des valeurs monétaires utilisées par les applications.

1. Cliquez l'onglet **Symbole monétaire**.
2. Sélectionnez ou tapez les nouvelles valeurs dans les listes (consultez le tableau 24-2 pour plus de détails).

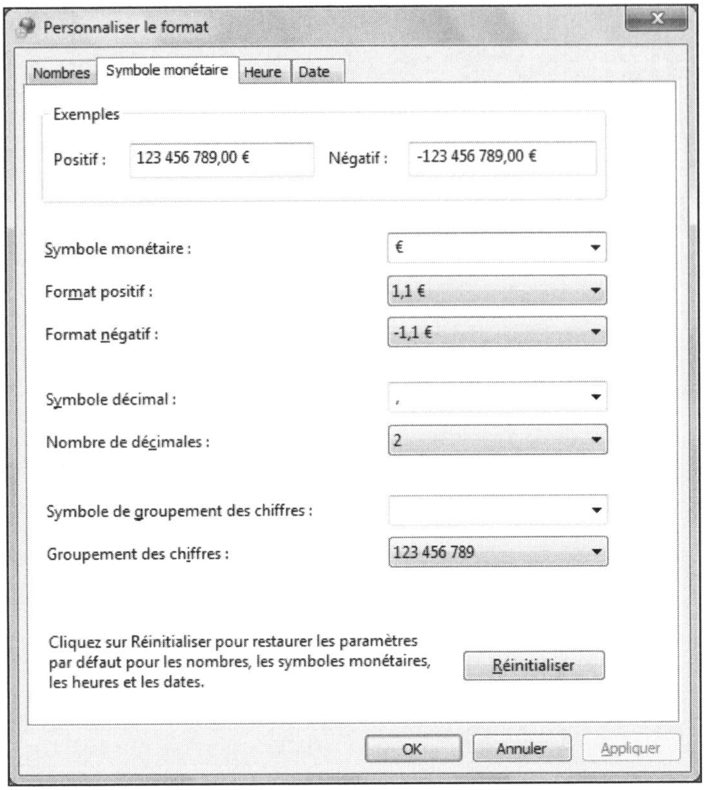

Figure 24-15 Modification des valeurs monétaires.

3. Cliquez le bouton **Appliquer** pour afficher un exemple dans la zone **Exemple**.

Paramètres	**Signification**
Symbole monétaire	Symbole à utiliser dans les valeurs monétaires (€, F, £, $, *etc.*).
Format positif	Position du symbole monétaire dans les nombres positifs.
Format négatif	Position du symbole monétaire dans les nombres négatifs.
Symbole décimal	Séparateur des décimales (virgule, point, *etc.*).
Nombre de décimales	Nombre de décimales dans les valeurs monétaires.
Symbole de groupement des chiffres	Caractère de séparation des groupes de chiffres (espace, point, *etc.*).
Groupement des chiffres	Nombre de chiffres dans un groupe (sélectionnez un exemple dans la liste).

Tableau 24-2 Paramètres des valeurs monétaires.

Définir le format des dates et des heures

Pour définir le format des dates et des heures utilisées par les applications, aidez-vous des options régionales.

1. Cliquez l'onglet **Heure**.
2. Sélectionnez ou tapez les nouvelles valeurs dans les listes (consultez le tableau 24-3 pour plus de détails).

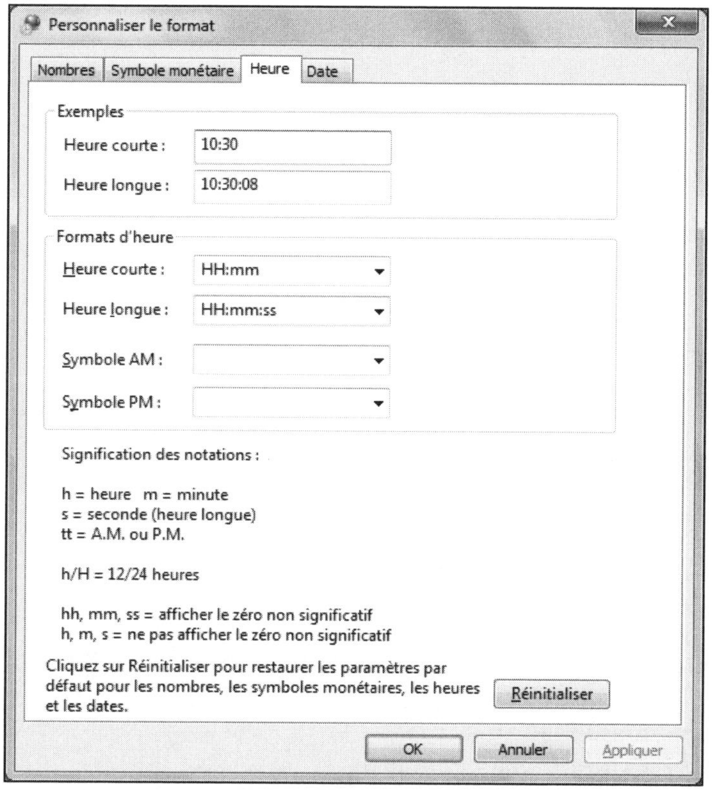

Figure 24-16 Modification des heures.

3. Cliquez le bouton **Appliquer** pour afficher un exemple dans la zone **Exemple**.

Paramètres	Signification
Heure courte	Style d'affichage des heures sans les secondes.
Heure longue	Style d'affichage des heures avec les secondes.
Symbole AM, symbole PM	Symboles utilisés pour les heures avant et après midi.

Tableau 24-3 Paramètres des heures.

4. Cliquez l'onglet **Date**.

5. Sélectionnez ou tapez les nouvelles valeurs dans les listes (consultez les tableaux 24-4 et 24-5 pour plus de détails).

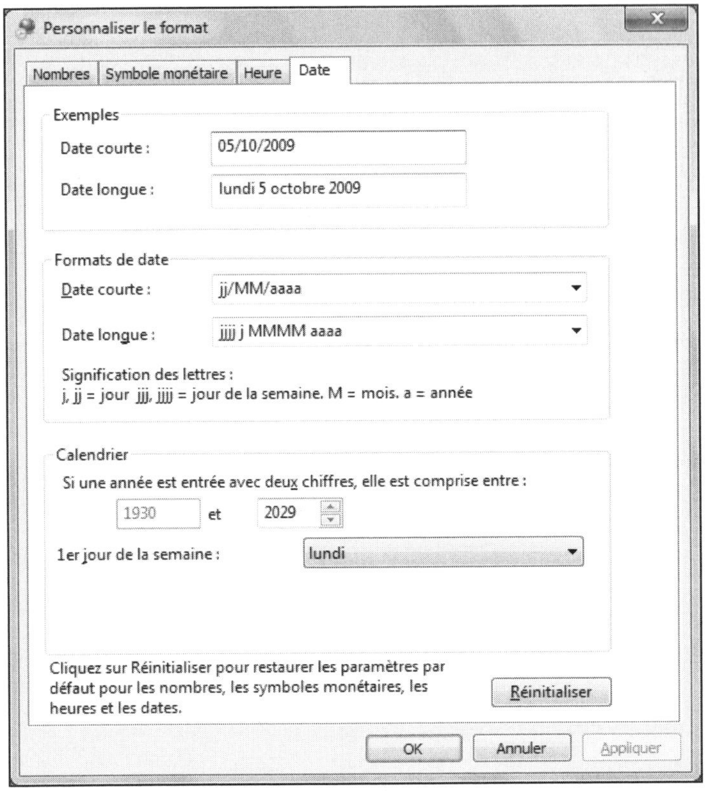

Figure 24-17 Modification des dates.

6. Cliquez le bouton **Appliquer** pour afficher un exemple dans la zone **Exemple**.

Paramètres	**Signification**
Date courte	Style d'affichage des dates au format numérique.
Date longue	Style d'affichage des dates en toutes lettres.
Si une année est entrée avec deux chiffres, elle est comprise entre :	Dernière année de référence pour les dates saisies sur deux chiffres. Ce paramètre permet de gérer les problèmes liés au changement de siècles. Pour la valeur 2029 par défaut : la date 30 sera interprétée comme 1930, 99 comme 1999, 0 comme 2000, 15 comme 2015, 29 comme 2029.

Tableau 24-4 Paramètres des dates.

Utilisez les symboles du tableau 24-5 pour compléter les zones **Date courte** et **Date longue**

Date	Symboles et correspondances (exemple pour le 01/01/2009)
Jour	J = 1, JJ = 01
Jour de la semaine	JJJ = mar., JJJJ = mardi
Mois	M = 1, MM = 01, MMM = janv., MMMM = janvier
Années	AA = 09, AAAA = 2009

Tableau 24-5 Paramètres des zones Formats de date.

Polices de caractères

Visualiser et imprimer une police

Pourquoi ne donneriez-vous pas un nouveau look à vos documents ? Pour changer de police, visualisez-les, imprimez-les et choisissez.

1. Cliquez l'icône **Polices** dans le Panneau de configuration (figure 24-2).

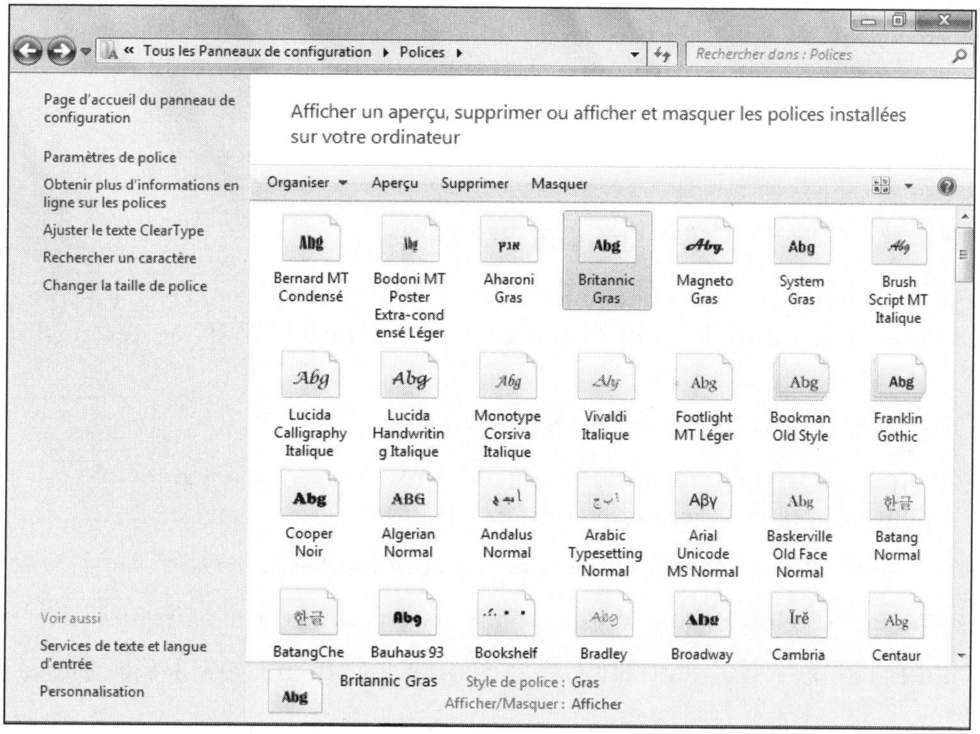

Figure 24-18 Liste des polices installées.

2. Double-cliquez la police à visualiser.

   Le texte « Voix ambiguë d'un cœur … » présente toutes les lettres de l'alphabet.

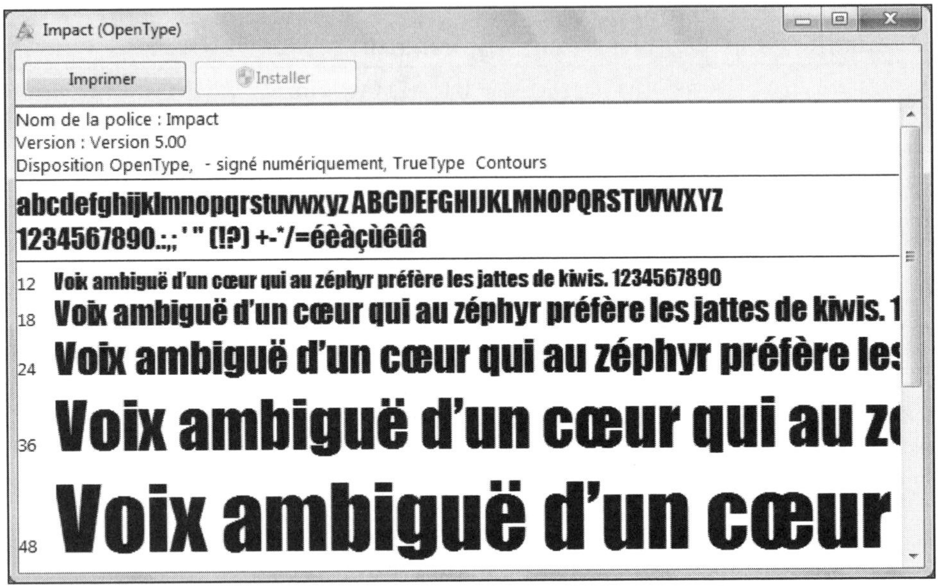

Figure 24-19 Exemple des caractères d'une police.

3. Éventuellement, cliquez le bouton **Imprimer** pour garder une trace papier de la police.
4. Cliquez le bouton pour fermer la fenêtre de la police.

Installer une police de caractères

Ne limitez pas vos envies de changement : installez autant de polices qu'il vous plaira. Vous trouverez de nouvelles polices sur Internet ou sur les CD-ROM des magazines et de vos logiciels.

1. Cliquez le bouton **Démarrer → Ordinateur**.
2. Si les polices ne sont pas sur le disque dur, insérez le support amovible qui contient des polices (généralement un CD-ROM).
3. Sélectionnez le lecteur puis le dossier qui contient les polices.

   Les polices du dossier sélectionné apparaissent dans la liste à droite.
4. Cliquez le bouton dans la barre d'outils pour afficher le volet de visualisation.

5. Cliquez le fichier de la police pour afficher un aperçu rapide dans le volet de visualisation. Double-cliquez le fichier de la police pour afficher un exemple complet dans une nouvelle fenêtre.

6. Cliquez avec le bouton droit le fichier de la police, puis **Installer** dans le menu contextuel. Si vous avez affiché l'aperçu complet à l'étape **5**, cliquez le bouton **Installer**.

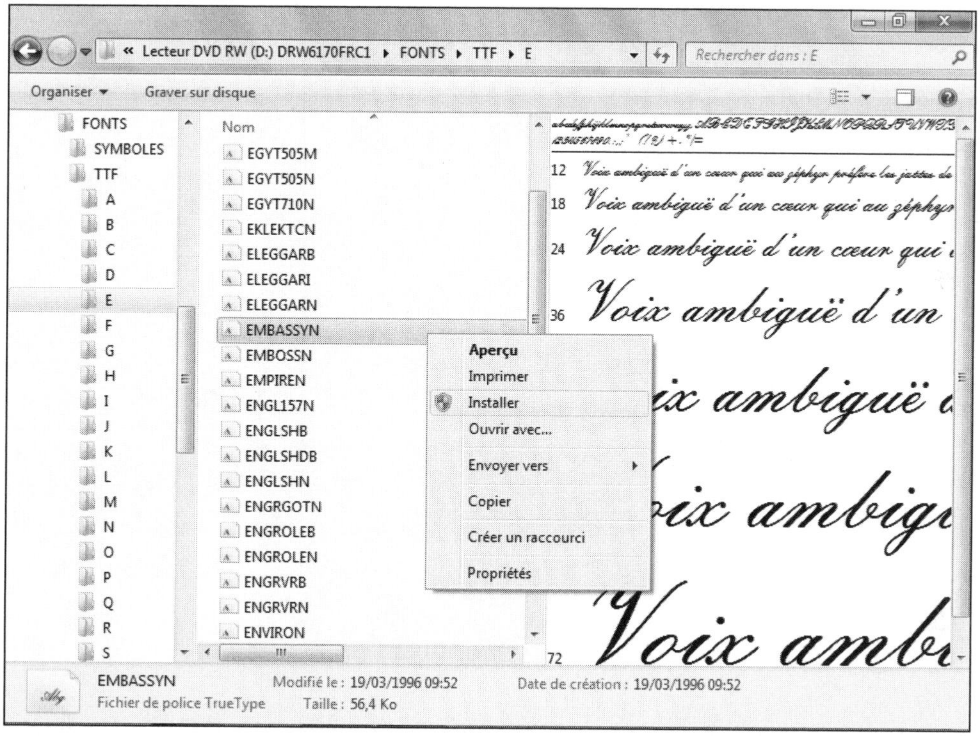

Figure 24-20 Installation de polices de caractères.

7. Répétez les étapes **5** et **6** pour installer d'autres polices.

Configurer les périphériques audio

Le son est un élément important des ordinateurs d'aujourd'hui, que ce soit pour le multimédia ou pour vous avertir d'événements de manière auditive. Le Panneau de configuration vous propose une icône pour mieux configurer votre environnement sonore et choisir les sons qui accompagnent des actions ou des événements dans Windows.

Modifier la configuration sonore

1. Cliquez l'icône **Son** dans le Panneau de configuration (figure 24-2).
2. Cliquez l'onglet **Lecture**.

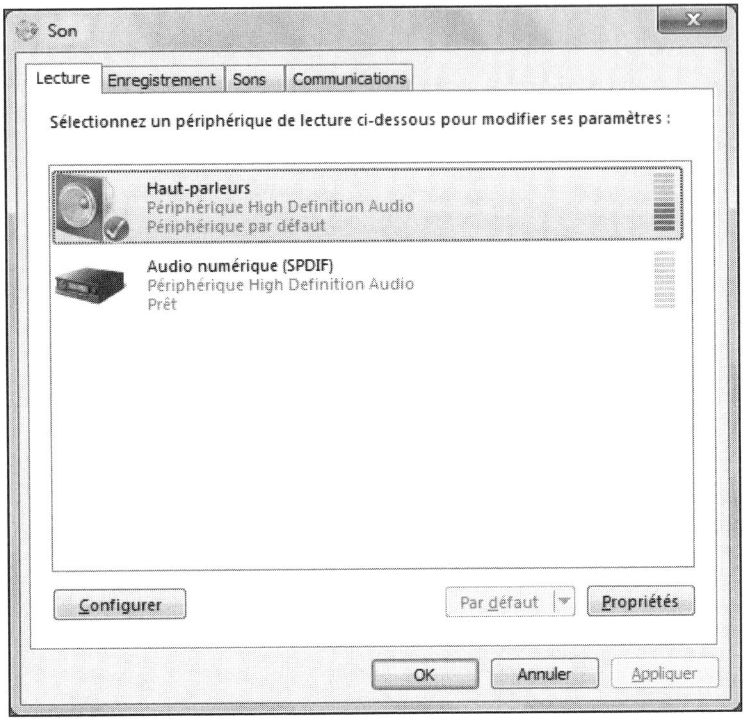

Figure 24-21 Liste des périphériques de lecture.

Cette boîte permet de configurer vos périphériques audio et vos haut-parleurs.

3. Pour choisir le périphérique de lecture, sélectionnez-le dans la liste puis cliquez le bouton **Par défaut** (figure 24-21). Vous pouvez utiliser un casque plutôt que des haut-parleurs.
4. Pour paramétrer vos haut-parleurs, sélectionnez-les dans la liste, puis cliquez le bouton **Configurer**.

   Windows ouvre un assistant (une suite de boîtes de dialogue).

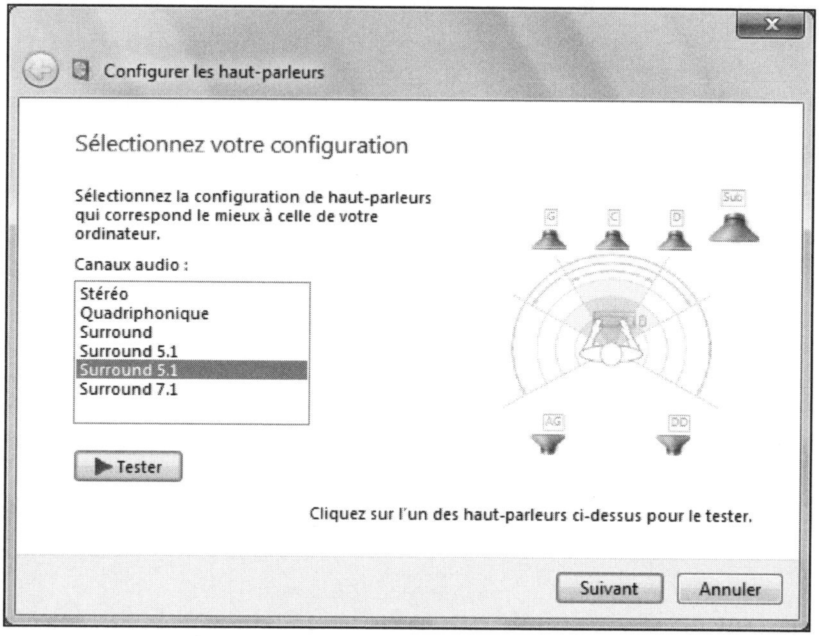

Figure 24-22 Configuration des haut-parleurs.

5. Sélectionnez dans la liste **Canaux audio** votre configuration.

   L'image à droite propose un exemple de disposition de votre configuration sonore.

6. Cliquez le bouton **Tester** pour écouter le son de chacun des haut-parleurs.
7. Pour vérifier un haut-parleur en particulier, cliquez-le dans l'image de la configuration sonore.
8. Cliquez le bouton **Suivant**.
9. Cochez les haut-parleurs que vous désirez réellement utiliser.

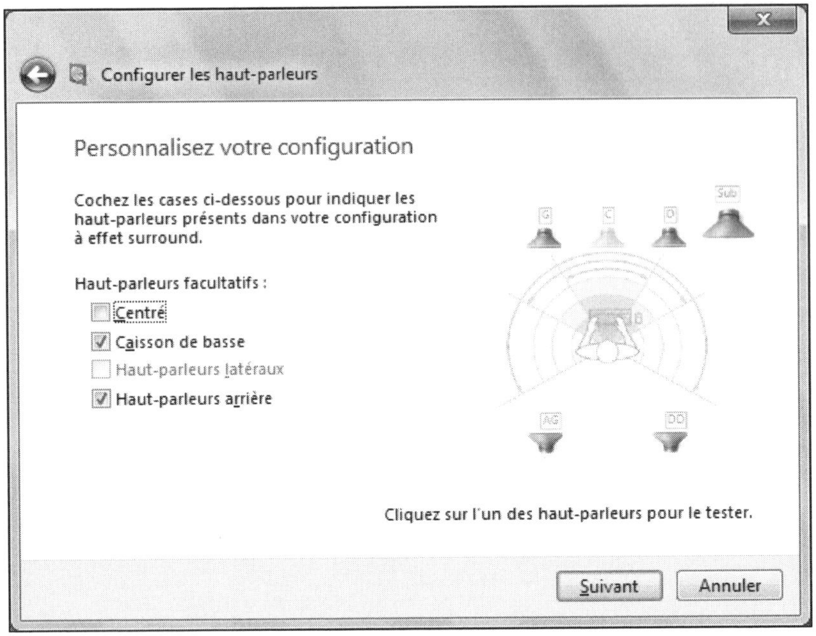

Figure 24-23 Choix des haut-parleurs.

10. Cliquez le bouton **Suivant**.
11. Cochez uniquement les haut-parleurs à large bande, c'est-à-dire ceux qui peuvent restituer des sons graves. Décochez les autres.
12. Cliquez le bouton **Suivant** puis **Terminer**.

Modifier les sons des événements Windows

À chaque événement (démarrage, question, *etc.*), Windows associe un son. Bien sûr, vous pouvez les modifier selon vos goûts.

Cliquez l'onglet **Sons** (figure 24-21).

Écouter un son

Les événements précédés de ont un son associé.

1. Cliquez un événement précédé de l'icône .

   La zone **Sons** affiche le son associé.

2. Cliquez le bouton **Tester** pour l'écouter.

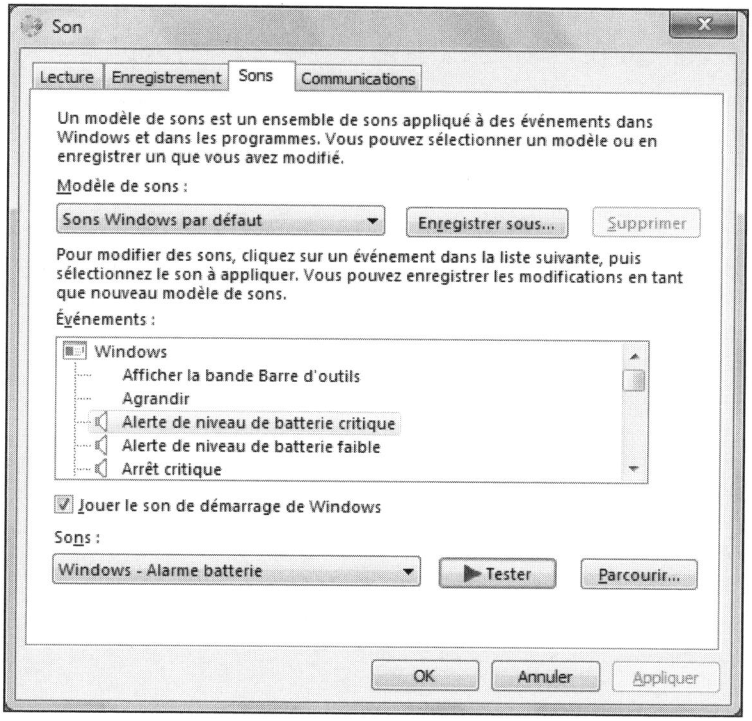

Figure 24-24 Sons associés aux événements de Windows.

Modifier un son

1. Cliquez un événement dans la liste **Événements**.
2. Sélectionnez dans la liste **Sons** celui à utiliser. Pour supprimer le son actuel, sélectionnez **(Aucun)** au début de la liste.

Ajouter un son personnalisé

Si les sons proposés par Windows 7 ne vous conviennent pas, remplacez-les par vos propres fichiers son.

Note Les sons sont des fichiers au format Wave (extension .wav). Les sons par défaut de Windows se trouvent dans le dossier C:\Windows\Media.

1. Cliquez un événement dans la liste **Événements**.
2. Cliquez le bouton **Parcourir**.
3. Éventuellement, sélectionnez le dossier dans l'arborescence.
4. Cliquez le fichier son à utiliser.

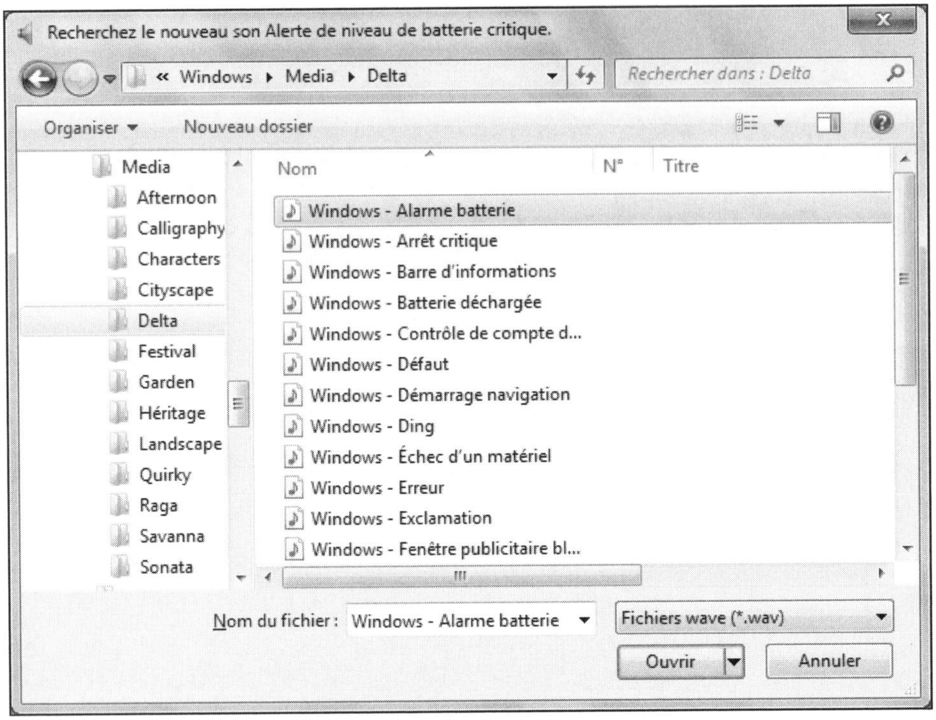

Figure 24-25 Ajout d'un son personnalisé.

Astuce Pour trouver d'autres sons sur Internet, effectuez une recherche avec les mots-clés « son télécharger » dans un moteur de recherche (par exemple `www.google.fr`).

5. Cliquez le bouton **OK**.

Si l'événement n'avait pas de son, il est maintenant précédé de l'icône . Les événements qui ne sont plus associés au son par défaut de Windows sont précédés de l'icône .

Astuce Si vous changez souvent les sons, vous pouvez enregistrer la configuration actuelle en cliquant le bouton **Enregistrer sous**. Cette configuration sera ensuite disponible dans la liste **Modèle de sons**.

Paramétrer les contrôleurs de jeu

Les contrôleurs de jeu, ou *joysticks*, sont des accessoires spécifiques comme la souris ou le clavier. Le Panneau de configuration propose donc une icône pour les gérer.

Noe Certains contrôleurs de jeu comme les joysticks à retour de force nécessitent une installation spécifique. Consultez leur documentation.

1. Cliquez l'icône **Périphériques et imprimante** dans le Panneau de configuration (figure 24-2).

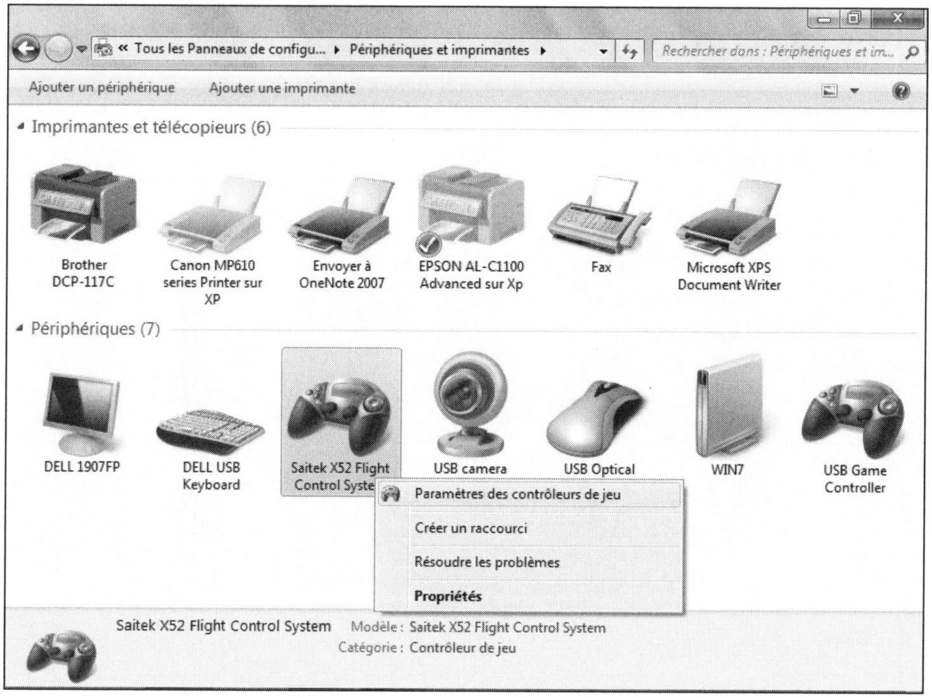

Figure 24-26 Liste des contrôleurs de jeux installés.

2. Dans la liste **Périphériques**, cliquez avec le bouton droit un joystick, puis **Paramètres des contrôleurs de jeu** dans le menu contextuel.

3. Pour choisir le contrôleur par défaut des anciens jeux, cliquez le bouton **Avancé** puis sélectionnez-le dans la boîte qui s'affiche.

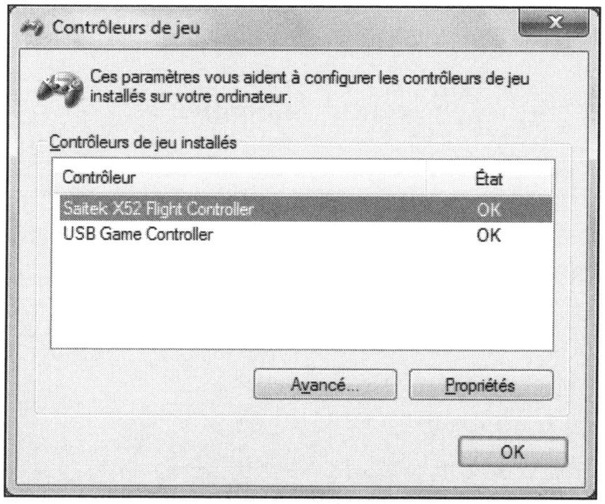

Figure 24-27 Liste des contrôleurs de jeu installés.

4. Cliquez le joystick à modifier dans la liste **Contrôleurs de jeu installés**, puis cliquez le bouton **Propriétés**.

Étalonner un contrôleur de jeu

Si votre contrôleur de jeu présente des dysfonctionnements, vous devez l'étalonner.

1. Cliquez l'onglet **Paramètres**.
2. Pour retrouver l'étalonnage par défaut, cliquez le bouton **Réinitialiser**.

Figure 24-28 Modification des paramètres d'un contrôleur de jeu.

3. Pour régler votre contrôleur de jeu, cliquez le bouton **Étalonner**.
4. Suivez les instructions de l'assistant.

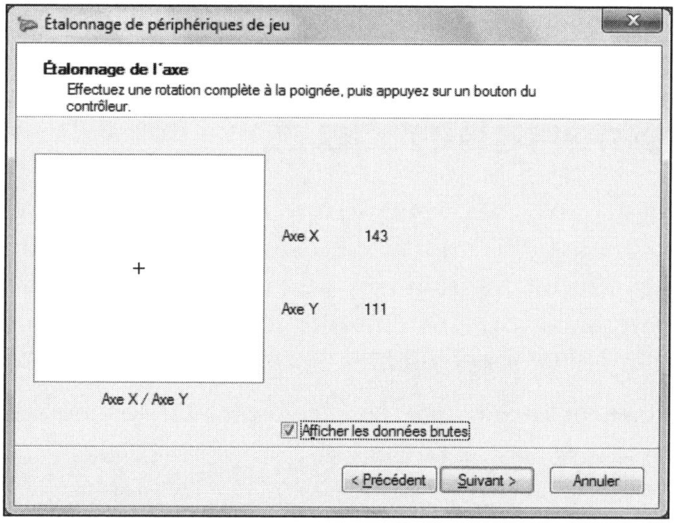

Figure 24-29 Étalonnage d'un contrôleur de jeu.

Tester un contrôleur de jeu

Testez votre contrôleur de jeu pour vous assurer de son bon fonctionnement.

1. Cliquez l'onglet **Tester**.
2. Déplacez les éléments mobiles (manche à balai, manette des gaz, palonnier, point de vue, *etc.*) et appuyez sur les boutons pour tester votre contrôleur.

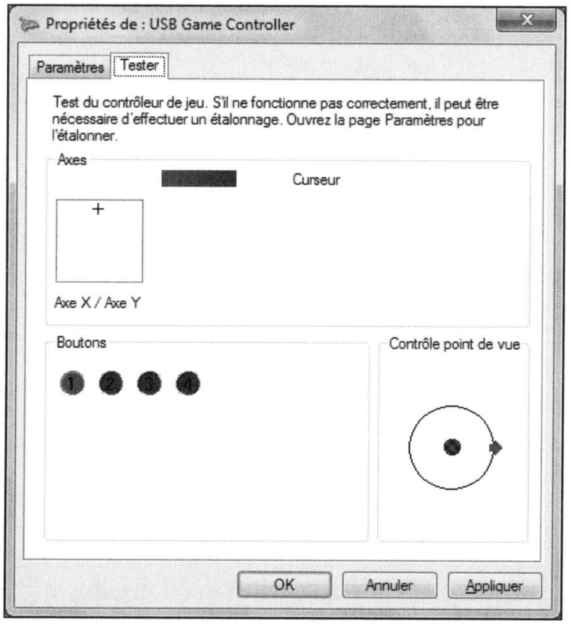

Figure 24-30 Test d'un contrôleur de jeu.

3. Cliquez les boutons **OK** des boîtes ouvertes.

Vérifier les autres périphériques

En plus des imprimantes et des contrôleurs de jeu vus précédemment, la fenêtre Périphériques et imprimantes regroupe tous les matériels connectés à votre ordinateur (clavier, souris, clé USB, disque réseau, Webcam, appareil photo ou vidéo, téléphone portable, *etc.*). C'est le moyen le plus simple de consulter l'ensemble de vos périphériques et de vérifier s'ils fonctionnent correctement.

1. Cliquez l'icône **Périphériques et imprimante** dans le Panneau de configuration (figure 24-2).

Note Seuls les matériels branchés et allumés apparaissent dans cette fenêtre. Un appareil photo numérique effectivement connecté mais qui n'est pas allumé ne sera pas listé ici.

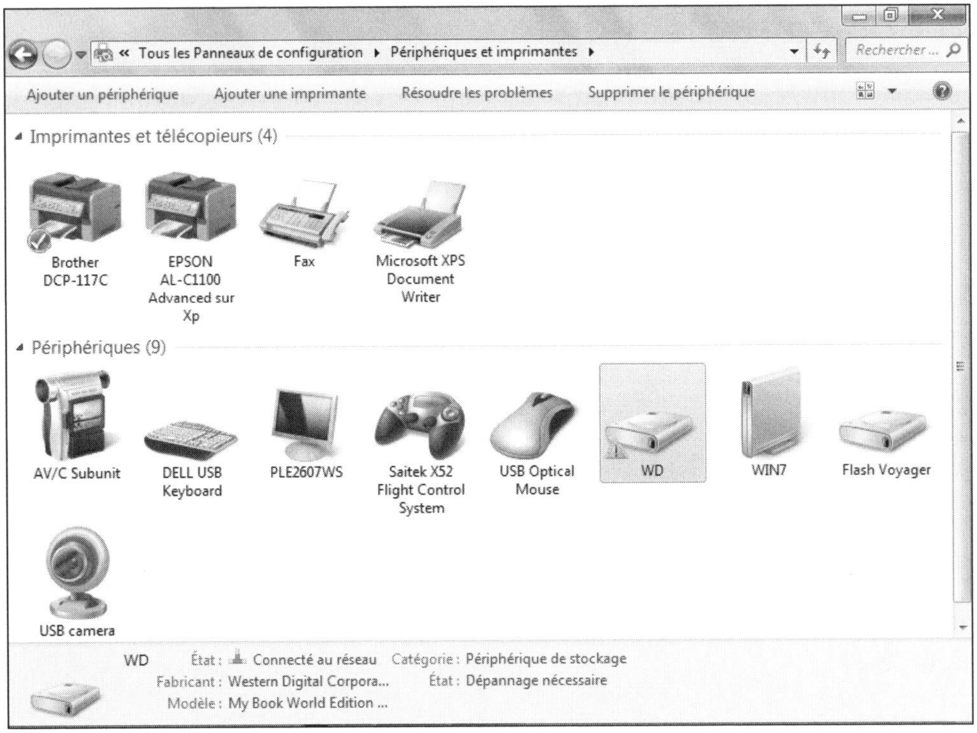

Figure 24-31 Liste des périphériques actuellement connectés.

2. Cliquez l'icône d'un périphérique.

Le Volet des détails, en bas de la fenêtre, vous donne des informations sur le périphérique sélectionné et indique s'il fonctionne correctement.

Dépanner un périphérique

Dans l'exemple de la figure 24-31, le périphérique nommé WD semble ne pas fonctionner correctement. Si un périphérique pose des problèmes, vous pouvez tenter de les résoudre avec l'assistant de dépannage.

1. Cliquez le périphérique qui pose problème.
2. Cliquez le bouton **Résoudre les problèmes** dans la barre d'outils.

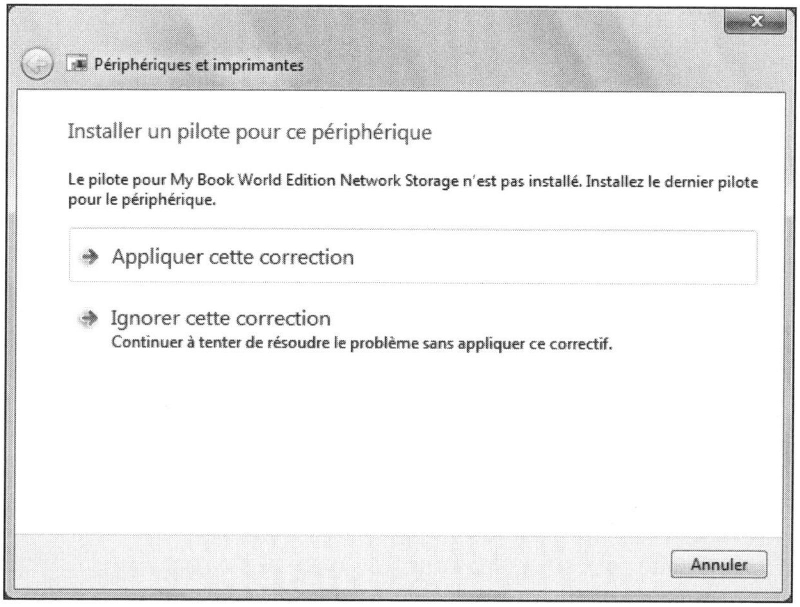

Figure 24-32 Assistant de dépannage.

3. Suivez les instructions de l'assistant.

Mettre à jour les pilotes et les icônes des périphériques

Windows peut se charger de trouver pour vous, *via* Internet, les bons pilotes pour vos périphériques. Il peut aussi trouver des icônes plus réalistes pour remplacer les icônes génériques.

1. Cliquez avec le bouton droit l'icône de votre ordinateur (nommé WIN7 dans l'exemple de la figure 24-31).
2. Cliquez la commande **Paramètres d'installation de périphériques** dans le menu contextuel.

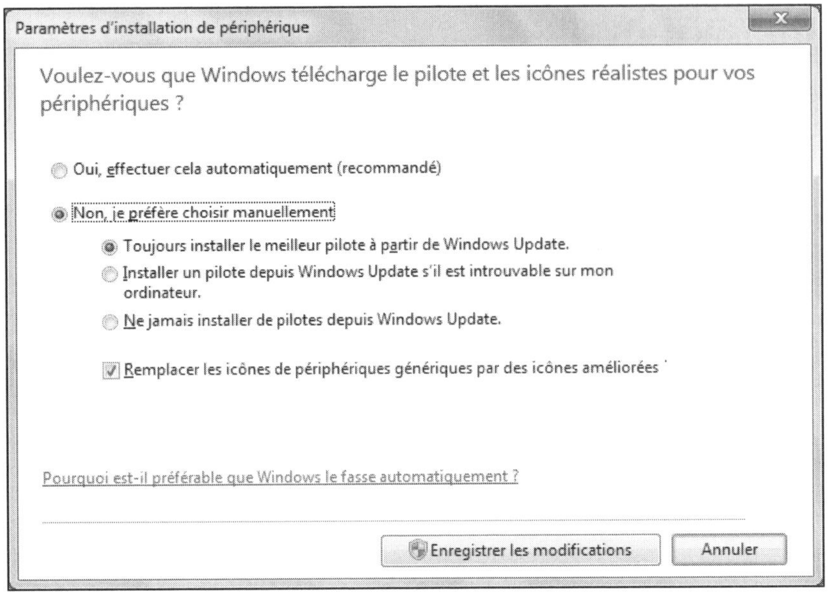

Figure 24-33 Choix des mises à jour des périphériques.

3. Cochez la case **Oui, effectuer cela automatiquement**.
4. Cliquez le bouton **Enregistrer les modifications**.

Ajouter un périphérique sans fil ou réseau

Vous pouvez facilement ajouter ici un périphérique sans fil ou réseau qui n'apparaît pas dans la liste.

1. Branchez et allumez le périphérique.
2. Dans la fenêtre Périphériques et imprimantes, cliquez le bouton **Ajouter un périphérique** dans la barre d'outils.
3. Cliquez le périphérique dans la boîte qui s'affiche.

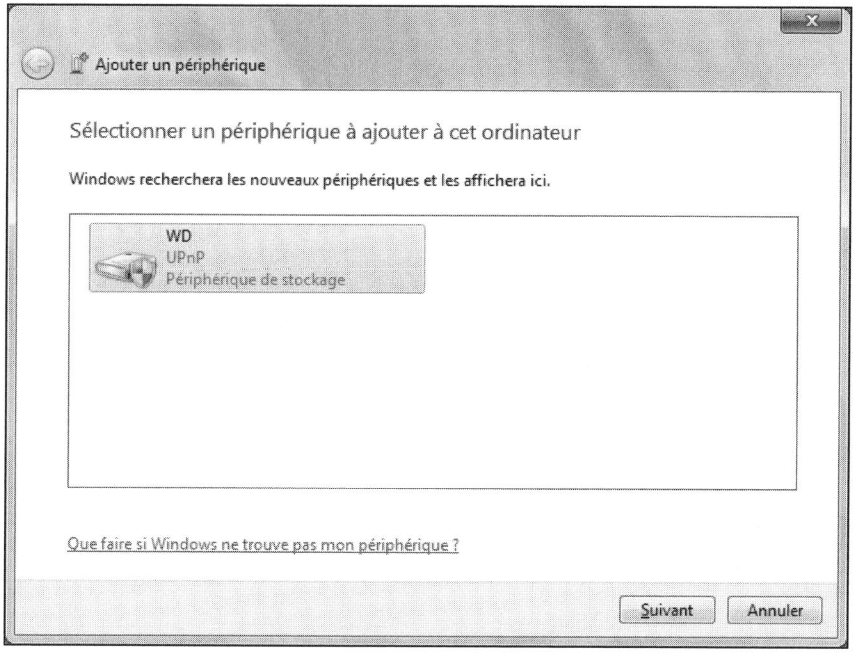

Figure 24-34 Ajout d'un périphérique sans fil ou réseau.

4. Cliquez le bouton **Suivant**.
5. Suivez les instructions de l'assistant.

Note Si Windows ne trouve pas de pilote, utilisez le CD fourni par le fabriquant.

Paramètres système

L'icône Système permet d'accéder aux options utilisées par Windows pour gérer une multitude de domaines : gestion des périphériques, sauvegarde du système, mise à jour, *etc.*

Utilisateur et ressources

Cliquez l'icône **Système** (figure 24-2).

Cette boîte affiche la version de Windows, les ressources de votre ordinateur (processeur et mémoire), ainsi que le nom de l'ordinateur. La zone **Évaluation** affiche l'indice des performances de votre ordinateur (pour en savoir plus sur cet indice, cliquez le lien **Indice de performance Windows**).

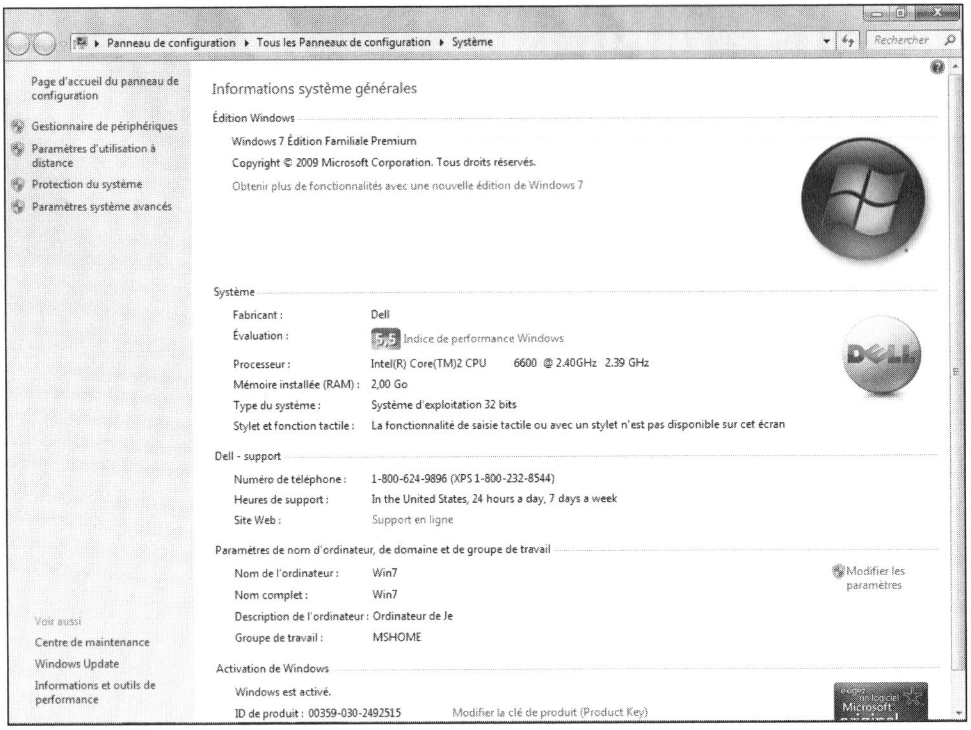

Figure 24-35 Version de Windows et nom de l'ordinateur.

Nom de l'ordinateur

1. Dans la fenêtre Informations système générales (figure 24-35), cliquez le lien **Modifier les paramètres** en regard du nom de l'ordinateur.
2. Cliquez le bouton **Oui** si Windows demande une autorisation.

   Le nom de votre ordinateur permet son identification sur le réseau. Ce nom est utilisé pour le partage des ressources (dossiers ou imprimantes). Le groupe de travail correspond à l'ensemble des ordinateurs qui partagent leurs ressources.

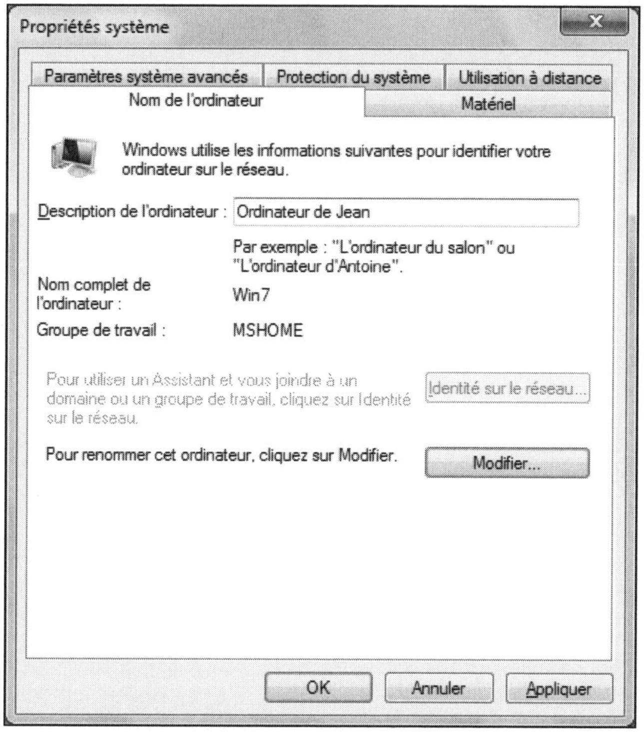

Figure 24-36 Nom de l'ordinateur et du groupe de travail.

3. Tapez dans la zone **Description de l'ordinateur** un texte qui permet de mieux vous identifier sur le réseau.
4. Cliquez le bouton **Modifier** si vous désirez changer le nom de l'ordinateur ou changer de groupe de travail.

Gestion des matériels

1. Dans la boîte Propriétés système (figure 24-36), cliquez l'onglet **Matériel**.

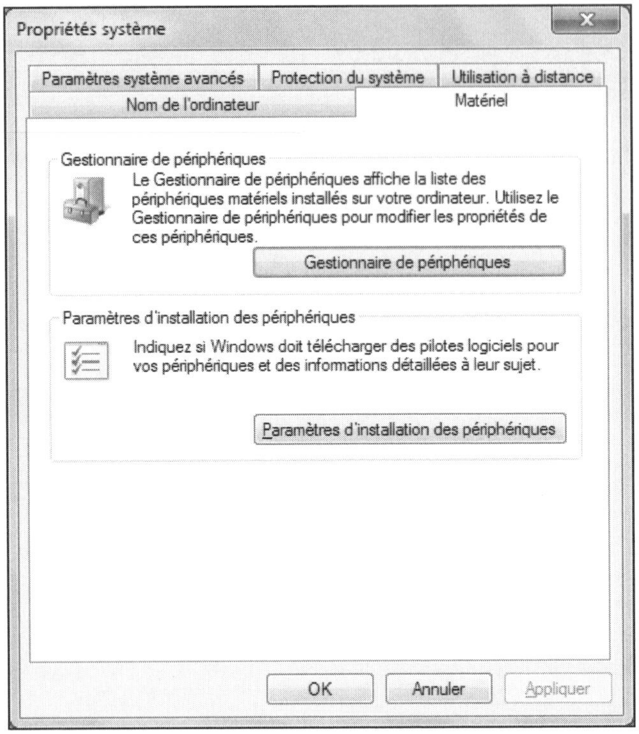

Figure 24-37 Accès aux modifications du matériel.

Le bouton **Gestionnaire de périphériques** permet de connaître les matériels installés dans votre ordinateur et, éventuellement, de les dépanner.

Chaque matériel est associé à un programme nommé « pilote ». Windows peut télécharger les pilotes directement sur Internet lors de l'installation d'un nouveau matériel. Cela évite des problèmes de compatibilité. Le bouton **Paramètres d'installation des périphériques** permet de définir si Windows doit rechercher les pilotes, ainsi que les icônes des périphériques pour remplacer les icônes génériques (consultez le paragraphe « Mettre à jour les pilotes et les icônes des périphériques » plus haut dans ce chapitre).

2. Cliquez le bouton **OK** dans la boîte Propriétés système.

Options d'ergonomie

Si vous avez des difficultés, visuelles ou auditives, Windows vous propose diverses solutions pour utiliser le clavier à la place de la souris, pour changer la couleur et la taille des caractères à l'écran, ou ajouter des sons pour être averti d'événements essentiels.

1. Double-cliquez l'icône **Options d'orgonomie** (figure 24-2).

La fenêtre Options d'ergonomie s'affiche.

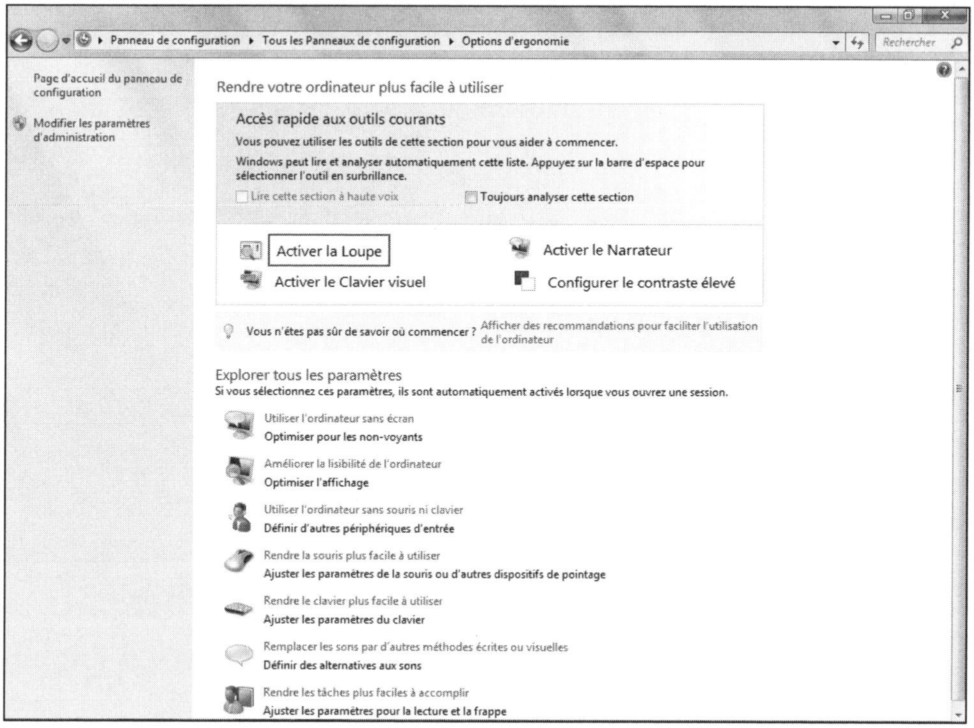

Figure 24-38 Options d'ergonomie.

Activer et configurer la Loupe

Cet outil permet d'afficher à l'écran une loupe qui suit le curseur ou les caractères sélectionnés au clavier.

1. Cliquez le lien **Activer la Loupe** (figure 24-38).

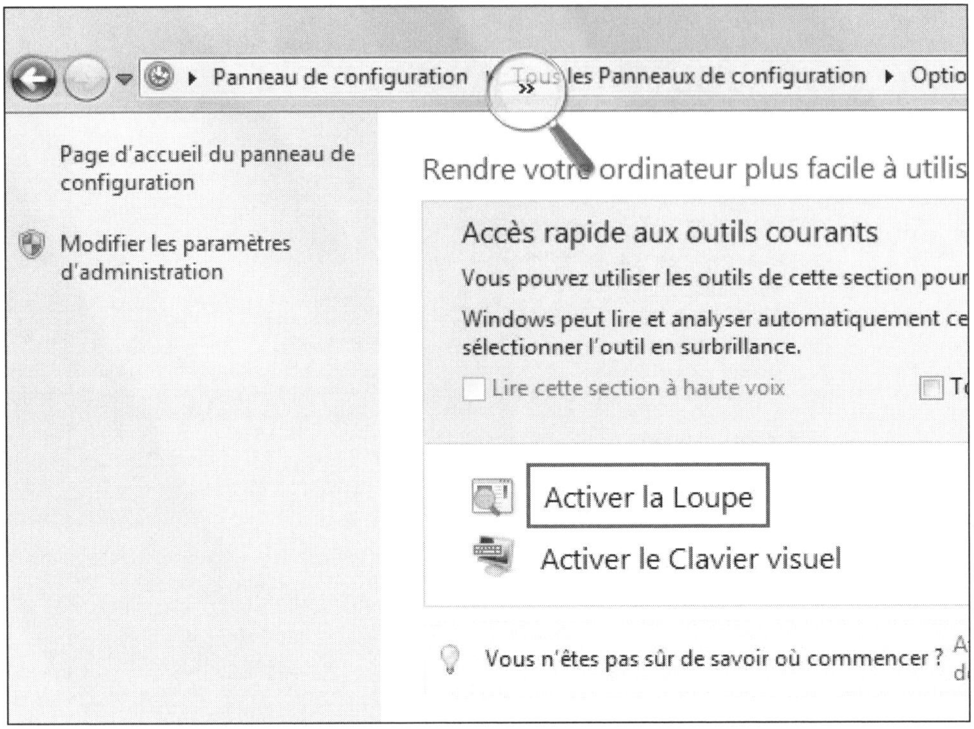

Figure 24-39 Fenêtre avec la Loupe en mode Plein écran.

2. Déplacez la souris sur les bords de l'écran pour afficher un point précis.

Note Pour activer directement la loupe, cliquez le bouton **Démarrer** → **Tous les programmes** → **Accessoires** → **Options d'ergonomie** → **Loupe**.

Modifier les paramètres de la Loupe

1. Si la barre d'outils **Loupe** n'est pas affichée, cliquez l'icône de la loupe (figure 24-39).
2. Dans la barre d'outils Loupe, cliquez les boutons et pour modifier l'échelle de grossissement.

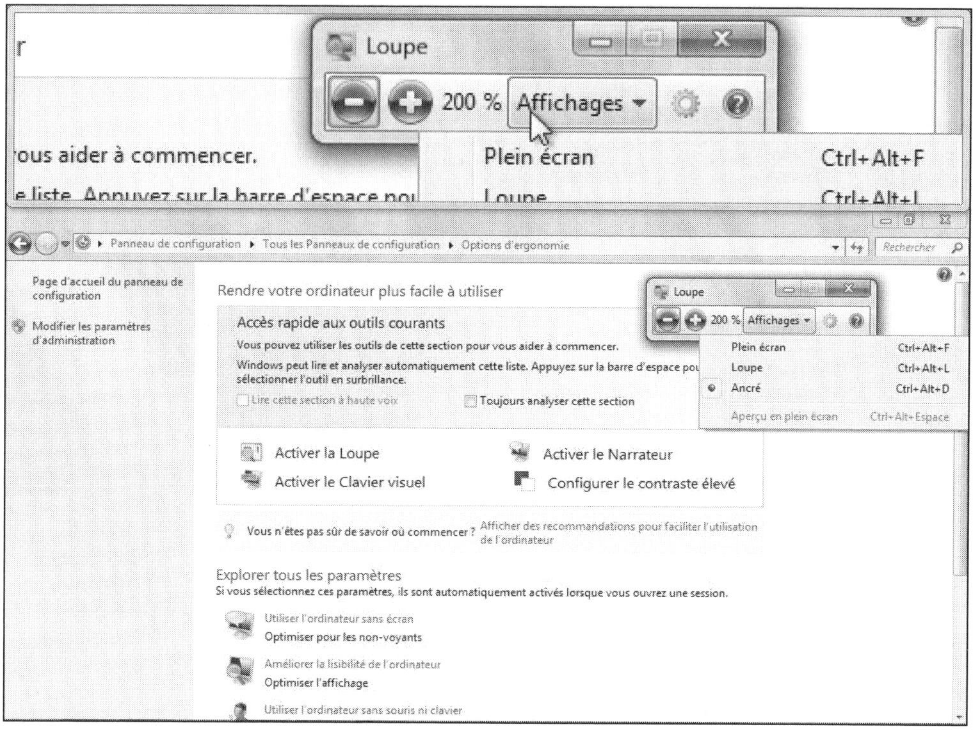

Figure 24-40 Fenêtre avec la Loupe en mode Ancré.

3. Cliquez le bouton **Affichage** puis le type de loupe. Pour que la fenêtre de la loupe reste en haut de l'écran, choisissez **Ancré**. (figure 24-40). Pour déplacer une loupe sur l'écran, choisissez **Loupe** (figure 24-41). Pour agrandir l'ensemble de l'écran, choisissez Plein écran (figure 24-39).

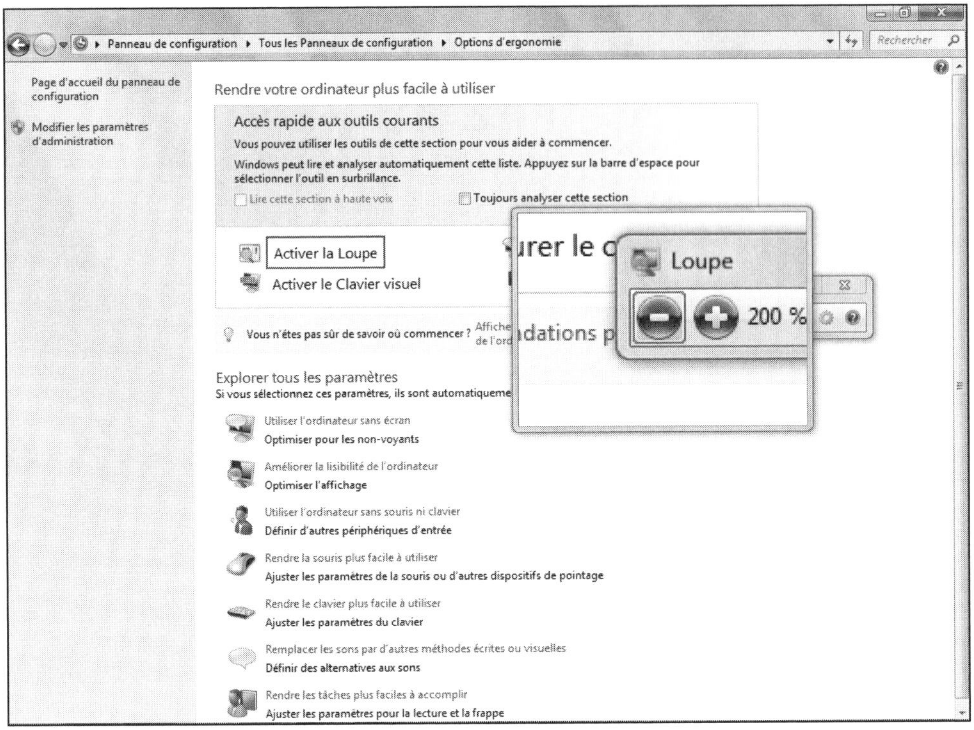

Figure 24-41 Fenêtre avec la Loupe en mode Loupe.

4 Pour choisir la zone à agrandir avant de passer en mode plein écran, choisissez **Affichage ➜ Aperçu en plein écran**, puis déplacez le curseur sur la zone à cibler.

5. Pour modifier les options, cliquez le bouton dans la barre d'outils **Loupe**.

6. Si vous avez des difficultés visuelles, cochez la case **Activer l'inversion des couleurs**.

7. Dans la zone **Suivi**, cochez les cases des éléments à suivre.

8. Pour que la loupe soit activée au démarrage de Windows, cliquez le lien **Déterminer si la loupe démarre quand…** puis cochez la case **Activer la loupe**.

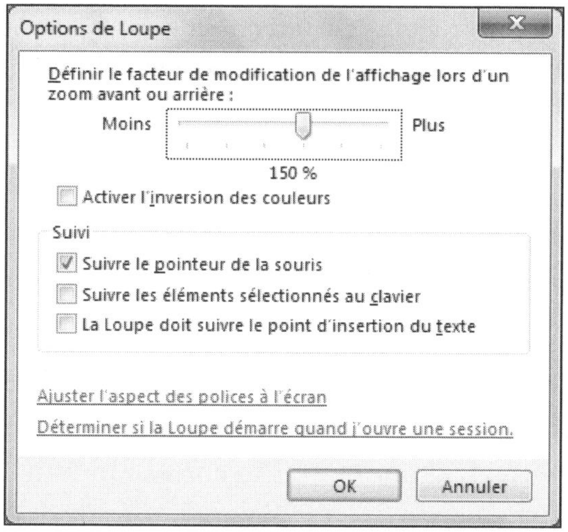

Figure 24-42 Paramètres de la Loupe.

9. Cliquez le bouton **OK** dans la boîte Options de la loupe.
10. Cliquez le bouton pour réduire la barre d'outils Loupe dans la barre des tâches.
11. Pour fermer la Loupe, cliquez du bouton droit de la souris le bouton **Loupe** dans la barre des tâches, puis la commande **Fermer la fenêtre** dans le menu contextuel. Si la barre Loupe est affichée, cliquez simplement le bouton .

Activer le clavier visuel

Si vous ne pouvez pas utiliser le clavier, remplacez-le par un clavier virtuel accessible avec la souris ou un autre dispositif de pointage.

1. Cliquez le lien **Activer le Clavier visuel** (figure 24-38).

Figure 24-43 Clavier visuel standard.

Note Pour afficher directement le clavier visuel, cliquez le bouton **Démarrer** → **Tous les programmes** → **Accessoires** → **Options d'ergonomie** → **Clavier visuel**.

Modifier les paramètres du clavier visuel

1. Cliquez la touche **Options** sur le clavier visuel.
2. Pour ajouter un son à chaque clic sur le clavier visuel, cochez la case **Utiliser le clic audio**.
3. Pour ajouter les touches numériques comme sur un clavier standard, cochez la case **Activer le pavé numérique**.
4. Dans la zone **Pour utiliser le Clavier visuel**, cliquez l'option correspondant à votre utilisation, puis modifiez ses paramètres.
5. Pour que le clavier visuel soit activé au démarrage de Windows, cliquez le lien **Déterminer si le clavier visuel s'affiche…** puis cochez la case **Utiliser le Clavier visuel**.

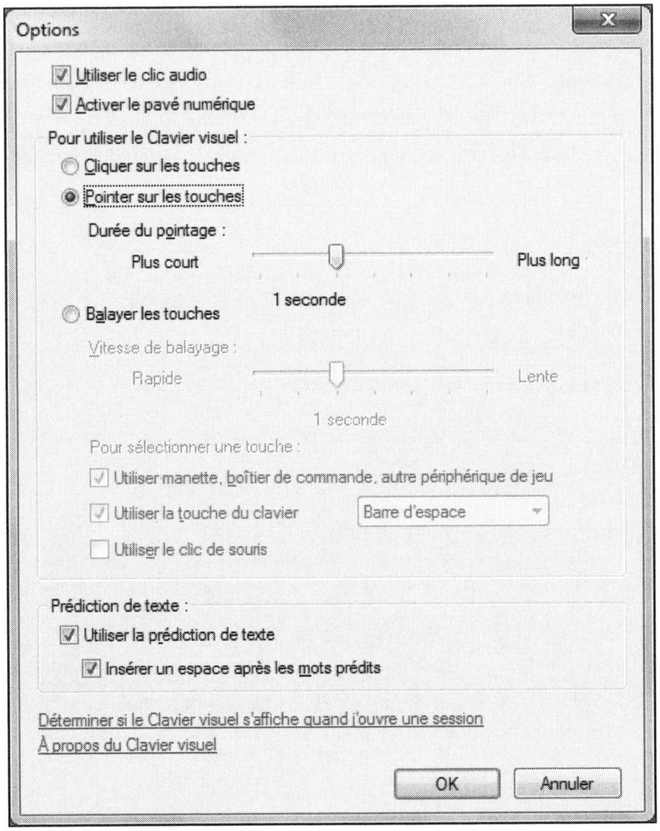

Figure 24-44 Options du clavier visuel.

6. Cliquez le bouton **OK**.

Figure 24-45 Clavier visuel étendu.

7. Cliquez le bouton  pour fermer le clavier visuel.

Améliorer l'affichage

1. Cliquez le lien **Améliorer la lisibilité de l'ordinateur** (figure 24-38).

   Les options d'affichage permettent de modifier les couleurs, les polices et le curseur pour une meilleure visibilité à l'écran.

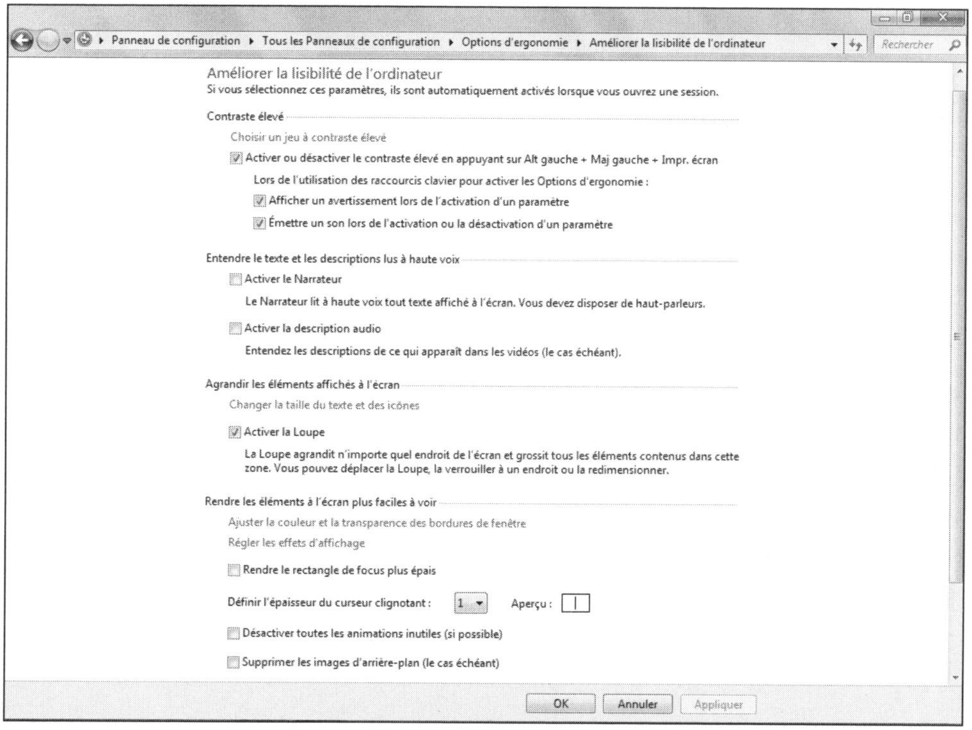

Figure 24-46 Options d'amélioration de la lisibilité.

Paramétrer le contraste élevé

1. Cliquez le lien **Choisir un jeu à contraste élevé**.
2. Sélectionnez un contraste élevé dans la liste **Thèmes de base et à contraste élevé**.

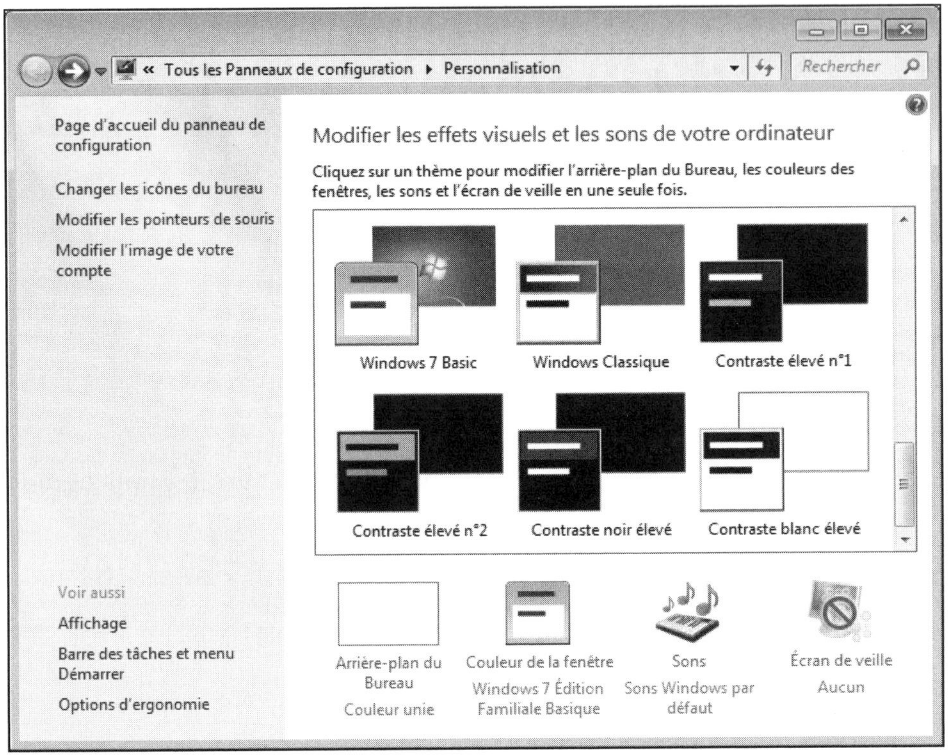

Figure 24-47 Choix du contraste élevé.

Le thème à contraste élevé est appliqué immédiatement.

3. Cliquez le bouton **X** pour fermer la fenêtre Personnalisation.
4. Cochez la case **Activer ou désactiver le contraste élevé** pour appliquer les modifications d'affichage avec les touches **Alt** (touche de gauche) + **Maj** (touche de gauche) + **Impr. écran**.
5. Cochez la case **Afficher un avertissement** pour afficher une demande de confirmation dans une boîte de dialogue.

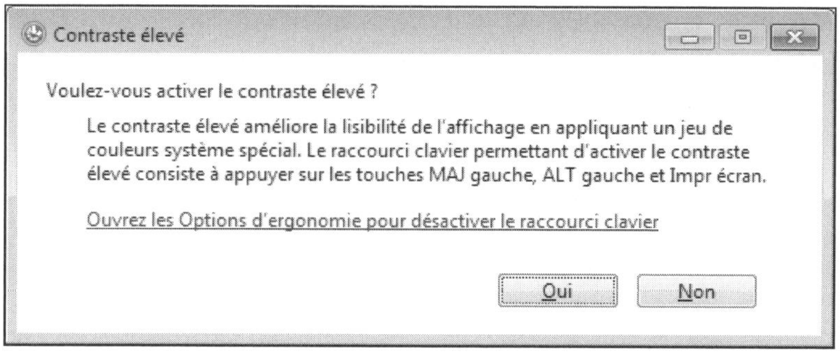

Figure 24-48 Demande de confirmation pour le passage au contraste élevé.

6. Cochez la case **Émettre un son** pour être averti auditivement lors du changement de contraste.

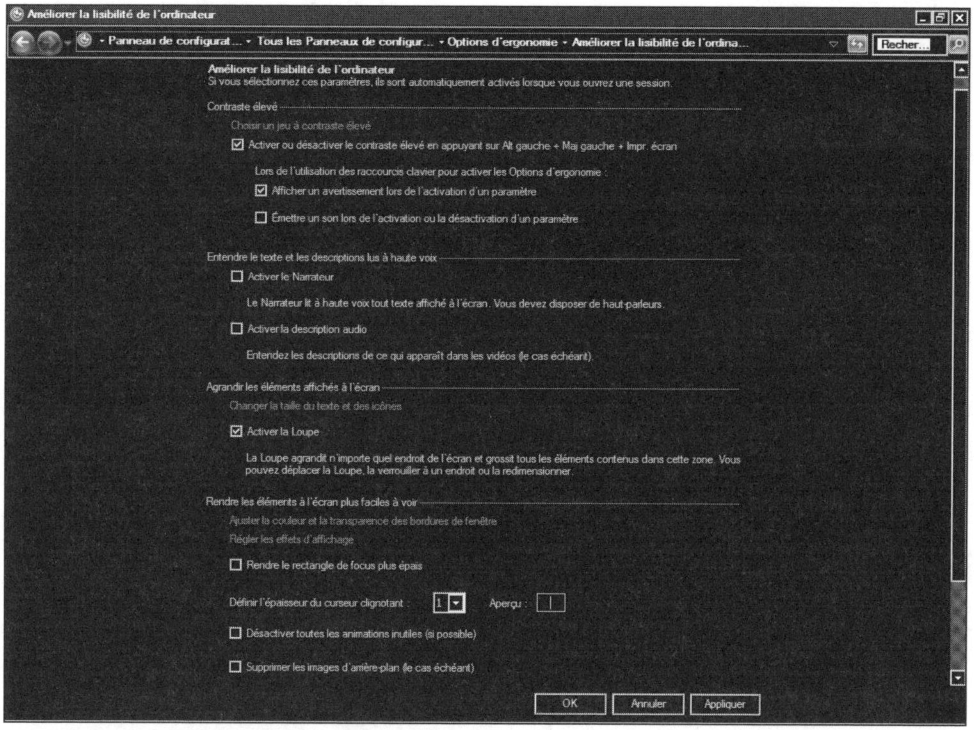

Figure 24-49 Écran avec un contraste élevé.

Changer la taille du texte

1. Cliquez le lien **Changer la taille du texte et des icônes** (figure 24-46). Cliquez le bouton **Continuer** pour confirmer.

2. Cochez l'option **Moyenne** ou **Grande**. Vous pouvez aussi cliquer le lien **Définir la taille du texte personnalisée** dans le volet gauche pour choisir votre propre taille de caractères.

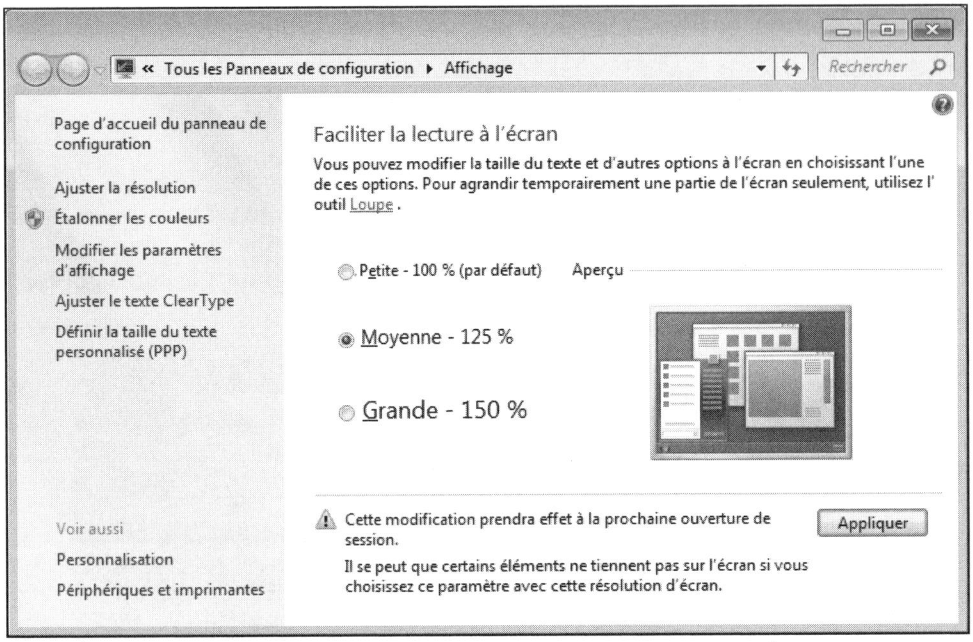

Figure 24-50 Modification de la taille des caractères à l'écran.

Note La modification de la taille des caractères n'est appliquée qu'après le redémarrage de Windows ou la fermeture de la session.

3. Cliquez le bouton **Appliquer**.

Changer la taille du curseur

Pour qu'il soit plus visible, vous pouvez modifier la taille du curseur de saisie.

1. Cochez la case **Rendre le rectangle de focus plus épais** (figure 24-46).
2. Sélectionnez la taille du curseur dans la liste **Définir l'épaisseur**.

Note Le lien **Ajuster la couleur** affiche la boîte **Couleur et apparence des fenêtres**. Le lien **Régler les effets d'affichage** affiche la boîte **Paramètres de l'apparence**. Consultez le chapitre 1 pour les options de ces boîtes.

3. Cliquez le bouton **OK** pour enregistrer vos choix.

Options de la souris

Pour qu'il soit plus visible, vous pouvez modifier l'apparence du curseur de souris.

1. Cliquez le lien **Rendre la souris plus facile à utiliser** (figure 24-38).
2. Cochez le type de curseur à utiliser dans la zone **Pointeurs de souris**.

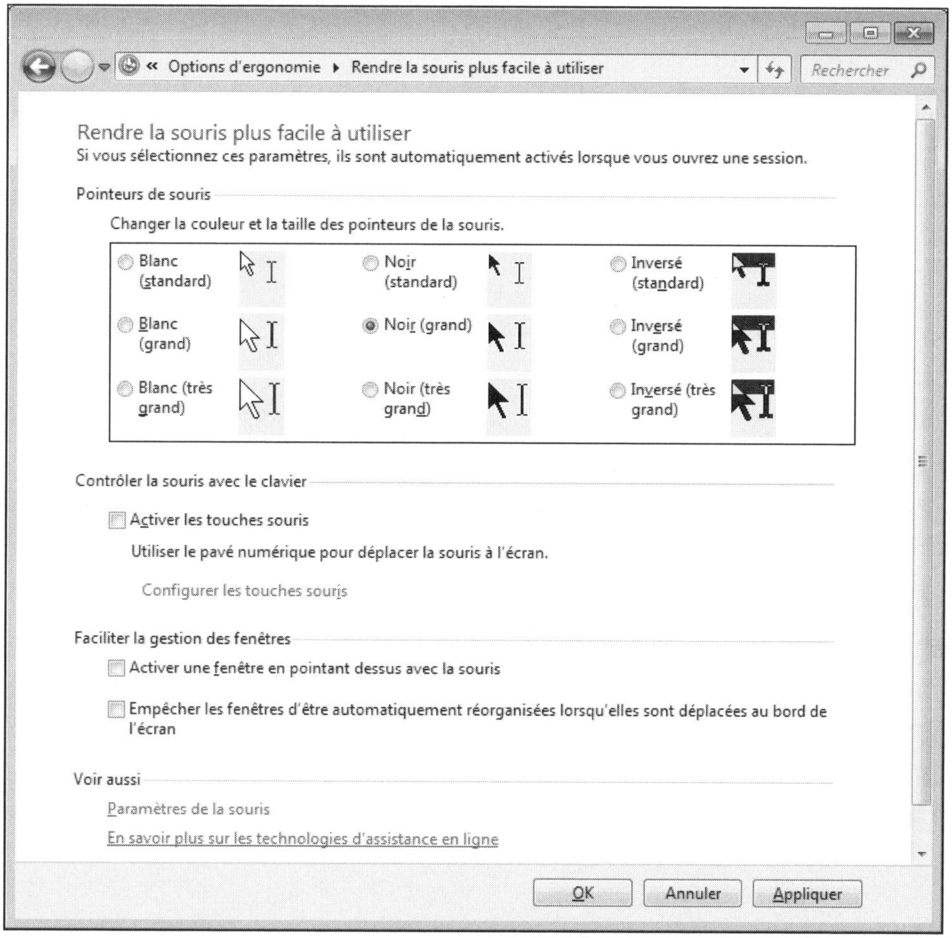

Figure 24-51 Choix du type de curseur de souris.

Il est aussi possible de piloter la souris avec les touches du pavé numérique de votre clavier.

1. Cochez la case **Activer les touches souris** pour piloter le curseur de souris avec les touches du pavé numérique (figure 24-52).

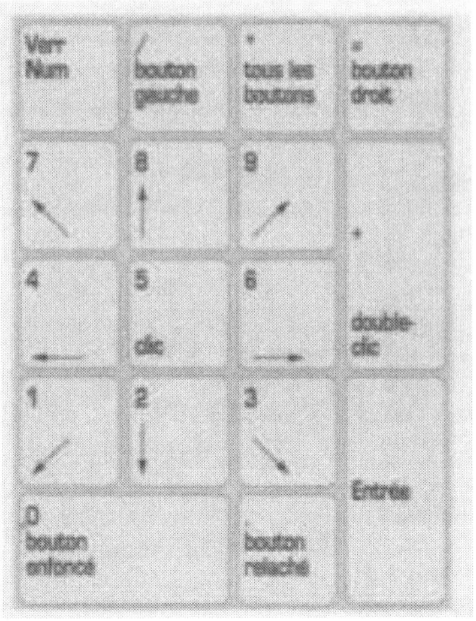

Figure 24-52 Touches pour piloter le curseur de souris.

2. Cliquez le lien **Configurer les touches souris**.
3. Cochez la case **Activer les touches souris avec Alt gauche...** pour activer ou désactiver les touches souris avec la combinaison **Alt** (bouton de gauche) + **Maj** (bouton de gauche) + **Verr. num**.
4. Faites glisser les curseurs pour modifier la vitesse et l'accélération des touches souris.
5. Cochez la case **Maintenir la touche Ctrl...** pour augmenter ou diminuer la vitesse de déplacement du curseur avec les touches **Ctrl** et **Maj**.
6. Cochez l'option **Activé** ou **Désactivé** pour activer ou désactiver les touches souris avec la touche **Verr. num**.
7. Cochez la case **Afficher l'icône Touches souris** pour visualiser l'état des touches souris dans la barre des tâches.

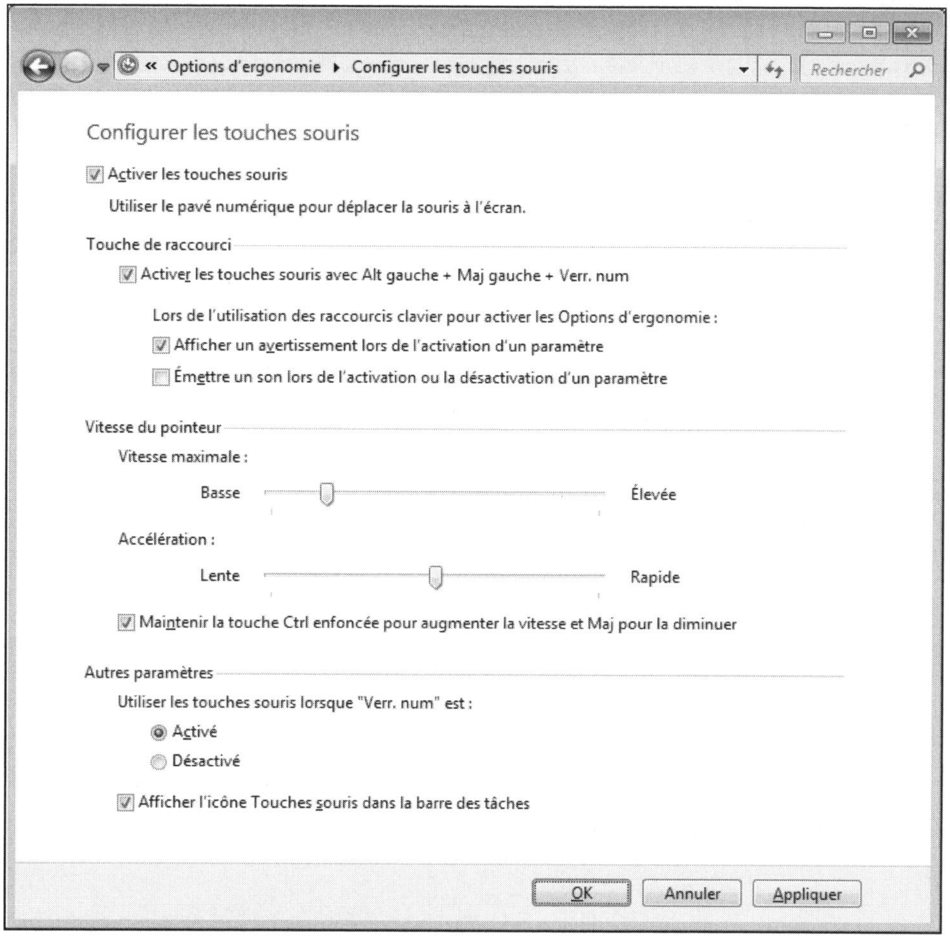

Figure 24-53 Paramètres des touches souris.

8. Cliquez le bouton **OK**.

Options du clavier

1. Cliquez le lien **Rendre le clavier plus facile à utiliser** (figure 24-38).

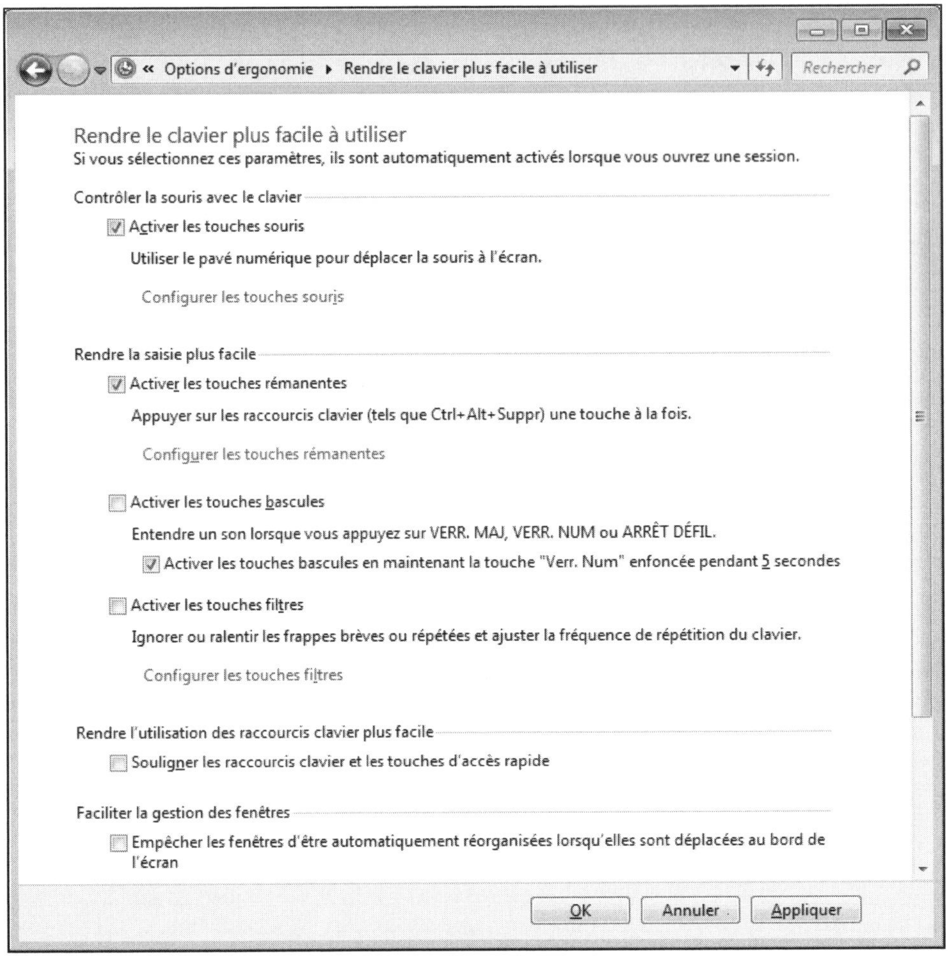

Figure 24-54 Options d'ergonomie pour le clavier.

Touches rémanentes

La fonction de rémanence permet d'utiliser des combinaisons de touches en appuyant sur les touches l'une après l'autre et non en appuyant sur plusieurs touches en même temps. Par exemple, pour la combinaison **Ctrl** + **C**, il faut appuyer sur **Ctrl**, relâcher **Ctrl** puis appuyer sur la touche **C**.

1. Cochez la case **Activer les touches rémanentes** pour que les touches **Maj**, **Ctrl** et **Alt** restent actives jusqu'au moment où vous appuyez sur une autre touche.
2. Cliquez le lien **Configurer les touches rémanentes** (figure 24-54).
3. Cochez la case **Activer les touches rémanentes lorsque la touche Maj...** pour pouvoir activer ou désactiver les touches rémanentes en appuyant cinq fois sur la touche **Maj**.

4. Cochez ou décochez les cases proposées pour activer ou désactiver les options des touches rémanentes.

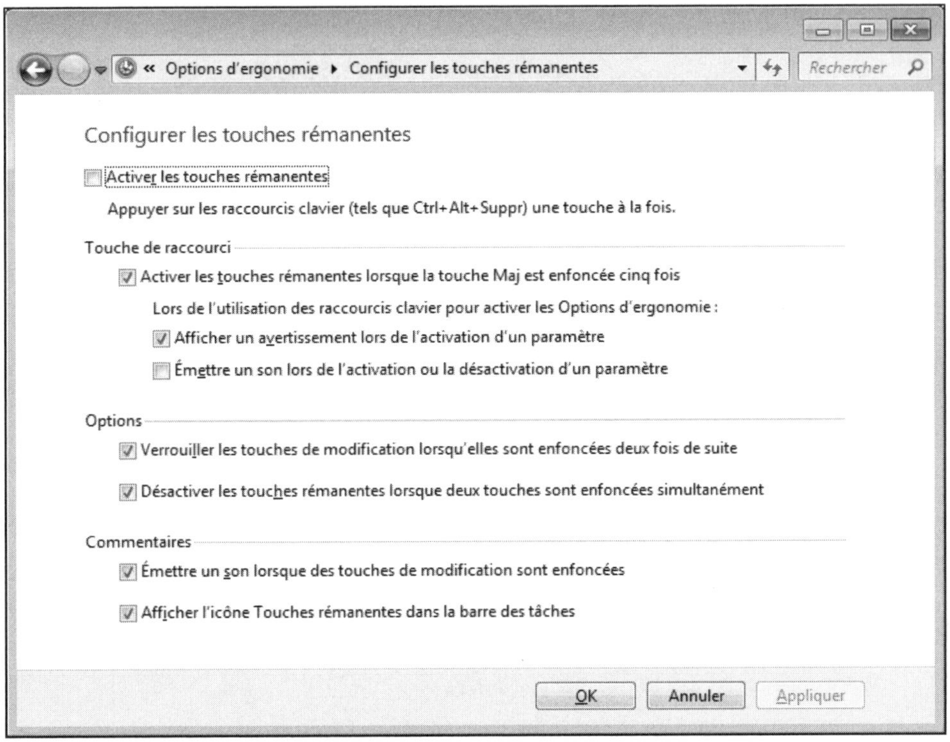

Figure 24-55 Options d'ergonomie des touches rémanentes.

5. Cliquez le bouton **OK**.

Touches bascules

L'option de touches bascules demande à Windows d'émettre des sons quand certaines touches sont enfoncées.

1. Cochez la case **Activer les touches bascules** afin d'entendre un son aigu quand les touches **Verr Maj**, **Verr num** ou **Arrêt défil** sont activées ou un son grave quand elles sont désactivées (figure 24-54).

2. Cochez la case **Activer touches bascules en maintenant la touche Verr. Num** pour activer ou désactiver les sons en maintenant la touche **Verr. Num** enfoncée pendant cinq secondes.

Touches filtres

L'option de filtre évite que Windows prenne en compte les frappes trop brèves ou répétées.

1. Cochez la case **Activer les touches filtres** afin d'éviter les frappes trop brèves ou répétées (figure 24-54).
2. Cliquez le lien **Configurer les touches filtres**.
3. Cochez la case **Activer les touches filtres lorsque la touche Maj droite...** pour activer ou désactiver les touches filtres en appuyant pendant huit secondes sur la touche **Maj** (touche de droite).

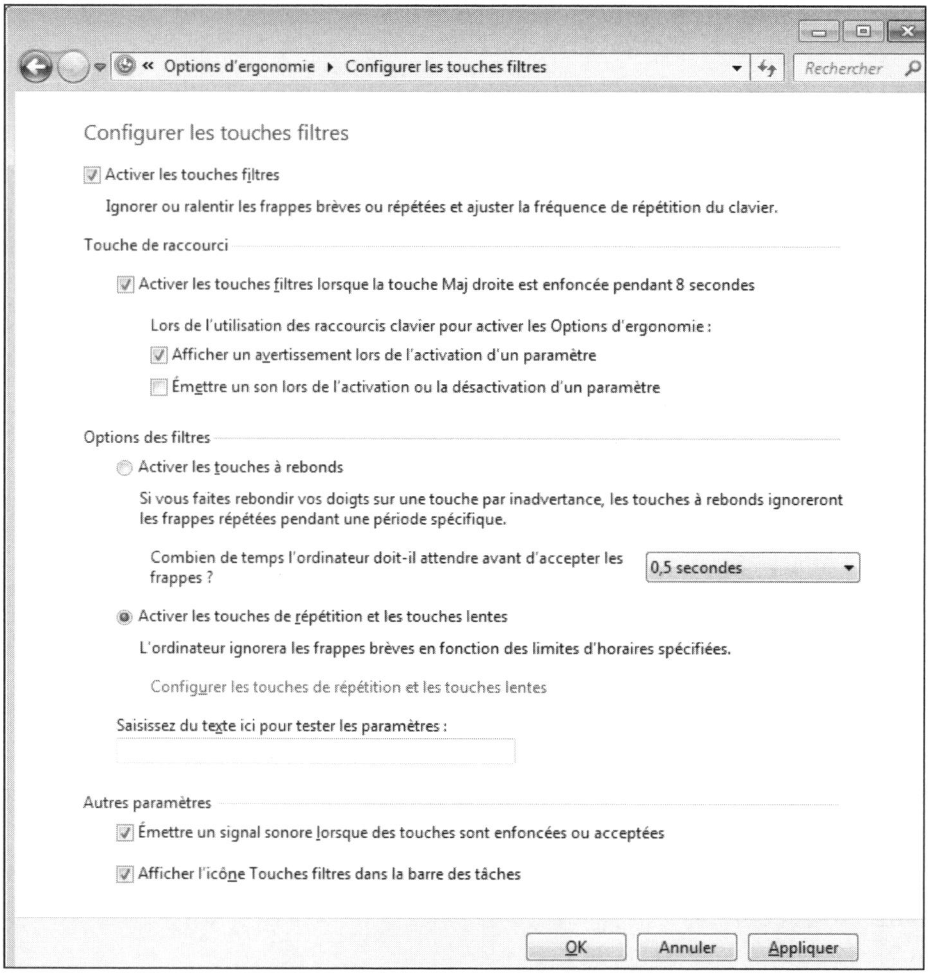

Figure 24-56 Options d'ergonomie des touches filtres.

4. Éventuellement, cochez l'option **Activer les touches à rebonds** pour ignorer les frappes répétées. Sélectionnez dans la liste **Combien de temps...** l'intervalle minimal entre les frappes répétées d'une même touche. Si vous avez coché cette option, passez à l'étape **11**.
5. Cochez l'option **Activer les touches de répétition...** pour ignorer les frappes trop brèves (figure 24-56).
6. Cliquez le lien **Configurer les touches de répétition**.
7. Sélectionnez dans la liste **Pendant combien de temps...** le seuil à partir duquel une touche enfoncée est acceptée.
8. Cochez une des options **Ignorer toutes les frappes répétées** ou **Diminuer la fréquence de répétition** pour supprimer ou choisir les répétitions du clavier.
9. Si vous avez coché l'option **Diminuer la fréquence de répétition**, sélectionnez dans les listes au-dessous le délai avant répétition et la fréquence de répétition.

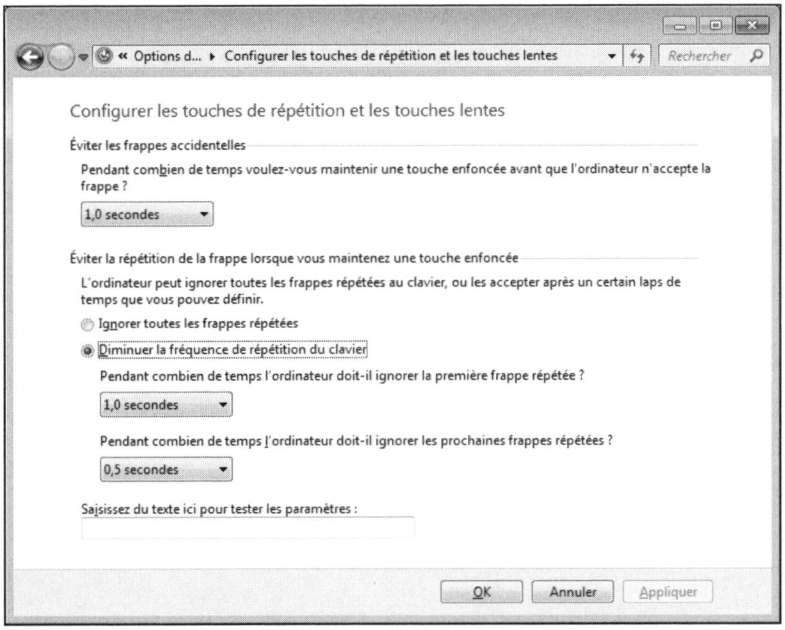

Figure 24-57 Options d'ergonomie pour les frappes brèves.

10. Cliquez le bouton **OK**.
11. Cliquez la zone **Saisissez du texte ici** puis tapez un texte pour vérifier les options choisies.
12. Cliquez le bouton **OK**.

Options du son

Les sons visuels permettent de faire clignoter un élément du bureau, par exemple une barre de titre, quand un son est émis.

1. Cliquez le lien **Remplacer les sons...** (figure 24-38).
2. Cochez la case **Activer les notifications visuelles pour les sons** afin d'afficher un signal visuel à chaque fois que Windows émet un son.
3. Sélectionnez dans la zone **Choisir un avertissement visuel** l'élément à faire clignoter.

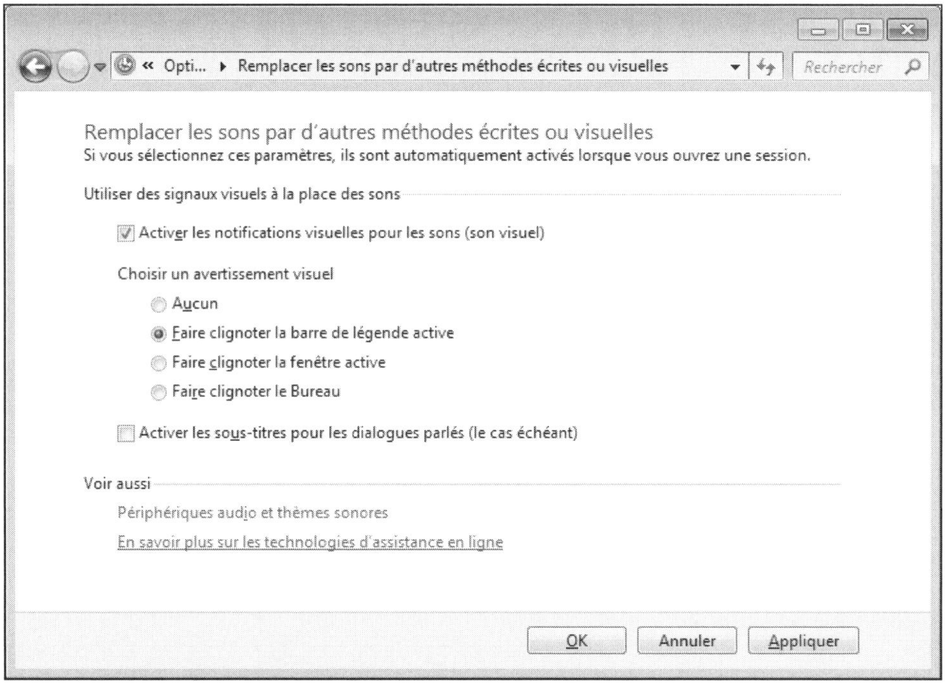

Figure 24-58 Options d'ergonomie pour les sons.

4. Cliquez le bouton **OK**.

Se connecter à Internet en bas débit

Pour se connecter à Internet en bas débit, vous devez installer un modem. Celui-ci permet de transférer des données *via* le réseau téléphonique commuté classique (RTC). Les modems les plus courants se connectent sur un port USB ou un port série à l'arrière du boîtier. Il existe aussi des modems internes, qui nécessitent d'ouvrir l'unité centrale pour les installer. Pour tous ces branchements, consultez leur notice ou demandez conseil à votre revendeur.

Note Les modems haut débit, ADSL ou câble, sont tous « plug and play ». L'installation s'effectue automatiquement. Pour vous connecter à Internet, utilisez le CD-ROM remis par votre fournisseur d'accès à Internet (FAI).

Installer un modem

Si votre modem est « plug and play » (c'est généralement le cas des modèles USB ou internes), Windows 7 le détectera immédiatement et se chargera d'installer les logiciels nécessaires à son fonctionnement. Si le modèle est très récent, il vous demandera peut-être d'insérer le CD-ROM fourni par le constructeur.

Figure 24-59 Modem bas débit.

Si votre modem est ancien (c'est le cas des modèles qui se connectent sur le port série), Windows risque de ne pas le détecter. Dans ce cas, vous devez utiliser un assistant qui se chargera de le trouver et d'installer les logiciels *ad hoc.*

1. Cliquez **Téléphone et modem** dans le Panneau de configuration (figure 24-2).
2. Cliquez l'onglet **Modems**.

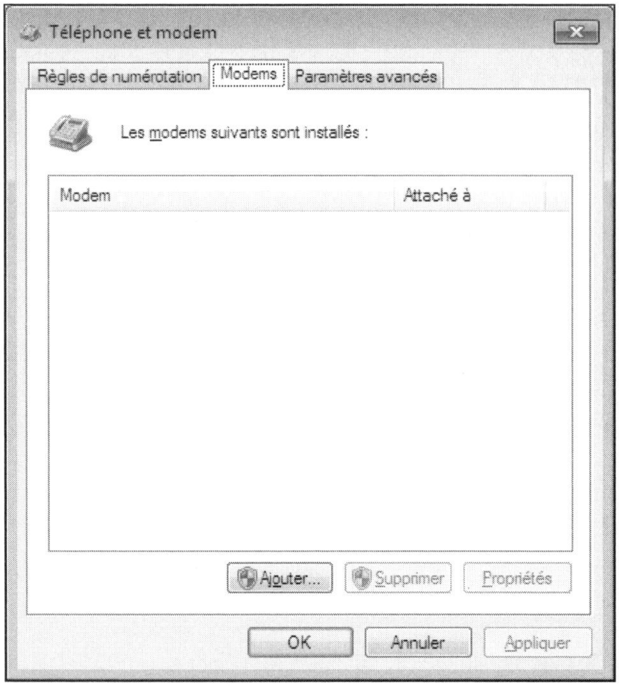

Figure 24-60 Boîte d'ajout d'un modem.

3. Si votre modem apparaît dans la liste, il est déjà installé. Cliquez dans ce cas le bouton **Annuler**.
4. Si votre modem n'apparaît pas dans la liste, cliquez le bouton **Ajouter**, puis cliquez le bouton **Oui** si Windows demande une autorisation.

Windows ouvre alors un assistant.

1. Si votre modem possède sa propre alimentation, allumez-le (les modèles internes et USB sont alimentés par l'ordinateur).
2. Cliquez le bouton **Suivant** dans la première étape de l'assistant.

   Windows tente de détecter votre modem « plug and play ». En réalité, s'il ne l'a pas détecté précédemment, il y a peu de chance qu'il le trouve maintenant. S'il le trouve effectivement, cliquez **Terminer** dans la dernière boîte de l'assistant.
3. Cliquez le bouton **Suivant**.
4. Cliquez le modèle dans la liste à droite.

Note Si votre modem n'apparaît pas dans la liste, insérez la disquette ou le CD-ROM fourni par le constructeur, puis cliquez le bouton **Disque fourni**. Sachez cependant que presque tous les modems sont standard. Regardez le boîtier : il y a sûrement un nombre inscrit qui correspond à sa vitesse. Par exemple, si vous voyez le chiffre 28 800, sélectionnez le modèle « Modem standard 28 800 ». Un modem 56K, V90 ou V92 correspond à un modèle 56 000 bps.

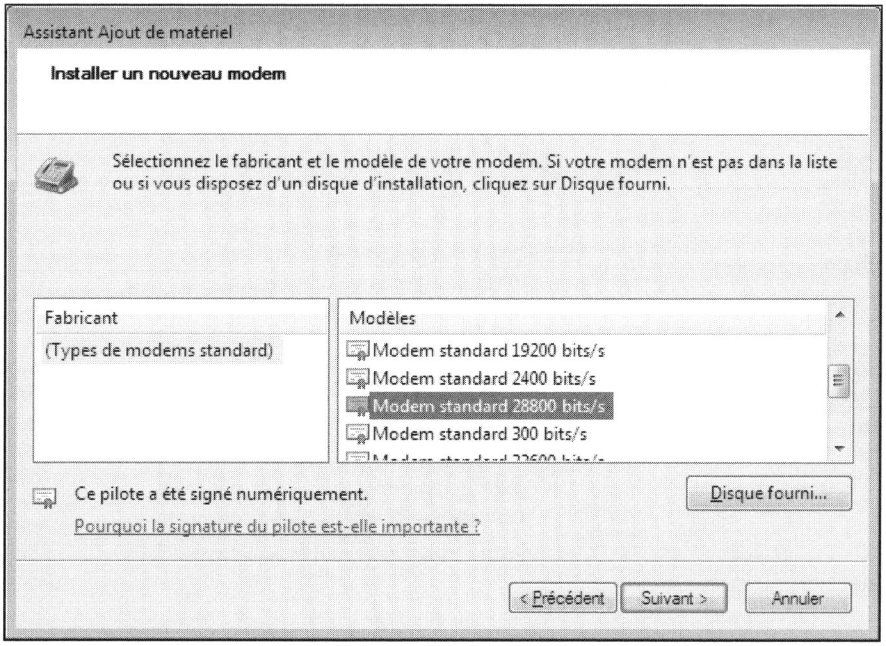

Figure 24-61 Sélection du type de modem.

5. Cliquez le bouton **Suivant**.
6. Cliquez dans la liste des ports celui sur lequel est connecté le modem.

Astuce Les modems externes sont connectés aux ports série nommés COM1 et COM2. Ces derniers correspondent aux prises série à l'arrière du PC. Si l'assistant vous en propose plusieurs et que vous ne sachiez pas lequel est utilisé, choisissez le port COM1. Si le modem ne fonctionne pas, supprimez-le dans la boîte Options de modems, puis réinstallez-le en utilisant le port COM2.

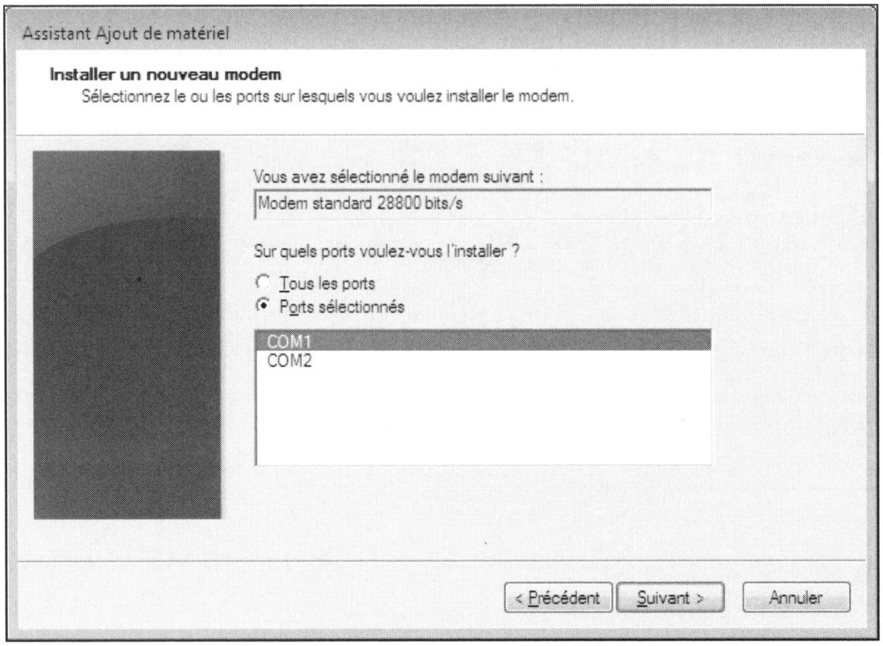

Figure 24-62 Sélection du port.

7. Cliquez le bouton **Suivant.**
8. Cliquez le bouton **Terminer** après l'installation.

Tester un modem

Vous pouvez vérifier immédiatement si votre modem fonctionne correctement.

1. Dans l'onglet **Modems** la boîte Téléphone et modem, cliquez le bouton **Propriétés.** Si ce bouton est indisponible, cliquez du bouton droit le modem à vérifier, puis la commande **Propriétés** dans le menu contextuel.

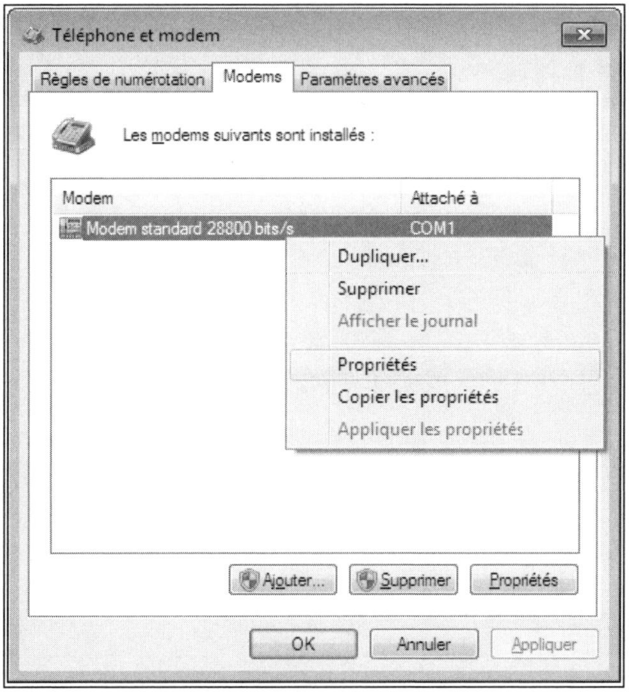

Figure 24-63 Liste des modems installés.

2. Cliquez l'onglet **Diagnostics**.
3. Cliquez le bouton **Interroger le modem**.

   Windows envoie des commandes au modem. Si ce dernier fonctionne correctement, la boîte **Propriétés de Modem** affiche la liste de ses commandes et la réponse du modem.

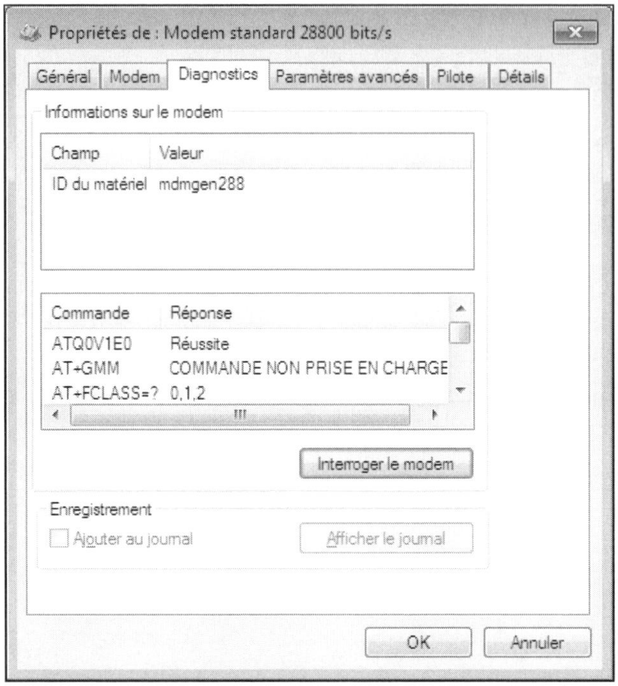

Figure 24-64 Test d'un modem.

4. Cliquez les boutons **OK** dans les boîtes ouvertes.

Définir les données de connexion

Si votre fournisseur d'accès à Internet (FAI) vous a remis un CD-ROM, insérez-le dans le lecteur, puis suivez les instructions à l'écran.

Dans les autres cas, l'installation de la connexion s'effectue avec un assistant.

1. Cliquez l'icône **Centre Réseau et partage** dans le Panneau de configuration (figure 24-2).
2. Cliquez le lien **Configurer une nouvelle connexion ou un nouveau réseau**.
3. Cliquez l'option **Se connecter à Internet**.

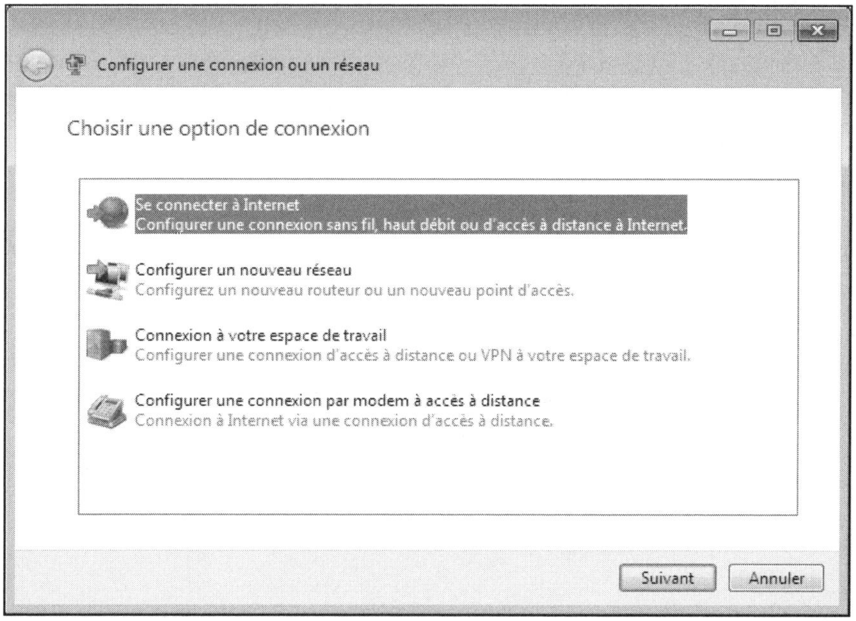

Figure 24-65 Choix du type de connexion.

4. Cliquez le bouton **Suivant**.

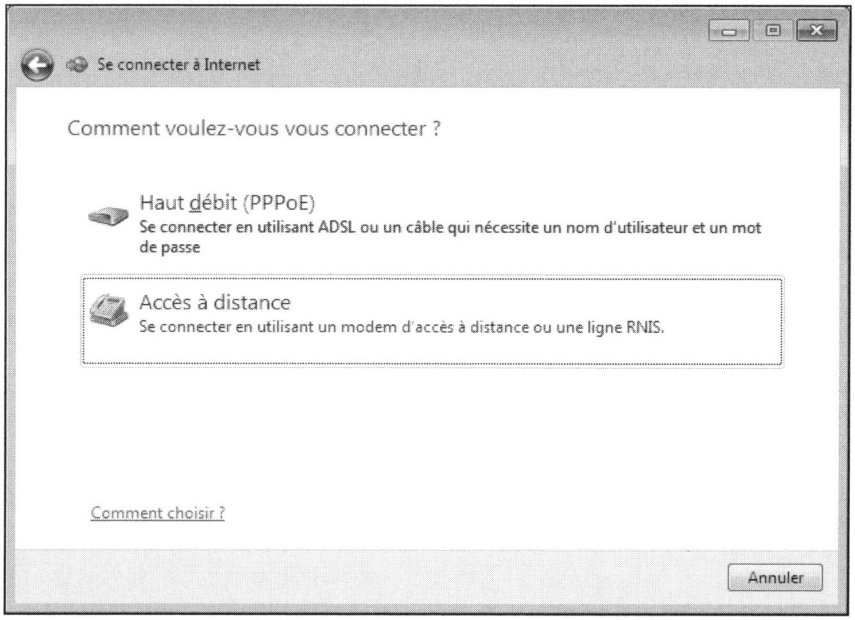

Figure 24-66 Choix du modem.

5. Cliquez l'option **Accès à distance** pour utiliser votre modem bas débit.

Tous les renseignements de la dernière étape vous ont été communiqués par courrier par votre FAI. Consultez ces documents pour répondre aux dernières questions de l'assistant.

6. Saisissez les renseignements demandés (numéro de téléphone de connexion, nom d'utilisateur, *etc.*).

Note Pour ne plus retaper le mot de passe, cochez la case **Mémoriser ce mot de passe**. Tapez le nom que vous désirez donner à la connexion dans la zone **Nom de la connexion**. Cochez la case **Autoriser d'autres personnes...** si vous désirez partager cette connexion Internet avec les autres utilisateurs de votre réseau local.

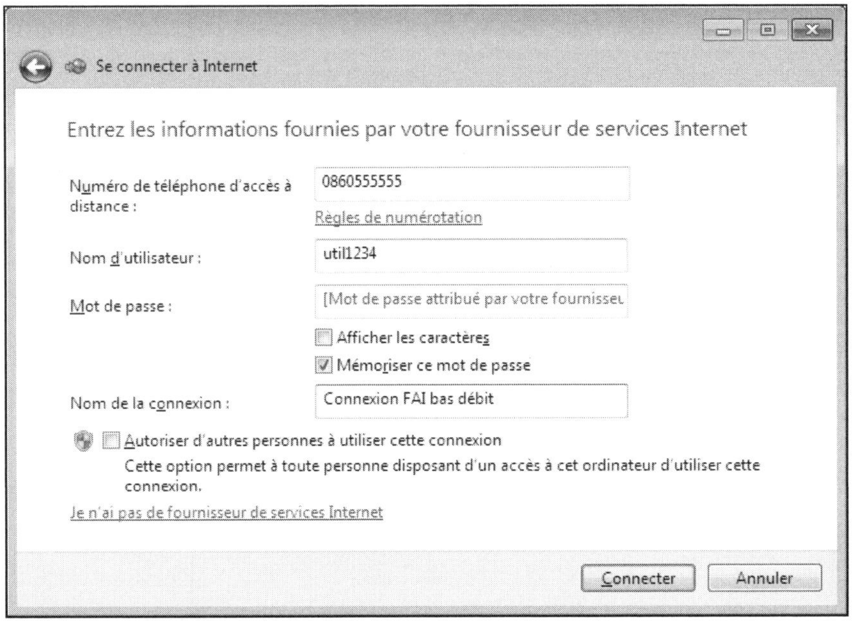

Figure 24-67 Informations de connexion.

7. Cliquez le bouton **Connecter**.

Se connecter

Maintenant que le modem est installé et la connexion créée, vous pouvez vous connecter à Internet en bas débit.

Note Après l'étape **7** du paragraphe précédent, Windows effectue la connexion automatiquement.

1. Cliquez le bouton **Démarrer** → **Connexions**.

Note Si le bouton **Connexions** n'est pas présent dans le menu Démarrer, consultez le paragraphe « Modifier le menu Démarrer » dans le chapitre 1.

Windows affiche une boîte en bas à droite du bureau.

2. Cliquez le nom de la connexion à utiliser.

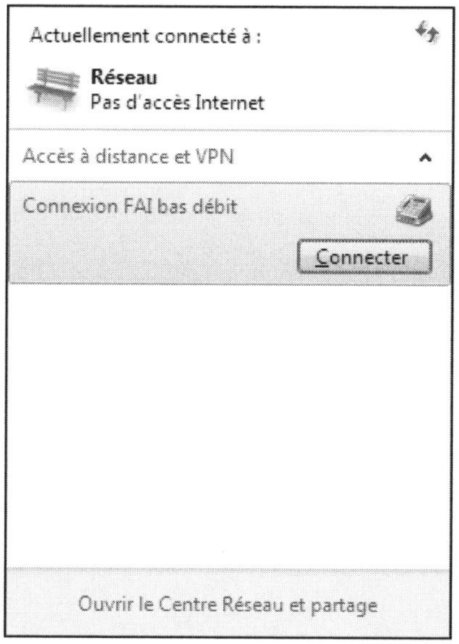

Figure 24-68 Choix de la connexion.

3. Cliquez le bouton **Connecter**.

Note Il est possible qu'une application qui a besoin d'un accès à Internet demande elle-même la connexion. Dans ce cas, la boîte de dialogue de la figure 24-69 s'affiche automatiquement.

4. Si les zones **Nom d'utilisateur** et **Mot de passe** ne sont pas renseignées, tapez les données fournies par votre FAI.

5. Pour ne pas retaper les données de l'étape **2**, cochez la case **Enregistrer…**.

Figure 24-69 Boîte de connexion à Internet bas débit.

6. Cliquez le bouton **Numéroter**.

Chapitre 25

Dépanner et maintenir en forme votre ordinateur

Dans ce chapitre

- Mettre à jour Windows
- Restaurer Windows
- Créer un disque de réparation système
- Vérifier l'intégrité d'un disque
- Réorganiser les données d'un disque
- Nettoyer un disque
- Planifier une tâche
- Dépanner les périphériques
- Actualiser un pilote sur le site du constructeur

Comme toute « mécanique », votre ordinateur a besoin d'un entretien régulier. Cela évite le désagrément des pannes. Windows inclut un programme de sauvegarde de ses fichiers et de la configuration actuelle pour redémarrer sans problème votre ordinateur si vous rencontrez un jour des dysfonctionnements. Ce chapitre vous explique aussi comment gagner de la place sur votre disque dur, vérifier son intégrité ou le rendre plus rapide.

Mettre à jour Windows

Pour être toujours à la pointe de la technologie, mettez à jour Windows et ses applications. Ces corrections régulières permettent aussi d'éviter certains virus et des failles de sécurité.

Les mises à jour sont effectuées *via* Internet. Vous devez être régulièrement connecté pour en bénéficier. Si des mises à jour sont déjà téléchargées, Windows affiche l'icône dans la zone de notification de la barre des tâches (à côté de l'horloge).

1. Cliquez dans la zone de notification ou le bouton **Démarrer** → **Tous les programmes** → **Windows Update**.
2. Cliquez le lien **Rechercher les mises à jour** dans le volet gauche.

   Windows vérifie sur le site Internet de Windows Update les mises à jour de Windows 7 mais aussi celles qui concernent le matériel de votre ordinateur.

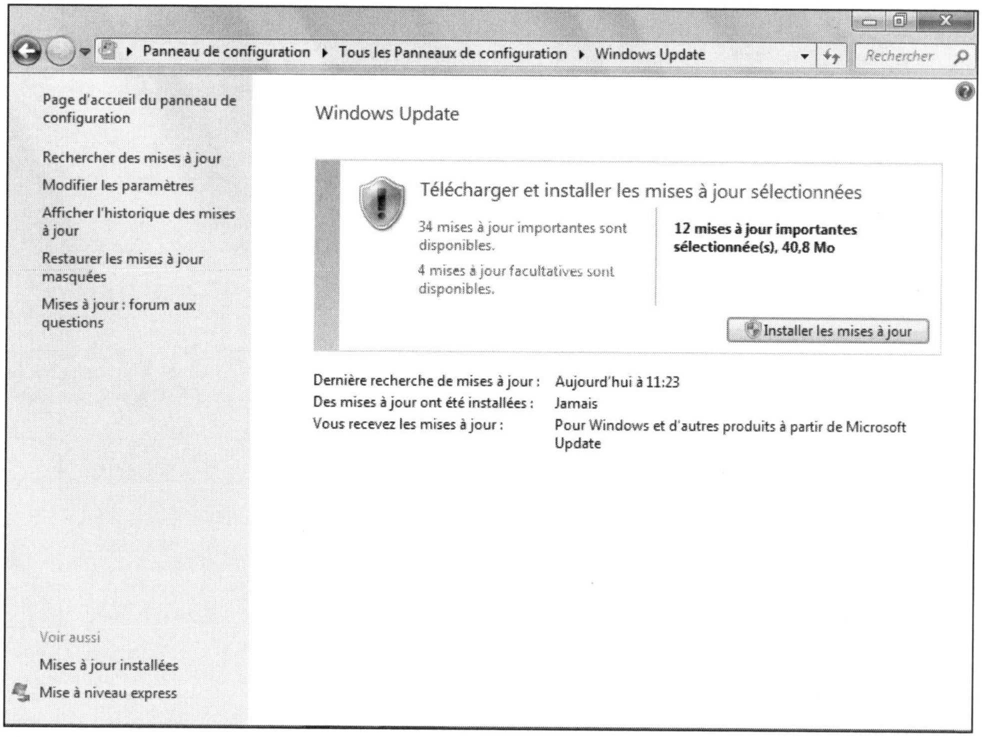

Figure 25-1 Liste des mises à jour disponibles.

Le volet droit indique si des mises à jour sont disponibles.

3. Cliquez le bouton **Installer les mises à jour**.

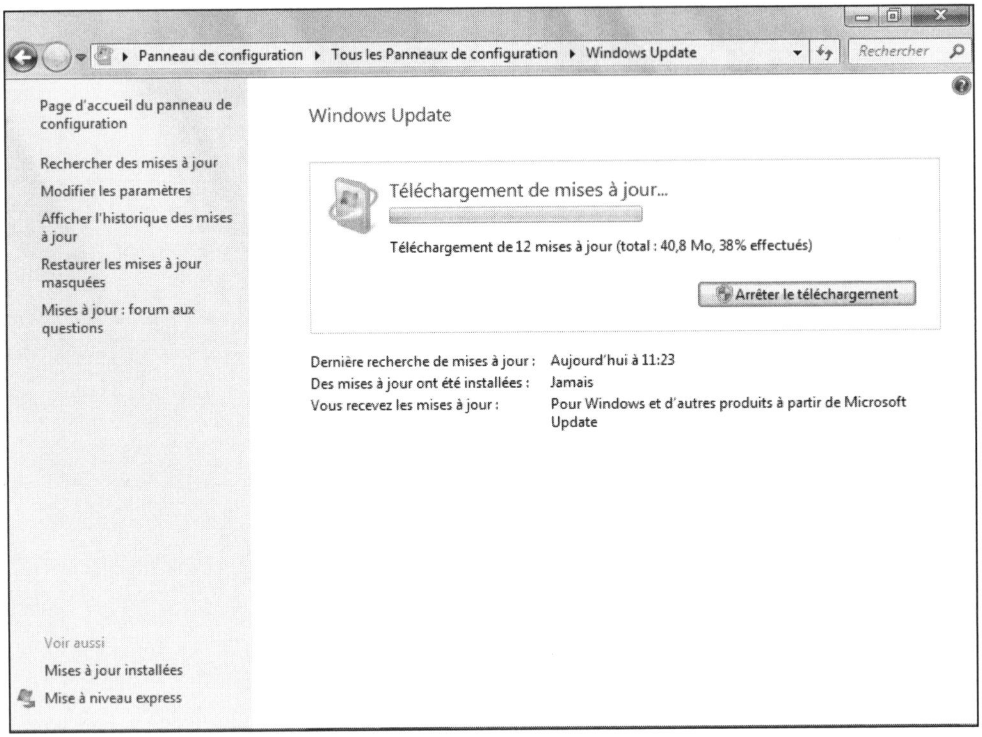

Figure 25-2 Mise à jour avec Windows Update.

Windows installe les mises à jour. Notez qu'il crée un point de restauration pour vous permettre de désinstaller les mises à jour (voir « Restaurer Windows » plus loin dans ce chapitre).

Choisir les mises à jour

Vous pouvez aussi vérifier la liste des mises à jour avant de les installer.

1. Cliquez le lien **Mises à jour importantes** ou **Mises à jour facultatives**.
2. Vérifiez les mises à jour qui vous sont proposées.
3. Décochez celles que vous ne désirez pas installer.

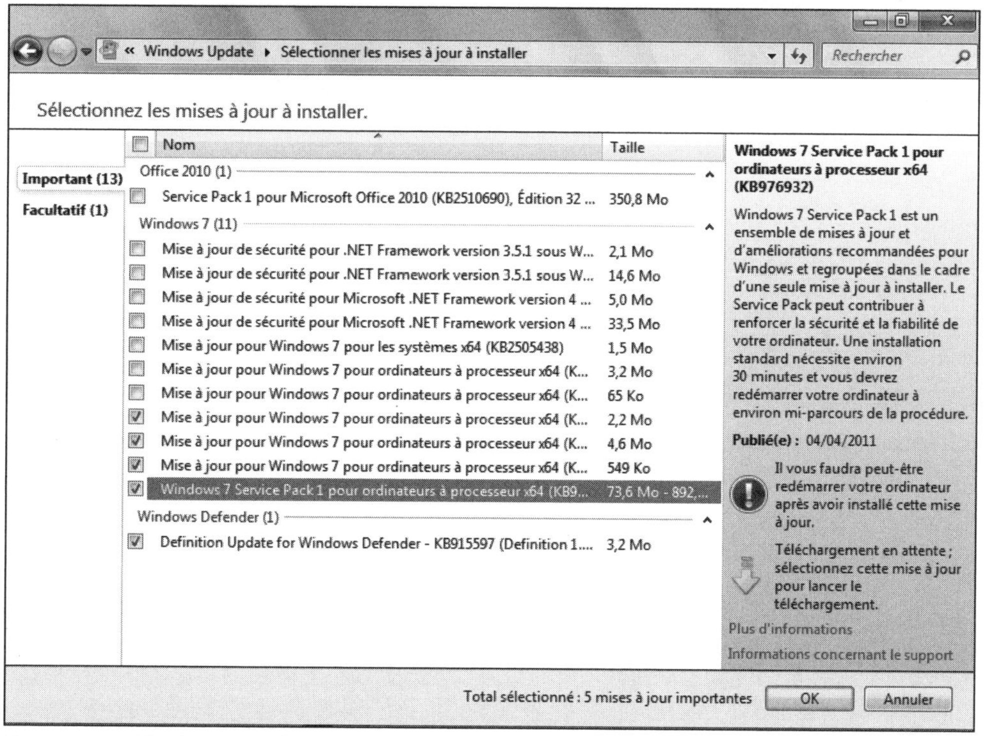

Figure 25-3 Choix manuel des mises à jour.

4. Cliquez le bouton **OK**.

Activer les mises à jour de Windows

Vous pouvez activer les mises à jour automatiques pour qu'elles se téléchargent quand vous êtes connecté à Internet.

1. Dans le volet gauche de la fenêtre de Windows Update (figure 25-1), cliquez le lien **Modifier les paramètres**.
2. Cliquez le bouton **Mises à jour importantes**, puis une des trois premières solutions proposées. Ne choisissez pas la dernière option qui désactive les mises à jour.
3. Si vous avez coché **Installer les mises à jour automatiquement (recommandé)**, choisissez le jour et l'heure dans les listes en dessous.
4. Cochez ou décochez les autres options proposées.

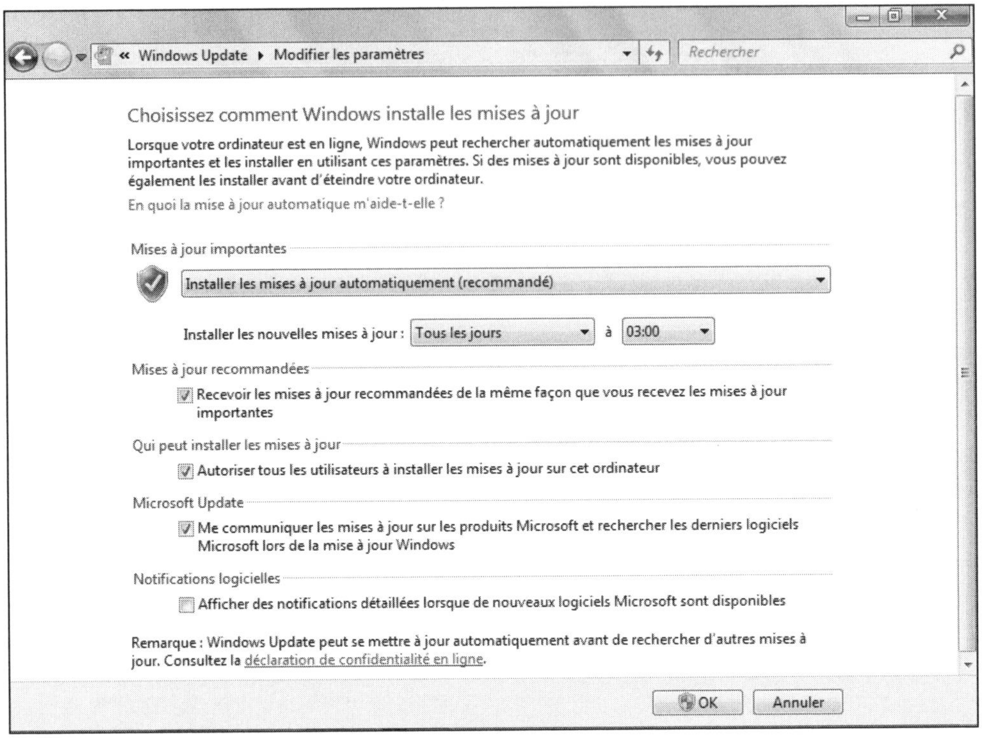

Figure 25-4 Réglage des mises à jour automatiques.

5. Cliquez le bouton **OK** pour valider vos choix.
6. Cliquez le bouton **Oui** si Windows demande de confirmer.

Service Pack

Un service Pack est un ensemble de logiciels qui met à jour Windows avec toutes les nouveautés. Il permet, entre autres, de mieux protéger votre ordinateur et d'obtenir les dernières versions de vos applications. Windows Update vous proposera de l'installer lors des mises à jour manuelles ou automatiques comme c'est le cas dans la figure 25-3.

Depuis février 2011, Microsoft propose un premier Service Pack pour Windows 7 (SP1). Il améliore la sécurité et corrige quelques bugs, notamment pour le matériel audio HDMI.

Vérifiez régulièrement sur le site de Microsoft la disponibilité d'un Service Pack. Si vous n'avez pas Internet, les Service Packs sont généralement disponibles sur les CD-ROM proposés par les magazines d'informatique.

Connaître la version installée de Windows 7

Pour connaître la version de Windows 7 installé sur votre ordinateur et la présence d'un Service Pack, affichez les propriétés système. Pour cela, tapez simplement le raccourci ⊞ + **Pause**. La boîte qui s'affiche donne la version de Windows et le dernier Service Pack installé, ainsi que des informations générales comme la vitesse du processeur ou la taille de la mémoire vive.

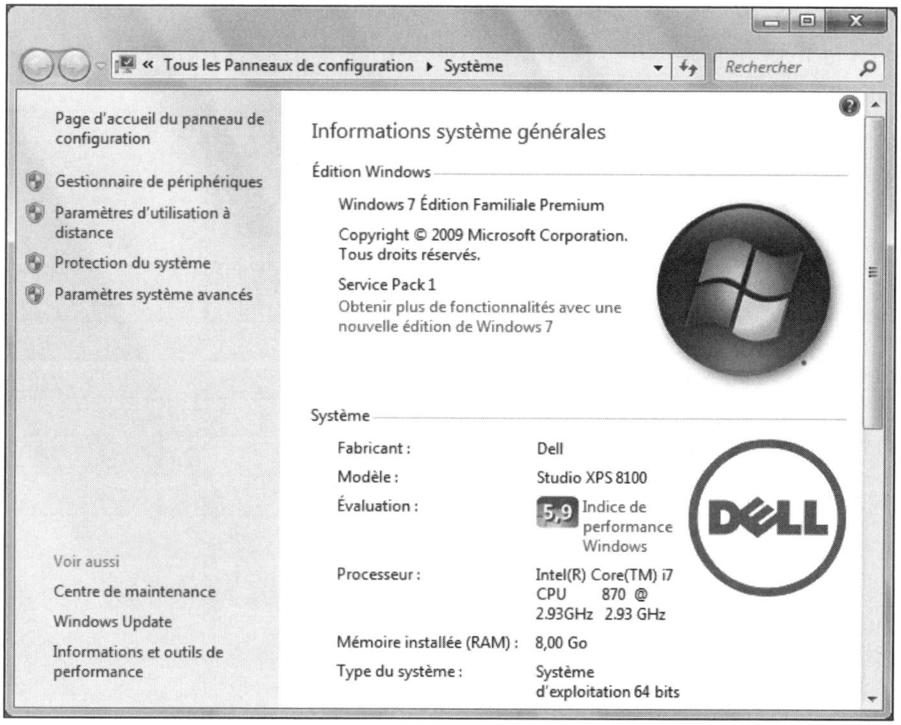

Restaurer Windows

Si vous constatez des dysfonctionnements dans Windows, il est nécessaire de restaurer le système. Cela peut survenir après l'installation d'une mise à jour de Windows 7 ou d'une application, ou après le branchement d'un nouveau matériel.

1. Cliquez le bouton **Démarrer** → **Tous les programmes** → **Accessoires** → **Outils système** → **Restauration du système**.

2. Cliquez le bouton **Oui** pour donner votre autorisation si Windows le demande.
3. Cliquez le bouton **Suivant** dans la première boîte de l'assistant.

   Windows crée des points de restauration en enregistrant les paramètres de l'ordinateur avant chaque modification importante (mise à jour, installation d'une application ou d'un matériel, *etc.*).
4. Si le problème vous semble vraiment très lointain, cochez la case **Afficher davantage de points de restauration** pour voir tous les points conservés par Windows.
5. Cochez dans la liste le point de restauration voulu. Vérifiez la date et la description de ce point de restauration.

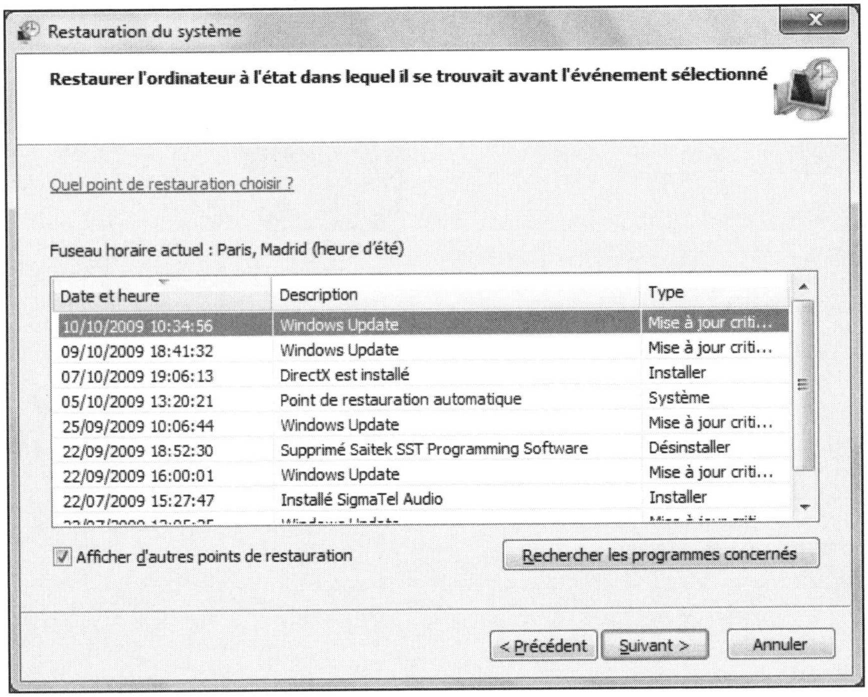

Figure 25-5 Point de restauration.

6. Cliquez le bouton **Suivant**.

Attention Windows supprime les programmes et les pilotes des matériels dont l'installation a été effectuée depuis le point de restauration. Ne restaurez donc votre ordinateur qu'en cas de gros problèmes. Vous serez peut-être amené à réinstaller certains logiciels.

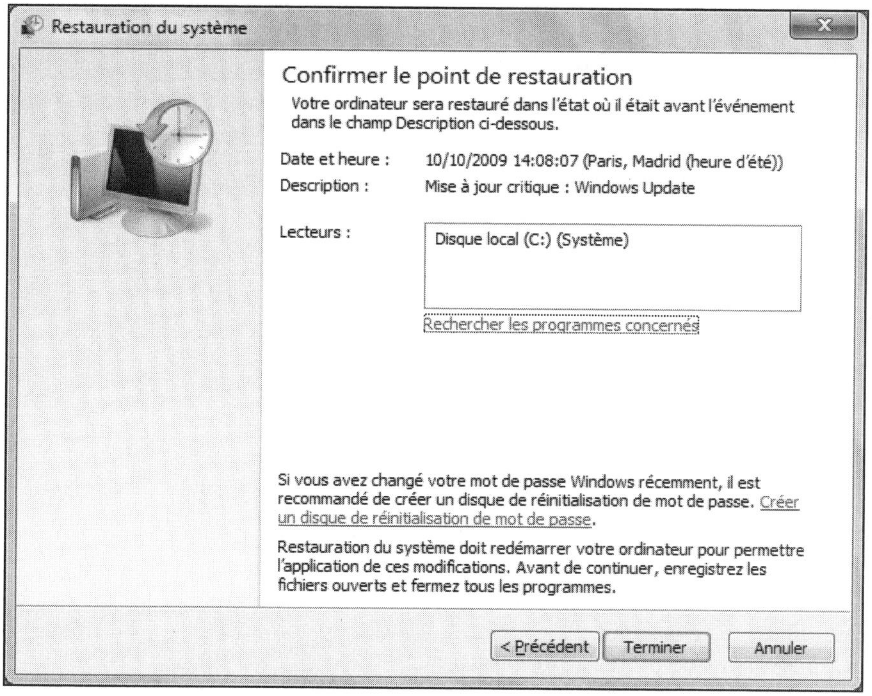

Figure 25-6 Confirmation de la procédure de restauration.

7. Cliquez le bouton **Terminer** pour débuter la restauration au point choisi.
8. Cliquez le bouton **Oui** pour confirmer la restauration.

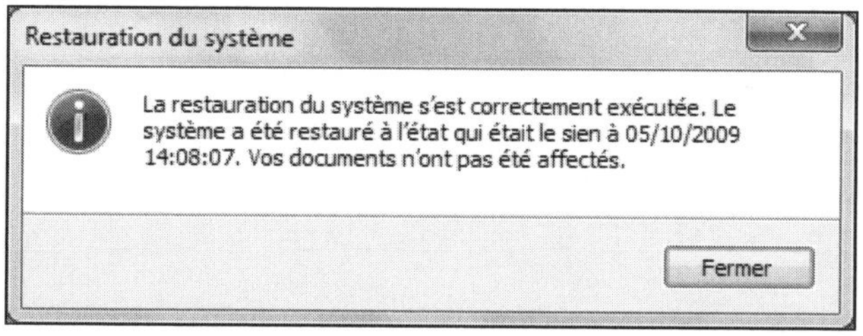

Figure 25-7 Rapport de la procédure de restauration.

9. Cliquez le bouton **Fermer** après le redémarrage de Windows.

Créer un disque de réparation système

Un disque de réparation système permet de réécrire sur le disque dur les informations indispensables pour redémarrer Windows en cas de problème.

1. Cliquez le bouton **Démarrer** → **Tous les programmes** → **Maintenance** → **Créer un disque de réparation système**.
2. Sélectionnez votre graveur de DVD dans la liste **Lecteur**.
3. Insérez un CD, un DVD-R ou RW dans votre graveur.

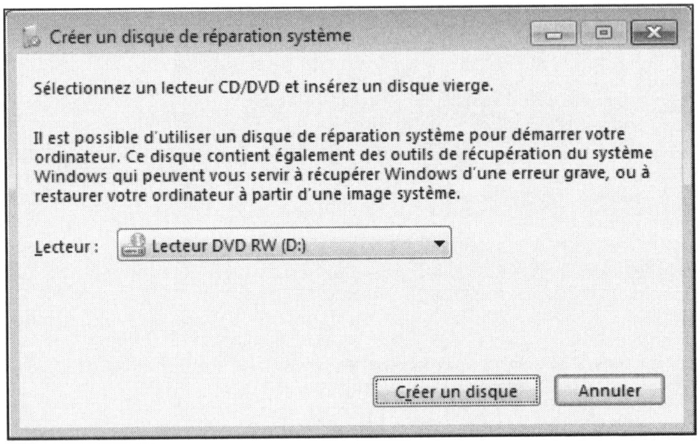

Figure 25-8 Création d'un disque de réparation système.

4. Cliquez le bouton **Créer un disque**.

Note Il est possible que Windows ne trouve pas dans votre ordinateur tous les fichiers nécessaires à l'élaboration du disque de réparation système. Dans ce cas, vous devrez fournir le DVD d'installation de Windows 7.

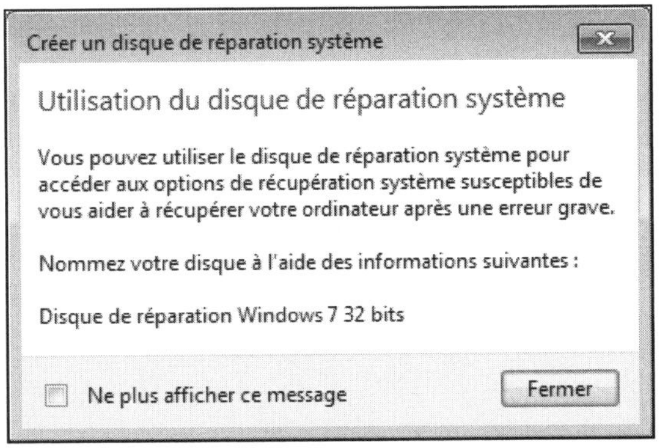

Figure 25-9 Information sur l'utilisation d'un disque de réparation système.

5. Cliquez le bouton **Fermer**.

Pour utiliser le disque de réparation système en cas de panne grave, il suffit de le placer dans votre lecteur de DVD et de redémarrer votre ordinateur. Suivez ensuite les instructions à l'écran.

Note Si votre ordinateur ne démarre pas sur le lecteur de DVD, vous devez modifier la séquence de démarrage dans le BIOS. Pour comprendre le rôle du BIOS et modifier ses paramètres, consultez le chapitre 32.

Vérifier l'intégrité d'un disque

Des erreurs peuvent apparaître après un arrêt brutal de l'ordinateur, à la suite d'une coupure de courant, par exemple. Dans ce cas, Windows contrôle les disques au redémarrage. Effectuez cependant des vérifications régulièrement si vous avez des doutes.

Le vérificateur de disque est accessible par l'Explorateur.

1. Cliquez le bouton **Démarrer** → **Ordinateur**.
2. Cliquez avec le bouton droit votre disque dur, ou le disque à vérifier si vous en possédez plusieurs.
3. Cliquez la commande **Propriétés** dans le menu contextuel.
4. Cliquez l'onglet **Outils**.

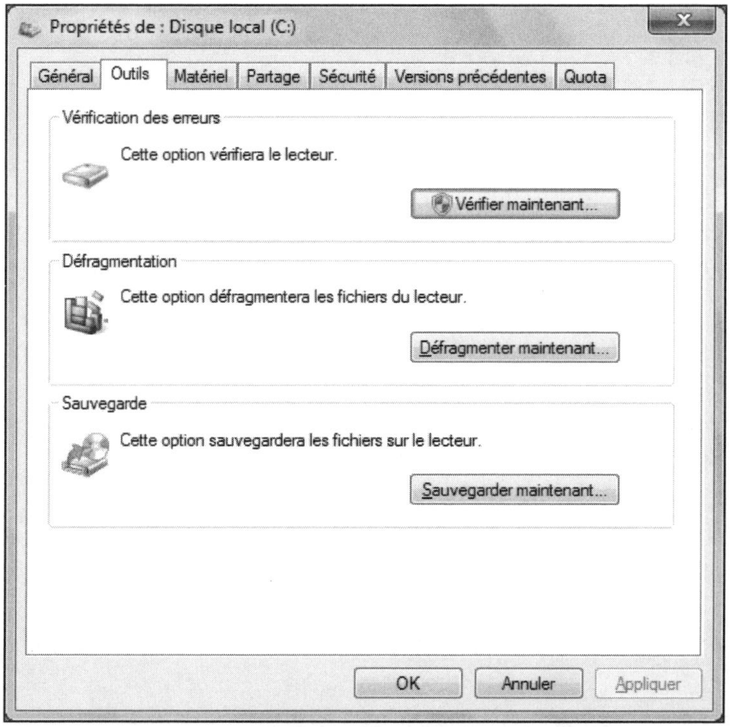

Figure 25-10 Outils de maintenance des disques durs.

Note Cette boîte permet aussi d'accéder à l'outil de défragmentation, que nous étudierons plus tard.

5. Cliquez le bouton **Vérifier maintenant**.
6. Cliquez le bouton **Oui** si Windows demande de confirmer.

   L'option **Réparer automatiquement…** permet de vérifier qu'il n'y a pas de fichiers égarés. L'option **Rechercher et tenter…** bloque les parties défectueuses pour qu'elles ne soient plus utilisées.

   Tant que vous utilisez Windows, il est impossible de réparer les erreurs présentes sur votre disque dur. Pour effectuer une simple vérification, décochez la case **Réparer automatiquement…** et cochez la case **Rechercher et tenter…**.

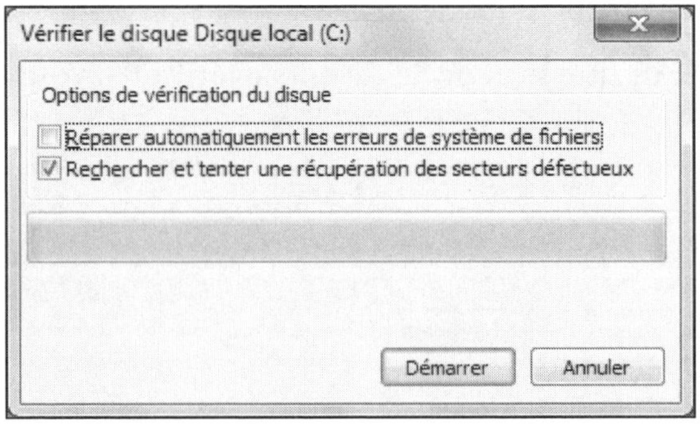

Figure 25-11 Vérification d'un disque.

7. Cliquez le bouton **Démarrer** pour débuter la vérification.

Si vous cochez l'option **Réparer automatiquement…**, la vérification sera effectuée au prochain démarrage de Windows car elle teste aussi les fichiers en cours d'utilisation.

1. Cochez la case **Réparer automatiquement…**.
2. Cliquez le bouton **Démarrer**.

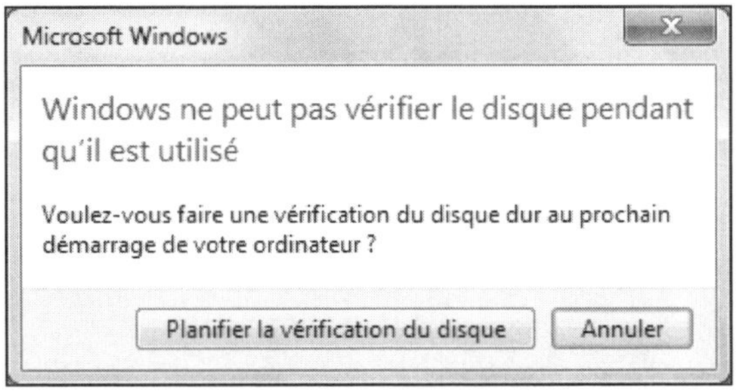

Figure 25-12 Planification de la vérification.

Windows indique que la vérification sera effectuée lors du prochain démarrage.

3. Cliquez le bouton **Planifier la vérification du disque**.

Si vous désirez lancer immédiatement cette vérification, redémarrez votre ordinateur.

Réorganiser les données d'un disque

À force d'ajouts, de suppressions et de modifications, les fichiers se trouvent répartis dans des blocs non contigus : votre disque est fragmenté et il perd en rapidité. Défragmentez-le régulièrement (consultez l'encadré « Pourquoi défragmenter un disque ? » ci-après).

1. Cliquez **Démarrer** ➜ **Tous les programmes** ➜ **Accessoires** ➜ **Outils système** ➜ **Défragmenteur de disque**.

Note Vous pouvez aussi lancer la défragmentation à partir de l'Explorateur. Cliquez le disque avec le bouton droit, puis cliquez **Propriétés** dans le menu contextuel. Cliquez ensuite l'onglet **Outils** puis le bouton **Défragmenter maintenant** (figure 25-10).

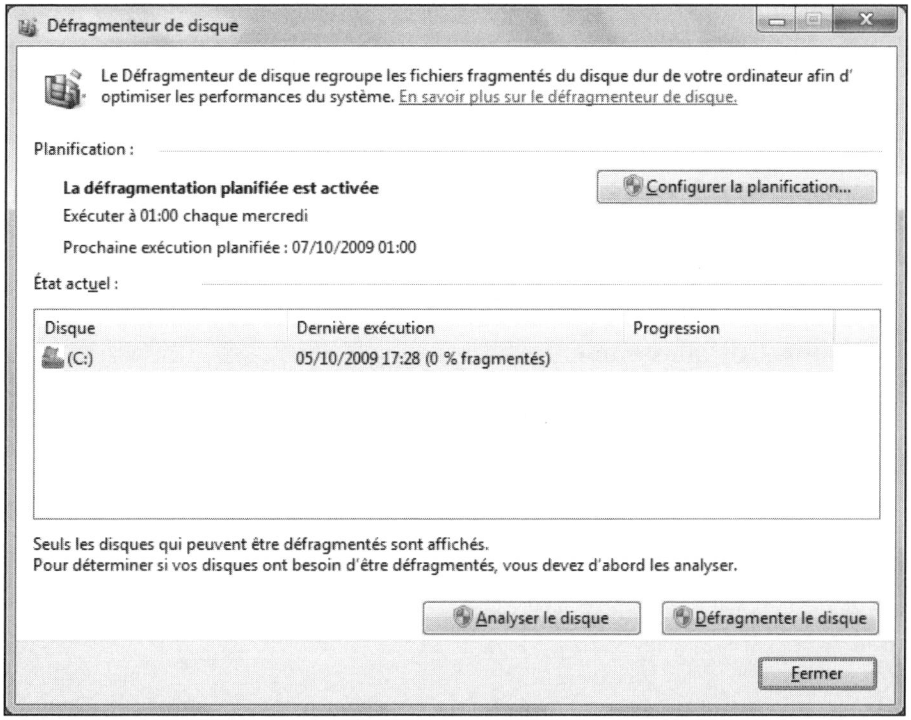

Figure 25-13 Outil de défragmentation.

Pour ne pas avoir à s'occuper de la défragmentation, il est possible de la planifier. Encore faut-il que l'ordinateur soit allumé à l'heure prévue.

2. Cliquez le bouton **Configurer la planification**.
3. Cliquez le bouton **Oui** si Windows demande de confirmer.
4. Cochez la case **Exécution planifiée**.
5. Sélectionnez dans les trois listes respectivement la fréquence, le jour et l'heure de la défragmentation.
6. Si votre ordinateur est équipé de plusieurs disques, cliquez le bouton **Sélectionner les disques** pour choisir ceux à défragmenter.

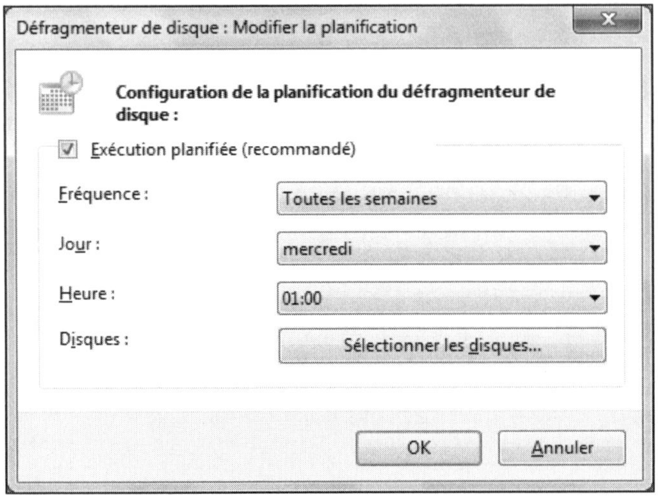

Figure 25-14 Planification de la défragmentation.

7. Validez avec le bouton **OK**.

   Même si vous avez défini une planification, rien ne vous empêche de défragmenter vos disques immédiatement.

8. Cliquez le disque à défragmenter dans la liste.
9. Cliquez le bouton **Défragmenter le disque**.

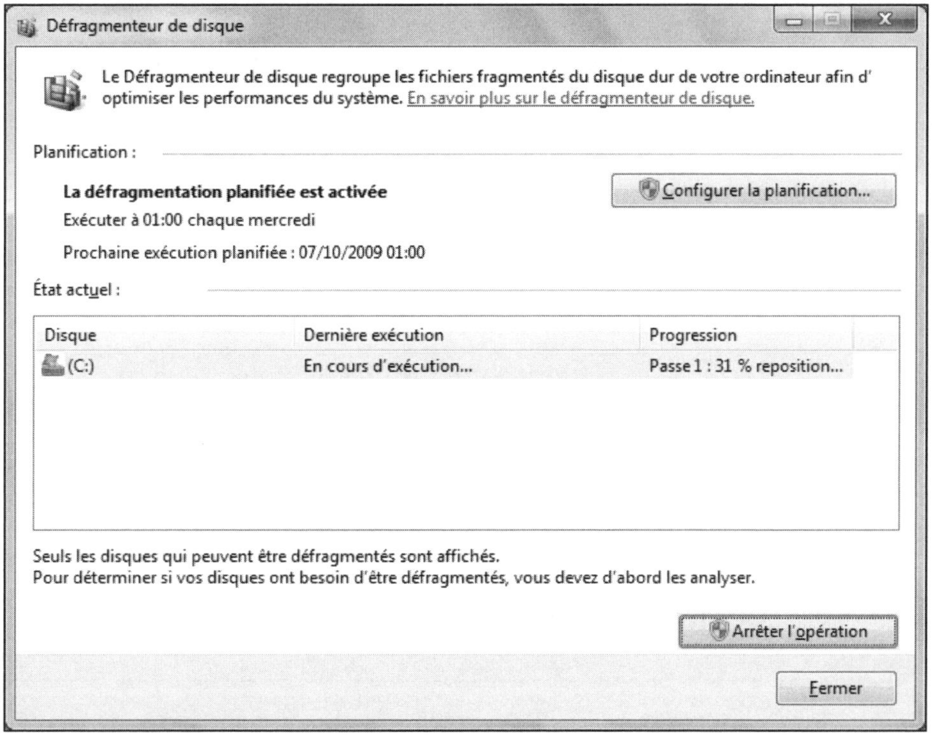

Figure 25-15 Défragmentation d'un disque.

La défragmentation commence. Si le disque est très fragmenté, elle peut prendre plusieurs heures. Pour éviter cela, lancez régulièrement ce programme ou planifiez son exécution au moins une fois par semaine.

Pourquoi défragmenter un disque ?

Un disque dur étant constitué de blocs (*clusters*), les nouvelles données sont enregistrées les unes à la suite des autres dans ces blocs.

Il est donc indispensable de réorganiser régulièrement les fichiers de vos disques durs. Le défragmenteur de disque reconstitue les fichiers fragmentés et regroupe les blocs inoccupés. Par conséquent, il peut faire apparaître des blocs libres.

Les documents modifiés créent des blocs libres si leur taille diminue, ou sont éparpillés dans des blocs non contigus si leur taille augmente. Prenons l'exemple

→

d'un nouveau document enregistré sur le disque. Windows place le document dans les premiers blocs libres :

Anciennes données Nouveau document Blocs libres

Maintenant, si vous installez une nouvelle application, celle-ci vient à la suite du document :

Anciennes données Document Nouvelle application Blocs libres

Si vous décidez de réduire la taille de votre document, un ou de nouveaux blocs libres apparaissent entre le document et l'application :

Anciennes données Document Bloc(s) libre(s) Application Blocs libres

Mais si vous décidez d'augmenter la taille du document, celui-ci sera scindé en deux parties. Le document est fragmenté :

Anciennes données Début du Document Application Suite du document Blocs libres

Nettoyer un disque

Beaucoup de programmes génèrent des fichiers temporaires. C'est le cas, notamment, des fichiers Internet utilisés par Internet Explorer. Ces fichiers sont conservés sur le disque dur tant que vous ne demandez pas à les supprimer. Pour libérer de la place, vous devez régulièrement supprimer ces fichiers.

Note S'il n'y a vraiment plus de place sur votre disque, Windows vous proposera automatiquement de le nettoyer.

1. Cliquez le bouton **Démarrer** → **Tous les programmes** → **Accessoires** → **Outils système** → **Nettoyage de disque**.
2. Si vous avez plusieurs disques, sélectionnez celui à nettoyer dans la boîte qui s'affiche, puis cliquez le bouton **OK**.

   La boîte **Nettoyage de disque** affiche la liste des fichiers que vous pouvez supprimer.
3. Cliquez un type de fichiers pour afficher en bas de la boîte une description et des conseils.

4. Pour consulter dans l'Explorateur la liste de tous les fichiers qui seront supprimés pour le type sélectionné, cliquez le bouton **Afficher les fichiers**.
5. Cochez les types de fichiers à supprimer.

   Vous trouvez, en dessous de la liste, la taille globale des fichiers qui seront supprimés.

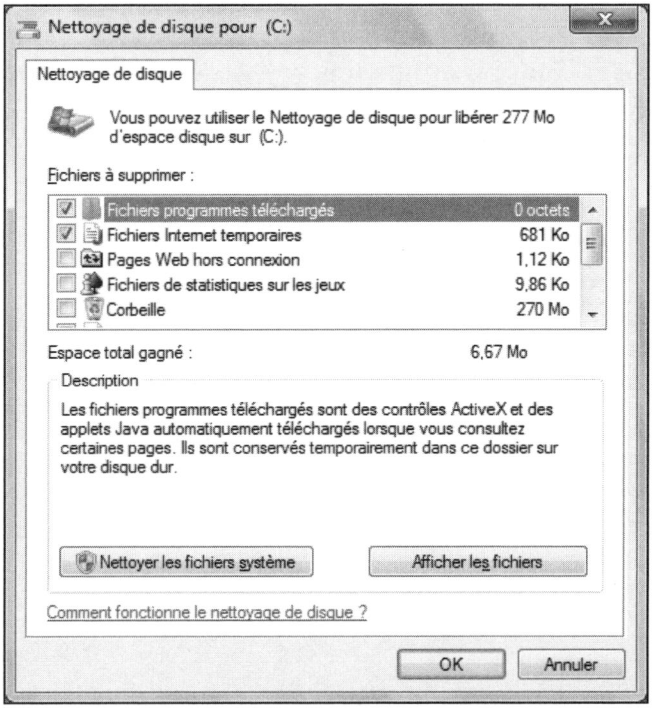

Figure 25-16 Liste des fichiers à supprimer.

6. Cliquez le bouton **OK** pour débuter les suppressions.
7. Cliquez le bouton **Supprimer les fichiers** dans la boîte Nettoyage de disque pour confirmer les suppressions.

Figure 25-17 Suppression des fichiers.

Planifier des tâches

Le Planificateur de tâches permet d'exécuter n'importe quelle application à des horaires précis, et aussi d'expédier des e-mails avec des pièces jointes ou d'afficher des messages. Une bonne solution pour nettoyer ou défragmenter vos disques régulièrement, expédier votre comptabilité au siège de votre société chaque fin de semaine ou vous rappeler par un message une tâche à accomplir.

1. Cliquez le bouton **Démarrer ➜ Tous les programmes ➜ Accessoires ➜ Outils système ➜ Planificateur de tâches**.
2. Cliquez le bouton **Oui** pour valider la demande d'autorisation.

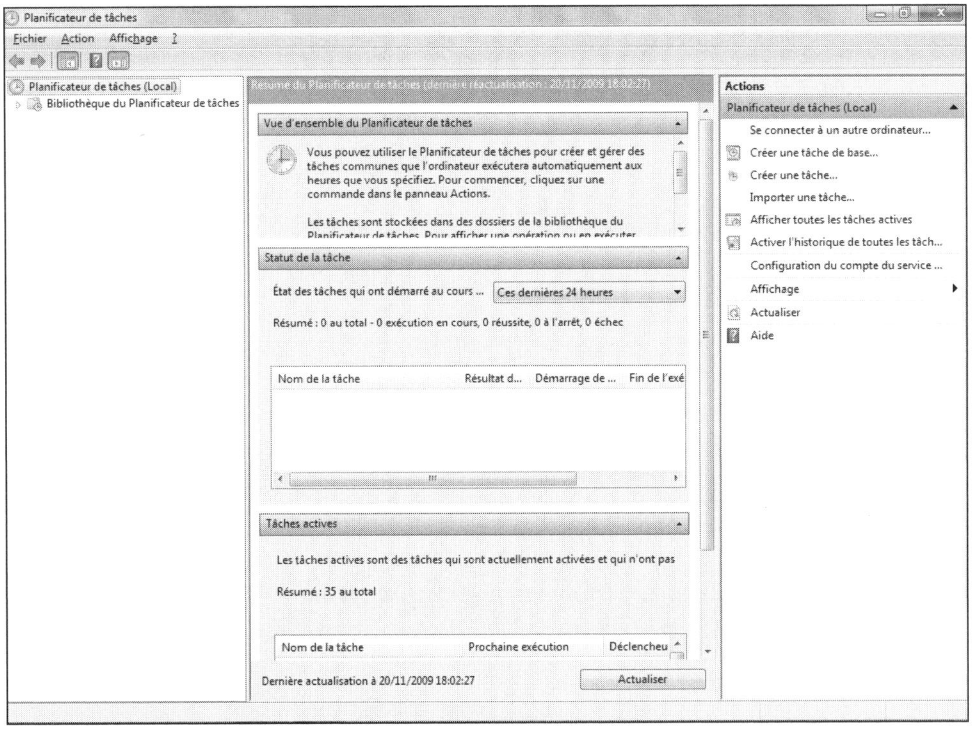

Figure 25-18 Interface du Planificateur de tâches.

Le volet **Arborescence**, à gauche, permet d'afficher les tâches sous forme d'arborescence. Si ce volet n'est pas affiché, cliquez le bouton dans la barre d'outils. Cliquez les boutons et pour développer ou réduire l'arborescence. Le dossier **Planificateur de tâches** affiche toutes les tâches, y compris celles définies par Windows 7. Le sous-dossier **Bibliothèque du Planificateur de tâches** affiche vos tâches.

Le volet **Actions**, à droite, propose des commandes pour créer de nouvelles tâches, les modifier, les supprimer, *etc.* Si ce volet n'est pas affiché, cliquez le bouton dans la barre d'outils.

Créer une nouvelle tâche

Pour exécuter un programme, expédier un e-mail ou afficher un message, créez une nouvelle tâche.

1. Cliquez le dossier **Bibliothèque du Planificateur** dans le volet **Arborescence**.
2. Cliquez **Créer une tâche de base** dans le volet **Action**.
3. Tapez le nom de la tâche dans la zone **Nom**.
4. Tapez le déroulement de la tâche dans la zone **Description**.

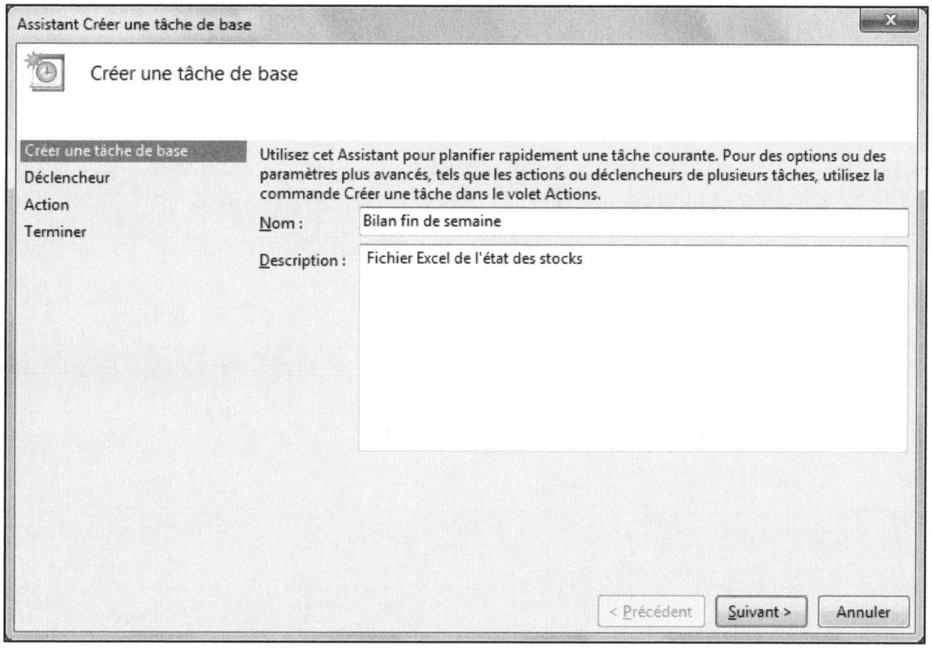

Figure 25-19 Nom de la tâche planifiée.

5. Cliquez le bouton **Suivant**.
6. Cochez l'option correspondant à la fréquence d'exécution de la tâche.

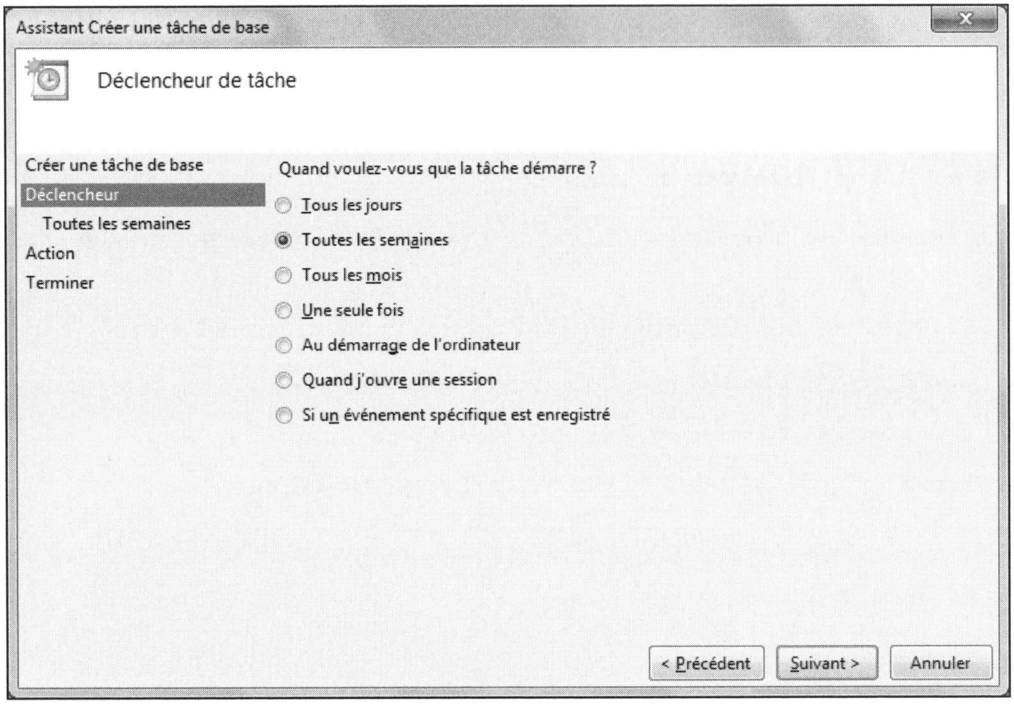

Figure 25-20 Fréquence de la tâche planifiée.

7. Cliquez le bouton **Suivant**.
8. Sélectionnez la date et l'heure d'exécution dans la zone **Démarrer le**.
9. Sélectionnez les jours ou les mois d'exécution (les paramètres de cette boîte sont fonction de votre choix à l'étape **6**).

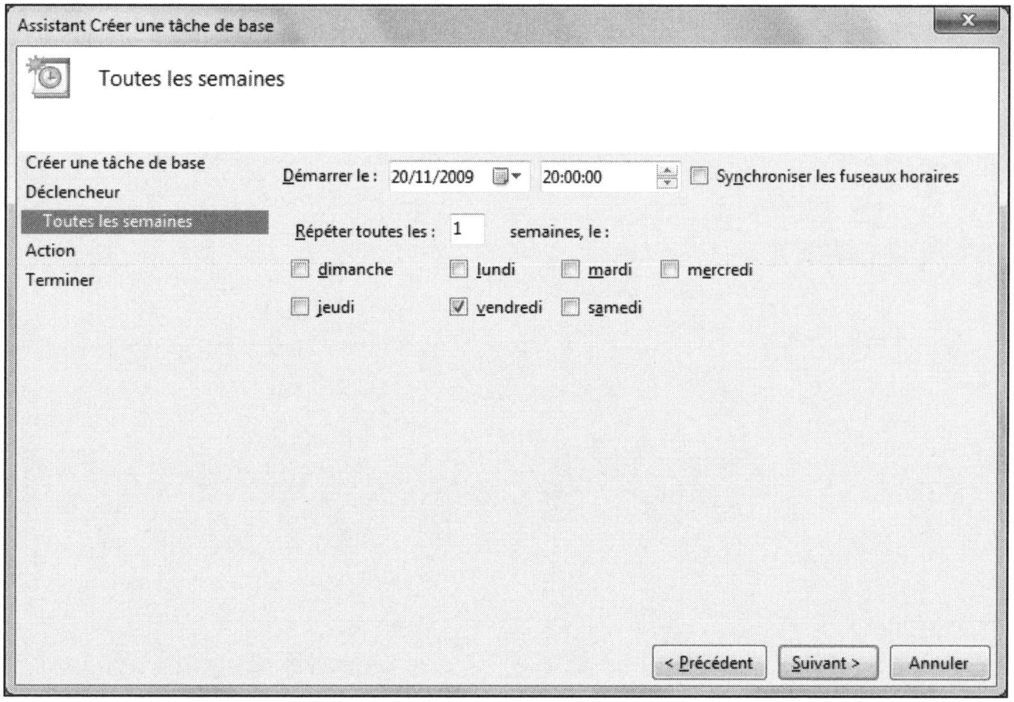

Figure 25-21 Date et horaire de planification.

10. Cliquez le bouton **Suivant**.

    Vous devez maintenant choisir le type de tâche. Les étapes suivantes dépendront donc de vote choix.

11. Dans la zone **Quelle action**..., cliquez l'option du type de tâche (programme, courrier ou message).

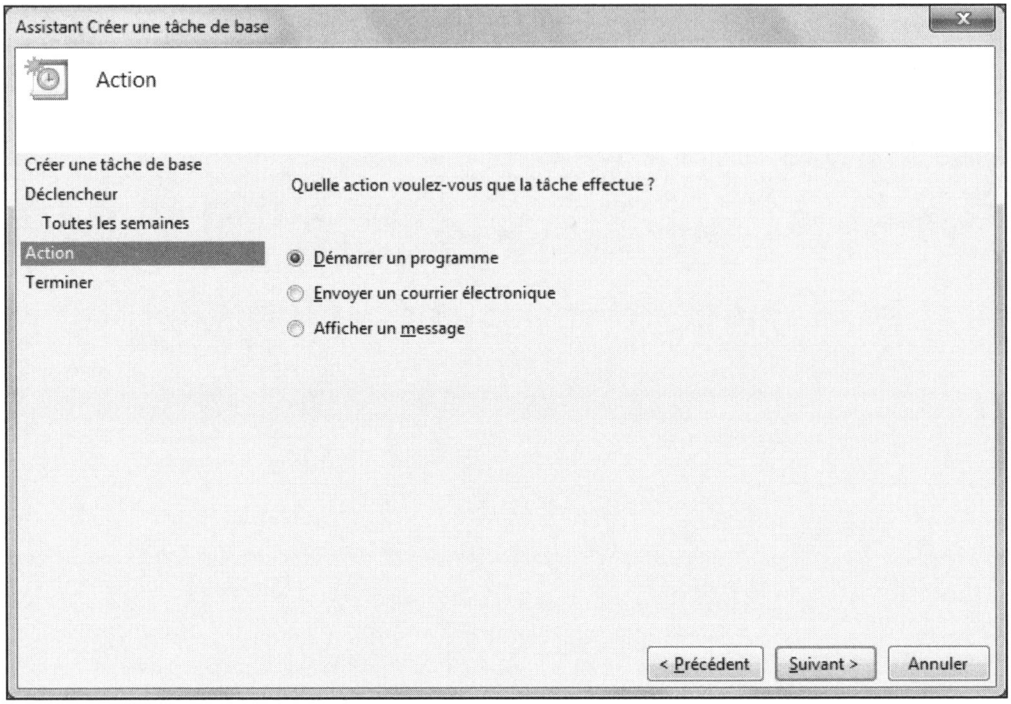

Figure 25-22 Choix du type de tâche.

Les étapes suivantes dépendent de votre choix à l'étape **11**.

Démarrer un programme

Si vous avez choisi de démarrer une application régulièrement, vous devez préciser l'emplacement de ce programme sur votre disque dur.

1. Dans la zone **Programme/script**, saisissez le chemin du programme, ou cliquez le bouton **Parcourir** pour le rechercher.

Note La zone **Ajouter des arguments** permet de fournir des paramètres lors de l'exécution du programme (consultez la documentation de ce dernier). La zone **Commencer dans** permet de saisir le dossier de travail par défaut du programme.

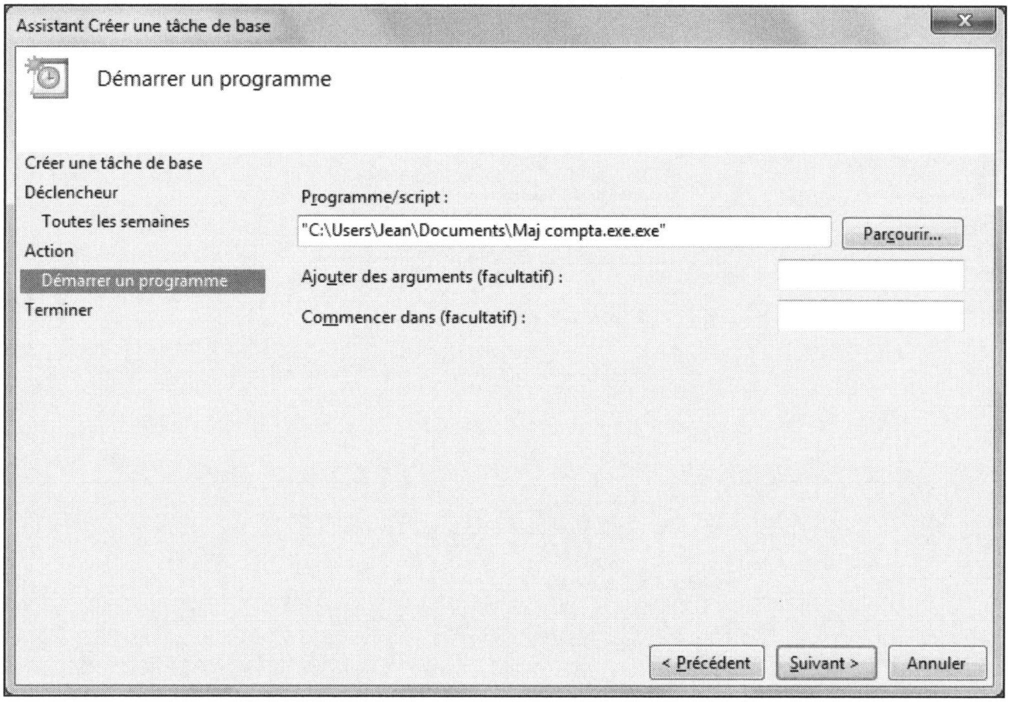

Figure 25-23 Démarrer un programme comme tâche planifiée.

2. Cliquez le bouton **Suivant**.
3. Cliquez le bouton **Terminer** si tous les paramètres sont corrects.

Envoyer un courrier

Cette option permet d'expédier des e-mails avec des pièces jointes. Cette solution est intéressante pour envoyer régulièrement un même document, mais avec ses dernières mises à jour.

1. Saisissez dans les zones **De**, **À**, **Objet** et **Texte**, les renseignements comme pour un e-mail ordinaire (consultez le chapitre 18).
2. Tapez dans la zone **Pièce jointe** le chemin du document à transmettre, ou cliquez le bouton **Parcourir** pour le rechercher.
3. Tapez dans la zone **SMTP** les références du serveur de messagerie de votre fournisseur d'accès Internet.

Note Pour des informations complémentaires sur les serveurs de messagerie, consultez le paragraphe « Créer un compte de messagerie » au début du chapitre 18.

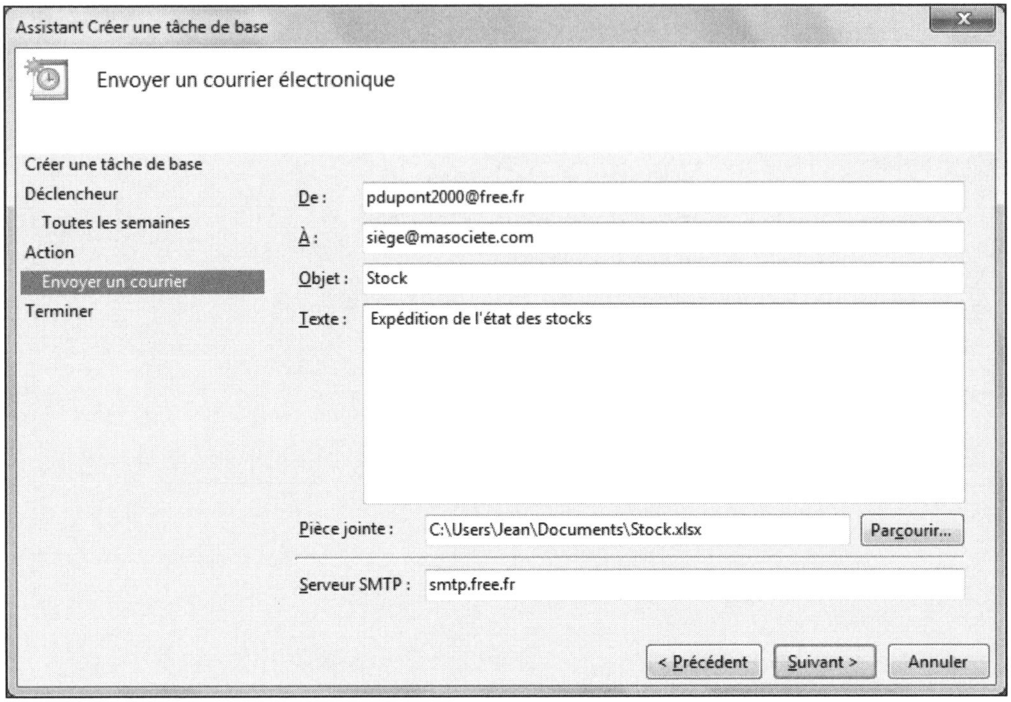

Figure 25-24 Expédier un e-mail avec pièce jointe comme tâche planifiée.

4. Cliquez le bouton **Suivant**.
5. Cliquez le bouton **Terminer** si tous les paramètres sont corrects.

Afficher un message

Cette option affiche simplement un message à l'écran.

1. Dans la zone **Titre**, tapez le texte qui doit apparaître dans la barre de titre de la fenêtre du message.
2. Dans la zone **Message**, tapez le texte du message.

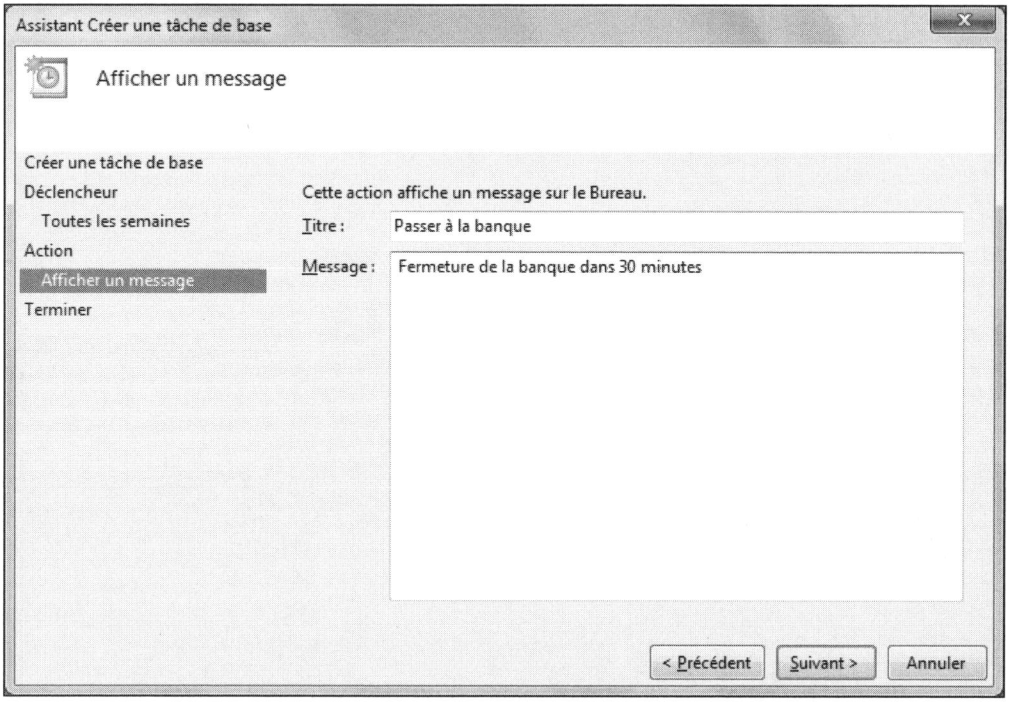

Figure 25-25 Afficher un message dans Windows comme tâche planifiée.

3. Cliquez le bouton **Suivant**.

4. Cliquez le bouton **Terminer** si tous les paramètres sont corrects.

Gérer les tâches

Vous retrouvez dans le volet central la liste des tâches que vous avez créée (au besoin, cliquez le dossier **Bibliothèque** dans l'arborescence).

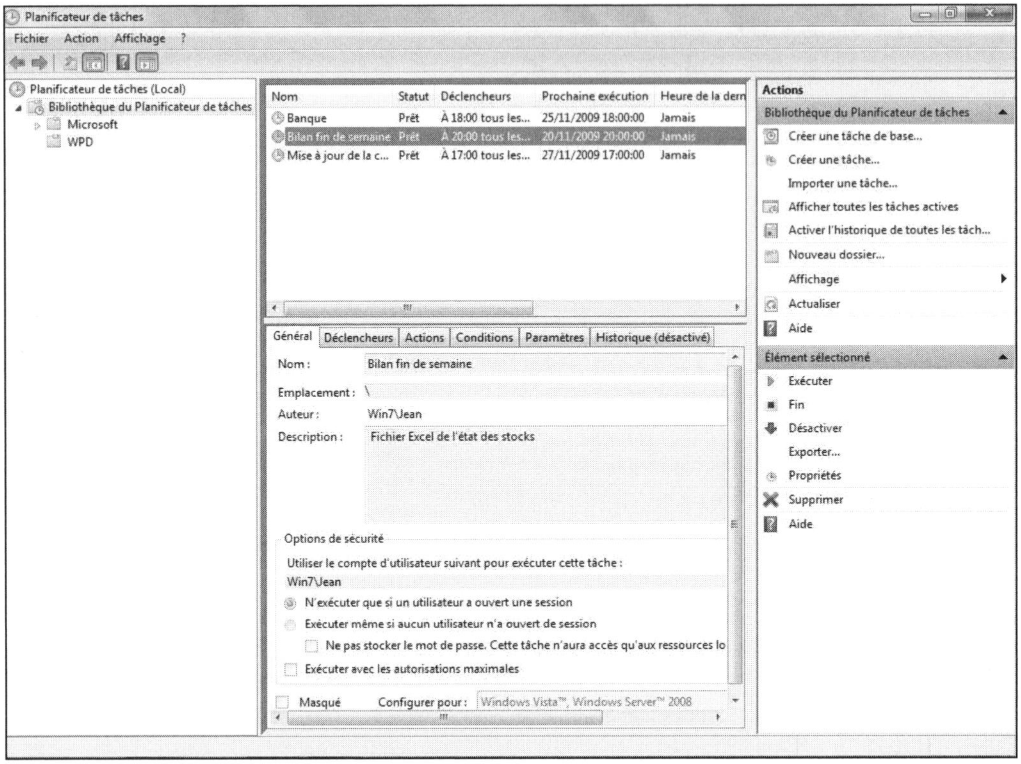

Figure 25-26 Liste des tâches.

1. Cliquez une tâche pour afficher ses paramètres dans la zone en bas du volet central. Cliquez les onglets de cette zone pour voir tous les paramètres.
2. Pour modifier une tâche, double-cliquez-la.
3. Modifiez les paramètres de la tâche dans chacun des onglets.

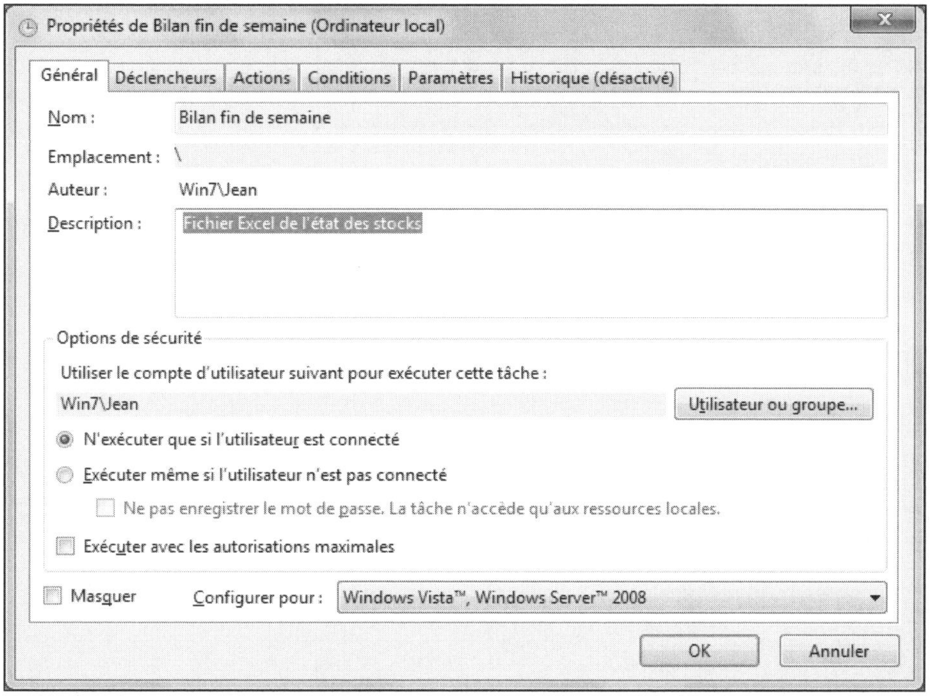

Figure 25-27 Paramètres d'une tâche.

4. Utilisez les commandes du volet **Actions** pour modifier le déroulement de la tâche sélectionnée.

Dépanner les périphériques

Si certains périphériques ne fonctionnent pas correctement, vous pouvez en obtenir la liste et tenter de résoudre le problème, par exemple en installant un nouveau pilote ou en réinstallant celui déjà utilisé. Windows propose aussi des assistants pour détecter les pannes et trouver des solutions.

Trouver les périphériques qui ne fonctionnent pas

1. Cliquez le bouton **Démarrer** → **Panneau de configuration**.
2. Cliquez l'icône **Gestionnaire de périphériques**. Éventuellement, cliquez le bouton **Oui** pour accepter la demande d'autorisation.

   Tous les périphériques sont regroupés par types.
3. Cliquez les boutons ▷ et ◢ pour développer ou réduire l'arborescence.

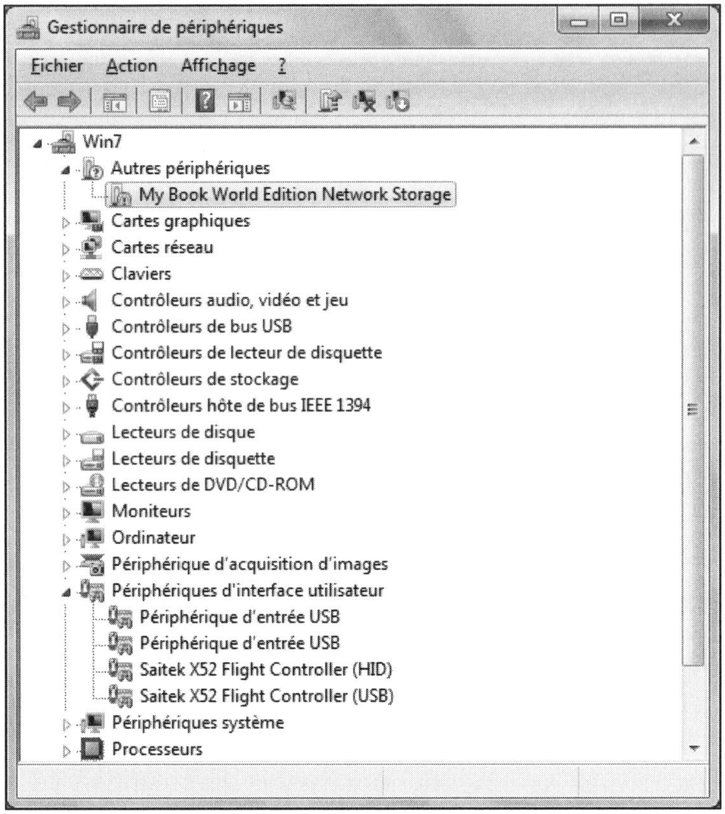

Figure 25-28 Liste des périphériques de votre ordinateur.

Les périphériques qui ne fonctionnent pas affichent le symbole .

Connaître le problème d'un périphérique

1. Cliquez le nom d'un périphérique avec l'icône .
2. Double-cliquez le nom du périphérique.
3. Cliquez l'onglet **Général**.

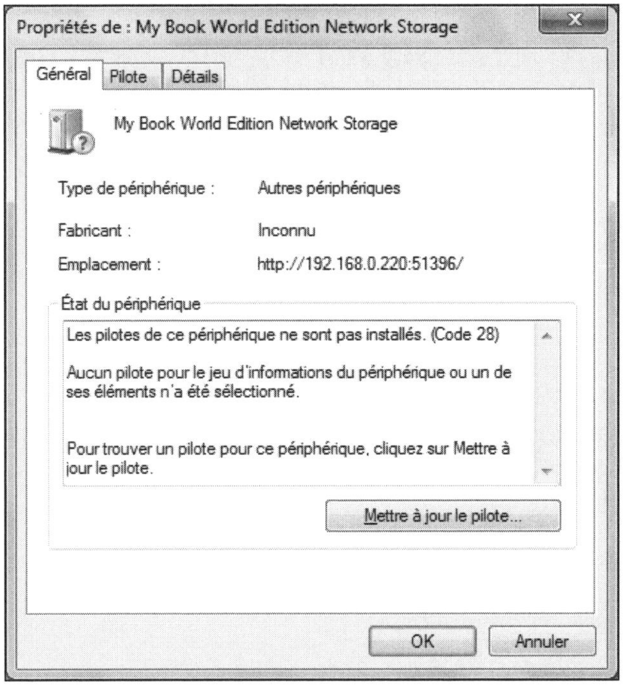

Figure 25-29 Propriétés d'un périphérique.

La zone **État du périphérique** (figure 25-29) indique le problème détecté par Windows. Suivez les conseils proposés pour réparer la panne. Cliquez le bouton **Rechercher des solutions** (ou le nom correspondant à la solution, par exemple **Mettre à jour le pilote**) pour accéder à l'aide en ligne ou appliquer la solution trouvée. Windows vous proposera peut-être d'effectuer la recherche sur Internet.

Connaître et modifier les pilotes

Sauf si votre périphérique est physiquement en panne, l'essentiel des problèmes dans un ordinateur provient des pilotes. Windows propose plusieurs solutions pour les remplacer ou les réinstaller.

1. Cliquez l'onglet **Pilote** (figure 25-30).

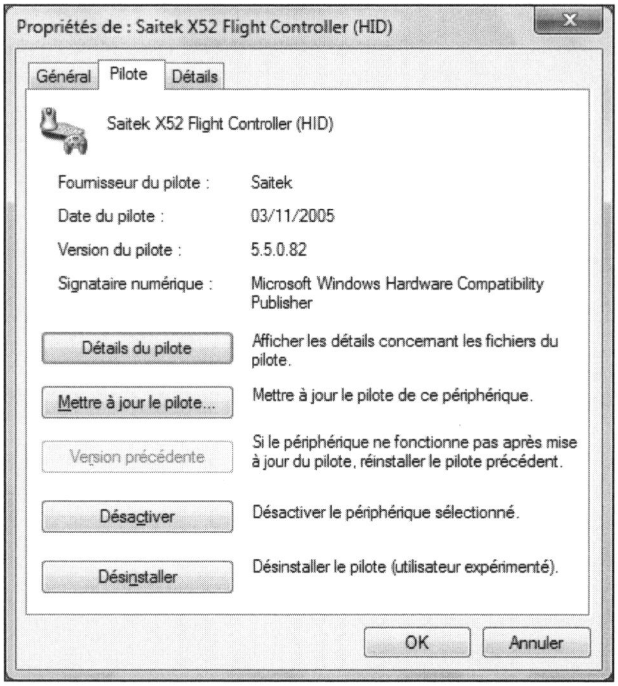

Figure 25-30 Informations sur le pilote d'un périphérique.

Cette boîte fournit la date et le numéro de version du pilote. Ces informations vous permettent de faire des comparaisons avec la dernière version proposée par le constructeur (consultez le paragraphe « Actualiser des pilotes sur le site du constructeur » ci-après).

2. Cliquez le bouton **Détails du pilote** (figure 25-30).

   La boîte de la figure 25-31 donne la liste des fichiers qui correspondent au pilote actuellement installé.

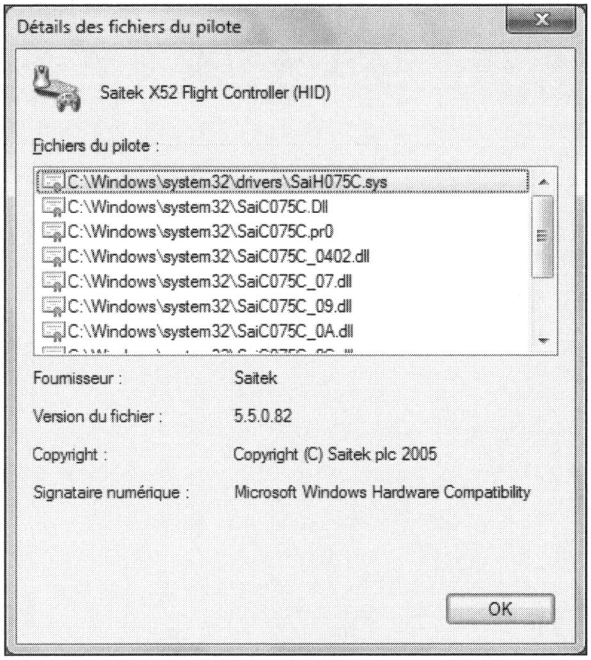

Figure 25-31 Liste des fichiers du pilote.

3. Cliquez le bouton **OK**.

Installer un nouveau pilote

1. Cliquez le bouton **Mettre à jour le pilote** (figure 25-30).

   La boîte de la figure 25-32 propose deux options :

- **Rechercher automatiquement…** : Windows installe le pilote en sa possession ou le recherche sur Internet. Utilisez cette option si le pilote n'a pas encore été installé ou mal installé.
- **Rechercher un pilote…** : Windows vous demande l'emplacement du pilote (CD-ROM, disque dur, *etc.*). Utilisez cette option si vous avez un nouveau pilote, par exemple après un téléchargement sur Internet.

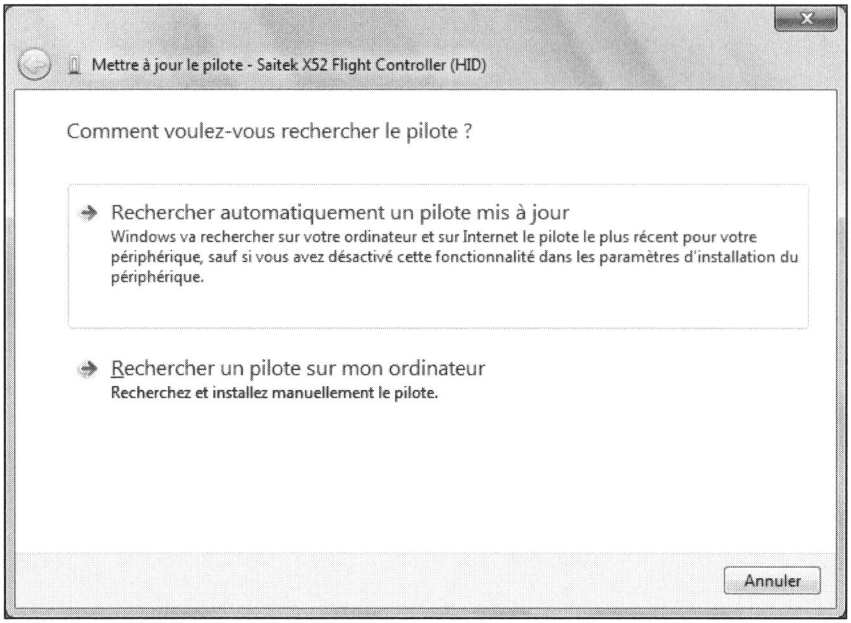

Figure 25-32 Mise à jour d'un pilote.

2. Cliquez l'option qui correspond à votre cas.
3. Suivez les instructions de l'assistant.

Désinstaller un nouveau pilote

Si vous avez installé un nouveau pilote et que celui-ci pose des problèmes, vous pouvez revenir facilement à la version précédente.

1. Cliquez le bouton **Version précédente** (figure 25-30).

Windows désinstalle le pilote actuel et réinstalle la version précédente.

Attention En cas de problème, vous pouvez aussi utiliser le système de restauration de Windows (consultez le paragraphe « Restaurer Windows » plus haut dans ce chapitre).

Note L'onglet **Détails** (figure 25-30) permet de connaître toutes les informations « plug-and-play » fournies par le périphérique (nom du fabricant, modèle, version, *etc.*). Sélectionnez le type d'information dans la liste **Propriétés**. La liste **Valeur** affiche l'information correspondante.

Actualiser des pilotes sur le site du constructeur

Les pilotes génériques du DVD-ROM ou téléchargés sur le site Internet de Microsoft ne correspondent pas toujours à l'attente des utilisateurs car bien souvent ils ne sont pas à jour ni très pratiques. Pour obtenir un pilote récent et adapté, consultez les sites des constructeurs de vos périphériques.

1. Ouvrez Internet Explorer.
2. Tapez `www.`, le nom du constructeur, ensuite `.com` et appuyez sur **Entrée**. Si cette adresse ne correspond pas au constructeur, ce qui est très rare, faites une recherche avec Google. Vous pouvez aussi essayer `.fr` à la place de `.com`.
3. Recherchez la page Pilotes, Drivers, Téléchargement ou Download.
4. Recherchez la référence de votre périphérique et la version de Windows que vous utilisez.
5. Téléchargez le nouveau pilote et suivez les instructions d'installation.

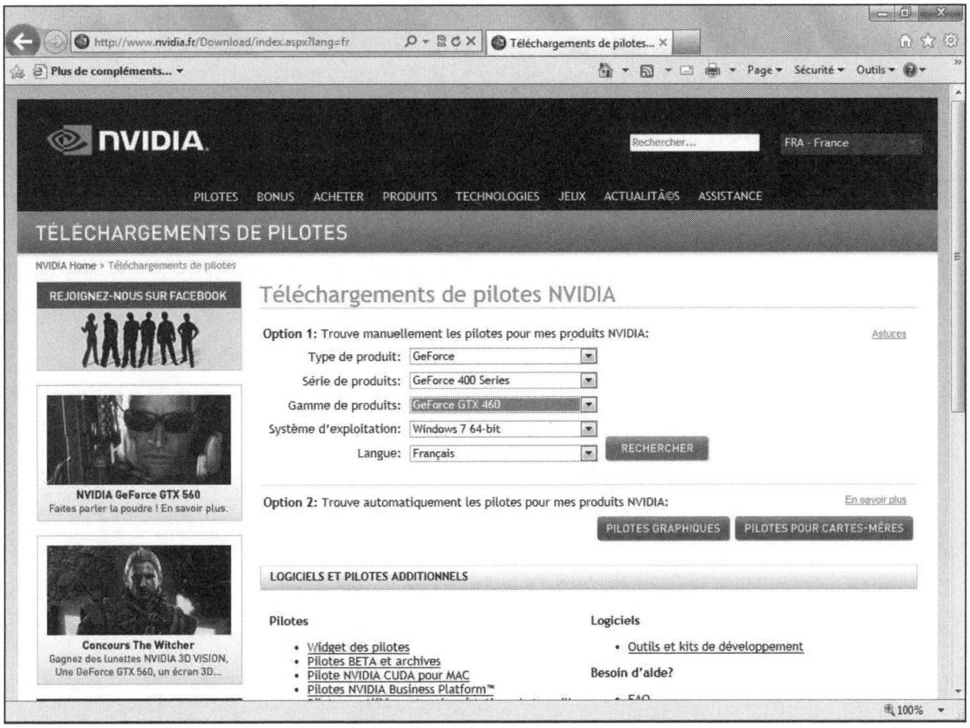

Figure 25-33 Mise à jour d'un pilote de périphérique sur le site d'un constructeur.

Conseil Téléchargez uniquement un pilote prévu pour votre version de Windows. N'installez pas, par exemple, un pilote pour Windows XP quand votre ordinateur est équipé de Windows 7. Il y a, de toute façon, de fortes chances pour que Windows refuse cette installation.

Chapitre 26

Sécuriser votre ordinateur

Dans ce chapitre

- Consulter le Centre de maintenance
- Se protéger des virus
- Supprimer les logiciels malveillants
- Installer un pare-feu
- Sécuriser la navigation
- Gérer les cookies
- Supprimer l'historique de votre navigation

Les connexions à Internet ne sont pas sans danger : virus, accès à des données confidentielles, espionnage de votre navigation, publicités non désirées, *etc.* Pour éviter cela, il est nécessaire de se protéger. C'est d'autant plus vrai si vous êtes connecté en permanence par le câble ou une ligne ADSL, car cela laisse du temps à des personnes mal intentionnées pour accéder à votre ordinateur.

Si vous désirez utiliser Internet en toute quiétude, ce chapitre vous est destiné. Outre les protections indispensables comme un logiciel antivirus et un pare-feu, vous trouverez ici des solutions pour éliminer les logiciels espions et les programmes malveillants, protéger votre navigation et utiliser le Centre de maintenance.

Consulter le Centre de maintenance

Windows 7 propose le Centre de maintenance pour vérifier et gérer l'ensemble de vos protections. Pour examiner la manière dont votre ordinateur est protégé, consultez-le.

Si le Centre de maintenance a détecté un problème de protection ou de mise à jour, il affiche l'icône à droite de la barre des tâches. Si c'est le cas, cliquez cette icône pour lister les problèmes détectés.

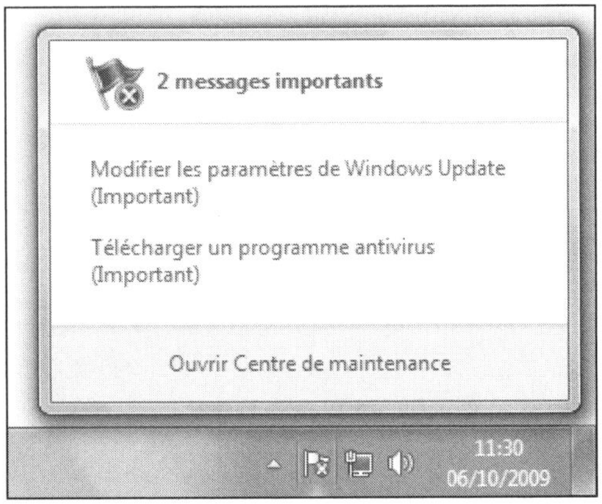

Figure 26-1 Alerte du centre de maintenance dans la barre des tâches.

Cliquez ensuite le lien **Ouvrir Centre de maintenance**. Si l'icône n'est pas affichée, utilisez le Panneau de configuration.

1. Cliquez le bouton **Démarrer** → **Panneau de configuration**.
2. Cliquez le lien **Centre de maintenance** (affichage par icône) ou le lien **Consulter l'état de votre ordinateur** (affichage par catégorie).

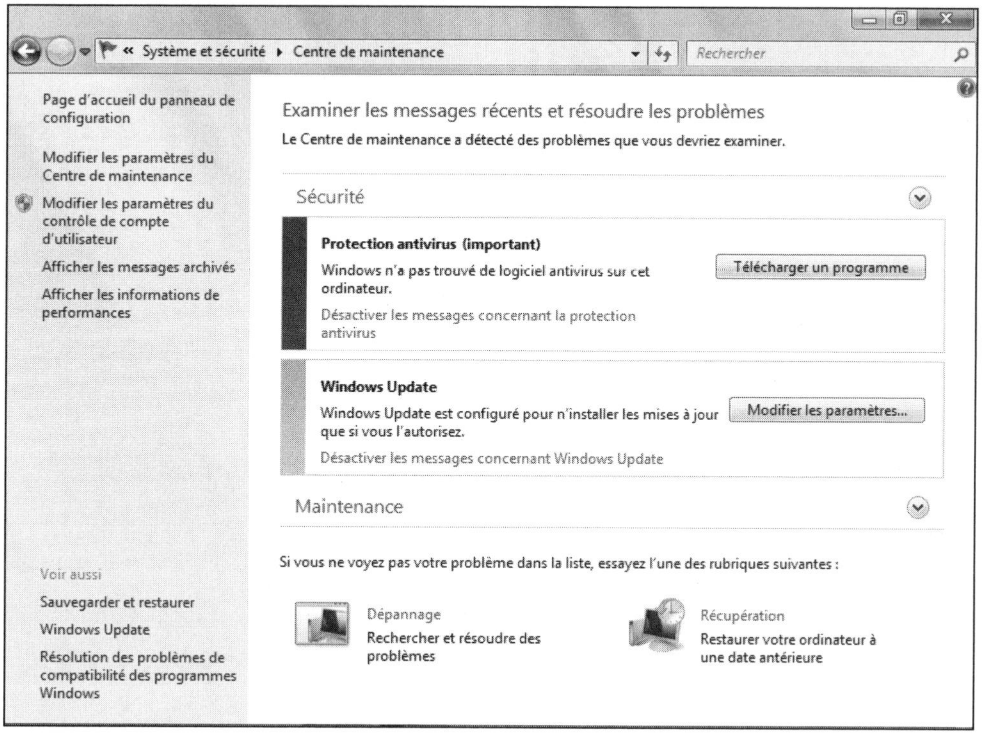

Figure 26-2 Centre de maintenance.

Cette fenêtre vous indique d'un seul coup d'œil le niveau de sécurité de chaque fonction selon sa couleur. Elle propose des boutons pour activer certaines fonctionnalités et résoudre les problèmes de sécurité (pour afficher le détail sur les autres fonctions qui, elles, ne posent pas de problème, cliquez les boutons).

Quand votre ordinateur est protégé, l'icône ne s'affiche plus dans la barre des tâches.

Vous pouvez aussi définir la manière dont le Centre de maintenance vous avertit de dangers potentiels. Cliquez le lien **Modifier les paramètres du Centre de maintenance** dans le volet de gauche.

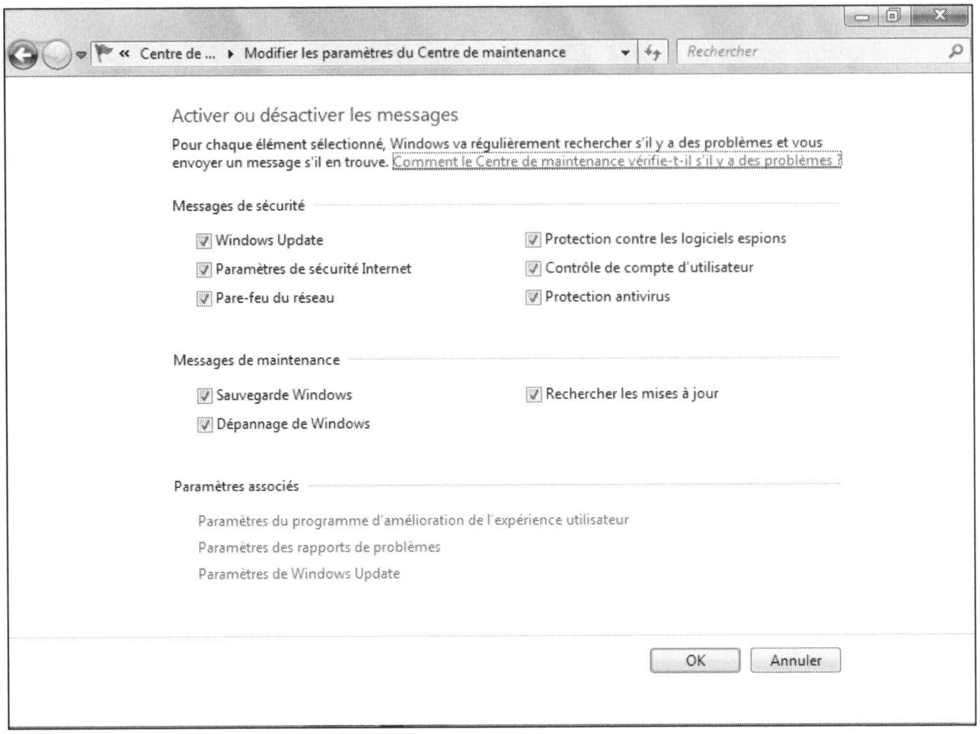

Figure 26-3 Paramètres du Centre de maintenance.

Cochez dans cette boîte les éléments que doit surveiller Windows et décochez les autres (par exemple pour un anti-virus que Windows ne détecte pas mais qui est fonctionnel).

Reportez-vous au chapitre 25 pour la mise à jour automatique (Windows Update).

Activer le pare-feu

Le pare-feu évite que des personnes non autorisées ne prennent le contrôle de votre ordinateur *via* Internet. Vous pouvez utiliser celui proposé par Windows 7 ou en installer un autre.

1. Cliquez le bouton **Démarrer** → **Panneau de configuration**.
2. Cliquez le lien **Pare-feu Windows** dans le Panneau de configuration.

   Une boîte vous indique l'état du pare-feu.

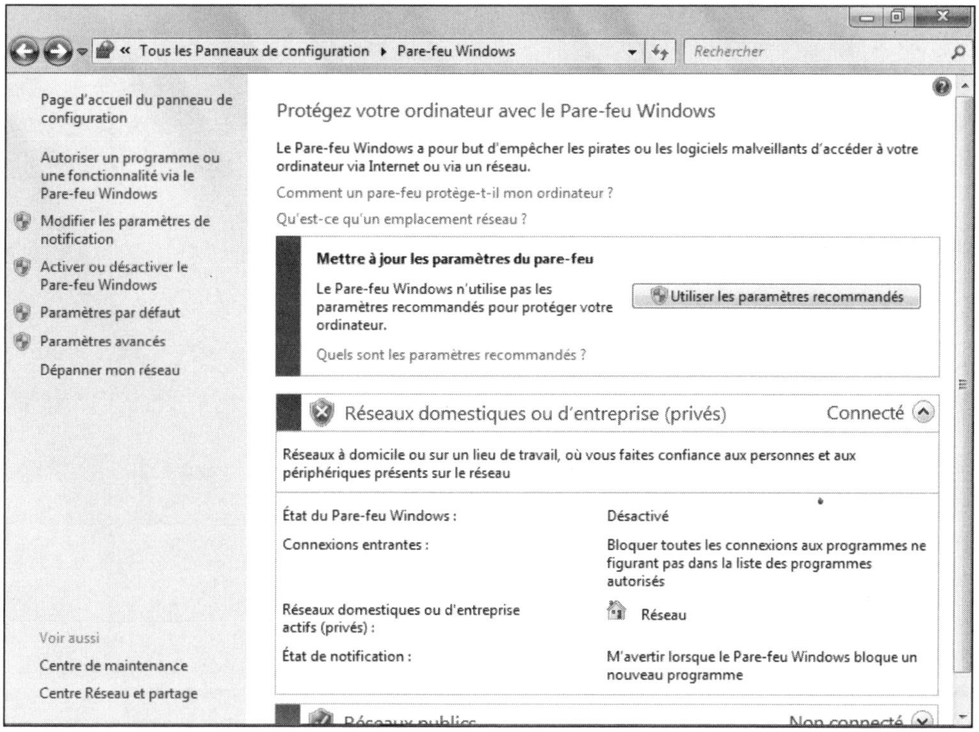

Figure 26-4 État du pare-feu Windows.

3. Cliquez le lien **Activer ou désactiver le Pare-feu Windows** dans le volet gauche.
4. Si Windows le demande, cliquez le bouton **Oui** pour donner votre autorisation.
5. Si vous désirez utiliser le pare-feu proposé par Windows pour votre réseau domestique (options du haut), cochez l'option **Activer le Pare-feu Windows**. Si vous avez un autre pare-feu, cochez l'option **Désactiver le Pare-feu Windows (non recommandé)**.

   Sachez que les nouveaux modems ADSL livrés par certains fournisseurs d'accès à Internet contiennent déjà un pare-feu. C'est le cas, par exemple, des Freebox, Alice Box, Livebox, *etc.* Il n'est donc pas nécessaire dans ce cas d'activer celui de Windows. L'installation de plusieurs pare-feu peut ralentir votre navigation sur Internet.

   En revanche, si vous utilisez un ordinateur portable pour vous connecter à Internet dans des lieux publics (hôtel, gare, aéroport, *etc.*), il est recommandé d'activer le pare-feu.

6. Si vous recourez au pare-feu proposé par Windows pour des emplacements publics (options du bas), cochez l'option **Activer le Pare-feu Windows**.

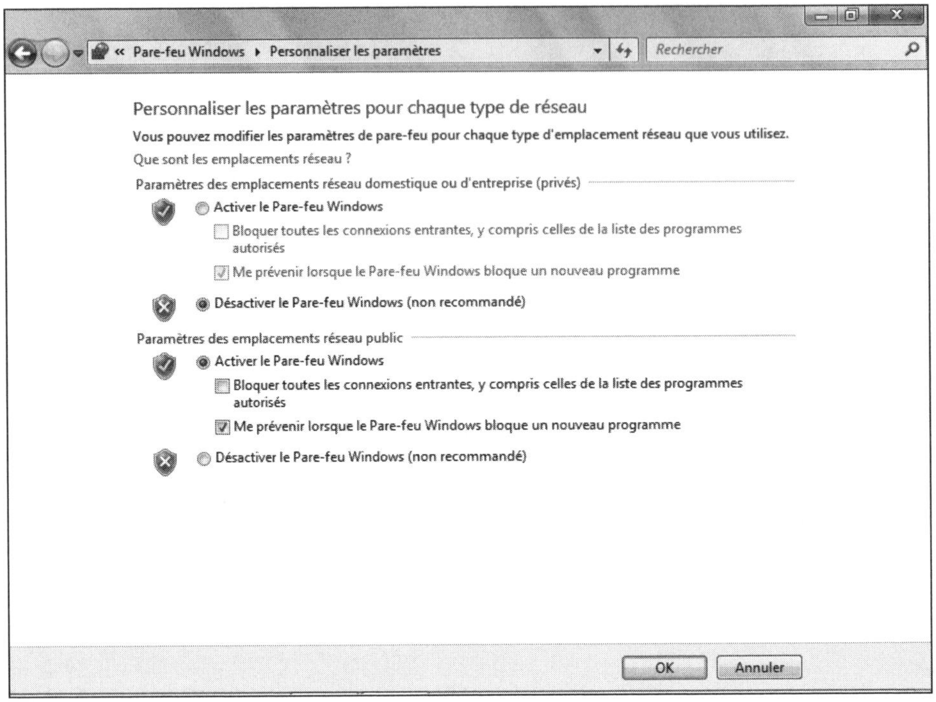

Figure 26-5 Activation du pare-feu Windows.

7. Cliquez le bouton **OK** pour valider vos choix.

Si vous avez un autre pare-feu que celui de Windows, vous devez l'indiquer pour éviter les alertes du Centre de maintenance. Dans les paramètres du Centre de maintenance (figure 26-3), décochez la case **Pare-feu du réseau**.

Se protéger des virus

À moins que vous n'utilisiez pas Internet ou un autre réseau, votre PC sera peut-être un jour confronté à des virus. Comme il en existe de nouveaux tous les mois, il est nécessaire d'installer un logiciel antivirus qui soit mis à jour périodiquement. Windows ne propose pas d'antivirus.

Définition **Virus** : programme qui modifie intentionnellement le contenu de votre ordinateur afin de l'empêcher de fonctionner normalement. Certains virus suppriment vos documents ou les expédient à d'autres personnes par voie de messagerie.

Il existe principalement deux causes pour que votre ordinateur soit contaminé par un virus :

- **Les réseaux** : c'est le chemin préféré des virus, car ils peuvent contaminer une grande quantité d'ordinateurs en quelques minutes. Cela concerne tous les réseaux, que ce soit Internet ou celui d'une entreprise. S'il est plutôt rare d'être contaminé en naviguant sur le Web, la messagerie, en revanche, subit des attaques très fréquentes et de grande ampleur.
- **Les clés USB, les disquettes et tous les supports amovibles en général** : ce sont des supports auxquels on ne pense pas toujours. Même si vous en connaissez la provenance, il est préférable de les vérifier avec un antivirus avant de les utiliser. Le problème se pose moins avec les CD et DVD-ROM, qui font l'objet d'un contrôle avant d'être mis sur le marché. Méfiez-vous cependant des CD et DVD-R (gravés) et des CD et DVD-RW (réinscriptibles).

Installer un antivirus

Nous vous conseillons donc vivement d'installer un logiciel antivirus, particulièrement si vous utilisez Internet et la messagerie.

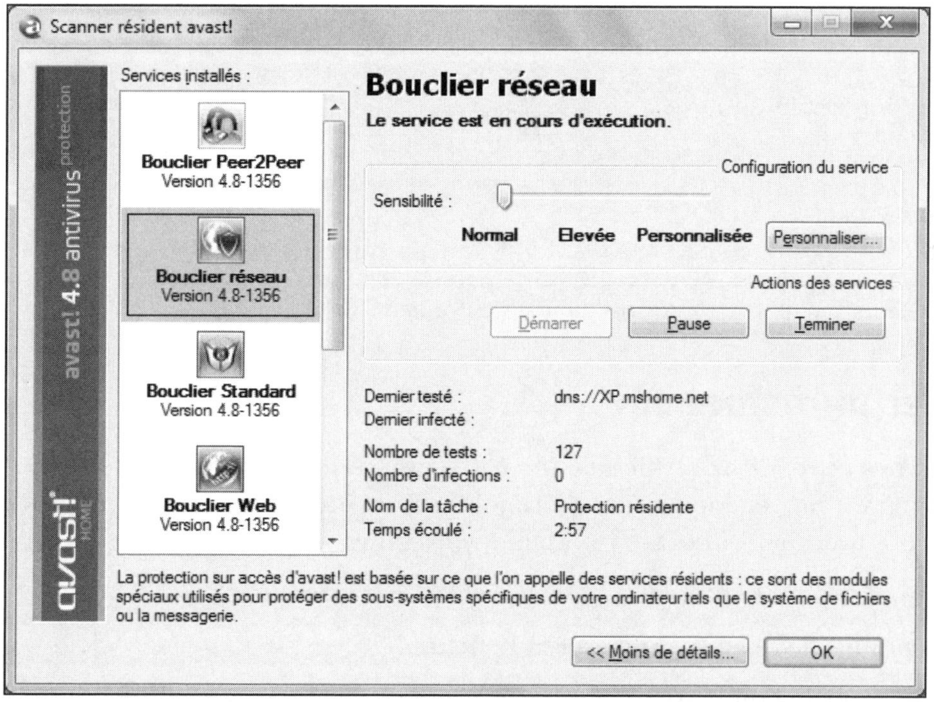

Figure 26-6 Avast! antivirus : sa mise à jour est automatique dès que vous vous connectez à Internet.

Il existe beaucoup d'antivirus sur le marché. Parmi les plus connus, citons Symantec Norton Antivirus, McAfee VirusScan, Kaspersky Antivirus ou avast! antivirus.

Choisissez en priorité un antivirus qui se met à jour automatiquement dès que vous êtes connecté à Internet. Ainsi, vous serez protégé en permanence. C'est le cas des produits évoqués précédemment.

Le Centre de sécurité indique si votre antivirus est à jour.

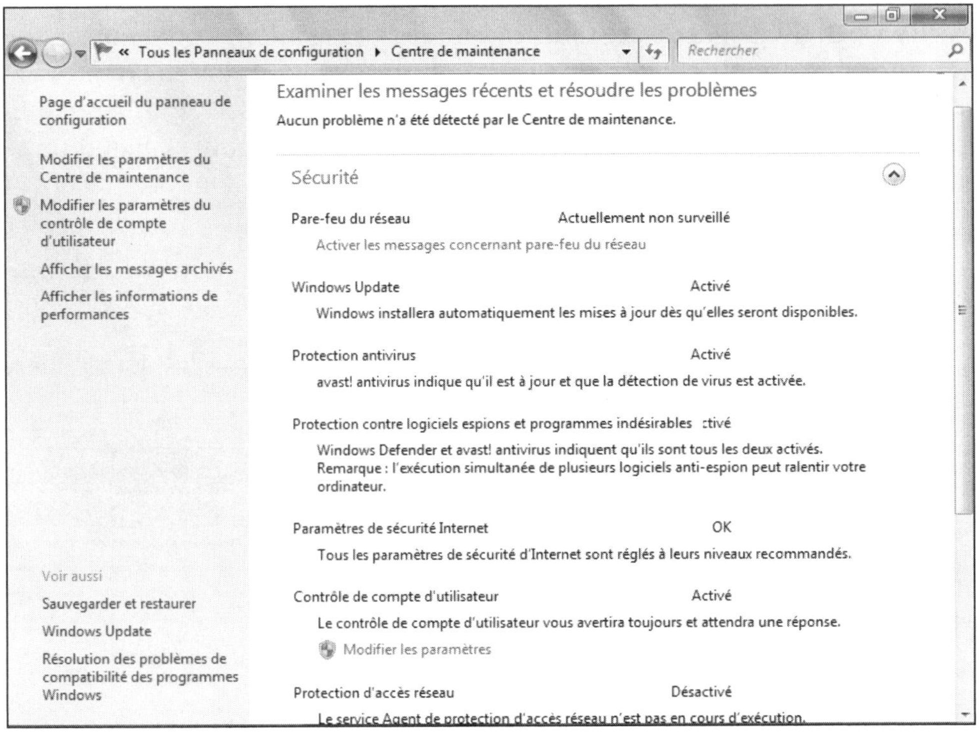

Figure 26-7 Situation de votre antivirus dans le Centre de sécurité.

Vérifier un fichier

Dès que vous enregistrez un fichier sur votre disque dur, soit à partir d'un téléchargement, soit en provenance d'une pièce jointe d'un message électronique, soyez prudent. Si vous avez des doutes sur un fichier, vous pouvez le vérifier avec votre antivirus.

1. Ouvrez l'Explorateur (bouton **Démarrer** → **Ordinateur**).
2. Sélectionnez le dossier qui contient le fichier.
3. Cliquez avec le bouton droit le fichier à vérifier. Ne le double-cliquez surtout pas !

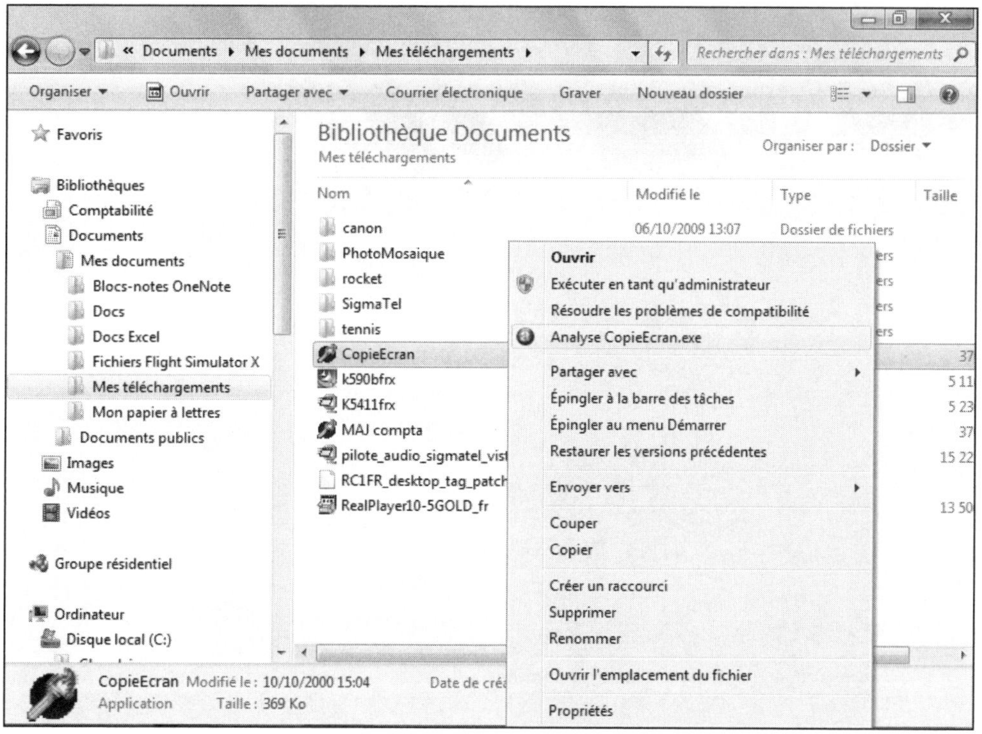

Figure 26-8 Vérification d'un fichier avec un antivirus.

4. Cliquez dans le menu contextuel la commande de vérification de fichiers de votre antivirus. Au besoin, consultez l'aide en ligne de ce dernier.

Utiliser Windows Defender contre les logiciels malveillants

Comme nous l'avons vu précédemment, Windows 7 ne propose pas d'antivirus. Si vous n'en possédez pas, il est impératif d'utiliser le logiciel Windows Defender qui supprime les logiciels espions et malveillants. Il se charge aussi de supprimer les logiciels qui attaquent les failles de sécurité de Windows 7. Cet outil n'est pas un antivirus ! Il est à utiliser en complément d'un antivirus mis à jour régulièrement, voire quotidiennement.

Cliquez le lien **Windows Defender** dans le Panneau de configuration.

La page d'accueil de Windows Defender vous donne l'état de la dernière analyse de votre ordinateur. Cette analyse est effectuée régulièrement sans votre intervention.

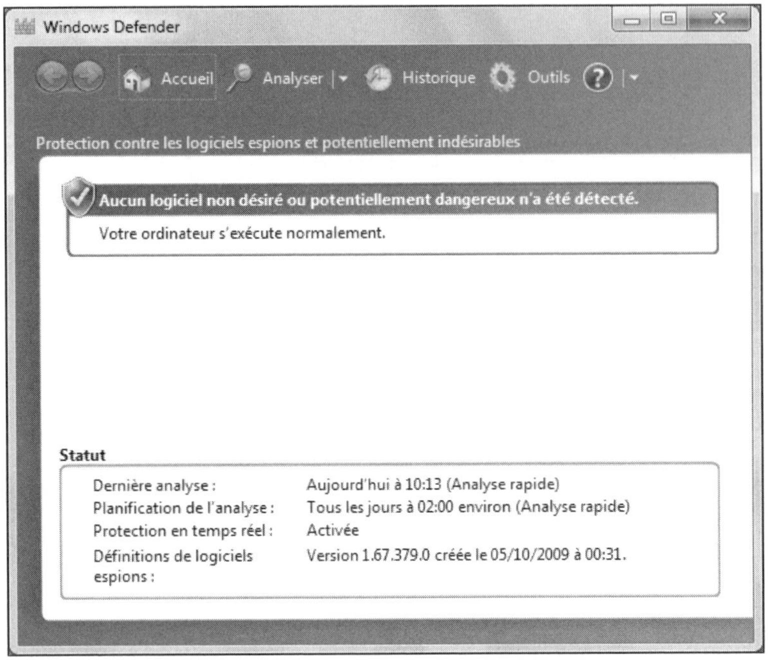

Figure 26-9 Fenêtre d'accueil de Windows Defender.

Pour vérifier maintenant si votre disque dur contient des logiciels malveillants, cliquez le bouton **Analyser**. Windows Defender parcourt immédiatement votre disque dur à la recherche de menaces potentielles.

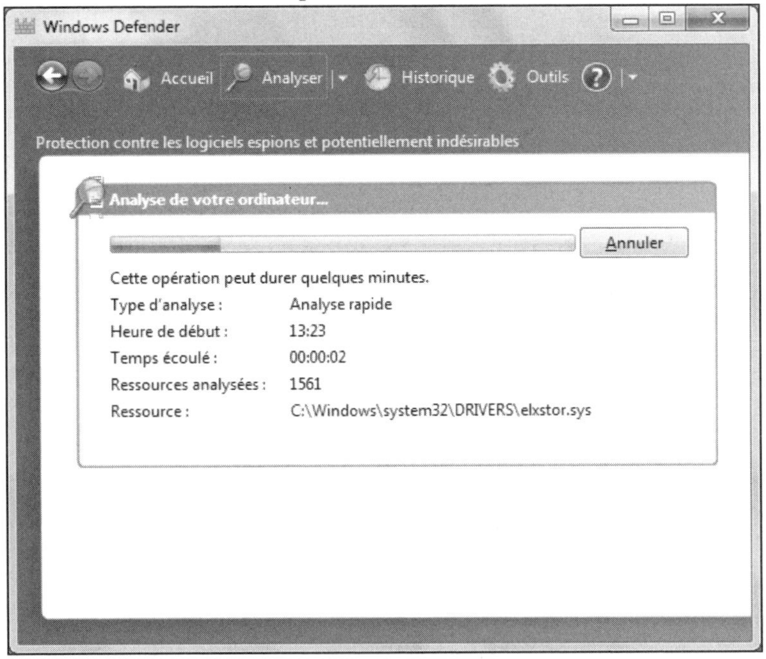

Figure 26-10 Analyse de votre ordinateur par Windows Defender.

Après l'analyse, Windows Defender affiche le rapport de ses investigations.

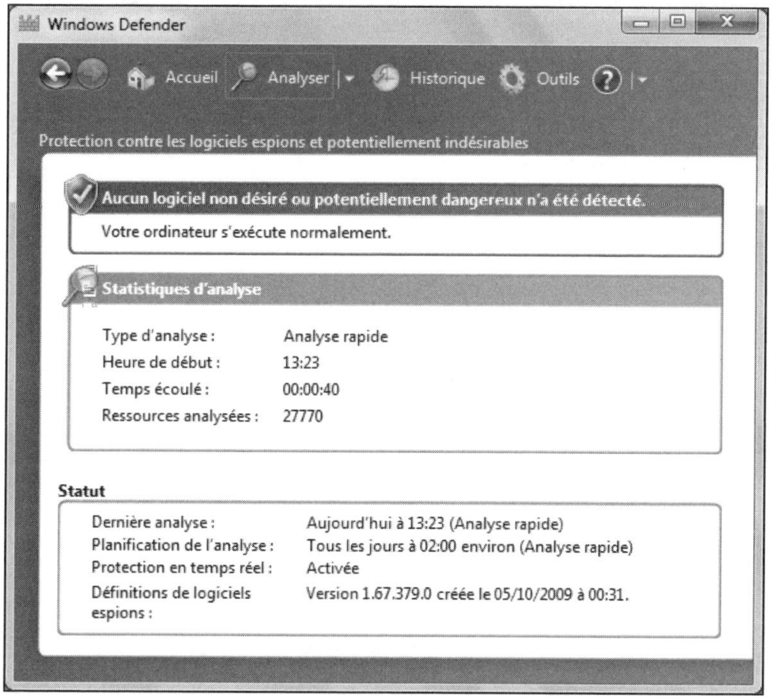

Figure 26-11 Rapport après l'analyse de votre ordinateur.

Pour modifier les paramètres de Windows Defender, cliquez le bouton **Outils**. Cette fenêtre vous donne accès à divers outils que vous ne manquerez pas de découvrir, comme la communauté SpyNet ou le site Web de Windows Defender.

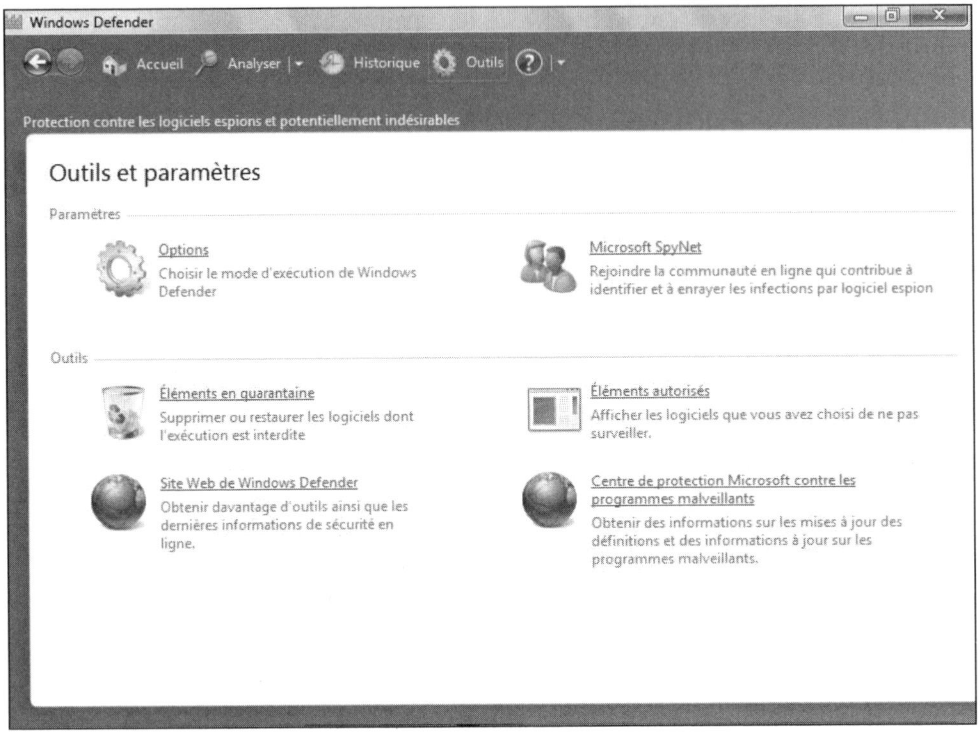

Figure 26-12 Outils et paramètres de Windows Defender.

Paramètres d'exécution de Windows Defender

Pour utiliser au mieux Windows Defender, modifiez ses paramètres.

1. Dans la page **Outils et paramètres** de Windows Defender, cliquez le lien **Options** (figure 26-12).
2. Pour vérifier régulièrement votre ordinateur, cochez la case **Analyser automatiquement mon ordinateur**.
3. Sélectionnez la fréquence, l'heure et le type d'analyse dans les listes en dessous.

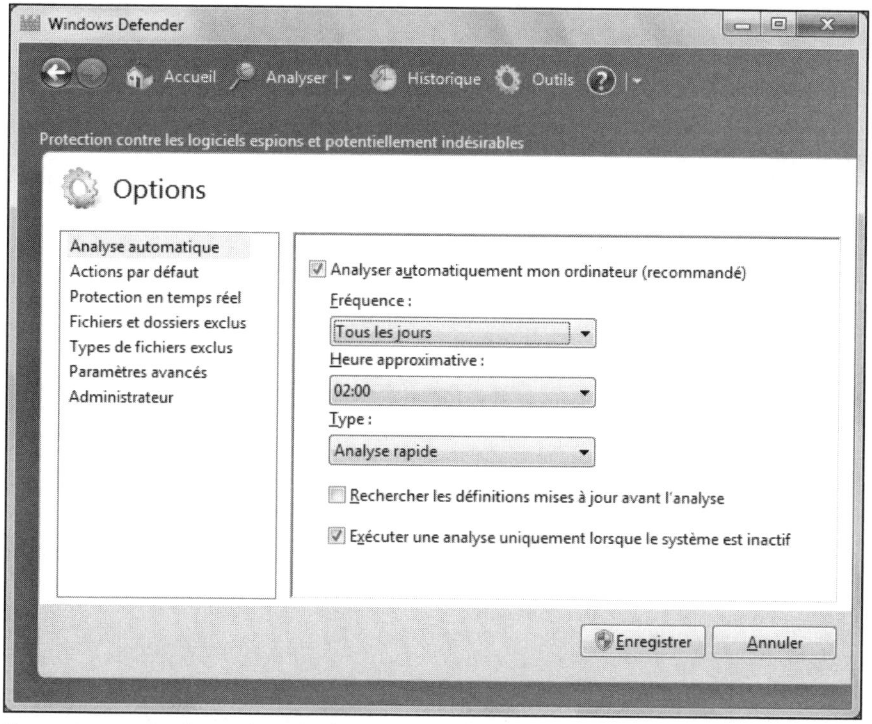

Figure 26-13 Options de Windows Defender.

4. Cliquez Protection en temps réel dans le volet gauche, puis cochez la case **Utiliser la protection en temps réel** pour que Windows Defender surveille en permanence votre ordinateur.
5. Cliquez le bouton **Enregistrer**.
6. Cliquez le bouton **Oui** pour donner votre autorisation.
7. Cliquez le bouton  dans la fenêtre Windows Defender.

Sécuriser la navigation sur Internet

Si vous craignez que la visite de certains sites endommage votre ordinateur ou donne accès à des renseignements confidentiels, réglez le niveau de sécurité pour vous protéger. Internet Explorer propose plusieurs niveaux de sécurité prédéfinis. Choisissez celui avec lequel vous désirez naviguer.

1. Cliquez le lien **Options Internet** dans le Panneau de configuration.
2. Cliquez l'onglet **Sécurité**.

Note Ces options sont accessibles à partir d'Internet Explorer en cliquant le menu **Outils → Options**. La boîte s'appelle alors Options Internet.

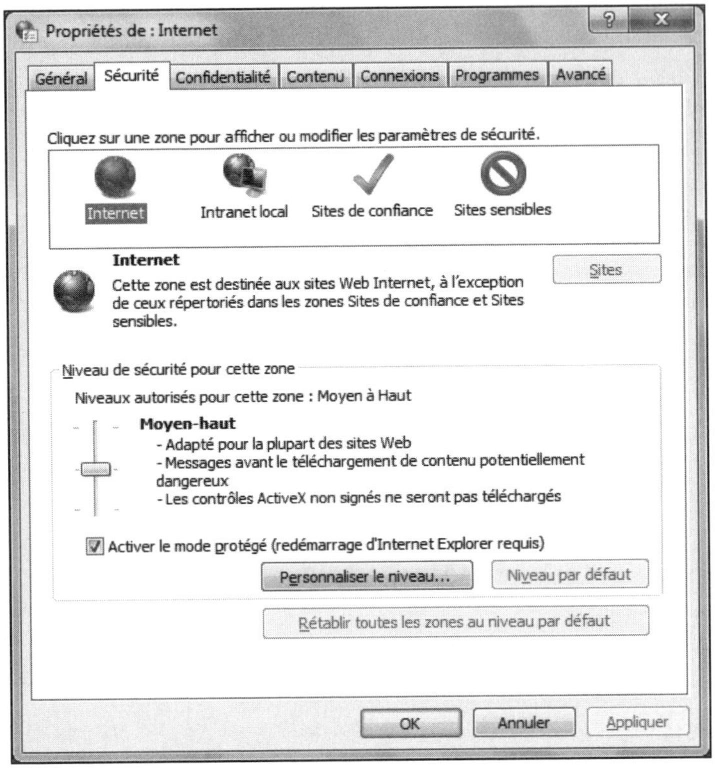

Figure 26-14 Sélection d'un niveau de sécurité pour la navigation sur Internet.

3. Faites glisser le curseur pour choisir le niveau de sécurité (consultez le tableau 26-1).

Niveau	Sécurité
Haute	Sécurité maximale. Les fonctionnalités les moins sûres sont désactivées. Les autres nécessitent une confirmation. Certains sites risquent de ne plus être accessibles. C'est la navigation la moins pratique.
Moyen-haut	Sécurité par défaut d'Internet Explorer. Le chargement d'éléments non sécurisés nécessite votre approbation. Les contrôles ActiveX (des programmes potentiellement dangereux) non signés par leur auteur sont refusés. C'est la navigation la plus pratique avec un minimum de sécurité. C'est aussi le niveau recommandé.
Moyenne	Identique au niveau Moyen-haut, mais avec quelques options qui permettent de naviguer plus facilement.

Tableau 26-1 Niveaux de sécurité dans Internet Explorer.

4. Pour vous protéger des sites Web qui tentent d'enregistrer des fichiers ou d'installer des programmes sur votre ordinateur, cochez la case **Activer le mode protégé**.
5. Cliquez le bouton **OK** pour valider vos modifications.

Note Si après la modification du niveau de sécurité certains sites ne sont plus accessibles, rétablissez les options par défaut en cliquant simplement **Niveau par défaut** dans la boîte **Propriétés de Internet**.

Personnaliser un niveau de sécurité

Si les fonctionnalités proposées par défaut pour chaque niveau de sécurité ne vous conviennent pas, modifiez-les.

1. Dans la boîte **Propriétés de Internet** (figure 26-14), choisissez un niveau de sécurité avec le curseur.
2. Cliquez le bouton **Personnaliser le niveau**.
3. Modifiez les options souhaitées (aidez-vous de l'aide en ligne de Windows).

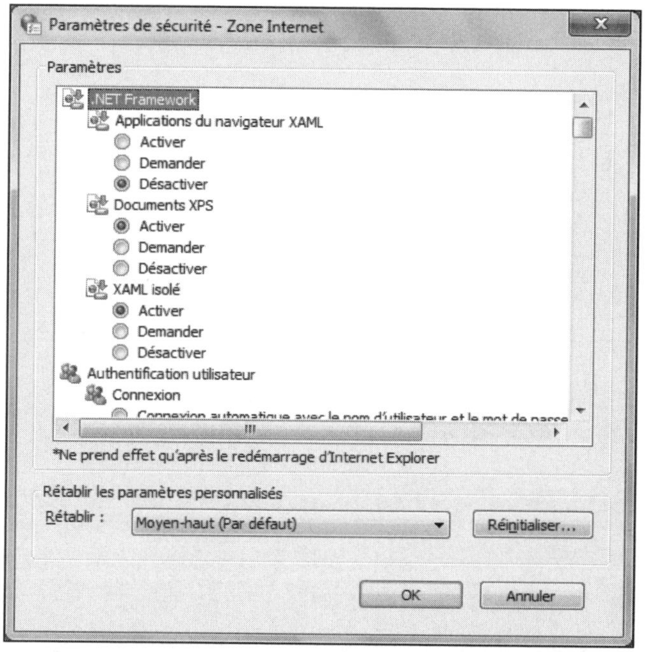

Figure 26-15 Modification d'un niveau de sécurité pour la navigation sur Internet.

Note Pour retrouver les valeurs par défaut, sélectionnez le niveau dans la zone **Rétablir**, puis cliquez le bouton **Réinitialiser**.

4. Cliquez le bouton **OK**.
5. Cliquez le bouton **Oui** pour confirmer les modifications.

Définir les sites sensibles et de confiance

Vous pouvez dresser la liste des sites potentiellement dangereux et ceux en lesquels vous avez toute confiance.

1. Dans la boîte **Propriétés de Internet** (figure 26-14), cliquez l'icône **Sites de confiance** ou **Sites sensibles**.
2. Cliquez le bouton **Sites**.
3. Tapez l'adresse du site de confiance ou sensible.

   Dès les premières lettres, une liste propose les sites déjà visités.

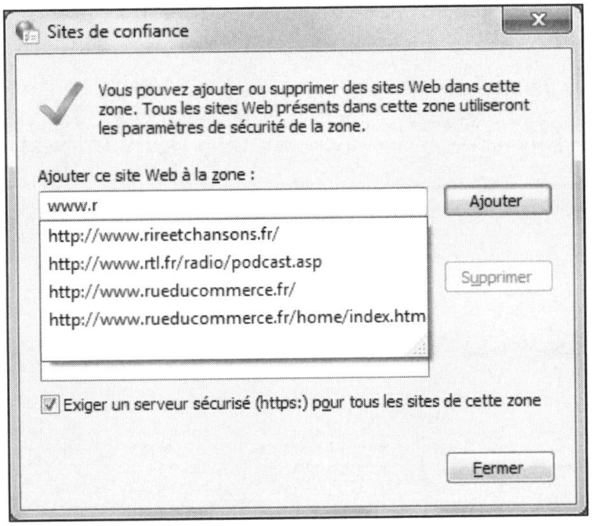

Figure 26-16 Liste des sites déjà visités.

4. Cliquez le site dans la liste ou tapez l'adresse complète.

Note Si dans la zone **Sites de confiance** les sites ne sont pas sécurisés (leur adresse ne commence pas par `https`), décochez l'option **Exiger un serveur sécurisé**.

5. Cliquez le bouton **Ajouter**.
6. Répétez les étapes **4** et **5** pour les autres sites.

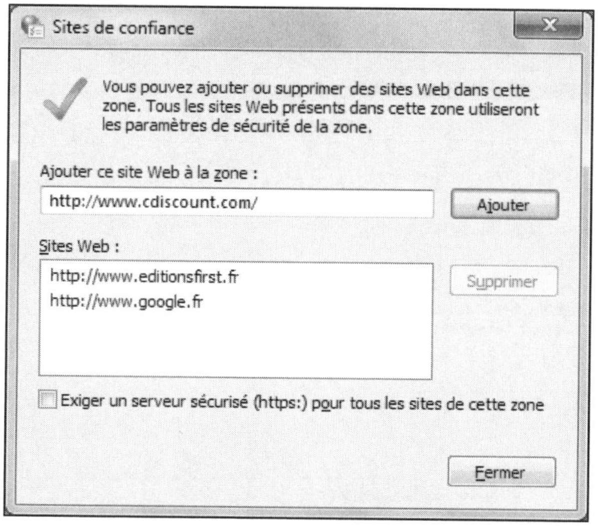

Figure 26-17 Liste des sites de confiance.

7. Cliquez le bouton **Fermer**.

Gérer les cookies

Les cookies sont des fichiers enregistrés sur votre disque dur par les sites Web que vous consultez. Ils contiennent des renseignements vous concernant, comme la date de votre dernière visite, les pages visitées, les produits que vous avez choisis, *etc.*

Définir le niveau de confidentialité des cookies

Vous ne souhaitez pas que les sites Web consultés abusent des cookies ? Contrôlez leur utilisation en personnalisant le niveau de confidentialité.

1. Ouvrez Internet Explorer.
2. Cliquez le menu **Outils → Options Internet**.
3. Dans l'onglet **Confidentialité**, faites glisser le curseur pour choisir le niveau de confidentialité.

La boîte de la figure 26-18 affiche à côté du curseur un descriptif du niveau choisi.

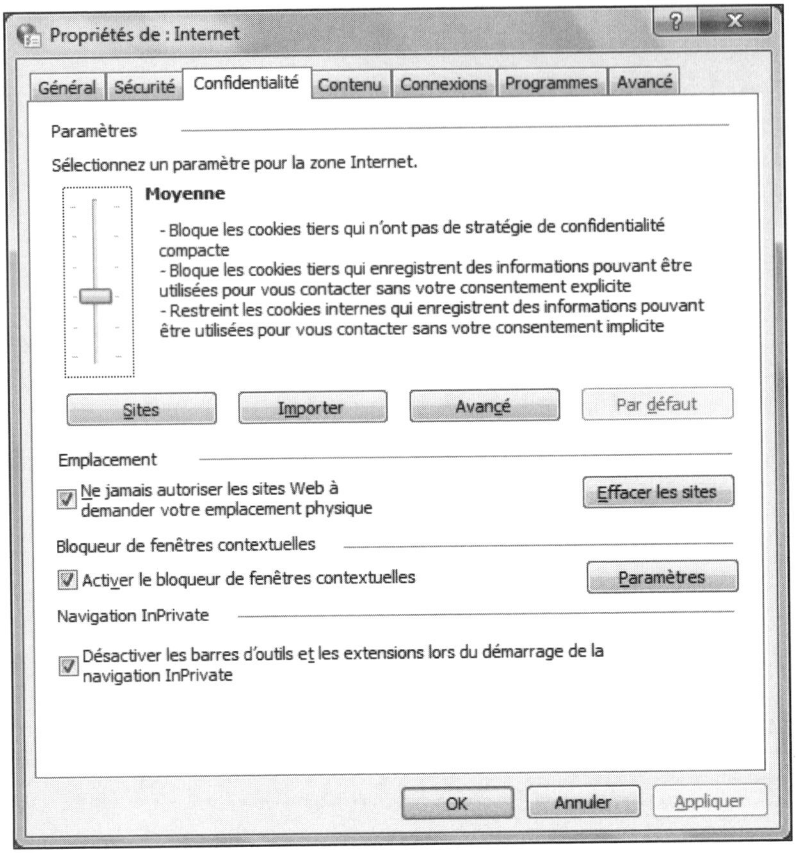

Figure 26-18 Niveau de confidentialité des cookies.

Définir votre propre stratégie

Pour affiner la gestion des cookies, définissez vous-même les paramètres à suivre.

1. Dans l'onglet **Confidentialité** de la boîte **Options Internet**, cliquez le bouton **Avancé**.
2. Cochez la case **Ignorer la gestion automatique des cookies**.
3. Cochez les options qui vous conviennent.

Note Les cookies de session sont systématiquement effacés dès que vous fermez Internet Explorer. Vous pouvez donc les accepter temporairement puisqu'ils ne seront plus présents lors de votre prochaine visite sur les mêmes sites.

4. Éventuellement, cochez la case **Toujours accepter les cookies de cette session**.

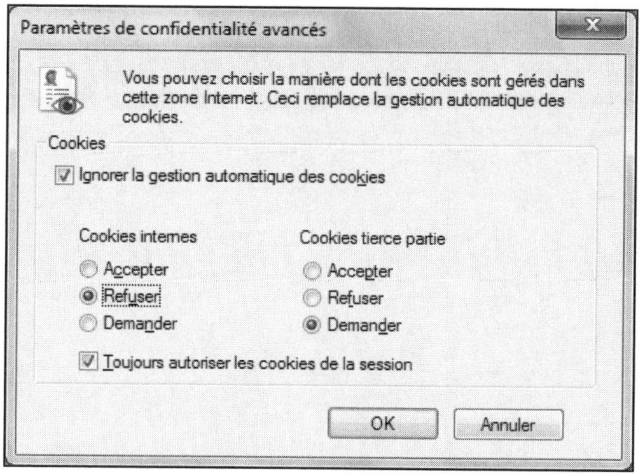

Figure 26-19 Gestion personnalisée des cookies.

5. Cliquez le bouton **OK**.

Supprimer l'historique de votre navigation

Si vous ne souhaitez pas qu'Internet Explorer conserve l'historique de votre navigation ainsi que des éléments confidentiels (cookies, mots de passe, données de formulaire, *etc.*), supprimez-les du disque dur de votre ordinateur.

1. Dans la boîte **Options Internet** (figure 26-18), cliquez l'onglet **Général**.
2. Cliquez le bouton **Supprimer** de la zone Historique de navigation.
3. Cochez les éléments à supprimer (cookies, historique, *etc.*).

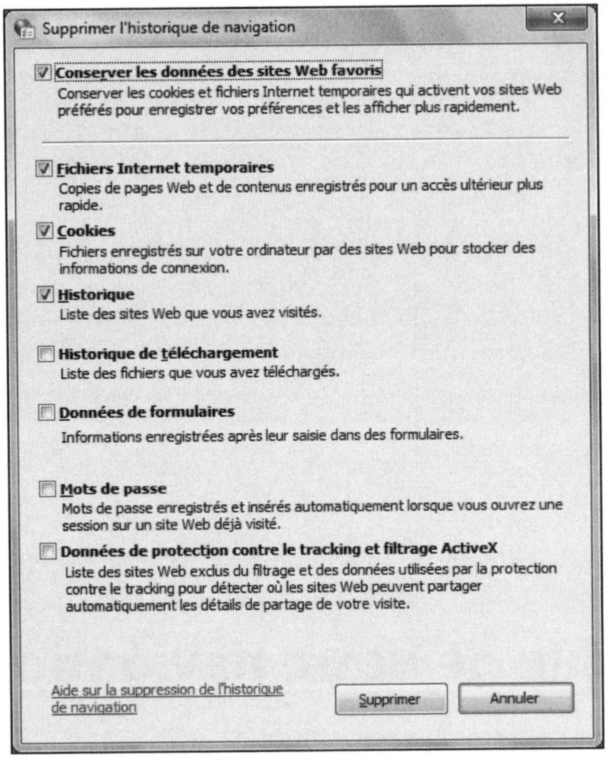

Figure 26-20 Suppression de l'historique de votre navigation.

4. Cliquez le bouton **Supprimer** pour confirmer la suppression des éléments sélectionnés.

Chapitre
27

Utiliser un ordinateur portable

Dans ce chapitre

- Utiliser le Centre de mobilité
- Gérer la mise en veille
- Gérer l'alimentation et les batteries
- Régler le dispositif de pointage
- Synchroniser des fichiers entre ordinateurs

Les ordinateurs portables sont de plus en plus nombreux, de plus en plus performants et de moins en moins onéreux : 25 % des ménages équipés en possédaient un d'après la dernière étude en date de l'Insee. Leur utilisation avec Windows nécessite quelques réglages que vous présente ce chapitre.

Utiliser le Centre de mobilité

Plutôt que de chercher un peu partout les fonctions propres à votre ordinateur portable (Panneau de configuration, barre des tâches, *etc.*), Windows 7 propose le Centre de mobilité Windows qui regroupe l'accès à ces fonctions dans une fenêtre unique.

1. Cliquez le bouton **Démarrer** → **Tous les programmes** → **Accessoires** → **Centre de mobilité Windows**.

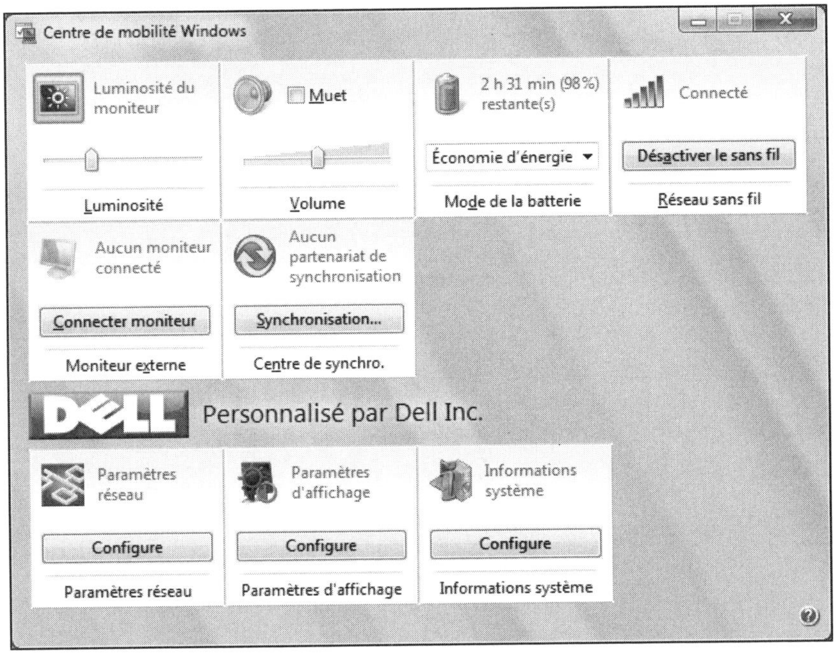

Figure 27-1 Centre de mobilité Windows.

Note Le constructeur de votre ordinateur portable a peut-être ajouté d'autres fonctions dans le Centre de mobilité comme le montre la figure 27-1.

Chaque fonction propose de modifier directement le paramètre principal, comme la luminosité pour votre écran (grande consommatrice d'énergie) ou le volume du son. Elle propose en plus une icône pour accéder à l'ensemble des paramètres correspondant du Panneau de configuration sans effectuer de recherche dans ce dernier.

Luminosité

L'écran est un des plus gros consommateurs d'énergie d'un ordinateur portable. Pour augmenter l'autonomie de ce dernier, il suffit de diminuer sa luminosité. Cela n'est pas toujours possible, principalement si vous l'utilisez dans un environnement très lumineux, voire en plein soleil. Dans un local clos ou à l'ombre, vous pouvez réaliser des gains d'autonomie non négligeables.

1. Cliquez et faites glisser le curseur **Luminosité du moniteur** pour augmenter ou diminuer l'éclairage de votre écran.

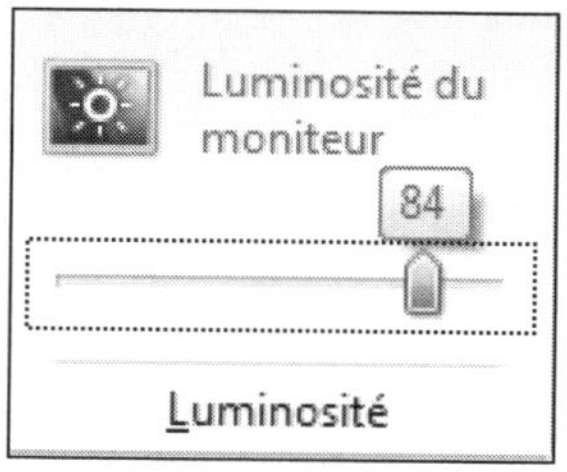

Figure 27-2 Réglage de la luminosité de l'écran d'un ordinateur portable.

2. Pour modifier d'autres paramètres d'économie d'énergie, cliquez le bouton . Ce bouton ouvre la fenêtre de gestion de l'alimentation (consultez le paragraphe « Gérer l'alimentation » plus loin dans ce chapitre).

Volume

Le Centre de mobilité propose un réglage du volume, bien que ce dernier soit normalement disponible dans la zone de notification de la barre des tâches.

1. Cliquez et faites glisser le curseur **Volume** pour modifier le volume du son.

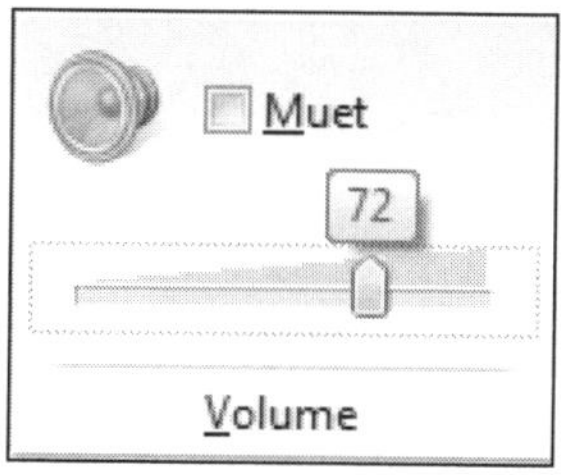

Figure 27-3 Réglage du volume du son.

2. Pour modifier d'autres paramètres du son, cliquez le bouton . Il ouvre la fenêtre de gestion du son disponible à partir de l'icône **Son** du Panneau de configuration (consultez le chapitre 24).

État et mode de la batterie

Le paramètre **Mode de la batterie** permet de définir l'usage en cours de votre ordinateur portable.

1. Sélectionnez dans la liste **Mode de la batterie** l'usage actuel de votre ordinateur.

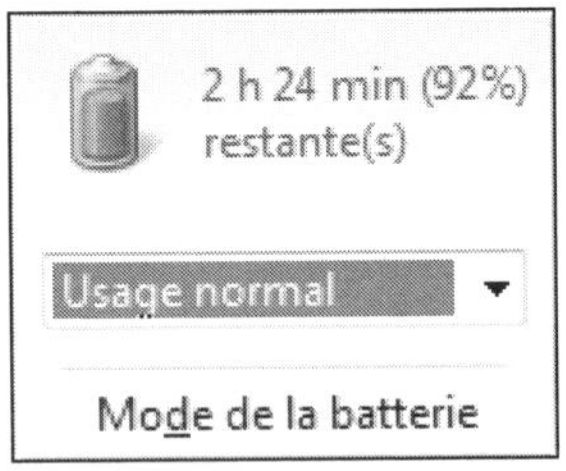

Figure 27-4 Réglage de la consommation de la batterie d'un ordinateur portable.

2. Pour modifier d'autres paramètres d'économie d'énergie, cliquez le bouton (ce bouton a la forme si votre ordinateur portable est actuellement branché sur le secteur). Ce bouton ouvre la fenêtre de gestion de l'alimentation (consultez le paragraphe « Gérer l'alimentation » plus loin dans ce chapitre).

Réseau sans fil

Si vous n'avez pas besoin de vous connecter à Internet *via* un réseau sans fil (Wi-Fi), ou si aucun réseau n'est disponible dans le lieu où vous vous trouvez actuellement, la déconnection de votre carte Wi-Fi réduira la consommation d'énergie de la batterie de votre ordinateur portable.

1. Cliquez le bouton **Désactiver le sans fil**.

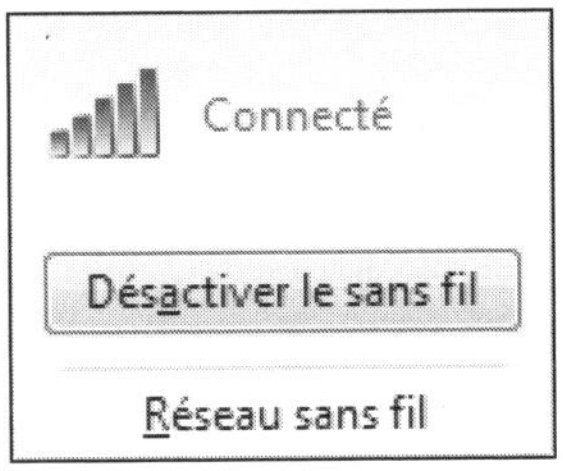

Figure 27-5 Déconnexion de la carte Wi-Fi.

2. Pour vous connecter ou vous déconnecter à un réseau (Wi-Fi, Bluetooth, Ethernet, bas débit RTC, *etc.*), cliquez le bouton . Il ouvre la fenêtre de gestion des connexions réseaux disponibles. Pour afficher cette fenêtre directement, cliquez le bouton **Démarrer** → **Connexion**.

Note Pour des informations complémentaires sur les réseaux, consultez le chapitre 29.

Moniteur ou projecteur externe

Votre ordinateur portable propose peut-être un branchement vers un moniteur, un projecteur ou une télévision.

1. Reliez votre ordinateur portable à un moniteur vidéo, un projecteur ou une télévision avec le câble approprié.
2. Cliquez le bouton **Connecter un moniteur**.

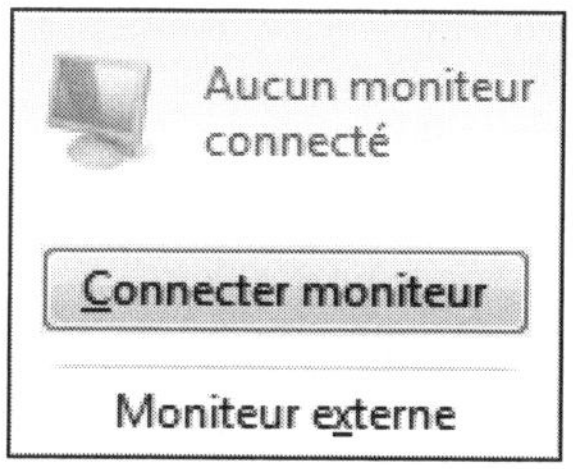

Figure 27-6 Connexion à un moniteur externe.

Windows ouvre une fenêtre pour vous permettre de choisir le type d'affichage.

- **Dupliquer** : afficher les mêmes écrans sur votre ordinateur portable et sur l'écran externe.
- **Étendre** : agrandir l'affichage en le répartissant sur l'écran du portable et sur celui du moniteur externe.
- **Projecteur uniquement** : afficher l'écran sur le moniteur ou le projecteur externe et éteindre l'écran de votre ordinateur portable pour économiser la batterie.
- **Ordinateur uniquement** : pour déconnecter l'écran externe et revenir à celui du portable.

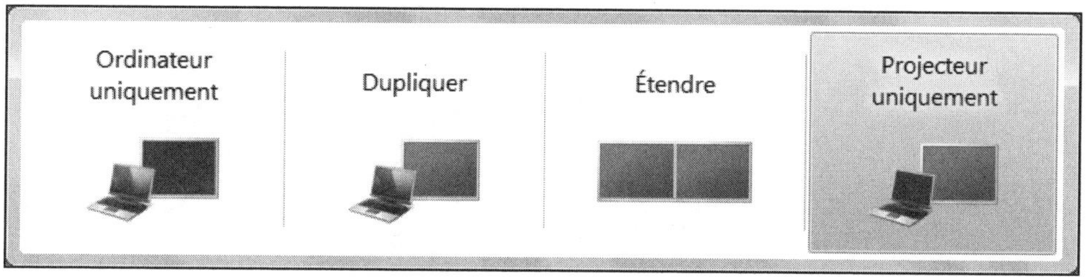

Figure 27-7 Choix du type d'affichage avec un écran externe.

3. Cliquez l'option à appliquer.

Si vous avez choisi d'étendre l'affichage sur l'écran externe, vous pouvez modifier la résolution et l'emplacement des deux écrans.

1. Cliquez avec le bouton droit le fond du bureau sur une zone vide. Cliquez la commande **Résolution d'écran** dans le menu contextuel.

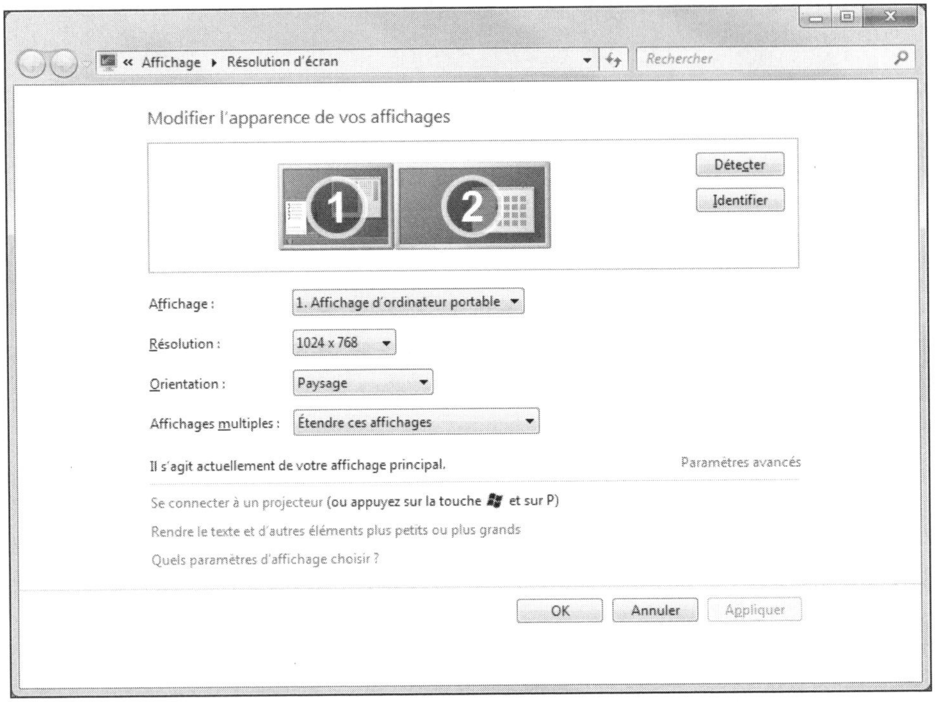

Figure 27-8 Modification de l'emplacement et de la résolution des écrans.

2. Pour connaître la position des deux écrans, cliquez le bouton **Identifier**.

   Des numéros apparaissent sur chacun des écrans.

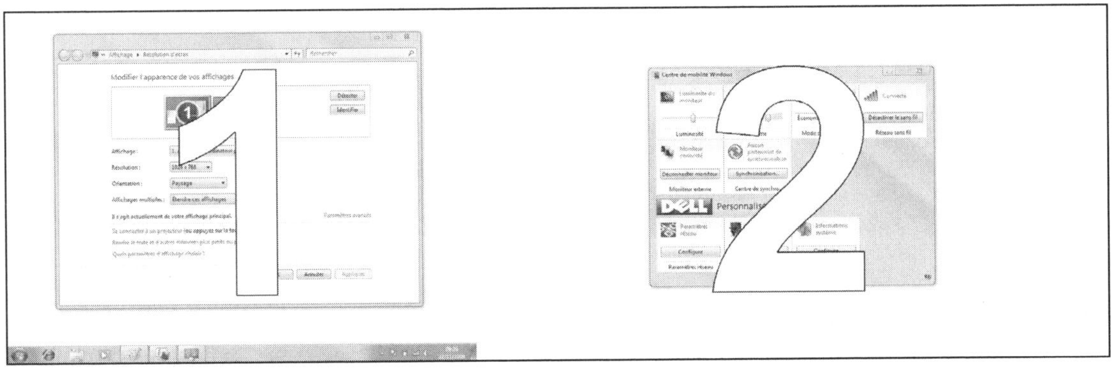

Figure 27-9 Identification des écrans.

Astuce Si vous utilisez la touche **Impr. écran**, la copie d'écran obtenue correspond à l'ensemble des moniteurs comme dans la figure 27-9.

3. Pour modifier la position des écrans, cliquez et faites glisser le numéro de l'écran dans la boîte **Paramètres d'affichage** (figure 27-8).
4. Pour modifier la résolution d'un écran, sélectionnez-le dans la liste **Affichage**, puis cliquez le bouton **Résolution** pour la définir.
5. Éventuellement, choisissez l'orientation de l'écran (paysage ou portrait).
6. Sélectionnez dans la liste **Affichages multiples** le rôle de chacun des écrans.

Gérer l'alimentation

La batterie est la première préoccupation des utilisateurs d'ordinateurs portables. Windows 7 propose plusieurs solutions pour gérer au mieux l'énergie consommée, vous donnant ainsi davantage d'autonomie. De plus, une bonne utilisation des batteries, fort coûteuses à l'achat, limite leur vieillissement.

1. Cliquez le bouton dans la zone de notification de la barre des tâches.

Note Si l'icône n'apparaît pas dans la zone de notification, cliquez avec le bouton droit de la souris une zone vide de la barre des tâches, puis la commande **Propriétés** dans le menu contextuel. Dans l'onglet **Barre des tâches**, cliquez le bouton Personnaliser. Cliquez le lien **Activer ou désactiver les icônes système**. Sélectionnez **Activé** dans la liste **Alimentation**. Il est aussi possible que cette icône soit masquée. Cliquez dans ce cas le bouton de la zone de notification pour l'afficher.

La boîte qui apparaît indique la charge de la batterie et le plan d'alimentation en cours.

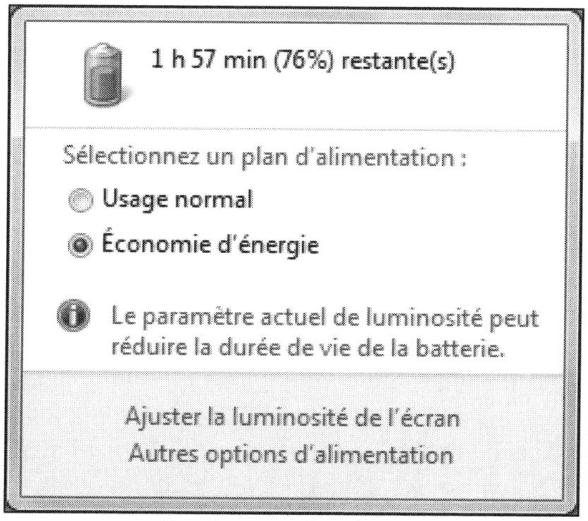

Figure 27-10 État de la batterie.

Note Pour modifier un plan d'alimentation, consultez le paragraphe « Gérer l'alimentation de l'ordinateur » dans le chapitre 22.

2. Cliquez le lien **Autre options d'alimentation** dans la boîte de la figure 27-10.

   La fenêtre Options d'alimentation (figure 27-11) regroupe tous les paramètres pour gérer l'alimentation de votre ordinateur portable.

Note Vous pouvez aussi accéder à la fenêtre Options d'alimentation à partir du bouton **Options d'alimentation** du Panneau de configuration (figure 24-2).

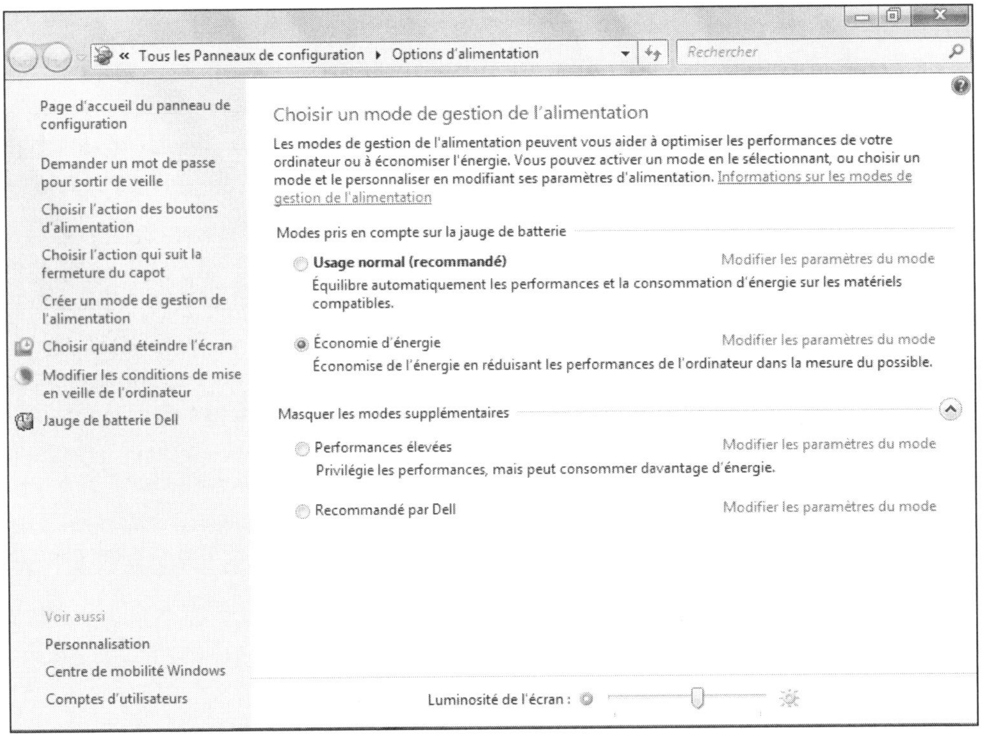

Figure 27-11 Options d'alimentation.

Définir la gestion de l'alimentation

Pour consommer moins, et donc économiser la charge de la batterie, il est nécessaire de déconnecter temporairement les éléments qui ne sont plus nécessaires, voire de mettre en veille votre ordinateur portable.

1. Dans la fenêtre Options d'alimentation (figure 27-11), cliquez le lien **Modifier les conditions de mise en veille de l'ordinateur** dans le volet gauche.

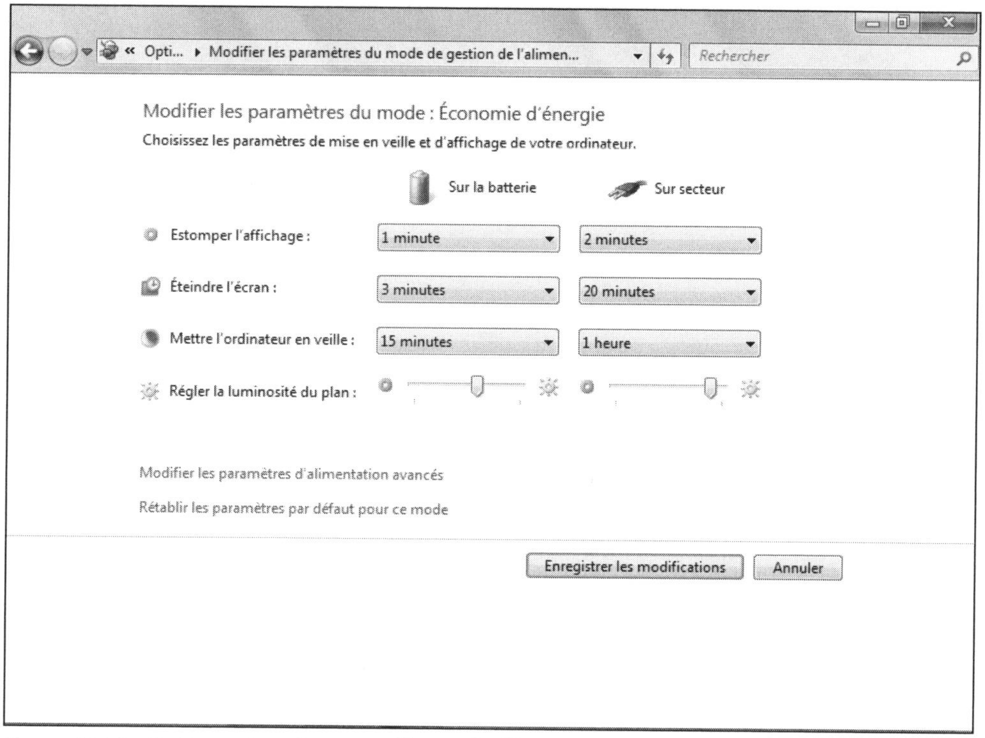

Figure 27-12 Options de mise en veille et d'affichage.

Cette fenêtre propose deux séries de listes : **Sur la batterie** et **Sur secteur**. Elles concernent l'arrêt de l'écran, la mise en veille (arrêt de l'essentiel des composants : disque dur, périphériques USB, *etc.*), ainsi que la luminosité de l'écran.

2. Pour chaque liste, sélectionnez le temps souhaité avant l'arrêt de l'écran ou la mise en veille de l'ordinateur. Faites aussi glisser les curseurs pour choisir la luminosité de l'écran.

3. Cliquez le bouton **Enregistrer les modifications**.

Définir les fonctions des boutons de l'ordinateur portable

Vous pouvez définir le comportement de chacun des boutons présents sur l'ordinateur portable, y compris le capot et le bouton de mise en veille.

1. Dans la fenêtre Options d'alimentation (figure 27-11), cliquez le lien **Choisir l'action des boutons d'alimentation** dans le volet gauche.

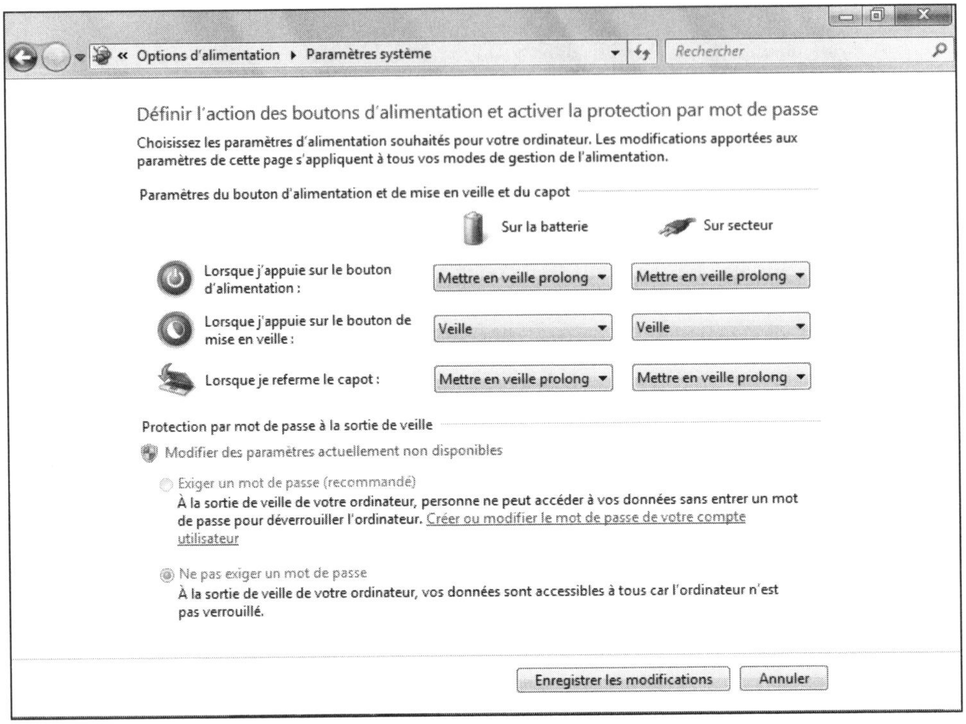

Figure 27-13 Fonctions des boutons de l'ordinateur portable.

Cette fenêtre propose deux séries de listes : **Sur la batterie** et **Sur secteur**. Elles concernent les trois solutions disponibles pour éteindre un ordinateur portable.

2. Pour chaque liste, sélectionnez le comportement de chaque bouton.
3. Pour protéger votre ordinateur par un mot de passe au retour de la mise en veille, cochez l'option **Exiger un mot de passe**.

Attention Si l'option **Exiger un mot de passe** n'est pas disponible, vous devez au préalable cliquer le lien **Modifier des paramètres actuellement non disponibles**, puis le bouton **Oui** si Windows demande une autorisation.

4. Cliquez le bouton **Enregistrer les modifications**.

Gérer les batteries

Windows peut déterminer pour vous la charge de chacune des batteries. Ces dernières possèdent un numéro d'identification unique. Même si, extérieurement, vos batteries semblent identiques, Windows sait les reconnaître.

1. Dans la fenêtre Options d'alimentation (figure 27-11), cliquez le lien **Jauge de batterie** dans le volet gauche.

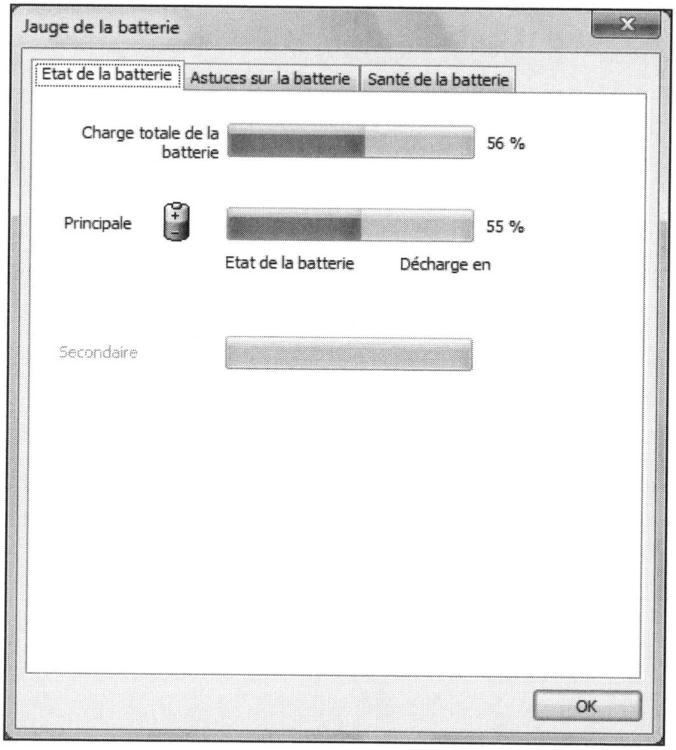

Figure 27-14 Gestion des batteries.

Cette boîte indique l'état actuel de l'alimentation (secteur ou batterie), ainsi que la charge de la batterie installée.

2. Cliquez le bouton **OK**.

Régler le dispositif de pointage

La majorité des ordinateurs portables propose un dispositif de pointage qui remplace la souris. Pour bien utiliser et adapter à vos habitudes ce dispositif, appelé aussi « pavé tactile », il est nécessaire de procéder à quelques réglages.

Note Souris et dispositif de pointage peuvent cohabiter en même temps.

1. Cliquez le bouton **Démarrer** → **Panneau de configuration**, puis l'icône **Souris** (figure 24-2).

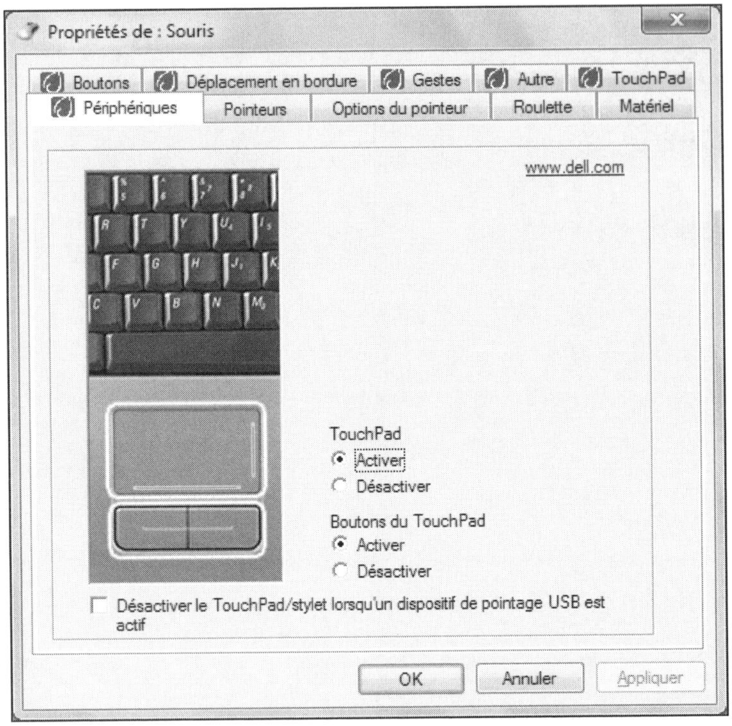

Figure 27-15 Réglages du dispositif de pointage.

La boîte de la figure 27-15 propose des onglets supplémentaires pour effectuer les réglages du pavé tactile. Cette boîte est donc différente de celle de la figure 24-12. Les réglages proposés sont fonction de votre ordinateur portable. Vous devez donc vous reporter à la documentation de ce dernier.

Utiliser le porte-documents

Si vous travaillez sur des ordinateurs différents, vos documents ne seront plus à jour. Le porte-documents permet de transférer des fichiers entre plusieurs ordinateurs pour toujours travailler sur la dernière version.

Créer un porte-documents

La première phase d'utilisation consiste à créer un nouveau porte-documents sur l'ordinateur principal, puis à y ajouter les fichiers sur lesquels vous désirez travailler avec l'autre ordinateur (généralement un portable).

1. Sur l'ordinateur principal, ouvrez l'Explorateur (⊞ + **E**).

2. Cliquez avec le bouton droit le dossier qui doit contenir le porte-documents, par exemple **Mes documents.**

3. Cliquez la commande **Nouveau ➜ Porte-documents** dans le menu contextuel, puis tapez le nom du porte-documents.

Note Si vous désirez travailler avec plusieurs porte-documents, vous devez les renommer (clic droit sur l'icône, puis la commande **Renommer**). Vous pouvez aussi ajouter votre porte-documents directement sur le bureau.

4. Toujours dans l'Explorateur, sélectionnez les fichiers ou le dossier contenant les fichiers sur lesquels vous désirez travailler.

5. Faites glisser les éléments sélectionnés vers l'icône du porte-documents du volet de navigation.

Note Vous pouvez aussi réduire la fenêtre de l'Explorateur pour voir en même temps le bureau, puis faire glisser les éléments sélectionnés vers l'icône du porte-documents se trouvant sur le bureau.

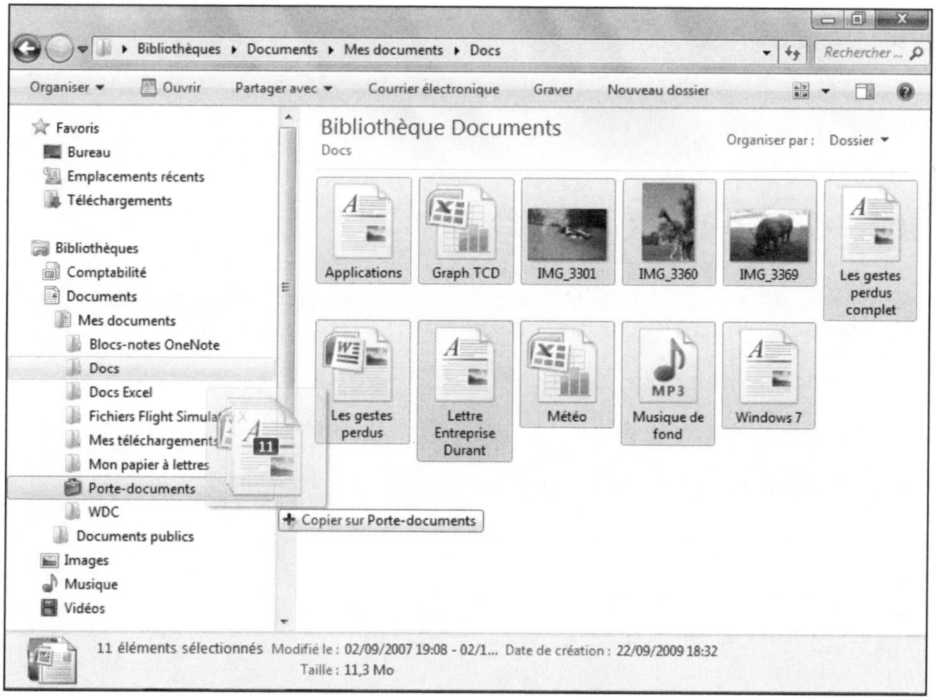

Figure 27-16 Copie des fichiers vers le porte-documents.

Attention Copiez les fichiers originaux, pas les raccourcis de ces fichiers. Si les documents sont sur le bureau, vérifiez qu'il ne s'agit pas de raccourcis.

Vous devez maintenant copier le porte-documents sur un support amovible (clé USB, disquette, disque dur amovible, CD/DVD-RW, *etc.*).

6. Cliquez avec le bouton droit l'icône du porte-documents (Explorateur ou bureau).
7. Cliquez la commande **Envoyer vers**, puis sélectionnez la destination.

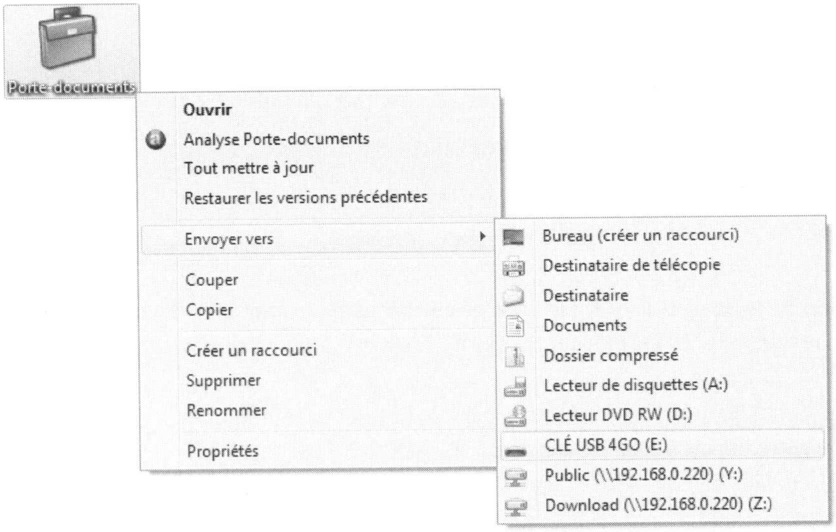

Figure 27-17 Copie du porte-documents vers un support amovible.

Utiliser le porte-documents

Maintenant que le porte-documents se trouve sur le support amovible, vous pouvez l'utiliser sur une autre machine, votre ordinateur portable par exemple.

1. Insérez le support amovible dans le lecteur du portable.
2. Ouvrez l'Explorateur (⊞ + **E**).
3. Cliquez le lecteur du support amovible.

   Le support propose le porte-documents.
4. Double-cliquez l'icône du porte-documents pour l'ouvrir.

Vous pouvez maintenant travailler sur les fichiers du porte-documents.

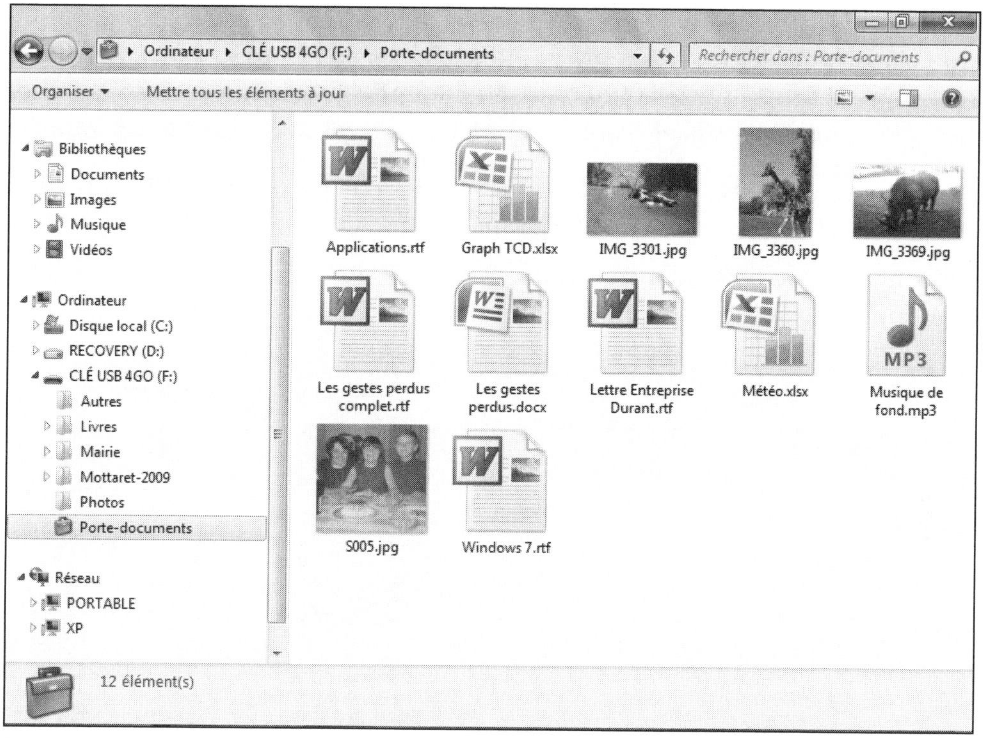

Figure 27-18 Contenu du porte-documents.

Note Si vous ne désirez pas travailler sur le support amovible, vous pouvez recopier les fichiers sur votre disque dur. Dans ce cas, n'oubliez pas de recopier les fichiers après modification vers le support amovible avant d'utiliser le porte-documents dans l'ordinateur principal.

Attention Le porte-documents se réfère à la date et à l'heure pour mettre à jour les fichiers. Vérifiez que ces éléments sont identiques sur chaque ordinateur.

Mettre à jour les fichiers du porte-documents

Pour que les fichiers de l'ordinateur et ceux du porte-documents soient à jour, vous devez effectuer une synchronisation.

1. Insérez le support amovible dans le lecteur de l'ordinateur principal.
2. Ouvrez l'Explorateur.
3. Cliquez le lecteur du support amovible.

   Le support propose le porte-documents.
4. Double-cliquez l'icône du porte-documents pour l'ouvrir.

5. Cliquez le bouton **Mettre tous les éléments à jour** dans la barre d'outils. Si vous avez sélectionné un ou plusieurs fichiers, cliquez le bouton **Mettre cet élément à jour** ou **Mettre à jour les éléments sélectionnés** (vous pouvez aussi utiliser le menu **Porte-documents → Tout mettre à jour** ou **Mettre à jour la sélection**).

   Windows affiche une boîte avec la liste des fichiers qui nécessitent une mise à jour.

6. Pour modifier le type de mise à jour proposée, cliquez le fichier avec le bouton droit, puis choisissez la méthode de mise à jour (figure 27-19).

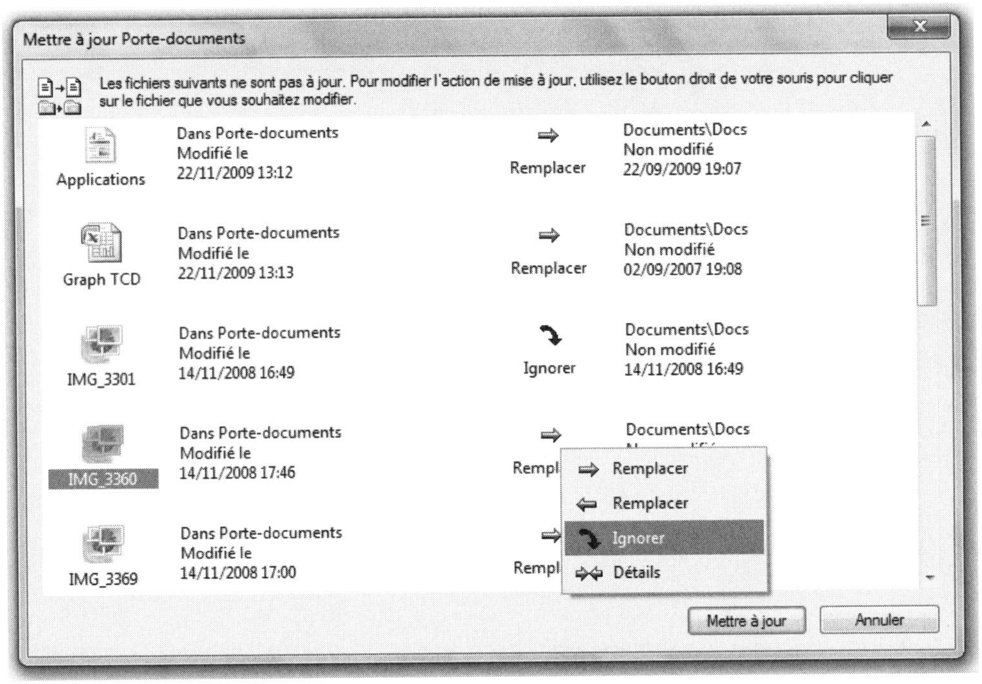

Figure 27-19 Mise à jour des fichiers à partir du porte-documents.

7. Cliquez le bouton **Mettre à jour**.

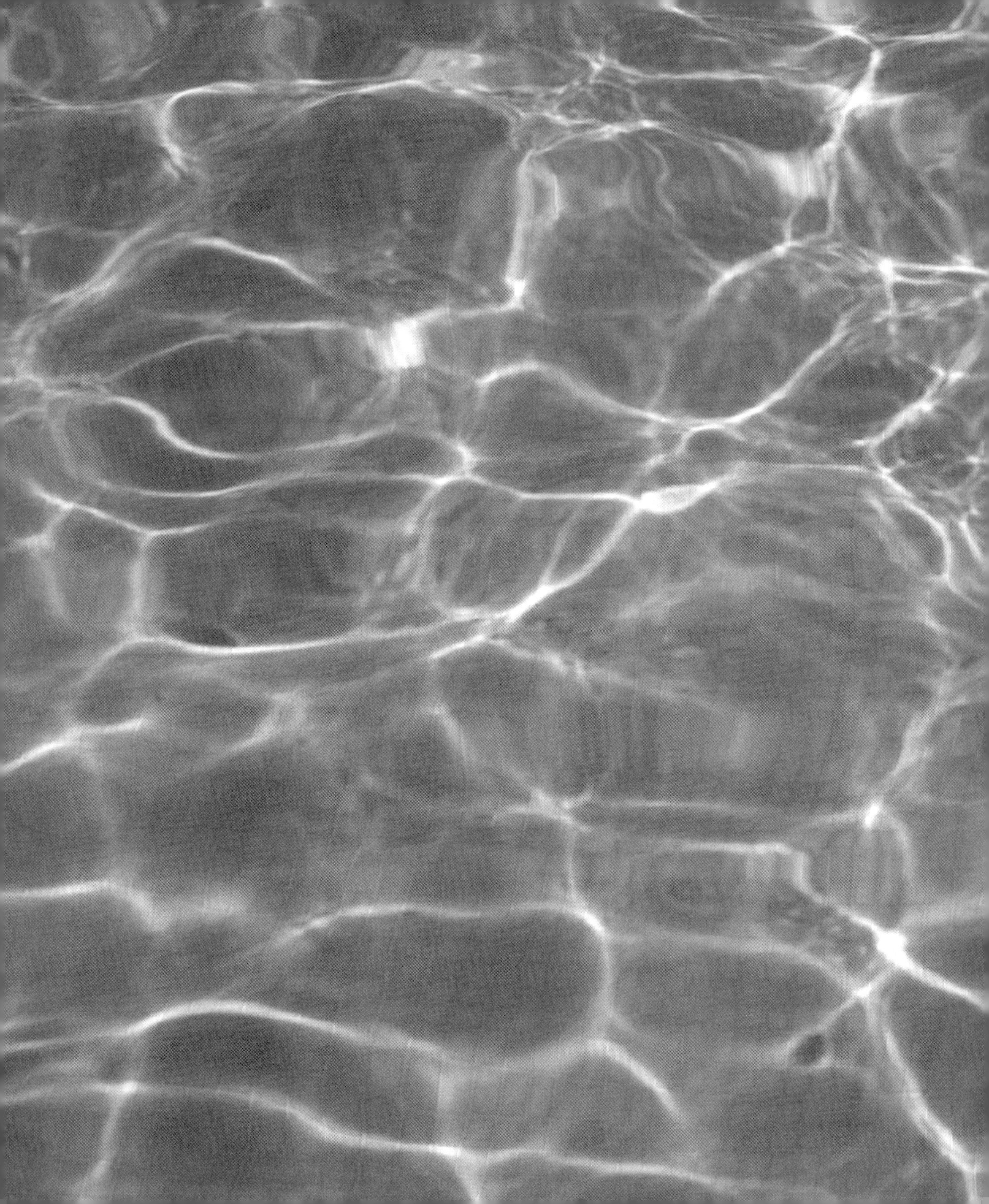

PARTIE VII
PARTAGER L'ORDINATEUR

Chapitre 28

Partager l'ordinateur en famille

Dans ce chapitre

- Partager l'ordinateur
- Ajouter des comptes d'utilisateurs
- Protéger les comptes avec des mots de passe
- Changer de session et d'utilisateur
- Modifier et personnaliser les comptes
- Activer le contrôle parental
- Partager vos documents entre utilisateurs
- Modifier le contrôle de compte utilisateur

Vous n'êtes désormais plus le seul à la maison à avoir découvert les joies de l'informatique, et tous, petits et grands, sont maintenant passionnés ! Le partage permet à chaque utilisateur d'avoir un compte qui lui est propre et dans lequel il pourra à sa guise modifier le bureau et enregistrer ses données.

Partager un ordinateur

Le partage permet à tous les utilisateurs d'accéder à l'ordinateur sans pour autant mélanger leurs documents ou avoir une configuration de Windows 7 commune. Chaque utilisateur peut modifier le bureau à sa guise et enregistrer des données dans des dossiers qui lui sont propres.

Il existe trois types de compte :

- **Administrateur** : c'est le superviseur de l'ordinateur. Il est le seul à pouvoir créer de nouveaux comptes ou à en supprimer. Par défaut, c'est la première personne qui utilise l'ordinateur qui obtient ce titre. L'administrateur a accès à tous les paramètres de l'ordinateur, ce qui lui permet de modifier toutes les données techniques.
- **Standard** : ce sont toutes les autres personnes qui se servent de l'ordinateur. Elles peuvent modifier les paramètres courants de Windows (bureau, menu Démarrer, *etc.*) et possèdent leurs propres dossiers de sauvegarde pour leurs documents (dossiers Documents, Images, Musique, *etc.*). Elles ne peuvent pas modifier les comptes ni les paramètres de sécurité de Windows.
- **Invité** : c'est un compte réservé aux personnes qui veulent momentanément utiliser votre ordinateur (des amis ou la baby-sitter, par exemple). Il est identique à un compte standard, mais les paramètres courants sont ceux de la dernière personne qui a utilisé le compte invité. Il en est de même pour les dossiers de sauvegarde.

Si une personne tente de modifier des données réservées à l'administrateur avec un autre type de compte, elle aura systématiquement une boîte de refus comme celle de la figure 28-1. Les accès réservés à l'administrateur sont identifiés par l'icône .

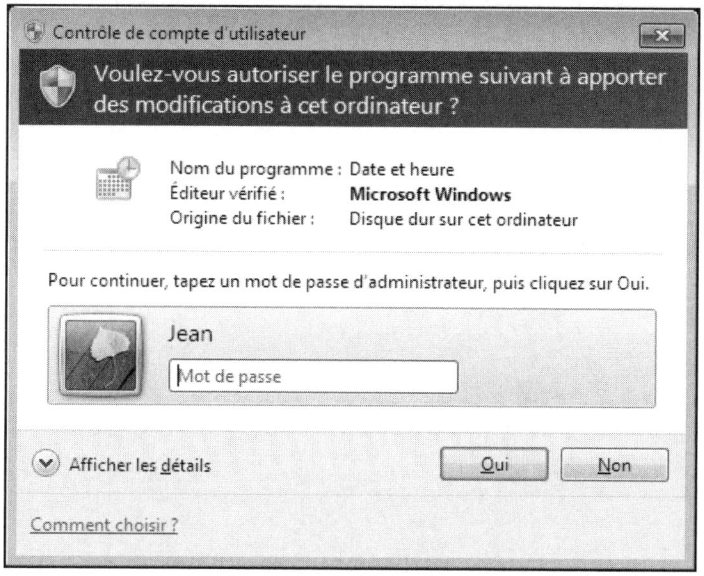

Figure 28-1 Refus d'accès aux fonctionnalités réservées à l'administrateur.

Vous devez créer un compte pour chacune des personnes qui utilisent l'ordinateur. Ne créez que des comptes standards pour éviter une modification de l'ordinateur par d'autres personnes.

Chaque ouverture de Windows 7 par un utilisateur est appelée une « session ». Nous verrons plus loin dans ce chapitre les changements d'utilisateurs et les fermetures de sessions.

Créer un compte

1. Ouvrez une session en tant qu'administrateur.
2. Cliquez le bouton **Démarrer** → **Panneau de configuration**.
3. Éventuellement, sélectionnez **Catégorie** dans la liste **Afficher par**.

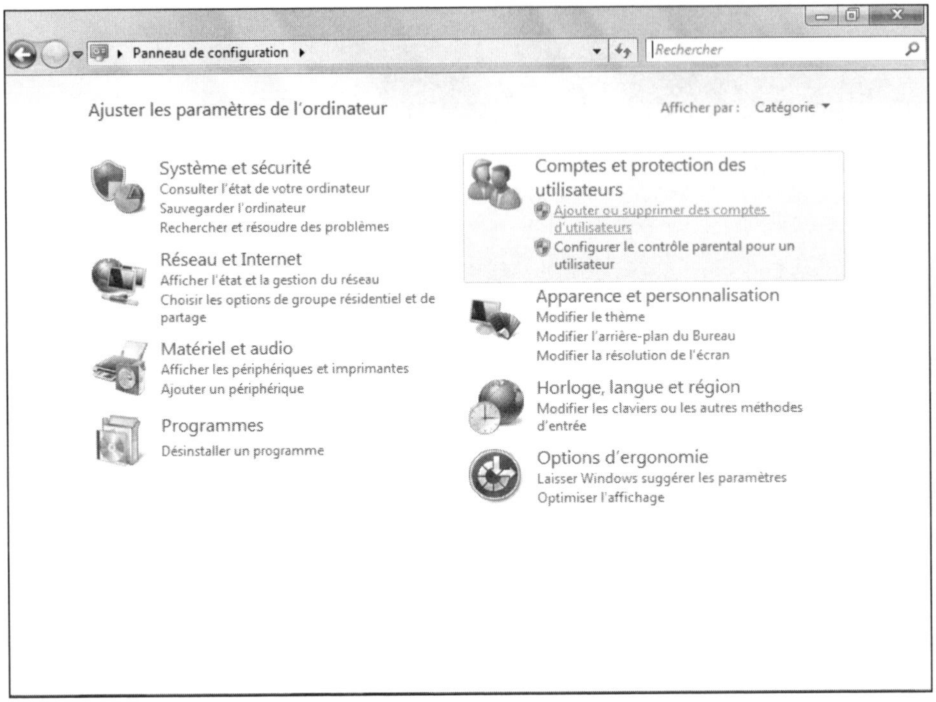

Figure 28-2 Accès à la gestion des comptes d'utilisateurs.

4. Cliquez le lien **Ajouter ou supprimer des comptes d'utilisateurs**.
5. Cliquez le bouton **Oui** pour donner votre autorisation. Si vous n'êtes pas l'administrateur, vous devrez saisir son mot de passe.

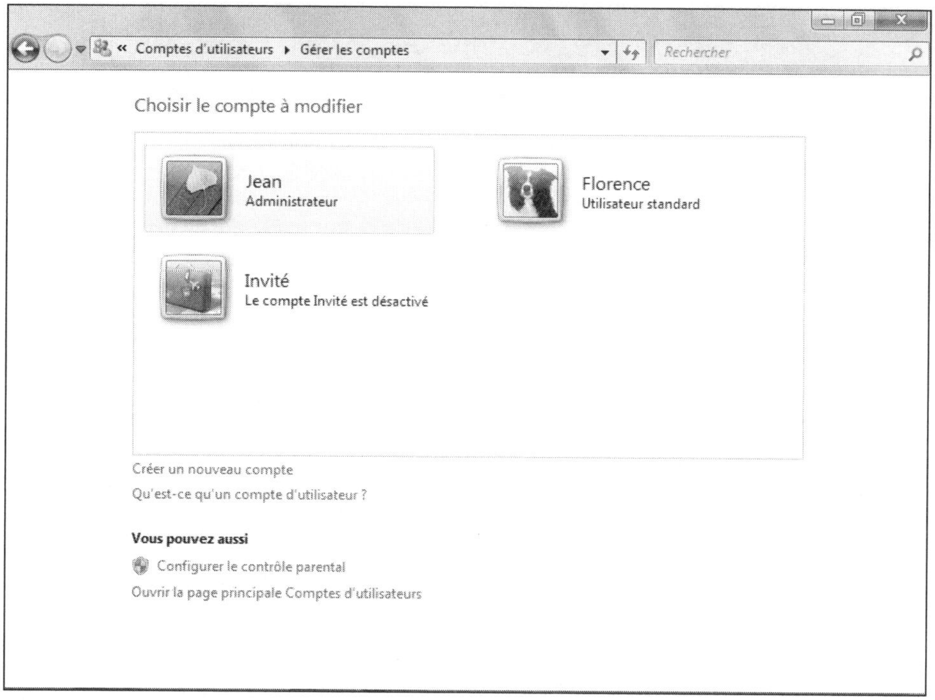

Figure 28-3 Gestion des comptes d'utilisateurs.

6. Cliquez le lien **Créer un nouveau compte**.
7. Saisissez le nom de l'utilisateur du nouveau compte.
8. Cochez l'option **Utilisateur standard**. Sauf pour déléguer vos pouvoirs d'administrateur à une autre personne, ne cochez pas l'option **Administrateur**. Si vous le faites, n'oubliez pas de lui imposer un mot de passe.

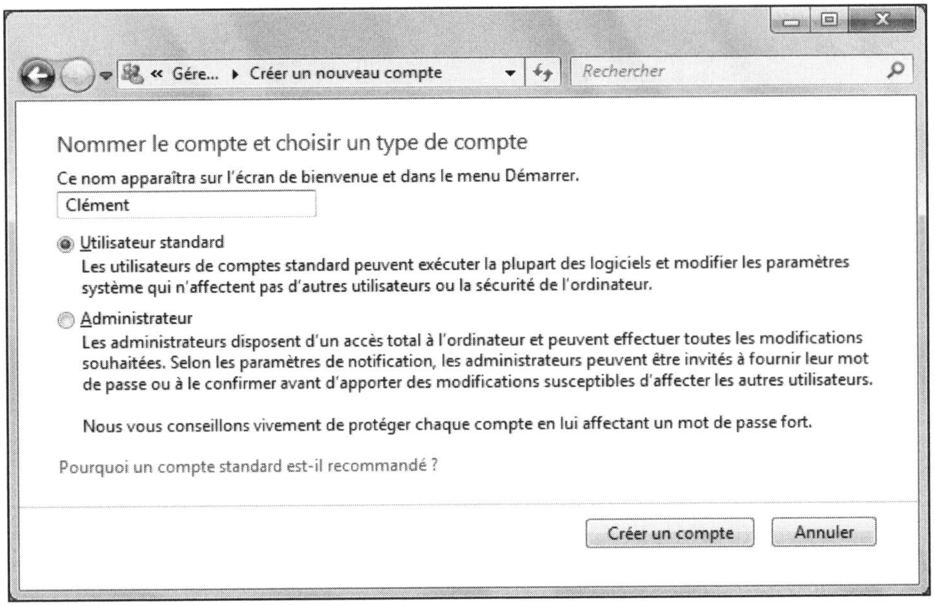

Figure 28-4 Création d'un nouveau compte.

9. Cliquez le bouton **Créer un compte**.

   Le nouvel utilisateur apparaît dans la fenêtre de gestion des comptes.

Figure 28-5 Nouveau compte d'utilisateur.

10. Pour créer un compte pour les invités, cliquez le bouton **Invité** dans la fenêtre de la figure 28-5.

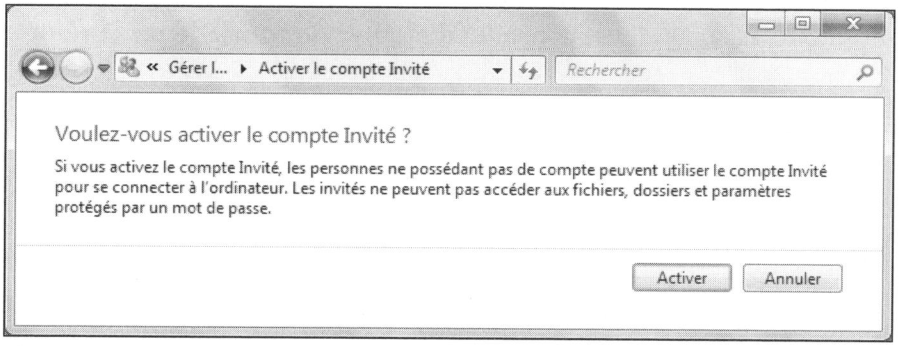

Figure 28-6 Activation du compte Invité.

11. Cliquez le bouton **Activer** pour créer le compte des invités.

Ajouter des mots de passe

Sans mot de passe, toute personne qui allume l'ordinateur peut cliquer sur le compte de l'administrateur et modifier des paramètres de sécurité. Il est donc indispensable d'ajouter un mot de passe pour ce compte. C'est un point important à ne pas négliger.

Figure 28-7 Ouverture de session avec mot de passe.

Mais ce n'est pas tout. Si les utilisateurs standard n'ont pas de mot de passe, chacun peut ouvrir une session avec un autre compte et accéder aux documents de ce dernier. C'est aussi valable pour les invités, qui peuvent ouvrir une session avec n'importe quel compte d'utilisateur. Là aussi, il est conseillé d'ajouter des mots de passe pour ce type de compte.

Dernier point. Si vous désirez ajouter un compte avec un contrôle parental, il est indispensable d'ajouter des mots de passe pour tous les autres comptes. Sans cela, vos chérubins pourront ouvrir une session sur un autre compte, qui, lui, n'aura pas de protection parentale. Vous devez aussi désactiver le compte Invité.

Créer un mot de passe

1. Ouvrez une session pour le compte à modifier.
2. Cliquez le bouton **Démarrer** puis l'image de l'utilisateur en haut à droite du menu Démarrer.

ou

1. Cliquez le lien **Ajouter ou supprimer des comptes d'utilisateurs** dans le Panneau de configuration (figure 28-2).
2. Cliquez le nom du compte dans la fenêtre Gérer les comptes (figure 28-3).

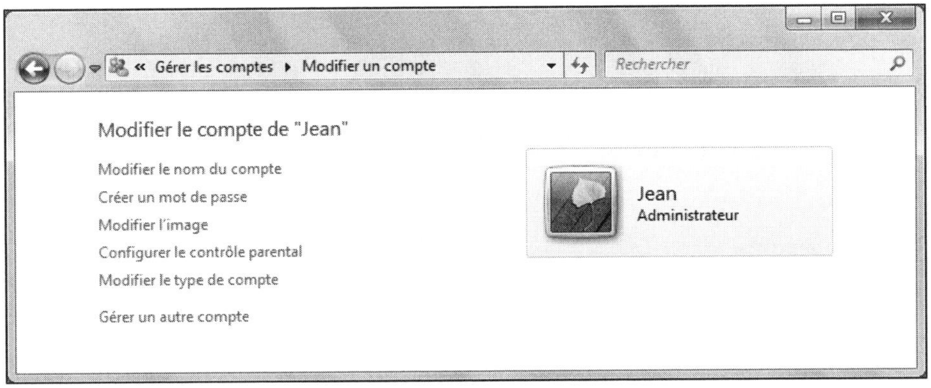

Figure 28-8 Compte d'utilisateur.

3. Cliquez le lien **Créer un mot de passe**.
4. Tapez le mot de passe dans la première zone de texte. Retenez que Windows tient compte des majuscules et des minuscules dans les mots de passe.
5. Saisissez de nouveau le mot de passe dans la deuxième zone.
6. Tapez, dans la troisième zone de texte, un mot ou une phrase qui vous permettra de vous souvenir du mot de passe en cas d'oubli.

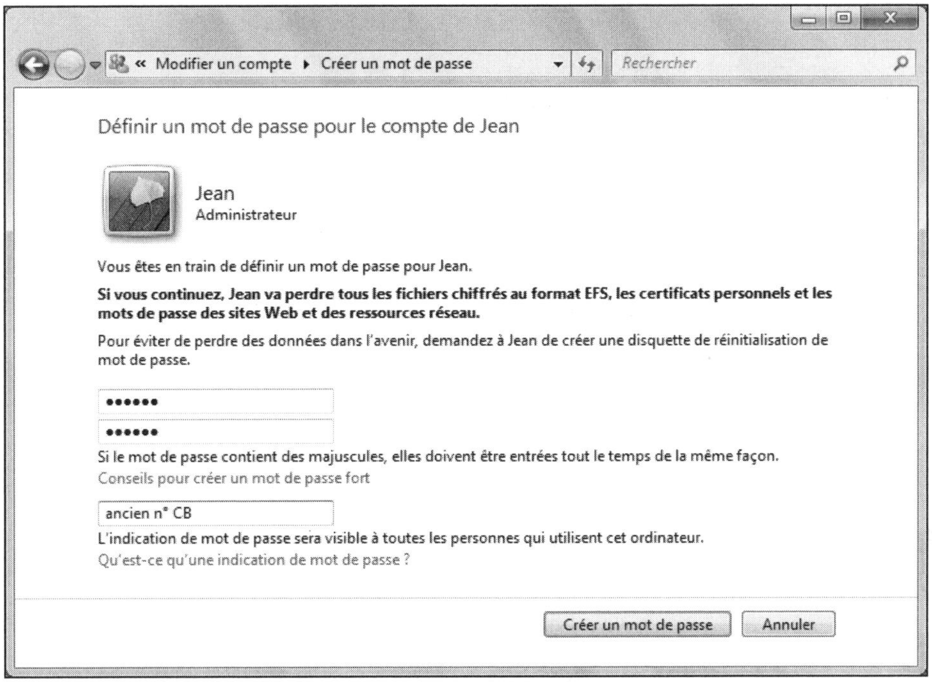

Figure 28-9 Ajout d'un mot de passe à un utilisateur.

7. Cliquez le bouton **Créer un mot de passe** pour valider.

Dans la fenêtre Comptes d'utilisateurs, vous trouverez maintenant les liens **Modifier le mot de passe** et **Supprimer le mot de passe**.

Sauvegarder un mot de passe

Avant d'oublier votre mot de passe, conservez-le dès maintenant sur un support amovible comme une clé USB ou une disquette. Bien sûr, vous devrez mettre cette dernière en lieu sûr. Cette formalité est indispensable pour le compte de l'administrateur.

1. Ouvrez une session avec votre compte.
2. Cliquez le bouton **Démarrer** puis votre image d'utilisateur en haut à droite du menu Démarrer.
3. Cliquez le lien **Créer un disque de réinitialisation de mot de passe** dans le volet gauche.

   Windows a même prévu un assistant (une suite de boîtes de dialogue) pour sauvegarder votre mot de passe.
4. Insérez le support qui doit recevoir votre mot de passe (clé USB, disquette, *etc.*).
5. Cliquez le bouton **Suivant** dans la première boîte de l'assistant.

6. Sélectionnez le support de stockage dans la liste **Je veux créer...**.

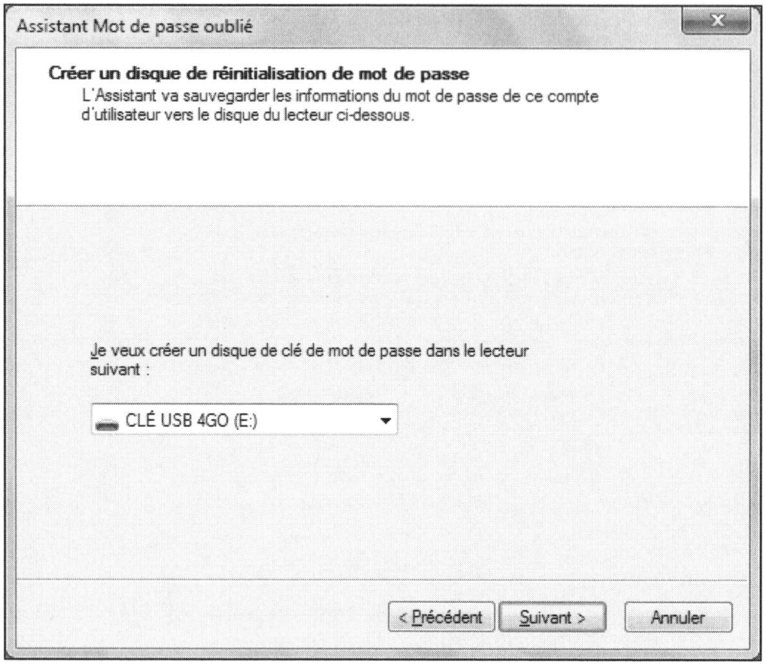

Figure 28-10 Sauvegarde du mot de passe.

7. Cliquez le bouton **Suivant**.
8. Tapez votre mot de passe.
9. Cliquez le bouton **Suivant**.

   Windows effectue la création de votre disque de réinitialisation de votre mot de passe.

10. Cliquez le bouton **Suivant**, puis le bouton **Terminer** dans la dernière boîte de l'assistant.

Si vous vous trompez de mot de passe lors de l'ouverture d'une session, Windows affiche l'indication du mot de passe et propose le lien **Réinitialiser le mot de passe**.

Figure 28-11 Erreur de saisie du mot de passe.

Cliquez ce lien, puis suivez les instructions de l'assistant. Vous devrez fournir le disque créé précédemment (clé USB, disquette, *etc.*).

Changer de session et d'utilisateur

Quand l'ordinateur est partagé entre plusieurs personnes, vous retrouvez au démarrage de Windows 7 la page d'ouverture de session.

Figure 28-12 Liste des utilisateurs dans la page d'ouverture de session.

Chaque utilisateur doit cliquer sur son compte pour ouvrir une nouvelle session, et saisir son mot de passe s'il y a lieu.

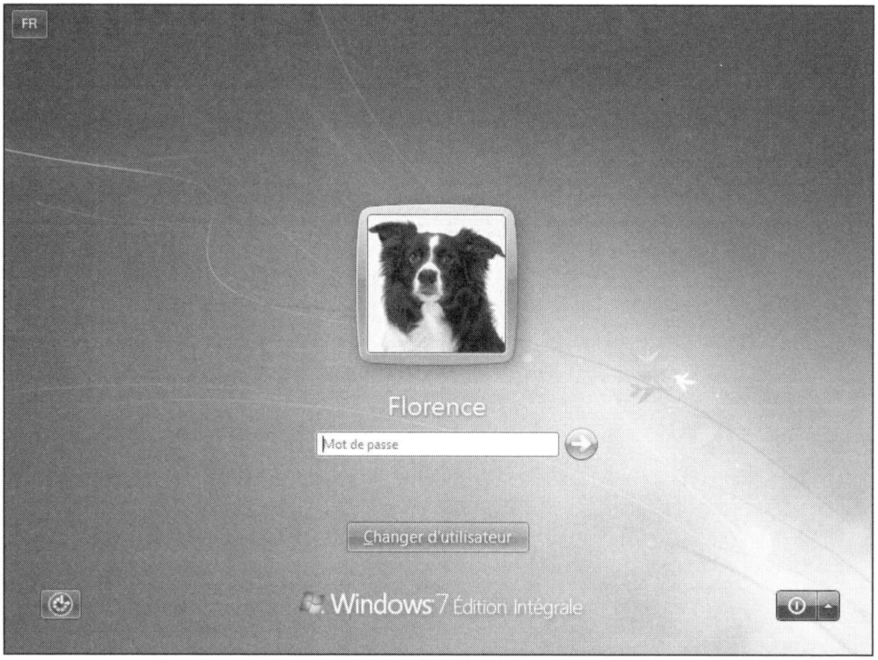

Figure 28-13 Ouverture de session d'un utilisateur.

Quand vous avez fini d'utiliser l'ordinateur, plusieurs cas se présentent.

Si vous ne désirez plus vous servir de l'ordinateur pendant longtemps, par exemple si vous avez fini votre journée de travail et que vous rentriez chez vous, vous pouvez fermer votre session et l'ordinateur. Cliquez le bouton **Démarrer** → **Arrêter**, ou la flèche, puis la commande **Arrêter**. Si vous désirez arrêter l'ordinateur mais conserver votre session, cliquez le bouton **Démarrer** → → **Mettre en veille**.

Si vous ne souhaitez pas arrêter l'ordinateur, cliquez le bouton **Démarrer** → → **Fermer la session**. Windows revient alors à la fenêtre d'ouverture de session. Cela permet à un autre utilisateur d'ouvrir une session sans redémarrer l'ordinateur.

Figure 28-14 Fermeture de session.

En revanche, si vous désirez retrouver vos applications telles qu'elles sont ouvertes actuellement, par exemple après une pause café, vous pouvez soit verrouiller l'ordinateur en cliquant le bouton **Démarrer** → → **Verrouiller**, soit laisser la place à un autre utilisateur en cliquant le bouton **Démarrer** → → **Changer d'utilisateur**.

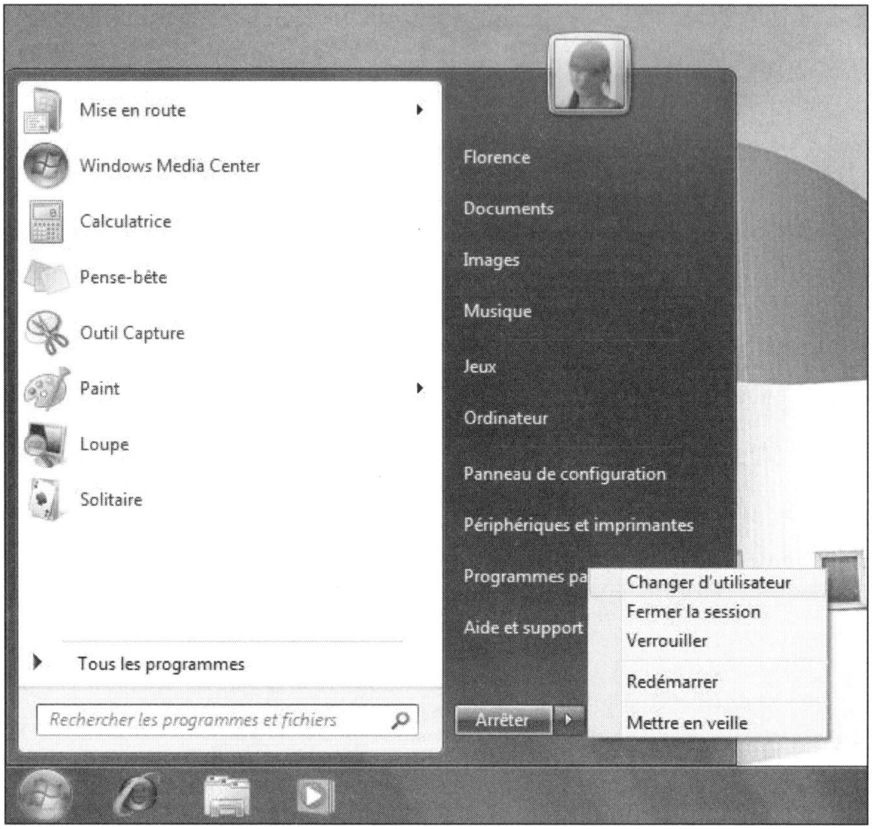

Figure 28-15 Changement d'utilisateur.

Windows revient alors à la fenêtre d'ouverture de session. Il vous suffit ensuite de cliquer sur votre session pour retrouver vos applications actuellement ouvertes. Notez qu'en cas de verrouillage de l'ordinateur, un autre utilisateur peut cliquer le bouton **Changer d'utilisateur** pour ouvrir sa propre session indépendamment de la vôtre.

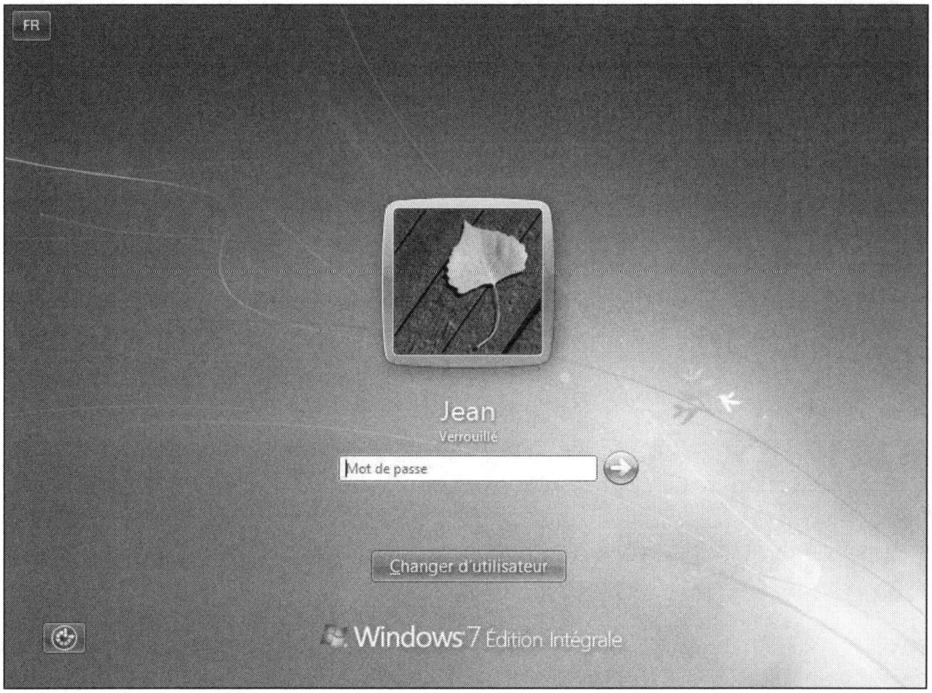

Figure 28-16 Verrouillage de l'ordinateur.

Modifier et personnaliser les comptes

1. Ouvrez une session en temps qu'administrateur.
2. Cliquez le bouton **Démarrer** puis votre image en haut à droite du menu Démarrer. La fenêtre qui s'affiche permet de modifier votre propre compte.
3. Cliquez le lien **Gérer un autre compte**.
4. Cliquez le bouton **Oui** pour donner votre autorisation.
5. Cliquez le compte que vous désirez modifier.

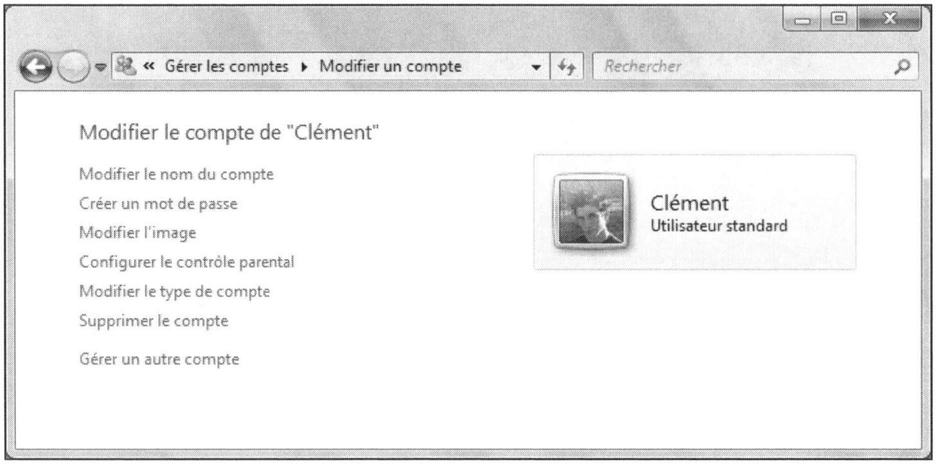

Figure 28-17 Modification du compte d'un utilisateur.

6. Cliquez un des liens de la liste à gauche en fonction de ce que vous désirez modifier.
7. Si vous voulez changer l'image du compte ou la remplacer par une photographie, cliquez le lien **Modifier l'image**. Dans la fenêtre qui s'ouvre, cliquez le lien **Rechercher d'autres images** puis recherchez la photographie sur votre disque dur.
8. Quand vous avez terminé de modifier le compte, cliquez le lien **Gérer un autre compte**.

Activer le contrôle parental

Naviguer sur Internet, c'est avoir le monde à portée de main, la réponse à toutes les questions, la plus grande galerie marchande, un lieu de contact et de partage. On y trouve absolument tout, le meilleur, mais hélas, aussi, le pire. La catégorie la plus exposée à ses dangers est justement celle que nous nous devons de protéger le plus : les enfants.

Des sollicitations permanentes de certaines publicités aux contacts faciles où chacun se cache derrière un pseudonyme, les dangers sont multiples et peuvent parfois dépasser l'espace virtuel. Ils séduiront plus facilement les enfants et adolescents, qui risquent de se laisser transporter vers des sites où « il ne fait pas bon surfer ». Le contrôle parental garde l'historique des sites visités par vos enfants, bloque ceux à éviter absolument et contrôle la durée des connexions. Il permet également d'autoriser ou d'interdire l'accès à certains jeux, trop violents ou non adaptés à l'âge de l'utilisateur.

1. Cliquez le bouton **Démarrer** → **Panneau de configuration**.
2. Cliquez le lien **Configurer le contrôle parental pour un utilisateur** si vous êtes dans l'affichage par catégories, sinon cliquez l'icône **Contrôle parental**.

   Le contrôle parental ne peut être modifié que par une personne ayant un compte d'administrateur (voir plus haut dans ce chapitre).
3. Cliquez le bouton **Oui** pour donner votre accord.

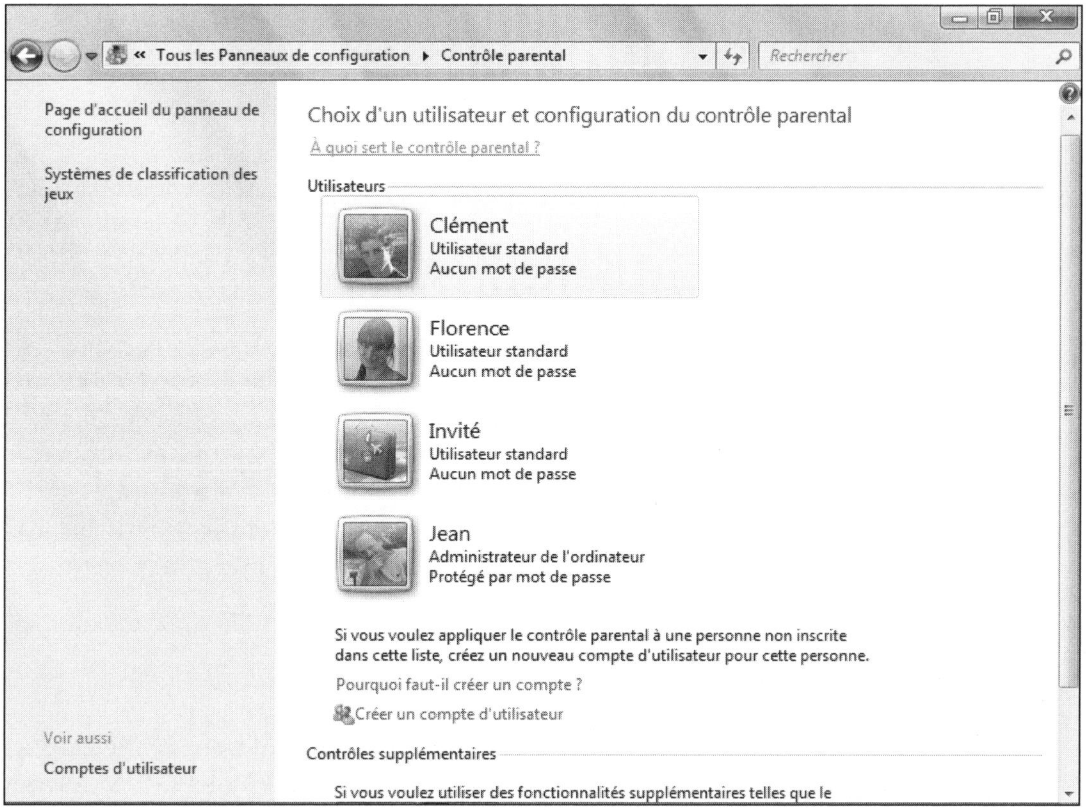

Figure 28-18 Liste des comptes d'utilisateurs.

4. Cliquez le compte sur lequel vous désirez exercer un contrôle parental.
5. Cochez l'option **Activé, les paramètres actuels…**.

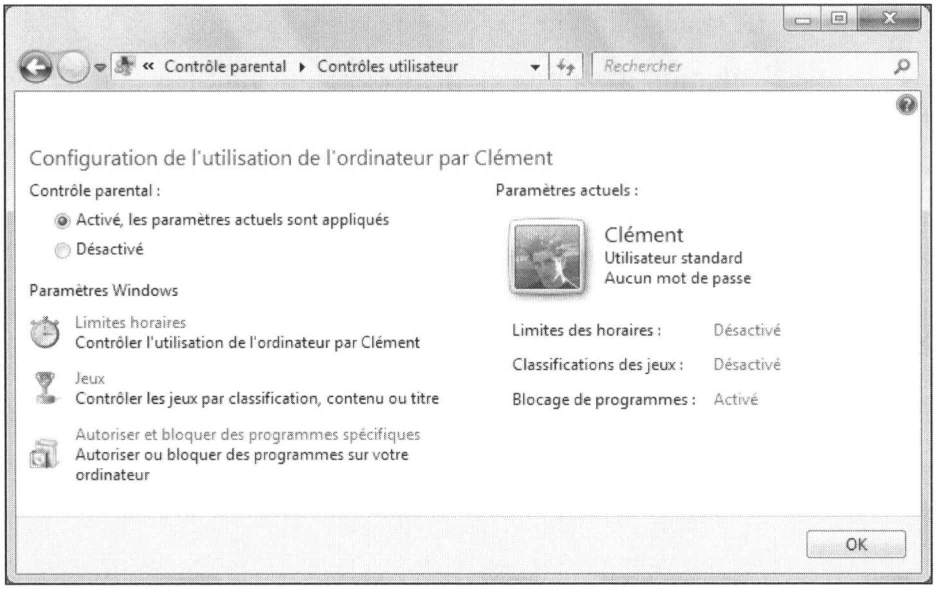

Figure 28-19 Activation du contrôle parental.

Cette fenêtre donne accès à l'ensemble des contrôles possibles. Selon vos besoins, l'âge de l'enfant et l'importance du veto que vous désirez exercer, choisissez parmi les options proposées celles qui vous conviennent (cliquez les liens **Limites horaires**, **Classifications des jeux** et **Blocages de programmes**). Les possibilités multiples sont aptes à couvrir l'ensemble des besoins de chacun. Testez-les pour en découvrir les avantages et les inconvénients. Vous en savez d'ailleurs assez maintenant pour continuer seul à explorer les ressources de Windows 7.

Navigation sur Internet

Windows 7 ne propose pas directement de contrôle parental pour la navigation sur le Web. Vous devez pour cela installer des contrôles supplémentaires. Ces derniers sont disponibles en téléchargement sur le site de votre fournisseur d'accès à Internet. Faites une recherche sur ce site avec les mots-clés « contrôle parental » ou effectuez une recherche sur Google pour trouver d'autres programmes équivalents. Vous pouvez aussi télécharger le programme parental proposé par Microsoft. Pour l'installer, consultez la fin du chapitre 13 (paragraphe « Télécharger des compléments Windows Live »).

Figure 28-20 Installation du contrôle parental Windows Live.

Partager des documents

Quand l'ordinateur est partagé entre plusieurs personnes, chacun a ses propres dossiers pour stocker ses documents. Seul l'administrateur a accès à tous les dossiers.

Si vous désirez partager des documents, il suffit de les placer dans le dossier **Public**. Ce dernier apparaît dans le volet de navigation de l'Explorateur en dessous de la liste de vos dossiers.

Figure 28-21 Dossier Public.

Mais attention : tout le monde a accès au dossier Public. Les documents qui s'y trouvent peuvent être consultés, modifiés, mais aussi supprimés. Pour conserver vos originaux, faites une copie de vos documents. Ce sont ces copies que vous déplacerez vers le dossier Public (consultez le chapitre 4 pour la copie et le déplacement de documents).

Modifier le contrôle de compte utilisateur

En cas de modification des paramètres de Windows ou en cas d'installation d'un nouveau programme, vous aurez la boîte de la figure 28-22 si vous êtes administrateur, ou la boîte de la figure 28-1 si vous êtes un utilisateur standard.

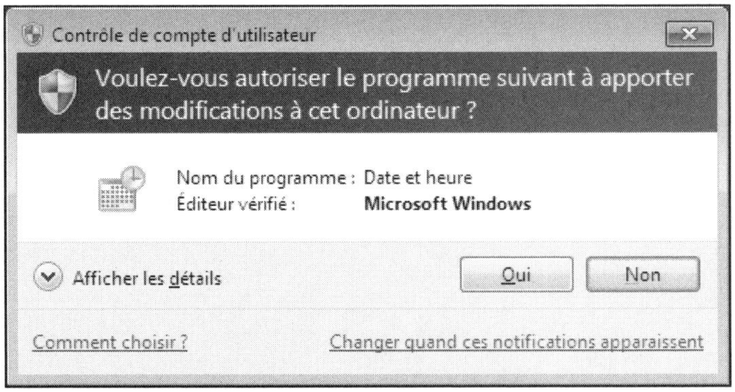

Figure 28-22 Contrôle de compte utilisateur.

Il est possible de déterminer si Windows doit vous avertir de certaines actions en modifiant les paramètres de contrôle de compte.

1. Cliquez le bouton **Démarrer** puis votre image en haut à droite du menu Démarrer.
2. Cliquez le lien **Modifier les paramètres de contrôle de compte utilisateur**.
3. Faites glisser le curseur pour choisir le niveau de contrôle.

   Windows affiche en regard des informations sur le niveau choisi.

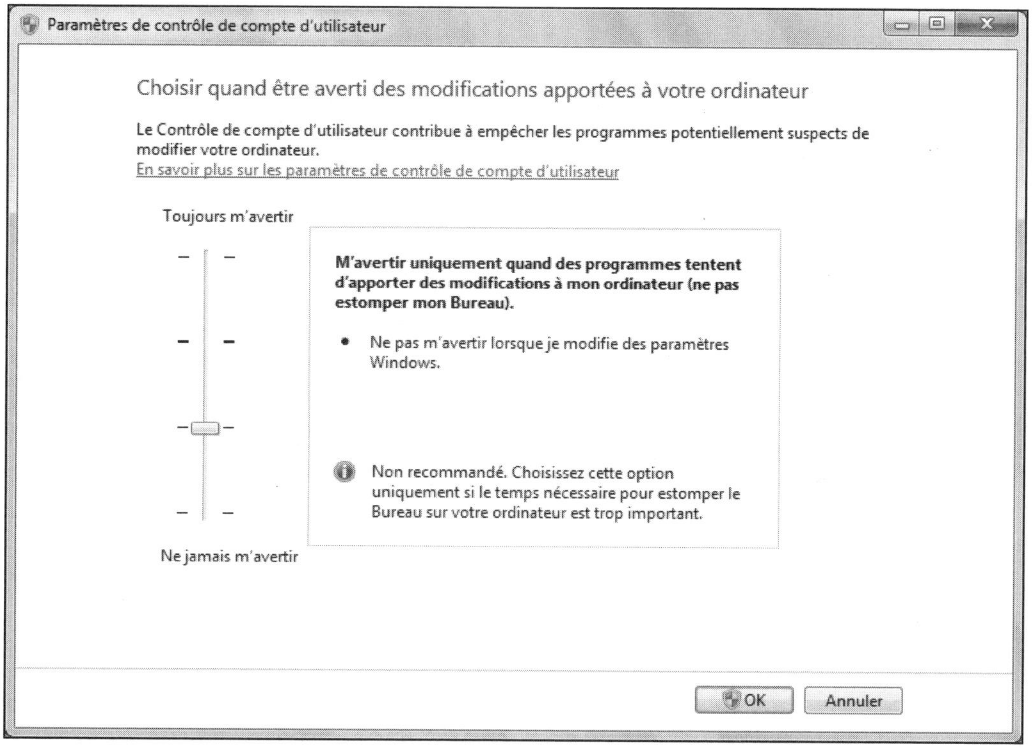

Figure 28-23 Modifications des paramètres de contrôle de compte.

4. Cliquez le bouton **OK** pour valider.
5. Cliquez le bouton **Oui** pour confirmer les modifications si vous êtes administrateur, ou saisissez le mot de passe de l'administrateur si vous avez un compte standard.

Chapitre 29

Gérer un réseau et un groupe résidentiel

Dans ce chapitre

- Matériel réseau filaire
- Matériel réseau Wi-Fi
- Configurer un réseau
- Gérer un réseau Wi-Fi
- Parcourir les réseaux
- Partager des ressources
- Se connecter à des ressources partagées
- Gérer un groupe résidentiel

Dès que vous possédez deux ordinateurs, vous pouvez installer un réseau. Celui-ci vous permettra de partager vos ressources, par exemple un disque dur, un dossier, une imprimante ou une connexion Internet.

Pour installer un réseau, il n'est pas nécessaire d'être technicien. Ce chapitre vous le confirme.

Choisir le matériel d'un réseau filaire

Cartes réseau

Pour créer un réseau filaire, appelé Ethernet, vous devez installer une carte d'interface dans chaque ordinateur. Comme toutes les cartes actuelles sont *plug-and-play*, Windows 7 la détectera et l'installera automatiquement.

On trouve des cartes réseau à partir de 10 €.

Figure 29-1 Carte réseau PCI.

1. Installez une carte réseau dans chacun de vos ordinateurs. Consultez les notices jointes pour plus de détails.

Si vous ne désirez pas ouvrir votre ordinateur, il existe des adaptateurs pour transformer un port USB en port Ethernet (environ 25).

Figure 29-2 Adaptateur USB/Ethernet.

Concentrateur (*hub*)

Le concentrateur, ou *switch* en anglais, est un dispositif qui permet de créer un réseau en reliant ensemble les cartes réseaux de plusieurs ordinateurs. Il n'y a pas d'installation particulière si ce n'est une alimentation électrique.

On trouve des concentrateurs pour quatre ordinateurs à partir de 20 €.

Figure 29-3 Concentrateur réseau.

Note Il existe trois vitesses différentes pour les réseaux filaires : Ethernet (10 Mo/s), Fast Ethernet (100 Mo/s) et Gigabit (1 000 Mo/s). La vitesse des cartes et du concentrateur doit être homogène. Si ce n'est pas le cas, c'est la plus petite vitesse qui s'applique. Une carte Gigabit sur un concentrateur Fast Ethernet aura sa vitesse limitée à 100 Mo/s.

Toutes les cartes réseau sont reliées au concentrateur avec des câbles de type RJ45. Ces derniers ressemblent à des câbles téléphoniques mais les prises aux extrémités sont un peu plus volumineuses.

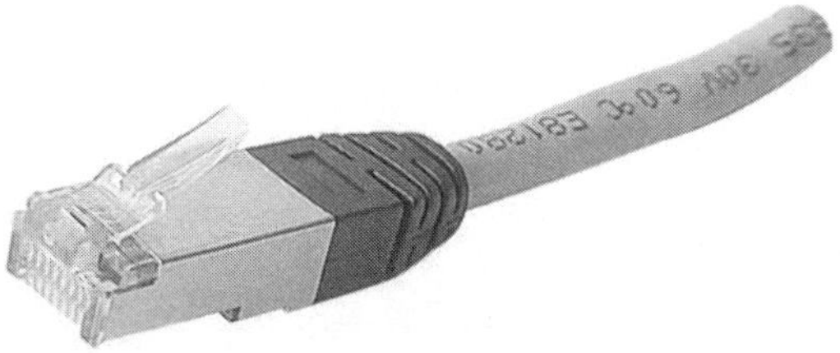

Figure 29-4 Câble réseau RJ45.

Astuce Si vous n'avez que deux ordinateurs, vous pouvez relier directement leur carte réseau sans passer par un concentrateur. Utilisez dans ce cas un câble RJ45 de type « croisé ».

Choisir le matériel d'un réseau Wi-Fi

Un réseau Wi-Fi (*Wireless Fidelity* – fidélité sans fil) se comporte de la même manière qu'un réseau classique. La seule différence réside dans les connexions : tous les branchements qui mènent au concentrateur sont remplacés par des connexions par la voie des airs. Autrement dit, tous les fils sont supprimés et les données transitent *via* des ondes électromagnétiques.

Pour créer un réseau Wi-Fi, vous devez installer des cartes d'interface avec cette technologie. La figure 29-5 montre les trois solutions possibles : carte PCI pour un ordinateur de bureau, carte PC Card (appelée aussi PCMCIA) pour un ordinateur portable, ou une clé USB utilisable pour tous les types d'ordinateurs.

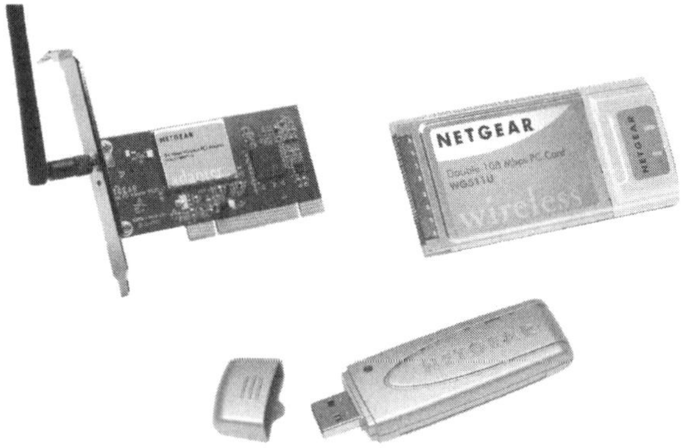

Figure 29-5 Cartes de connexion à un réseau Wi-Fi.

Pour relier l'ensemble, vous devez installer un point d'accès sans fil. Ce dernier peut contenir un modem ADSL (connexion à Internet), un routeur (partage de connexion Internet), et un concentrateur pour les connexions filaires classiques (voir figure 29-6).

Figure 29-6 Point d'accès Wi-Fi pour connecter des ordinateurs sans fil. Ce modèle contient aussi un modem ADSL, un routeur, un concentrateur et un pare-feu.

Note Tous les modems de type Freebox, Alicebox, Livebox, *etc*. proposent un point d'accès sans fil.

Configurer les réseaux

Une fois le matériel installé, Windows détecte automatiquement les réseaux disponibles. Le **Centre Réseau et partage** permet d'accéder à tous les paramètres de ces réseaux.

1. Cliquez le bouton **Démarrer** → **Panneau de configuration**.
2. Cliquez l'icône **Centre Réseau et partage** (figure 24-2).

Note Si votre ordinateur est déjà connecté à un réseau, cliquez l'icône (réseau filaire) ou l'icône (réseau Wi-Fi) dans la zone de notification, puis le lien **Ouvrir le Centre Réseau et partage**.

Cette fenêtre affiche les réseaux actuellement disponibles et propose des liens pour effectuer des paramétrages.

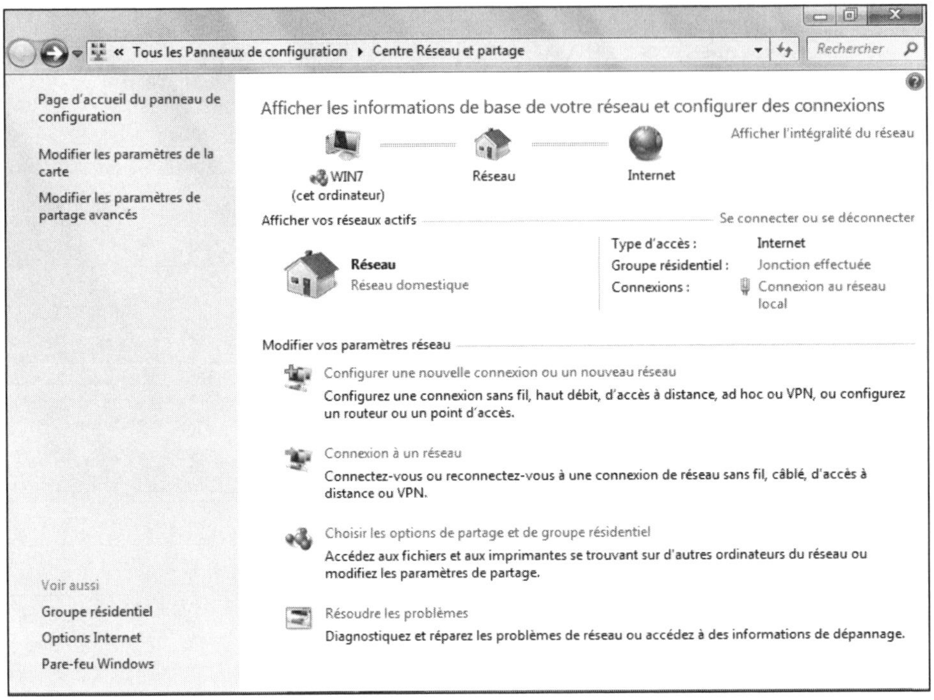

Figure 29-7 Centre Réseau et partage d'un ordinateur connecté à un réseau Ethernet.

Les données et les liens proposés sont fonction de votre configuration. Par exemple, si vous n'avez pas de carte Wi-Fi, la fenêtre de la figure 29-7 ne propose pas de lien **Gérer les réseaux sans fil**, contrairement à celle de la figure 29-8.

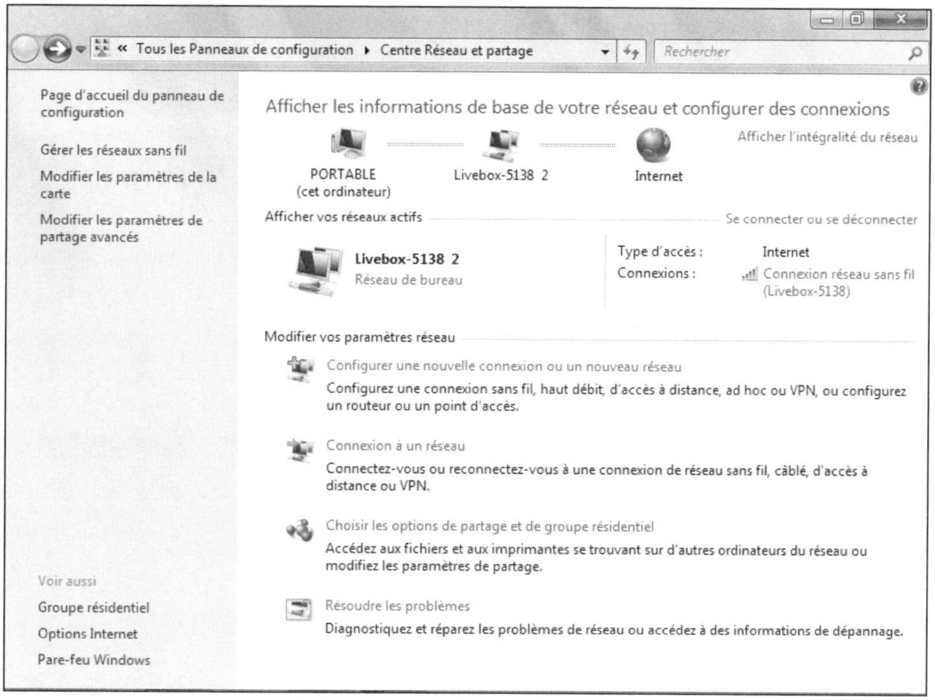

Figure 29-8 Centre Réseau et partage d'un ordinateur connecté à un réseau Wi-Fi.

Si vous n'avez aucune connexion établie, par exemple lors de vos déplacements avec un ordinateur portable, vous aurez la fenêtre de la figure 29-9.

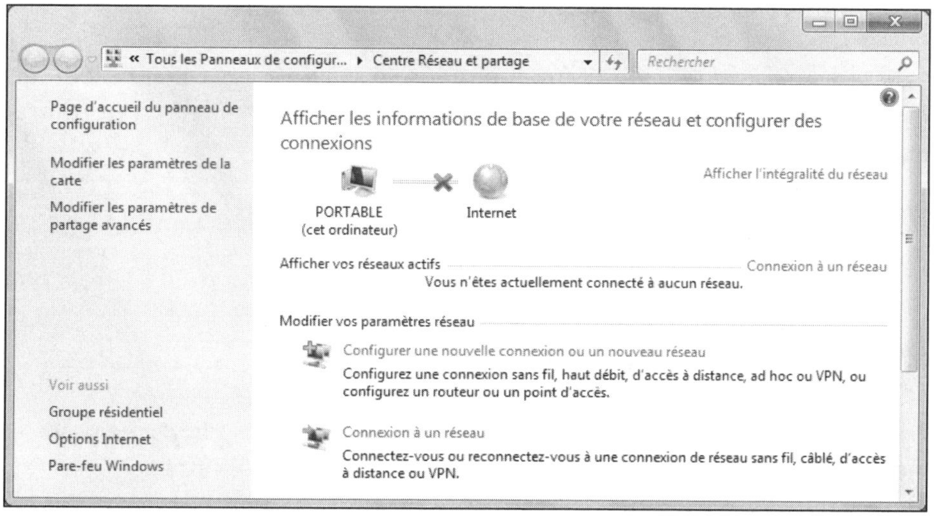

Figure 29-9 Centre Réseau et partage d'un ordinateur sans connexion.

Consulter les réseaux disponibles

Vous pouvez consulter rapidement tous les réseaux auxquels vous êtes connecté et ceux auxquels votre ordinateur permet de se connecter.

1. Cliquez le lien **Gérer les connexions réseau** dans le volet gauche de la fenêtre Centre Réseaux et partage (figure 29-7).

Figure 29-10 Liste des connexions disponibles.

Le début de la liste indique les réseaux auxquels vous êtes connecté actuellement. Le milieu de la liste montre ceux auxquels vous pouvez vous connecter. La dernière partie regroupe la liste des réseaux Wi-Fi disponibles.

Note Pour se connecter à Internet en bas débit, consultez la fin du chapitre 24.

Gérer un réseau Wi-Fi

Dans un réseau Wi-Fi, il est nécessaire de gérer deux éléments : le point d'accès, commun à tous les utilisateurs, et les cartes réseaux de chaque ordinateur.

Se connecter à un réseau Wi-Fi

Que se soit la première fois pour votre propre réseau Wi-Fi ou lors de vos déplacements (cybercafé, aéroport, *etc.*), vous devez vous connecter au point d'accès disponible.

1. Cliquez l'icône dans la zone de notification.

   Windows affiche la liste des points d'accès Wi-Fi disponibles.

2. Cliquez le point d'accès souhaité dans la liste.

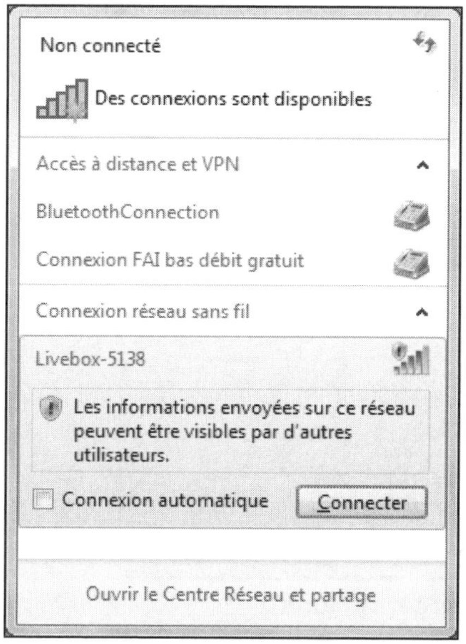

Figure 29-11 Liste des points d'accès disponibles.

3. Cliquez le bouton **Connecter**.
4. Éventuellement, saisissez dans la boîte qui s'affiche les renseignements que vous trouverez dans la documentation de votre point d'accès ou qui vous sont remis par votre fournisseur d'accès Internet.

Gérer le point d'accès Wi-Fi

La gestion du point d'accès s'effectue avec le logiciel fourni par le constructeur. Il est généralement intégré au point d'accès. Les modifications sont réalisées avec un navigateur Web comme Internet Exploreur (figure 29-12). Chaque constructeur ou fournisseur d'accès Internet utilisant des solutions différentes, il est nécessaire de vous reporter à la documentation fournie pour modifier les paramètres du point d'accès.

Dans la majorité des cas, il suffit d'ouvrir Internet Explorer et de saisir l'adresse `http://192.168.1.1` pour accéder à ces données. Vous devrez cependant fournir un nom d'utilisateur et un mot de passe.

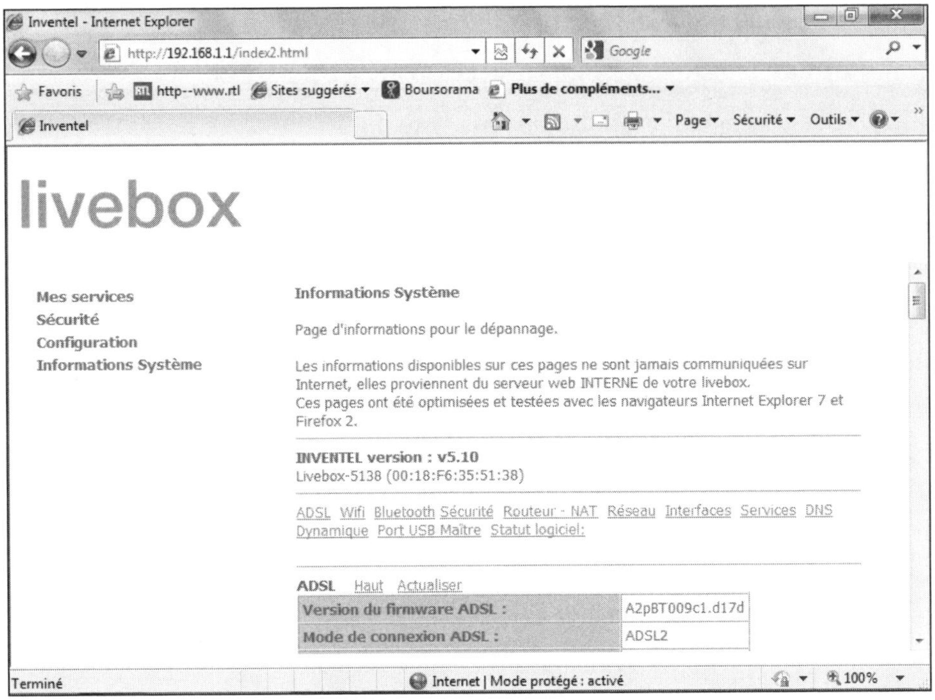

Figure 29-12 Gestion d'un point d'accès Wi-Fi dans Internet Explorer.

Gérer les accès réseau

Définir votre groupe de travail

Un groupe de travail est un ensemble d'ordinateurs ayant généralement la même activité (le réseau de votre maison ou le service comptabilité d'une entreprise par exemple). Par défaut, Windows attribue un nom de groupe lors de son installation. Mais au cours des versions, ce nom a changé. Dans les versions précédentes de Windows ce nom était « WORKGROUP », puis il est devenu « MSHOME ». Si tous les ordinateurs de votre réseau n'utilisent pas Windows 7, vous devez harmoniser ce nom pour faciliter le partage des ressources.

1. Tapez le raccourci clavier + **Pause**.
2. Sous Windows 7 ou Vista, cliquez le lien **Modifier les paramètres** dans la zone **Paramètres de nom d'ordinateur** puis cliquez le bouton **Continuer** ou **Oui** pour confirmer. Sous XP, cliquez l'onglet **Nom de l'ordinateur** dans la boîte Propriétés système.
3. Cliquez le bouton **Modifier**.

4. Tapez le nom de votre groupe dans la zone **Groupe de travail**.

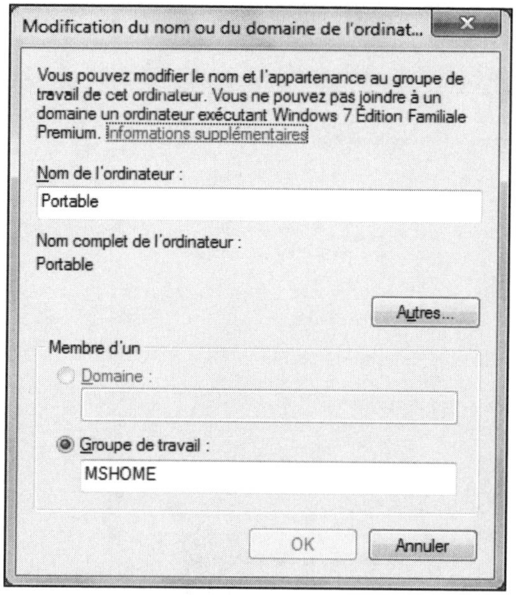

Figure 29-13 Modification du nom du groupe de travail.

Définir le type d'emplacement du réseau

Pour des raisons pratiques et de sécurité, il est préférable de définir l'emplacement du réseau que vous utilisez.

1. Dans la fenêtre **Centre Réseau et partage**, cliquez le lien **Réseau domestique/de bureau/public** en dessous du type de votre réseau actuel (figure 29-7).

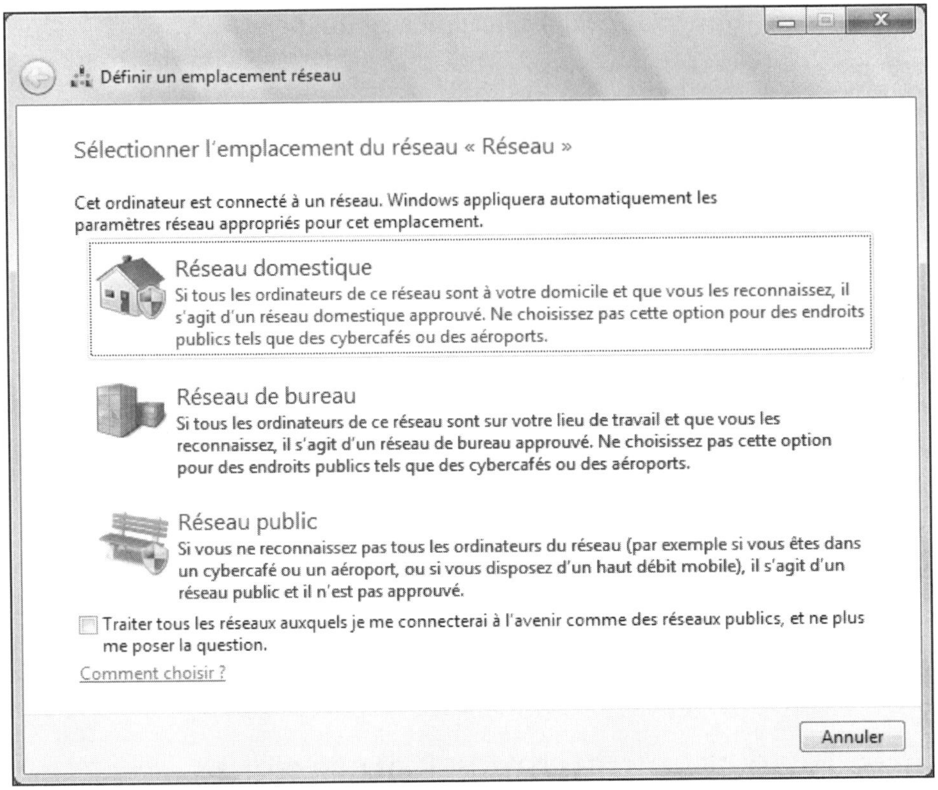

Figure 29-14 Choix du type d'emplacement réseau.

Cette boîte vous propose trois options :

- **Réscau public** : cochez cette option si vous êtes connecté à un réseau d'un site public (cybercafé, aéroport, *etc.*). Windows 7 renforcera les paramètres du pare-feu, et votre ordinateur ne sera pas visible sur ce réseau.
- **Réseau de bureau** ou **Réseau domestique** : cochez cette option si vous êtes connecté à un réseau local d'entreprise ou celui de votre maison. Votre ordinateur sera visible sur le réseau, et vous pourrez voir les autres ordinateurs connectés.

2. Cochez l'option souhaitée (**Public** ou **Domestique**).
3. Cliquez le bouton **Oui** si Windows demande une confirmation.
4. Cliquez le bouton **Fermer**.

Modifier les options de partage

Avant de partager les ressources de votre ordinateur, vous devez définir quelques paramètres.

1. Ouvrez la fenêtre **Centre Réseau et partage** (figure 29-7).
2. Cliquez le lien Modifier **les paramètres de partage avancé** dans le volet gauche.
3. Cliquez les boutons pour afficher le contenu de type de réseau (Résidentiel ou Public).

Recherche du réseau

Si vous êtes connecté à un réseau local, vous pouvez activer la recherche pour voir les autres ordinateurs connectés et être visible sur ce réseau. Si vous êtes connecté à un réseau public, désactivez la recherche.

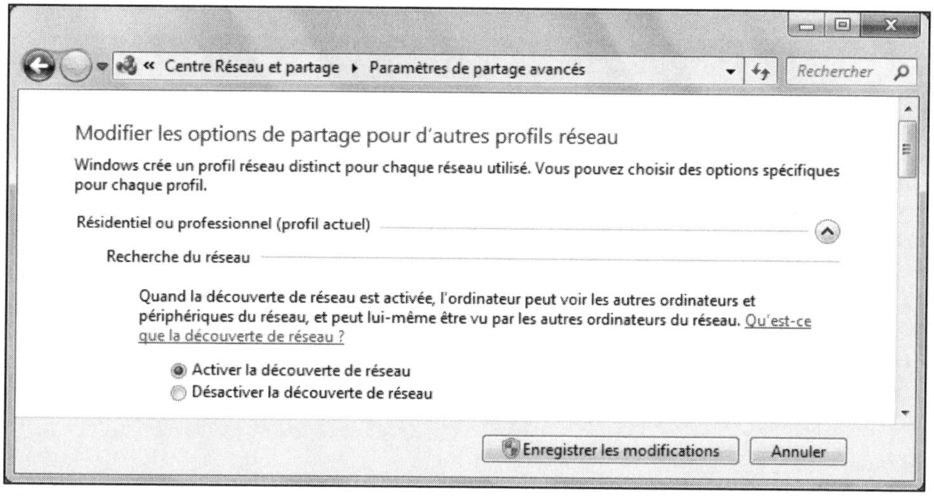

Figure 29-15 Activation de la recherche réseau.

1. Cochez l'option **Activer** ou **Désactiver**.
2. Cliquez le bouton **Enregistrer les modifications**, puis le bouton **Oui** pour confirmer.

Partage de fichiers et d'imprimantes

Si vous désirez partager des fichiers et vos imprimantes avec d'autres personnes sur le réseau, vous devez activer le partage.

Note Consultez le paragraphe « Partager un disque ou un dossier » plus loin dans ce chapitre.

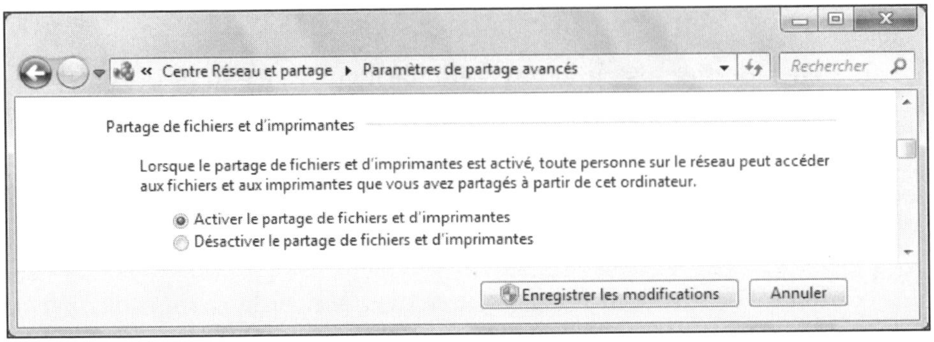

Figure 29-16 Activation du partage de fichiers et d'imprimantes.

1. Cochez l'option **Activer** ou **Désactiver**.
2. Cliquez le bouton **Enregistrer les modifications**, puis le bouton **Oui** pour confirmer.

Partage de dossier publics

Comme nous l'avons vu à la fin du chapitre 28, les utilisateurs de l'ordinateur peuvent accéder au dossier Public. Pour que celui-ci soit aussi accessible aux autres ordinateurs du réseau, vous devez activer le partage.

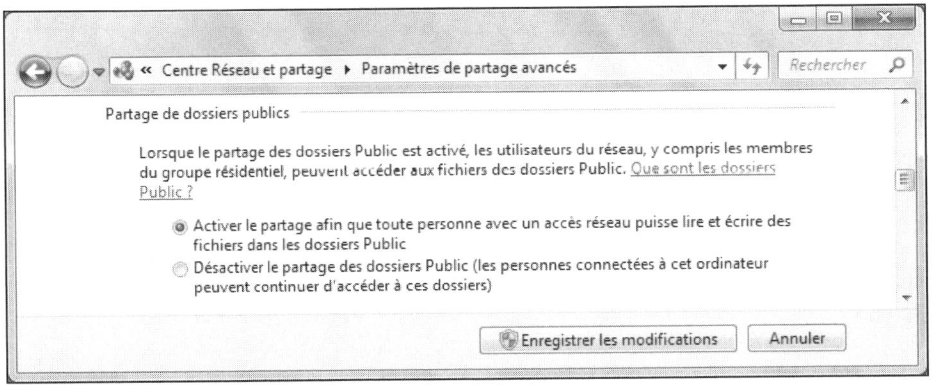

Figure 29-17 Partage des dossiers Public.

1. Cochez l'option **Activer** ou **Désactiver**.
2. Cliquez le bouton **Enregistrer les modifications**, puis le bouton **Oui** pour confirmer.

Cryptage des partages

Si des partages ne fonctionnent pas correctement avec certains périphériques, vous devez changer le niveau de cryptage (40/56 bits au lieu de 128).

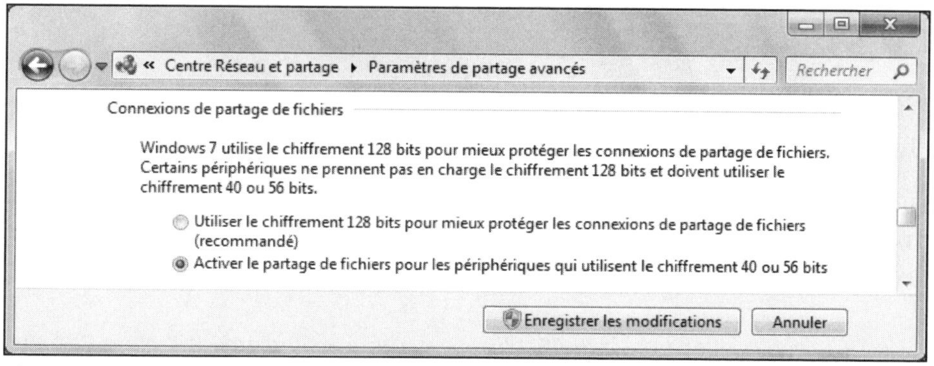

Figure 29-18 Type de codage des partages de fichier.

1. Cochez l'option **Activer le partage…**.
2. Cliquez le bouton **Enregistrer les modifications**, puis le bouton **Oui** pour confirmer.

Partage protégé par mot de passe

Si vous activez le partage par mot de passe, seules les personnes ayant un compte avec un mot de passe sur cet ordinateur pourront accéder aux ressources partagées.

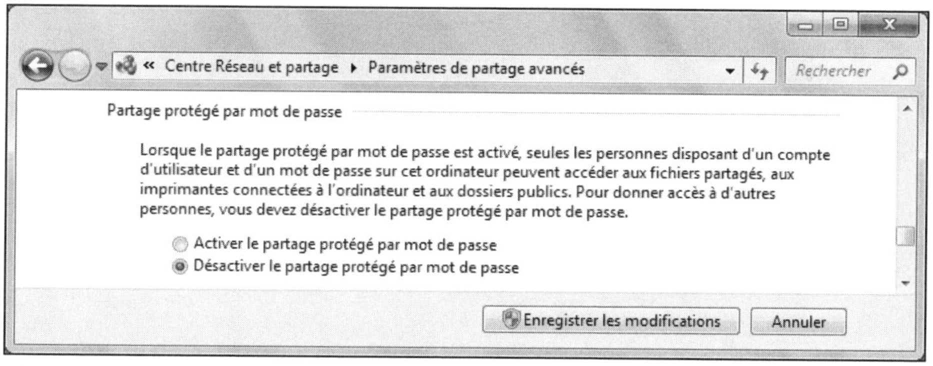

Figure 29-19 Partage par mot de passe.

1. Cochez l'option **Activer** ou **Désactiver**.
2. Cliquez le bouton **Enregistrer les modifications**, puis le bouton **Oui** pour confirmer.

Parcourir le réseau

Dès que vous êtes connecté au réseau, vous pouvez accéder aux ressources partagées par les autres ordinateurs (disques durs, dossiers ou imprimantes).

1. Cliquez le bouton **Démarrer** → **Réseau**, ou double-cliquez l'icône **Réseau** sur le bureau, ou cliquez l'icône **Réseau** dans la fenêtre Centre Réseau et partage (figure 29-7).

Note Si vous êtes actuellement dans l'Explorateur, cliquez simplement l'icône **Réseau** dans le Volet de navigation.

La partie droite affiche tous les ordinateurs actuellement connectés (figure 29-20).

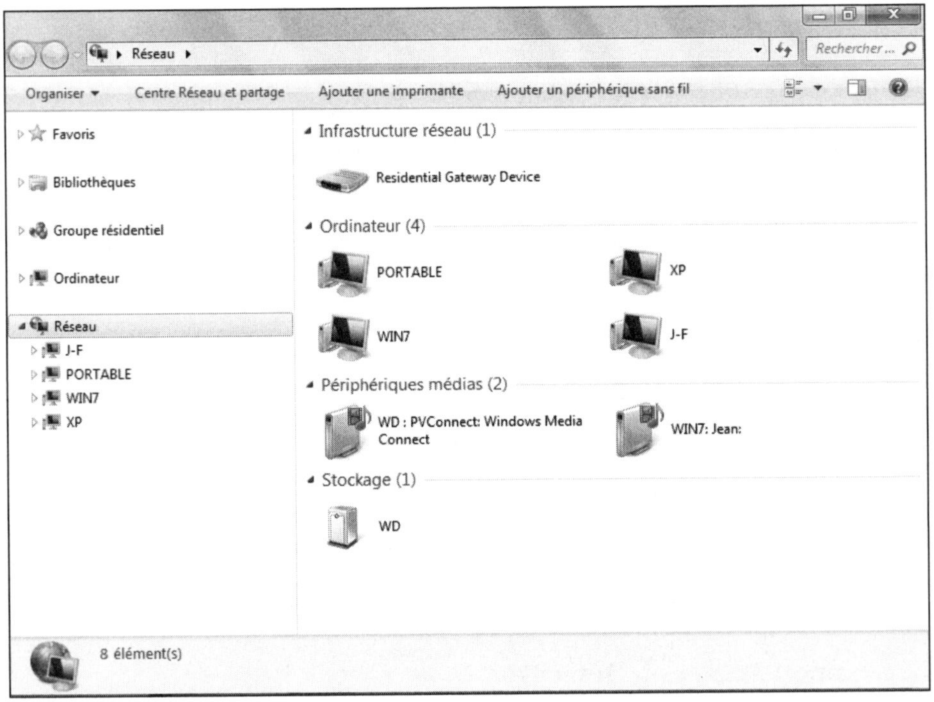

Figure 29-20 Ordinateurs du réseau.

2. Double-cliquez l'icône de l'ordinateur auquel vous désirez accéder.

   Les dossiers et les imprimantes partagés par l'ordinateur choisi apparaissent dans la partie droite (figure 29-21).

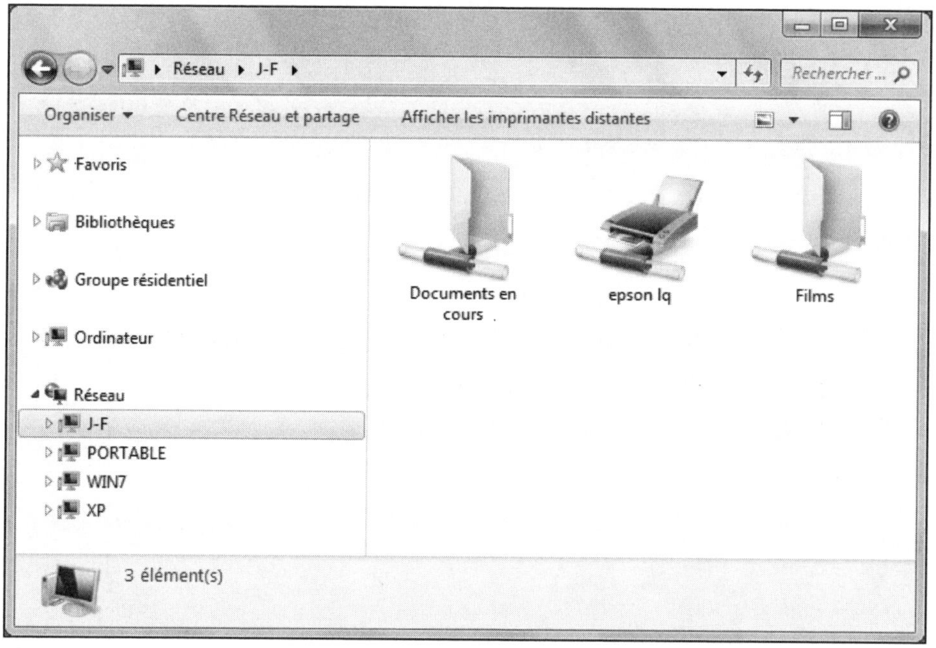

Figure 29-21 Dossiers et imprimantes partagés par un ordinateur du réseau.

3. Double-cliquez un dossier pour l'ouvrir et accéder à son contenu.

Partager un disque ou un dossier

Pour permettre aux autres utilisateurs du groupe d'accéder à vos ressources, vous devez les partager.

1. Ouvrez l'Explorateur (⊞ + **E**).
2. Cliquez du bouton droit le disque, le dossier ou le fichier à partager.
3. Cliquez la commande **Partager avec ➜ Des personnes spécifiques** dans le menu contextuel.
4. Dans la liste du haut, sélectionnez les utilisateurs qui peuvent accéder à la ressource (figure 29-22). Sélectionnez **Tout le monde** pour partager le dossier avec les autres utilisateurs du réseau.

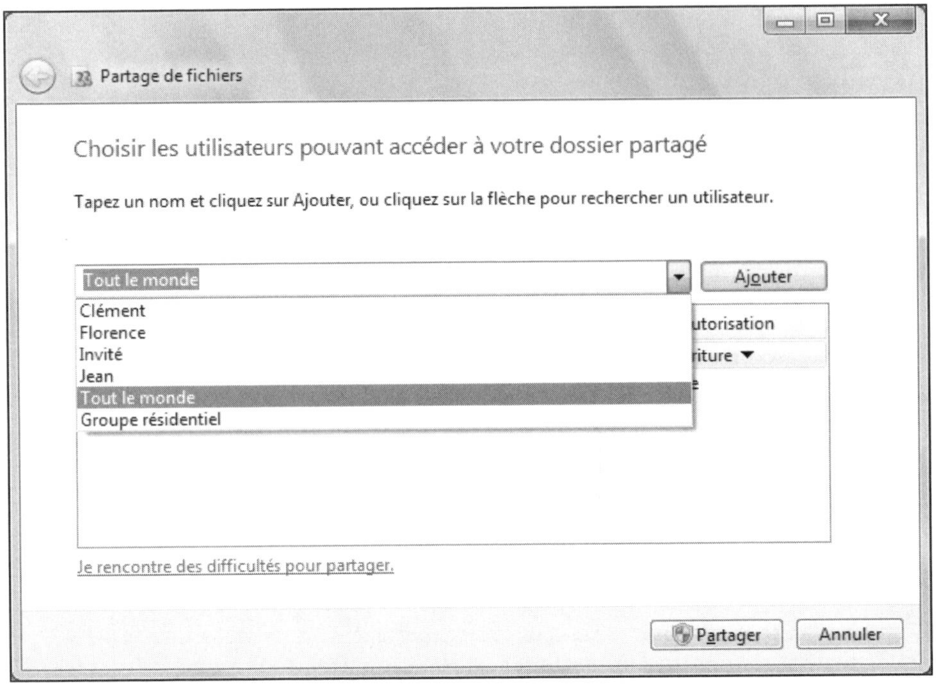

Figure 29-22 Sélection des utilisateurs qui peuvent accéder à la ressource.

5. Cliquez le bouton **Ajouter**.

   L'utilisateur est ajouté à la liste au-dessous. Vous devez maintenant définir ses droits d'accès.

- **Lire** : pour une lecture seule des fichiers partagés.
- **Lecture/écriture** : accès complet sans restriction.
- **Supprimer** : supprime le partage du dossier.

6. Cliquez dans la liste **Nom** l'utilisateur que vous venez d'ajouter.
7. Dans la liste qui s'affiche, sélectionnez le niveau d'accès.

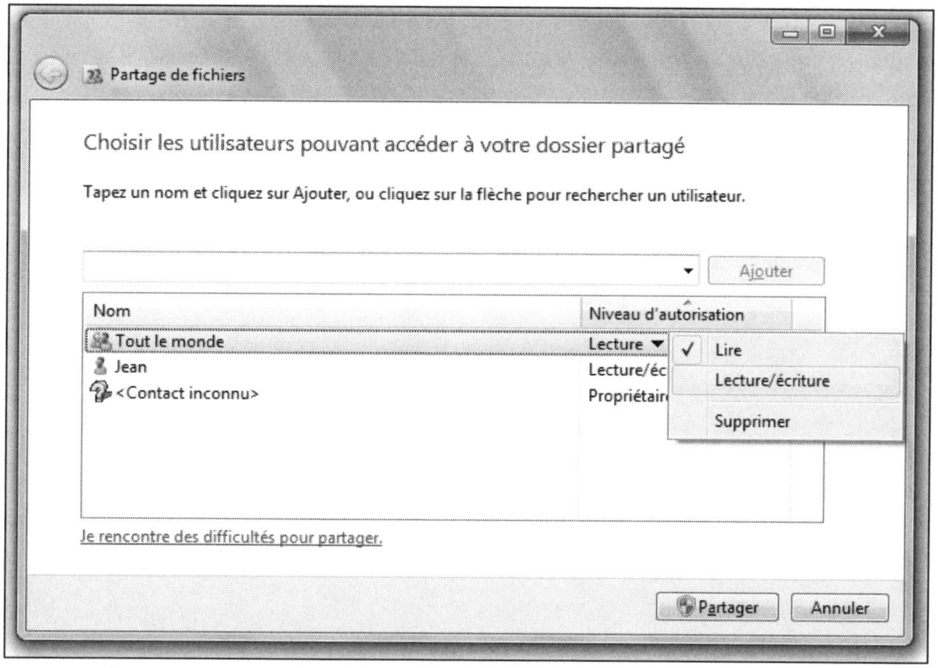

Figure 29-23 Sélection du niveau d'accès.

8. Cliquez le bouton **Partager**, puis éventuellement le bouton **Oui** pour confirmer.
9. Cliquez le bouton **Terminer**.

Se connecter à un dossier partagé

Si vous utilisez toujours la même ressource d'un autre ordinateur, il est plus simple de la déclarer comme connexion permanente. Elle sera disponible à chaque démarrage de votre ordinateur.

1. Ouvrez l'Explorateur (⊞ + **E**).
2. Cliquez le bouton **Connecter un lecteur réseau** dans la barre d'outils.
3. Sélectionnez dans la liste **Lecteur** la lettre de la ressource telle qu'elle doit apparaître dans l'Explorateur. Les lettres déjà utilisées ne sont pas disponibles dans la liste. Par défaut, c'est la première lettre libre en partant de la fin de l'alphabet qui est proposée.

   Le chemin de la ressource sur le réseau utilise la syntaxe suivante :
   `\\nom de l'ordinateur\nom de partage`

4. Tapez le chemin de la ressource dans la zone **Dossier**, par exemple `\\Portable\Travail`. Si vous ne connaissez pas le chemin exact, cliquez le bouton **Parcourir** pour le rechercher.
5. Cochez la case **Se reconnecter…** pour que la connexion soit permanente à chaque démarrage.

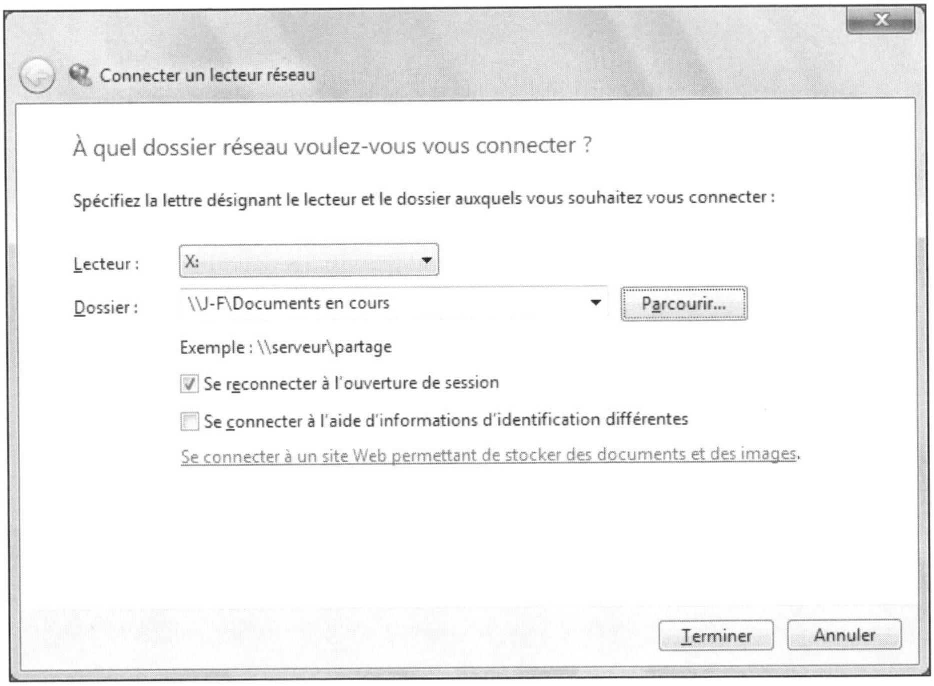

Figure 29-24 Connexion à une ressource partagée.

6. Cliquez le bouton **Terminer**.

Note Pour partager une imprimante ou se connecter à une imprimante partagée, consultez le chapitre 24.

Gérer un groupe résidentiel

Un groupe résidentiel permet de partager en quelques clics les ressources des ordinateurs d'un réseau local. C'est un moyen facile et rapide d'accéder aux documents, images, musiques, vidéos et imprimantes des autres ordinateurs de votre résidence.

Note Un groupe résidentiel est limité aux seuls ordinateurs du réseau équipés de Windows 7. Les versions Starter et Basic peuvent se connecter à un groupe résidentiel, mais ne peuvent pas en créer un.

Créer un groupe résidentiel

Un des ordinateurs du réseau doit créer le groupe résidentiel.

1. Cliquez le bouton **Démarrer** → **Panneau de configuration**.

Note Si vous êtes actuellement dans la fenêtre Centre Réseau et partage (figure 29-7), cliquez le lien **Groupe résidentiel** dans le volet gauche.

2. Cliquez l'icône **Groupe résidentiel** (figure 24-2).

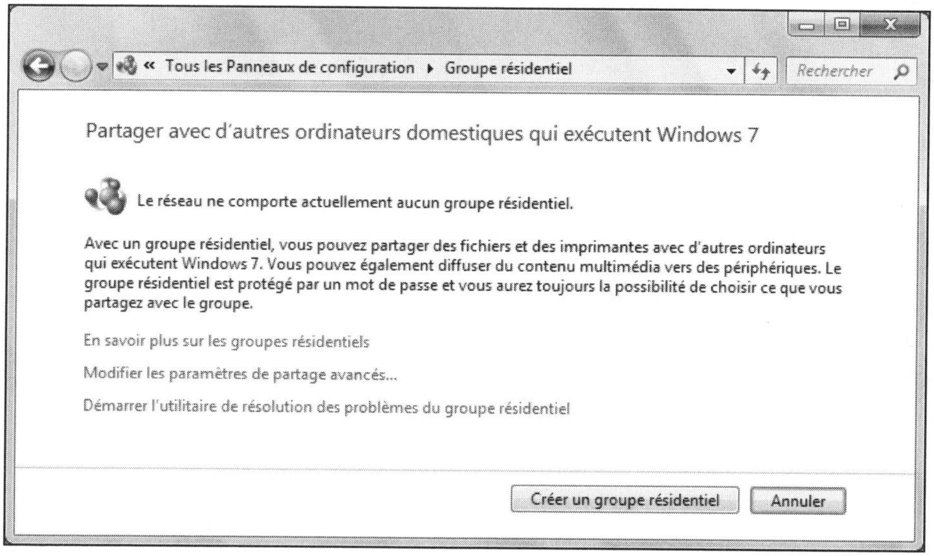

Figure 29-25 Création d'un groupe résidentiel.

Note Si vous n'avez pas la boîte de la figure 29-25 c'est qu'il existe déjà un groupe résidentiel sur votre réseau local. Consultez dans ce cas le paragraphe « Rejoindre un groupe résidentiel » ci-après.

3. Cliquez le bouton **Créer un groupe résidentiel**.
4. Cochez les éléments que vous désirez partager avec les autres ordinateurs du groupe. Ces éléments correspondent aux fichiers de vos bibliothèques (Documents, Images, *etc.*).

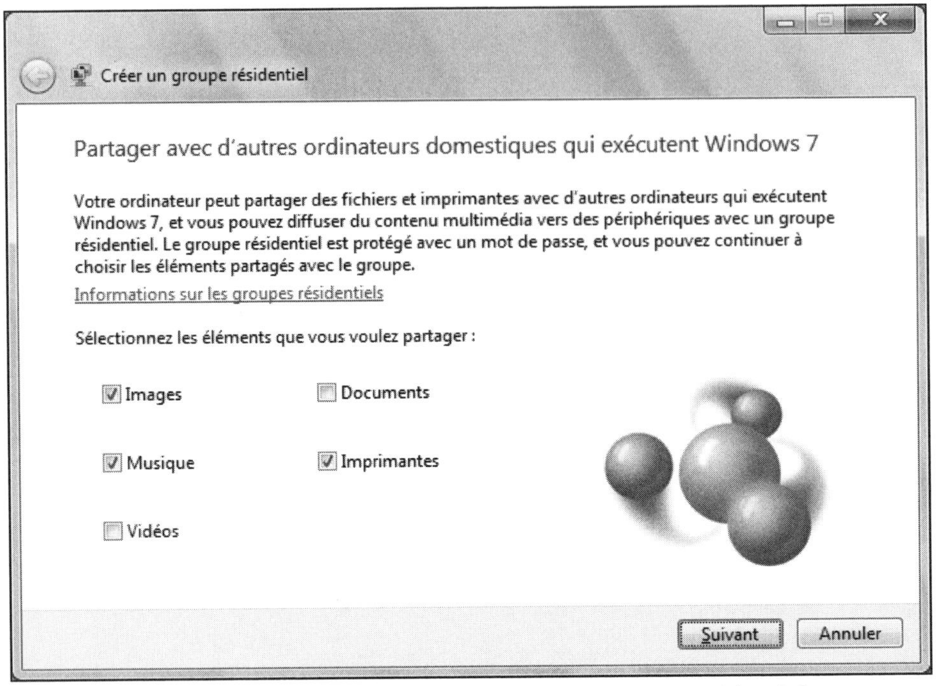

Figure 29-26 Choix des éléments à partager avec le groupe résidentiel.

5. Cliquez le bouton **Suivant**.

   Windows affiche le mot de passe du nouveau groupe résidentiel. Notez-le pour que les autres ordinateurs du groupe puissent le rejoindre (tenez compte des majuscules et des minuscules).

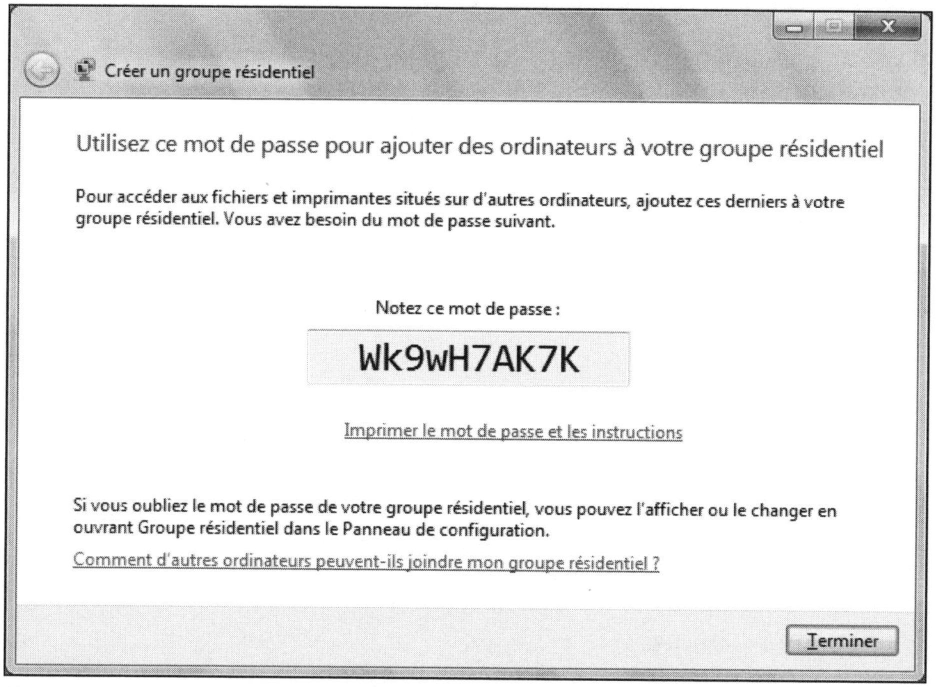

Figure 29-27 Mot de passe du groupe résidentiel.

6. Cliquez le bouton **Terminer**.

Rejoindre un groupe résidentiel

Une fois le groupe résidentiel créé, les autres ordinateurs du réseau peuvent le rejoindre en donnant le mot de passe.

1. Cliquez le bouton **Démarrer** → **Panneau de configuration**.
2. Cliquez l'icône **Groupe résidentiel** (figure 24-2).

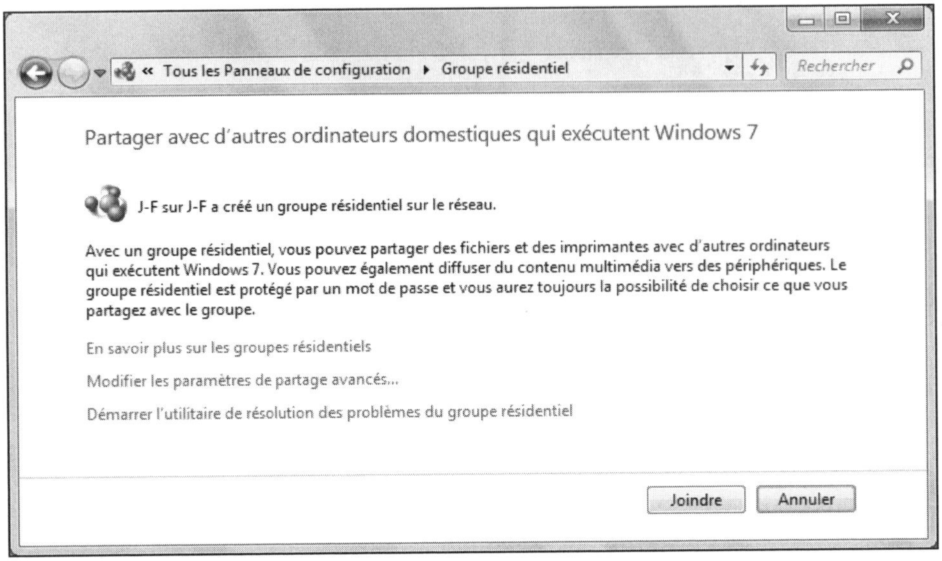

Figure 29-28 Accès au groupe résidentiel existant.

3. Cliquez le bouton **Joindre**.
4. Cochez les éléments que vous désirez partager avec les autres ordinateurs du groupe.
5. Cliquez le bouton **Suivant**.
6. Tapez le mot de passe.

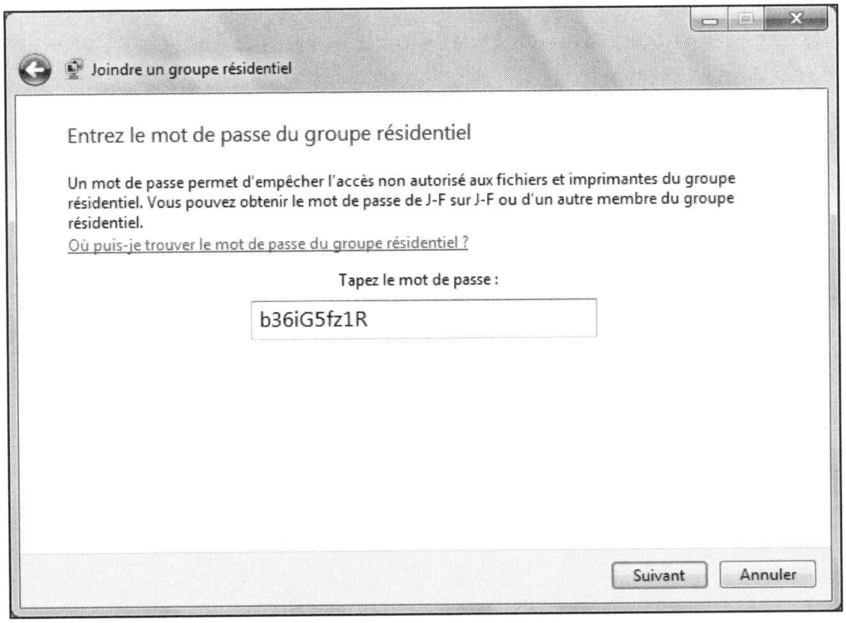

Figure 29-29 Saisie du mot de passe du groupe résidentiel existant.

7. Cliquez le bouton **Suivant**.
8. Cliquez le bouton **Terminer**.

Modifier les paramètres du groupe résidentiel

À tout moment vous pouvez modifier les éléments que vous partagez avec le groupe résidentiel.

1. Cliquez le bouton **Démarrer** → **Panneau de configuration**.
2. Cliquez l'icône **Groupe résidentiel** (figure 24-2).

   Cette boîte permet de modifier les éléments que vous partagez.
3. Cochez les éléments à partager et décochez les autres.
4. Si vous désirez partager vos éléments avec des périphériques multimédias (récepteur numérique multimédia, lecteur Blu-ray, *etc.*), cochez la case **Diffuser mes images, ma musique...**.

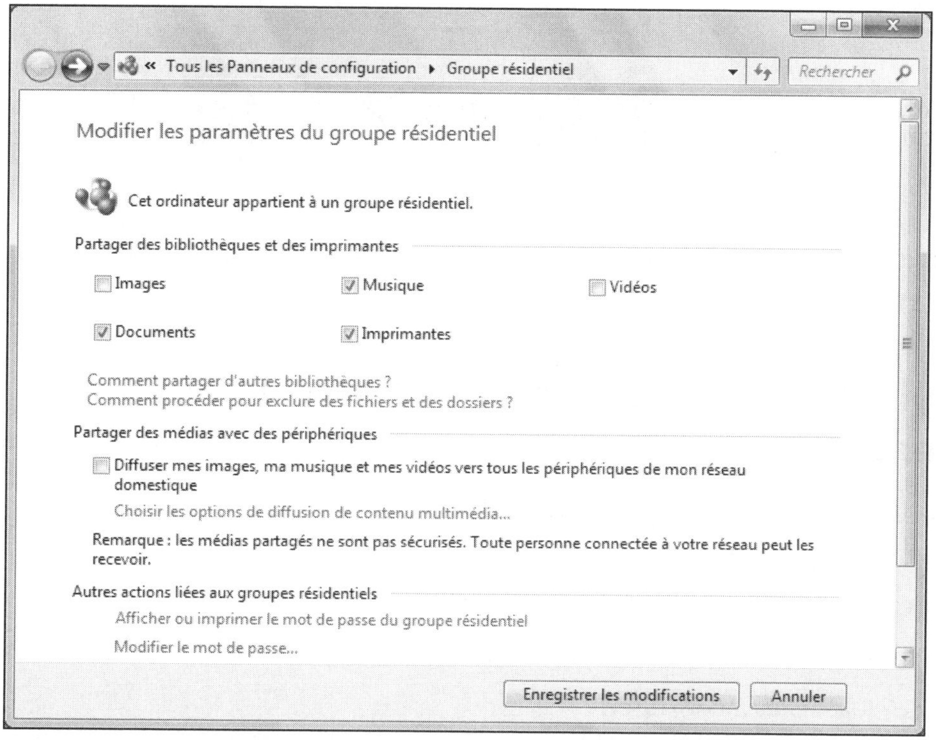

Figure 29-30 Modification des paramètres du groupe résidentiel.

5. Cliquez le bouton **Enregistrer les modifications**.

Partager d'autres éléments dans le groupe résidentiel

En plus des bibliothèques, vous pouvez partager d'autres dossiers présents sur votre disque dur.

1. Ouvrez l'Explorateur (tapez ⊞ + **E**).
2. Cliquez le dossier à partager pour le sélectionner.
3. Cliquez le bouton **Partager avec** dans la barre d'outils.
4. Cliquez le type de partage dans la liste (**Lecture** ou **Lecture/écriture**).

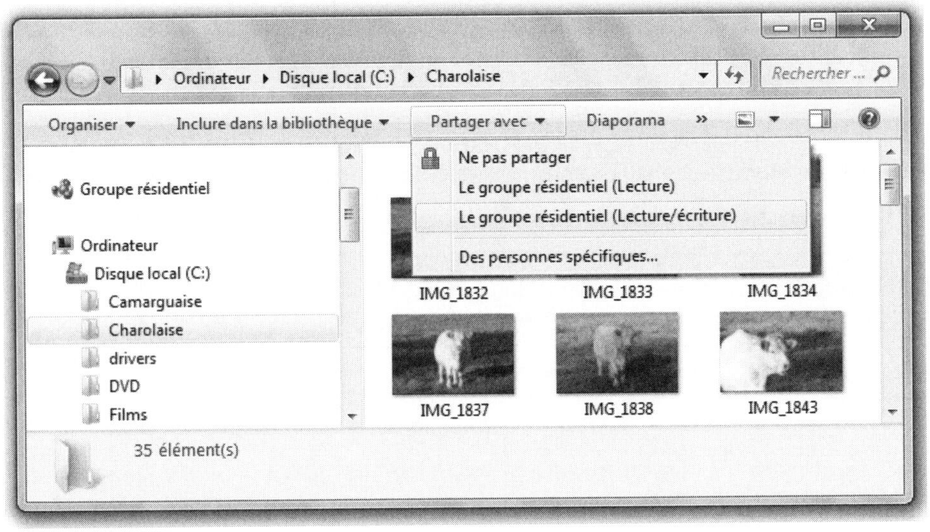

Figure 29-31 Partage d'un dossier avec le groupe résidentiel.

Consulter les éléments partagés dans le groupe résidentiel

Tous les éléments partagés par les autres ordinateurs du groupe résidentiel sont accessibles avec l'Explorateur.

1. Ouvrez l'Explorateur (tapez ⊞ + **E**).
2. Développez le dossier **Groupe résidentiel** dans le volet d'exploration.
3. Cliquez le dossier à consulter.

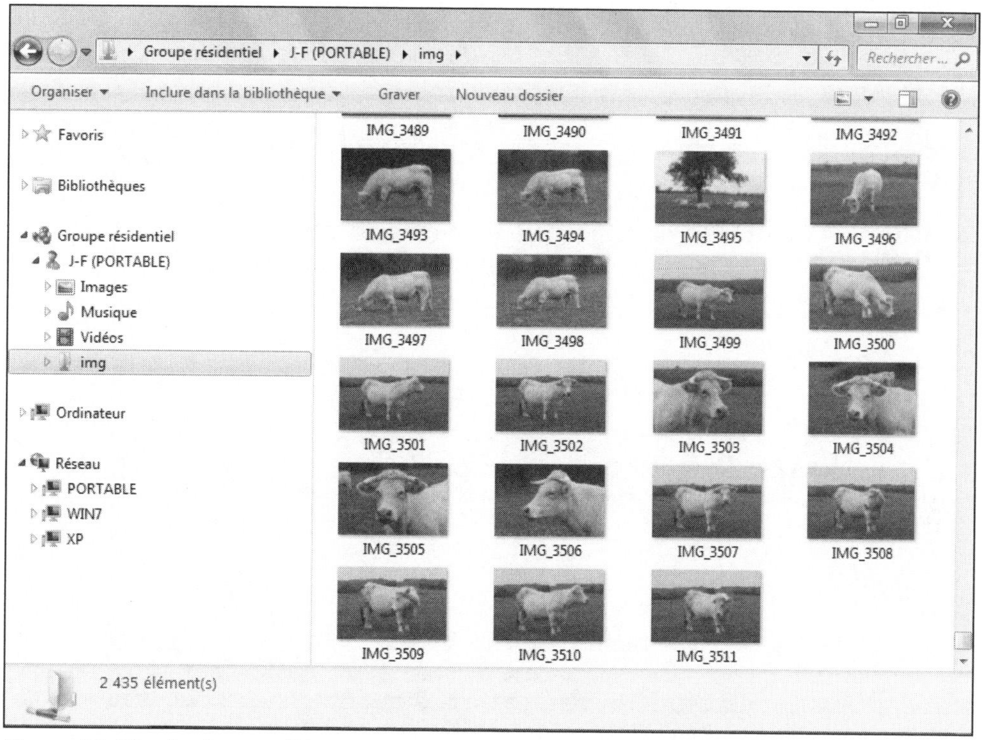

Figure 29-32 Accès aux éléments partagés dans le groupe résidentiel.

Vous pouvez utiliser les éléments en lecture seule ou en lecture/écriture en fonction des partages choisis sur les autres ordinateurs du groupe. Dans l'exemple de la figure 29-32, l'ordinateur Portable partage en plus le dossier nommé IMG.

Quitter un groupe résidentiel

À tout moment vous pouvez quitter le groupe résidentiel et ne plus partager vos ressources.

1. Cliquez le bouton **Démarrer** → **Panneau de configuration**.
2. Cliquez l'icône **Groupe résidentiel** (figure 24-2).
3. Cliquez le lien **Quitter le groupe résidentiel**.

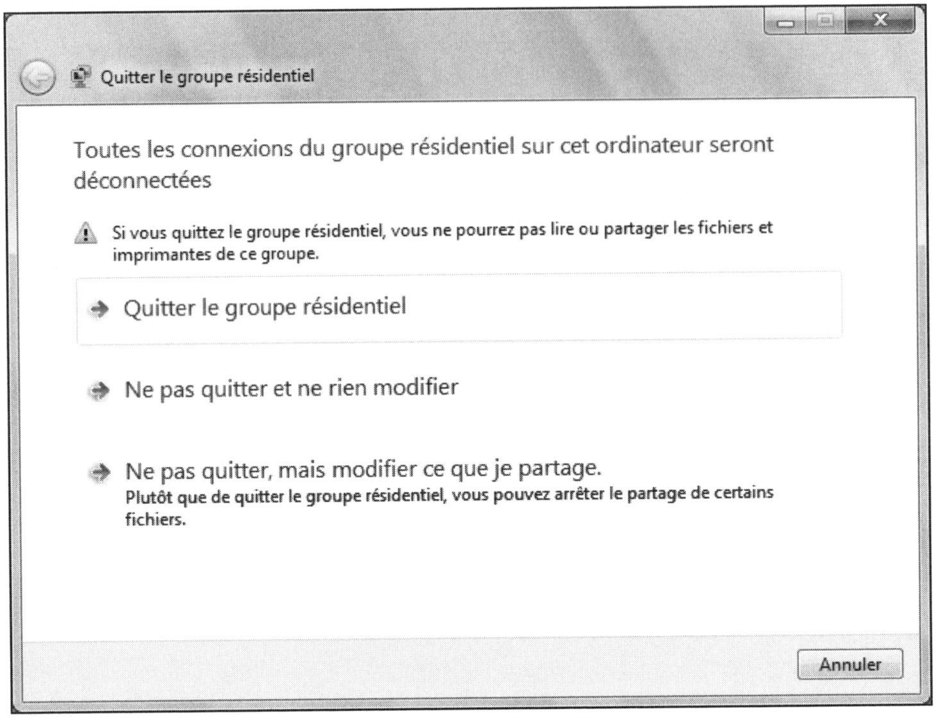

Figure 29-33 Déconnexion d'un groupe résidentiel.

4. Cliquez **Quitter le groupe résidentiel**.

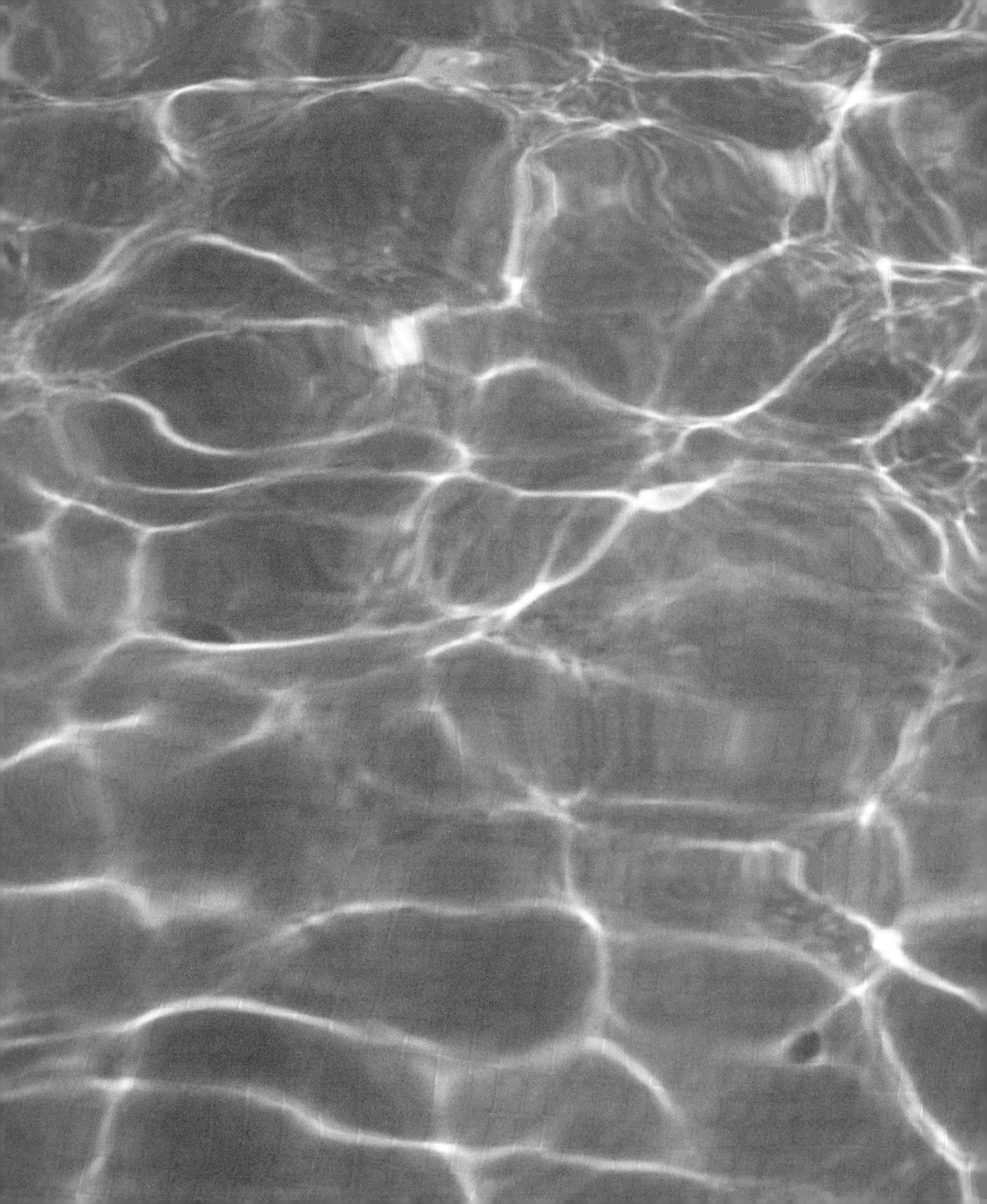

PARTIE VIII TIRER LE MEILLEUR PARTI DE WINDOWS 7

Chapitre

30

Modifier le Registre de Windows

Dans ce chapitre

Le Registre est une base de données qui regroupe tous les paramètres nécessaires au bon fonctionnement de Windows. Il concerne le matériel, les logiciels, y compris ceux que vous installez, la configuration du PC et les paramètres des utilisateurs.

Avant les versions 32 bits de Windows, la première étant Windows 95, les paramètres étaient stockés dans des dizaines de fichiers textes portant l'extension .ini. La majeure partie des informations était stockée dans les fichiers systeme.ini et win.ini, mais chaque application avait aussi son propre fichier de configuration.

En modifiant le Registre, vous pouvez accéder à des paramètres inaccessibles avec les outils standard de Windows.

Ouvrir le Registre

Pour consulter ou modifier le Registre, Windows propose un outil simple d'emploi appelé Éditeur du Registre (Regedit).

1. Cliquez le bouton **Démarrer → Exécuter** ou tapez ⊞ + **R**.
2. Dans la zone **Ouvrir** de la boîte Exécuter, tapez **Regedit** et appuyez sur la touche **Entrée**.

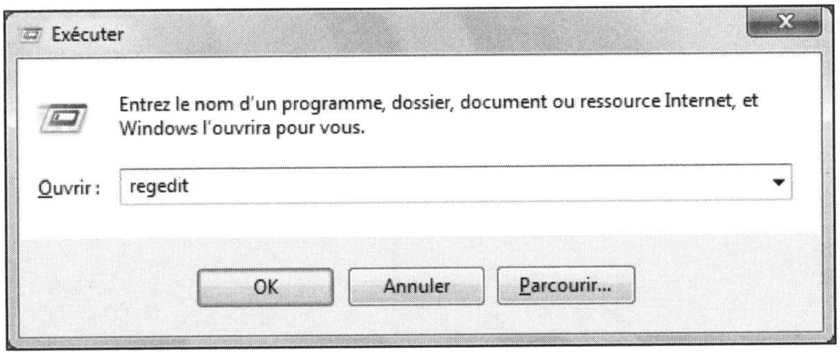

Figure 30-1 Boîte d'exécution d'un programme.

3. Éventuellement, cliquez le bouton **Oui** pour donner votre autorisation.

Structure du Registre

Le Registre est organisé sous forme d'arborescence, comme les dossiers d'un disque dur. Au plus haut niveau, au-dessous de Ordinateur, on trouve cinq branches principales, appelées aussi « ruches » (*hives* en anglais). Dans chacune de ces branches, on trouve des clés (*keys*). Ces dernières peuvent aussi contenir des sous-clés, comme des sous-dossiers sur un disque.

Une fois que vous avez sélectionné une clé, la partie droite affiche sa ou ses valeurs. Chaque valeur est composée d'un nom, du type de donnée, et de la donnée elle-même.

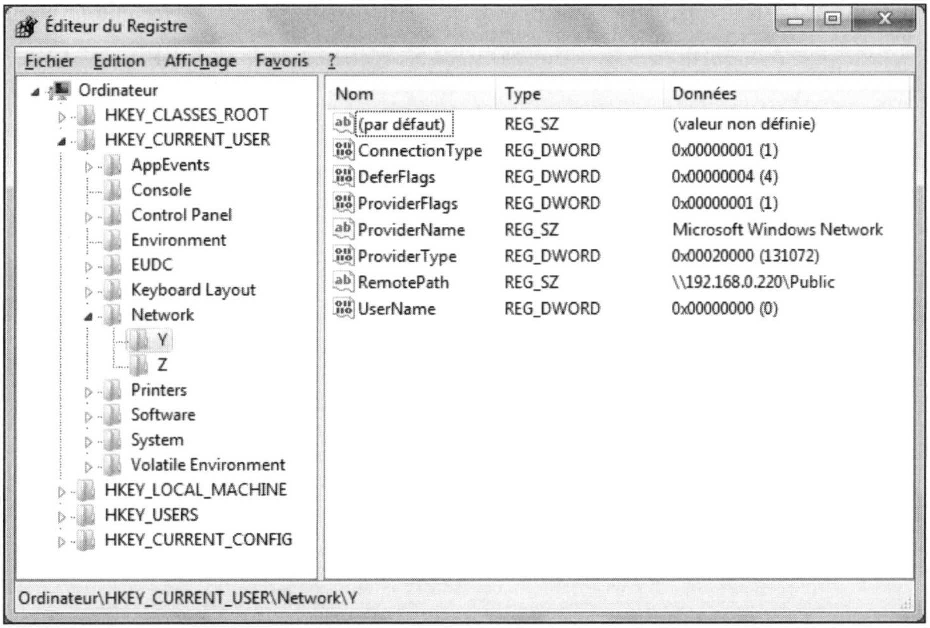

Figure 30-2 L'éditeur du Registre.

Les ruches correspondent au stockage des valeurs présentées dans le tableau 30-1.

Ruche	Description
HKEY_CLASSES_ROOT	Association des fichiers, raccourcis clavier, *etc.*
HKEY_CURRENT_USER	Informations sur la configuration de l'utilisateur courant (bureau, menu Démarrer, *etc.*).
HKEY_LOCAL_MACHINE	Informations sur la configuration de l'ordinateur (matériel, logiciels, pilotes, *etc.*).
HKEY_USERS	Informations sur la configuration de tous les utilisateurs de la machine.
HKEY_CURRENT_CONFIG	Informations sur la configuration matérielle de démarrage.

Tableau 30-1 Structure du Registre.

Un exemple pour comprendre le Registre

Lors de son exécution, Windows utilise la base de registre pour définir la manière de traiter certaines données ou de suivre certaines conduites. Par exemple, si vous désirez inverser le comportement des boutons droit et gauche de la souris, Windows propose une boîte de dialogue pour vous permettre d'effectuer ce changement (**Panneau de configuration** ➜ icône **Souris** ➜ onglet **Boutons**).

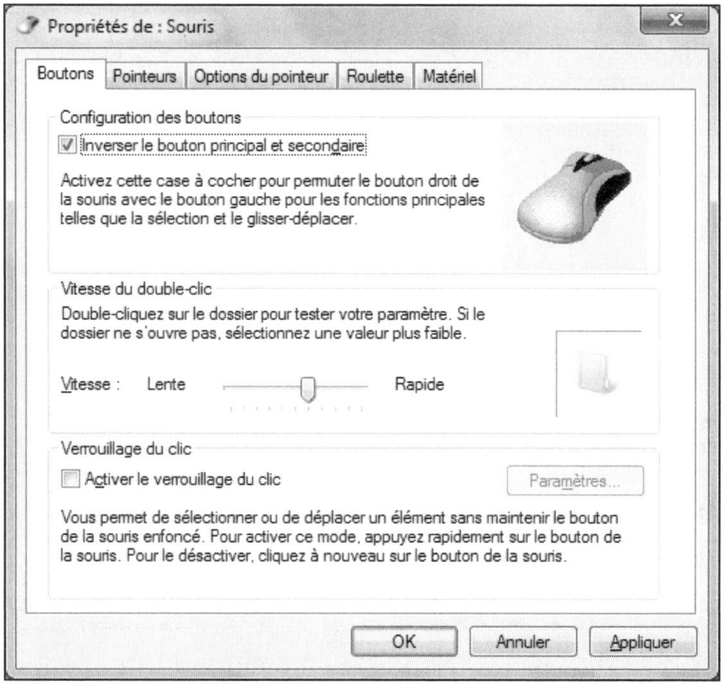

Figure 30-3 Propriétés de la souris dans le Panneau de configuration.

Si vous cochez l'option **Permuter les boutons**, Windows modifie alors la base de registre. La valeur SwapMouseButtons de la clé HKEY_CURRENT_USER\Control Panel\Mouse passe alors de la donnée 0 à la donnée 1. Dans cet exemple, Windows propose effectivement une boîte de dialogue, mais il existe des milliers d'autres valeurs qui ne sont modifiables qu'à partir du Registre.

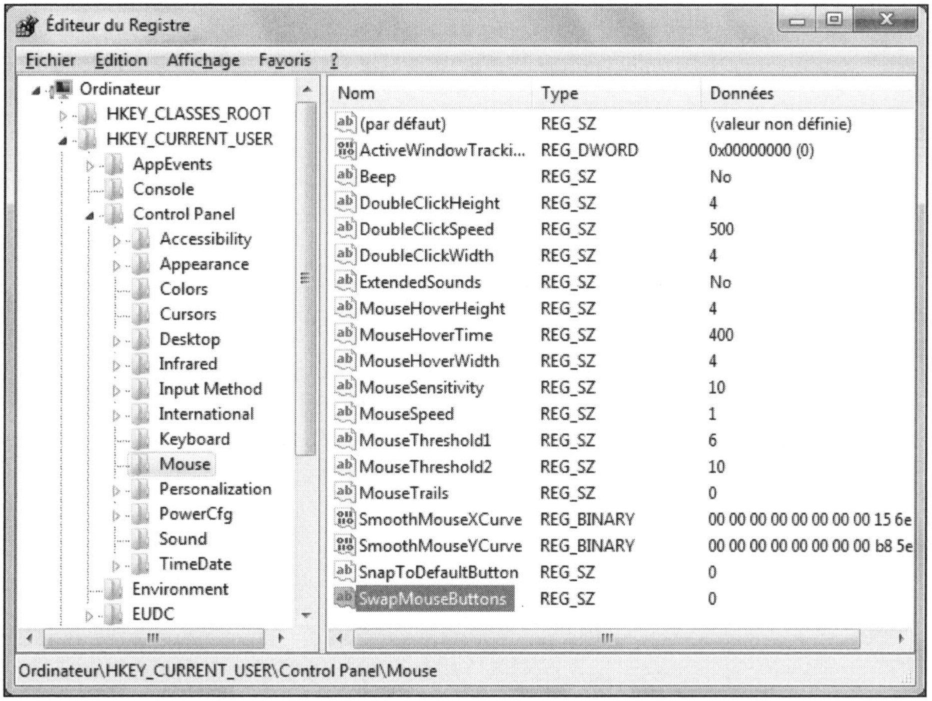

Figure 30-4 Propriétés de la souris dans la base de registre.

Exporter et importer le Registre

Avant de vous lancer dans la modification du Registre, il est indispensable d'en posséder une copie. Vous pourrez ainsi le restaurer en cas de problème. La commande d'exportation permet de conserver une branche particulière ou le Registre complet. Faites au moins une copie complète, puis des copies des branches à modifier.

Exporter le Registre

1. Si vous désirez enregistrer une seule branche ou clé, sélectionnez-la au préalable.
2. Cliquez le menu **Fichier → Exporter**.
3. Cochez l'option **Tout** ou **Branche sélectionnée** en fonction de la sauvegarde à effectuer.
4. Sélectionnez le dossier de sauvegarde dans la zone **Enregistrer dans**.
5. Tapez un nom pour la sauvegarde dans la zone **Nom du fichier**.

Astuce Pour mieux classer vos sauvegardes, ajoutez la date dans le nom. Vous pourrez ainsi sauvegarder plusieurs fois la même branche ou le Registre complet, mais à des dates différentes.

Figure 30-5 Sauvegarde du Registre complet ou d'une branche.

6. Cliquez le bouton **Enregistrer**.

Le Registre complet représente plusieurs dizaines de mégaoctets. Sa taille est fonction des matériels et des logiciels installés.

Importer le Registre

Si vous rencontrez des problèmes après la modification du Registre, restaurez la sauvegarde faite au préalable.

1. Cliquez le menu **Fichier ➜ Importer**.
2. Sélectionnez le dossier de sauvegarde dans la barre d'adresses.
3. Cliquez le nom de la sauvegarde à restaurer (les sauvegardes portent l'extension .reg).

Conseil Pour connaître la date des sauvegardes, cliquez la flèche en regard du bouton **Changer l'affichage** de la barre d'outils puis sélectionnez **Détails**. La colonne **Modifier le** fournit alors cette information.

4. Cliquez le bouton **Ouvrir**.
5. Cliquez le bouton **OK** dans la boîte de confirmation de restauration.

Rechercher une clé dans le Registre

Le Registre étant très complexe, il est préférable d'effectuer une recherche pour trouver la clé qui vous intéresse.

1. Sélectionnez la clé à partir de laquelle doit s'effectuer la recherche. Pour parcourir tout le Registre, sélectionnez **Ordinateur** en haut de l'arborescence.
2. Cliquez le menu **Edition ➜ Rechercher** ou tapez **Ctrl** + **F**.
3. Tapez le mot-clé dans la zone **Rechercher**.
4. Cochez la (ou les) case(s) du type de recherche (**Clés**, **Valeurs** ou **Données**).
5. Cochez la case **Mot entier seulement** pour retrouver uniquement le mot-clé de la zone **Rechercher**.

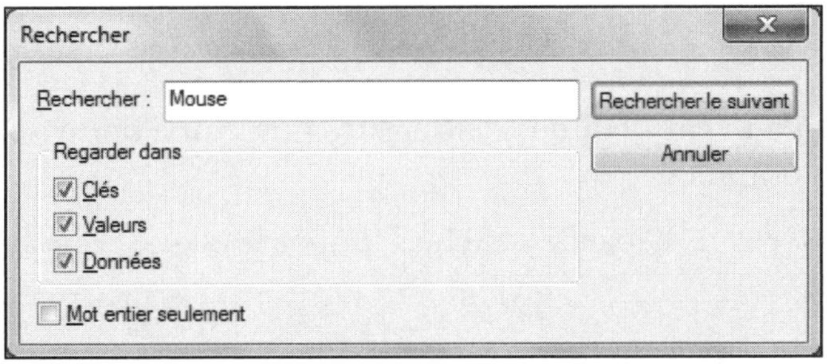

Figure 30-6 Recherche d'une donnée dans le Registre.

6. Cliquez le bouton **Rechercher le suivant**.

   La première valeur trouvée est sélectionnée.

7. Appuyez autant de fois que nécessaire sur la touche **F3** pour trouver les autres occurrences du mot recherché.

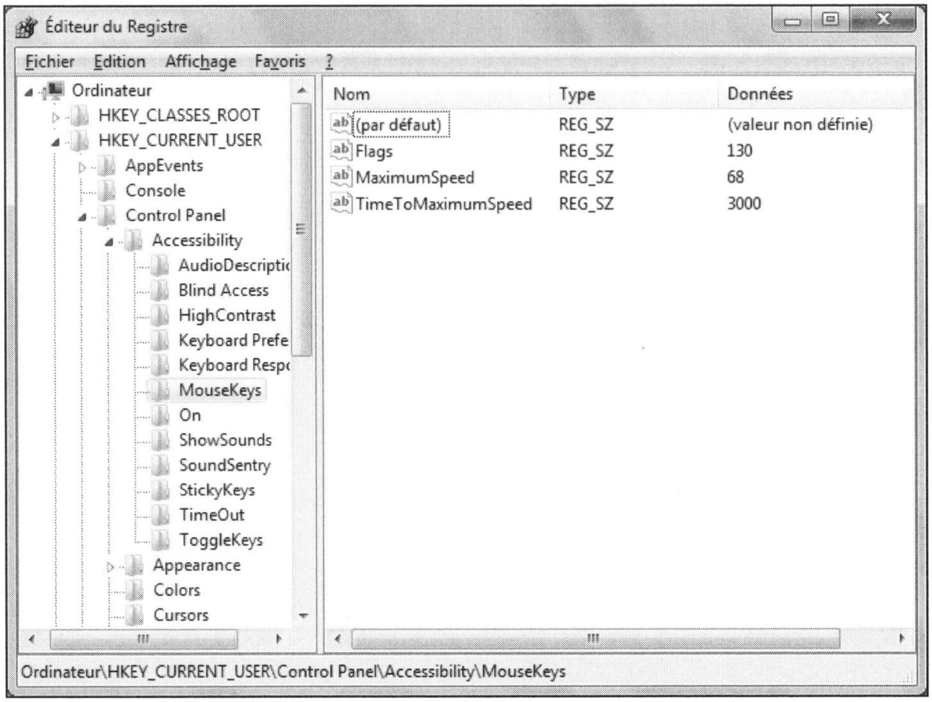

Figure 30-7 Résultat de la recherche dans le Registre.

Modifier une entrée du Registre

Les entrées se modifient facilement car l'éditeur de Registre ouvre une boîte de dialogue correspondant au type de données.

1. Recherchez la clé à modifier dans la partie gauche (cliquez les signes ▷ pour développer l'arborescence).

2. Double-cliquez la valeur dans la partie droite.

   La boîte qui s'ouvre est différente en fonction du type de donnée à modifier.

3. Tapez la nouvelle donnée dans la zone **Données de la valeur**.

   Dans notre exemple, nous remplaçons la donnée 0 par la donnée 1. Les boutons de la souris seront inversés.

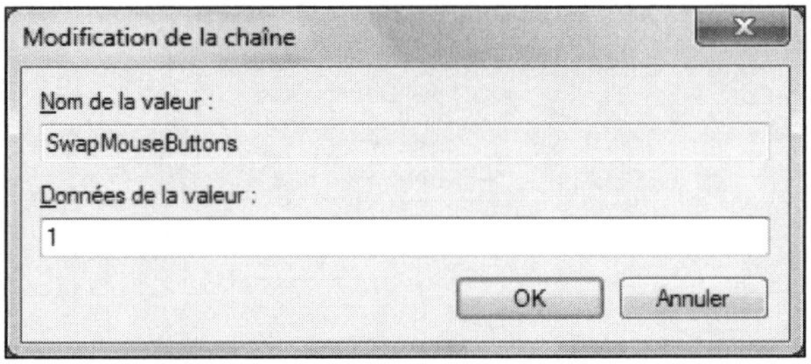

Figure 30-8 Modification d'une donnée dans le Registre.

4. Cliquez le bouton **OK**.

Ne modifiez qu'une seule entrée à la fois et vérifiez le résultat. La prise en charge des modifications est fonction du type de valeur. Certaines sont prises en charge immédiatement, alors que d'autres ne le seront qu'après la fermeture de la session, voire le redémarrage de l'ordinateur.

Ajouter une entrée au Registre

Certaines catégories d'entrées nécessitent l'ajout de nouvelles valeurs. C'est le cas, par exemple, pour ajouter des chemins d'accès vers des programmes à la place des traditionnels raccourcis.

1. Recherchez la clé qui doit contenir une nouvelle entrée.
2. Dans la partie droite, cliquez du bouton droit une zone sans valeur.
3. Cliquez la commande **Nouveau** puis le type de donnée de la valeur dans le menu contextuel. Pour ajouter une sous-clé, cliquez simplement **Clé**.

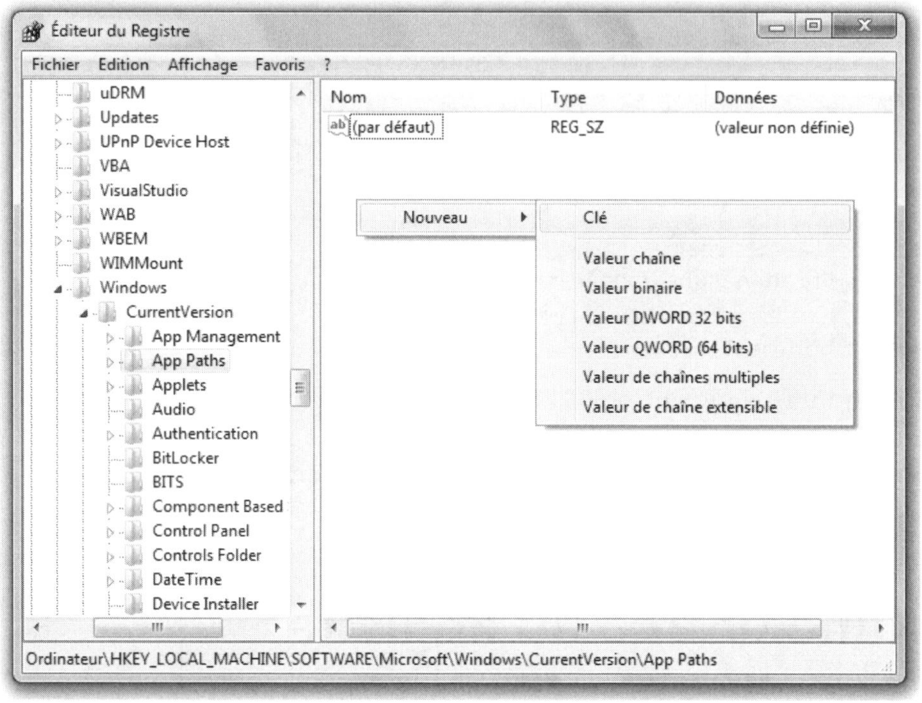

Figure 30-9 Ajout d'une entrée au Registre.

4. Que vous ayez choisi de créer une nouvelle clé ou une nouvelle valeur, tapez immédiatement son nom et validez avec la touche **Entrée** pour remplacer la valeur proposée par défaut.
5. Si vous avez créé une valeur, double-cliquez-la pour modifier sa donnée.

Renommer une entrée

Si vous n'avez pas saisi un nom à l'étape **4**, ou si vous désirez tout simplement renommer l'entrée, effectuez les étapes suivantes :

1. Cliquez avec le bouton droit la clé ou la valeur.
2. Cliquez la commande **Renommer** dans le menu contextuel.
3. Tapez le nouveau nom puis validez avec la touche **Entrée**.

Supprimer une entrée du Registre

Vous pouvez facilement supprimer des entrées dans la base de registre. Nous pourrions même dire « trop facilement ». Avant de supprimer quoi que ce soit, faites dix fois le tour de votre chaise, le temps d'y réfléchir. La suppression de certaines entrées peut rendre votre ordinateur instable, voire impossible à redémarrer. Commencez donc par faire une sauvegarde de la clé à supprimer, voire du Registre complet.

1. Sélectionnez la clé ou la valeur à supprimer.
2. Appuyez sur la touche **Suppr**.

Attention Dans l'éditeur de Registre, il n'existe pas de commande **Edition → Annuler**. La suppression est donc définitive dès que vous cliquez le bouton **Oui**. Avant de cliquer ce bouton, faites encore dix fois le tour de votre chaise, pour une ultime réflexion…

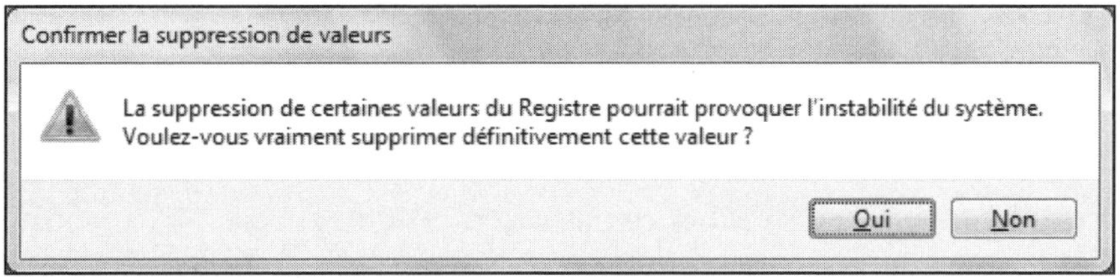

Figure 30-10 Suppression d'une entrée dans le Registre.

3. Cliquez le bouton **Oui** pour supprimer définitivement la clé ou la valeur.

Astuce Une autre solution consiste à renommer la clé ou la valeur. Ainsi, les données sont conservées, et il est plus facile de revenir en arrière en redonnant tout simplement le nom d'origine. Si vous utilisez cette solution, cela ne vous empêche pas de faire des sauvegardes des clés ou du Registre. On n'est jamais trop prudent !

Astuce Quand une clé ou une valeur est renommée, Windows considère qu'elle n'existe plus, puisque le système d'exploitation ne la trouve pas sous son nom d'origine. Pour Windows, elle est donc supprimée.

Utiliser les favoris

Comme dans Internet Explorer, vous pouvez conserver les liens vers les clés que vous modifiez fréquemment.

Créer une entrée dans les favoris

1. Sélectionnez la clé à conserver dans les favoris.
2. Cliquez le menu **Favoris → Ajouter aux Favoris**.

3. Tapez un nom mnémonique pour le favori.

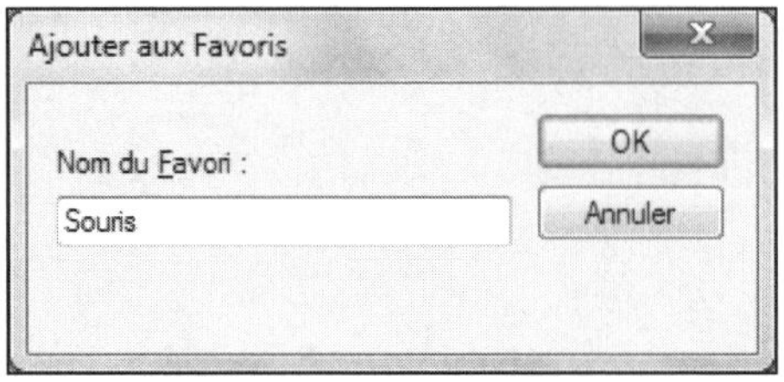

Figure 30-11 Ajout d'une entrée dans les favoris.

4. Cliquez le bouton **OK**.

Utiliser un favori

1. Cliquez le menu **Favoris**.

   La liste de vos favoris apparaît en bas de la liste du menu.

2. Cliquez un favori pour afficher la clé correspondante.

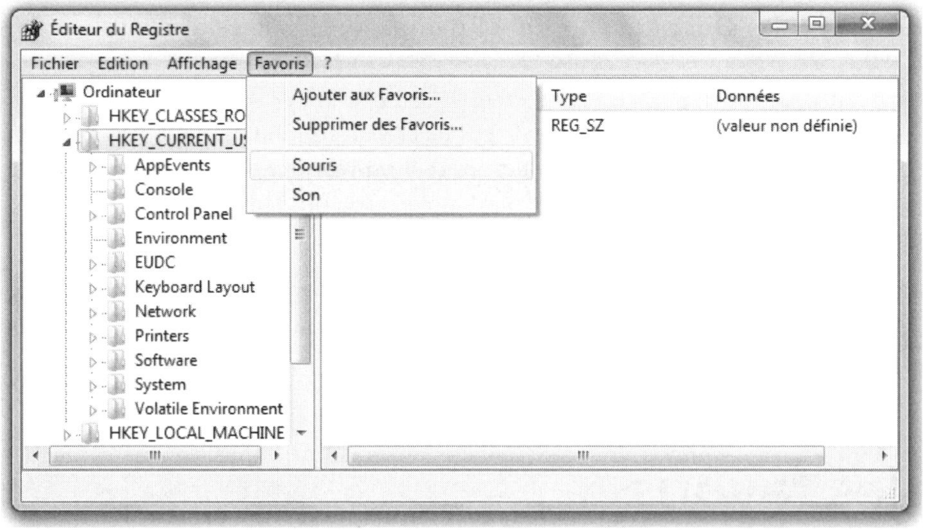

Figure 30-12 Accès à un favori.

Supprimer un favori

1. Cliquez le menu **Favoris → Supprimer des Favoris**.
2. Cliquez le favori à supprimer dans la liste.
3. Cliquez le bouton **OK**.

Imprimer le Registre

Pour conserver une trace de certaines entrées, vous pouvez les imprimer. L'impression de l'ensemble du Registre n'est nécessaire que pour une étude approfondie. Comme cela prend une centaine de pages, voire plus, choisissez uniquement les clés importantes pour vous.

1. Sélectionnez la branche à imprimer.
2. Cliquez le menu **Fichier ➜ Imprimer**.
3. Éventuellement, sélectionnez l'imprimante à utiliser dans la liste du haut.
4. Cochez l'option **Branche sélectionnée**.

Note Si vous cochez l'option **Tout**, prévoyez le papier en conséquence…

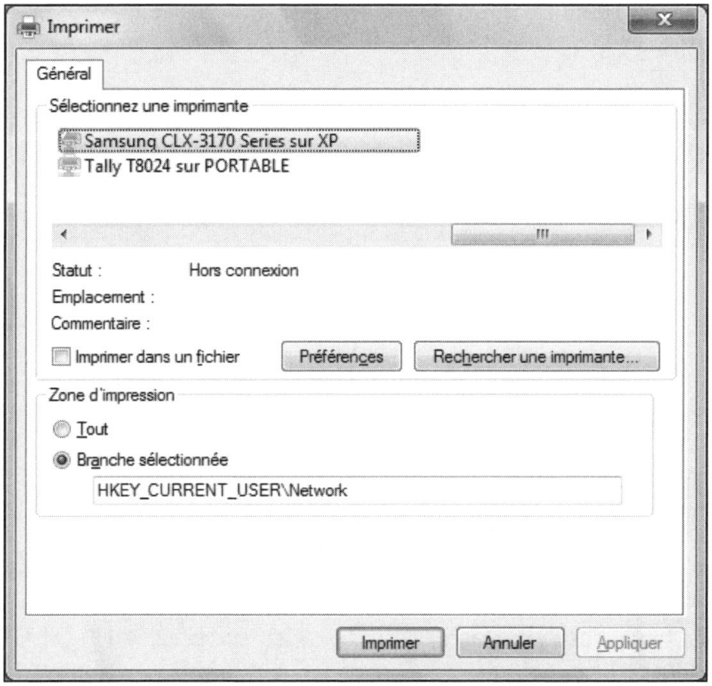

Figure 30-13 Impression d'une branche du Registre.

5. Cliquez le bouton **Imprimer**.

Créer vos propres entrées

Si vous devez réaliser plusieurs modifications du Registre, et ce, pour plusieurs ordinateurs, par exemple dans une entreprise, il est plus rapide de créer votre propre fichier de configuration et de l'appliquer à toutes les machines.

Le plus simple pour comprendre la structure d'un fichier .reg est d'en ouvrir un avec le Bloc-notes.

1. Sauvegardez une clé du Registre.
2. Dans l'Explorateur, cliquez le fichier .reg avec le bouton droit de la souris.
3. Cliquez la commande **Modifier** dans le menu contextuel.

Attention Si vous double-cliquez le fichier, Windows considère que vous désirez modifier le Registre. Il vous propose cependant une boîte de confirmation avant toute modification.

Le fichier s'ouvre dans le Bloc-notes.

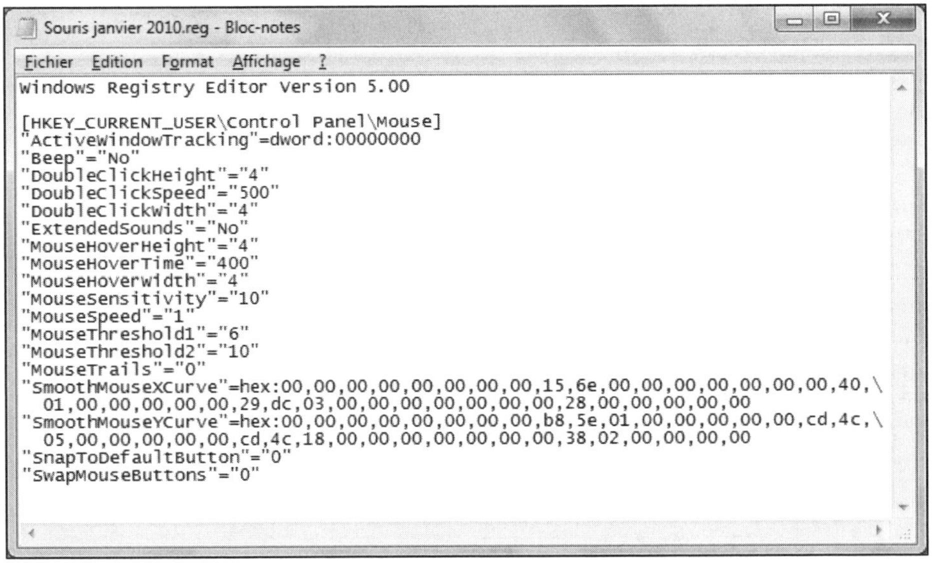


```
Windows Registry Editor Version 5.00

[HKEY_CURRENT_USER\Control Panel\Mouse]
"ActiveWindowTracking"=dword:00000000
"Beep"="No"
"DoubleClickHeight"="4"
"DoubleClickSpeed"="500"
"DoubleClickWidth"="4"
"ExtendedSounds"="No"
"MouseHoverHeight"="4"
"MouseHoverTime"="400"
"MouseHoverWidth"="4"
"MouseSensitivity"="10"
"MouseSpeed"="1"
"MouseThreshold1"="6"
"MouseThreshold2"="10"
"MouseTrails"="0"
"SmoothMouseXCurve"=hex:00,00,00,00,00,00,00,00,15,6e,00,00,00,00,00,00,00,40,\
  01,00,00,00,00,00,29,dc,03,00,00,00,00,00,00,00,28,00,00,00,00,00
"SmoothMouseYCurve"=hex:00,00,00,00,00,00,00,00,b8,5e,01,00,00,00,00,00,cd,4c,\
  05,00,00,00,00,00,cd,4c,18,00,00,00,00,00,00,00,38,02,00,00,00,00
"SnapToDefaultButton"="0"
"SwapMouseButtons"="0"
```

Figure 30-14 Fichier « .reg » dans le Bloc-notes.

La première ligne donne les références de la version de l'éditeur de Registre. La ligne entre crochets correspond à la clé. Les lignes qui suivent correspondent aux valeurs et à leurs données.

Comme il s'agit d'un fichier texte, vous pouvez créer le vôtre de la même manière. Il est toutefois plus facile d'exporter chaque clé avec l'éditeur de Registre, puis de regrouper les informations dans un seul et même fichier.

Ajoutez au début du fichier les références de la version, puis au-dessous les clés avec les valeurs et leurs données.

Par exemple, le fichier .reg de la figure 30-15 ajoute ou modifie deux clés dans la base de registre.

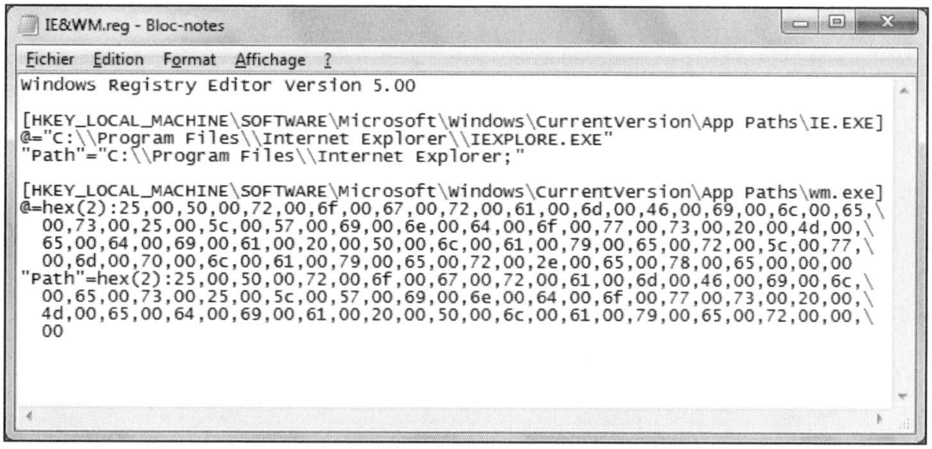


```
Windows Registry Editor Version 5.00

[HKEY_LOCAL_MACHINE\SOFTWARE\Microsoft\Windows\CurrentVersion\App Paths\IE.EXE]
@="C:\\Program Files\\Internet Explorer\\IEXPLORE.EXE"
"Path"="C:\\Program Files\\Internet Explorer;"

[HKEY_LOCAL_MACHINE\SOFTWARE\Microsoft\Windows\CurrentVersion\App Paths\wm.exe]
@=hex(2):25,00,50,00,72,00,6f,00,67,00,72,00,61,00,6d,00,46,00,69,00,6c,00,65,\
  00,73,00,25,00,5c,00,57,00,69,00,6e,00,64,00,6f,00,77,00,73,00,20,00,4d,00,\
  65,00,64,00,69,00,61,00,20,00,50,00,6c,00,61,00,79,00,65,00,72,00,5c,00,77,\
  00,6d,00,70,00,6c,00,61,00,79,00,65,00,72,00,2e,00,65,00,78,00,65,00,00,00
"Path"=hex(2):25,00,50,00,72,00,6f,00,67,00,72,00,61,00,6d,00,46,00,69,00,6c,\
  00,65,00,73,00,25,00,5c,00,57,00,69,00,6e,00,64,00,6f,00,77,00,73,00,20,00,\
  4d,00,65,00,64,00,69,00,61,00,20,00,50,00,6c,00,61,00,79,00,65,00,72,00,00,\
  00
```

Figure 30-15 Exemple de fichier « .reg » qui ajoute ou modifie des clés.

Quand une clé n'existe pas, elle est créée. Si elle existe déjà dans le Registre, elle remplace celle existante.

Pour supprimer une clé dans le Registre, il suffit d'ajouter un signe moins après le crochet ouvrant (donc devant le nom de la clé). L'exemple de la figure 30-16 supprime deux clés du Registre.

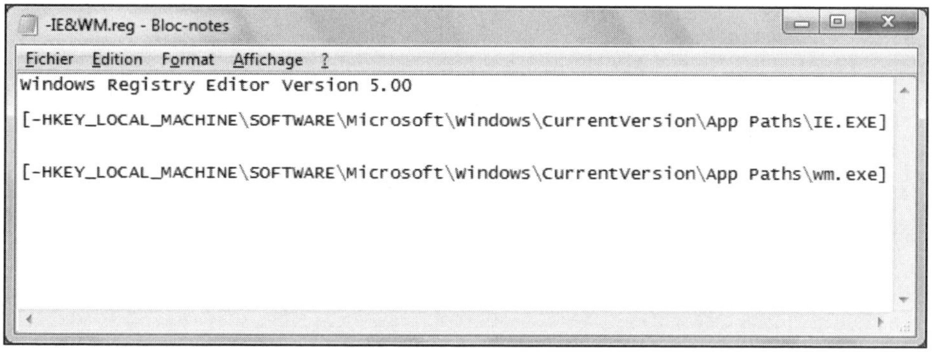


```
Windows Registry Editor Version 5.00

[-HKEY_LOCAL_MACHINE\SOFTWARE\Microsoft\Windows\CurrentVersion\App Paths\IE.EXE]


[-HKEY_LOCAL_MACHINE\SOFTWARE\Microsoft\Windows\CurrentVersion\App Paths\wm.exe]
```

Figure 30-16 Exemple de fichier « .reg » qui supprime des clés.

Chapitre 31

Astuces pratiques

Dans ce chapitre

Barre des tâches

Ajouter vos raccourcis dans la barre des tâches

Si vous n'utilisez pas les icônes du Bureau et que vous trouviez qu'il est trop long de chercher une application dans le menu Démarrer, ajoutez directement vos raccourcis dans la barre des tâches.

Les barres d'outils permettent d'afficher de très petites icônes, contrairement à celles que l'on peut épingler dans la barre des tâches (consultez les chapitres 1 et 2 à ce sujet).

Pour ajouter une barre d'outils dans la barre des tâches, il suffit qu'un dossier contienne des raccourcis pour cette barre. Créez votre propre dossier de raccourcis pour éviter de modifier celui du menu Démarrer.

Créer un dossier de raccourcis

1. Ouvrez l'Explorateur (⊞ + **E**).
2. Créez un nouveau dossier pour recevoir les raccourcis (bouton **Nouveau dossier** dans la barre d'outils ou le menu **Fichier → Nouveau → Dossier**). Nommez-le, par exemple, Barre 1.
3. Sélectionnez le nouveau dossier pour voir son contenu. Agrandissez la fenêtre de l'Explorateur, et laissez-la ouverte.

Ajouter des raccourcis existants

1. Recherchez un raccourci dans le menu **Démarrer**.
2. Cliquez et faites glisser avec le bouton droit de la souris le raccourci à copier vers le dossier créé précédemment.

Note Si vous faites glisser le raccourci avec le bouton gauche, il est déplacé. Vous pouvez toujours annuler la dernière action avec le menu **Edition → Annuler**… ou en tapant **Ctrl** + **Z**. Vous pouvez aussi utiliser les touches **Ctrl** + **C** pour copier le raccourci, puis les touches **Ctrl** + **V** pour le coller.

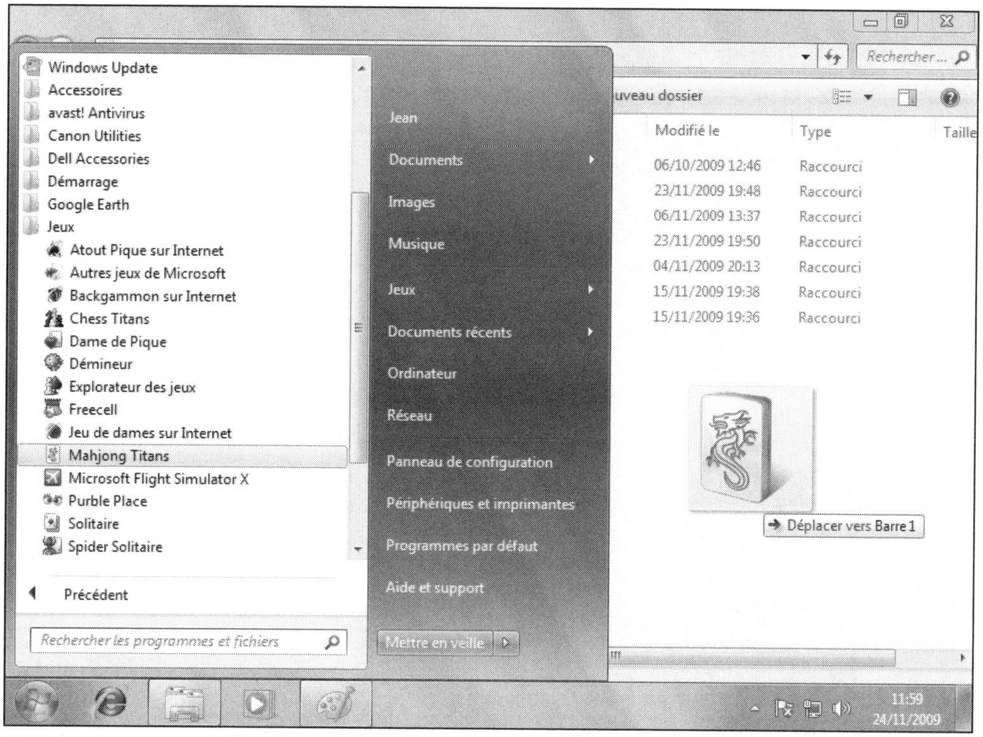

Figure 31-1 Copie d'un raccourci du menu Démarrer par glisser/déposer.

3. Cliquez la commande **Créer les raccourcis ici** dans le menu contextuel.
4. Répétez les étapes **1** à **3** pour tous les autres raccourcis.

Si vous craigniez de déplacer les raccourcis, utilisez la méthode suivante :

1. Recherchez un raccourci dans le menu **Démarrer**.
2. Cliquez le raccourci avec le bouton droit.
3. Cliquez **Copier** dans le menu contextuel.

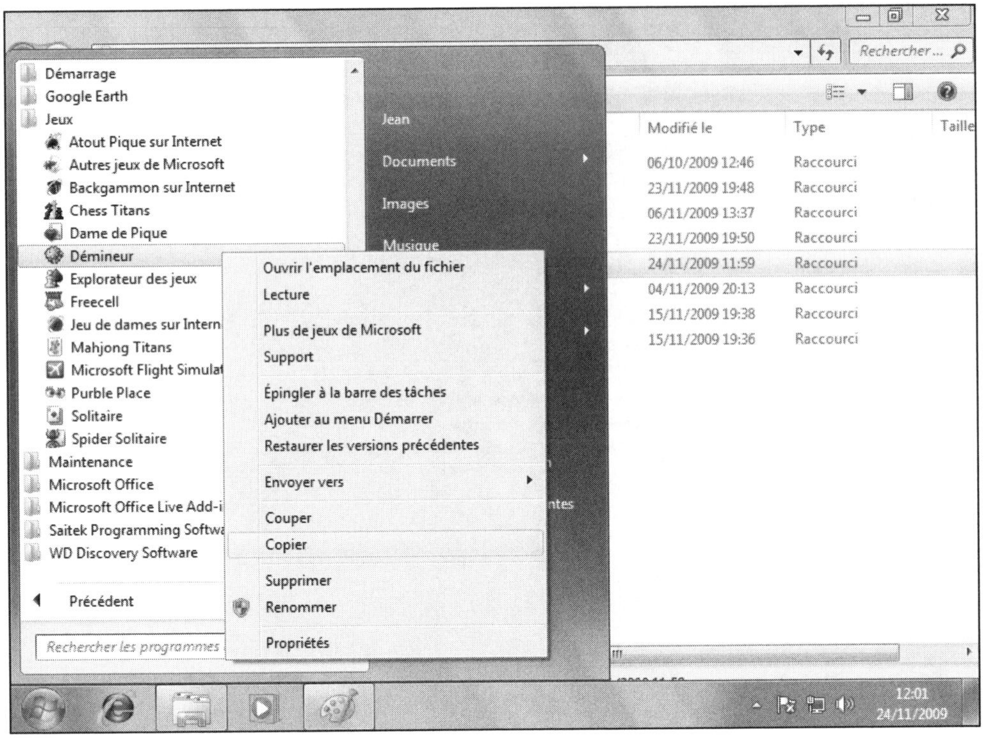

Figure 31-2 Copier/coller d'un raccourci du menu Démarrer.

4. Cliquez avec le bouton droit le dossier de destination dans l'Explorateur.
5. Cliquez **Coller le raccourci** dans le menu contextuel.

Vous pouvez bien sûr ajouter d'autres raccourcis que ceux du menu Démarrer. Vous pouvez aussi en créer de nouveaux (menu **Fichier ➜ Nouveau ➜ Raccourci**).

Placer une barre d'outils dans la barre des tâches

Dès que votre dossier avec les raccourcis est réalisé, vous pouvez l'utiliser comme barre d'outils à l'intérieur de la barre des tâches.

1. Cliquez du bouton droit une zone vide de la barre des tâches.
2. Cliquez la commande **Barres d'outils ➜ Nouvelle barre d'outils** dans le menu contextuel.
3. Sélectionnez le dossier qui contient les raccourcis (figure 31-3).

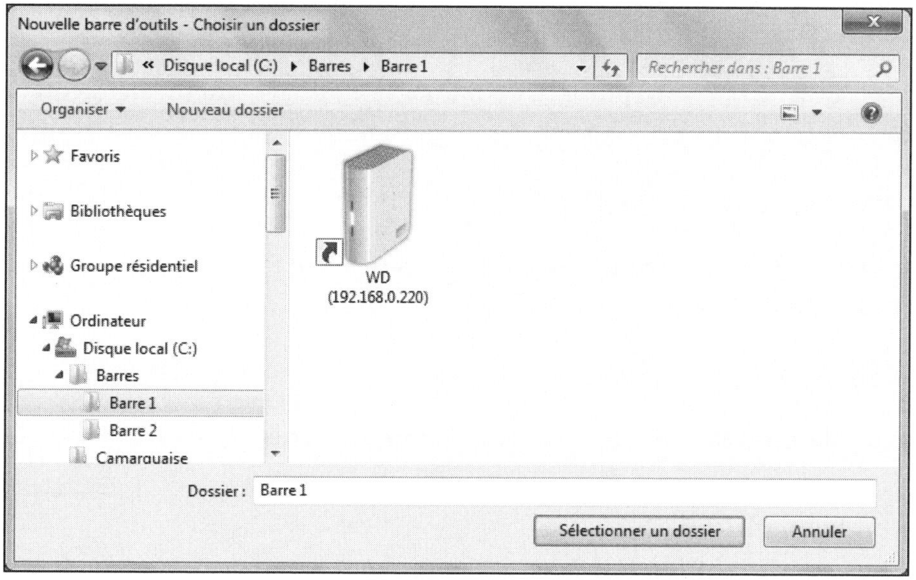

Figure 31-3 Choix du dossier qui contient les raccourcis de la nouvelle barre d'outils.

4. Cliquez le bouton **Sélectionner un dossier**.

La barre d'outils s'affiche dans la barre des tâches.

Déverrouiller la barre des tâches

Par défaut, la barre des tâches est verrouillée pour éviter des modifications par inadvertance. Pour choisir l'emplacement de la barre d'outils, il faut la déverrouiller.

1. Cliquez du bouton droit une zone vide de la barre des tâches.
2. Cliquez la commande **Verrouiller la Barre des tâches** dans le menu contextuel pour ôter la coche.

Vous pouvez maintenant déplacer la barre d'outils à l'intérieur de la barre des tâches. Pour laisser de la place aux boutons des applications en cours, faites glisser le bord supérieur de la barre des tâches pour l'agrandir.

Si la barre d'outils est incomplète, cliquez le bouton avec les chevrons (figure 31-4).

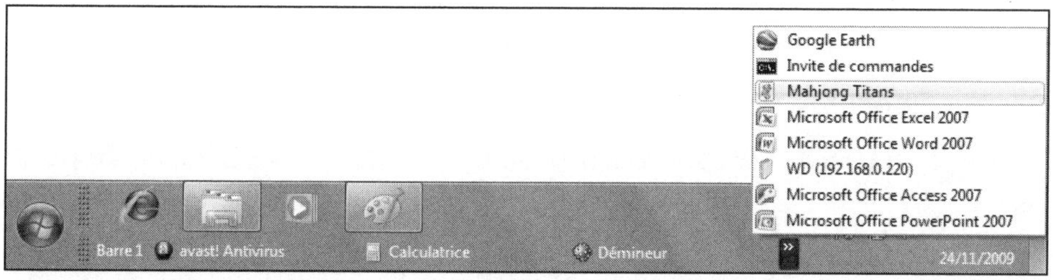

Figure 31-4 Barre d'outils dans la barre des tâches.

Modifier une barre d'outils

Les barres d'outils proposent plusieurs options d'affichage (taille des icônes, titre, noms, *etc.*).

Déplacer une barre d'outils

1. Faites glisser le bouton ▯ de la barre à déplacer vers le nouvel emplacement (la barre des tâches doit être déverrouillée).

Choisir la taille des icônes

1. Cliquez du bouton droit le bouton ▯ de la barre d'outils.
2. Cliquez la commande **Affichage** dans le menu contextuel, puis cliquez **Grandes icônes** ou **Petites icônes**.

Les icônes de la barre d'outils sont agrandies ou réduites.

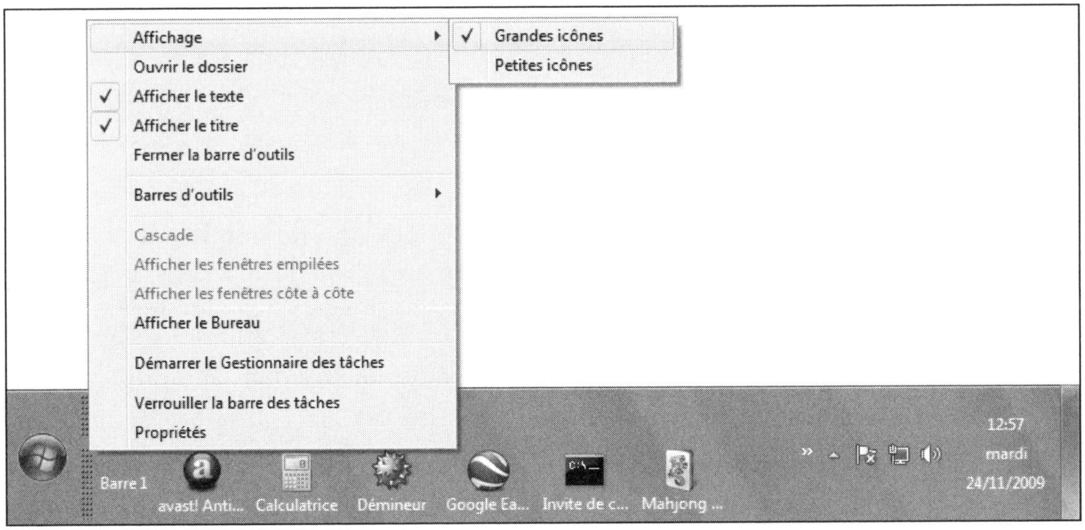

Figure 31-5 Modification de la taille des icônes d'une barre d'outils.

Les icônes de la barre des tâches se modifient différemment :

1. Cliquez avec le bouton droit une zone vide de la barre des tâches.
2. Cliquez la commande **Propriétés** dans le menu contextuel.
3. Dans l'onglet **Barre des tâches**, cochez ou décochez la case **Utiliser de petites icônes**.
4. Cliquez le bouton **OK**.

Afficher ou masquer le titre d'une barre d'outils

Puisque vous avez créé votre propre barre d'outils, vous n'aurez sûrement pas besoin de son titre.

1. Cliquez du bouton droit le bouton de la barre d'outils.
2. Cliquez la commande **Afficher le titre** pour afficher (coché) ou masquer (décoché) le titre de la barre d'outils.

Le titre de la barre est affiché ou masqué. Quand il est masqué, il laisse plus de place aux icônes.

Afficher ou masquer les noms des raccourcis

Afin de gagner de la place pour les icônes dans la barre des tâches, supprimez les textes.

1. Cliquez du bouton droit le bouton de la barre d'outils.
2. Cliquez la commande **Afficher le texte** pour afficher (coché) ou masquer (décoché) les noms des raccourcis.

Les noms des raccourcis de la barre sont affichés ou masqués.

Astuce Vous pouvez bien sûr ajouter autant de barres que nécessaire en agrandissant la barre des tâches.

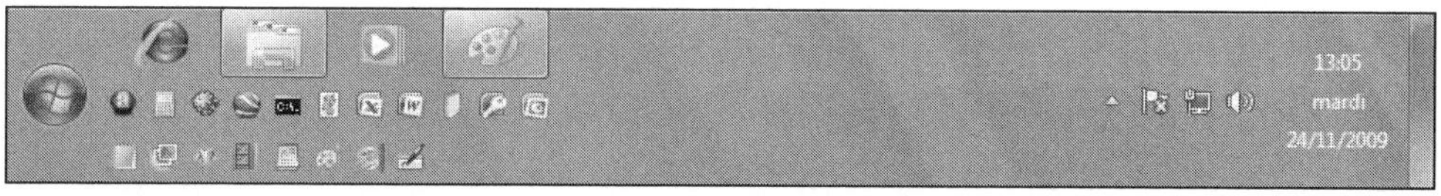

Figure 31-6 Plusieurs barres d'outils dans la barre des tâches.

Réorganiser une barre d'outils

Par défaut, les raccourcis sont classés en ordre alphabétique.

1. Faites glisser l'icône du raccourci vers un autre emplacement.

   Une barre indique le point d'insertion pendant le déplacement.

Figure 31-7 Déplacement d'une icône dans une barre d'outils.

Le raccourci est déplacé.

2. Répétez l'étape **1** pour les autres raccourcis.

Note Il n'est pas nécessaire que la barre des tâches soit déverrouillée.

Supprimer une barre d'outils

1. Cliquez du bouton droit le bouton de la barre d'outils.

Note Il est nécessaire que la barre des tâches soit déverrouillée.

2. Cliquez la commande **Fermer la barre d'outils** dans le menu contextuel.

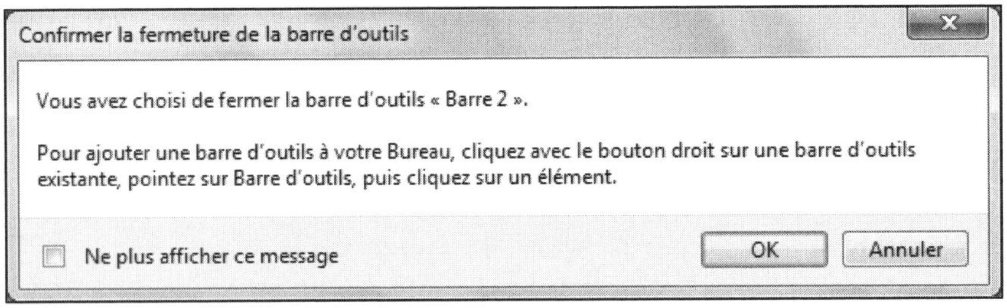

Figure 31-8 Fermeture d'une barre d'outils.

3. Si la boîte de la figure 31-8 apparaît, cliquez le bouton **OK**.

La barre est supprimée, mais le dossier contenant les raccourcis reste disponible.

Clavier

Créer un raccourci clavier vers une application

Pour accéder plus rapidement à vos applications ou à vos dossiers préférés, ajoutez des touches de raccourci.

1. Cliquez du bouton droit le raccourci de l'application ou du dossier (raccourci du bureau ou du menu Démarrer).
2. Cliquez la commande **Propriétés** dans le menu contextuel.
3. Cliquez la zone **Touche de raccourci** (figure 31-9).

4. Tapez au clavier la combinaison de touches. Vous pouvez combiner les touches **Ctrl** + **Maj** ou **Ctrl** + **Alt**. Si vous appuyez uniquement sur la touche **Ctrl**, Windows ajoute automatiquement la touche **Alt** (**Ctrl** + **Alt**).

   La combinaison choisie apparaît dans la zone **Touche de raccourci**. Elle n'apparaît pas si elle est refusée par Windows.

Figure 31-9 Ajout d'un raccourci clavier à une application.

5. Cliquez le bouton **OK**. Éventuellement, acceptez les demandes d'autorisation.

Vous pouvez maintenant taper votre combinaison de touches pour exécuter l'application ou ouvrir le dossier dans une nouvelle fenêtre.

Conseil Pour ajouter un raccourci vers un dossier, ouvrez l'Explorateur, puis faites glisser avec le bouton droit le dossier vers le bureau ou le menu Démarrer. Cliquez la commande **Créer les raccourcis ici** dans le menu contextuel.

Déverrouiller les majuscules avec la touche Maj à la place de Verr Maj

Par défaut, Windows 7 déverrouille les majuscules avec la touche **Verr Maj**, alors que dans les versions plus anciennes de Windows on utilisait la touche **Maj** comme sur les machines à écrire. Il est tout à fait possible de revenir à l'ancienne méthode.

1. Cliquez le bouton **Démarrer** ➜ **Panneau de configuration**.
2. Cliquez l'icône **Région et langue** (figure 24-2).
3. Cliquez l'onglet **Claviers et langues**.
4. Cliquez le bouton **Modifier les claviers**.
5. Cliquez l'onglet **Paramétrages de touches avancés**.
6. Cochez l'option **Appuyez sur la touche MAJ**.

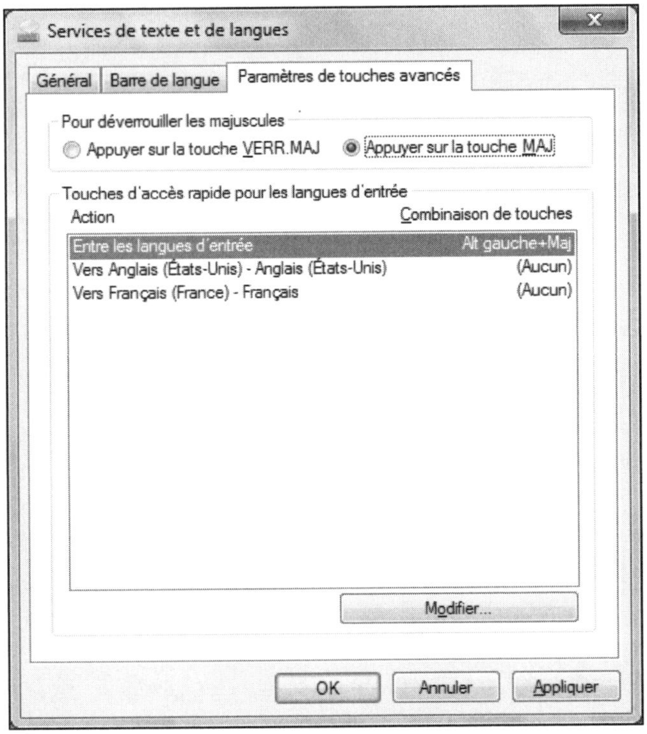

Figure 31-10 Paramètres des touches.

7. Cliquez le bouton **OK**.

Déconnecter la touche Windows pour les joueurs

Si vous utilisez fréquemment des jeux qui nécessitent l'utilisation des touches **Ctrl** et **Alt**, la touche ⊞, qui se trouve entre ces deux touches, peut être un obstacle majeur. D'autant plus que l'appui sur cette touche peut vous ramener à Windows en plein milieu du jeu.

Attention Cette astuce nécessite d'accéder au Registre. Pour plus d'informations, reportez-vous au chapitre 30.

1. Tapez ⊞ + **R** ou le bouton **Démarrer → Exécuter**.
2. Tapez **Regedit** puis **Entrée** dans la boîte Exécuter.
3. Sélectionnez la clé `HKEY_LOCAL_MACHINE\SYSTEM\CurrentControlSet\Control\Keyboard Layout`.
4. Cliquez le menu **Edition → Nouveau → Valeur binaire**.
5. Tapez **Scancode Map** pour le nom de la nouvelle valeur.
6. Double-cliquez la valeur **Scancode Map**.
7. Tapez les valeurs `00 00 00 00 00 00 00 00 03 00 00 00 00 00 5B E0 00 00 5C E0 00 00 00 00`.

Note Pour être sûr de votre saisie, consultez l'exemple de la figure 31-11. Vérifiez avec soin chaque chiffre ou lettre saisis.

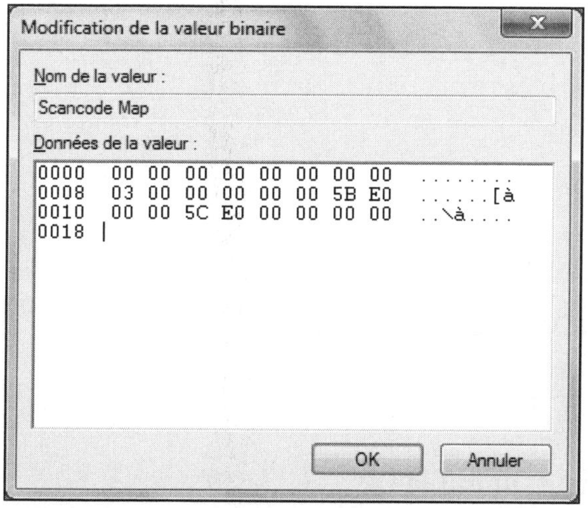

Figure 31-11 Modification d'une valeur binaire dans le Registre.

8. Cliquez le bouton **OK**.

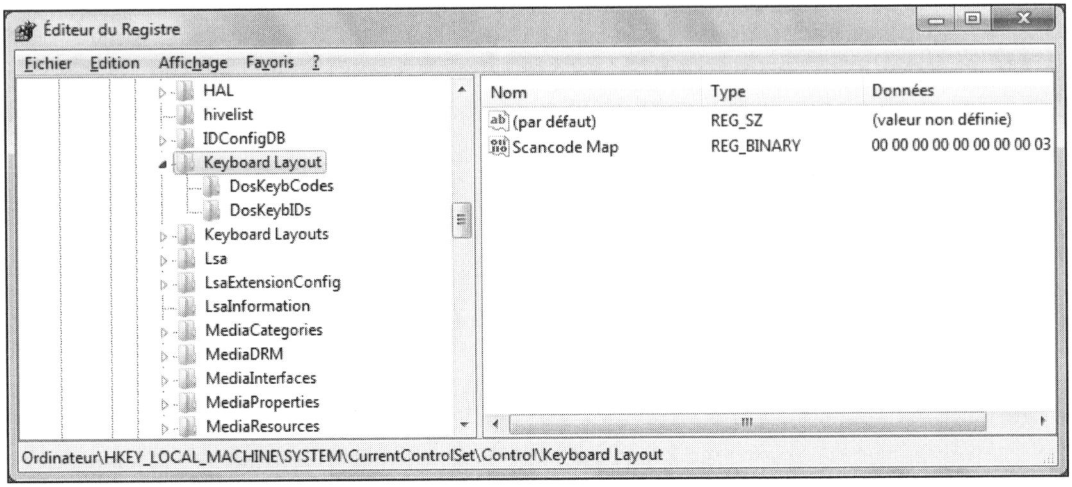

Figure 31-12 Modification du Registre pour la touche Windows.

9. Fermez l'Éditeur du Registre.

Pour que les modifications soient prises en compte, vous devez redémarrer l'ordinateur ou fermer la session en cours et en ouvrir une nouvelle.

Pour rétablir la touche , supprimez la valeur **Scancode Map** dans de la clé `HKEY_LOCAL_MACHINE\SYSTEM\CurrentControlSet\Control\Keyboard Layout`.

Conseil Si vous désirez utiliser la touche dans Windows et la désactiver pour les jeux, il est plus simple de créer des fichiers texte pour mettre à jour le Registre. Vous pouvez, pour plus de facilité, ajouter des raccourcis sur le bureau.

Conseil Pour créer des fichiers de mise à jour du Registre et supprimer des valeurs, consultez le chapitre 30.

Bureau

Afficher Windows en mode classique

Si vous êtes déboussolé par l'apparence de Windows 7, affichez-le avec la présentation des anciennes versions.

1. Cliquez avec le bouton droit le fond du Bureau.

2. Cliquez la commande **Personnaliser** dans le menu contextuel.
3. Sélectionnez **Windows classique** dans la liste **Thèmes de base et à contrastes élevé**.

   Le thème est appliqué immédiatement.

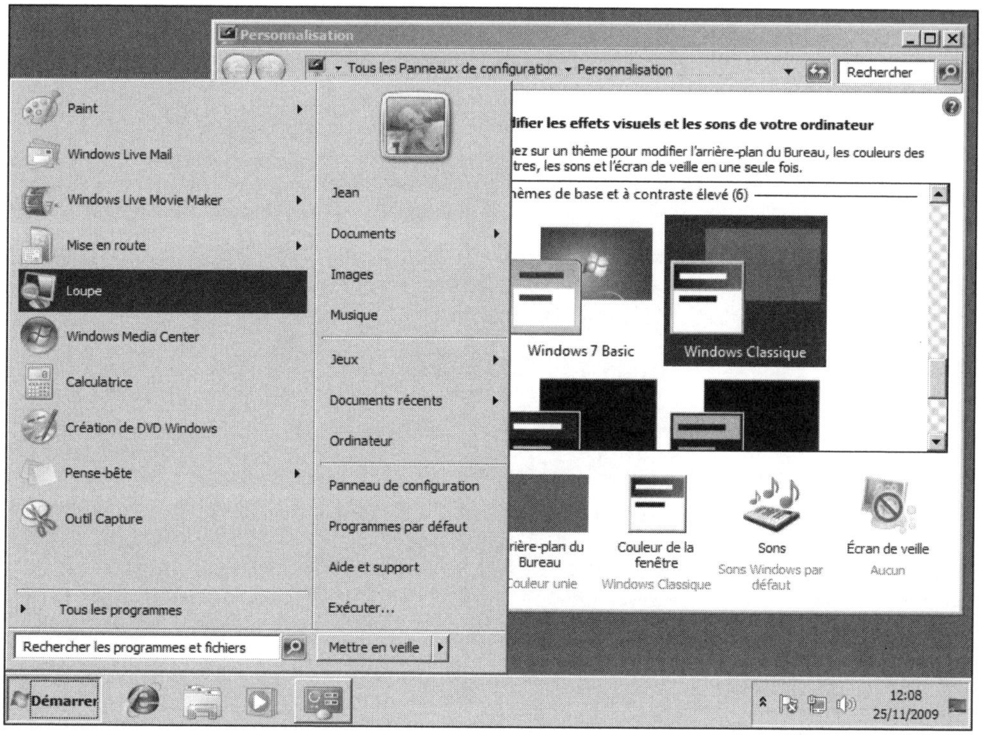

Figure 31-13 Windows avec l'affichage classique.

Pour revenir en mode normal, sélectionnez **Windows 7** dans la liste **Thèmes Aero**.

Modifier la taille des icônes

Pour en afficher plus ou pour mieux les voir, modifiez la taille des icônes du bureau et du menu Démarrer.

Pour modifier la taille des icônes du bureau :

1. Cliquez du bouton droit une zone vide du Bureau.
2. Cliquez la commande **Affichage → Grandes icônes** dans le menu contextuel.

Pour modifier la taille des icônes du menu Démarrer :

1. Cliquez du bouton droit une zone vide de la barre des tâches.

2. Cliquez la commande **Propriétés** dans le menu contextuel.
3. Cliquez l'onglet **Menu Démarrer**.
4. Cliquez le bouton **Personnaliser**.
5. Cochez la case **Utiliser de grandes icônes** en bas de la liste des options.
6. Cliquez le bouton **OK**.

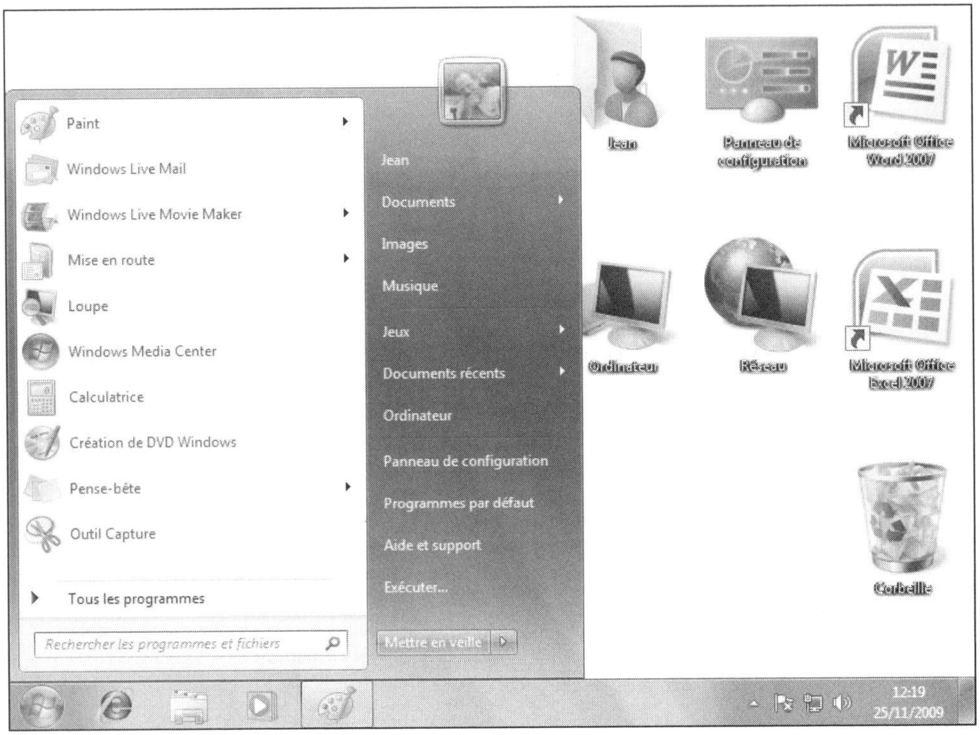

Figure 31-14 Bureau et menu Démarrer avec de grandes icônes.

Choisir une résolution d'écran inférieure à 800 x 600

Windows 7 exige une résolution d'écran de 800 x 600 au minimum. Si vous désirez modifier votre résolution, il ne propose pas de valeurs inférieures à cette taille dans la boîte des propriétés de l'affichage.

1. Cliquez du bouton droit le fond du Bureau.
2. Cliquez la commande **Résolution d'écran** dans le menu contextuel.

   Le curseur de la zone **Résolution** permet de choisir la taille de l'écran. Mais, par défaut, il ne propose que la résolution 800 x 600 pixels comme seuil minimal.

Figure 31-15 Paramètres de l'écran.

3. Cliquez le lien **Paramètres avancés** dans la fenêtre Résolution d'écran.
4. Cliquez l'onglet **Écran**.
5. Notez la fréquence de rafraîchissement de votre moniteur.
6. Cliquez l'onglet **Carte**.

   Même si Windows impose une limite, votre carte graphique permet de gérer des dizaines de modes d'affichage qui ne sont pas accessibles dans la boîte des propriétés.
7. Cliquez le bouton **Lister tous les modes**.

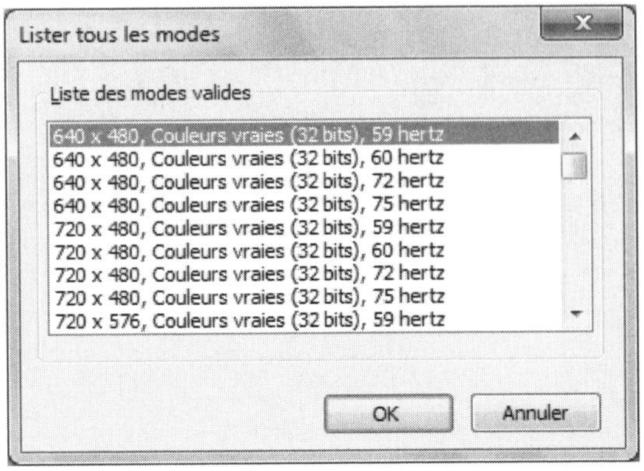

Figure 31-16 Liste de toutes les résolutions d'écran supportées par la carte graphique.

8. Sélectionnez dans la liste la résolution de l'écran et le nombre de couleurs en conservant la fréquence de rafraîchissement notée à l'écran **5**.

9. Cliquez deux fois le bouton **OK**.

   Comme les écrans ne supportent pas toutes les tailles ni tous les taux de rafraîchissement, Windows effectue un test avant de conserver les paramètres que vous avez choisis.

Note Les valeurs proposées par la boîte Lister tous les modes concernent uniquement la carte graphique et non le moniteur. La liste peut donc vous proposer des valeurs supportées par votre carte mais pas par votre écran.

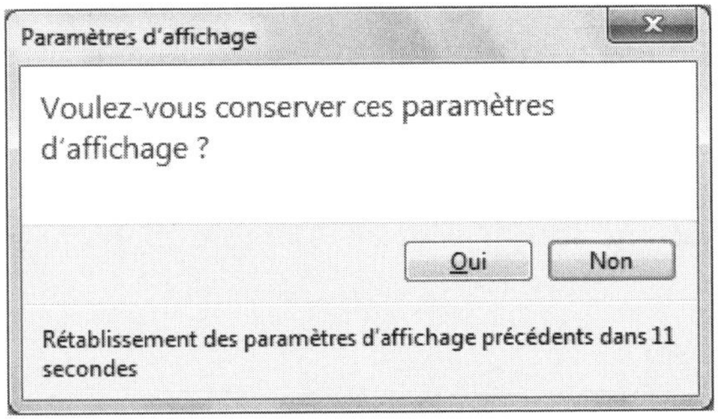

Figure 31-17 Avertissement avant le changement de résolution d'écran.

10. Cliquez **Oui** si l'affichage paraît normal, **Non** dans le cas contraire.

Si vous n'avez pas pu cliquer **Oui**, parce que l'affichage était incorrect, Windows applique automatiquement les anciens paramètres.

Avec une résolution inférieure à 800 x 600, toutes les entrées du menu Démarrer ne peuvent pas être affichées.

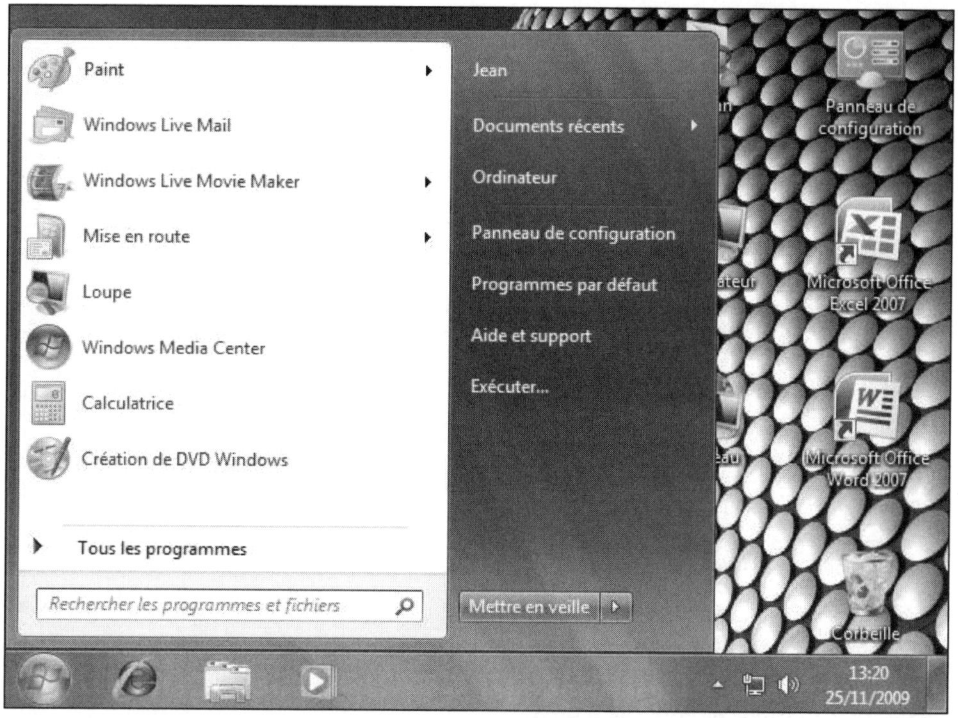

Figure 31-18 Taille d'écran trop petite pour afficher tous les éléments du menu Démarrer.

Améliorer l'affichage d'un écran LCD

Avec la méthode de lissage de police « ClearType », vous pouvez améliorer l'affichage de votre écran à cristaux liquides.

1. Cliquez le bouton **Démarrer** **Panneau de configuration**.
2. Cliquez l'icône **Affichage** (figure 24-2).
3. Cliquez le lien **Ajuster le texte ClearType**.

   Windows affiche un assistant.

4. Cochez la case **Activer ClearType**.

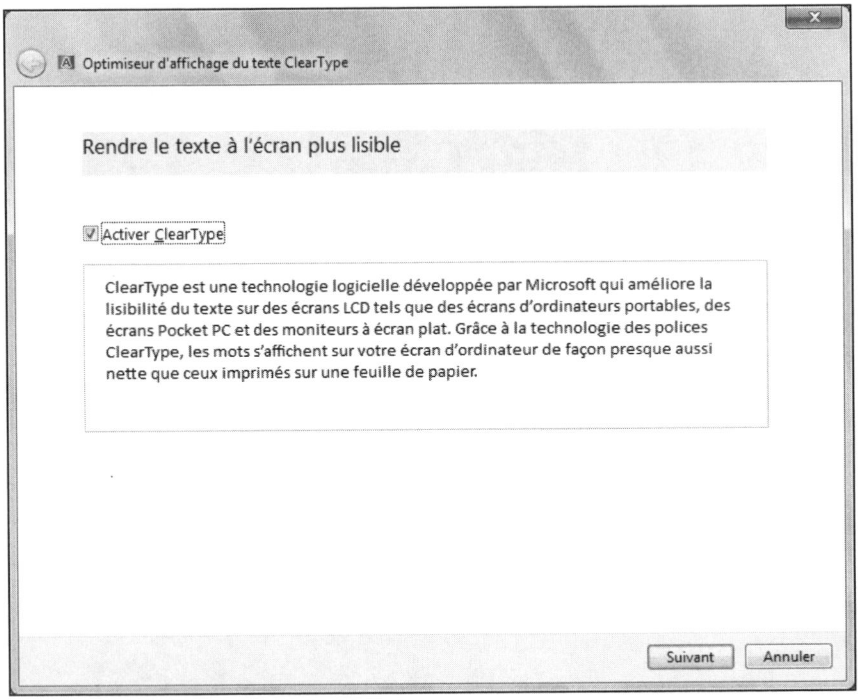

Figure 31-19 Assistant de réglage ClearType.

5. Cliquez le bouton **Suivant**.

   Les écrans LCD ont une résolution précise en fonction de leur taille. Si elle ne correspond pas à celle appliquée actuellement, l'assistant vous propose de l'ajuster.

6. Cochez la case **Passer dans la résolution native…**si vous désirez appliquer la résolution maximale de votre écran LCD.

7. Cliquez le bouton **Suivant**.

   Les quatre étapes suivantes vous demandent de choisir entre plusieurs types de texte.

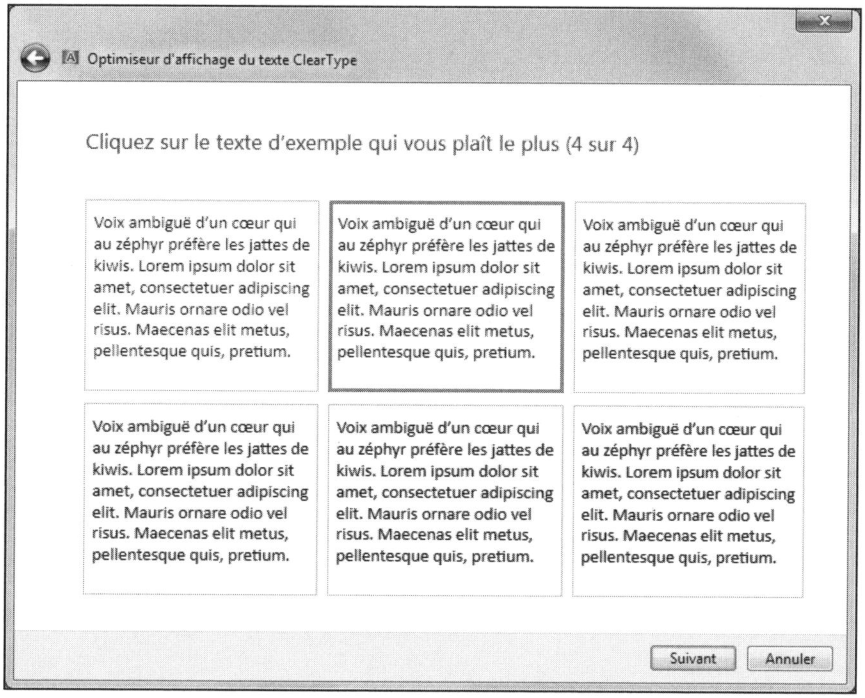

Figure 31-20 Choix du type d'affichage des caractères.

8. Cliquez le texte qui vous semble améliorer l'affichage, puis cliquez le bouton **Suivant**.
9. Cliquez le bouton **Terminer** dans la dernière boîte de l'assistant.

L'affichage est immédiatement modifié.

Note Vous pouvez aussi tester cette méthode avec un écran à tube cathodique, mais le résultat n'est généralement pas très bon.

Explorateur

Choisir le disque ou le dossier qui s'affiche à l'ouverture de l'Explorateur

Par défaut, l'Explorateur s'ouvre sur le dossier Ordinateur (bouton **Démarrer** → **Ordinateur**) ou sur le dossier Documents (bouton **Démarrer** → **Tous les programmes** → **Accessoires** → **Explorateur Windows**). Vous pouvez créer des raccourcis pour atteindre plus aisément les disques ou les dossiers que vous utilisez très fréquemment.

1. Cliquez avec le bouton droit le fond du bureau.
2. Cliquez la commande **Nouveau → Raccourci** dans le menu contextuel.
3. Tapez **Explorer.exe /n,/e,C:**. Remplacez C:\ par le chemin de votre choix : par exemple D:\ pour le lecteur D ou C:\Mes dossiers\Mes lettres pour accéder à ce sous-dossier (figure 31-21).

Note Il y a un espace après exe.

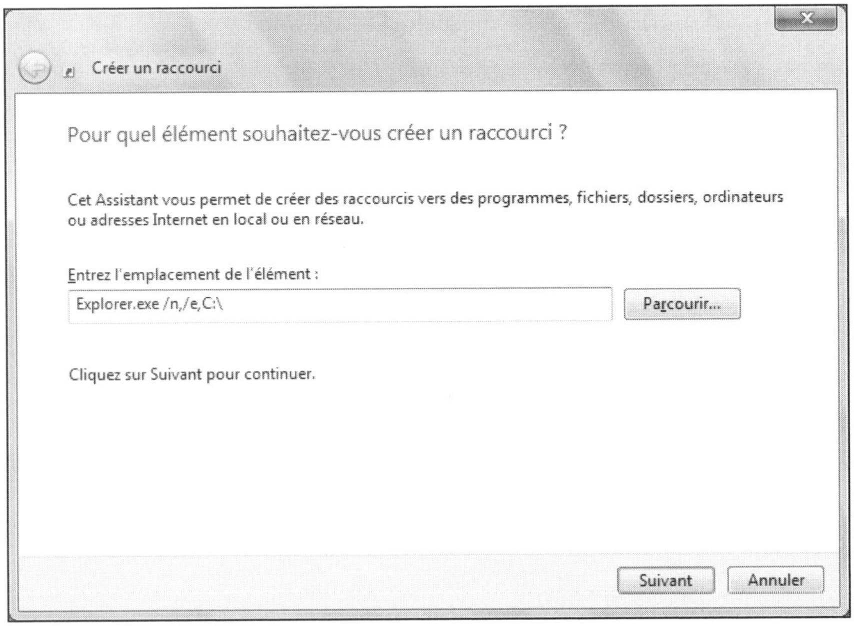

Figure 31-21 Raccourci vers l'Explorateur avec des paramètres.

4. Cliquez le bouton **Suivant**.
5. Tapez le nom du raccourci, par exemple le nom du dossier à ouvrir.
6. Cliquez le bouton **Terminer**.

Conseil Si le raccourci existe déjà, cliquez-le avec le bouton droit, puis choisissez **Propriétés** dans le menu contextuel. Modifiez ensuite la zone **Cible**.

Afficher les dossiers et fichiers cachés

Pour éviter les mauvaises manipulations, Windows masque certains fichiers. Si cela est nécessaire, vous pouvez les afficher.

1. Ouvrez l'Explorateur (⊞ + **E**).

2. Cliquez le menu **Outils @@ Options des dossiers** (au besoin, appuyez sur la touche **Alt**).
3. Cliquez l'onglet **Affichage**.
4. Cochez l'option **Afficher les fichiers, dossiers et lecteurs cachés**.

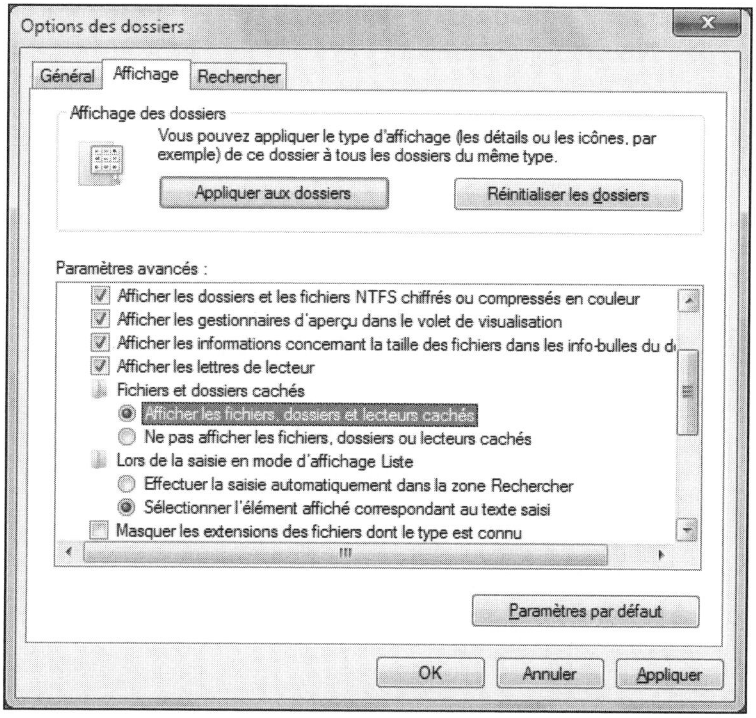

Figure 31-22 Modifications des paramètres de l'Explorateur.

Vous pouvez aussi afficher les fichiers protégés de Windows, bien que cela ne soit pas recommandé.

5. Décochez la case **Masquer les fichiers protégés…**.

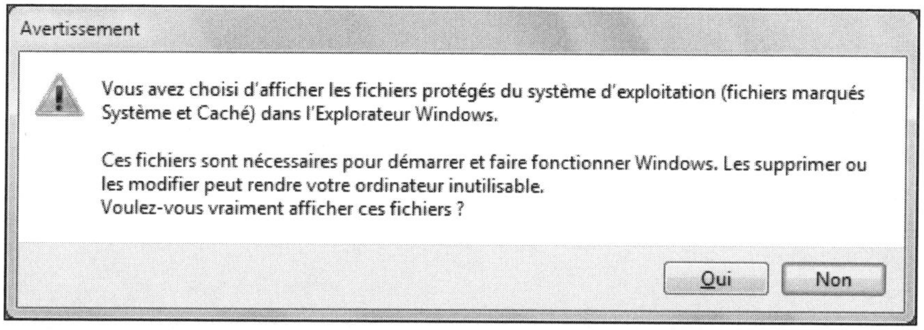

Figure 31-23 Avertissement sur l'utilité des fichiers système.

6. Cliquez le bouton **Oui** pour confirmer.
7. Cliquez le bouton **OK**.

Renommer plusieurs fichiers

Si vous devez renommer une grande quantité de fichiers, il existe plusieurs solutions. Dans tous les cas, le nom des fichiers sont ou seront l'objet d'une suite chronologique.

Utiliser l'Explorateur

1. Sélectionnez le dossier qui contient les fichiers à renommer dans l'Explorateur.
2. Sélectionnez les fichiers à renommer.
3. Appuyez sur **F2** pour passer en mode modification.

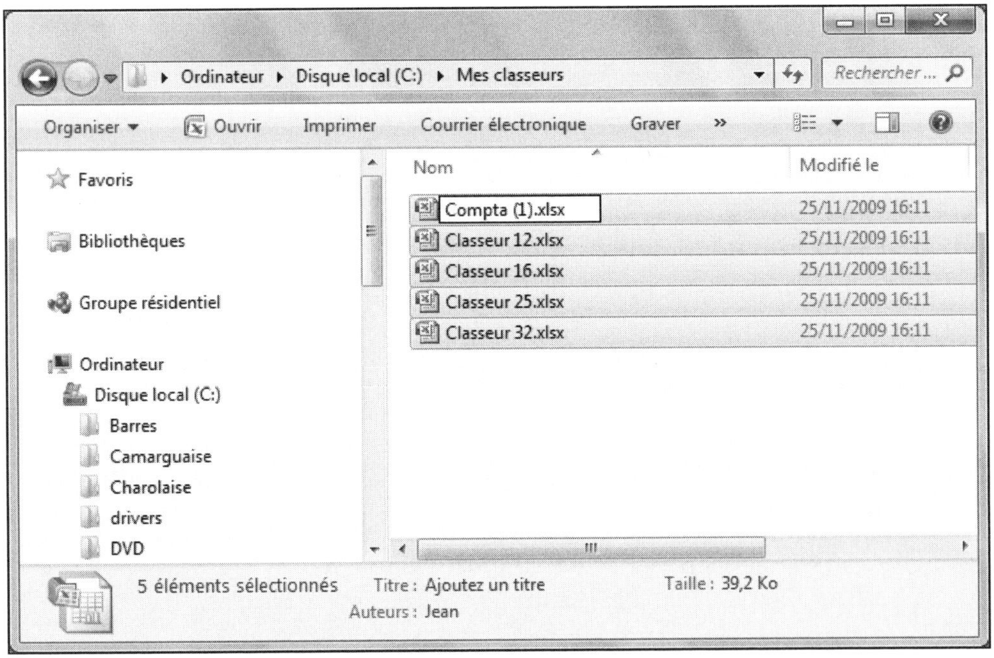

Figure 31-24 Noms des fichiers avant modification.

4. Tapez le nom générique suivi du premier numéro de la chronologie entre parenthèses. Ajoutez aussi le point et les trois lettres de l'extension si elle est visible ici. Appuyez sur **Entrée**.

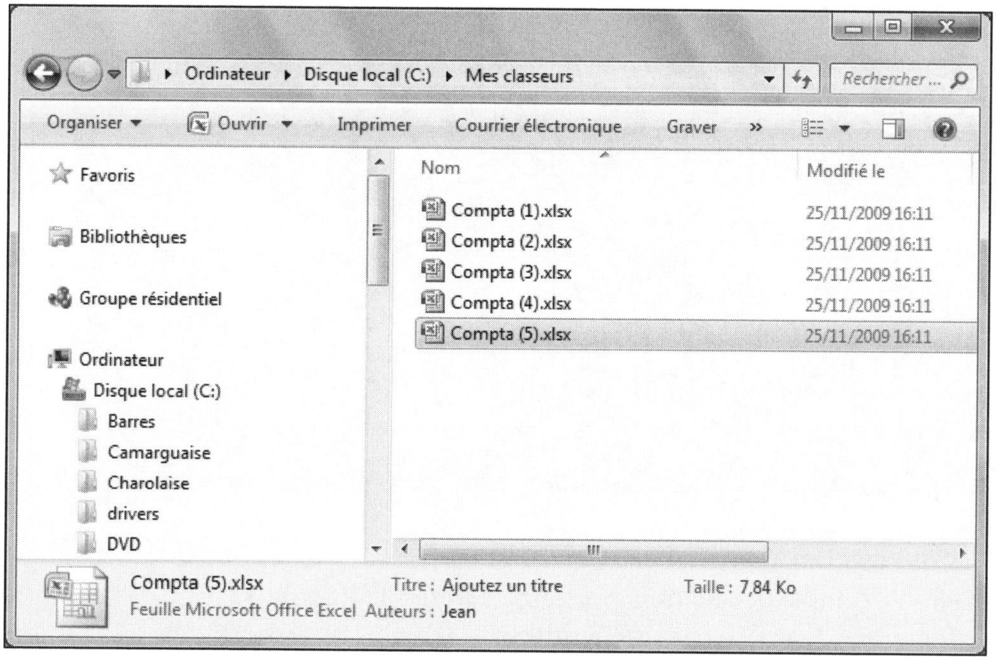

Figure 31-25 Noms des fichiers après modification.

Tous les fichiers sont renommés avec une suite chronologique. Les extensions sont conservées. Notez qu'il n'est pas nécessaire de commencer par 1.

Conseil Pour afficher ou masquer les extensions des fichiers, cliquez le menu **Outils ➜ Options des dossiers**, cliquez l'onglet **Affichage**, puis cochez ou décochez la case **Masquer les extensions des fichiers dont le type est connu**.

Utiliser l'Invite de commandes

1. Cliquez le bouton **Démarrer** ➜ **Tous les programmes ➜ Accessoires ➜ Invite de commandes**.

Note Vous pouvez aussi taper + **R** puis **CMD** et la touche **Entrée**.

2. Placez-vous dans le dossier qui contient les fichiers. Pour changer de dossier, tapez CD puis le chemin, par exemple `CD C:\Mes classeurs`, puis la touche **Entrée**.
3. Tapez **Dir** puis la touche **Entrée** pour vérifier le contenu du dossier.

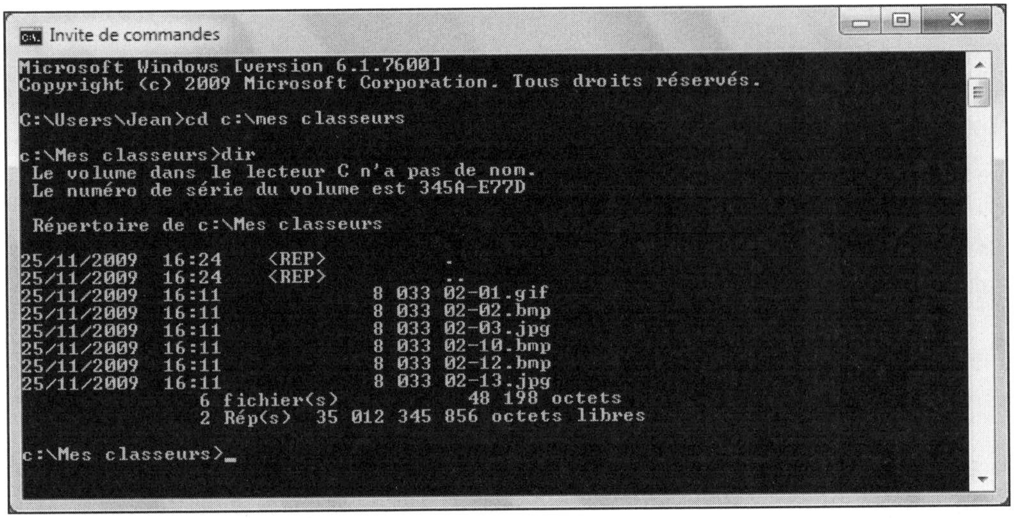

Figure 31-26 Liste des fichiers à renommer.

Dans l'exemple, les fichiers portent les noms 02-01 à 02-13 avec des extensions différentes. L'astuce consiste à utiliser les caractères génériques « * » (remplace une partie du nom) et « ? » (remplace une lettre ou un chiffre).

4. Tapez **Ren AncienNom NouveauNom**. Dans l'exemple (figure 31-27), pour remplacer tous les 02 par des 05 et conserver les extensions, tapez **Ren 02-??.* 05-??.***.

5. Tapez **Dir** puis **Entrée** pour afficher le résultat.

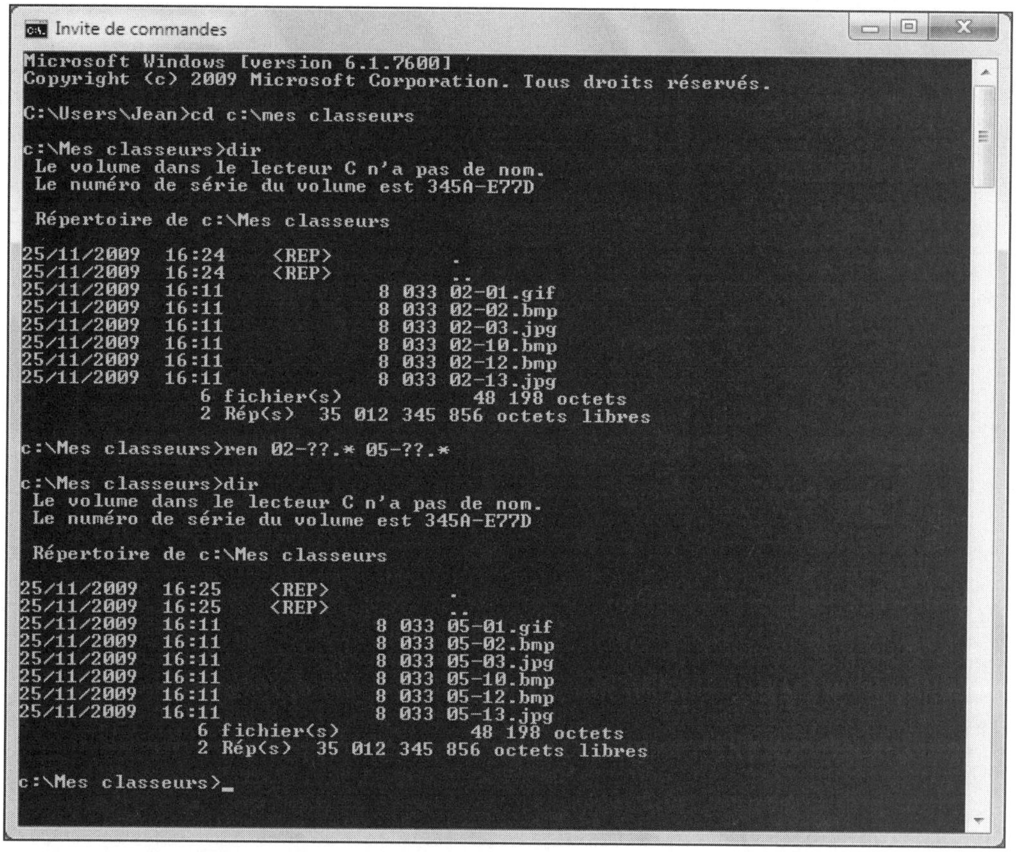

Figure 31-27 Liste des fichiers après modification.

6. Tapez **Exit** puis **Entrée** pour fermer la fenêtre Invite de commandes.

Modifier l'icône d'un dossier

Pour retrouver plus facilement un dossier dans l'Explorateur, personnalisez son icône ou son affichage en miniature.

1. Cliquez du bouton droit le dossier à personnaliser.
2. Cliquez la commande **Propriétés** dans le menu contextuel.
3. Cliquez l'onglet **Personnaliser**.

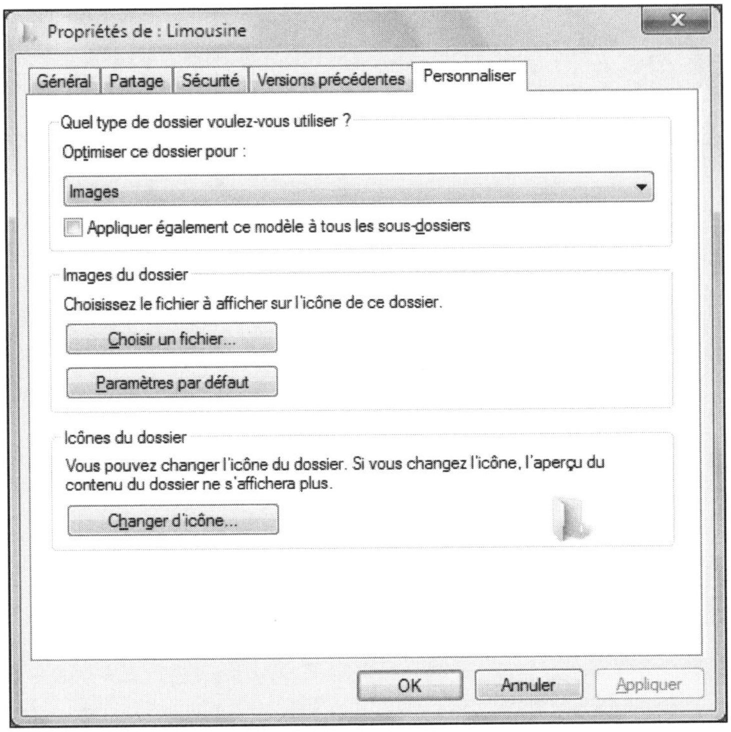

Figure 31-28 Propriétés d'un dossier dans l'Explorateur.

Choisir l'image de l'affichage en miniature

Pour les dossiers contenant des images, Windows en choisi une au hasard pour illustrer l'icône dans l'Explorateur. Vous pouvez choisir vous-même cette image.

1. Cliquez le bouton **Choisir un fichier**.
2. Sélectionnez le dossier qui contient l'image à utiliser.
3. Cliquez l'image puis le bouton **Ouvrir**.

Choisir l'icône pour les autres types d'affichage

1. Cliquez le bouton **Changer d'icône** dans la boîte Propriétés de.
2. Sélectionnez une icône dans la boîte **Modifie l'icône pour**.
3. Cliquez le bouton **OK** deux fois.

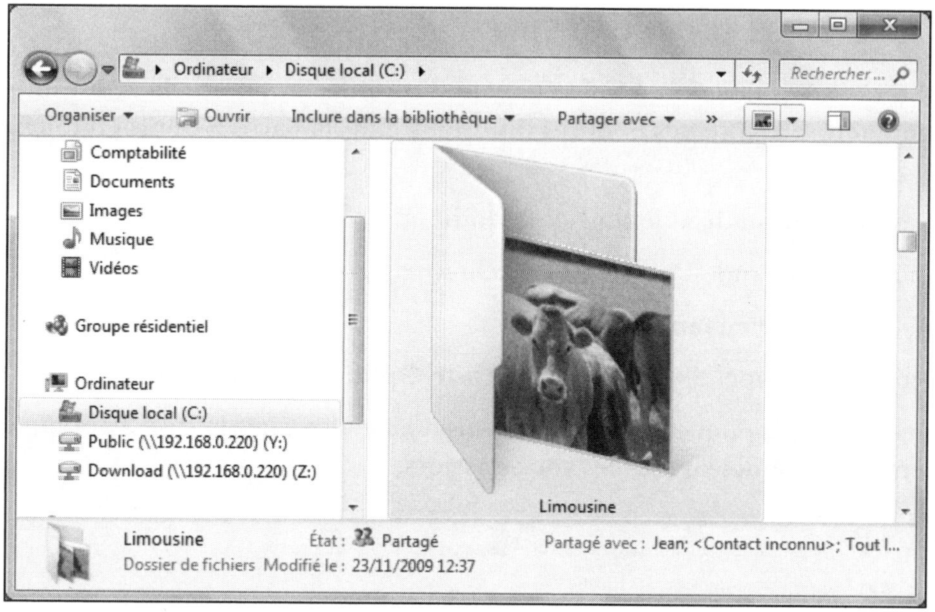

Figure 31-29 Affichage en miniatures d'un dossier personnalisé.

Note Pour modifier le type d'affichage des dossiers, cliquez le bouton **Affichages** dans la barre d'outils de l'Explorateur.

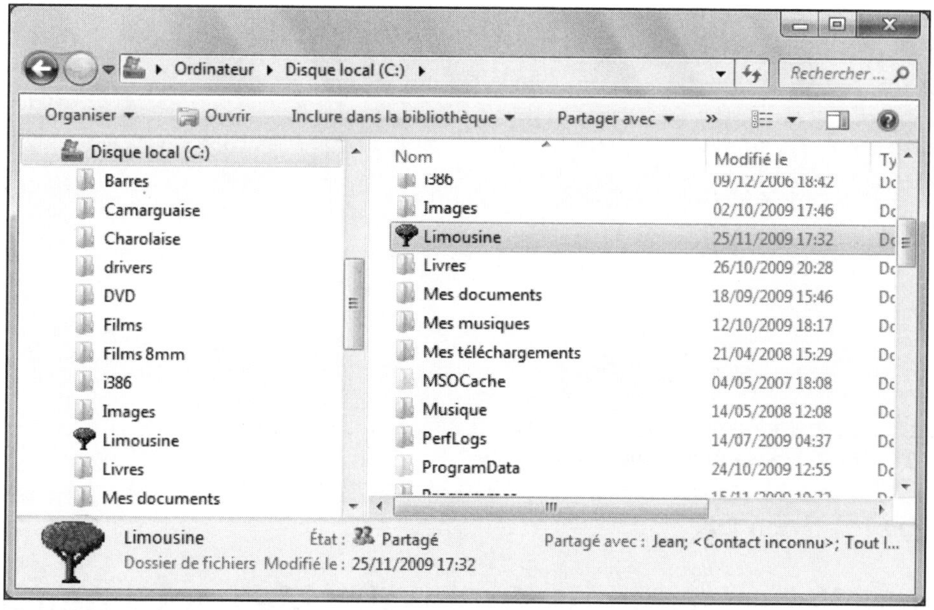

Figure 31-30 Affichage sous forme d'icône d'un dossier personnalisé.

Astuce Vous pouvez faire la même chose pour les dossiers du menu Démarrer.

Définir le type d'un dossier

Par défaut, c'est Windows qui choisit le type d'un dossier. Or ce choix est important car l'Explorateur propose des boutons différents dans la barre d'outils en fonction du type.

1. Cliquez du bouton droit le dossier à modifier.
2. Cliquez la commande **Propriétés** dans le menu contextuel.
3. Cliquez l'onglet **Personnaliser**.
4. Sélectionnez le type de dossier dans la liste **Optimiser ce dossier pour**.
5. Si vous désirez appliquer ce type aux sous-dossiers, cochez la case **Appliquer également ce modèle à tous les sous-dossiers**.

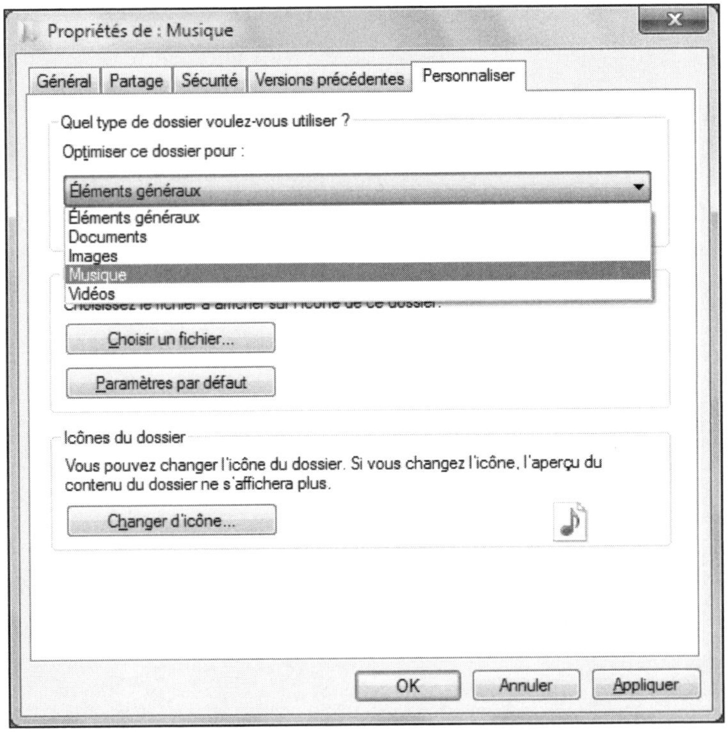

Figure 31-31 Sélection du type d'un dossier.

6. Cliquez le bouton **OK**.

Modifier l'emplacement du dossier Mes documents

Pour mieux organiser vos disques durs, par exemple pour utiliser un second disque dur, vous pouvez inclure d'autres emplacements dans votre dossier Documents.

1. Ouvrez l'Explorateur.
2. Cliquez avec le bouton droit le dossier **Documents** dans la liste Bibliothèques.
3. Cliquez la commande **Propriétés** dans le menu contextuel.

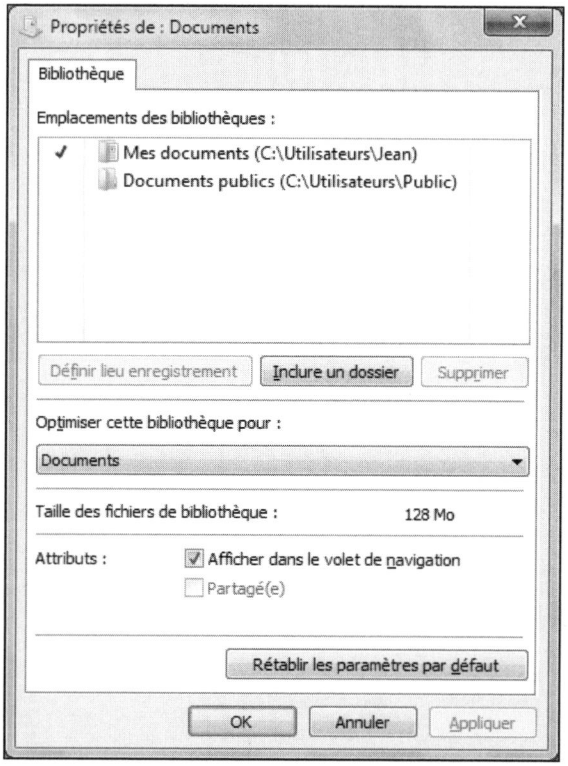

Figure 31-32 Propriétés d'un dossier d'utilisateur.

4. Cliquez le bouton **Inclure un dossier**.
5. Sélectionnez le disque et le dossier qui doit être ajouté au dossier Documents. Si le dossier n'existe pas, cliquez le bouton **Nouveau dossier**.

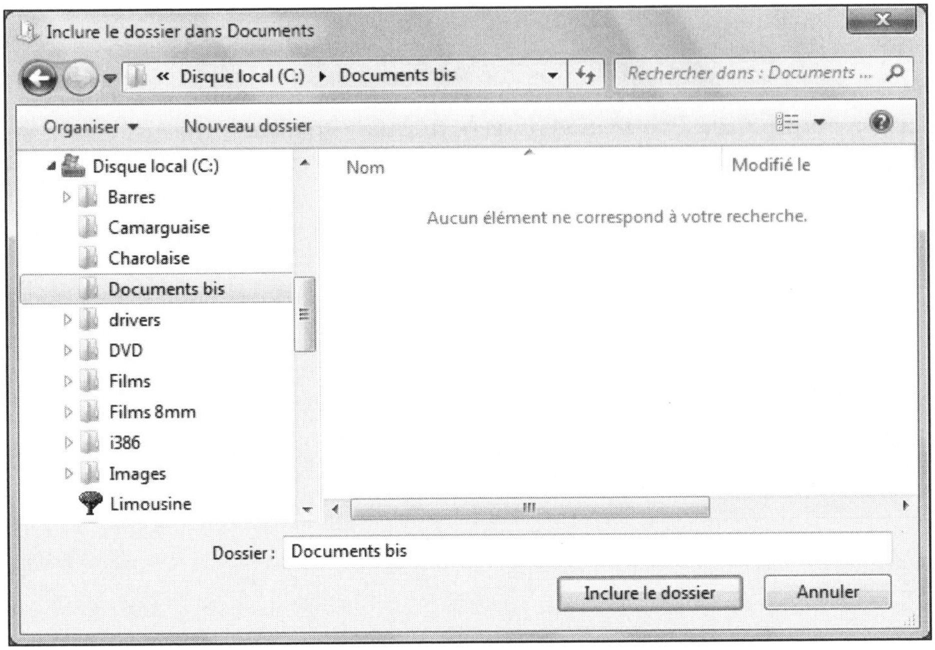

Figure 31-33 Nouveau dossier de documents.

7. Cliquez le bouton **Inclure un dossier**.

Le dossier est maintenant inclus dans le dossier Documents.

Internet

Supprimer le mot de passe du Gestionnaire d'accès dans Internet Explorer

Le gestionnaire d'accès permet de limiter la navigation sur Internet. Pour l'activer, le désactiver ou modifier ces paramètres, il est nécessaire de définir un mot de passe. Si vous ne vous souvenez plus de ce dernier, supprimez-le dans la base de registre.

Pour modifier le gestionnaire d'accès :

1. Dans Internet Explorer, cliquez le menu **Outils → Options Internet**.
2. Cliquez l'onglet **Contenu**.

Si vous cliquez le bouton **Activer**, **Désactiver** ou **Paramètres** de la zone Gestionnaire d'accès, le gestionnaire demande le mot de passe.

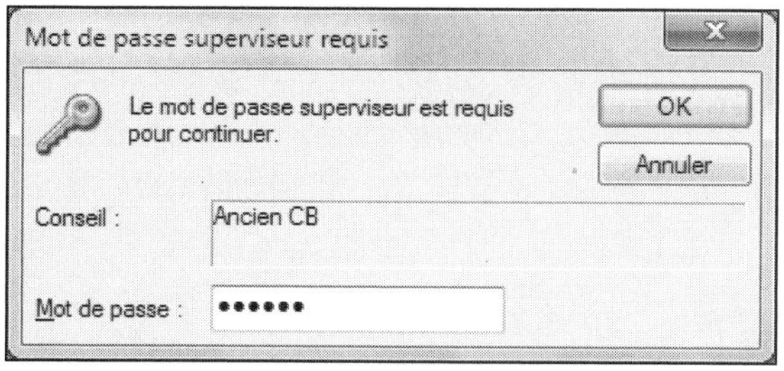

Figure 31-34 Mot de passe du Gestionnaire d'accès.

Attention Cette astuce nécessite de modifier le Registre. Consultez le chapitre 30.

1. Tapez ⊞ + **R**.
2. Tapez **Regedit** puis **Entrée** dans la boîte Exécuter.
3. Recherchez la clé `HKEY_LOCAL_MACHINE\SOFTWARE\Microsoft\Windows\CurrentVersion\policies\Ratings`.

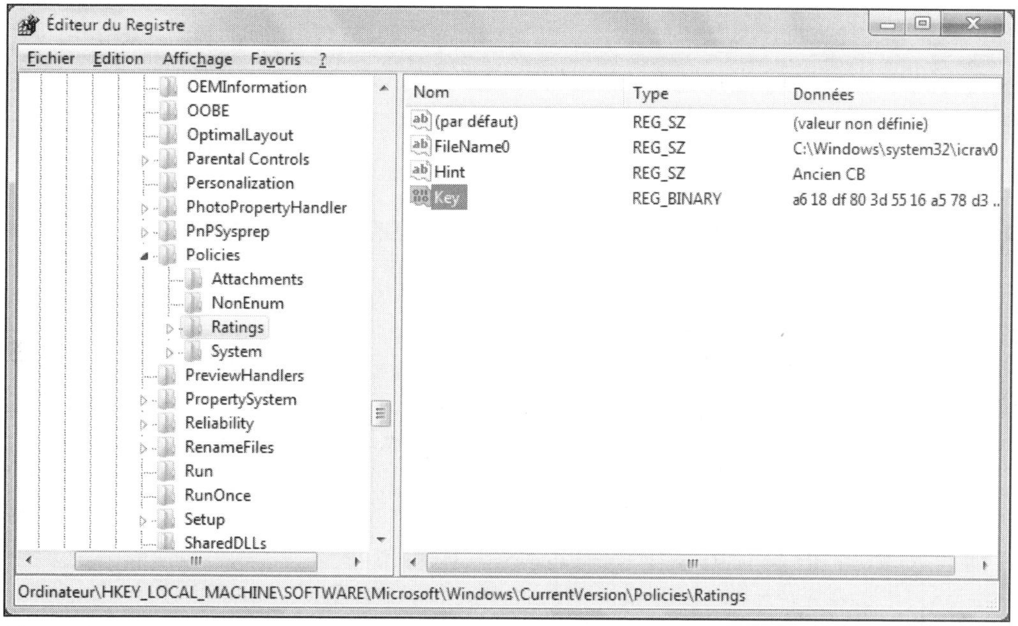

Figure 31-35 Suppression du mot de passe avec le Registre.

4. Dans la partie droite, cliquez la valeur **Key** et appuyez sur **Suppr**.
5. Cliquez le bouton **Oui** pour supprimer la valeur.
6. Fermez l'Éditeur du Registre.

7. Ouvrez **Internet Explorer**.
8. Cliquez le menu **Outils → Options Internet**.
9. Cliquez l'onglet **Contenu**.
10. Cliquez le bouton **Désactiver**.

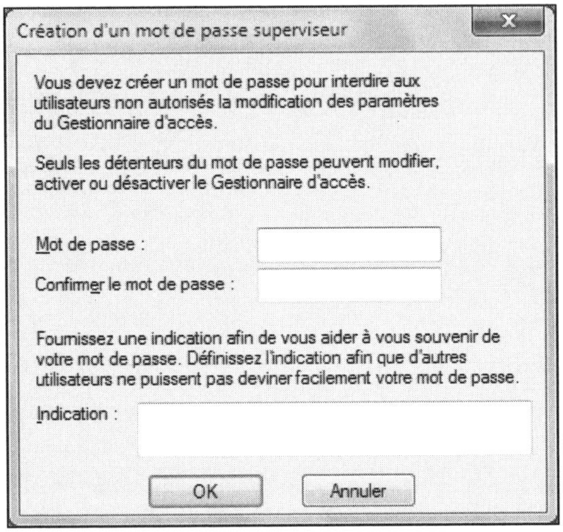

Figure 31-36 Création d'un nouveau mot de passe dans le Gestionnaire d'accès.

Vous pouvez maintenant choisir un mot de passe. L'ancien a disparu.

Ajouter des domaines aux adresses Internet

Quand une URL est approximative, Internet Explorer tente de la compléter en ajoutant, si nécessaire, les trois lettres www et une extension de domaine (.com, .org, *etc.*). Vous pouvez étendre cette liste pour ajouter, par exemple, notre .fr national.

Attention Cette astuce oblige à modifier le Registre. Consultez le chapitre 30 à ce sujet.

1. Tapez ⊞ + **R**.
2. Tapez **Regedit** puis **Entrée** dans la boîte Exécuter.
3. Recherchez la clé `HKEY_LOCAL_MACHINE\SOFTWARE\Microsoft\Internet Explorer\Main\UrlTemplate`.

Les valeurs des extensions déjà présentes dans le Registre portent des numéros séquentiels (1, 2, *etc.*).

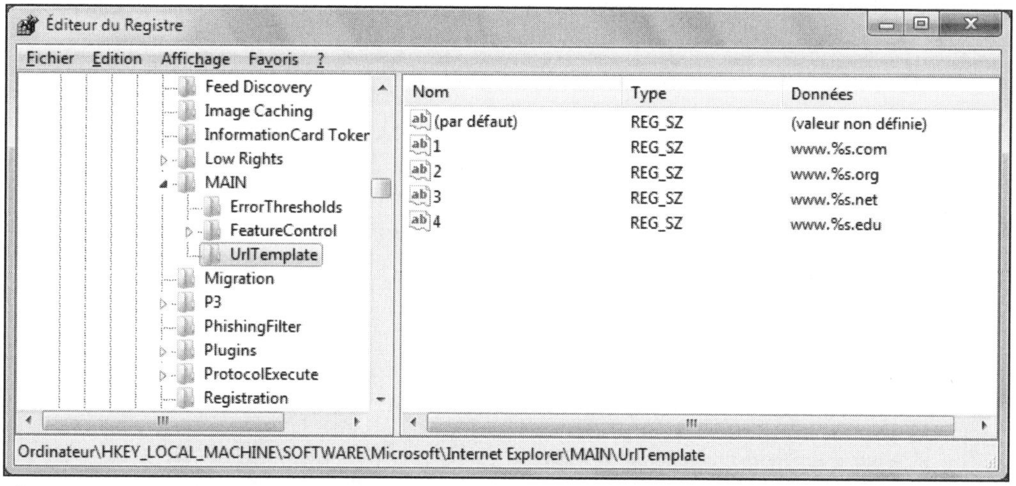

Figure 31-37 Ajout d'un domaine dans le Registre.

4. Cliquez le menu **Edition ➜ Nouveau ➜ Valeur chaîne**.
5. Tapez un numéro qui suit la séquence existante et validez avec **Entrée**.
6. Double-cliquez la nouvelle valeur.
7. Tapez **www.%s** puis l'extension, par exemple **.fr**, dans la zone **Données de la valeur**. Cliquez le bouton **OK** pour valider.
8. Fermez l'Éditeur du Registre.

Supprimer les musiques des sites Web

Si vous avez l'habitude de surfer en écoutant un CD audio, les musiques qui accompagnent certaines pages du Web risquent de vous perturber. Supprimez-les dans Internet Explorer ou dans le Registre.

1. Ouvrez Internet Explorer.
2. Cliquez le menu **Outils ➜ Options Internet**.
3. Cliquez l'onglet **Avancés**.
4. Décochez l'option **Lire les sons dans les pages Web** (section Multimédia).

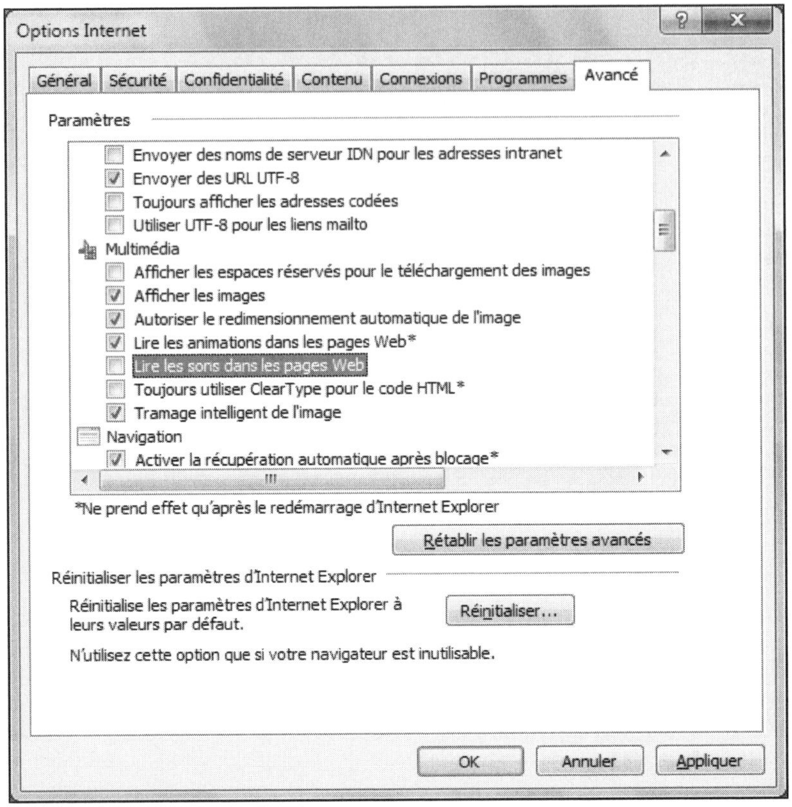

Figure 31-38 Suppression des sons dans la navigation.

5. Cliquez le bouton **OK**.

Supprimer la vérification avec le Registre

Si vous désirez modifier cette option avec le Registre :

1. Ouvrez le Registre.
2. Recherchez la clé `HKEY_CURRENT_USER\Software\Microsoft\Internet Explorer\Main`.
3. Double-cliquez la valeur **Play_Background_Sounds** et attribuez-lui la donnée **no** pour désactiver les sons et **yes** pour les activer.

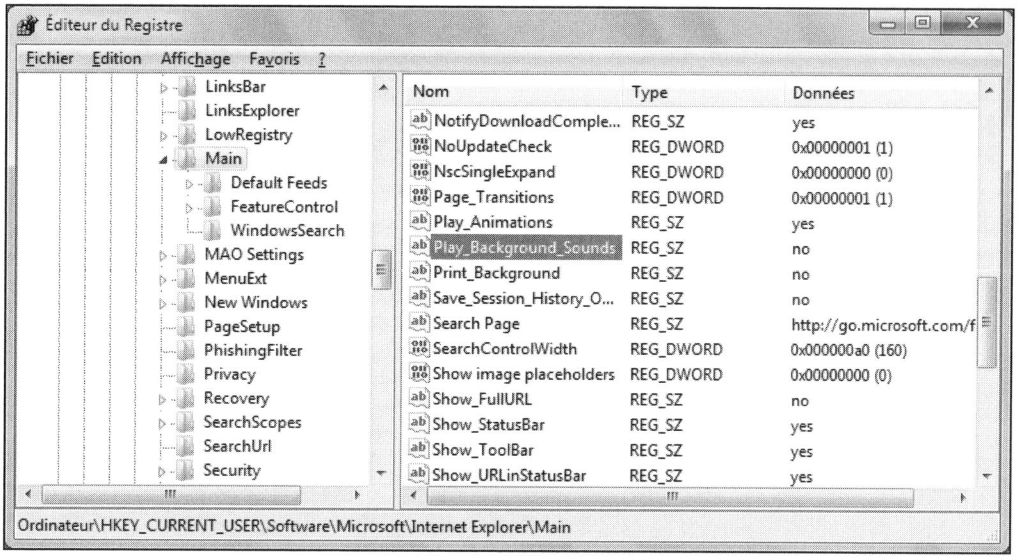

Figure 31-39 Suppression des sons dans la navigation avec le Registre.

Astuce **Pourquoi modifier le Registre quand il existe une option dans une boîte de dialogue ?** Si vous désirez modifier et mettre à jour plusieurs options, vous pouvez créer un fichier texte, avec les clés à modifier, pour les appliquer en une seule fois au Registre. Consultez pour cela le chapitre 30.

Régler les problèmes de démarrage d'Internet Explorer

Si Internet Explorer refuse de démarrer, c'est probablement dû à l'installation d'un complément, soit volontaire, soit ajouté à votre insu par un site Web.

Windows 7 propose un accès à Internet Explorer qui ne charge pas les compléments indésirables.

1. Cliquez le bouton **Démarrer** → **Tous les programmes** → **Accessoires** → **Outils système** → **Internet Explorer (sans module complémentaire)**.

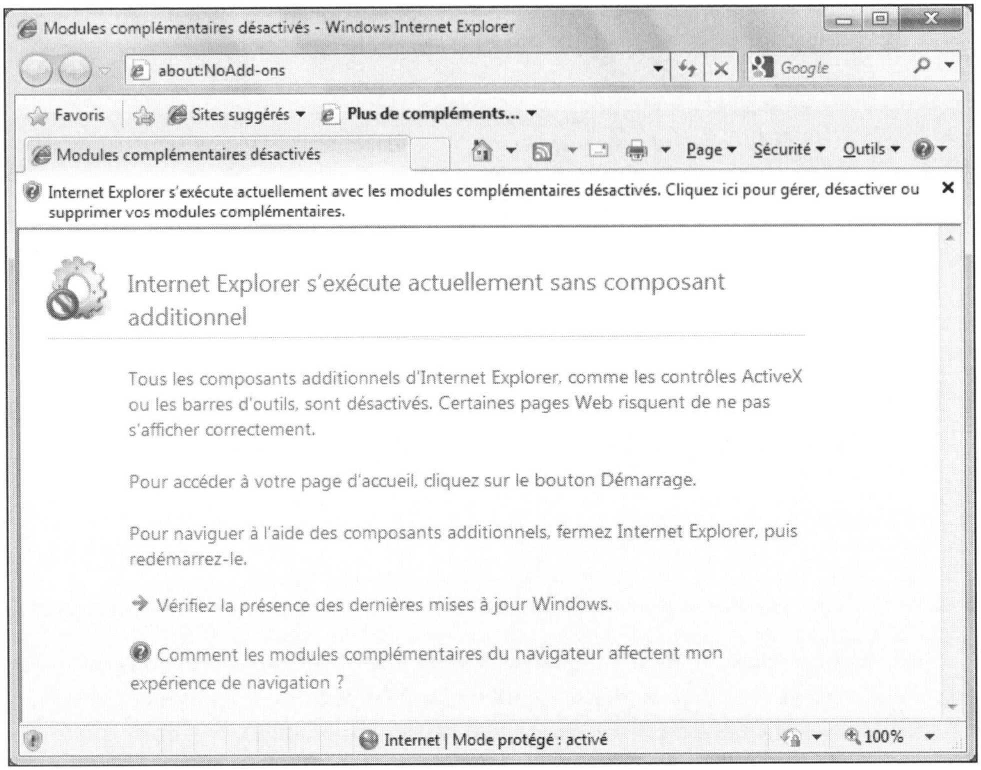

Figure 31-40 Ouverture d'Internet Explorer sans module additionnels.

Vous pouvez aussi bloquer le chargement des modules complémentaires en passant par le Registre (consultez le chapitre 30 pour des informations complémentaires).

1. Tapez ⊞ + **R**.
2. Tapez **Regedit** puis **Entrée** dans la boîte Exécuter.
3. Recherchez la clé `HKEY_CURRENT_USER\Software\Microsoft\Internet Explorer\Main`.
4. Double-cliquez la valeur **Enable Browser Extensions**.
5. Tapez **No** dans la zone **Données de la valeur**. Cliquez le bouton **OK** pour valider.

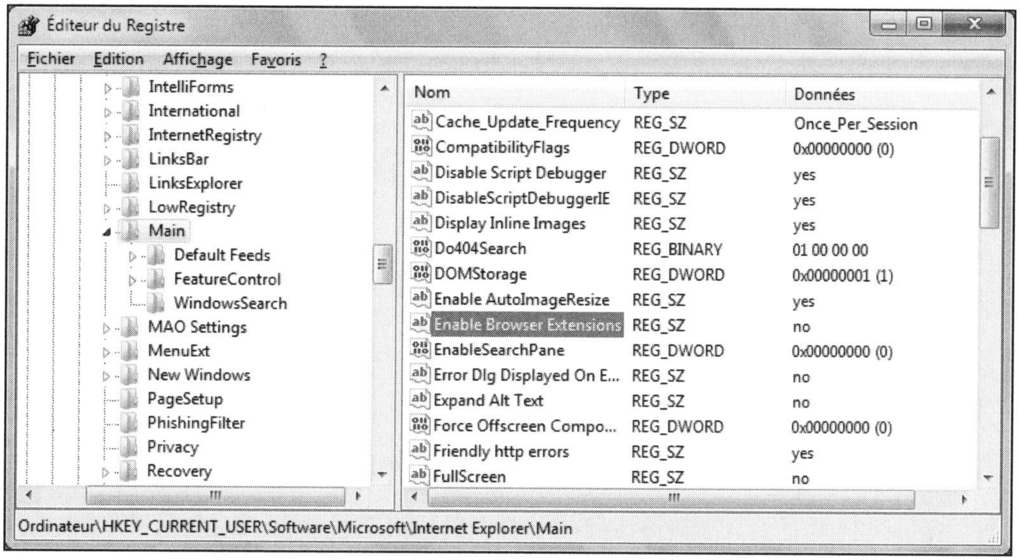

Figure 31-41 Arrêt des compléments d'Internet Explorer *via* le Registre.

6. Fermez l'Éditeur du Registre.

Astuce Une autre solution consiste à redémarrer Windows en mode sans échec (appuyez sur la touche **F8** au démarrage). Vous pourrez alors ouvrir Internet Explorer et modifier les options qui bloquent le démarrage normal.

Partager une connexion Internet

Si plusieurs ordinateurs sont connectés *via* un réseau local, vous pouvez partager votre connexion Internet avec les autres utilisateurs même si vous n'avez pas de routeur (voir chapitre 29).

Définir le partage de la connexion Internet

1. Cliquez le bouton **Démarrer** → **Panneau de configuration.**
2. Double-cliquez l'icône **Centre Réseau et partage** (figure 24-2).

Note Vous pouvez aussi cliquer l'icône dans la zone de notification, puis le lien **Ouvrir le Centre Réseau et partage**.

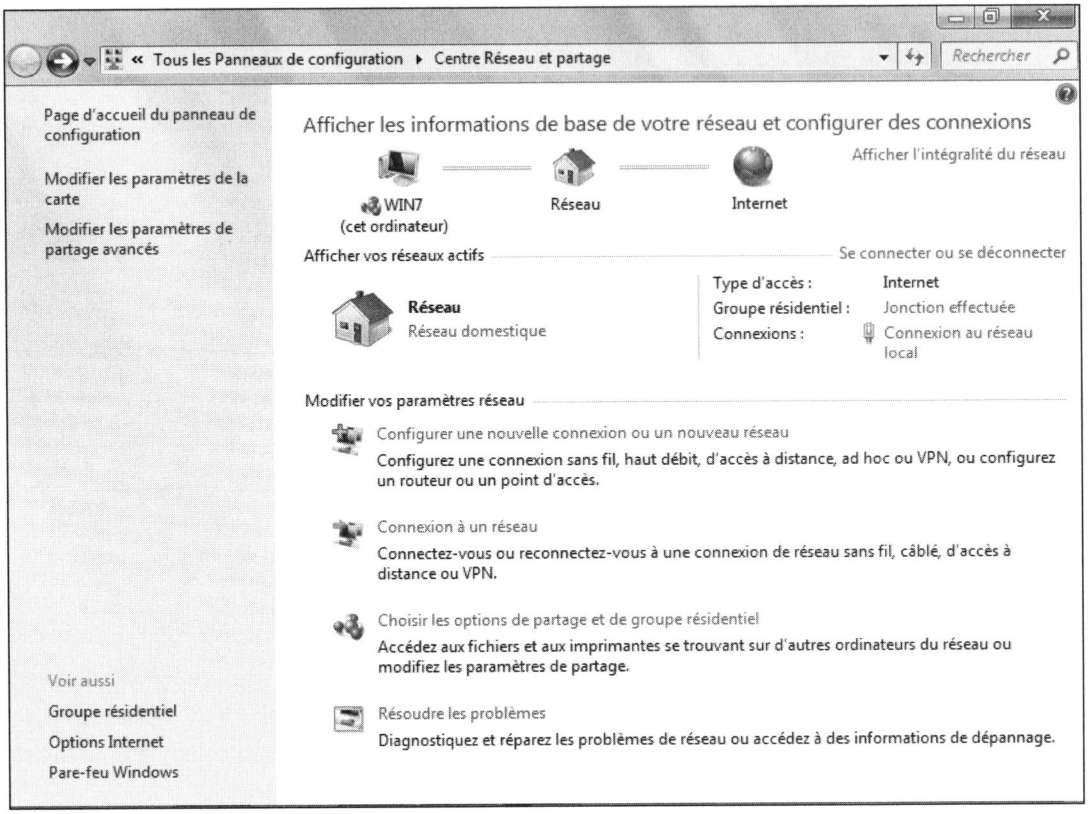

Figure 31-42 Centre Réseau et partage.

3. Cliquez le lien **Connexion au réseau local**.
4. Dans la boîte État de Connexion, cliquez le bouton **Propriétés**. Cliquez le bouton **Oui** pour donner votre autorisation.
5. Cliquez l'onglet **Partage**.
6. Cochez l'option **Autoriser d'autres utilisateurs du réseau à se connecter**.

Note Cochez **Autoriser d'autres utilisateurs du réseau à contrôler…** pour que les personnes du réseau puissent modifier la connexion.

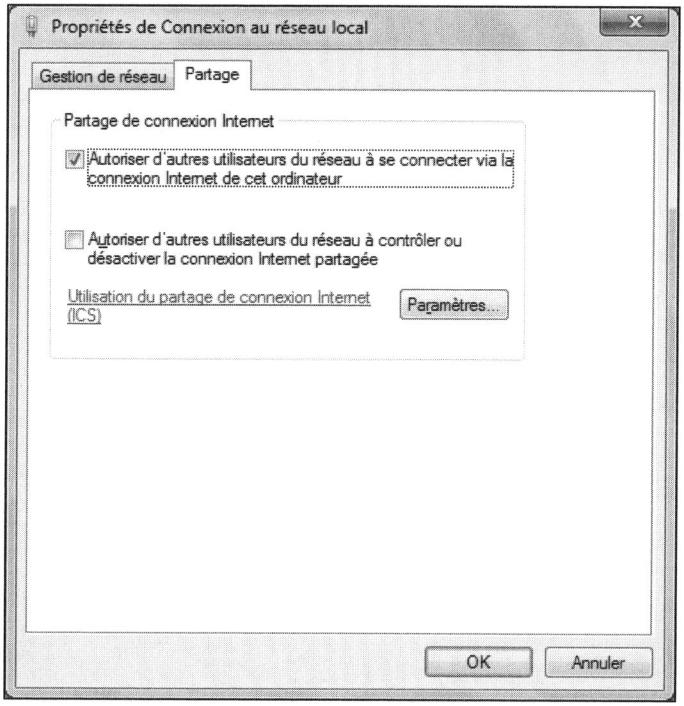

Figure 31-43 Partage d'une connexion Internet.

7. Cliquez le bouton **OK** pour débuter le partage.

Système

Modifier le nom de l'utilisateur de l'installation

Windows enregistre votre nom et celui de votre société à l'installation. Si ceux-ci sont erronés, vous pouvez les modifier dans le Registre.

Attention Cette astuce nécessite de modifier le Registre, consultez éventuellement le chapitre 30.

1. Tapez + **R**.
2. Tapez **Regedit** puis **Entrée** dans la boîte Exécuter.
3. Recherchez la clé `HKEY_LOCAL_MACHINE\SOFTWARE\Microsoft\Windows NT\CurrentVersion`.
4. Double-cliquez la valeur **RegisteredOwner**.
5. Tapez le nouveau nom dans la zone Données de la valeur.

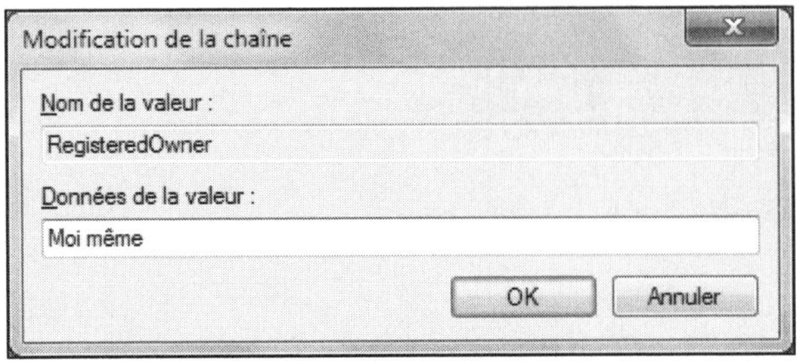

Figure 31-44 Modification du nom d'utilisateur.

6. Cliquez le bouton **OK**.
7. Double-cliquez la valeur **RegisteredOrganization**.
8. Tapez le nouveau nom de votre société dans la zone Données de la valeur. Vous pouvez aussi supprimer l'ancienne valeur et laisser la zone vide. Cliquez le bouton **OK**.

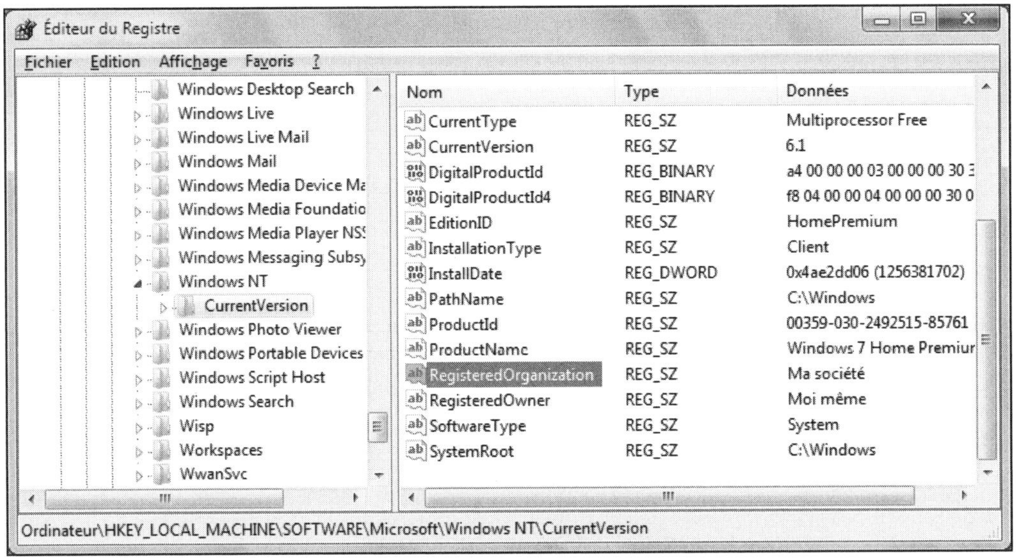

Figure 31-45 Modification du nom d'utilisateur dans le Registre.

9. Fermez l'Éditeur du Registre.

   Les modifications sont prises en compte immédiatement.

10. Cliquez le bouton **Démarrer**.
11. Tapez **Winver** dans la zone **Rechercher** et validez avec la touche **Entrée**.

La boîte de la figure 31-46 affiche la version de Windows, ainsi que le nom de l'utilisateur enregistré et le nom de la société ou de l'organisme.

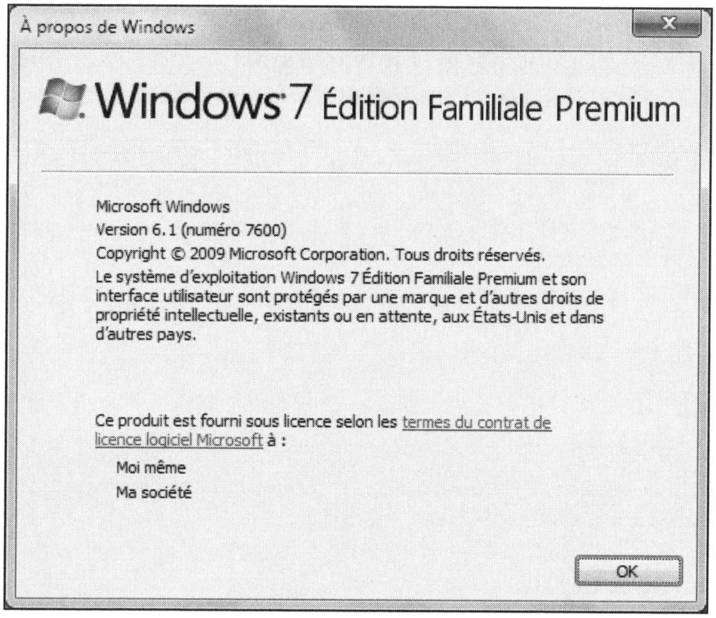

Figure 31-46 Version de Windows et nom d'utilisateur.

Note Si vous avez acheté une machine d'occasion, que le précédent propriétaire vous a fourni le DVD d'origine de Windows et qu'il n'utilise pas la licence correspondante sur un autre ordinateur, vous pouvez modifier votre nom sur cette machine comme expliqué précédemment.

Simplifier l'accès à un programme

Si vous êtes un adepte du clavier, vous pouvez faciliter l'accès à un programme, à partir de la boîte Exécuter, en créant un chemin d'accès simplifié.

Attention Cette astuce nécessite d'accéder au Registre. Pour plus d'informations, reportez-vous au chapitre 30.

1. Tapez + **R**.
2. Tapez **Regedit** puis **Entrée** dans la boîte Exécuter.
3. Sélectionnez la clé `HKEY_LOCAL_MACHINE\SOFTWARE\Microsoft\Windows\CurrentVersion\App Paths`.
4. Cliquez le menu **Edition** ➜ **Nouveau** ➜ **Clé**.

5. Tapez le nom à utiliser suivi de l'extension .exe (même si le nom avec l'extension .exe ne correspond pas à un nom de programme existant). Dans l'exemple, nous créons une clé E.exe pour accéder plus rapidement à Microsoft Excel.

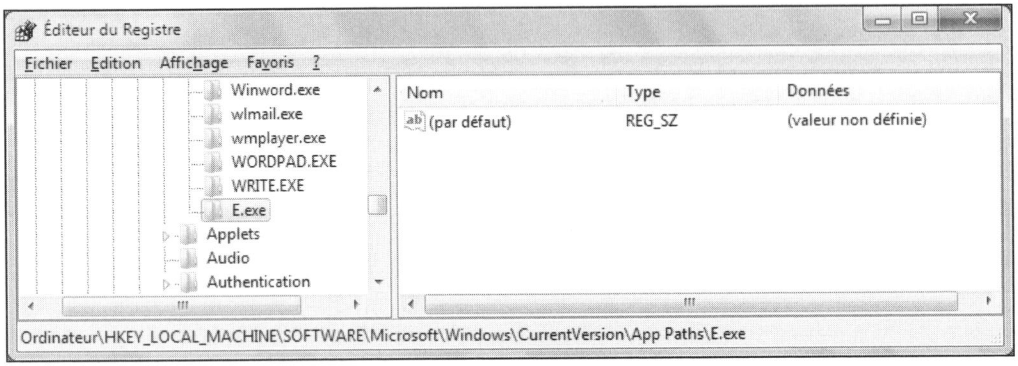

Figure 31-47 Ajout d'un d'accès à un programme dans le Registre.

6. Double-cliquez la valeur **(par défaut)**.
7. Tapez le chemin complet de l'application dans la zone Données de la valeur.

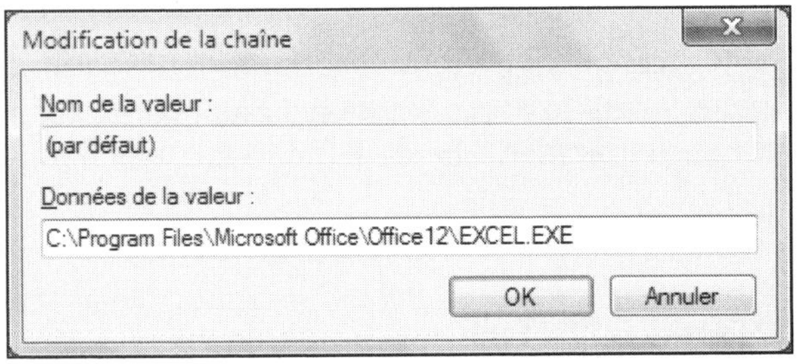

Figure 31-48 Ajout du chemin d'accès au programme.

8. Cliquez **OK** pour valider.

Note Pour obtenir le chemin complet d'une application, cliquez son raccourci avec le bouton droit, puis la commande **Propriétés** dans le menu contextuel. Le chemin apparaît dans la zone **Cible** (onglet **Raccourci**).

9. Fermez l'Éditeur du Registre.

   La modification est prise en charge immédiatement.

   Vous pouvez maintenant utiliser votre raccourci dans la boîte Exécuter.

10. Tapez + **R**.
11. Tapez le chemin simplifié dans la zone **Ouvrir**, puis appuyez sur **Entrée**.

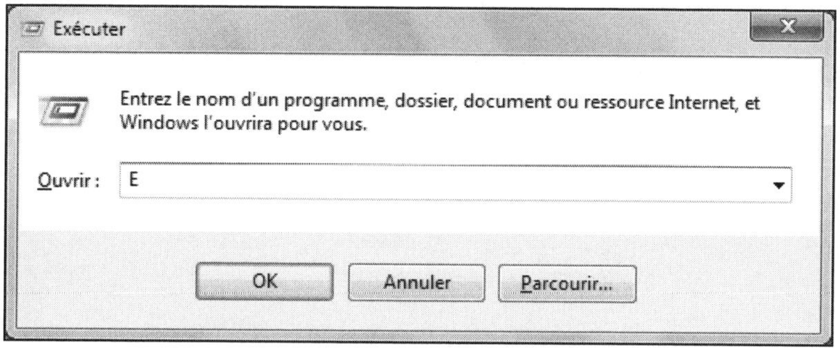

Figure 31-49 Accès simplifié à un programme.

Dans notre exemple, il suffit de taper **E** puis **Entrée** pour accéder au tableur Microsoft Excel.

Modifier la mise à jour automatique de l'heure

Par défaut, Windows met à jour l'horloge de votre PC, *via* Internet, une fois par semaine. Modifiez ce laps de temps directement dans le Registre.

Attention Cette astuce nécessite d'accéder au Registre. Reportez-vous au chapitre 30 pour plus d'informations.

1. Tapez + **R**.
2. Tapez **Regedit** puis **Entrée** dans la boîte Exécuter.
3. Recherchez la clé `HKEY_LOCAL_MACHINE\SYSTEM\ControlSet001\Services\W32Time\TimeProviders\NtpClient`.
4. Double-cliquez la valeur **SpecialPollInterval**.
5. Cliquez l'option **Décimale**.
6. Tapez le délai en secondes dans la zone Données de la valeur (86 400 secondes correspondent à 24 heures).

Note La valeur par défaut est 604 800 (7 jours).

7. Cliquez le bouton **OK** pour mettre à jour la valeur.

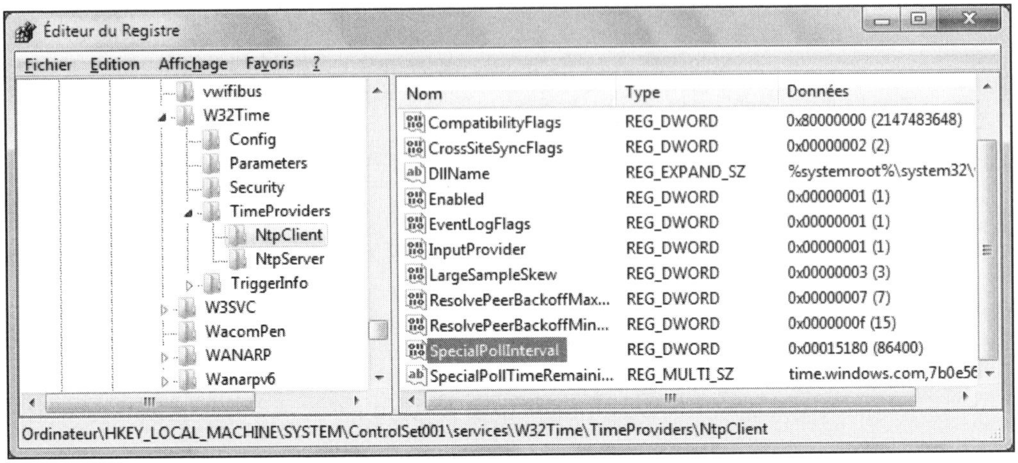

Figure 31-50 Modification de la mise à jour de l'heure dans le Registre.

8. Fermez l'Éditeur du Registre.

Pour que les modifications soient prises en compte, vous devez redémarrer Windows.

Arrêter Windows d'un double clic

Si vous utilisez souvent les raccourcis sur le bureau, vous pouvez en ajouter un pour arrêter Windows.

1. Cliquez du bouton droit le fond du Bureau.
2. Cliquez **Nouveau ➜ Raccourci** dans le menu contextuel.
3. Tapez **Shutdown.exe -s -t 0**.

   Le paramètre -s indique que vous désirez stopper l'ordinateur. Le paramètre -t X indique le temps avant l'arrêt. Remplacez X par le nombre de secondes (0 pour un arrêt immédiat).

   Vous pouvez aussi ajouter les paramètres suivants :

- -i pour déconnecter l'utilisateur en cours ;
- -f pour forcer la fermeture des applications ;
- -c «message» pour afficher un message à la fermeture (127 caractères maximum).

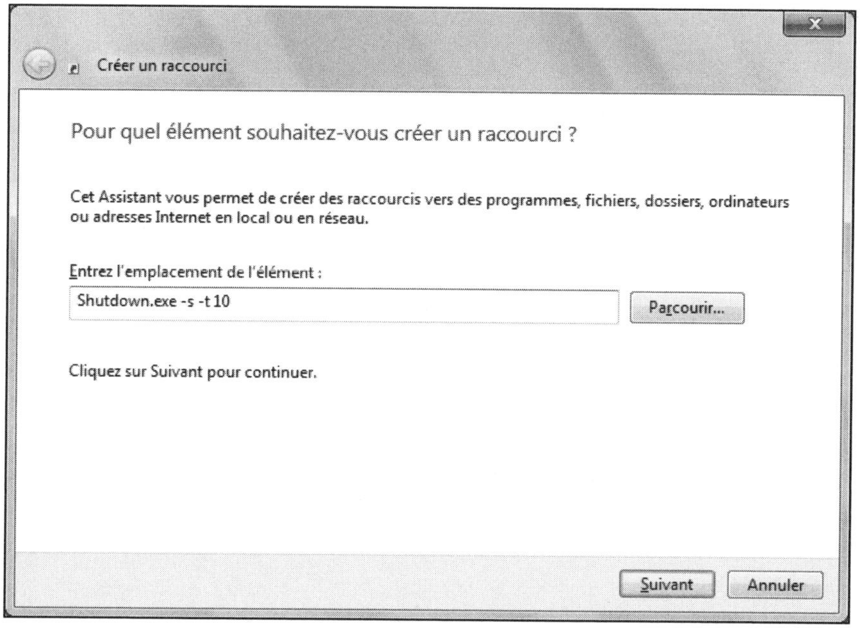

Figure 31-51 Création d'un raccourci pour la fermeture de Windows.

4. Cliquez le bouton **Suivant**.
5. Tapez le nom du raccourci, par exemple Fermer Windows.
6. Cliquez le bouton **Terminer**.

   Le programme Shutdown ne contient pas d'icône. Vous devez en choisir une parmi celles proposées par Windows.

7. Cliquez avec le bouton droit le raccourci.
8. Cliquez la commande **Propriétés** dans le menu contextuel.
9. Dans l'onglet Raccourci, cliquez le bouton **Changer d'icône**.
10. Sélectionnez une icône, par exemple celle choisie dans la figure 31-52.

Figure 31-52 Choix de l'icône pour le raccourci de fermeture de Windows.

11. Cliquez le bouton **OK**.
12. Cliquez le bouton **OK** dans la boîte Propriétés.

Vous pouvez maintenant fermer Windows en cliquant ou double-cliquant le raccourci.

Figure 31-53 Raccourci sur le Bureau pour fermer Windows.

Si vous avez choisi une durée avant la fermeture, une boîte affiche un compte à rebours. Comme elle ne possède que le bouton **Fermer**, vous ne pouvez pas annuler la fermeture de la machine.

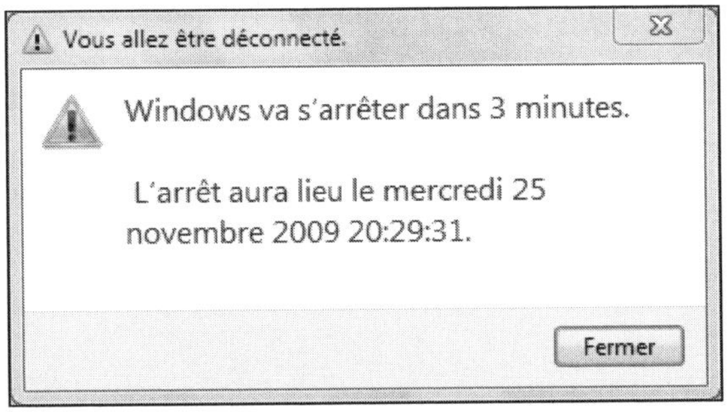

Figure 31-54 Boîte de fermeture automatique de Windows.

Convertir des données

Pour convertir des données dans des bases différentes, vous pouvez utiliser la calculatrice de Windows (bouton **Démarrer** → **Tous les programmes** → **Accessoires** → **Calculatrice**).

Dans la calculatrice, cliquez le menu **Affichage** → **Programmeur**. Cliquez l'option correspondant à la base de votre nombre, par exemple **Bin** pour un nombre binaire. Tapez le nombre.

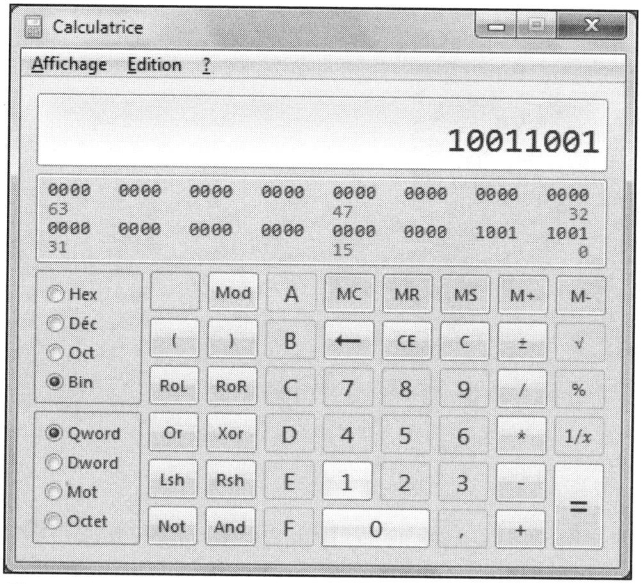

Figure 31-55 Calculatrice Windows avec l'affichage scientifique.

Cliquez l'option correspondant à la base dans laquelle vous désirez convertir le nombre, par exemple **Déc** pour une conversion en décimal.

Utiliser les disquettes

Les disquettes ont longtemps fait partie des supports les plus répandus, mais leur usage tend désormais à se raréfier. Elles permettent d'échanger des fichiers avec d'autres personnes en possession d'un PC, mais aussi avec ceux qui utilisent un Mac.

Attention Les disquettes sont des supports fragiles. Ne les stockez pas près d'une source magnétique (haut-parleur, écran, photocopieuse, *etc.*) ou près d'une source de chaleur (dessus d'écran, radiateur, *etc.*).

Formater une disquette

Le formatage consiste à préparer une disquette à recevoir des informations dans un format particulier. Les disquettes que vous achetez dans le commerce sont généralement formatées pour le PC. Mais il arrive parfois que des disquettes ne fonctionnent plus correctement. Si c'est le cas, ou si les disquettes en votre possession ne sont pas formatées ou proviennent d'un autre système, vous devez les formater ou les reformater.

Note Les disquettes peuvent être protégées physiquement contre l'écriture comme une cassette audio ou vidéo. Poussez le loquet vers le haut pour la protéger. Deux trous sont alors visibles (figure 31-56).

Figure 31-56 Disquette protégée (à gauche) et non protégée (à droite).

1. Insérez la disquette dans le lecteur.

Attention Le formatage supprime toutes les données des disquettes. Insérez uniquement des disquettes ne contenant pas de fichiers importants ou celles que vous ne pouvez plus lire et qui nécessitent obligatoirement un formatage.

2. Dans l'Explorateur, cliquez avec le bouton droit le lecteur de disquette **A:**.
3. Cliquez la commande **Formater** dans le menu contextuel.

   Windows ouvre la boîte de dialogue Formater Lecteur de disquettes.

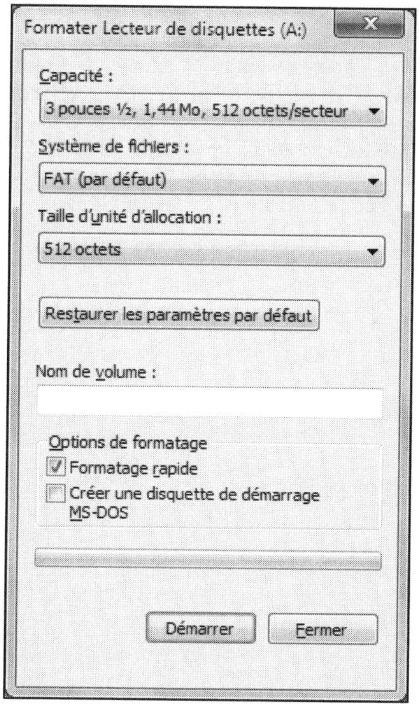

Figure 31-57 Formatage d'une disquette.

4. Cliquez le bouton **Démarrer**.

   Windows vous avertit de la perte des données après un formatage.

5. Cliquez le bouton **OK** pour débuter le formatage.
6. Dès que le formatage est terminé, cliquez le bouton **OK**.
7. Cliquez le bouton **Fermer** dans la boîte Formater Lecteur de disquettes.

Vous pouvez maintenant utiliser votre disquette pour enregistrer vos documents.

Note Si Windows affiche un message d'erreur pendant le formatage, cela signifie que votre disquette est très endommagée et le formatage n'y changera pas grand-chose. Vous ne pouvez plus l'utiliser.

Copier des fichiers ou des dossiers

La copie de fichiers ou de dossiers s'effectue comme pour les disques durs.

1. Sélectionnez les fichiers ou les dossiers à copier, y compris les dossiers compressés (voir chapitre 4).
2. Cliquez et faites glisser la sélection vers le lecteur de disquettes **A:**.

Dupliquer une disquette

Même avec un seul lecteur de disquette, vous pouvez dupliquer une de vos disquettes.

1. Dans l'Explorateur, cliquez avec le bouton droit le lecteur de disquette **A:**.
2. Cliquez la commande **Copie de disquette** dans le menu contextuel.
3. Dans la boîte de dialogue Copie de disquette, cliquez le bouton **Démarrer**.
4. Insérez dans le lecteur la disquette à dupliquer, puis cliquez le bouton **OK** dans la boîte qui s'affiche.
5. Insérez dans le lecteur la disquette de destination, puis cliquez **OK** dans la boîte qui s'affiche.

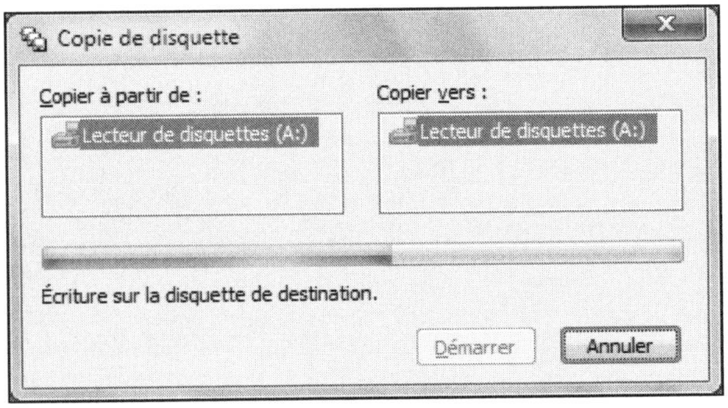

Figure 31-58 Duplication d'une disquette.

6. Cliquez le bouton **Fermer** dans la boîte Copie de disquette.

Conseil Pour éviter des erreurs de manipulation, protégez en écriture la disquette à copier, et déprotégez la disquette de destination.

Chapitre
32

Dépanner Windows 7

Dans ce chapitre

Dépannage rapide

Vérifier la compatibilité des programmes

Si l'un de vos programmes ne fonctionne plus alors qu'il ne posait aucun problème avec une ancienne version de Windows, ne désespérez pas. Il est possible de l'exécuter dans un mode compatible.

1. Tapez [Windows] + **R** pour ouvrir la boîte Exécuter.
2. Tapez `msdt.exe -id PCWDiagnostic` dans la zone **Ouvrir** puis validez avec la touche **Entrée**.
3. Cliquez le bouton **Suivant** dans la première boîte.
4. Sélectionnez le programme dans la liste. Si le programme ne s'y trouve pas, sélectionnez **Non répertorié**.

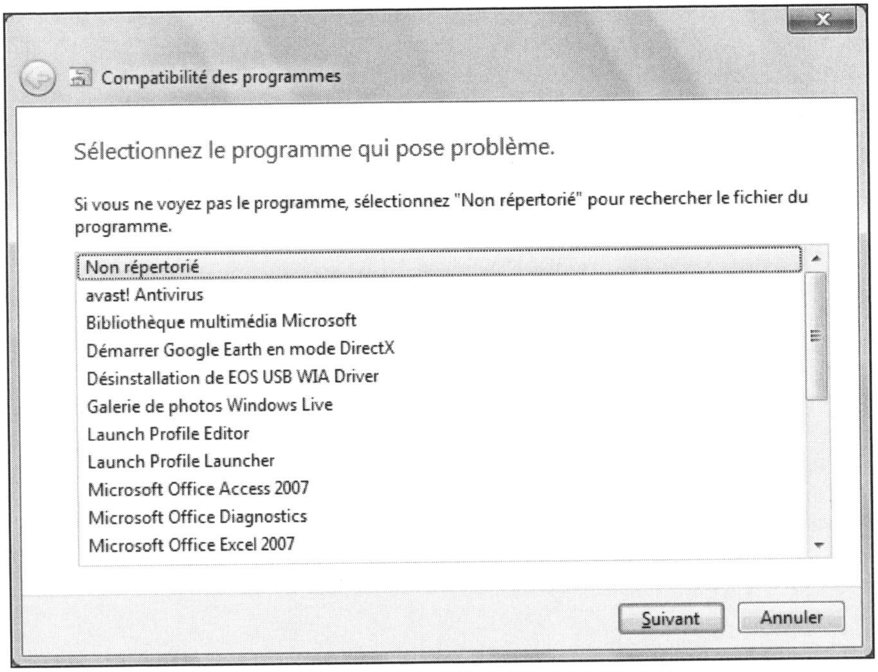

Figure 32-1 Liste des programmes installés dans votre ordinateur.

Si vous avez choisi **Non répertorié** à l'étape **4**, vous devez définir l'emplacement du programme.

5. Tapez le chemin complet du programme, ou cliquez le bouton Parcourir pour le rechercher.

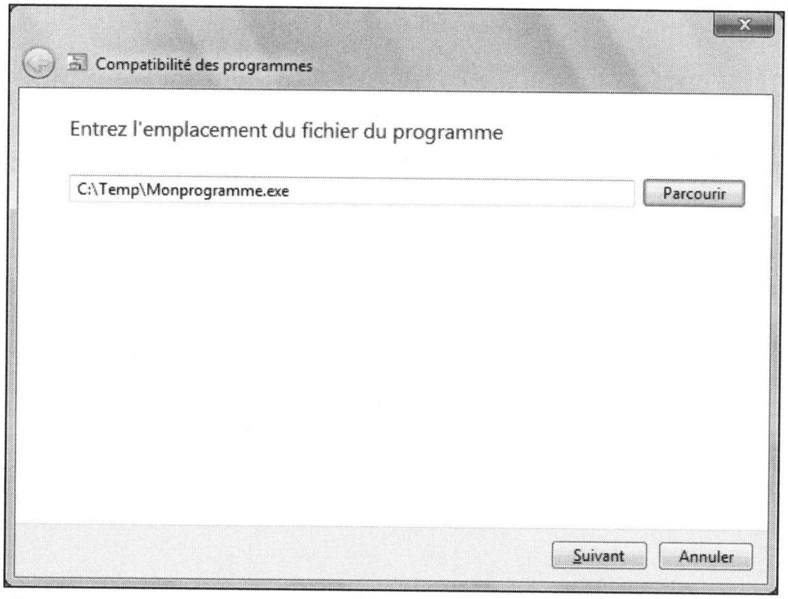

Figure 32-2 Emplacement du programme non répertorié.

6. Cliquez le bouton **Suivant**.
7. Cliquez l'option **Dépanner le programme** (l'option **Essayer les paramètres recommandés** a probablement été testée par Windows lors de l'installation ou l'exécution du programme).
8. Cochez la ou les cases qui correspondent au problème.

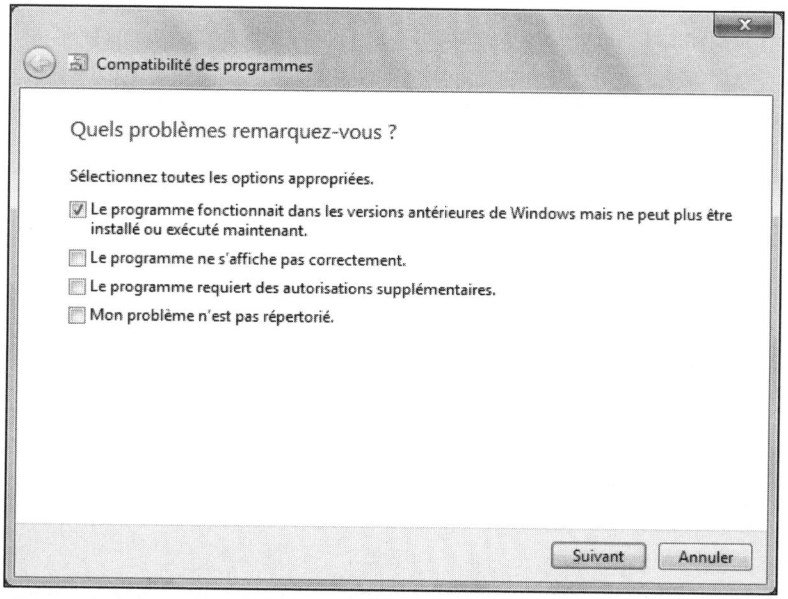

Figure 32-3 Types de problèmes rencontrés par le programme.

9. Cliquez le bouton **Suivant**.

   Les étapes suivantes dépendent des choix effectués à l'étape **8**. Suivez les instructions de l'assistant.

   La dernière étape liste les modifications nécessaires pour exécuter correctement le programme.

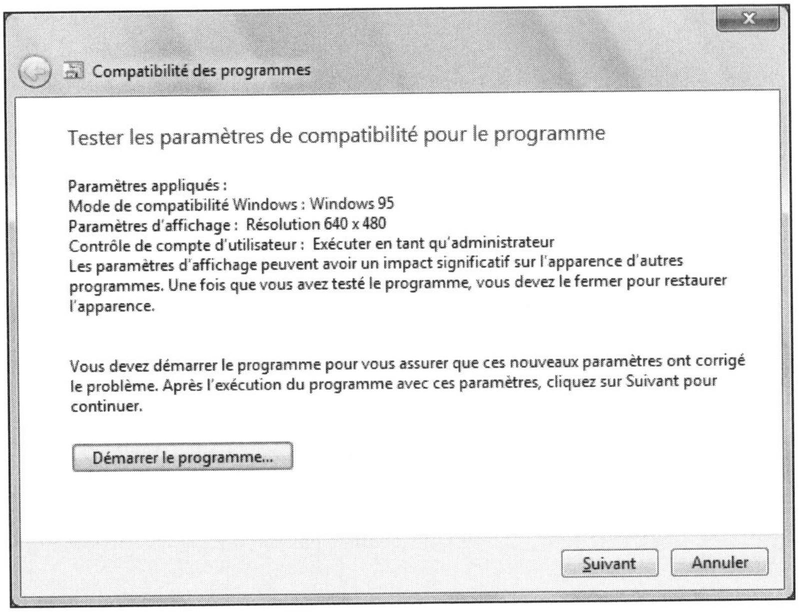

Figure 32-4 Liste des modifications.

10. Cliquez le bouton **Démarrer le programme** pour tester les modifications. Éventuellement, cliquez le bouton **Oui** pour donner votre autorisation.

11. Vérifiez le fonctionnement du programme, puis fermez-le.

12. Cliquez le bouton **Suivant** (figure 32-4).

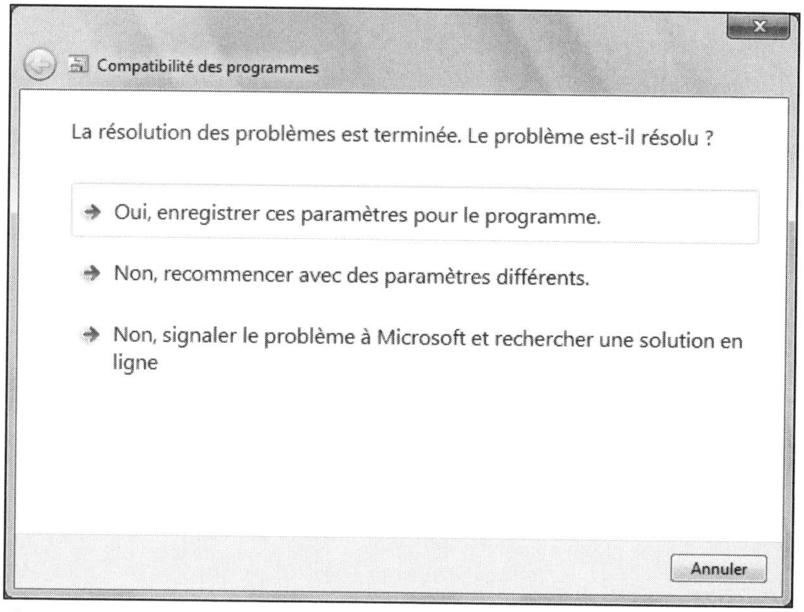

Figure 32-5 Questions sur les résultats obtenus.

13. Cliquez une des options proposées en fonction du résultat.

Note Si vous cochez **Non, recommencer avec des paramètres différents**, l'assistant revient au début.

Modifier directement le mode de compatibilité

1. Cliquez avec le bouton droit, dans le menu Démarrer ou dans l'Explorateur, l'icône du programme qui n'est pas compatible.
2. Cliquez la commande **Propriétés** dans le menu contextuel.
3. Dans la boîte Propriétés, cliquez l'onglet **Compatibilité**.

Vous retrouvez ici toutes les options proposées par l'assistant.

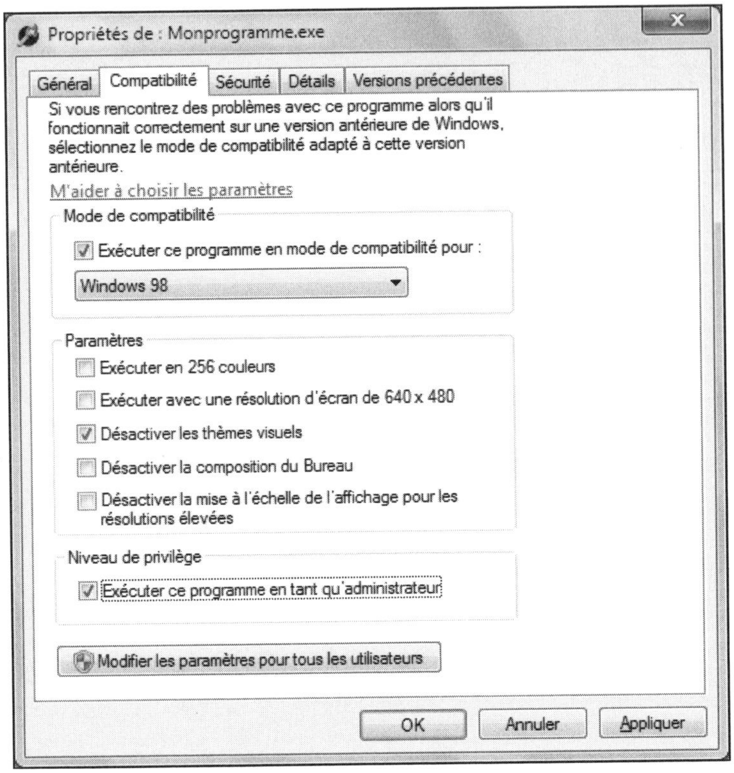

Figure 32-6 Boîte de compatibilité d'un programme.

Rechercher les pilotes non signés

Dans la grande majorité des cas, ce sont les pilotes des périphériques qui posent des problèmes. Windows propose un utilitaire pour détecter les pilotes non signés numériquement.

1. Tapez ⊞ + **R** pour ouvrir la boîte Exécuter.
2. Tapez **sigverif** puis validez avec la touche **Entrée**.

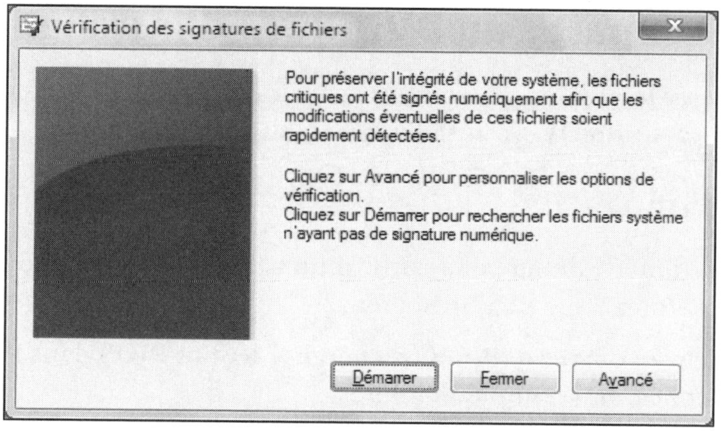

Figure 32-7 Utilitaire de vérification des fichiers système.

3. Cliquez le bouton **Démarrer** pour débuter la recherche.

   La boîte de la figure 32-8 affiche la liste des pilotes non signés.

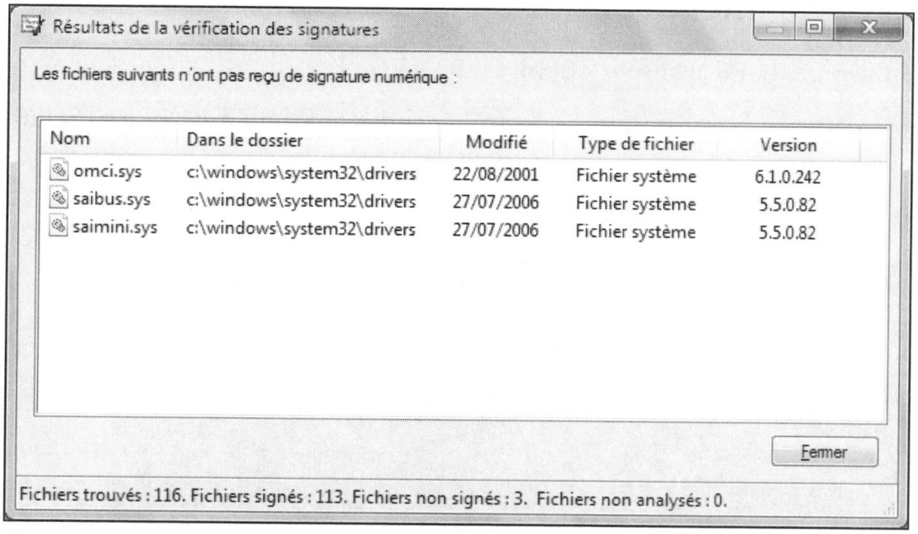

Figure 32-8 Liste des pilotes non signés.

4. Cliquez le bouton **Fermer**.

Pour vérifier un pilote, recherchez-le dans l'Explorateur à partir des informations de la figure 32-8 (nom et dossier). Cliquez-le avec le bouton droit puis cliquez la commande **Propriété**. Dans l'onglet **Détails** de la boîte Propriété de, vous trouverez l'origine du pilote. Au besoin, mettez-le à jour (consultez le chapitre 25).

Réparer Windows à partir du DVD-ROM d'installation

Si vous ne pouvez pas réparer les fichiers corrompus car Windows ne peut pas s'exécuter, essayez de démarrer à partir du DVD d'installation.

Démarrer à partir d'un DVD

La plupart des BIOS permettent de démarrer à partir d'un CD/DVD. Il suffit pour cela de modifier la séquence de démarrage de l'ordinateur.

1. Redémarrez l'ordinateur et ouvrez le BIOS (recherchez le mot BIOS dans l'index de ce livre pour des explications complémentaires).
2. Changez la séquence de démarrage (généralement le paramètre **Boot sequence**) pour qu'elle débute sur le CD/DVD.
3. Enregistrez les paramètres et fermez le BIOS.

Réparer l'installation de Windows

Après redémarrage, le PC utilise les fichiers du DVD.

1. Cliquez le bouton Suivant dans la première boîte qui demande les paramètres de langue.
2. Cliquez le lien **Réparer l'ordinateur**.

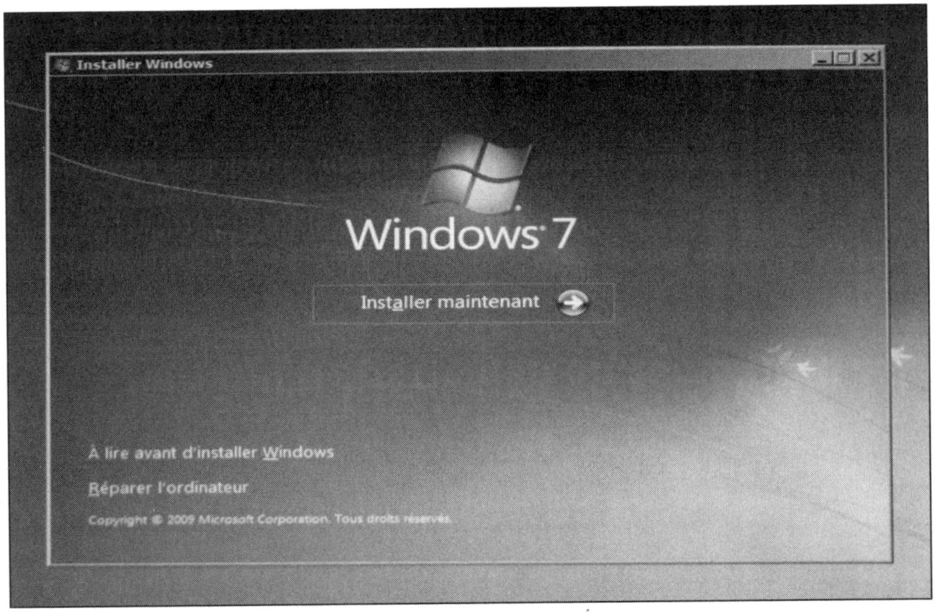

Figure 32-9 Démarrage à partir du DVD d'installation de Windows 7.

3. Suivez les instructions de réparation.

Modifier la configuration de démarrage

Pour rechercher un problème qui empêche Windows de démarrer correctement, utilisez l'utilitaire de configuration système.

1. Tapez [Windows] + **R**.
2. Tapez **msconfig** puis **Entrée** dans la boîte Exécuter.

   L'option **Démarrage en mode diagnostic** est semblable à un démarrage en mode sans échec.
3. Cochez l'option **Démarrage sélectif**.
4. Décochez les options que vous ne désirez pas exécuter au démarrage.

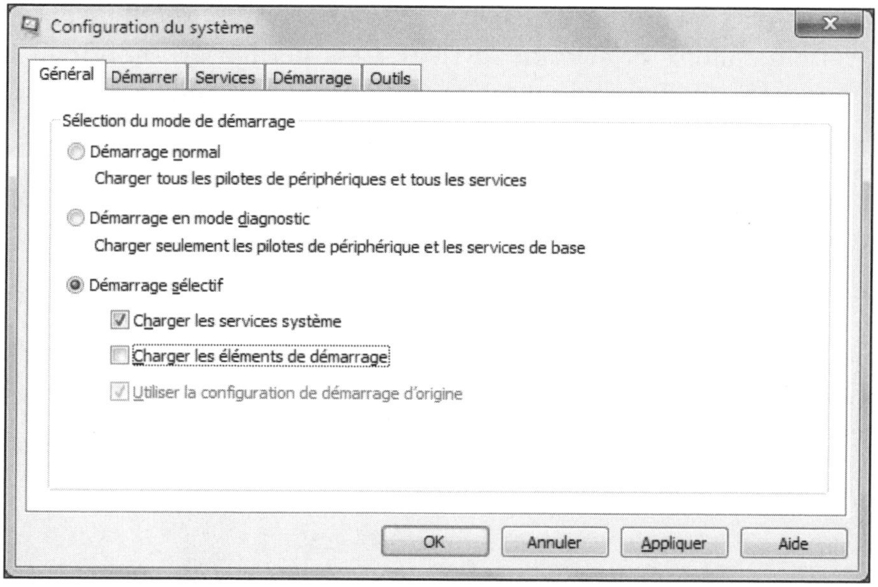

Figure 32-10 Configuration de démarrage de Windows.

Vous pouvez aussi laisser une option cochée, puis décochez un à un les programmes à ne pas exécuter dans l'onglet correspondant.

5. Cliquez le bouton **OK**.

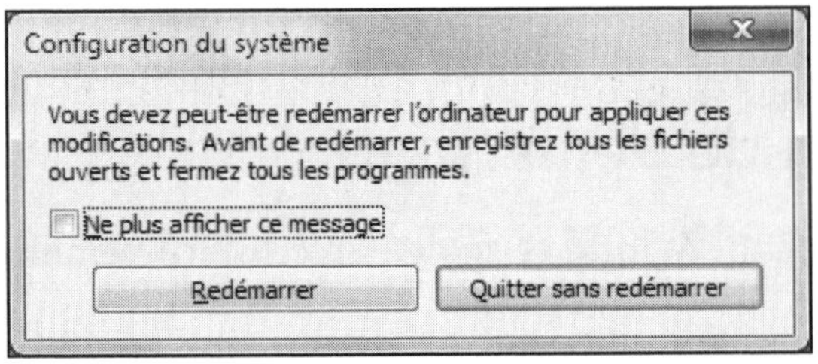

Figure 32-11 Redémarrage de l'ordinateur après les modifications.

Pour que les modifications soient prises en compte immédiatement, vous devez redémarrer l'ordinateur.

6. Cliquez le bouton **Redémarrer**.

Démarrer en mode sans échec

Dans le mode sans échec, Windows démarre avec le strict minimum. Il ne charge pas, entre autres, certains pilotes et certains services. Cela permet de supprimer le problème, généralement l'installation d'un pilote de périphérique non compatible.

1. Démarrez ou redémarrez l'ordinateur.
2. Dès la fin de la séquence du BIOS (généralement après un bip sonore), appuyez sur la touche **F8**.
3. Sélectionnez avec les flèches **Mode sans échec**, puis appuyez sur la touche **Entrée**.

Note Choisissez **Mode sans échec avec prise en charge réseau** si vous avez besoin du réseau local pour résoudre le problème. Consultez aussi les autres solutions proposées, elles peuvent peut-être vous dépanner.

Windows démarre en mode sans échec.

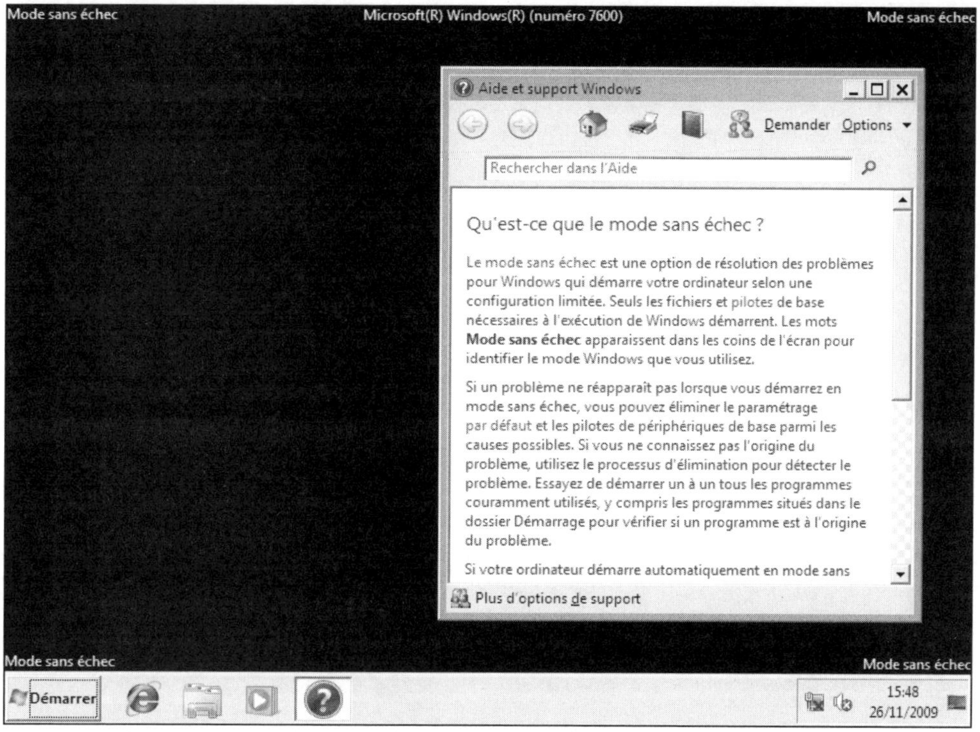

Figure 32-12 Windows 7 en mode sans échec.

Désinstallez le pilote ou le programme qui pose problème. Vous pouvez aussi effectuer une restauration du système.

Résoudre les problèmes de restauration

Si vous avez des problèmes avec la restauration du système, vérifiez les points suivants.

Vérifier que le service de restauration est démarré

Pour être sûr que Windows crée régulièrement des points de restauration, vous devez vous assurer que ce service est activé.

1. Cliquez le bouton **Démarrer ➜ Panneau de configuration**.
2. Cliquez l'icône **Outils d'administration**, puis double-cliquez l'icône **Services**.
3. Recherchez dans la liste **Sauvegarde Windows**.
4. Vérifiez que ce service est **Démarré**.

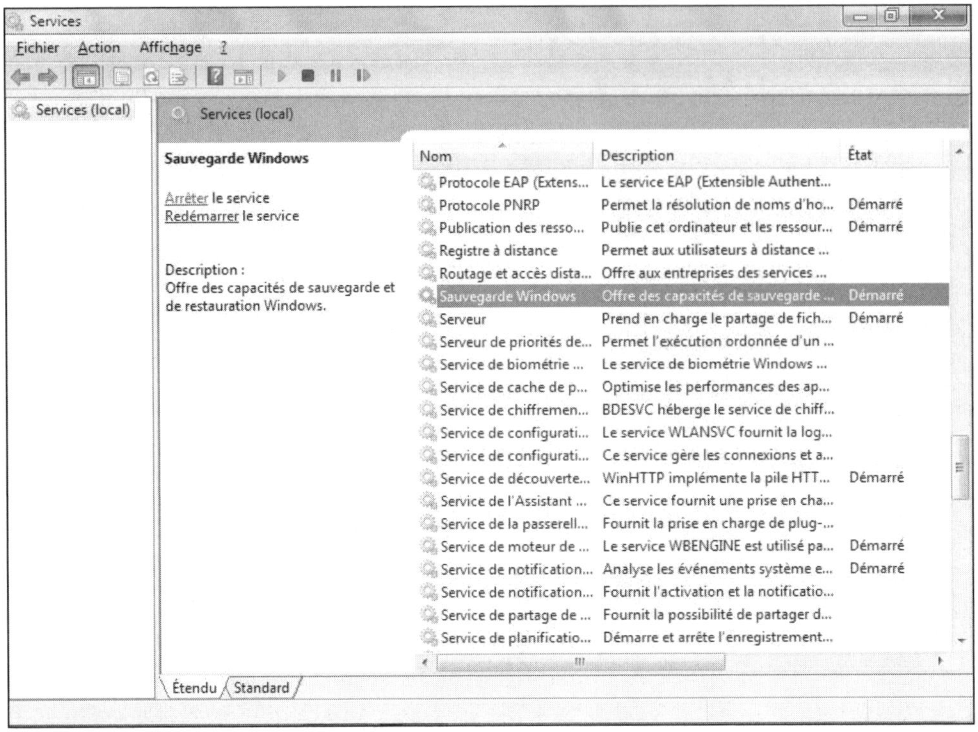

Figure 32-13 Liste des services actuellement disponibles.

Si vous êtes un adepte du clavier, vous pouvez aussi effectuer les opérations suivantes :

1. Tapez ⊞ + **R**.
2. Tapez **cmd** puis **Entrée** dans la boîte Exécuter.
3. À l'invite de commandes, tapez **net start** puis **Entrée**.
4. Vérifiez que le service **Sauvegarde Windows** est bien dans la liste.

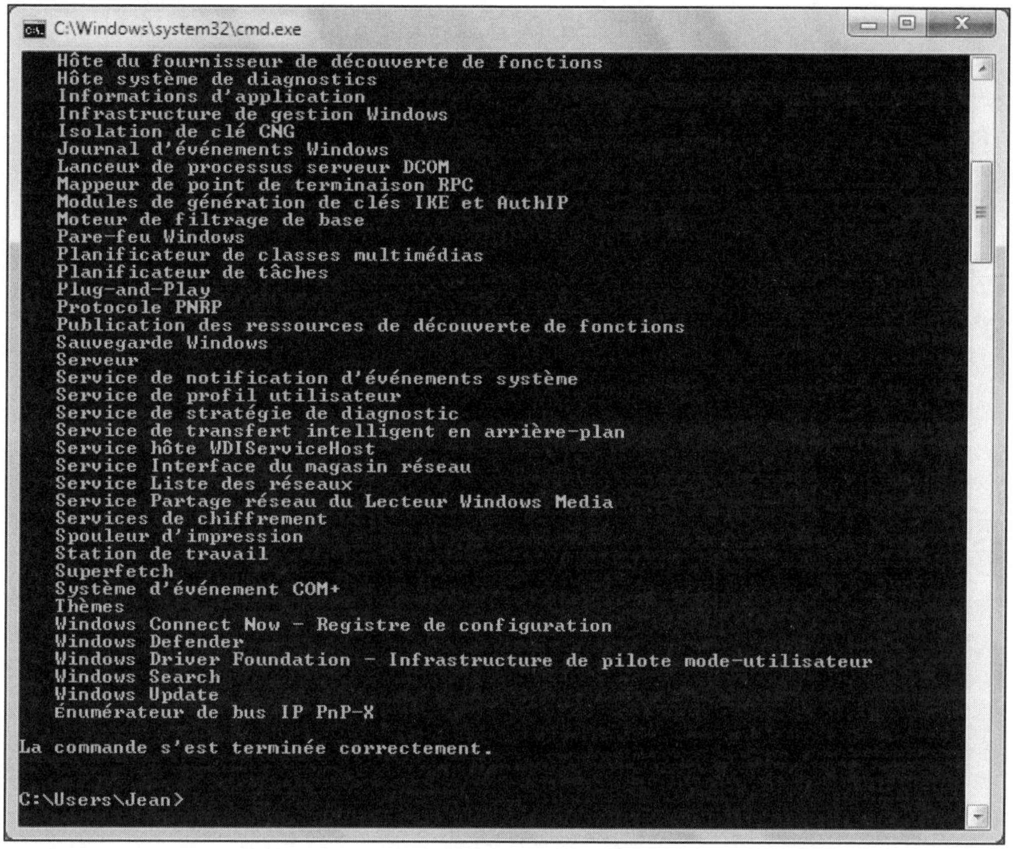

Figure 32-14 Liste des services actuellement démarrés.

5. Tapez **exit** pour fermer la fenêtre.

Effectuer la restauration en mode sans échec

Si vous n'arrivez pas à restaurer votre ordinateur, vous pouvez essayer de le faire en mode sans échec.

1. Redémarrez l'ordinateur et choisissez le mode sans échec.
2. Effectuez la restauration (consultez le chapitre 25).

Astuce Si votre souris ne fonctionne pas en mode sans échec, effectuez les opérations suivantes à partir du clavier : tapez ⊞ pour ouvrir le menu Démarrer (si vous n'avez pas la touche ⊞, appuyez sur **Ctrl + Echap**). Naviguez dans les menus avec les quatre flèches de direction. Quand vous avez sélectionné l'icône **Restauration du système**, appuyez sur **Entrée**. Pour passer la demande d'autorisation, appuyez sur la flèche gauche puis sur **Entrée**. Pour passer à l'étape suivante dans l'assistant de restauration, appuyez sur **Alt + S**. Pour choisir le point de restauration, utilisez les flèches haut et bas.

Résoudre les problèmes d'arrêt et de redémarrage

Si l'ordinateur redémarre au lieu de s'arrêter, vous pouvez essayer l'astuce qui suit.

1. Tapez ⊞ + **Pause** pour afficher les propriétés du système.

Note Vous pouvez aussi cliquer du bouton droit l'icône **Ordinateur**, puis choisir **Propriétés** dans le menu contextuel.

2. Cliquez le lien **Protection du système** dans le volet gauche.
3. Cliquez l'onglet **Paramètres système avancés**.
4. Dans la zone Démarrage et récupération, cliquez le bouton **Paramètres**.
5. Décochez la case **Redémarrer automatiquement**.

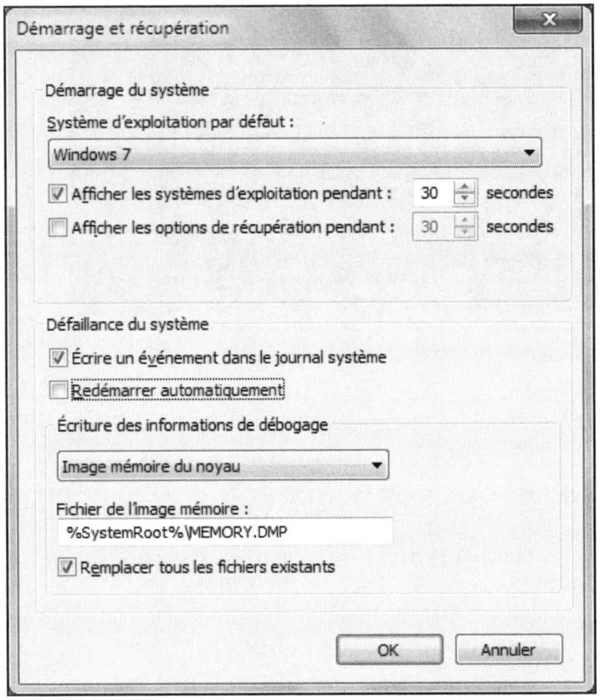

Figure 32-15 Suppression du redémarrage automatique.

6. Cliquez le bouton **OK**.

Note Si cette astuce règle le problème de redémarrage, elle n'en règle pas la cause pour autant. Vous devez donc trouver pourquoi Windows ne s'arrête pas correctement. Vous pourrez ensuite cocher de nouveau la case **Redémarrer automatiquement**.

Gestion des disques

Connaître la structure des disques durs

La console de Gestion de l'ordinateur ou MMC (Microsoft Management Console) permet de connaître la structure de l'ordinateur et en particulier celle des disques. Elle vous sera d'un grand secours pour gérer et modifier vos disques durs (partition, formatage, *etc.*), principalement si vous venez d'en installer un nouveau.

1. Cliquez le bouton **Démarrer**.
2. Cliquez avec le bouton droit **Ordinateur**.
3. Cliquez la commande **Gérer** dans le menu contextuel.
4. Dans la fenêtre Gestion de l'ordinateur, cliquez **Gestion des disques** dans la partie gauche.

Vous retrouvez ici la structure complète des disques durs, disques amovibles, lecteurs de CD/DVD-ROM et graveurs.

La partie en haut à droite donne des indications sur les lecteurs logiques.

La partie en bas à droite donne la structure de chaque lecteur physique : partition principale, partition étendue et lecteur logique à l'intérieur de chaque partition.

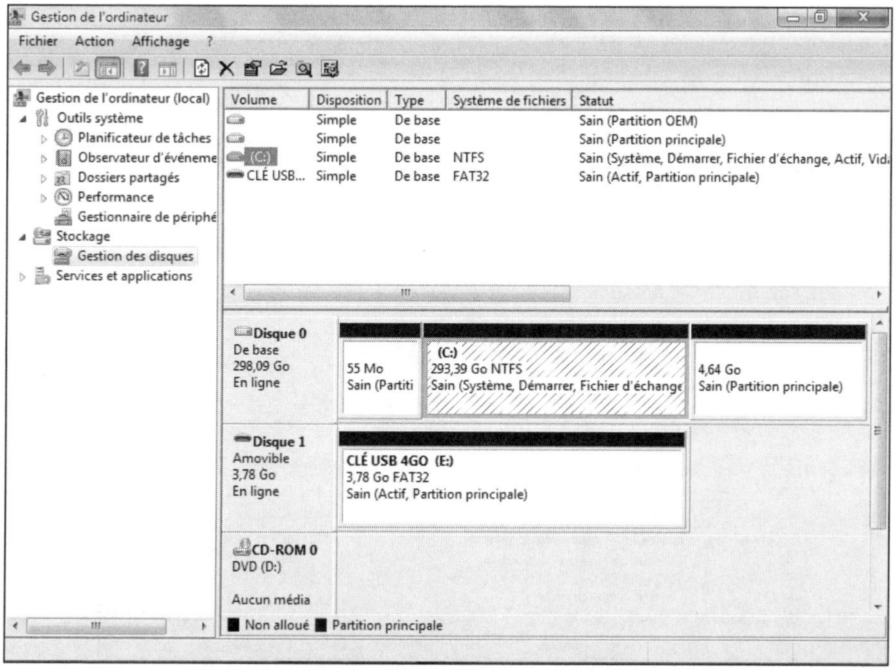

Figure 32-16 Structure des disques durs de l'ordinateur.

Note Référez-vous au symbole de couleur en bas de la fenêtre pour repérer la structure de chaque disque.

Modifier la lettre des lecteurs

La modification de la lettre d'un lecteur est intéressante si vous venez d'installer un nouveau disque dur. En revanche, vous ne devez pas changer la lettre de n'importe quel disque dur déjà utilisé, sous peine de voir certains programmes et raccourcis ne plus fonctionner.

Dans une configuration classique, la lettre C: correspond au disque dur principal, et la lettre D: au lecteur de DVD. Si vous ajoutez un nouveau disque dur, celui-ci prendra tout naturellement la lettre E:. Pour inverser les lettres du second disque dur avec celle du lecteur de DVD, vous devez utiliser la console de Gestion de l'ordinateur.

1. Ouvrez la console de Gestion de l'ordinateur (consultez le paragraphe précédent).
2. Cliquez **Gestion des disques** dans la partie gauche.
3. Cliquez du bouton droit le lecteur à modifier.
4. Cliquez la commande **Modifier la lettre de lecteur** dans le menu contextuel.

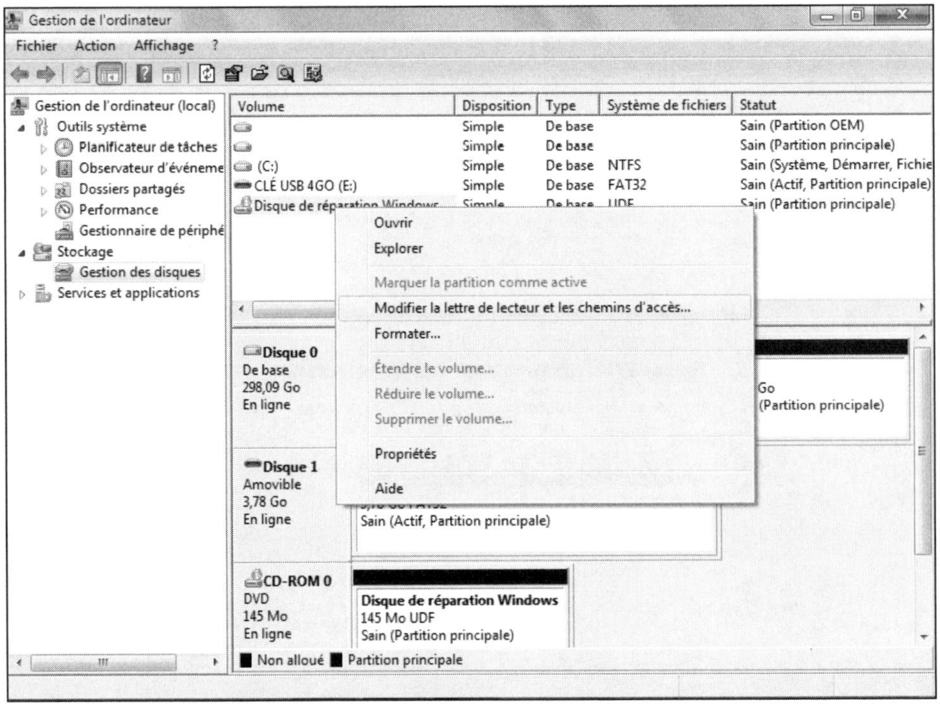

Figure 32-17 Modification de la lettre d'un lecteur.

5. Dans la boîte Modifier la lettre, cliquez le bouton **Modifier**.
6. Sélectionnez une nouvelle lettre dans la liste.

Astuce Il est impossible d'attribuer au lecteur une lettre déjà utilisée. Si vous désirez inverser les lettres des lecteurs D: et F:, donnez au lecteur F: une lettre inutilisée, par exemple G:, changez le lecteur D: en lecteur F:, puis changez le lecteur G: en lecteur D:. En revanche, il est possible d'utiliser la lettre d'un lecteur réseau. Pour éviter des confusions, il est préférable de déconnecter le lecteur réseau dans l'Explorateur avant d'utiliser la lettre qui lui a été attribuée.

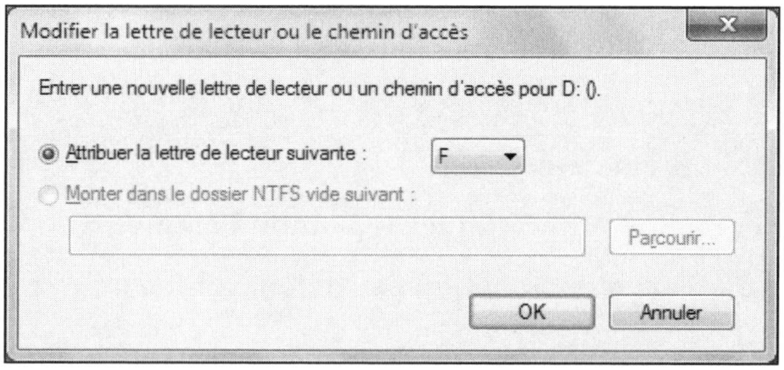

Figure 32-18 Choix de la nouvelle lettre pour le lecteur.

7. Cliquez le bouton **OK**.

Note Si vous avez choisi la lettre d'un lecteur réseau, une boîte vous informe de son remplacement. Si c'est le cas, cliquez le bouton **Oui** pour confirmer le changement de lettre.

8. Cliquez le bouton **Oui** pour confirmer le changement de lettre après avoir pris connaissance des problèmes que cela peut engendrer.

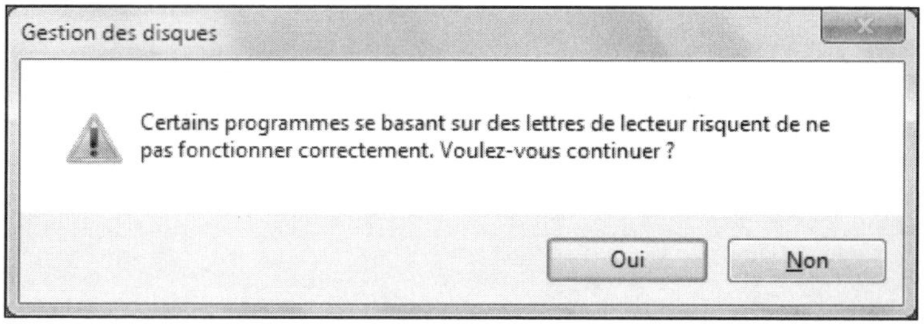

Figure 32-19 Confirmation du changement de lettre d'un lecteur.

Système

Choisir les options de démarrage

Si vous avez plusieurs systèmes d'exploitation qui cohabitent, vous pouvez choisir les options à appliquer lors du démarrage.

1. Tapez ⊞ + **Pause** pour afficher les propriétés du système.

Astuce Vous pouvez aussi cliquer du bouton droit l'icône **Ordinateur**, puis c la commande **Propriétés** dans le menu contextuel.

2. Cliquez le lien **Paramètres système avancés** dans le volet gauche.
3. Cliquez l'onglet **Paramètres système avancés.**
4. Dans la zone Démarrage et récupération, cliquez le bouton **Paramètres.**
5. Sélectionnez dans la liste **Système d'exploitation par défaut** celui à utiliser en priorité.
6. Pour utiliser uniquement le système d'exploitation choisi à l'étape **5**, décochez la case **Afficher les systèmes.**

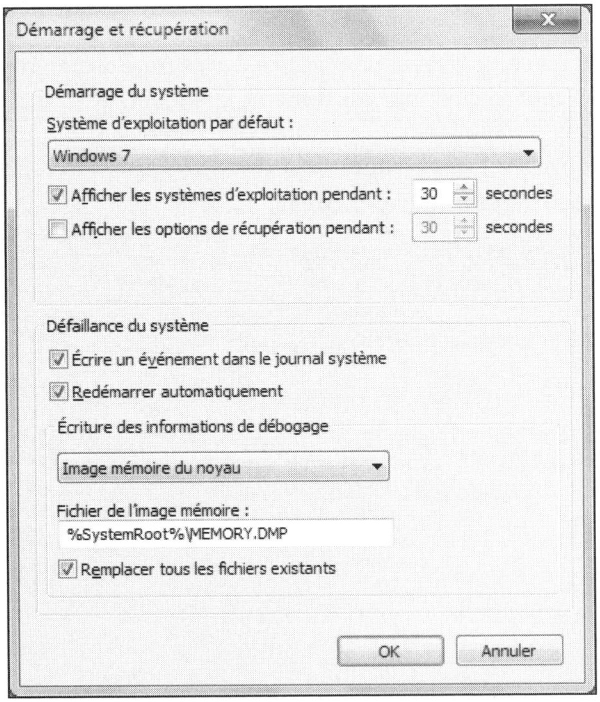

Figure 32-20 Options de démarrage de Windows 7.

7. Si vous désirez garder le choix des systèmes au démarrage, sélectionnez, dans la zone en regard de la case **Afficher les systèmes**, le nombre de secondes.

8. Cliquez le bouton **OK**.

Vérifier les processus en cours

Si vous trouvez que votre ordinateur est instable ou trop lent, le Gestionnaire des tâches peut vous aider à trouver le coupable et à solutionner le problème.

1. Appuyez sur **Ctrl** + **Alt** + **Suppr**.
2. Cliquez le bouton **Ouvrir le gestionnaire des tâches**.

Astuce Vous pouvez aussi cliquer du bouton droit une zone vide de la barre des tâches, puis la commande **Démarrer le Gestionnaire des tâches** dans le menu contextuel. Autre solution, tapez ⊞ + **R**, puis **Taskmgr** puis **Entrée**.

Applications en cours

1. Cliquez l'onglet **Applications.**

Vous retrouvez ici toutes les applications en cours d'exécution (les applications que vous avez vous-même lancées).

Si une application pose des problèmes, vous pouvez l'arrêter. Vous perdrez cependant le document en cours. Si vous décidez de prendre cette décision, c'est probablement parce que le programme ne répond plus. Dans ce cas, de toute façon, le document sera perdu.

1. Cliquez l'application à arrêter dans la liste **Tâches**.
2. Cliquez le bouton **Fin de tâche**.

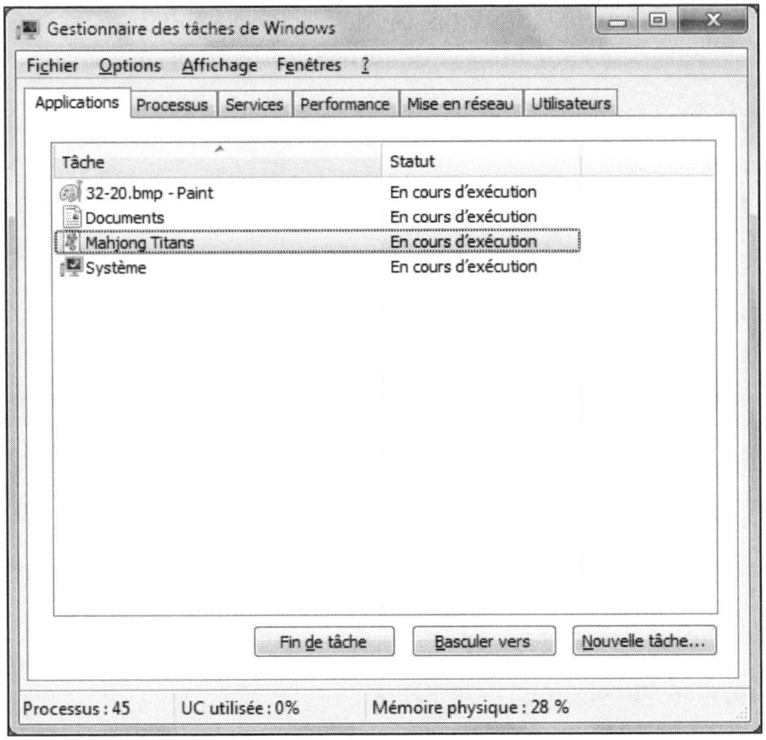

Figure 32-21 Liste des tâches en cours.

Processus en cours

1. Cliquez l'onglet **Processus**.
2. Pour afficher tous les processus, cliquez le bouton **Afficher les processus de tous les utilisateurs** (ce bouton devient ensuite une case à cocher).

Les processus sont des programmes exécutés par Windows. Ils gèrent les fonctions essentielles du système d'exploitation, comme les réseaux, les imprimantes, *etc.* On trouve aussi dans la liste vos applications. Notez que les programmes réduits dans la zone de notification apparaissent ici, mais pas dans la liste Tâches de l'onglet Applications.

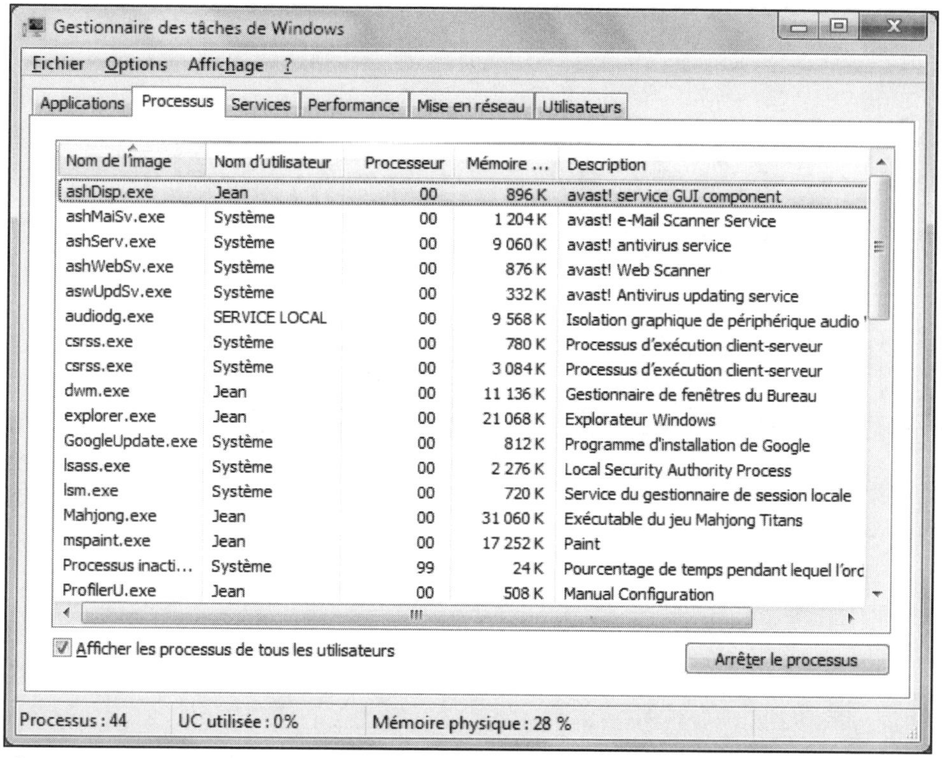

Figure 32-22 Liste des processus en cours.

Chaque processus utilise de la mémoire et sollicite le processeur. C'est ici que vous pouvez déterminer le logiciel qui sature éventuellement votre PC. Comme pour les applications, vous pouvez arrêter un processus. Cependant, vous devez être sûr de ne pas en stopper un qui rende instable votre ordinateur. La colonne **Nom d'utilisateur** indique l'origine du processus. En temps normal, vous ne devez pas stopper des processus autres que les vôtres.

Performances du PC

1. Cliquez l'onglet **Performances**.

Cette boîte affiche, sous forme graphique, l'utilisation du processeur et de la mémoire. Elle donne donc un historique du fonctionnement du PC.

Note Il s'agit ici de l'utilisation globale. Pour connaître le détail de chaque programme, consultez l'onglet **Processus**.

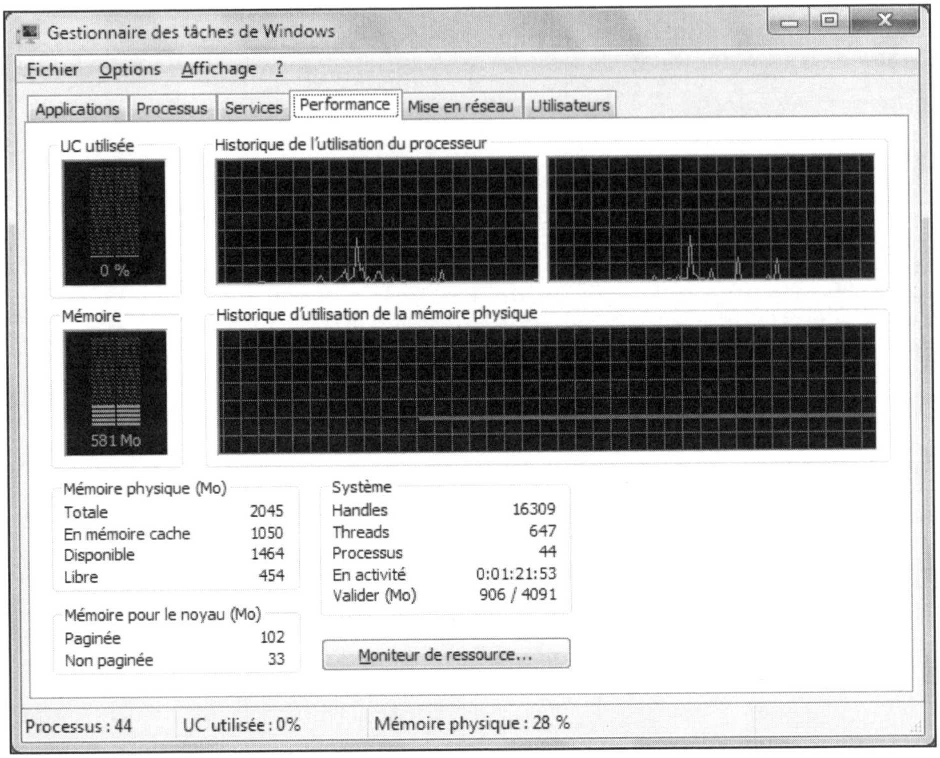

Figure 32-23 Performances de l'ordinateur.

Performances réseau

Si vous êtes en réseau, et également connecté à Internet, vous pouvez vérifier l'utilisation de vos connexions.

1. Cliquez l'onglet **Mise en réseau**.

Ici aussi, l'utilisation des réseaux s'affiche sous forme graphique.

Si votre PC est utilisé comme serveur (s'il partage des ressources, disques ou imprimantes), un excès de demande des autres ordinateurs peut faire baisser les performances globales de votre machine.

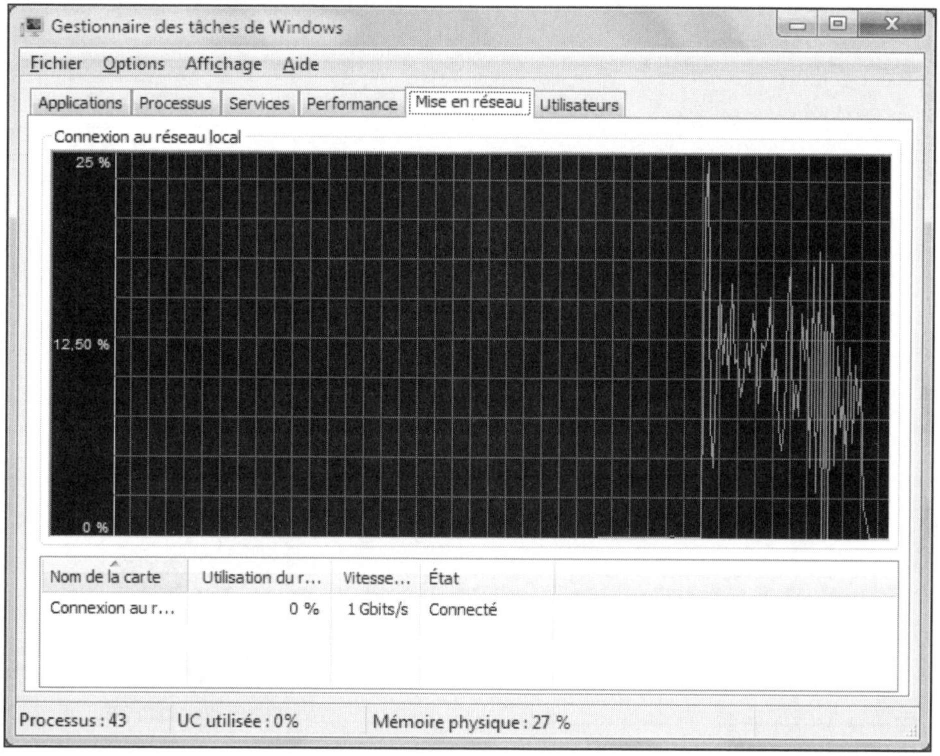

Figure 32-24 Performances du réseau.

Moniteur de fiabilité et de performances

Windows propose une autre solution pour visualiser graphiquement les performances de la machine : le moniteur système.

1. Cliquez le bouton **Démarrer** → **Panneau de configuration**.
2. Cliquez l'icône **Outils d'administration**, puis double-cliquez **Analyseur de performances** dans la partie droite.
3. Cliquez **Performance** dans le volet gauche, puis le lien **Ouvrir le Moniteur de ressources** dans le volet droit.

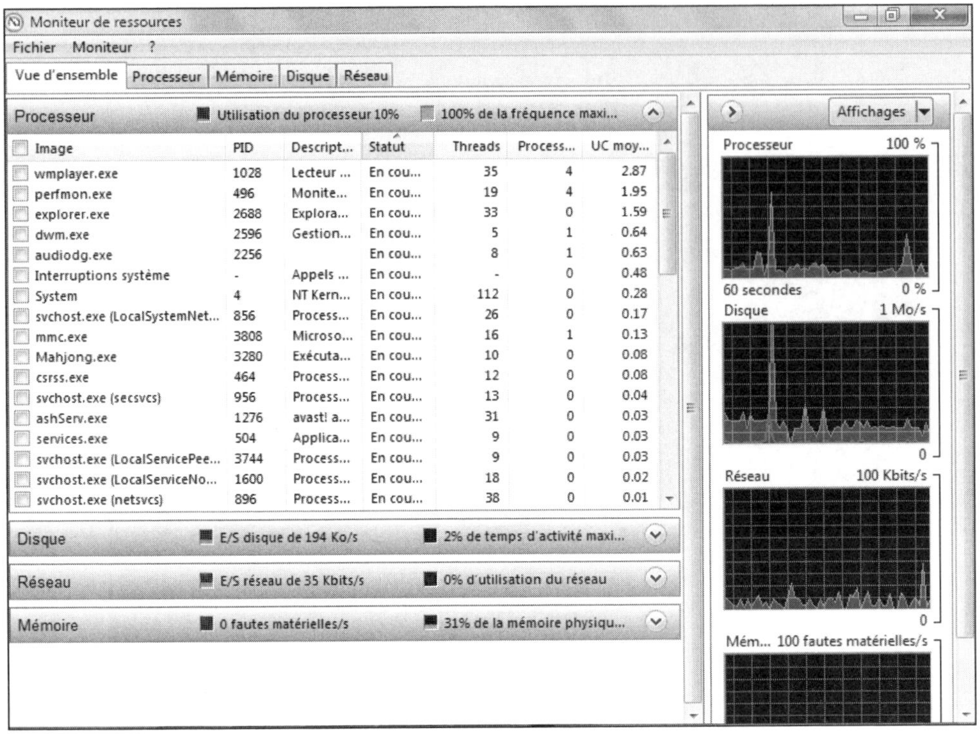

Figure 32-25 Analyse des performances.

Le Moniteur de ressources affiche des courbes qui illustrent l'utilisation du Processeur, du disque dur, du réseau et de la mémoire. Cliquez les boutons ⌄ pour voir les détails de chaque élément.

Détecter les problèmes logiciels ou matériels

Windows crée des journaux dans lesquels sont consignés tous les événements de fonctionnement. Consultez-les pour détecter d'éventuelles anomalies.

1. Cliquez le bouton **Démarrer** .
2. Cliquez avec le bouton droit **Ordinateur**.
3. Cliquez la commande **Gérer** dans le menu contextuel.
4. Développez l'arborescence **Observateur d'événements ➜ Journaux Windows**.
5. Cliquez un des groupes **Application**, **Sécurité** ou **Système**.
6. La partie droite affiche les événements notés par Windows.

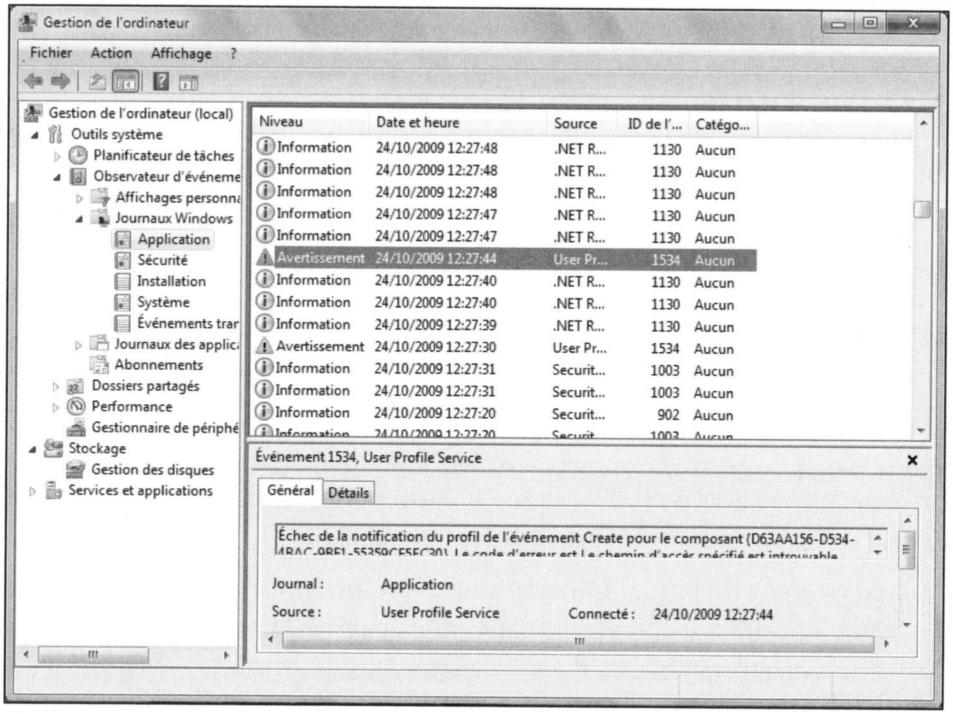

Figure 32-26 Gestion de l'ordinateur.

7. Double-cliquez un événement dans la liste à droite.

La boîte qui s'ouvre donne des explications sur l'événement choisi.

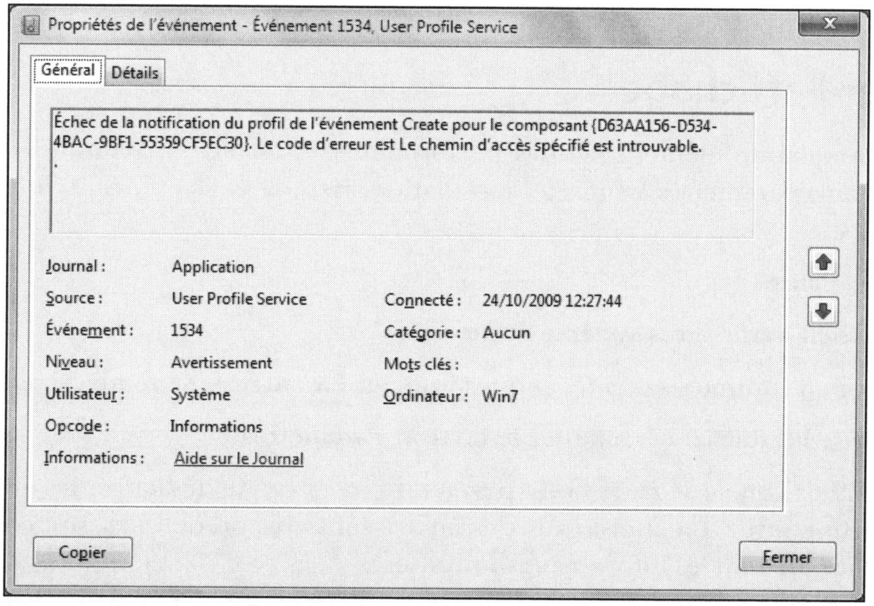

Figure 32-27 Propriétés d'un événement.

8. Cliquez le bouton **Fermer**.

Gérer la mémoire

L'essentiel des ralentissements d'un PC est dû à un manque de mémoire. Voici quelques idées pour améliorer les performances dans ce domaine.

Ajouter de la mémoire vive

Windows 7 fonctionne avec un minimum de 1 Go de mémoire vive (RAM). Cependant, Microsoft conseille, pour certaines applications, une mémoire de 2 Go (pour la version 64 bits, Microsoft conseille respectivement 2 et 4 Go de mémoire vive).

Quand Windows manque de mémoire, il utilise le fichier d'échange, appelé aussi « mémoire virtuelle », c'est-à-dire un fichier sur le disque dur. Comme l'accès au disque est très lent, cela ralentit d'autant le fonctionnement du PC.

Ajouter physiquement de la mémoire est donc une première solution. Le passage de 1 Go à 2 Go augmentera sensiblement la vitesse globale de la machine. Si vous recourez à des applications gourmandes en RAM (images, vidéos, *etc.*), ou si vous utilisez beaucoup de logiciels en même temps, le passage à 4 Go doit être envisagé.

Pour connaître la taille de la mémoire vive :

1. Tapez + **Pause**.

La fenêtre Système affiche la taille de la mémoire vive ainsi que le type et la vitesse du processeur.

Optimiser l'affichage

L'affichage est aussi un élément clé des performances d'un PC. Si Windows définit lui-même certains paramètres visuels à l'installation, rien ne vous empêche d'en supprimer certains.

1. Tapez + **Pause**.
2. Cliquez le lien **Paramètres système avancés**.
3. Dans la boîte Propriétés système, cliquez l'onglet **Paramètres système avancés**.
4. Dans la zone Performances, cliquez le bouton **Paramètres**.

   L'onglet Effets visuels de cette boîte permet d'activer ou de désactiver les effets visuels. Vous pouvez soit choisir une des quatre solutions prédéfinies, soit cocher ou décocher un à un les effets visuels proposés.

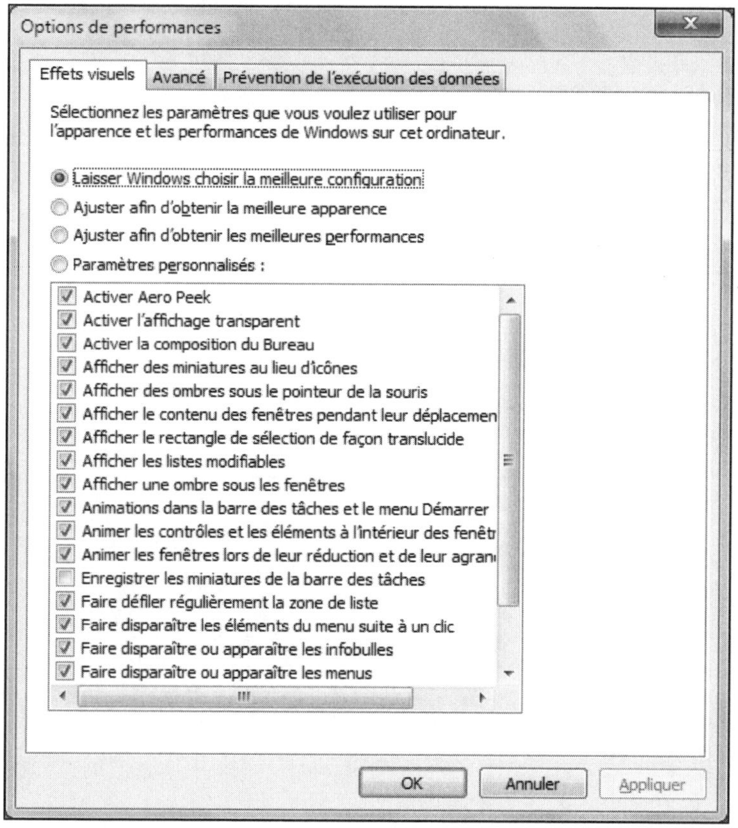

Figure 32-28 Paramètres de l'affichage.

5. Modifiez les paramètres proposés.
6. Cliquez le bouton **OK**.

Astuce Pour gagner en rapidité, vous pouvez aussi réduire la taille de l'affichage et le nombre de couleurs (clic droit sur le fond du bureau puis la commande **Résolution d'écran**).

Gérer les services

Les services sont de petites applications qui s'exécutent automatiquement au démarrage. Elles gèrent diverses fonctions du système d'exploitation. Elles ralentissent donc le démarrage et utilisent des ressources. Vous pouvez en arrêter certaines si elles sont inutiles.

1. Cliquez le bouton **Démarrer ➜ Panneau de configuration**.
2. Cliquez l'icône **Outils d'administration**, puis double-cliquez **Services**.

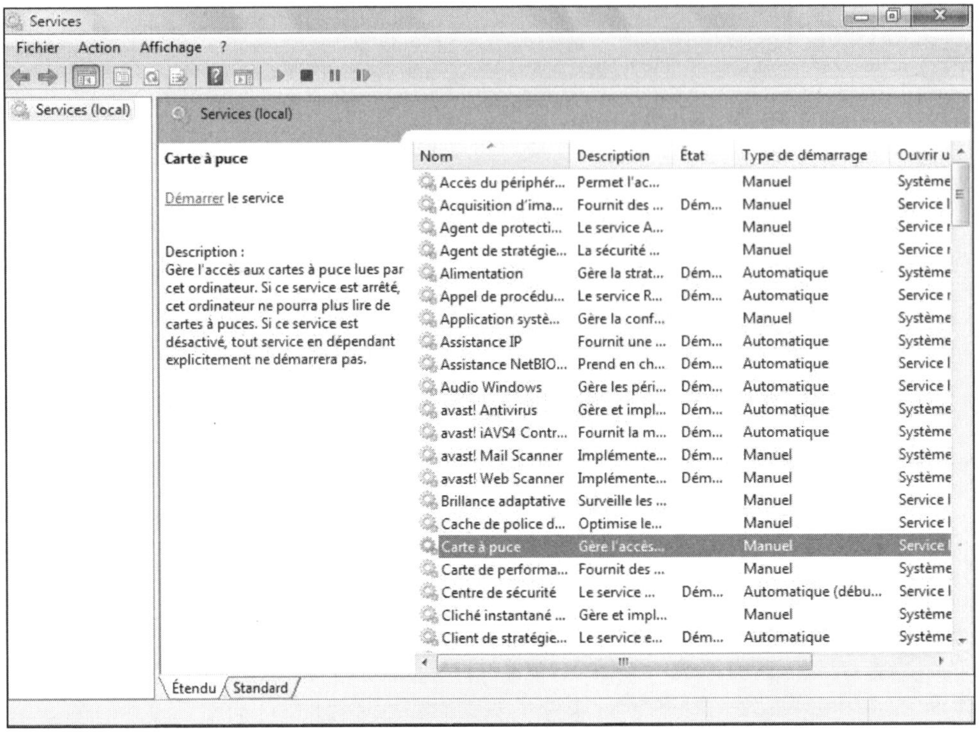

Figure 32-29 Liste des services installés.

Cette boîte affiche tous les services disponibles.

1. Cliquez le nom d'un service pour afficher sa description.
2. Pour en modifier un, double-cliquez-le dans la liste, puis choisissez son mode de démarrage dans la boîte qui s'ouvre.

Attention N'arrêtez pas des services au hasard. Lisez attentivement leur description. Après chaque changement, redémarrez l'ordinateur pour tester les nouvelles valeurs. N'effectuez qu'un seul changement entre chaque redémarrage.

Accélérer le démarrage de Windows

Si Windows exécute des services au démarrage, il exécute aussi les programmes qui en ont fait la demande à leur installation.

Chaque éditeur de logiciels, pensant qu'il est seul au monde, se dit que son programme ne changera pas grand-chose aux performances de votre PC. Mais après l'installation de dizaines de programmes, pour lesquels les éditeurs ont les mêmes revendications, la charge devient de plus en plus imposante et ralentit les performances. Il est peut-être temps pour vous de vérifier ce qui est utile, au démarrage et pendant l'exécution de

Windows, et ce qui ne l'est pas. Vous aurez probablement la désagréable surprise de constater que des programmes, que vous utilisez moins d'une fois par mois, se chargent tous les jours au démarrage de Windows.

Modifier le dossier Démarrage

C'est sûrement la chose la plus simple à vérifier en quelques clics.

1. Cliquez le bouton **Démarrer ➜ Tous les programmes ➜ Démarrage**.

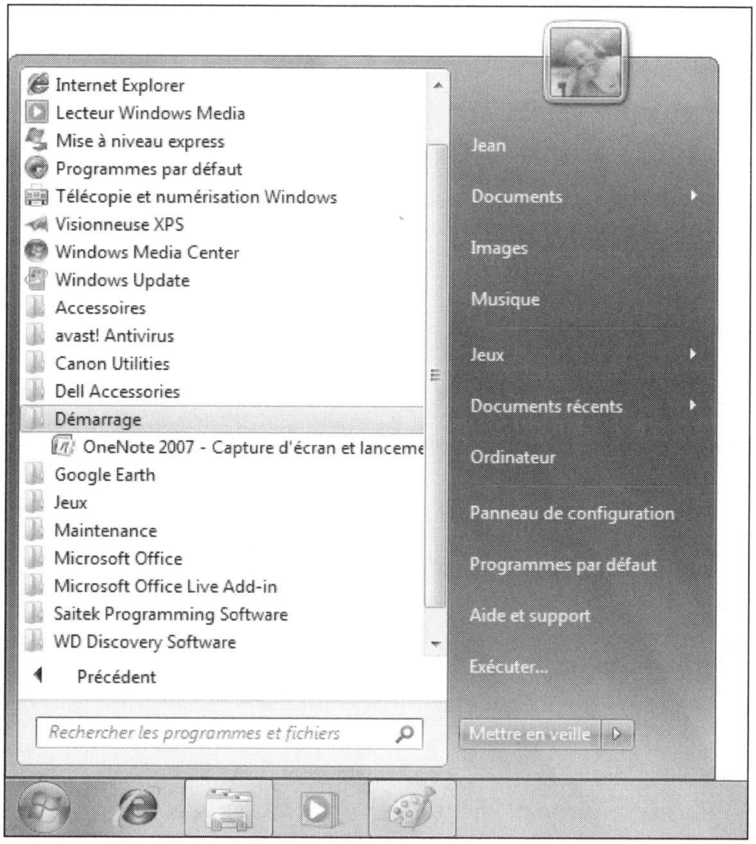

Figure 32-30 Dossier des programmes qui s'exécutent au démarrage de Windows.

Ce dossier affiche la liste des programmes qui s'exécutent au démarrage de Windows. Pour éviter le démarrage de ces applications, supprimez les raccourcis du dossier. Vous pouvez aussi les déplacer vers un autre dossier, par exemple le dossier **Démarrage inactif** (si ce dossier n'existe pas, créez-le).

Choisir les programmes du démarrage

Si les programmes du dossier Démarrage sont facilement consultables, il existe une autre liste beaucoup moins accessible.

1. Tapez ⊞ + **R**.
2. Tapez **msconfig** puis **Entrée** dans la boîte Exécuter.
3. Cliquez l'onglet **Démarrage**.

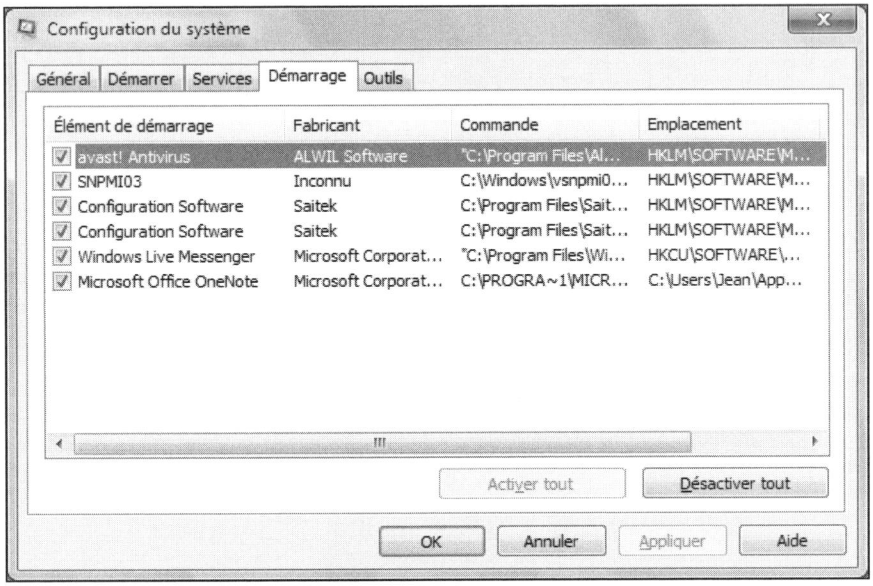

Figure 32-31 Liste des programmes qui s'exécutent au démarrage de Windows.

Vous retrouvez ici tous les programmes qui s'exécutent au démarrage. Vous pouvez ôter la coche de ceux qui ne vous semblent pas indispensables.

Conseil La colonne **Emplacement** indique la clé correspondante dans le Registre. Consultez ce dernier pour des informations complémentaires sur le programme.

Après chaque changement, redémarrez l'ordinateur pour vérifier que cela ne pose pas de problèmes. N'effectuez qu'un seul changement entre chaque redémarrage.

Note Les programmes qui se trouvent dans « \Start Menu\Programs\Startup » (colonne Emplacement) sont ceux de la liste **Démarrer → Tous les programmes → Démarrage**.

Accélérer le démarrage du PC

Avant même d'exécuter Windows, votre PC doit effectuer quelques opérations de base pour démarrer. C'est le rôle du BIOS (*Basic Input Output System*), un programme qui se trouve dans un circuit électronique de la carte mère (ROM, EPROM, *etc.*). Celui-ci effectue des opérations de démarrage et de reconnaissance de l'environnement de la machine, dont certaines ne sont plus nécessaires quand votre ordinateur n'est pas modifié physiquement.

Accéder au BIOS

Pour accéder au BIOS, il suffit d'appuyer sur une touche, généralement **Suppr** (**Del**), **F2**, ou une combinaison de touches. Pour connaître cette dernière, allumez le PC. Lisez le premier écran qui s'affiche, son accès est indiqué.

Note Certains PC de marque rendent l'accès au BIOS difficile, voire presque impossible. Exigez de ces sociétés de connaître le moyen d'y accéder.

Contrairement à Windows qui est identique pour toutes les machines, le BIOS est fonction de la carte mère installée dans votre PC. Pour obtenir des indications précises, consultez la documentation de cette dernière.

Test de la mémoire

Par défaut, les BIOS vérifient la quantité de mémoire et effectuent aussi un test complet de celle-ci. Alors que les PC sont de plus en plus rapides, la mémoire, elle, est de plus en plus importante. Si vous ne changez pas la taille physique de la mémoire vive, il n'est pas nécessaire d'effectuer un test, d'autant moins que les circuits électroniques sont aujourd'hui de plus en plus fiables.

1. Appuyez sur la touche **Echap** (ou la touche indiquée à l'écran) dès le démarrage de l'ordinateur pour passer le test mémoire.

Recherche des lecteurs

Comme pour la mémoire, le BIOS recherche par défaut, les lecteurs présents dans l'ordinateur (disques durs, CD-ROM, *etc.*). Cette détection n'est pas nécessaire si vous ne modifiez pas physiquement les disques.

1. Dans le BIOS, définissez les caractéristiques de chacun de vos lecteurs. Sélectionnez **User** pour les disques durs (en conservant les caractéristiques déjà détectées), **Auto** pour les lecteurs et graveurs de CD/DVD, et **None** si aucun lecteur n'est installé.

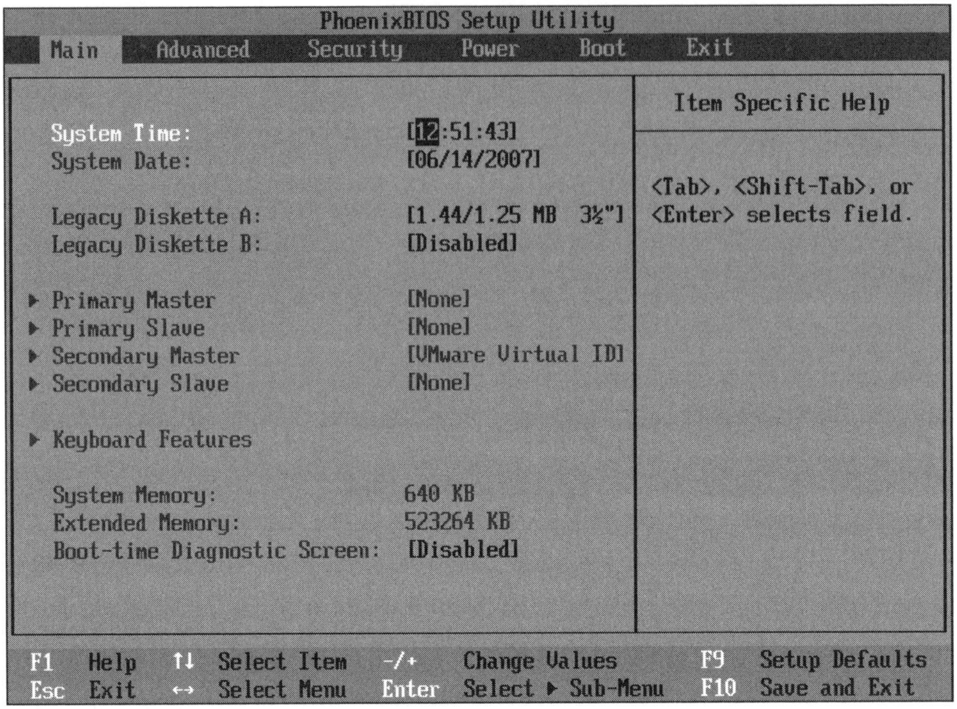

Figure 32-32 Écran de mise à jour du BIOS.

Note Ces actions sont données à titre indicatif. Consultez la documentation du BIOS de la carte mère. Vérifiez après le redémarrage que tous les disques et lecteurs sont bien présents dans l'Explorateur Windows.

Remplacer momentanément le clavier

Si votre clavier est subitement en panne (il est débranché, les piles d'un modèle sans fil sont usées, vous avez renversé votre café, *etc.*), vous pouvez le remplacer rapidement par un clavier virtuel, le temps de finir votre travail avant de trouver une solution au problème.

1. Cliquez le bouton **Démarrer ➜ Tous les programmes ➜ Accessoires ➜ Options d'ergonomie ➜ Clavier visuel**.

Figure 32-33 Clavier visuel.

Note Vous trouverez des détails sur ce clavier dans le chapitre 24.

Afficher la version de Windows sur le bureau

Pour connaître immédiatement la version de Windows installée sur un PC, affichez-la sur le bureau.

Attention Cette astuce nécessite de modifier le Registre. Consultez le chapitre 30 pour des informations complémentaires.

1. Tapez ⊞ + **R**.
2. Tapez **Regedit** puis **Entrée** dans la boîte Exécuter.
3. Recherchez la clé `HKEY_CURRENT_USER\Control Panel\Desktop`.
4. Double-cliquez la valeur **PaintDesktopVersion**.
5. Tapez **1** dans la zone Données de la valeur

Note La valeur par défaut est 0 (pas d'affichage de la version).

6. Cliquez le bouton **OK** pour mettre à jour la valeur.

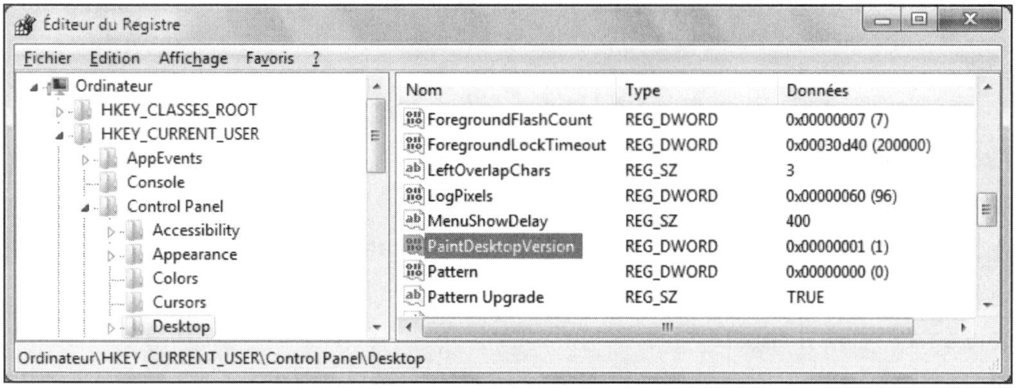

Figure 32-34 Affichage de la version de Windows ***via*** le Registre.

Pour que les modifications soient prises en compte, vous devez redémarrer Windows, ou fermer la session en cours et en ouvrir une nouvelle.

Figure 32-35 Version de Windows affichée sur le bureau.

ANNEXE

Raccourcis clavier

Dans ce chapitre

- Raccourcis clavier essentiels de Windows
- Raccourcis clavier essentiels d'Internet Explorer
- Raccourcis clavier essentiels de Windows Mail
- Raccourcis clavier du Lecteur Windows Media
- Raccourcis clavier de la Galerie de photos Windows

Raccourcis clavier essentiels de Windows

Raccourci	**Fonction**
Alt ou **F10**	Afficher la barre de menus d'une application
Ctrl + F4	Fermer la fenêtre en cours
Alt + F4	Fermer l'application en cours
Ctrl + C	Copier la sélection dans le presse-papiers
Ctrl + X	Déplacer la sélection vers le presse-papiers
Ctrl + V	Coller le contenu du presse-papiers à la position du curseur
Ctrl + A	Tout sélectionner
Alt + Entrée	Afficher les propriétés de l'élément sélectionné
Suppr	Supprimer l'élément sélectionné
Maj + Suppr	Supprimer définitivement l'élément sélectionné
F2	Renommer l'élément sélectionné
Echap	Annuler la tâche en cours
Ctrl + Z	Annuler la dernière action
Ctrl + Echap	Afficher le menu Démarrer
Alt + Tab	Changer de fenêtre. Maintenez **Alt** enfoncée et appuyez plusieurs fois sur **Tab** pour sélectionner une des applications ouvertes
⊞ + Tab	Changer de fenêtre en mode Aero. Maintenez ⊞ enfoncée et appuyez plusieurs fois sur **Tab** pour sélectionner une des applications ouvertes
Ctrl + ⊞ + Tab	Changer de fenêtre en mode Aero. Appuyez sur **Ctrl** + ⊞ + **Tab**, puis appuyez plusieurs fois sur **Tab** pour sélectionner une des applications ouvertes
Alt + Echap	Parcourir les fenêtres ouvertes
F1	Afficher l'aide de l'application en cours
Maj + F1	Afficher l'aide de l'élément sélectionné d'une boîte de dialogue ou de certaines applications
F3	Rechercher des fichiers (Explorateur)
F5	Actualiser la fenêtre active
F6	Parcourir les éléments d'une fenêtre ou du bureau

→

Raccourci	Fonction
Maj + F10	Ouvrir le menu contextuel de l'élément sélectionné
Alt + Espace	Afficher le menu système de l'application en cours
Alt + -	Afficher le menu système du document en cours (applications multidocuments)
	Ouvrir le menu Démarrer
+ B	Afficher la barre des tâches
+ E	Ouvrir l'Explorateur
+ D	Afficher le bureau (équivalent du bouton de la barre des tâches)
+ F	Ouvrir la boîte Rechercher (équivalent du menu **Démarrer ➜ Rechercher**)
Ctrl + + F	Ouvrir la boîte Rechercher un ordinateur
+ G	Parcourir les gadgets du bureau
+ Espace	Afficher les gadgets au premier plan
+ L	Verrouiller la session
+ M	Réduire toutes les fenêtres
+ Maj + M	Restaurer toutes les fenêtres réduites
+ R	Exécuter une application (équivalent du menu **Démarrer ➜ Exécuter**)
+ T	Parcourir les boutons de la barre des tâches
+ U	Ouvrir les options d'accessibilité
+ X	Ouvrir le Centre de mobilité Windows
+ Pause	Ouvrir la boîte des propriétés système
+ Flèche gauche ou **Droite**	Placer successivement la fenêtre à gauche, au centre, ou à droite de l'écran
+ Flèche bas ou haut	Agrandir, restaurer ou réduire la fenêtre

Raccourcis clavier essentiels d'Internet Explorer

Raccourci	Fonction
Ctrl + B	Ouvrir la boîte Organiser les Favoris
Ctrl + D	Ajouter la page en cours aux favoris
Ctrl + E	Afficher le volet de recherche sur Internet
Ctrl + F	Rechercher un mot dans la page en cours
Ctrl + H	Afficher le volet de l'historique à droite
Ctrl + I	Afficher le volet des favoris à droite
Ctrl + G	Afficher le volet des flux à droite
Ctrl + Maj + H	Ancrer le volet de l'historique à gauche
Ctrl + Maj + I	Ancrer le volet des favoris à gauche
Ctrl + Maj + G	Ancrer le volet des flux à gauche
Ctrl + N	Ouvrir une nouvelle fenêtre
Ctrl + T	Ouvrir un nouvel onglet
Ctrl + K	Dupliquer l'onglet en cours
Ctrl + Clic	Ouvrir un lien dans un nouvel onglet en arrière-plan
Ctrl + Maj + Clic	Ouvrir un lien dans un nouvel onglet au premier plan
Ctrl + W	Fermer l'onglet en cours
Ctrl + 1 à **Ctrl + 8**	Passer à l'onglet correspondant au numéro
Ctrl + Q	Afficher en mode mosaïque
Ctrl + O	Ouvrir une page Internet ou un document
Ctrl + P	Imprimer la page en cours
Ctrl + L	Sélectionner le contenu de la barre d'adresse
Ctrl + S	Enregistrer la page en cours
Echap	Arrêter le chargement de la page en cours
F11	Passer en plein écran. Pointez le haut de la fenêtre pour faire apparaître les onglets et la barre d'outils. Appuyez de nouveau sur **F11** pour revenir en mode normal.
F5 ou **Ctrl + R**	Actualiser la page en cours
Alt + Origine	Aller à la page d'accueil
Ctrl + Entrée	Ajouter `www` et `.com` à une adresse

→

Alt + Entrée	Ouvrir un nouvel onglet à partir de la barre d'adresses
F7	Activer la navigation au clavier
Ctrl + +	Effectuer un zoom avant
Ctrl + -	Effectuer un zoom arrière
Ctrl + 0	Revenir à un zoom de 100 %
Ctrl + Maj + P	Naviguer en mode InPrivate
Ctrl + Maj + Suppr	Supprimer l'historique de la navigation

Raccourcis clavier essentiels de Windows Mail

Raccourci	Fonction
Ctrl + D ou **Suppr**	Supprimer un message
Ctrl + F	Transférer un message
Ctrl + I	Afficher le dossier Boîte de réception
Ctrl + K	Vérifier les noms
Ctrl + M	Envoyer et recevoir des messages
Ctrl + N	Créer un nouveau message
Ctrl + O	Ouvrir le message sélectionné
Ctrl + P	Imprimer le message sélectionné
Ctrl + R	Répondre à l'expéditeur du message
Ctrl + Y	Atteindre un dossier
Ctrl + Maj + A	Marquer tous les messages comme lus
Ctrl + Maj + R	Répondre à tous
Ctrl + Maj + Entrée	Marquer le message comme non lu
Ctrl + Maj + C	Ajouter une personne au carnet d'adresses
Ctrl + Maj + F	Rechercher un message
Ctrl + Maj + S	Insérer une signature

Raccourcis clavier du Lecteur Windows Media

Commandes globales

Raccourci	Fonction
Ctrl + O	Ouvrir un fichier
Ctrl + U	Ouvrir une adresse
Ctrl + 1	Afficher en mode complet
Ctrl + 2	Afficher en mode apparence
Alt + Entrée	Afficher en plein écran ou revenir en mode normal
Ctrl + M	Afficher la barre de menus
Ctrl + Maj + M	Masquer automatiquement la barre de menus
Ctrl + N	Créer une sélection

Lecture

Raccourci	Fonction
Ctrl + P	Lire ou mettre en pause
Ctrl + S	Stopper la lecture
Ctrl + B	Lire le titre précédent
Ctrl + F	Lire le titre suivant
Ctrl + Maj + B	Rembobiner rapidement
Ctrl + Maj + F	Avancer rapidement
Ctrl + H	Lire aléatoirement
Ctrl + T	Lire en boucle
Ctrl + E	Éjecter le disque
F10	Augmenter le volume
F9	Diminuer le volume
F7	Supprimer ou activer le son

Raccourcis clavier de la Galerie de photos Windows

Raccourci	Fonction
Ctrl + E	Sélectionner la zone Rechercher
Ctrl + F	Ouvrir la fenêtre de correction
Ctrl + I	Afficher le volet d'informations
Ctrl + P	Ouvrir l'assistant d'impression
Ctrl + M	Renommer une photo
+ (plus)	Augmenter la taille des miniatures ou effectuer un zoom avant
– (moins)	Diminuer la taille des miniatures ou effectuer un zoom arrière
Gauche	Réduire l'arborescence
Droite	Développer l'arborescence
Entrée	Afficher une photo en plein écran
Alt + Entrée	Afficher les propriétés d'une photo
Ctrl + . (point)	Faire pivoter une photo dans le sens des aiguilles d'une montre
Ctrl + , (virgule)	Faire pivoter une photo dans le sens inverse des aiguilles d'une montre
Suppr	Déplacer une photo vers la Corbeille
Maj + Supp	Supprimer définitivement une photo

GLOSSAIRE

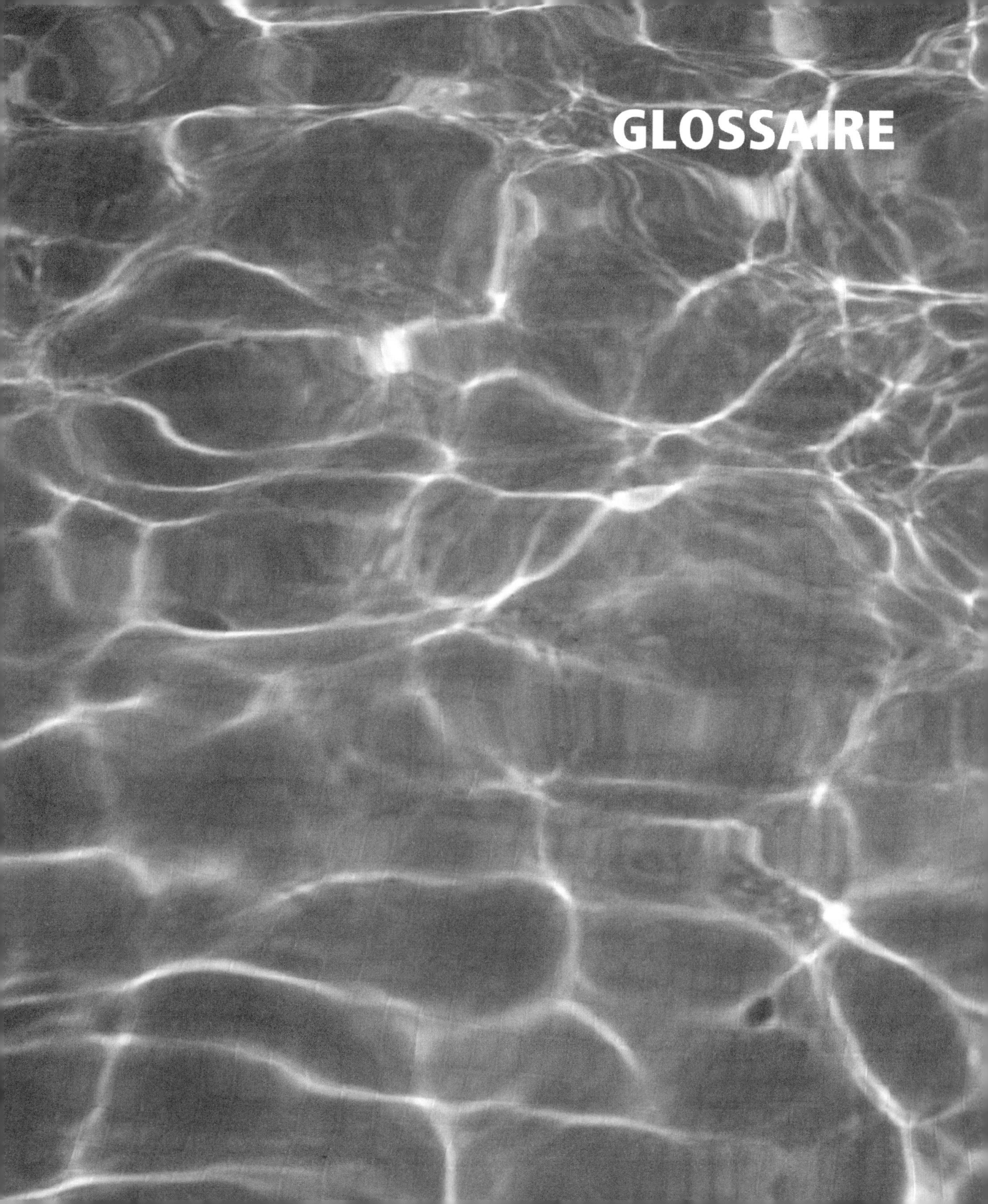

A

ActiveX

Programme écrit pour Windows qui ajoute de nouvelles fonctionnalités : animations pour le Web, vidéos, certains éléments graphiques, *etc.* Ces programmes peuvent être des virus et endommager irrémédiablement vos fichiers.

ADSL

Asymmetric Digital Subscriber Line. Connexion à haut débit qui utilise une ligne téléphonique ordinaire tout en permettant de téléphoner quand vous êtes connecté. Le « A » de ADSL signifie en français asynchrone : la réception et l'émission s'effectuent à des vitesses différentes.

Application

Logiciel de création de documents. Outre les classiques traitements de texte et tableurs, on trouve toutes sortes d'applications : gestionnaire de planning, retouche photo, montage vidéo, *etc.*

Antivirus

Logiciel qui éradique les virus (*voir* Virus). Windows ne propose pas par défaut d'antivirus. Il est fortement recommandé d'installer un antivirus d'un autre éditeur (Symantec Norton Antivirus, McAfee VirusScan, Kaspersky Antivirus, avast! Antivirus, *etc.*).

Arborescence

Structure des dossiers d'un lecteur. Un dossier peut contenir un autre dossier, qui lui-même peut contenir un autre dossier, *etc.*

AVI

Audio Video Interleaved. Format de vidéo numérique. Le format de compression est fonction du CODEC utilisé.

B

Barre d'adresses

Barre d'outils dans Internet Explorer ou dans la barre des tâches pour accéder à des pages Web ou aux éléments de votre ordinateur.

Barre des liens

Barre d'outils dans la barre des tâches qui correspond aux liens du menu Favoris d'Internet Explorer.

Barre des tâches

Barre, généralement située en bas de l'écran, avec des boutons pour accéder aux applications en cours. Elle contient aussi le bouton pour accéder au menu Démarrer et aux autres applications.

Bit

Plus petite unité d'information d'un ordinateur. Un bit ne peut prendre que les états 0 et 1. En associant 8 bits, on obtient 1 octet (une valeur entre 0 et 255).

Blog

Un blog, appelé aussi « blogue » ou « joueb » (journal Web), est un journal ou un carnet de bord d'internaute mis à jour fréquemment. Les blogs ont l'avantage d'être plus simples à mettre en œuvre que les sites Web avec des pages personnelles.

Bureau

Représentation virtuelle d'un véritable bureau. On y trouve l'accès aux principales fonctions et applications de Windows (barre des tâches, icônes des logiciels, *etc.*).

C

Carnet d'adresses

Ensemble de tous vos contacts.

Carte graphique

Carte électronique à l'intérieur de l'unité centrale qui permet d'afficher les informations à l'écran.

Carte mère

Carte électronique principale qui regroupe les circuits nécessaires au fonctionnement de l'ordinateur, dont le microprocesseur et les mémoires. On trouve de plus en plus de cartes mères dans lesquelles sont intégrées la carte graphique et la carte son.

Carte son

Carte électronique à l'intérieur de l'unité centrale qui permet d'émettre des sons *via* des haut-parleurs extérieurs.

CD et DVD-R

Disques compacts enregistrables une seule fois. L'écriture peut s'effectuer en plusieurs fois tant que le disque n'est pas plein.

CD et DVD-RW

Disques compacts réinscriptibles un millier de fois. Vous pouvez les effacer si vous n'avez plus besoin des données qu'ils contiennent.

Chat

Conversation en temps réel *via* Internet. Contrairement à la messagerie instantanée, vous ne connaissez pas vos interlocuteurs.

CODEC

Programme de COmpression et de DÉCompression d'une vidéo. Pour utiliser un DivX, par exemple, vous devez installer le CODEC correspondant.

Composant Windows

Application ou utilitaire inclus dans Windows. Certains ne sont pas présents dans l'installation par défaut.

Compression

Réduction de la taille d'un fichier avec un logiciel.

Contact

Personne ou société avec laquelle vous êtes en relation *via* le courrier électronique.

Cookie

Un *cookie* est un fichier enregistré sur votre disque dur par les sites Web que vous consultez. Les cookies contiennent des renseignements à votre sujet, comme la date de votre dernière visite, les pages visitées, les produits que vous avez choisis, *etc.*

Contrôle parental

Outil qui limite l'accès à certains programmes et à certains sites Internet en fonction de critères précis.

Copier/coller

Copier une partie d'un document dans le presse-papiers, puis coller le contenu du presse-papiers à un autre endroit. Le presse-papiers étant commun à toutes les applications, vous pouvez échanger des portions de document dans des logiciels différents.

Corbeille

Dossier qui reçoit les fichiers supprimés. Ces fichiers peuvent ensuite être restaurés ou supprimés définitivement.

D

Dates

Windows conserve les dates de création, de modification et d'accès de chaque fichier. Cette date est mise à jour à partir de l'horloge de l'ordinateur.

Défragmentation

Réorganisation d'un disque pour que chaque fichier soit placé dans des blocs contigus.

Disquette

Support amovible (aujourd'hui obsolète) sur lequel on peut enregistrer des données.

Disque dur

Support fixe sur lequel on peut enregistrer une grande quantité de données. Comme la mémoire, la taille des disques s'exprime en octets et en multiples de l'octet (*voir* Mémoire). Un disque de 160 Go correspond à environ 160 milliards de caractères.

Disques locaux

On utilise ce terme pour les disques physiquement présents dans votre ordinateur, par opposition aux « disques réseau ».

DivX

Format de fichier vidéo. Il permet de compresser un film d'une heure et demie avec une image de bonne qualité pour une taille de 700 Mo (taille d'un CD).

Document

Fichier créé avec une application (texte, feuille de calcul, *etc.*).

Dossier

Emplacement sur un disque où vous pouvez stocker des applications ou des documents. Permet d'optimiser le classement de vos fichiers par sujets.

DRM

Digital Rights Management. Technologie qui protège les fichiers audio contre les copies. Les WMA téléchargés sur les sites de vente sur Internet utilisent cette protection.

E

E-mail

Electronic mail. Adresse pour recevoir des messages. Cette adresse se compose d'un nom d'utilisateur et d'un nom de fournisseur d'accès à Internet, le tout séparé par le symbole @.

Émoticône (émoticon, *smiley*)

Suite de caractères qui indique une émotion. Par exemple, la suite :-) correspond à « heureux » ou à un « sourire ».

Enregistrement

Sauvegarde d'un document sur un support (disque dur ou CD). Tant qu'ils ne sont pas enregistrés, vos documents restent volatils et ne sont pas à l'abri d'une fausse manipulation. Pensez à les enregistrer régulièrement.

Explorateur

Outil d'analyse et de modification des éléments de l'ordinateur. L'Explorateur permet d'accéder aux disques et aux ressources installés dans le PC.

F

FAI

Fournisseur d'accès à Internet (*provider* en anglais). Pour vous connecter à Internet, vous devez souscrire un abonnement auprès d'un FAI (Alice, Free, Tele2, *etc.*).

FAQ

Frequently Asked Questions ou Foire Aux Questions. Messages, généralement postés par le webmaster (la personne qui gère un groupe de discussion), contenant les questions et les réponses les plus fréquemment posées. Consultez ces messages : ils vous informeront sur l'usage du groupe et apporteront rapidement des réponses à vos questions.

FAT

File Access Table. Format des disques durs. Windows 7 utilise le format NTFS, mais plus les formats FAT16 et FAT32 des anciennes versions de Windows.

Fenêtre

Cadre dans lequel tourne l'application. Elle inclut d'autres fenêtres pour les documents.

Flux *RSS*

Informations en continu diffusées par des sites Web : actualités, météo, bourse, trafic routier, radio, télévision, *etc.* Certains gadgets du bureau utilisent les flux Internet.

Formatage

Préparation d'un CD/DVD-RW ou d'une disquette pour recevoir des données dans un format accepté par votre ordinateur.

Forum

Site Web qui permet de déposer des questions ou de répondre à celles des autres participants.

Fragmentation

Répartition des fichiers d'un disque dans des parties non contiguës. Il est donc nécessaire de lire plusieurs emplacements du disque pour reconstituer un fichier. La lecture et l'écriture sont alors ralenties (voir *Défragmentation*).

G

Go

Gigaoctet. 1 Go égale 1 024 Mo ou 1 024 x 1 024 x 1 024 octets.

Graveur de CD/DVD

Appareil qui permet de réaliser des CD et des DVD comme ceux du commerce. Un graveur est aussi un lecteur.

Groupe de travail

Ensemble de plusieurs ordinateurs ayant généralement les mêmes activités et qui sont reliés par un réseau local.

Groupe résidentiel

Ensemble d'ordinateurs sous Windows 7 qui partagent leurs ressources et leurs documents dans la même résidence.

H

Historique

Liste des pages Web visitées récemment. Internet Explorer classe ces pages par jours, semaines et mois.

HTML

HyperText Markup Language. Langage pour décrire des pages Web en ajoutant des possibilités qui n'existent pas dans un texte ordinaire : liens vers d'autres pages ou d'autres sites, insertion de tableaux ou d'images, sons, animations, vidéos, *etc.*

http

HyperText Transfer Protocol. Protocole utilisé par les pages Web sur Internet. Toutes les URL commençant par ce code, vous pouvez l'omettre : Internet Explorer se charge de l'ajouter pour vous.

I

Icône

Représentation imagée d'un élément du bureau. Moyen visuel pour distinguer les applications des dossiers ou des documents.

Impression

Copie de votre document sur papier à l'aide d'une imprimante. Même si l'on tente de réduire son utilisation (journaux télématiques, aide en ligne, *etc.*), l'impression papier reste incontournable.

Imprimante

Appareil pour imprimer des documents (texte ou photographies). Il existe deux grandes technologies d'imprimante : les imprimantes laser et les imprimantes jet d'encre. La première utilise une encre en poudre (toner) déposée sur le papier puis solidifiée par chaleur, alors que la seconde emploie une encre liquide projetée sur le papier.

Interface

Circuits électroniques sur lesquels sont connectés les périphériques (disque dur, carte son, imprimante, *etc.*).

Internet

Ensemble de réseaux interconnectés à travers le monde. Internet est donc le réseau des réseaux. Lorsque vous vous connectez à Internet, votre ordinateur fait partie de ce réseau.

IP (adresse)

Suite de quatre nombres de 0 à 255 qui identifie de manière unique un ordinateur sur Internet. Une adresse IP est donc composée de quatre octets (*voir* Bit et Octet).

K

Ko

Kilo-octet. 1 Ko égale 1 024 octets.

L

Lecteur

Matériel qui contient un support de stockage (disque dur, disquette, CD-ROM, *etc.*).

Lecteur CD/DVD

Appareil qui permet la lecture des CD (CD audio, CD-ROM, *etc.*) et des DVD (DVD vidéo, DVD-ROM, *etc.*).

Lien

Chemin d'accès à une page Web sur Internet.

M

Média

Support utilisé pour les sauvegardes (disquette, CD, bande magnétique, *etc.*). *Autre signification possible :* contenu audiovisuel (image, son, vidéo, animation) lisible sur votre PC (on parle aussi de *multimédia*).

Mémoire

Composant électronique où sont stockées les informations de l'ordinateur. La mémoire contient les programmes et les données. Plus la taille mémoire d'un PC est élevée, plus sa capacité de travail est importante. La taille de la mémoire s'exprime en octets. Un octet correspond à un caractère. Les capacités supérieures s'expriment en kilo-octets (1 Ko = 1 024 octets), mégaoctets (1 Mo = 1 024 Ko) et gigaoctets (1 Go = 1 024 Mo).

Mémoire morte (ROM)

Read Only Memory. Mémoire dont le contenu est fixe, même si l'ordinateur est éteint. Pour démarrer, l'ordinateur a besoin d'un programme. Ce dernier se trouve dans la mémoire morte.

Mémoire vive (RAM)

Random Access Memory. Mémoire dont le contenu est effacé quand l'ordinateur est éteint. La mémoire vive contient les programmes et les documents après le démarrage du PC.

Messagerie

Logiciel qui permet d'échanger du courrier et des documents avec n'importe quelle personne sur la planète, et cela en quelques secondes.

Messagerie instantanée

Logiciel qui permet d'expédier immédiatement des messages et des fichiers à vos contacts qui sont actuellement connectés à Internet.

Messenger Plus!

Outils complémentaires (plus d'une cinquantaine) qui se greffent sur Live Messenger. Ils sont disponibles sur `www.msgpluslive.fr`.

Microprocesseur (CPU)

Central Processing Unit. Élément fondamental de l'ordinateur qui permet d'exécuter les programmes contenus dans la mémoire. La rapidité d'un microprocesseur s'exprime en mégahertz et en gigahertz. Plus la fréquence est élevée, plus les programmes s'exécutent rapidement.

Mise à jour (*update*)

Installation des dernières versions disponibles de Windows (fichiers système) et des applications qui l'accompagnent (Internet Explorer, Windows Mail, Lecteur Windows Media, *etc.*). Ces mises à jour, téléchargées depuis Internet, règlent les problèmes rencontrés par les utilisateurs, et comblent certaines failles de sécurité dans les accès à Internet.

Mo

Mégaoctet. 1 Mo égale 1 024 Ko ou 1 024 x 1 024 octets.

Modem

Boîtier externe ou carte interne qui permet de relier l'ordinateur au réseau Internet *via* le téléphone.

MP3

MPEG Audio Layer 3. Fichiers audio compressés. Les fichiers MP3 occupent dix fois moins de place qu'un fichier Wave (format des CD audio). C'est donc le format privilégié des internautes.

MPEG

Format de vidéo compressé. Le format MPG-1 est utilisé pour les VCD et le format MPG-2 pour les DVD.

N

Navigateur

Logiciel qui permet de lire le contenu des pages disponibles sur le Web (textes, images, sons, vidéos, *etc.*).

NetMeeting

Logiciel de conférence proposé dans les anciennes versions de Windows. Dans Windows 7, NetMeeting est avantageusement remplacé par Live Messenger.

O

Octet

Ensemble de 8 bits. 1 octet correspond à une valeur variant entre 0 et 255.

P

Page de démarrage

Page Web affichée immédiatement à l'ouverture d'Internet Explorer. Vous pouvez ainsi prendre aussitôt connaissance des dernières informations, de la météo, des cours de la Bourse ou de tout autre sujet.

Panneau de configuration

Fenêtre d'accès aux différents paramètres de configuration de Windows.

Papier peint

Image posée sur le fond du bureau (sorte de « sous-main » que vous pouvez personnaliser).

Parallèle (port)

Prise sur l'unité centrale qui permet de connecter des périphériques, comme les imprimantes ou les scanners. Ce type de connexion est de plus en plus remplacé par les ports USB.

Pare-feu

Logiciel qui évite que d'autres personnes ne se connectent à votre ordinateur *via* Internet.

Passerelle

Logiciel qui permet de se connecter à Internet *via* un réseau local. Un des ordinateurs du réseau doit posséder une connexion à Internet et la partager.

Pavé tactile

Dispositif de pointage présent sur les ordinateurs portables et qui remplace la souris.

PC

Personal Computer. Standard de micro-ordinateur créé au début des années 1980 par la société IBM *(Industrial Business Machine).* D'après l'humoriste Anne Roumanoff, les initiales « PC » signifient « Plante Constamment » : ce n'est plus vrai depuis Windows XP.

Périphérique

Élément extérieur à l'unité centrale (écran, clavier, souris, *etc.*).

Peer-to-peer (P2P)

Procédé qui permet d'échanger des fichiers entre deux ordinateurs connectés à Internet.

Pièce jointe

Fichier expédié en même temps qu'un message (textes, feuilles de calcul, images, *etc.*).

Pilote (*driver*)

Logiciel qui gère vos périphériques. À chaque périphérique correspond un pilote précis pour une version précise de Windows.

Planification

Exécution d'une application à des jours et heures déterminés.

Plug-and-play

Vous branchez, ça marche ! Matériels reconnus immédiatement par Windows.

Podcast

Technique de partage de musiques et de vidéos sur Internet.

Police

Jeu de caractères utilisés dans les documents.

Pop-up

Petite fenêtre, généralement publicitaire, qui s'ouvre quand vous naviguez sur le Web.

Port

Connexion physique à l'arrière de votre ordinateur (port série, parallèle, USB, *etc.*).

Porte-documents

Dossier permettant de transférer et de mettre à jour des fichiers entre plusieurs ordinateurs.

Presse-papiers

Zone temporaire dans laquelle est stockée une partie ou l'intégralité d'un document quel que soit son type (texte, image, *etc.*). Vous pouvez à tout moment récupérer le contenu de ce presse-papiers pour l'insérer dans un document.

Publier

Action consistant à expédier sur un site Internet des données présentes sur votre ordinateur (*voir* Télécharger).

R

Raccourci

Petit fichier qui contient le chemin d'une application et permet d'y accéder facilement. Vous pouvez ajouter autant de raccourcis que nécessaire. La suppression d'un raccourci n'entraîne pas celle de l'application.

Raccourci clavier

Combinaison de touches pour exécuter plus rapidement une commande dans un logiciel.

RealMedia

Format de son et de vidéo en continu : une petite partie du début du film ou du son est téléchargée, puis la lecture commence. La suite du film ou du son est téléchargée en même temps que vous regardez ou écoutez les parties déjà chargées. On appelle cela le « *streaming* ».

Réseau

Ensemble d'ordinateurs reliés entre eux pour échanger des données et partager des ressources (disques durs, imprimantes, *etc.*). Un réseau dans une entreprise est appelé « réseau local » ou « Intranet ».

Routeur

Boîtier externe qui permet de relier l'ordinateur au réseau Internet *via* un dispositif de communication comme le câble ou l'ADSL.

S

Sauvegarde

Copie de secours de fichiers (généralement en grand nombre) sur disquettes, sur CD ou sur bandes magnétiques.

ScanDisk

Utilitaire de vérification et de réparation des données d'un disque.

Scanner

Appareil pour numériser des photographies. Une fois numérisées, ces photos peuvent être retouchées, imprimées ou insérées dans des documents. Certains scanners proposent aussi la numérisation de négatifs ou de diapositives.

Script

Fichier qui contient des commandes à exécuter sur votre ordinateur. Les scripts peuvent déclencher des virus.

Série (port)

Prise sur l'unité centrale qui permet de connecter un périphérique, comme un modem externe, une souris ou certaines imprimantes. Ce type de connexion est de plus en plus remplacé par les ports USB.

Service pack (SP)

Ensemble de logiciels pour mettre à jour Windows. Entre deux versions majeures de Windows, Microsoft met à la disposition des utilisateurs des correctifs sous forme de « service pack ».

Session

Ouverture de Windows avec le nom et le mot de passe d'un utilisateur pour accéder à son profil.

Site Web

Ordinateur sur le réseau qui propose des informations et des documents à consulter sous forme de pages.

Spam

Appelé aussi « pourriel ». Courriers commerciaux non désirés postés dans votre messagerie ou dans les groupes de discussion.

Spyware

Appelé aussi « trackware ». Logiciel installé généralement à votre insu et qui espionne votre navigation sur Internet dans un but commercial. Bien qu'interdit par la loi « Informatique et liberté », ce type de logiciel se répand de plus en plus.

Streaming

Téléchargement et lecture en temps réel d'un flux audio ou vidéo. Une petite partie du son est téléchargée, puis la lecture commence. La suite est téléchargée en même temps que vous écoutez les parties déjà chargées. Les informations sont lues mais pas enregistrées.

T

Télécharger

Action consistant à rapatrier sur son ordinateur des données présentes sur Internet (*voir* Publier).

Type des fichiers

Chaque fichier a un type particulier. On le différencie par l'extension : les trois lettres qui suivent le nom du fichier (.exe pour une application, .txt pour un document texte, *etc.*).

U

Unité centrale (UC)

Boîtier qui contient l'essentiel de l'électronique de l'ordinateur. C'est sur ce boîtier que l'on connecte les périphériques.

URL

Uniform Resource Locator. Également appelée « adresse » ou « lien ». Chemin qui permet de localiser une page Web sur Internet.

USB

Universal Serial Bus. Prise sur l'unité centrale qui permet de connecter un périphérique (imprimante, modem, souris, scanner, *etc.*). Les ports USB remplaceront à terme les autres types de connexions.

V

Veille (mise en)

Arrêt de l'ordinateur après une sauvegarde complète des données sur le disque dur. Quand l'ordinateur est rallumé, il retrouve son état d'origine avant la fermeture.

Virus

Programme qui modifie intentionnellement le contenu de votre ordinateur de façon à l'empêcher de fonctionner normalement. Certains virus suppriment vos documents ou les expédient à d'autres personnes par voie de messagerie.

W

Wave

Fichier audio non compressé (extension .wav). Il correspond au format des CD audio. Une minute de musique représente 8,8 Mo. Sur Internet, on utilise plutôt le format MP3 pour sa taille réduite.

Webcam

Caméra pour converser visuellement avec vos contacts.

Wi-Fi

Wireless Fidelity. Connexion qui utilise les ondes radio. Ce système permet de relier plusieurs ordinateurs entre eux et à Internet sans utiliser de fil. Cette technologie étant de plus en plus répandue, il est maintenant possible de se connecter à Internet dans les lieux publics (gares, cafés, hôpitaux, *etc.*) avec un ordinateur portable.

Windows Media (lecteur)

Application qui lit les fichiers audio et vidéo, mais aussi les CD audio et les DVD.

WMA

Windows Media Audio. Format de fichier audio compressé proposé par la société Microsoft pour concurrencer le MP3.

World Wide Web ou Web

Service sur Internet qui permet de consulter des pages multimédias au format HTML. L'adresse des sites dans ce format commence par les trois lettres www.

Z

Zone de confidentialité

Ensemble d'options qui gèrent les cookies.

Zone de sécurité

Ensemble d'options qui permet de choisir les éléments pouvant s'exécuter à l'ouverture d'une page Web (contrôles ActiveX, scripts, *etc.*).

Index

A

B

D

E

F

G

H

I

J

L

N

O

P

Q

R

S

T

U

V

W

X

Y

Z